创新思维 拓展理论

华北协作区高校保卫工作学术年会论文集

山西出版传媒集团
山西人民出版社

编委会

主　编：陈建斌

副主编：乔建华　王任魁　李军山　李建文

　　　　袁聆钊　原彦飞　眭红亮　朱红霞

2013年学术年会参会人员

创安卫士巨经留，兴教同仁大计筹。
宏论篇篇彰异彩，精英洒洒竞风流。
科研学术至高点，维稳濡毫争上游。
立法卫安途坎坷，信坚探索劲渝遒。

贺《创新思维　拓展理论——华北协作区高校保卫工作学术年会论文集》出版

癸巳年夏王任魁

目 录

转变观念　改革创新

转变观念,改革创新
　　——刍议当今高校校园安全管理工作的现实诉求
　　杨振权　河北师范大学 ································· 003
高校群体性事件的法律属性和法律对策浅析
　　王　帅　南开大学 ····································· 008
构建安全教育平台,推进大学生安全教育工作
　　李耀鹏　北京林业大学 ································· 012
对目前高校校园安全管理的几点新认识
　　李　敏　李　伟　清华大学 ····························· 017
营造平安环境,实现高校安全管理科学化
　　李维维　南开大学 ····································· 022
大学校园安全管理理念及组织构架建设的探讨
　　李凤江　天津师范大学 ································· 026
高校网格化安全管理理论及实践刍议
　　王明学　中国民航大学 ································· 031
浅议高等院校户籍管理与服务的改革和创新
　　朱红霞　王瑞芳　刘　君　山西财经大学 ················· 035
论高校学生伤亡事故中学校法律责任的认定
　　刘　强　大同大学 ····································· 038

平安校园建设

全力推进"平安校园"创建工作不断深入
  李耀鹏 北京林业大学 ······ 045
创新工作思路 建设平安校园
  田 欣 天津医科大学 ······ 050
和谐校园建设探究
  陆明亮 天津美术学院 ······ 054
高校校园安全文化建设的实践与探索
  ——以清华大学为例
  何兰英 马丽云 殷宏斌 清华大学 ······ 058

维护校园安全稳定

维护校园安全稳定需要培养"强迫症"
  张国柱 北京农业大学 ······ 065
基于SNS信息动态分析的高校维稳工作创新研究
  ——以人人网新鲜事为例
  时子庆 吕雅楠 天津大学 ······ 069
以人为本做好高校安全维稳工作
  汪支平 张 晋 薛志东 包头师范学院 ······ 075
对新形势下高校少数民族学生维稳工作的几点思考
  崔宏泰 天津大学 ······ 080

高校突发事件与应急管理

网络舆论监督下的高校突发事件处置策略浅析
  袁聆钊 太原理工大学 ······ 087
做好新时期校园应急管理工作启示
  李耀鹏 北京林业大学 ······ 091

高校突发事件网络舆情的传播与引导
　　于　鹏　曹　露　张德庆　河北科技大学 ………………………… 095
浅析校园突发事件的应急管理
　　赵　凯　中国石油大学 ……………………………………………… 099

大学生安全教育

基于自我教育的高校学生安全教育探索
　　韩　标　王亚平　清华大学 ………………………………………… 105
清华大学学生安全教育现状及对策研究
　　韩　标　张运滕　李　伟　王亚平　清华大学 …………………… 111
创就业安全教育新模式　稳固平安和谐育人环境
　　王　钧　曾春红　山西财税专科学校 ……………………………… 118
浅析大学生国家安全教育
　　李　湛　天津财经大学 ……………………………………………… 123
建立高校安全教育评价体系的构想
　　史志强　李薇薇　中北大学 ………………………………………… 127
高校保卫部门开展心理安全教育工作路径
　　徐思钢　北京大学 …………………………………………………… 130
风险社会背景下加强大学生安全教育的思考
　　程诗敏　首都师范大学 ……………………………………………… 135
构建大学生安全教育指标体系
　　郭玉成　华北科技学院 ……………………………………………… 139
浅析大学生安全教育管理
　　高晓峰　包头职业技术学院 ………………………………………… 144
从教育教学角度浅谈高校大学生安全教育
　　徐长江　北京第二外国语学院 ……………………………………… 148
浅谈大学生安全教育
　　高咏美　北京农学院 ………………………………………………… 152
浅谈大学生安全教育管理
　　李耀宇　张建华　毕忠臣　江顺平　中国农业大学 ……………… 157

高校安全教育工作不足与对策
　　陈云鹏　天津工业大学……………………………………………………… 162
大学生校园安全教育
　　袁　全　天津大学…………………………………………………………… 166
浅谈山西省大学生安全教育管理的几点思考
　　陈娟娟　太原理工大学……………………………………………………… 169
论大学生安全教育
　　尚凤森　艾绍东　太原理工大学…………………………………………… 174
高校安全教育重要性探讨
　　李丽生　温雅娟　山西同文职业技术学院………………………………… 179
浅析大学生公共安全教育工作的现状及对策
　　李　娜　南开大学…………………………………………………………… 184
浅析大学生教育教学活动秩序的安全管理
　　郭薇薇　中北大学…………………………………………………………… 189
高校学生安全教育工作的现状及对策
　　张丽红　河北工业大学……………………………………………………… 194
大学生安全意识浅析
　　陈　欣　天津外国语大学…………………………………………………… 198
论大学生安全教育与管理
　　贾二会　陈啸军　山西煤炭管理干部学院………………………………… 202
大学生安全教育管理的实践探索
　　杨济维　承德医学院………………………………………………………… 205
大学生安全教育网络平台的构建
　　宋晓刚　阚双印　青格乐图　王　军……………………………………… 209

高校校园内外环境安全管理

网络视角下高校学生非传统安全教育管理初探
　　陈建斌　山西财经大学……………………………………………………… 215
大学校园师生人身安全管理建设探析
　　眭红亮　李宏亮　杨拓进　太原科技大学………………………………… 226

高校新校区安全管理初探
  王玉喜 山西传媒学院 …………………………………………………… 229
浅析高校校园内外环境安全管理及对策
  孙国琦 闫 勇 仝西川 北方工业大学 ………………………… 233
浅谈高校安全教育管理的几点思路
  李立平 太原理工大学 …………………………………………………… 240
校园安全管理必须确立人文关怀理念
  段清智 南开大学滨海学院 …………………………………………… 246
加强学校的安全管理
  王镜宇 太原理工大学 …………………………………………………… 250
论高校校园师生的人身财产安全管理服务
  赵光烈 张 雷 清华大学 ………………………………………… 254
关于校园安全文化与秩序管理的若干思考
  张淑明 中央财经大学 …………………………………………………… 259
大学教育教学活动秩序的安全管理
  成俊杰 中北大学 ………………………………………………………… 263
浅谈校园内外环境安全与治理
  夏军权 石家庄铁道大学 ………………………………………………… 268
浅谈大学校园的安全与秩序多元化管理
  李 斌 中北大学 ………………………………………………………… 273
大学校园安全管理理念与组织构架建设的探讨
  张学志 杨树兵 天津石油职业技术学院 ……………………………… 277
浅谈高校校园安全管理的对策
  何化春 石 勇 贾慧敏 太原理工大学 ……………………………… 282
大学校园安全管理理念及组织架构建设的探讨
  孙利东 秦自生 中国传媒大学 ………………………………………… 287
校园安全秩序管理研究
  郑 重 中国医学科学院病原生物学研究所 ………………………… 292
浅谈大学校园大学生人身安全管理
  宫瑞冰 中国石油大学 …………………………………………………… 299

高校校园交通安全管理

论"三位一体"校园交通管理模式的构建
　　——基于北京大学的交通管理模式研究
　　熊冰雪　北京大学 ······ 305
北京林业大学校园智能交通管理系统应用技术的研究
　　姜金璞　郑文波　北京林业大学 ······ 311
高校道路交通安全管理的问题及对策
　　赵洪浩　天津大学 ······ 316
高校校园交通的现状与对策研究
　　张晓怿　河北工业大学 ······ 319
试论高校校园的交通管理
　　栗　斌　内蒙古建筑职业技术学院 ······ 323

高校消防安全管理

浅析大学校园环境安全管理
　　——火灾隐患及应对措施
　　关宏战　武旭斌　太原理工大学 ······ 329
浅谈高等院校化学实验室的消防安全措施
　　王胜泽　中国农业大学 ······ 335
浅述首都高校消防安全管理问题与对策
　　马丽云　王亚平　孟庆军　殷宏斌　清华大学 ······ 340

网络舆情引导与管理

试论高校网络舆情的监测与引导
　　李　曾　刘　鹏　刘　冰　卜晓明　北京工业大学 ······ 349
高校网络舆情与网络突发事件理性化引导措施
　　贾慧敏　何化春　太原理工大学 ······ 353

高校网络信息安全探析
　　　武旭斌　韩宗甫　太原理工大学 …………………… 357
网络舆情与网络突发事件
　　　韩俊伟　太原理工大学 …………………………………… 361
试论如何加强对高校网络舆情的管理与引导
　　　尚光辉　天津外国语大学 ……………………………… 366
高校网络舆情应对方案初探
　　　袁　强　张建华　毕忠臣　中国农业大学 ……………… 371
浅谈高校网络舆情的特点及应对策略
　　　张路科　中国农业大学 ………………………………… 375
高校互联网舆情监控的研究与实现
　　　张　军　太原理工大学 ………………………………… 379
建立安全管理信息系统，提高师生安全服务水平
　　　田旭峰　首都师范大学 ………………………………… 383
浅论高校网络舆情的特点与应对
　　　季　雷　北京第二外国语学院 ………………………… 387

搞好技术防范

论高校视频监控系统升级改造方略
　　　冒乃健　徐宁宁　南开大学 …………………………… 395
校园安全技术防范系统的研究与实践
　　　李耀鹏　蔡庆杰　北京林业大学 ……………………… 400
新形势下高校技防建设浅析
　　　李吉川　中国石油大学 ………………………………… 405

学生宿舍和实验室安全管理

加强学生宿舍安全管理　促进高校"平安校园"创建
　　　李瑞林　董建峰　徐延昶　首都体育学院 …………… 411

经济管理综合实验室安全管理初探

　　陈梅生　姜金璞　北京林业大学 …………………………………… 415

高校和谐寝室构建的探索与思考

　　韩凤江　河北医科大学 …………………………………………………… 419

大学生心理安全

浅析大学生犯罪心理及其预防对策

　　孙　淼　首都师范大学 …………………………………………………… 425

"平安校园"视阈下 90 后大学生心理安全教育探究

　　李晓晓　河北经贸大学 …………………………………………………… 429

高校保卫工作和队伍建设

以人本思想建树高情商的高校保卫队伍

　　张学文　河北北方学院 …………………………………………………… 435

落实科学发展观　加强高校保卫工作

　　白　梅　赵学刚　白海林　内蒙古农业大学 ………………………… 439

转变观念　改革创新

转变观念，改革创新

——刍议当今高校校园安全管理工作的现实诉求

杨振权　河北师范大学

摘　要：改革开放30多年来高等教育领域发生了深刻的变化，而直接为高等教育提供服务的校园安全管理领域，观念落后，体制僵化，缺乏活力，严重影响着工作的开展。只有转变观念，改革创新，紧跟时代步伐，才能更好地开展工作。

关键词：观念　改革　创新

近年来，高等学校随着国家的改革开放规模越来越大，门类越来越齐全，各项事业都有了大的发展。而校园安全管理工作却没有太多变化，工作体制还是老一套，工作方法和手段不能完全跟上形势的需要，各级政府和高校当政者都在强调高校稳定的重要性，局面却至今未改。现在我主要就大学校园安全管理工作滞后的内因作一论述，主要表现在以下几个方面：

一、对高等教育公益性的误读，导致"大锅饭"思维

前几年曾经有高等教育产业化的说法，在此影响下，大学校园出现了大力扩招，办培训班，甚至校园里出现了经营成风的现象。宁静的校园环境被打破了，随之而来的是校园社会功能增多，治安管理混乱，校园安全管理难度增加。后来国家明确了高等教育具有公益性质，虽然几经治理，截至目前校园经营活动还没有完全灭绝。与过去相比，现在的校园人员复杂，社会活动频繁，勤工助学活动数不胜数，校园与社会衔接更加紧密。而高等教育的公益性，使我们的工资仍然享受着财政拨付，校园安全管理除了增加了一些科技手段外，其他仍然没有多大变化，于是一些人认为我们还在吃大锅饭。因为从工作上与过去相比没有多大变化，干好干赖一个样，不能体现"多劳多得，少劳少得，不劳不得"的竞争机制，这极大挫伤了诚实劳动者的积极性，现行的体制已明显跟不上时代的要求，一些混饭吃的人却得到了极大的满足。其实这是对国家政策的误读，高等教育的公益性是不用怀疑的，但绝不等于大锅饭，只有经过改革，引入市场机制，把工作引入竞争，取消大锅饭思想，工作才能做好。

二、校园安全管理工作不是生产力

近几年，随着我国人口高峰的到来，由于招生、大学生就业等方面出现了一些困难，于是高校间的竞争也逐渐白热化。一些高校为了扩大招生发展自己，以便在市场竞争中立于不败之地，于是盲目投资上新专业、建新校区扩大规模等，而在校园安全管理上不舍得投入，他们认为好的专业可招来好的学生，短时间能见到效益，而校园安全管理工作是长期的，不会在短时间内见效。在这种思想的指

引下,学校从上到下对安全管理不够重视,直接导致学校出现这样或那样的问题。一些人没有发展的眼光,错误地认为安保工作好赖与学校的竞争实力没有多大关系,校园安全管理不是生产力。其实这是非常错误的,试想连安全都得不到保障的学校,还有人敢来上吗？随着高校改革的深化,学校之间的竞争内容也在深化,在整个学校工作中,高校的校园安全管理工作会越来越重要,逐渐成为学校综合实力提升的硬件之一。

三、校园安全管理工作不需要文化建设

文化建设既是建设物质文明的重要条件,也是提高人民思想觉悟和道德水平的重要条件。任何一个行业、一个单位搞文化建设就是用先进的思维和技术提高从业人员的知识水平,通过合理和进步的活动来陶冶人们的情操,丰富人们的精神生活。一个团队、一个单位如果没有自己的文化,这个单位的生命力就不会旺盛,可持续发展的动力就不足。多年来校园安全管理领域工作质量低,工作热情不高,团队的可持续发展动能不足,对外不足以治理环境,对内不足以稳定人心,久而久之,人见人烦,在学校地位低下。所有这一切都与校园安全管理工作文化建设的贫弱有直接的关系。在这样的情况下,要想提高我们的工作水平,扭转被动的局面,大力加强校园安全管理工作的文化建设势在必行,刻不容缓。

四、不需要"三定位"照样工作

多年来,高校校园安全管理工作,一直处在一种尴尬的境地。首先,从业者的法律地位模糊,没有工作规则。2004年国务院颁布的《企事业单位内部治安保卫工作条例》第二十二条规定:机关、团体的内部治安保卫工作参照本条例的有关规定执行。高等学校治安保卫工作的具体规定由国务院另行制定。截至目前,高校虽然通过各种途径呼吁过,但我们还没有看到国务院针对高校指定的《内保条例》出台。当今社会是法治社会,在人才济济的高等学校,校园安全管理领域若长期处在一种无据管理的盲目当中,工作质量很难保证。其次,从安全管理人员的来源上也会发现,长期以来政府管理部门和高校当政者由于深入基层不够,缺乏对此项工作的了解,认为此项工作科技含量较低,没有必要安排高能力的人员,于是出现了把到哪个部门也不好安排的人员安排到安全管理部门,没有能力、没有学历、国家指令分配来校的别的部门不要的,也分到校园安全管理部门,久而久之形成了恶性循环的局面。行业工作质量上不去,人员素质低下,很难适应新时期高水平大学的办学需要,根本的原因就在于此项工作没有完成组织定位,从业人员的来源没有明确的标准。再次,多年来校园安全管理工作在全社会不受重视,不被理解,与这个行业多年来没有完成学科定位有直接的关系。在知识更新日新月异、飞速发展的今天,校园安全管理工作是一门科学,已得到了越来越多人的认可,它需要一代又一代人前赴后继的探索和奋斗,使这个学科最终和其他学科一样,得到全社会的理解和接受,促进这个行业健康有序的发展。多年来,"三定位"问题没有完成,而我们的工作一天一天在做,于是一部分人认为,不需要"三定位"照样能做好工作。通过多年的实践检验,可以看出,没有"三定位"的校园安全管理工作,是一种盲目的工作,无规则的工作,也是一种不可能高质量完成的工作。"三定位"问题就像悬在我们头上的一把剑,不知道什么时候会掉下来,使我们蒙受打击。所以在校园安全管理工作中,认为法律、组织、学科定位问题不解决照样工作的理念是十分错误的。

五、搞好服务和严格管理是一对矛盾

当今社会提倡和谐、人性化,做任何工作必须要有服务意识。服务意识有强烈与淡漠之分,有主动与被动之分。这是认识层面的问题,认识深刻就会有强烈的服务意识;要有以校为家、无私奉献的风格和精神,这是做好校园安全管理工作的基础。校园安全管理工作从根本上说就是一种为广大教职员工提供安全服务的工作。在服务的过程中,对各种校规校纪和国家法律严格遵守和执行,是做好本职工作的保证,这就需要在工作中严格管理。有人认为,学校安保部门对校园进行严格管理必然影响其服务质量,其实二者相辅相成,并不矛盾,工作中对待师生日常的行为管理要不怕苦,不怕累,热情周到服务。对待窜入校园的不法分子,要毫不手软,坚决打击。在实际工作中,只有严格管理,动之以情,晓之以理,让广大师生员工理解你,舍小家顾大家,严格管理,才能显示出你的热情服务,所以在校园安全管理工作中,搞好服务和严格管理并不矛盾,认为二者矛盾的人,其实是不讲原则,好人主义,工作敷衍的人,这样的人是不会做好工作的。

六、"净土"思想占据思想阵地

从传统意义上讲,高校是培养造就人才的殿堂,同时也是人才汇聚的地方,正是由于高校校园内人群的特殊性,一部分人产生了这样的想法:学校是一片净土,校园内出不了什么大事,也正是在这种思想的影响下,一些人在日常工作中麻痹大意,对工作不重视,久而久之就产生了轻敌思想,直接导致校园防范工作不到位,案件频发,师生人身财产受损,校园安全得不到保障。关于这个问题,作为新时代的校园安全管理工作者,我们在工作中要有比做其他社会工作更强的结合能力,应该有发展的眼光,牢固树立"高校无小事"的思想,高校的安全管理工作才能做好。改革开放以来,高校校园发生了大的变化:连年扩招使学生人数越来越多;开放式办学使校园社会活动常年不断;勤工俭学使大量的学生走出校外创业,以学生为媒介把学校与社会逐步拉近,大量的社会矛盾涌进校园;受市场经济影响校园内经营逐步增多,大量的流动人口进入校园,校园的宁静被打破,传统的"净土"观念被颠覆,在这种情况下一部分人仍然抱着净土观念工作,被动的工作局面可想而知。

从近几年的实际运行状况看,之所以出现这样那样的问题,与现行的安全保卫工作体制有着直接的关系。也就是说虽然改革开放这么多年了,但我们的高校保卫体制一直沿用了计划经济体制下的模式,要想使校园的安全管理工作上一个台阶,与时代接轨,从体制上要下大力气改革。

七、引入竞争机制,取消大锅饭

从校园安全管理工作多年的运行过程中,不难发现,我们服务的主体已经发生了变化,校园中不但有广大的师生,在校园安全管理领域也增加了诸如短期培训人员,商贩摊点从业人员等内容,大部分的学校也已实行了绩效工资,各个学院、各个单位逐步实行了竞聘上岗,更重要的是如果继续保持计划经济模式下的校园安全管理模式,干好干坏一个样,干和不干一个样,校园安全必然会陷入混乱,广大师生的安全保障更无从谈起。近几年,国家也已经把高校的改革向更深层次推进,逐渐从招生到就业引入了竞争机制,在这种情况下,安全管理体制还停留在计划的体制上,做好工作就是天方夜谭,所以要想把校园安全管理工作做好,就必须引入竞争机制,打破大锅饭,切实让从业人员抛弃等、靠和混日子的思想,学校可通过下放权力,保卫部门经费包干,打破传统的干部任用方式,把过去凭学历任命改为靠能力任命，引入量化管理标准，把年富力强、踏实肯干的人的收入提起来，从而调动起大家的工作积极性，使我们的工作切实上一个台阶。

八、改革校园安全管理工作的组织架构

由于体制落后，从业人员工作热情不高，劲头不足，直接导致工作效率低下，工作质量低劣，科室设置严重滞后，防范思路跟不上形势发展，校园案件频繁发生，师生生命和财产安全得不到保障。只有引进新体制，改革现行校园安全管理工作的组织架构才是出路。首先从校园发案看，由于青年学生心地善良、正义感强、社会经验不足、心理承受力差的特点，可考虑把传统的人防、物防、技防的防范手段延伸，在心理防范上下工夫，引进专门人才，在学校的心理咨询中心的工作内容里加上防范教育的内容，在保卫部门成立"心防科"，只有保卫部门牵头结合日常案例和防范工作特点，才能接近地气，更具有针对性，心理防范工作才能落到实处。其次针对近年来校园防火任务严重，盗窃案件频发，校园消防监控室和治安监控室大量设立，两个监控室分属于两个科室，不利于统一管理，为突出对科技防范的管理，可考虑打破原有框架成立"技防科"，以充分显示出科技防范在校园的作用。为提高案发后涉案人员查询，保障日常防范，除技术防范外的其他日常防范工作、民事调解以及流动人口管理、户籍管理等，成立"安卫科"进行管理。随着校园办学的逐步对外开放，招生的多样化加剧，校园安全的内容越来越多，再加上预案调研的内容，可把调研职能拓宽，成立"安调科"。关于校园巡逻和交通，则仍然由校卫队和交通科负责。为加强对保安的日常监督检查，监督落实竞争机制下各科室量化管理的完成情况，布置全处日常工作，处里日常后勤工作可由一名副处长带队成立"计划监督科"。随着高校保卫部门执法权的取消，从传统职能和如今的形势上看，高校保卫处的叫法也已过时，应当附加时代的内容，可改为"防保处"。

九、充分发挥保卫学会的作用，努力搭建与政府沟通体系

保卫学会自成立以来，为高校保卫工作的提升起到了很大的作用。随着校园治安形势变化，日常工作中出现的新问题又摆到了我们面前，比如外来车辆进入校园的收费问题、保卫工作者的风险津贴问题、保卫工作者的职称单列问题、学校之间日常校园案情的沟通协调问题等等都需要充分发挥高校保卫学会这个学术团体的作用，努力搭建与政府沟通的平台，利用我们的人才优势，积极呼吁政府，逐步加以解决。从近几年的运行状况来看，工作力度还很不够，首先参会人群过分单调，主要是保卫处负责人参加，一些具有一线经验的基层同志很难参会。这样不但挫伤了大家的积极性，而且也降低了学会在人们心目中的分量。其次学会活动单一，大部分的活动只是通过开会这种形式来体现，各分会各学校同行沟通手段科技含量不高，截至目前从全国到各个省还没有一个统一的沟通平台来通报各自的工作经验和不同学校串联型突发事件的协调，更谈不上同行之间的其他交流。还没有一个正规的出版物供大家研讨，内部刊物毕竟得不到全社会的舆论认可。全国学会应利用自身的覆盖作用，呼吁政府在全国范围内建立内部培训进修学校，大力推进工作的标准化建设，逐步缩小不同城市、不同学校从业人员、保安装备到待遇的差距，为做好本职工作提供保障。2008年奥运会之前我曾经呼吁推进行业内外语水平，随着近几年来高校涉外活动的增多，高科技犯罪的凸显，外语的作用将更加明显，物理的、化学的、生物的防范知识的补充势在必行。所以需要学会做的工作还很多很多。

十、下大力气搞好安全管理工作的文化建设

曾经有人这么说,在我国,社会警察和内部保卫人员的比例是1:1,国家的安全工作靠这两条腿走路。而高校安全保卫工作行业庞大,竟然连自己的文化都没有,一个行业的工作要想具有生命力,具有持续性,行业文化建设必不可缺。只有几代人前赴后继,持之以恒,校园安全管理工作才能由人性过渡到理性,才能由人治变为法治。多年的经验使我们认清了这一道理,所以我们要从自身做起,严格要求,严密规范,共同维护工作的规则,提高服务质量,下大力气把文化建设搞上去,真正提高我们的工作质量,也只有如此才能改变社会和各级领导对我们的传统观点,我们的事业才能稳步向前。

十一、全国一盘棋,尽快完成高校保卫领域的定位保障

改革会引起利益的重新分配,任何新事物的诞生都不会是一帆风顺的。就像前几年的高校公安体制改革一样,为了能早日完成,我们利用各种渠道,经过几代高校保卫人坚持不懈奋斗了数十年,虽然没有达到预期的目的,但毕竟在国家的领导下迈出了改革的第一步。面对当前高校保卫领域存在的问题,我们要发扬老前辈的创业精神,把我们的学科定位问题、组织定位问题、法律定位问题及早完成,我们的行业才能发扬光大,我们的队伍才能健康发展,我们的工作才能在建设法治化国家的道路上稳步向前,我们的事业才能健康发展。在前进的道路上,要树立全国一盘棋的思想,不能各省或各分会行动,要形成合力,利用我们的优势,通过各种渠道争取早日完成。

伟大的时代造就伟大的业绩,高校的改革仍在进行,面对新形势,新挑战,我们只有团结一致,大胆探索,勇于改革,才能奋勇向前。

作者简介:

杨振权　河北师范大学保卫处治安科科长,手机:13603310767

通讯地址:石家庄市裕华区南二环东路20号,邮编:050024

高校群体性事件的法律属性和法律对策浅析

王　帅　南开大学

内容摘要：积极稳妥地处置高校群体性事件是维护校园稳定的重要方面，在依法治国和依法治校的发展背景下，我们应更多地从法律角度对高校群体性事件进行认识，具体事件具体分析，并积极开展法制宣传，健全规章制度，依照法定程序处理高校群体性事件，以此更好地促进校园的和谐发展。

关键词：高校　群体性事件　法律属性　法律对策

近年来随着经济的飞速发展和改革的深入开展，各种社会矛盾逐渐凸显，群体性事件也随之增多。高校作为构建和谐社会的重要阵地，从某种意义上说，是社会多种矛盾和不稳定因素的指向标。积极关注研究高校群体性事件对维护高校日常教学、科研秩序，构建和谐校园具有重要的意义。

一、高校群体性事件概述

高校群体性事件主要是指相当数量的高校在校学生因特定的敏感问题或者为了维护自身的权益，在校园内外聚集在一起，采取集会、游行、示威、罢课、围堵、静坐等方式表达情绪对抗某特定组织，可能给高校教学科研秩序、社会正常秩序造成一定冲击的事件。

群体性事件在价值判断上一般被定义为恶性，但这并不意味着群体性事件没有丝毫合理性，尤其是大学生群体性事件，其间就充满了理想色彩与浪漫情怀。高校的群体性事件有良性、中性和恶性之分。良性群体性事件是指高校学生基于良好的社会公德、正义感、爱国主义情感等聚集到一起，捍卫国家主权和利益、维护社会公平正义等良好的集群行为。中性群体性事件是指大学生出于好奇心、从众心理或基于同情心理而临时形成的集群行为，其显著特征是没有明确的社会负面影响。恶性群体性事件是指因政治形势、高校管理等高校学生聚集在一起言行过激、可能会被不法分子利用的集群行为。三种类型的群体性事件并没有明确的界限，在一定条件下可能会相互转化。所以我们对高校群体性事件要具体问题具体分析，认真对待，切忌一刀切。

高校学生参加群体性事件的条件也是具有特殊性的，大学生作为青年群体中的优秀分子，作为天之骄子和时代精英，他们身上具有其他群体所不具有的特质。这些特质具有双面性，既是他们的优势，也是他们的弱点。在他们身上，存在着内在理想与外在现实的巨大张力。这个群体既有对社会秩序的认同与遵从，也有对现存社会秩序的挑战与反叛，并且有创造新的规范的冲动；既有对现实的悦纳与对未来的憧憬，又有对社会现状的不满与对未来的迷惘。这些特质在某一事件的刺激下都促进了引发群体性事件发生的可能性。正确认识大学生的特质有利于我们更好地解决此类事件。

二、对高校群体性事件法律属性和法律责任的浅析

正确认识事物的性质,是分析问题和解决问题的前提和基础。在依法治国和依法治校的发展背景下,充分认识和探讨高校群体性事件的法律属性及相关法律责任问题对预防和处置此类事件具有重要的意义。

在处置群体性事件的实践中,我们往往将群体性事件作为"人民内部矛盾"来看待,高校群体性事件也不例外。将"人民内部矛盾"作为处置高校群体性事件的理论依据,对于维护校园稳定,妥善处理群体性事件起到了一定的积极作用。但是,我们应该看到,这是在我国校园法制不够健全的情况下的政策性措施,这就避免不了人治的成分在里面,很容易走向"多数人的暴政",难以保证处理结果的公平公正。所以对于具体的群体性事件而言,我们应该更多地坚持法治的视野、法治的立场、法治的原则、法治的方式和法治的程序来认识和处置高校群体性事件。我们应从法律的视角,运用法律的途径和方法来认识、分析和解决矛盾。

从法律角度对某一事物作出分析和判断,得出的结果不外乎是合法或非法,当然两者在一定条件下亦会相互转化。所以,对于高校群体性事件的法律属性,我们不能笼统地作出合法或非法的判断,要根据具体的情况具体判断。根据《中华人民共和国集会游行示威法》(以下简称《集会游行示威法》)的立法精神和法律条文的规定,高校群体性事件虽然具备集会、游行、示威活动的主要特征,但其并不完全是法律意义上的"非法集会、示威、游行"活动,区别主要体现在高校群体性事件发生的区域和破坏性程度上。首先,从高校群体性事件发生的多数区域来看,其多为校园内的"公共道路"和"公共场所",而在法律的眼中,校园内的"公共道路"并不是法律意义上的"公共道路",两者有本质的区别;再者,高校群体性事件的破坏性程度与其他群体性事件相比不可同日而语,其有自己的特殊性,所以我们不能笼统地将高校群体性事件等同于"非法集会、游行、示威",要区别对待。但是,这并不意味着高校学生群体性的集会、游行和示威活动就是合法的。根据相关法律规定,未经公安机关批准的集会、游行、示威活动即违法,公安机关将依法予以制止,并查处有关负责人、直接责任人及骨干分子。也就是说,未经批准的高校学生集会、游行、示威、罢课、围堵、静坐等是不合法的,但是,其与《集会游行示威法》中的"非法集会、游行、示威"有所区别,不完全是法律意义上的"非法集会、游行、示威"。

结合群体性事件扩散快、危害性大和大学生易冲动、盲从的特点,高校群体性事件如果不能得到有效的控制,其混乱状态极可能诱发各类违法犯罪行为,引发各类法律责任。我国《刑法》、《治安管理处罚法》和《集会游行示威法》及《集会游行示威法实施条例》等重要法律文件,为处理学生群体性事件中可能存在的违法犯罪行为提供了法律依据:如在学生群体性事件中,冲击校内机关、单位、学习场所,阻碍校内交通等行为,应按《治安管理处罚法》第23条"扰乱机关、团体、企业、事业单位的秩序,致使工作、生产、营业、医疗、教学、科研不能正常进行,尚未造成严重损失的"行为,处警告或者二百元以下罚款;情节较重的,处五日以上十日以下拘留,可以并处五百元以下罚款;利用学生群体性事件的混乱状态,有哄抢国家、集体、个人财物,故意损坏公私财物,非法限制他人人身自由或者非法侵入他人住宅,公然侮辱他人或者捏造事实诽谤他人等行为之一,尚不够刑事处罚的可依照《治安管理处罚法》第23条、24条、26条的有关规定,处警告、治安罚款或15日以下拘留处罚;在学生群体性事件中,殴打他人,造成轻微伤害,尚不够刑事处罚的,应按《治安管理处罚法》第43条规定处警告、

治安罚款或15日以下拘留,还应当负担受害人的医疗费用、赔偿经济损失;在学生群体性事件中,行为人实施违法行为,情节恶劣、后果严重等构成犯罪的,我国刑法相应规定有:"危害公共安全罪"、"侵犯公民人身权利、民主权利罪"、"侵犯财产罪"、"妨害社会管理秩序罪"等,将对其分别科以不同程度和类别的刑事处罚。

在当前发生的高校群体性事件中,存在着合理要求与违法请求、多数人的一般违法行为与少数人的严重违法行为甚至犯罪行为交织在一起的情况。因此,在处置高校群体性事件时必须要严格依法进行,要针对不同的群体性事件和不同的发展阶段,结合当事人参与的实际情况,正确分析判断群体性事件的法律性质,区分合法与非法、罪与非罪的界限,并按照法律、法规的有关规定开展处置工作。

三、预防和处置高校群体性事件的法律对策

在处置高校群体性事件的实践中,要深入贯彻教育部《全面推进依法治校实施纲要》的通知精神,牢固树立依法办事、遵守章程、法律规则面前人人平等的理念,建立公正合法、系统完善的制度与程序,保证学校的办学宗旨、教育活动与制度规范符合民主法治、自由平等、公平正义的社会主义法治理念要求;遵循合法合理、教育为主、惩教结合的原则。对于触犯学校规章制度和法律法规的责任人要遵照法定程序依法追究当事人的责任。同时要兼顾教育为主、惩罚教育相结合的原则。

(一)深入开展法制教育,提高在校师生的法制意识

深入开展法制教育是预防高校群体性事件的重要途径。法律作为一种社会规范,不仅规范着每个社会成员的行为,也调节着社会成员之间的利益关系,而且较其他规范更具有权威性、公正性和强制性。在高校开展法制宣传教育,就要加大普法工作力度,提高普法质量。除了开设法律基础课之外,还要利用各种宣传工具和形式,向学生宣传有关法律、法规,使学生在利益受到损害时寻求法律手段和正当渠道解决问题,采用合法行为,防止因一时冲动或无知而形成高校群体性突发事件。同时还要加强对学校教职工的法制宣传,力争使学校的工作人员真正做到知法、懂法、守法、用法。通过法制宣传教育,增强在校师生的法律意识,使其知法、懂法、守法,既要学会用法律武器维护自己的合法权益,又能自觉履行应负的法定的和约束的义务,从而摈弃"法不责众"的盲从心理,避免被少数敌对分子利用。

(二)积极完善规章制度,健全预警、疏导和控制机制

有法可依是处置高校群体性事件的重要前提。学校要完善相关章程或者关系师生权益的重要规章制度,遵循民主、公开的程序,广泛征求校内外利益相关方的意见,建立健全各种办事程序、内部机构组织规则、议事规则等,形成健全、规范、统一的制度体系。同时学校要建立敏锐的大学生群体性事件预警机制,建立全方位的情报网络和舆情报告制度,监管大学生利益表达和情绪宣泄的渠道;建立有效的大学生群体性事件疏导机制,利用宣传的主渠道,对突发性事件的事实情况向学生们进行快速、客观、令人信服的报道,控制非理性、具有煽动性和破坏性的流言传播,避免大学生情绪的积聚,防止事态进一步扩大;建立快速反应的大学生群体性事件控制机制,发挥多元主体的作用,采取多种有效应急措施将大学生群体性事件控制在可控的范围之内,避免演化成严重的破坏高校教育教学秩序和社会稳定秩序的恶性事件。

(三)处置群体性事件必须严格依照法定的程序进行

遵循法定的程序和步骤是处置群体性事件的重要方面。对此学校要遵循程序正义的原则,在认真

分析的基础上,采取正确的方式,进行妥善处理。首先,学校领导干部应本着依法行政的原则,克服官僚主义,做到以人为本,搞好自己的本职工作。其次,要树立程序意识,坚持正当程序理念。在处理高校群体性事件时严格遵循法定职权和法定程序,不越权、不失职,将处置工作的各个环节纳入到法律轨道,确保处置工作既依法有据,又干净彻底,不留隐患。

当然,仅从法律角度对高校群体性事件进行预防和控制难免有所偏颇,对待高校群体性事件我们应坚持多管齐下,多措并举的方式,依法处置高校群体性事件作为最权威最公正的处理方式在高校群体性事件的预防和控制中扮演着相当重要的角色。

作为国民教育体系的重要组成部分,高校的和谐稳定是国家和社会和谐发展的重要基础。坚持依法治校,依法处置高校群体性事件,才能更好地促进学生的成长和高校的发展。

参考文献:

1.朱益飞.论大学生集群行为的三种类型及应对策略.现代教育科学,2012(5):129
2.才立琴.对大学生群体性事件的分析与解读.中国青年研究,2012(6):25~27
3.关于处置群体性事件的法律对策研究
4.吴晓玲,鲁克敏.高校学生群体性事件的处置及相关法律规制.教育学术月刊,2010(6):62
5.教育部.全面推进依法治校实施纲要
6.张杨.大学生群体性事件的发生条件及其对策研究.教育与职业,2011(36):63
7.徐红梅.预防和处置高校群体性事件的法律视角.山西高等学校社会科学学报,2010(10):64

作者简介:

王帅　南开大学保卫处

构建安全教育平台,推进大学生安全教育工作

李耀鹏　北京林业大学

摘　要：北京林业大学率先开展大学生安全教育工作。学校把安全教育课纳入必修课体系,实现安全教育进课堂;组织编写了《大学生安全教育概要》教材;通过安全教育课、安全教育网,以及消防、治安、交通、国家安全、反邪教、保密六大重点专题教育,以及开展应急演练,搭建了"一课、一网、六大重点专题,一项演练"为体系的"1161"安全教育平台,建立了安全教育的长效机制。

关键词：大学生　安全教育

北京林业大学党委按照安全保卫工作向预先防范延伸的思路,在首都高校开展大学生安全教育进课堂工作。多年来,学校不断创新工作方法,完善安全教育工作体系,切实提高安全教育的效率和质量,搭建了"一课、一网、六大重点专题,一项演练"为体系的"1161"安全教育平台,促进了安全教育进教材、进课堂、进头脑,实现了安全教育的制度化、规范化、系统化和日常化。累计对3万多名学生进行了系统的课堂安全教育,组织大型演习活动30余次。随着安全教育工作的全面推进,广大师生的安全意识普遍得到了提高,为创建平安校园、和谐校园提供了有力的保障。

一、观念创新,大学生安全教育提出新思路

进入新世纪,高校安全稳定工作面临着许多新的形势。从国家面临的安全环境来看,当前我国面临的环境复杂多变,安全形势不容乐观,高校成为国家安全稳定工作的重点;从学校发展来看,随着高校规模的不断扩大和招生人数的不断增加,由于基础安全教育不到位和各地生源安全教育状况迥异,安全教育问题历来是一个薄弱环节,相关部门也缺乏切实有效的安全教育措施,长期以来安全教育处于被动状态,形成了教育不到位,安全意识淡薄,安全措施和安全制度很难落实的重大人为安全隐患。由于缺乏社会经验、安全防范意识、对社会消极因素的抵御能力造成的大学生安全事故频发。如何使大学生自我防范、自我保护能力的提高,显得尤为重要。

针对国内高校在大学生安全意识和防范能力建设方面存在的问题和不足,学校对如何提升大学生安全意识和防范能力进行了一系列前瞻性、预见性的调查研究。通过调研分析,学校发现预防为先,做好大学生安全防范教育是当前高校安全工作的薄弱环节,而发达国家从小学开始培养学生逃生自救和应对各种突发事件能力,减少各种突发事件对人们生命和财产危害的经验值得借鉴。

在此基础上,学校本着"安全第一,预防为主、防治结合、重在教育"的方针,认真分析学校高层公

寓多,人员密度大,安全基础设施不尽完善,校园周边安全环境复杂等特点,不断向前延伸安全稳定工作的触角,提出了推进大学生安全教育进课堂的工作设想。

二、以"1161"平台为支撑,积极推进大学生安全教育工作

三年来,我校不断创新大学生安全教育模式,搭建"1161"平台,率先实现大学生安全教育进课堂、进教材、成体系,全面推进大学生安全教育工作。在安全教育工作中,强化组织领导,各部门齐抓共管,坚持三位一体,全方位拓宽安全教育空间,实现大学生安全教育系统化、制度化、规范化。

(一)成体系,搭建"1161"安全教育平台

1.进课堂,安全教育内容正规化

我校率先实施安全教育进课堂,充分发挥理论教学主渠道作用,夯实安全知识基础。为了使工作抓得更顺、更实、更全面,学校注重发挥安全教育理论教学的主渠道作用,采用了以大课堂多媒体为主要形式的安全教育理论部分教学,同时注重多媒体教学与书本教育、演示教育相结合。从2004年我校安全教育课正式开课,主讲教师运用大量生动的案例对新生进行以案说法,有针对地教育,重点讲授基本的火灾预防和应急逃生知识,拉开了我校安全教育工作的序幕。

后来,我校结合学生军训期间人员集中、管理严格的特点,将安全教育集中在新生军训期间讲授,使安全教育与军训结合起来,保证了安全教育课的授课质量。在突出消防、治安、交通等教育重点的同时,学校还专门针对女同学开展女子防身、紧急救护等方面的专题教育,进一步丰富了理论教学的内容。

通过强化系统的课堂教育,安全教育课的水平不断提高,安全知识得到全面普及。截至目前,我校先后有3万余名学生学习了安全教育课程,安全教育普及率达到100%。

紧密结合实际,抓好实践演练环节,大学生安全教育突出实战化。安全教育实践课是安全教育进课堂工作的重要环节。学校紧密结合理论教学内容和学校安全工作的实际,重点抓好疏散逃生演习。学校制定详细的实践课教学计划,召集相关部门召开协调会,以及做好演习学生的思想动员和非演习学生的宣传工作,确保做到万无一失。

学校建立了与消防部队等部门的日常联系协调机制,及时沟通情况,争取支持。每次演练前,学校都要联系消防部门进行现场勘查。从2004年至今,我校共组织大型应急演习30多次,使同学们掌握了逃生疏散路线判断、自我保护措施运用、灭火器消火栓使用等基本逃生自救和实用灭火方法,真正使同学们贴身体会到了火灾事故的危害性,综合提高大学生预防意外事故和应急避险的能力。

2.进教材,编写了《大学生安全教育概要》

在完善课程设置的同时,学校以增强学生安全防范能力为出发点,以通俗易懂、简练实用为原则,精心组织编写安全教育教材。为提高教材编写质量,学校组织有多年保卫学研究经验的兄弟高校专家进行座谈,研究教材定位和材料组织;多方走访和查阅资料,收集大量的案例;反复审定、吸取各级领导的意见。在此基础上,学校完成了《大学生安全教育概要》一书的编写。该书以防火安全、交通安全、社会治安、日常生活安全、自然灾害、国家安全和涉外安全六部分为重点,内容翔实,事例典型,具有较强的针对性、实用性、知识性和可读性。

《大学生安全教育概要》印刷完毕后,得到了各级领导和广大师生的好评和肯定,被认为"非常适合作为高校开展大学生安全教育和新生入学教育的必读书,以及高校保卫干部和学生政工干部的参

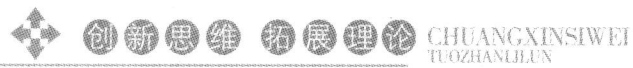

考书"。我们还向许多兄弟高校赠阅了此书,不少外地的高校还要求我们邮寄,相关主管安全工作的单位也相互传阅了此书。

为适应现代教学的需要,提高安全教育效果,学校收集和整理了大量的影像、图片和文字资料,开发了适合课堂教学用的多媒体教学课件。课件以案例为重点,在教育内容上,突出防火、治安等重点。学校每年对课件内容进行补充,目前安全教育课件的内容丰富,形式比较新颖,有比较深刻的教育意义,基本达到了安全教育教学预期目标。

3. 建立安全教育网,实现安全教育网络化

为了克服时空限制,全面普及安全常识,我校开通了北京林业大学安全教育专题网站,进一步扩大安全教育的范围,拓宽安全教育的渠道。网站开设了安全常识、法律法规、消防安全、交通安全、社会治安、国家安全、自然灾害等栏目。安全常识栏目主要介绍如何防盗、防火、防事故等内容;法律法规栏目重点介绍国家有关法律法规;最新消息栏目及时通报学校及周边警情和时事。

安全教育网还专门设置了下载空间,将安全教育多媒体课件和安全教育资料上传供大学生下载和学习。

4. 抓好六个专题,安全主题教育活动日常化

近年来,学校采用"请进来"、"走出去"的教育方式,把课堂与课外、校内与校外结合起来,坚持全方位、多层次拓展,广泛开展丰富多彩的安全主题教育活动,引导学生参与安全教育和自我管理,形成互动循环工作格局,实现学生自我管理、自我教育。

学校长年坚持开展以"消防、治安、交通、国家安全、反邪教、保密"等六个专题的安全教育活动,寓教于乐,切实提高安全教育的效果和质量。学校通过印发安全知识宣传手册、发放安全知识VCD光盘、组织安全防火主题图片展、举办校园消防安全知识主题班会、专题讲座等方式,开展安全宣传月、安全生产月、交通安全宣传月、学生公寓安全专项整治等活动,做到了日常的安全宣传和安全教育进课堂互为补充。

(二)强化组织领导,各部门齐抓共管,安全教育工作制度化

为了抓实大学生安全教育工作,学校党委研究决定,成立了以主管安全稳定工作的副书记为组长,以主管安全工作的副校长和主管教学工作的副校长为副组长的安全教育工作领导小组,组织和协调安全教育的各项工作。领导小组多次召开会议,认真制订实施方案,统筹规划、整体推进安全教育工作。领导小组提出把安全教育作为维护学校安全稳定的基础工作,摆在更加突出的位置,纳入学校安全稳定工作总体安排中,进一步明确了安全教育工作的指导思想、任务目标、推进步骤和工作要求,确保大学生安全教育不流于形式。

为增强安全教育的规范性,学校专门制定了《北京林业大学安全教育及管理暂行规定》,明确规定安全教育的方式、方法和有关实施细则,使安全教育成为学校安全"预防为主"的常态工作。

(三)坚持三位一体,系统设计方案,安全教育教学体系规范化

学校把安全教育纳入教学计划,系统设计大学生安全教育实施方案,构建了包括课程设置、师资队伍建设、考核反馈等三位一体的教学体系,确保安全教育体系的规范化。

1. 科学设置课程

学校经过认真研究,本着"节约课时、全面普及、注重实效"的原则,将安全教育课列入大学本科生一年级必修课范畴、纳入教学计划,设置0.5学分,共10个学时,其中4个学时理论知识的学习,4

个学时实践演习,2个学时考核。课程结束后,学校统一组织安全教育课程考试,并给予学分。大学生安全教育课程纳入本科生教育计划,解决了长期以来大学生安全教育零散化的问题,确保了规范化的教学。实践证明,通过10个学时的学习,不仅大大增强了同学们的安全意识,而且有效地节约了同学们的学习时间,取得事半功倍的效果。

2.师资队伍专兼结合

我校从实际出发,坚持专兼结合、内外互补的原则,建设了一支稳定的安全教育师资队伍。一方面,我们充分发挥学校安全保卫干部的优势,选择有多年保卫工作经验的教师担任课堂授课任务。另一方面,聘请防火、治安等方面的专家来学校开展安全教育讲座和报告,请他们面对面地向广大学生传授安全知识,并现场模拟和演练一些逃生自救方法。

3.课程考核网络化

为确保大学生安全教育课程考核质量,学校针对学生基数较大、考核工作量大、安全教育以普及安全常识为主等特点,不断探索课程考核的方式。从开始采用答题卡的形式发展到安全教育网上答题系统进行考核。安全教育网上答题系统,由答题部分和参考资料两部分组成,答题部分让同学们在规定的时间内,使用自己的账号独立完成考试;参考资料为同学们提供了一个再学习的机会。同学们在答题结束后,很快能得到自己的成绩以及正确的答案。采用网上答题系统不仅有效地提高了工作效率、大大地节约工作成本,而且达到了预期的工作目标。每年考试结束后都要对大学生安全知识的掌握情况进行汇总分析,进一步完善和改进大学生安全教育工作。

三、作用突出,大学生安全教育成效显著

通过扎实开展大学生安全教育工作,校园安全氛围不断浓厚,安全知识得到有效普及,广大师生的安全意识显著增强,推动我校安全教育工作长效机制不断形成。

(一)提高了安全意识

学校通过开展安全教育工作,广大师生的安全意识空前提高。同学们通过安全教育课的系统学习,深刻认识到各种隐患的潜在危害,从而大大提高了安全意识;记得北京交通台主持人采访我校园艺041班的董××同学:"高层公寓发生火灾时你该怎么办? 他说:'我来自农村,家住平房,最初认为发生火灾跳窗子就行了,但是学完这门课后,我知道住在高层公寓跳楼是很危险的,而且发生火灾一定要沉着冷静,千万不能惊慌,要听从工作人员指挥,有序撤离。'"学生在回答问卷时写道,安全教育课是大学阶段学到的最重要的一门课,将使自己受益终身。

(二)普及了安全常识

通过安全教育工作,特别是通过实践技能锻炼,同学们亲身体验火灾演练,都能掌握基本的逃生自救方法和应急避险知识,能够做到三知、四懂、四会,即:知防火知识、知灭火知识、知防火制度;懂火灾危害、懂预防火灾的措施、懂扑救初起火灾、懂逃生办法;会报警、会使用灭火器材、会扑救初起火灾、会疏散逃生;克服了以往只注重宣传教育而缺乏监督落实的尴尬局面,也帮助大学生树立起临危不乱的思想,为预防灾害和减少损失奠定良好的基础。

例如我校学生公寓11号楼卫生间发生火险,现场学生立即使用灭火器和消火栓实施灭火,并组织同学们疏散,在工作人员到达现场前,火灾已被同学们及时扑灭,避免了一场事故的发生。这场火险的及时扑救充分说明了安全教育的必要性和重要性,否则后果难以想象。

(三)营造了安全氛围

通过安全教育工作的开展,校园内自发组织的各种安全教育主题活动也越来越多,同学们的参与热情也越来越高。例如:每年学生公寓管理中心都会举办以防火安全知识为主要内容的安全知识竞赛和专项检查;每年后勤服务总公司都要针对员工开展以消防和食品安全为主要内容的业务培训等等。学校每年还坚持开展安全宣传月、安全生产月、交通安全宣传月等活动,使得学校安全教育的浓厚氛围日益形成。我校安全教育进课堂工作的开展还得到了北京青年报、北京电视台、北京交通台、京华时报等多家媒体的报道,使得我校安全教育工作得到了社会的广泛关注。

为了使安全教育工作日常化和网络化,我校还开通了高校唯一的大学生安全教育专题网站,为同学们搭建学习和了解安全知识的平台,从而逐步在校园内营造起人人学安全、人人讲安全的良好氛围。

(四)实现了全员安全教育

通过不懈努力,我们已经实现所有在校生都接受过系统的安全教育,能够掌握基本的逃生知识和防范能力,从而进一步完善大学生素质教育体系,努力为社会培养合格人才。

学校安全教育工作在各级领导的关心和指导下,取得了阶段性的成果,同时我们也清醒地认识到安全教育需要常抓不懈。我们相信随着安全知识的不断普及,广大师生的安全意识的全面提高,这些必将为学校今后的改革和发展奠定坚实的基础,为社会培养合格的人才做出应有的贡献。

作者简介:

李耀鹏　北京林业大学保卫处副处长,手机:13810030381

通讯地址:北京林业大学174信箱,邮编:100083

对目前高校校园安全管理的几点新认识

李 敏　李 伟　清华大学

摘　要：以目前高校校园安全管理实践的发展变化为基础，提出树立新的高校安全管理观的必要性；指出在高校安全管理的新旧格局过渡过程中，需要增加新的安全管理原则，以适应平安校园建设需要。

关键词：高校校园安全管理新认识

英国著名高等教育学家阿什比曾有过关于大学的一个比喻：大学是一个有机体，大学的进化好比是有机体的进化；大学是遗传与环境的产物。我们不妨把高校安全管理也看作是一个进化过程中的有机体，它是一个复杂的、动态的受诸多因素影响的系统。随着高校后勤社会化、校园开放化、师生国际化等方面的趋势变化，高校校园安全管理在许多方面也悄然发生着改变。从近年高校安全管理实践中，笔者体会到以下新认识，以期共同探讨。

一、对高校安全管理观的新认识——应树立开放的、系统的、动态的大安全管理观

笔者认为，目前需要树立开放的、系统的、动态的大安全管理观。

（一）树立开放的、系统的大安全管理观

在目前高校普遍对外开放校园的条件下，高校安全管理不可避免地涉及内外两个系统。其中外部系统有：地方政府和教育行政部门、公安、消防、所属街道等多部门要素组成，内部系统有：学校领导层、安全保卫、后勤、学生系统等职能部门要素构成。两个系统之间和系统内部各要素相互联系、相互作用，因此不能把校园安全管理仅仅看作是高校安全保卫部门的事情，必须正确分析影响校内外安全管理的各种因素，用系统、开放的思想统领高校安全管理工作。比如：在大学校园周边往往存在黑导、游商、非法经营场所等现象，在校园周边秩序治理和严厉打击校园周边违法犯罪方面，单靠学校保卫部门管理难度很大，需要建立学校和属地周边部门联动会商机制，充分发挥地区综合治理委员会作用。

（二）树立动态的大安全管理观

在如今网络时代，高校师生有网上网下的多元化信息获取渠道，有校内校外的多元化生活空间。高校安全管理越发面临着开放性、动态性要求，即在师生的校内外不断流动中保障安全、在师生的社会化复杂交往中保障安全、在师生网上网下的频繁流转中保障安全。

二、对高校安全管理格局的新认识——逐步由旧格局向新格局过渡

（一）在安全管理方式方面，高校安全管理模式正由传统粗放式管理向专业化、精细化、信息化管理方式转变

目前高校普遍聘用保安公司经过专业化培训的保安员参与校园正常秩序维护等工作，消防岗位上已出现持有高级消防工程师证书的管理人员，校园消防自动报警系统运行管理需要持证上岗。与此同时，随着网络时代发展，校园安全管理信息化建设中的设备、系统的运行和维护需要专业知识和技能；学生心理问题频发，需要心理学专家辅导等。

此外，安全管理越来越被社会公认为是一门专业学科。从2007年3月起，我国开始实行了《注册安全工程师管理规定》，开始推行注册安全工程师资格考试。与此同时，高校公共管理和危机管理学科也逐步兴起和发展。在高校中，中国人民公安大学开设了国内安全保卫学专业，人民大学开设了公共安全与应急管理专业，清华大学设立公共安全研究院等。近年来高校保卫部门本身也在公共安全与应急管理、高校维护稳定长效机制等多方面进行实践探索，并广泛运用计算机、互联网等信息化手段，也体现了高校安全管理专业化、精细化、信息化实践发展要求。

（二）在安全管理重心方面，从"重事后处理"向"重事前预防"转变

近年来，高校结合自身实际情况，陆续建立和完善校园突发事件等应急和处置机制，从加强预防和处置两方面入手，细化工作要求和处置程序，主要涉及社会安全、公共卫生、事故灾害、自然灾害、网络安全、考试安全等多个方面，为妥善处置高校突发的公共安全事件、特别是为加强工作预防奠定了基础，促进了高校处置突发事件制度化和规范化水平的提高，也推动了高校安全管理重要关口的前移。

同时，高校普遍强化师生安全教育，不断突出安全教育的事前预防作用。各高校努力使安全教育"进课堂、进教材、落实学分"，并增加火灾逃生等实践演练环节，丰富安全教育的形式和内容。此外，还有一些高校探索建立了学生心理危机预警制度、大型活动风险评估制度等等，改变了以往校园安全管理以处理校园案件和事故为主的旧模式，走向强化事前预防管理、重视夯实校园安全管理基础的新阶段。

（三）在安全管理观念方面，从安全"管理"向"管理与服务"一体化转变

与以前相比，高校安全管理观念已经发生深刻变化，安全管理理念创新已成为构建高校和谐校园的重要内容。在破除陈旧的安全管理模式、确立科学的安全管理新观念方面，高校正试图把师生的安全需求与安全价值观、安全管理基本原则、安全管理手段及措施等真正统一起来。努力做到面向师生员工、服务师生员工、依靠师生员工。

1.树立安全管理为教学科研服务的观念

学校安全管理工作必须服从、服务于这个中心，努力为学校的教学、科研提供安全保障服务。比如各高校针对研究生考试，英语四、六级等学校各类考试，学校校庆等大型活动都形成各自一套包括应急预案在内的管理制度。

2.树立为师生员工服务的观念

从传统的"重管理、轻服务"转变到"服务管理一体化"，各高校把广大师生生命财产安全放在首位，努力将师生员工的合法权益保护好，为师生提供更便捷、更贴心的安全服务。比如包括清华大学

在内的很多高校设置了24小时校园报警求助热线,随时为师生提供安全服务;针对校园一些同学忘记锁车情况,清华大学保卫处提供"爱心锁",为在校园遗失物品的师生设立"失物招领处"等。一些高校保卫处开通了便利迅捷的网上办公服务,如:申领校园机动车车证、借还集体户口手续等,也是管理与服务一体化的具体体现。

(四)在校园安全管理主体与内容方面

由于校园开放和后勤社会化改革等原因,校园安全管理主体也发生了变化,由过去的主要由保卫处一家包揽变为相关物业、街道、属地公安、工商执法等多部门参与,形成多主体或多部门共同参与、多制并存的校园安全管理机制。面对新情况,安全管理工作内容由传统领域扩展到网络安全、社交安全、校外人身安全、心理健康安全等诸多新领域。

(五)在校园安全管理模式方面,由传统内部安全管理模式加速向社会化新型安全管理模式转变

首先是高校校园环境出现社会化倾向。随着高校办学日益开放,对外交流和合作增多,虽然高校围墙"清晰"地将其与社会隔开,但高校与社会间无形的围墙已经"模糊"化,高校由原来相对封闭的内部单位转变为开放式、多功能的"准社会"。校园除教学区、办公区外,还有居民区以及各类商业服务区等。伴随后勤社会化和高校基建项目增多、建筑工地增加等,大量来校经商和务工人员增加。校园常住人员除了在校师生员工之外,考研等校漂族、打工族、经商族、送餐及快递族等社会人员数量激增,校园社会化倾向明显。

其次是高校在校园安全管理方面越来越离不开社会化安全管理服务。高校师生社会化公共需求不断增加,也促使校园内部安全管理模式变化显著加快。高校陆续引入校园公共安全的市场化服务机制,比如学生宿舍公寓交由物业公司管理,由学校安全保卫部门之外的第三方力量提供专业化、市场化服务。从目前来看,高校在校园安全管理方面越来越离不开社会化安全管理服务。

第三是高校在校园安全管理执法方面依靠社会化安全管理服务。校园的安定稳定是所在地区安定稳定工作的有机组成部分。高校必然纳入地区安全稳定工作的格局中,不可避免地要借助社会力量来促进高校安全稳定工作开展。尤其是目前校园没有执法权的情况下,由于校园开放等原因,校园治安、刑事案件和交通事故不断出现,越来越需要依靠公安等执法部门进校处理。同时,高校周边与所在社区街道紧密相连,也离不开地区综合治理委员会等机构对校园安全管理工作的支持。

从以上管理方式、管理观念、管理重心、管理主体及内容、管理模式等变化可以看出,目前高校已由从前较单一的、传统的、粗放式的校园安全管理方式,向如今专业化、信息化、精细化、多元化、社会化管理方式转变,高校校园安全管理格局正在发生深刻变化,在逐步脱离旧格局的同时,加速向新型管理格局迈进。

三、对高校校园安全管理原则的新认识——坚持育人、协同、舆情及权利管理等新原则

根据当高校安全管理形势,笔者认为,校园安全管理除了遵循传统意义上的依法管理、预防为主等原则之外,还需坚持以下新的管理原则:

(一)坚持管理、服务与育人相结合的原则

如前所述,服务和管理已经成为高校校园安全管理中重要的两个方面。我们在高校校园安全管理中要牢固树立服务理念,提高管理者的服务意识,在热情接待中体现服务,在服务工作中强化管理,

做到管理和服务并重。

笔者认为,在校园安全管理中还应坚持育人原则。高校的安全管理本身就带有一定的教育功能,如:对高校安全管理相关法律和制度的宣传;对学生不安全、不道德行为的及时纠偏及矫正,对违法乱纪行为及时惩处等。高校的主体是学生,按照我国对学生的入学年龄的相关要求,他们大多是刚满18周岁,甚至是还未成年、不能承担完全行为责任的青年,高校的安全管理人员要本着管理育人的原则开展工作。如在学生不慎丢失钱包或其他财物时,我们在做好查看监控、提供必要的线索等工作之后,要抓住时机进行防盗等安全教育,增强学生的安全意识,提高自我防范能力。

(二)坚持协同运行的原则

在系统、开放、动态的大安全管理观指导下,学校安全管理部门有必要建立校内外联动机制。内部加强与学生、后勤、统战、街道、国际处等部门的联动作用,外部加强与属地公安、城管、街道等部门的有效联动,发挥整体合力作用,推广高校已有的成熟做法或经验。比如清华大学建立的"教学办公区、学生宿舍区、家属生活区的"三区联动"工作机制,定期开会商讨工作,协同作战,落实校园网格化、精细化管理,实现分级管控等;外部保持警校联动机制,确保安全稳定信息渠道畅通,及时研判和处置校园及周边各类苗头事件。

(三)坚持舆情管理的原则

高校的安全是社会高度关注之下的工作。在如今的自媒体网络时代,与高校安全管理有关的社会舆论一旦传播,速度快,影响大。我们要充分认识舆论导向对于高校安全管理的影响,未雨绸缪,下先手棋,适时加以引导,力争掌握舆论主动权。

近年有涉及高校安全稳定内容的博客、微博、微信等新闻引发社会对高校公信力等问题的广泛关注。高校安全管理部门在应对舆论危机时要比以往更有所作为,对社会和师生关注的校园安全管理焦点和热点问题,要增加信息透明度,做到"速报事实、慎下结论",避免社会不必要猜忌引发各种"噪音",更有效地维护学校声誉和形象。

(四)坚持师生自治的权利管理原则

随着目前师生权利意识的日益高涨,应充分发挥学生自治和群防群治工作优势,巩固和壮大"平安校园"志愿者队伍,引导师生全面参与"平安校园"创建工作。

在建立学生自治安全保卫组织方面,清华大学于1987年最早成立了"学生治安服务队"。随着近年来的发展,清华大学又陆续组建了学生义务消防队、学生交通协管队等新的校园安全保卫学生志愿者组织。据2012年的一项调查中发现,在北京高校中目前有34所学校建立了群众性安全保卫组织。校园安全保卫志愿者队伍是学生自我教育、自我管理、自我服务的安全保卫组织。这些学生组织在校园安全宣传教育、治安巡逻、安全服务、大型活动安保等多方面发挥了明显作用,延伸了传统安全管理的触角,成为校园安全保卫工作的重要组成力量。这项工作充分发挥学生自治和群防群治工作优势,也更好地服务于学生的成长成才、服务于平安校园建设。

四、总结

综上所述,在今后高校校园安全管理中,安全保卫部门要更加注重对师生等管理与服务对象的尊重,倾听意志表达,引导师生参与,同时进一步发挥教师和学生在校园安全管理中主体作用,加强对师生安全管理与服务自治的引导,通过师生自身常态化的安全管理实践,来创新校园安全管理工作方式,丰富安全教育的途径和形式,实现高校安全从"权力管理"走向"权利管理"的新转变,进一步夯实校园安全管理的基础,带动校园安全文化的建设和发展,不断推动高校平安校园建设的长远发展。

参考文献:

[1]陈珍国.学校安全管理.上海:复旦大学出版社,2008

[2]游建军,陈于后,王伟.高校安全稳定法律适用问题研究.四川出版集团巴蜀书社,2009

[3]北京高教保卫学会课题组.北京高校平安校园建设的现状与工作对策.2008

[4]湛中乐.大学法治与权益保护.中国法制出版社,2011

[5]北京师范大学成果汇编.首都高校安全稳定工作体系研究.2012

[6]刘金星.论高校公共安全管理的服务特性.赣南师范学院学报,2004(2)

[7]许艳聪.试论以人为本的高校安全服务管理.漳州职业技术学院学报,2004(10)

[8]崔卓兰,宋慧宇.高校公共安全服务社会化探讨.北京法学,2008(3)

作者简介:

李敏　清华大学保卫处,教育管理六级职员,手机:13911432129

李伟　清华大学保卫处,副处长、教育管理六级职员,手机:13911761600

通讯地址:清华大学保卫处,邮编:100084

营造平安环境,实现高校安全管理科学化

李维维　南开大学

摘　要：要建立高校校园平安和谐的环境,就必须将"科学发展"的理论应用于高校安全管理实践中。本文通过对实现高校安全管理科学化的三个层面即变革安全管理体制、转变安全服务职能、创新安全管理措施的分析和论证,探索安全管理迈向科学化的方法和途径,包括确认高校安全管理部门的法律地位和执法权力、建立校警制度、转变安全服务职能、寓服务于管理以及在具体安全管理措施上的创新等,为高校安全管理的科学化发展与进步提供参考。

关键词：平安环境　安全管理　科学化

现今,"科学发展观"已成为推进我国各项事业改革创新的重要战略思想。在高校,"科学发展"也将为新一轮校园安全管理改革提供不可或缺的理论支持与强大推动力。受到各种社会因素的影响,高校校园往日安宁与平静的色彩已逐渐褪去,加之传统安全管理模式的滞后,造成校园安全形势日趋紧迫。怎样加固高校安全防线、营造一个平安和谐的校园环境,成为高校安全管理部门重点研究的课题,而以实现师生的安全利益为最高目标,以变革安全管理体制、转变安全服务职能、创新安全管理措施为主要内容的"高校安全管理科学化"或将成为解开这个问题的一把钥匙。

一、变革高校安全管理体制

(一)科学制定"平安校园"管理目标

对于高校安全部门来说,只有目标确立了,才能有计划、有步骤地开展具体安全管理工作。《高等学校内部保卫工作规定(试行)》第1条规定："为加强高等学校内部保卫工作,维护高校稳定和校园正常的教学、科研、生活秩序,为教育改革和发展事业创造良好的环境……"其实,这一条正是对"高校安全管理总体目标"的说明,即"维护高校稳定,保障正常秩序,建设平安和谐的校园环境"。在它的指引下,高校保卫部门根据自身工作实际将其细化,在横向上分解成若干个具体目标,在纵向上分阶段、分时期实施完成。这些具体目标可以是刑事、治安案件发案率、安全隐患整改率、各类电子报警和视频监控系统覆盖面、安全服务水平高低、安全宣教培训效果等等,借助规范制度的支撑和专业人员的能力开展落实,并将目标完成情况与个人岗位职责、年终考核考评、领导干部政绩等挂钩,确保目标按时按质按量完成,最终实现"创建平安校园"的总体目标。

(二)安全管理法制化

高校安全管理,涉及校园稳定、师生人身安全、学校和师生经济利益等合法权利的保护以及道德教育、文化建设等多个方面。在依法治国、依法治校的要求下，在师生法制意识和维权意识不断增强的情况下，校园安全管理必然也必须走向法制化。

目前，我国高校安全管理组织的法律地位尚不明晰，也没有针对校园违法行为的执法权。学校针对一般治安问题的处理，仅限于由公安机关确定当事人违反社会治安的性质和程度后，决定交由学校按校纪、校规处理。学校安全管理部门本身无权判定是否属于一般社会治安问题，更无处理的权限。由于无法可依，学校安全管理部门对于校园内发生的侵犯学校及师生利益的违法行为无权调查追究，严重影响案件的迅速查处和各种损失的追回。

高校安全管理部门的法制化建设应主要包括三方面内容，一是国家立法机关制定高校安全方面的法律。对高校安全管理部门的性质、任务、校园治安管理权以及保卫干部的上岗条件、职责、工资待遇、因公负伤和牺牲的优抚、退休待遇、医疗保障等方面做出明文规定；二是国家教委、公安部等国家行政机关联合制定或修订高校安全管理工作方面的行政法规；三是完善高校内部的安全管理规章制度。依据法律、法规并结合高校自身实际，进一步建立健全校级安全管理规范（包括门卫管理制度、要害部位管理制度、消防管理制度、治安管理制度、保安管理制度等）和保卫组织内部管理规范（包括岗位责任制度、工作程序规范、行政管理规范、档案管理规范等），使高校安全管理工作向法制化方向迈进。

（三）校园警察制度

与校园安全立法相适应，高校宜引入"校园警察制度"。如前所述，通过法律法规授权的方式，高校可被赋予一定的执法权，即校园治安管理权力，并严格限定执法主体、范围、方式和措施等，不能越权执法。而立法层面的问题解决后，剩下的就是法律执行问题。世界上最早确认校园警察制度的是美国，1990年美国议会通过《校园安全法》，从而以联邦法的形式确立了独特的由校长领导的校园警察体制，对校警的工作要求、执法权力、授权标准都有详细规定。此后，英国、奥地利、韩国等也逐渐借鉴了美国的校园警察制度，并进行了一系列的相关立法，使校园安全保卫工作的开展有了充足的法律依据。因此，我认为，基于高校内外治安环境的日益复杂，以及逐渐上升的刑事案件发案率，由专门的校警来处理校园违法案件已变得非常迫切，这也是校园安全立法得以有效执行的重要保障。在性质上，校警在校园安全管理中起主导作用，专为处置校园各类异常事件而设立，应定位于人民警察的一个新警种，与铁路、民航、森林警察同质，具有警察的执法权力；体制上，由公安机关在高校派驻派出所（或警务站），行政和业务归当地公安机关领导，但必须遵守学校的相关规定，实现高校安全管理社会化；职权上，只要是校园内发生的案件，校警都可以独立调查取证，如是涉及校外的案件，应当根据案件的性质，在与公安部门协商一致的原则下确定管辖权；在任职资格和培训制度上，由于高校的特殊性，校警的文化程度至少应为本科，并且必须通过严格的录用程序和至少3个月的岗前培训，同时，还要建立定期培训制度，连续两年不合格者予以解聘处理。

二、转变高校安全管理职能

（一）正确理解管理与服务的关系

高校安全管理部门要转变职能，首先必须明确管理与服务的关系。按照现代管理理论，管理和服务是一个问题的两个方面，为内在的相互依存关系。高校安全管理是集管理与服务于一体的，管理主要体现在对具体安全事物的管理，服务则注重在对广大师生的服务。传统的高校安全管理以硬性管理和服从命令为主，而现代的高校安全管理则以服务为主，用服务来实现和完善管理。然而，如何把握服务与管理的尺度呢？首先，在思想上要养成安全服务的观念。将安全工作的出发点和落脚点放在最大限度地维护学校正常秩序和保护师生合法权益之上；其次，在行为上要摒弃简单、粗暴的处理方法。安全管理涉及的大部分事项如处理不好，很容易激化矛盾，引发冲突。管理中，应晓之以法、明之以理、动之以情，取得被管理者的理解和支持，免去无谓的争吵，保持校园和谐安静的氛围。

（二）服务型角色的转变

高校安全管理部门一般承担两种职能：一是校园执法职能，就是依照法律规定，侦查破案，打击犯罪，保障学校财产和师生员工的人身财产安全；二是安全服务职能，就是安全防范，预防犯罪，维护校园治安秩序，为处于危难的师生提供各类安全服务。要进入为师生服务的角色，必须寓服务于管理中，变被动服务为主动服务。首先，建立科学、规范的管理服务制度，将对师生的安全服务承诺落实在制度层面。明确办事流程和岗位职责，做到清晰、明确、有序，易于操作，杜绝随意化、无章可循和凭个人意志的管理模式。其次，提供全方位校园安全服务。尝试建立"校园报警救助服务体系"，接到报警信息后，在指定时间到达现场处置，不能以任何理由推诿，同时报请主管领导，实行首问负责制。再次，建立沟通交流平台。通过宣传栏、意见箱、调查问卷、座谈会、网络交流等形式有效加强与师生间的沟通，在师生中获得更多的情感信任和工作支持。最后，重视涉及师生安全需要的细节问题。管理中的小问题，能反映出管理人员的素质，服务是否规范化，能折射出安全管理的服务水准。

三、创新高校安全管理措施

（一）建立高校安全管理数据库

随着科学技术尤其是信息技术在高校安全管理中的普及，利用有关建立、存储、修改和存取数据信息的技术，建立高校安全工作电子档案，实现管理的数字化、制度化和规范化，有利于对高校安全管理工作规律的总结和管理措施的改进。校园安全管理数据库中应涵盖治安、消防、交通等重要部分，具体有刑事、治安案件发破情况（又分为学生宿舍、教学楼及其他场所的发案类型、发案次数、处理情况等）、火灾事故及事故隐患情况（发生部位、详情、处理和整改）、消防、交通等安全设施运行情况、交通事故发生情况（发生部位、性质和处理）等等。当然，高校安全管理数据库的建立和完善需要一个长期的过程，数据的准备和原始录入也是一项浩繁的工作，必须在技术和制度上采取措施，保证数据录入的准确、及时。同时，要特别注意后期维护和更新问题，即数据库的调整、重组、重构、安全控制以及完整性控制等。

（二）安全检查引入风险评估和预警制度，严格责任追究制度

将风险评估和预警制度引入到安全检查中，增强各类事故的防范能力。充分发挥专业人员和专业技术的作用，以系统性的安全评估替代一般性检查，尽可能用定量的安全指标代替定性的文字评价。同时，利用数据库管理模式，将检查和审核的数据资料系统整理和保存，进行数据分析和安全等级评价，出具风险评估报告，对存在安全问题的单位根据严重程度不同发出类型不同的预警，被警告的单位必须抓紧整改并提供反馈信息，经复查合格后方可取消预警。这样，安全管理部门能够较充分、直观地掌握各院系的安全情况，把握安全管理工作的侧重点。另外，有必要进一步严格落实安全责任追究制度。对于检查中发现的重大隐患，不予整改、整改不力以及酿成事故的，要真正追究起主管领导和直接责任人的安全责任，可以是建立安全信息公示栏进行通报批评、罚款甚至停职、撤职等。只有责任追究的落实和有力，才能使安全管理环节中的每个人真正负起责任，才能使安全管理措施真正

落实到位。

(三)实施科技护校,建立全方位技防联网系统

现代高校普遍建立起以专门技术手段为依托的技防措施,如在教学楼设立电子视频监控系统、各类电子门禁系统、防盗对讲系统、防盗防火安全报警系统、智能考勤系统、保安巡更系统等。这些手段的应用在很大程度上节省了保卫力量,适应了高校安全管理快速反应的要求。然而,由于没有对技防手段的整体规划以及技术上的限制等,少有高校的技防系统形成统一联网体系,发生异常情况无法保证信息的同步显示,无法迅速传送至学校安全管理中枢部门,也就影响了后期的联动处理。因此,各高校应逐步建立起全方位技防联网系统,安全管理部门的技防中心必须实现与各教学楼、宿舍楼报警系统、监控系统等的联网,将校园全部的技防系统纳入统一、整体的管理中。如2009年,南开大学"校园电子监控指挥中心"实现与6座重点教学楼和部分家属区监控系统的联网,中心可随时调取联网部位的即时动态画面,一旦发现可疑人员或异常情况,可以直接快速处置。

(四)通过安全教育逐渐形成独特的校园安全文化

安全教育是高校安全管理工作中不可忽视的重要环节,现代高校也越来越重视这种成本小、收效大的预防方法。它的实施形式很多,包括讲座、座谈、案例普及、图片展览、有奖问答等,师生的主动参与是其最大特点,也可尝试设置安全教育课的方式,如2008年,南开大学将"大学生安全教育"纳入学校选修课体系,开设的课程包括了国家安全,治安、防火、交通安全,网络安全,食品安全,运动安全,意外伤害以及急救知识等,由学校选派各相关职能部门中专业素质好、业务水平高的正、副研究员(教授)授课,在学生中反响非常好。同时,南开大学还结合校园防火工作重在预防和演练的特点,本着让学生参与的原则,每年组织开展宿舍区、教学区的大规模火灾逃生疏散演习,由学生自己体验如何使用灭火器,寓教于乐才是既有趣又有效的教育方法。

(五)以校际交流的形式带动整体发展

高校安全管理工作不仅应注重与校内广大师生的互动和交流,因为这是提高管理与服务水平的前提。同时,也要注重高校间的学习和对话。校际交流带来的是安全管理更深层次的提高和改进,这不仅利于各个高校自身优势的推广和完善,从而将大量的先进管理经验优化整合,形成具有普适性的安全管理理论加以应用。同时,通过集思广益,也利于各高校普遍存在的问题和个别高校的特殊问题的有效解决,对校园安全管理工作的整体向前发展起着至关重要的推动作用。

参考文献:

1.韩红根.依法治校与高校安全管理法制化建设[J].扬州大学学报(高教研究版),2002,6(1):56~60

2.秦惠民.当前我国法治进程中高校管理面临的挑战[J].清华大学教育研究,2001,2:49~59

3.吴心正.美国高校安全立法和警察制度[J].武汉水利电力大学学报(社会科学版),2000,20(3):76~77

4.余宏明.美国高校安全管理及启示[J].中国安全科学学报,2004,14(8):47~50

作者简介:

李维维　南开大学保卫处

大学校园安全管理理念及组织构架建设的探讨

李凤江　天津师范大学

摘　要：大学校园安全管理从新中国成立至今都没有形成一整套完备的、统一的模式，各高校都是结合实际按照自己摸索的模式进行。本文试图通过高校校园安全管理体制的沿革，借鉴国外典型大学管理经验，对我国高校校园安全管理及组织构架提出自己的看法。

关键词：安全管理　理念　组织构架　探讨

一、高校校园安全管理体制的沿革

（一）高校保卫组织的建立及性质

新中国成立初期，国内外政治斗争形势十分尖锐复杂，为了巩固政权、恢复和发展国民经济，中华人民共和国政务院于1950年3月24日颁布《关于在国家财政部门中建立保卫工作的决定》，全国高校和其他企事业单位也陆续建立了保卫机构。1966年"文革"开始后，在"砸烂反动公检法"的一片叫嚷声中，高校保卫组织被搞乱，惨遭破坏，无法开展工作，处于瘫痪状态。"文革"结束后，各高校又重新恢复建立了保卫机构。

党的十一届三中全会以后，为了保卫四化建设，1980年5月《国务院批转公安部关于全国经济文化保卫工作会议纪要》重申："保卫处、科是各部门的组成部分，又是公安部门派出的代表机关，执行国家公安机关一定的权力"，同时明确规定保卫处、科有"查破一般反革命和其他刑事案件，包括勘查现场、询问证人、讯问被告人、追缴赃款赃物；行使《治安管理处罚条例》规定的警告裁决；监督、考察在本单位的监外执行、假释、缓刑、判处管制的罪犯；但没有逮捕、拘留、审讯、搜查、没收、罚款的权力。"1985年3月公安部在修订和重新颁布的《机关、团体、企业、事业单位保卫组织工作细则》(试行)中又进一步明确了上述规定。1986年9月，国家教委、公安部联合下发了《关于进一步加强高等院校安全保卫工作的通知》，再次明确："高等院校保卫处(科)是本单位很重要的职能部门，又是公安机构的基层组织，担负着维护校园治安、保卫内部安全的繁重任务。

1988年4月，公安部、国家教委、劳动人事部、财政部经国务院批准，联合印发了《关于在部分高等学校设立公安派出所实施办法的通知》，规定派出所的编制和领导关系，高等学校公安派出所是公安机关的派驻机构，又是该学校的职能部门，与学校保卫处(科)合署办公，其人员属于事业编制，列入学校编制序列……公安机关可授予保卫组织一定的治安管理处罚权。

长期以来，我国高校安全保卫工作，一直采用由政府公安机关主导之下的高校公安机构管理模式,高校公安保卫组织既是高校职能部门,又是公安机关的基层组织,实行保卫组织和公安机构(高校派出所)"一套班子,两块牌子"的管理体制。这种体制在公安机关和高校党委的双重领导下,发挥了公安、高校内部保卫的双重职能,为改善校园治安状况,维持高校秩序稳定,发挥了重要作用。教育部(国家教委)、公安部相继出台相关文件,赋予高校保卫组织执行公安机关部分职能。

(二)高校保卫管理体制的转型

随着我国政治体制改革的推进,行政权的逐步明晰,"事业单位办公安"这种高校公安机构工作模式面临着严峻的挑战和考验,其焦点就是高校公安保卫组织的公安性质和执法权限问题。

1994年1月,公安部下发《关于企业事业单位公安机构体制改革的意见》指出,对企业事业单位设立的公安机构,原则上应予以撤销。考虑到重点大学的特殊情况,对已设立的公安派出机构,先维持现状,暂予保留。在这种背景之下,各地公安部门相继在高校中进行高校公安机构改革试点工作。1996年8月,公安部、国家教委下发《关于做好全国高等学校公安机构体制改革工作的通知》,通知要求,公安机关要把改革高校公安机构作为加强高校治安保卫工作的一项重要工作,在组建新的公安机构、撤销原高校公安机构和恢复、加强保卫组织的过程中,必须紧密衔接,不留空当。在组建新的公安机构的同时,各高校要采取切实措施加强学校内部治安保卫工作,做到机构落实、制度落实、人员落实、任务落实。公安机关和高校要密切配合,确保高校公安机构改革工作的平稳过渡。

由此,高校保卫组织去公安化拉开序幕,标志着高校保卫组织行使部分公安机关职能时期的结束。

2002年12月,《教育部、公安部关于加强高校安全保卫工作的通知》指出,"党中央国务院进一步明确要在重点高校派驻公安机构,负责高校的安全保卫工作"、"高校公安派出机构党的关系实行由上级公安机关党委和高校党委双重领导,以上级公安机关为主的管理体制"。但由于种种原因,我国高校派驻公安机构无法实现,文件精神没有得到落实,高校安全管理机构仍停滞在没有执法权,难以适应高校日益严峻的治安形势。

二、国外典型大学校园安全管理模式及组织构架

英国的高等教育十分注重放眼世界,注意研究其他国家高等教育的发展情况,并对照自身实际来加强高校的指导。政府对学校的安全问题有一定的规定和指导,一般是给予框架性意见,而不是具体要求。各高校一般都有一个专门机构来主管学校的安全保卫工作。学校负责安全保卫的人员较少,大多是与地方警署挂钩,有事请他们来处理。学校内部的安保人员有本校的,也有外聘的,有的请社会上的安保公司负责。英国高校安保工作的社会化程度较高。目前,全国已有八万多家安保公司,一旦学校有安保服务需求的,即可以与有关安保公司取得联系,安保公司会根据学校的实际,制定相应的安保方案,承担包括人身和财产安全在内的各项安保任务。高校与安保公司的责任协议都规定得十分明确,一旦校内发生财物被盗等案件,均由承担该校安保任务的安保公司负责赔偿。

校园警察体制是美国大多数的公立大学和著名的私立大学的校园安全管理实行的体制。安全管理人员由3部分组成:一部分是执法警察,大多来自本校教职工,享有与地方警察局同样的执法权;另一部分是安全管理人员(包括搞技术防范工作的技术人员),这部分人员相当于我国目前的保卫干部,没有执法权;再有一部分人员是保安人员,类似于我国高校的校卫队或聘用的保安人员。上述三部分人员都受高校最高行政当局领导,由警察局局长(兼公共安全部部长)统一指挥。人性化是美国

高校校园安全管理的重要理念。校园警察十分注重为广大师生提供各种服务。例如：校园警察义务为师生提供"护送"服务，夜晚只要有人提出护送要求，警察部门就立即派人出车，将其送到指定地点，直到其安全进入室内才离开；学生忘记带钥匙，只需要向校园警察打个电话，警察就来帮助开门；学生在酒后不能违法开车时也可以向校园警察求助，由校园警察将车开到安全地点停放；校园警察的巡逻车内都备有急救包和药品，警察均有一般的救护知识，随时准备救治伤者。美国校园警察通过为广大师生提供各种服务，实行人性化管理，拉近了高校校园警察与师生的距离，提升了校园警察的安全、护卫和服务形象。

三、我国高校校园安全管理理念及组织构架建设探讨

我国高校安全管理体制目前大致有三种：部分高校由公安部门派出机构和学校职能部门相互配合；部分院校是学校保卫处行使管理职能；个别民办高校没有专门的保卫部门，只有某个负责人负责校园安全事务。体制不一，导致管理混乱。当前，结合我国国情，笔者认为我国高校应从以下几方面着手，加强和改进我国高校安全管理。

（一）建章立制，从国家层面保证高校校园安全

目前，我国没有一部专门的高校安全管理方面的法律，高校安全管理工作大都是教育部、公安部为适应当前形势下发的规定、通知，如《高等学校内部保卫工作规定》、《关于加强高校安全保卫工作的通知》、《关于进一步加强高校治安保卫工作的通知》等。2004年9月13日国务院第64次常务会议通过的《企业事业单位内部治安保卫条例》明文规定：高等学校治安保卫工作的具体规定由国务院另行制定。时至今日，相关法律法规仍是空中楼阁。类似美国《校园安全法》的我国高校治安保卫工作法律法规亟待出台，从国家层面赋予高校安全管理法律地位乃当务之急。

（二）构建体系，加强高校校园安全文化建设

1.构建校园安全文化体系

一方面，高校要通过积极调研，深入研究，了解学校为推动校园安全文化建设所作出的积极努力和取得的成效，并与学校的发展理念、发展目标和发展战略相结合，提炼出校园安全文化用语。另一方面，高校要将校园安全文化有效的融入到校训等校园文化当中，通过校园文化带动校园安全文化的发展。

2.构建校园安全文化建设制度体系

积极制定包括教学、学生住宿、餐饮、娱乐等方面的安全管理制度，通过制度来规范、约束学生的行为。同时积极推动制度的落实，严明校园安全管理制度执行的奖惩方案，从而确保制度落实。以制度建设推动校园安全文化建设。

3.以人为本，向安全管理"服务化"要安全效益

（1）加强大学生法制安全教育。法制安全教育是提高学生综合素质、增强学生安全防范及自我保护意识和能力的重要措施，是减少校园各类案件发案率的必要举措，也是高校营造良好的教育、科研和生活环境的基础和保证。通过课堂讲座、案例剖析、模拟法庭、个别访谈、文艺活动等丰富多彩的教育形式，教育学生"安全"入脑、入心。

（2）满足大学生校园安全需求。通过发放问卷进行问卷调查、开展座谈会、设置安全信箱等形式，征求学生对校园安全的意见和合理化建议，了解大学生对校园安全的需求，提高安全管理工作的前

瞻性和针对性。

（3）及时发布信息。对典型案例进行剖析，通过校园网、宣传栏、微博等形式多渠道发布信息，提醒学生安全防范。

4.转变模式，推动高校安全管理工作科学化

（1）合理搭配，构建校园安全管理队伍。首先，改革高校安全管理体制，创新管理模式，找出适合我国当前国情的路子，重新考量"公安机构进校园"的适应性、合理性、合法性，使公安机关直接参与高校校园安全管理。这样，既能解决当前呼声较高的"保卫组织没有执法权"的尴尬处境，又能够适时处置发生在高校内部的治安问题。其次，建立专业、高效、精准的高校内部单位安全管理队伍。保卫组织是高校行政管理体系中负责学校安全保卫工作的职能部门，承担学校政治保卫及校园安全管理职责。单位内部人员从事安全保卫工作以及单位招聘志愿从事安全保卫工作的员工要经过严格筛选，从政治素质、专业知识、技能水平等多方面进行测评，严格把握岗位适应度，切实打造一支精良的校园安全保卫管理队伍，改变"什么人都能干保卫"的局面。

（2）校园安全保卫工作部分社会化。高校校园安全管理工作是一项任务大、头绪多、门类全的繁重的关键工作，同时又是保证学校教育教学正常开展的基础性工作。纯粹的安全管理工作可由保卫干部担任，而没有技术含量的、专业性不强的一般性工作，比如门卫值守、校园巡逻等，可引进社会上的有资质专业公司来承担。学校与物业管理公司或保安公司之间的责、权、利划分通过《合约》方式确定。保卫部门作为学校安全保卫工作的职能部门，只保留干部队伍负担学校政治保卫、户证管理、综合治理等核心安全保卫工作任务，同时，代表学校对物业管理公司或保安公司的校园安全管理工作进行监督和指导。校园安全管理社会化后，保卫部门所承担的学校政治保卫、安全管理职责丝毫没有改变，原来全部承担的校园安全管理职责，则分解为指导和监督职责，物业管理公司或保安公司执行具体工作任务。这样，既可以解决安全保卫干部人员不足的问题，又可以使校园安全管理有的放矢。高校实行校园安全管理社会化后，保卫部门的职能和任务并没有根本改变，只是它履行职能的方式更侧重管理，也更为宏观。

当前，部分高校已经作出校园安全管理社会化尝试，但公司队伍松散、资质参差不齐、管理机制不健全，社会化效率不明显等问题突出，校园安全管理社会化模式亟须在法制层面给予保证。

（3）加强技防建设，发挥技防在安全保卫工作中的重要作用。随着社会发展和高校改革的进一步深入，影响校园安全稳定的因素日趋复杂，运用现代科技手段维护校园公共安全，推进高校安全防范工作，已成为新形势下做好校园安全保卫、安全防范工作的必然要求。根据校园安全管理需求，不断完善监控、周界、门禁、红外入侵报警等布点，在校园内部的重要治安面和重点部位上加强设防，对进入校园人员进行全方位、全过程管理。建设校园消防监控系统，完善消防设施，通过消防监控管理平台管理和监督日常消防监控工作，通过自动烟感、自动喷淋等设施实现火灾预警、火灾救护。

大学校园安全管理工作任重道远，其科学体系在科学发展观指导下需要不断完善和改进。以上只是拙见，不足之处敬请同仁海涵。

参考文献：

[1]龚凡.考察英国高校安全管理工作感受.他山之石,2010(1)

[2]曹宁.高校校园安全文化建设的现状与思考.现代经济信息,2012(11)

[3]陈文波.关于高校校园安全管理社会化的思考.中山大学学报论丛,2005(4)

作者简介：

李凤江　天津师范大学保卫处,主任科员,手机:13821526776

通讯地址:天津市西青区宾水西道393号,邮编:300387

高校网格化安全管理理论及实践刍议

王明学 中国民航大学

摘 要：从城市网格化管理发展而来的校园网格化安全管理理念，能形成校园安全管理工作的新模式和新局面。这种安全管理理念能改变过去传统的突击式、粗放式的安全管理方式，建立一种精细化、科学化的管理模式，对于提高校园安全管理实效有很好的促进作用。我校在校园网格化安全管理方面也做了一些探索。

关键字：网格技术 管理模式 网格化安全管理

引 言

近几年网格化管理理念越来越多的引入到不同的管理领域，尤其是在城市网格化建设方面取得了很多实效，如北京东城区、上海长宁区、南京鼓楼区等试点在推行城市网格化管理工作中取得了积极的成效。中共中央、国务院《关于加强和创新社会管理的意见》指出，"创新基层社会管理服务体系，采取有效措施夯实基层组织、壮大基层力量、整合基层资源、强化基础工作，为社会管理奠定坚实基础"。网格化管理模式正是在这样的背景下提出的，它的推行一改过去突击式、粗放式的被动管理方式，而成为一种精细化、科学化的主动管理模式，有利于提高社会管理的效率与效果。

当前高校正处于社会、经济迅猛发展的时期，思想观念也在发生深刻的变化，这些因素使得高校安全稳定的问题日趋复杂，维护高校安全稳定的任务也日趋繁重。目前国内有些高校也引进并推行校园网格化管理，特别是把网格化管理应用到校园安全管理中，成为提升高校维护安全稳定工作水平的重要抓手。我校在推进实施校园网格化安全管理也先行一步，在制度建设、资源整合、责任落实等方面做了一些尝试。

一、网格技术和网格化管理理论

网格技术是在互联网的基础之上发展起来的，是当前国际上兴起的一项信息整合与使用方式的革命，其产生是为了实现让人们像用水用电一样方便、快捷地获取和使用计算信息资源的目标，同时实现计算资源、信息资源、存储资源等全面共享。在网格技术出现之前，互联网是一个信息分散管理的结构体系，任何人都可以在互联网上随意发布信息，在海量信息面前使得人们找到和利用信息变得非常困难，而网格技术以分布式的互联网为基础，将离散地分布在互联网上的信息存储、信息计算和信息分析能力有机地整合为一体，满足人们在海量信息资源和管理活动中对信息的需求。现在炙手可热的云技术、云计算的很多想法都是来自于网格技术。

网格化管理的理念借用网格技术的基本思想,将管理对象划分为功能相同的若干网格单元,划分的标准依据管理对象的特点来选定,并用现代信息编码技术把网格中的各元素数字化,数字化使得各网格之间的信息交流更加高效,各管理者能无障碍地共享信息资源,从而达到提高管理效果和效率的目的。网格化管理作为一种新的管理模式一经问世,就在全国甚至世界范围内引起了很大反响,被前微软总裁比尔·盖茨先生称为"世界级案例"。

二、高校网格化安全管理系统的构建

在2008年北京奥运会前期,随着北京安保级别的提升,北京各高校也全面推进校园安全防控手段,纷纷进行校园综合安防体系的建设,网格化管理的模式就在这个时候引入到高校安全管理系统中,从而形成高校网格化安全管理系统,这个安全管理系统涵盖内容多,要求各高校结合自己校园安全管理工作的实际,通过整合校园安全管理资源,统筹人、地、物、事、组织等管理对象,精细划分安全管理网格,并大量借鉴城市社区进行网格化管理的成功经验,具体的系统构建方法如下:

(一)系统构建的指导思想

构建高校网格化安全管理系统要坚持以科学发展观为指导,以网格化管理模式为依托,以完善安全管理工作机制为重点,以落实安全工作责任为核心,按照"全面覆盖、不留死角,夯实基础、落实责任,整合联动、有效防控"的原则,建立起"精细化管理、多元化参与、科学化配置、规范化运行"的校园网格化安全管理工作格局,从而全面提升高校安全管理水平。

(二)系统构建的基本目标

高校要明确网格化安全管理的职责任务与工作标准,实现对人、地、物、事、组织等不同工作对象的精细化管理;组织发动各单位、各部门以及广大师生员工按照安全工作的需要,广泛参与网格化安全管理各项任务,实现校园安全管理与综合防控工作主体的多元化参与。健全完善安全信息收集报送、问题协调处置、校园安全分级防控和定期安全工作督查等机制,实现高校安全管理的规范化运行。

(三)系统构建的网格划分方法

各高校安全工作结合各自的实际情况,按照责任化原则,把高校每个二级单位划分为一个网格,把校园其他公共区域划分为一个或多个网格,并进一步明确工作责任、细化工作分工,确保各项安全工作措施得到全面落实,同时确保校园总体安全防控不留缝隙。

(四)系统构建的基本任务

一是做好对网格内各类人员和组织的管控工作,全面、准确掌握各类人员和组织的动态,特别是要加强对重点人员和组织的工作,落实教育、管理和稳控措施;二是做好对网格所属地域和网格空间的巡查防控工作,特别是加强对重点敏感区域和要害部位的管理与防控工作,及时发现、处置和上报各类问题;三是做好网格内各类基础设施、设备和危险物品的管理工作,严格落实相关制度、规范与要求,及时排查、发现、整治存在的安全隐患,确保各类设施完好有效;四是做好对网格内各类矛盾纠纷的排查化解工作,及时了解、定期排查矛盾纠纷并深入做好化解工作,化解不了的及时报告并按要求落实稳控措施。

(五)系统构建要合理配置力量

高校在网格化安全管理系统的构建中要按照"专群结合、群防群治"的原则,重点整合五支工作力量:专职保卫干部队伍、专职保安队伍、各单位管理人及安全责任人队伍、专业技术队伍和"平安校园"志愿者队伍,做到校园内"重点人员有人管、重点部位有人守、网格区域有人巡、重要信息有人报、突出事件有人管"。

(六)系统构建的工作机制

高校在网格化安全管理系统的构建中除了有管理人员的保证外,还要建设各种工作机制来保证网格化安全管理系统的运作,如建立高校台账式管理机制、精细化管理机制、分级防控机制和信息化管理机制等。这些机制对于了解高校安全稳定基础信息情况,并让高校网格安全管理平台能快速、有效调度校园的人防、物防、技防资源,从而提高校园安全综合防控的响应能力。

三、我校网格化安全管理的实践

基于高校网格化安全管理模式的种种优势,我校到北京和天津部分高校进行安全管理模式调研,运用网格化城市管理新模式的成功经验,参照相关的数字技术和手段,借鉴其在高校管理体制方面的做法,结合我校安全管理工作的实际,在管理思想、管理理念、管理技术和管理体制方面进行了一些实践。

(一)划分校园安全管理网络

我校分为南北两个校区和一个待建新校区。总占地面积共1694.99亩(经过三期建设后,北区占地704.46亩,南区占地990.53亩)。根据校园地理布局和各单位责任区域,把校园划分为48个网格单元。每个网格单元都明确了安全责任人和安全责任属地。

(二)确定三级管理层及安全责任

我校网格化安全管理第一个层面是整个校区,责任人是学校的党政一把手;第二个层面是网格单元,是由各单位党政一把手负责;第三个层面是各网格单元中的下属部门,责任人为各下属部门的负责人。下一步工作要求网格区域内的各单位与学校签订安全责任书,对所在网格的安全工作负责落实、检查和整改;并针对每个网格的实际制定安全工作方案,解决不了的安全隐患也要及时向学校上报。

基本元素数字化是构建网格化安全管理的重要一环,我校对于网格化安全管理模式中的安全基础数据、安全管理数据、安全管理部件和安全管理事件等数据的数字化还在建设当中。虽然校园网格安全管理数字化在技术层面是可行的,要真正实现网格化安全管理还涉及更为广泛的制度和机构改革,而如何实现网格化安全管理制度和机构的创新,是推广校园网格化安全管理工作的重点之一。这需要全校师生上下一心,积极参与到平安校园的建设中,有效推动校园网格化安全管理工作不断取得实效。

参考文献:

[1]吴翔,郑环环.探索网格化安全管理新模式强化奥运期间校园综合防控.热诚献奥运全力筑平安——首都高校平安奥运行动长效机制研究[C],2009(11)

[2]宛天巍,王沈尘,马德秀.网格化管理原则及网格结构模型研究.情报科学,2007(3):456~460

[3]李鹏.我国城市网格化管理研究的拓展.城市发展研究,2011(2):114~117
[4]阎耀军.城市网格化管理的特点及启示.城市管理,2006(2):76~79
[5]池忠仁、王浣尘、陈云.上海城市网格化管理模式探讨.科技进步与对策,2008(2):40~43

作者简介:
王明学　中国民航大学保卫处

浅议高等院校户籍管理与服务的改革和创新

朱红霞　王瑞芳　刘　君　山西财经大学

摘　要：户口是经国家行政依法确认并实际管辖的本国住户、居民及其人口基本信息的总称。高校户籍制度是构成国家户籍制度的必不可少的一部分,随着我国市场经济和高等教育的发展,已经成为人们关注的焦点。本文结合山西财经大学的实际情况,指出现阶段高校在集体户籍的管理和服务中存在的问题,并提出了一些建设性的思路和策略。

关键字：高校　户籍管理　改革

高等院校集体户口的管理及服务工作是国家户政管理的重要组成部分,它既是一项繁杂琐碎、专业性、政策性很强的基础工作,也是高校管理及服务校内师生员工的一个重要组成工作。这项工作关系到人才资源的流动和使用,关系到国家科教兴国战略的落实。但是随着社会经济的不断变化和发展,高校户籍管理工作也面临着不断地变化和新的挑战。

一、高校集体户管理及服务面临的问题

高校户籍管理由原来的计划经济向市场经济转变,计划分配向自由择业转变,精英教育向大众教育转变,深刻地引出了高校户籍管理的几个特点。

(一)人数增多,新生人数成倍增加

因为新生落户需要高校招生办公室、公安局等多个部门的原始材料,且需人工逐名录入新生的户口数据,所以大量新招学生户口从受理材料、核对数据到录入公安系统网实现真正落户,往往需要数月时间,甚至出现跨年度情况,高校集体户口迁入工作周期加长,从而导致新生在此段时间内无常住户口,使得身份证遗失补办、申办护照、登记结婚等问题无法及时解决。

(二)使用频繁,学生集体户口使用率提高

随着社会经济的不断发展,住房、就业、教育、社会保障都以户口信息为依据,出国旅游、留学也越来越大众化,为高校集体户口为主提供各类户口服务需求日益增加。以山西财经大学集体户口为例,2011年全年向师生提供各类服务达28000多人次,其中办理户口信用就达5000多人次。

(三)户口迁转具有个性化

毕业生在规定时间内不能落实就业单位。随着新就业机制的出现,毕业生就业方式、就业渠道更趋于多元化,一些毕业生毕业时不办理户口迁出手续,致使人户分离的空挂户口现象日益严重,从而造成户口管理难度也日益加大。

（四）缺乏对户口重要性的认识

学生户口意识相对淡薄及旧观念影响严重。一些学生低估户口重要性，迁落时认为可有可无，到实际使用时才又返回学校查询，增加了难度。城市户口和农村户口的不同地域间对差别，使得因为升学已经把户口从农村（城镇）迁移到大城市的学生，在毕业后不愿再把户口迁至其他中、小城市，但又无处可迁，形成滞留，也增加了管理难度。

二、高校户籍管理改革的思路和对策

我国现行户籍管理制度改革总的思路是：实行居民在居住地登记户口的原则，形成由户口登记、迁移为基础，居民户口簿、公民身份证两种证件和常住、暂住两种户口组成的管理制度，建立起以《中华人民共和国户籍法》为基础的科学完备的户籍体系，逐步形成一套适应时代发展要求的城乡统一的户籍管理制度。

在国家户籍管理制度改革总的思路框架下，高校的户籍管理改革也应有自己的思路和对策。在明确现阶段我国户籍制度改革和高校户籍管理改革思路的基础上，本文对改革现行高校户籍管理模式提出以下对策性建议：

（一）加强高校户籍政策的宣传

2003年7月以来，北京、天津、上海、广州、福建、湖南、江苏等地高校逐步推行考入省内高校的城镇户口考生无需迁移户口、属农村户口的学生可以凭录取通知书就地办理农转非手续的办法。这一政策的实行，不但可以免去考生和校方将户口迁到学校的繁琐手续，同时大部分毕业生就业后户口也不必转来转去，避免了迁移过程中发生不该有的差错。但由于多年来，根深蒂固的二元制户籍管理体制的影响使得许多家长学生固执地认为，只有将户口迁到了学校，才真正地实现了从农民到城市居民的根本转变。甚至于一些发达地区范围内的家长也会有所顾虑。如太原市范围内的学生，在校就读期间（学籍期间）户口是不能随意迁移的，等毕业后因工作单位不在太原，而户口又无法迁回原籍，就认为是白白浪费了一个"宝贵"的太原户口。因此，要充分利用各种宣传渠道，加大高校户籍政策的宣传力度。如在学校设立的保卫部门的网站中辟出专栏将学校的各项管理制度公布，也可用留言的方式进行政策的问答；在新生的"入学教育宣传手册"中以及录取的"入学须知"中加以宣传。这样，既方便了家长和学生，也能在一定程度上减轻高校户口迁移的压力，有利于高校户籍管理的改革。

（二）建立健全学生信息管理系统

随着户籍管理工作中人口信息数字化、网络化进程的推进，必须加快人口信息计算机管理系统建设，提高户籍管理效率。公安部门已基本实现了人口信息网络化管理，建立和完善"网上迁移、网上审批、网上制证、异地办理"的管理新机制。高校学生集体户口的计算机信息化管理，应当在针对高校的特点及公安机关《常住人口信息系统》的基础上进行，使之既能适时地与之合并，又可单独管理。可以对学生个人户口进行编号，即约定使用户口卡编号。为检索方便，可以和校内的其他职能部门相衔接，可以用在校学生的学号充当《户口信息管理系统》中的户口卡编号，根据校内学生区分院系单位的情况，约定校内院系单位的编号，以一个班级形成一个户号。这样在教务处招生确认学生学籍资格时，高校户口数据库就基本成形了，保卫部门只需将其中公安机关指定的相关户籍项目补充完整，整理成库便可进行日常管理。无论学生户口是否迁移，都能在库中掌握其第一手的户籍资料。等到毕业时，只需将数据内容交给学生处，就免去了每年学生处人工核对学生的生源，以便减少迁往原籍过程中的谬误码率。对需迁移户口的学生以直接检索保存成打印迁移证的形式上交公安机关,可降低批量迁移中录入的差错率,也节省了时间,提高了效率。

(三)强化学生公民身份证制度

2004年3月29日,上海市、广东省深圳市、浙江省湖州市第二代居民身份证试点首发仪式,标志着全国换发第二代居民身份证工作已经正式启动。随着全国第二代身份证换发工作的全面展开,以公民身份证及暂住人口的形式管理为基础的高校户籍管理制度正在形成,并在实践中逐步完善,这一新的管理形式在高校户籍管理中,不仅更加便捷、高效,也顺应了市场经济的发展要求和时代进步的步伐,并可以节省资源,减少迁移产生的错误及人力浪费。借助公安机关的户籍网络信息资源,配合即将推行的IC卡身份识别办证系统,合理、充分地有效利用现有的丰富的数据资源,更好地适应户籍管理社会化服务需要,为高校户籍工作改革和提高管理服务水平打下坚实的基础,提供强有力的技术支持。当然,这一举措要得到国家有关户籍政策的支撑,因为我国《暂住人口条例规定》,暂住证的有效期限为一年,而学生的在校就读时间一般为4年。暂住证办理的优点是,不再出现户口迁移的重复,能有效避免"口袋户口"的激增;一些证明的出具,还有待于公安机关人口信息管理全国联网工程的健全和完善。

结　语

中国的户籍制度改革始于人才的流动,难在人口的城市化。20多年前,为加速社会主义经济建设而鼓励人才流动,中国的户籍制度开始改革;20年多年后,为了实现国家发展的宏伟目标,我们仍然要以"广开进贤之路"、"促进人才流动"作为户籍制度改革的重点。高校是选拔人才、培养人才、输送人才最重要的场所,高校的户籍管理和改革理当成为我国户籍制度改革的一个重要组成部分并提供积极的经验。根据市场经济发展的需要进行现行户籍制度的改革,是国家与社会进步与发展的需要,其目的并不是取消户籍制度,而是变户口的静态管理为动态管理,减少户籍制度对人才流动和经济活动的制约,促进国民经济以及个人在市场经济条件下的健康、有序发展。尤其是身份证的投入使用将是高校户籍管理制度改革的一个重大契机,高校户籍管理体制从形式到内容上也将发生变化。届时,高校的户籍管理将被更科学、更高效的管理所取代,这是社会进步、户籍管理完善的必然结果。

参考文献:

[1]刘畅,许根良,张颖.高校户籍管理现状分析与研究[J].才智,2011(02)

[2]陈兵.浅谈大学生户籍问题[J].科技创新导报,2008(10)

作者简介:

朱红霞　山西财经大学保卫处户籍副科长,手机:13934640466

王瑞芳　山西财经大学保卫处户籍科科长,手机:13835104278

刘　君　山西财经大学保卫处户籍科科员,手机:13453444678

通讯地址:山西省太原市小店区坞城路696号山西财经大学保卫处,邮编:030006

论高校学生伤亡事故中学校法律责任的认定

刘 强 大同大学

摘 要：本文在高校与学生的法律关系是教育与管理关系的基础上，分析了高校学生伤亡事故处理的过错归责及过错推定责任原则，具体划分了学生伤亡事故中高校的全部责任、部分责任和不承担责任三种。确定了高校承担责任的范围以及承担刑事责任、民事责任的法律依据，指出了高校学生伤亡事故中责任认定的举证责任以及举证责任的分配。并对高校减少和避免学生伤亡事故所应采取的措施提出了建议。

关键词：高校学生 高校管理 责任认定

近年来，高校中伤害事故逐渐增多，严重的有震惊全国的云南大学马加爵"2·23"凶杀案。在司法机关追究犯罪嫌疑人刑事责任、被害人家属提出附带民事赔偿请示的同时，对发生在大学里、被害人与犯罪嫌疑人均为该高校学生的案件，作为该高校是否应承担责任？应承担什么责任？这些问题不仅是被害学生家属要求学校回答并解决的问题，而且也是各高校、高校师生以及全社会共同关注的问题，虽然国家教育部于2002年9月1日施行生效的《学生伤害事故处理办法》（以下简称《办法》）对学生伤害事故处理作出了相关规定，但对大学、中学、小学没有作分别规定。2010年《中华人民共和国侵权行为法》颁布，规定了未成年人在中小学受到侵害时如何进行赔偿，但对高校学生伤亡事故中学校责任的认定未作规定。因此，本文将仅就高校学生伤亡事故中学校法律责任的认定作如下分析探讨。

一、高校与高校学生的法律关系

所谓高校学生，是指在高校注册的具有学籍的大专生、本科生、硕士和博士生。高校是指前述学生就读的国办或民办学校。对发生在高校学生的伤亡事故，人们必然会将其与该高校是否承担责任联系起来，高校与高校学生关系的定性直接决定了对发生学生伤亡事故，高校是否应承担法律责任的认定。因此，首先我们应清楚地界定高校与高校学生的法律关系。

在界定学校与学生的关系上，有学者认为，学校与在校学生是一种监护关系，将在校学生的人身伤害问题适用于《民法通则》第133条的规定。有学者认为，未成年学生监护人与学校之间实质是一种委托教育管理关系，这种关系不能等同于或代替监护关系。也有学者认为，学生若为成年人，那么学校与学生之间的关系完全是由双方当事人经由平等协商自愿谛结的，这当然是一种合同关系。本人认为高校与高校学生之间的法律关系是法定与约定相结合的教育管理关系，即高校履行对学生的教育与管理职责的特殊合同关系，即教育合同关系。他既不是监护人与被监护人的关系，也不是委托教育管理关系,也不同于一般民事合同关系。

高校与学生的关系不是监护人与被监护人的关系。根据《民法通则》的规定,监护分法定监护和指定监护。法定监护人即由法律直接规定的监护人;指定监护即对法定监护有争议的由未成年人的父母所在的单位或未成年人所在的居委会、村民委员会在近亲属中指定。监护人主要分为三类,第一类是近亲属;第二类是近亲属以外关系密切的亲属或朋友;第三类是有关单位和组织,如居委会、村委会和民政部门等。根据法律规定,监护人的职责主要是代理被监护人实施民事法律行为,保护其合法权益,约束被监护人的行为等等。对未成年的学生而言,学校依法不是其监护人;那么对高校学生来说,高校当然就更不是其监护人。

高校与学生不是委托教育管理关系。委托教育管理关系是一种平等懂事主体之间的权利义务关系。如果承认是委托教育管理关系,实际上就是确认了学生监护权转移给学校。就我国目前而言,国办高校与少数民办高校,不信纸是公费高校生或自费高校生,他们与高校的法律关系不是委托人与被委托人关系。高校与学生之间的权利义务不能视为平等懂事主体之间的权利义务关系。从《中华人民共和国教育法》(以下简称《教育法》)第28条规定的九项权利来看,其中第2项规定,组织实施教育活动;第4项规定,对受教育者进行学籍管理,实施奖励或者处分;第29条规定了学校及其他教育机构的6项义务。从这些规定中说明,高校不论其是国办或私立,他们都必须遵守《教育法》规定的义务。高校是国家法定的教学场所,他的职责就是实施和管理教学活动,高校学生必须服从学校的教育管理。这些法定的权利义务使其区别于一般民事委托法律关系。

高校与学生之间的法律关系是特殊合同,即教育合同关系。众所周知,合同是平等主体的自然人、法人、其他组织之间设立、变更、终止民事权利义务关系的协议。就我国目前的高校而言,高校学生为成年人,与高校之间的法律关系是由双方当事人平等协商自愿谛结的协议,是一种合同关系,即从形式上看是民事合同关系,然而,高校作为法律关系的主体具有特殊性,因为在高校实施教学和管理教学活动中,既要履行《教育法》规定的义务,又要执行合同约定的义务。高校所承担的双重义务使其与高校学生的合同关系有别于一般的民事合同。结合本文研究高校学生伤亡事故中学校责任的认定,在此应该分清教育合同中高校对学生安全保障义务的2种不同情形。其一,如果在教育合同或者专项协议中以书面形式明文约定高校对学生负有安全保障义务,此义务是教育合同主要义务的一部分,如果有学生伤亡发生则高校应按《中华人民共和国合同法》(以下简称《合同法》)的规定负严格责任,即不以高效有过错为承担责任的前提,即使是由第三人的侵权行为所致,高校的违约责任不能排除。其二,如果教育合同中双方当事人事先没有就学生安全保障事宜作约定,事实上双方对于安全保障的具体情况是无法作出详尽预见的,实践中也是没有约定的。教育合同中的高校对学生的安全保障是附随义务。合同附随义务不同于合同主要义务,合同附随义务是一种因过错而产生的责任,合同主要义务是严格责任即无过错责任。在高校与高校学生的法律关系是教育合同关系前提下,学生伤亡事故中学校的责任认定,必须坚持过错责任或过错推定责任原则。

二、高校学生伤亡事故的归责原则

高校的性质和教育合同中高校对学生的安全保障承担附随义务,根据《教育法》第81条规定:"违反本法规定,侵犯教师、受教育者、学校或者其他教育合法权益,造成损失、损害的,应当承担民事责任"。对学生伤亡事故的归责存在违约责任与侵权责任的竞合,归责应坚持过错责任或过错推定责任原则。

最高人民法院《关于贯彻民法通则若干问题的意见》第160条规定,对学校实行的是过错责任和过错推定责任原则。所谓过错责任,是指行为人因过错侵害他人造成他人财产权和人身权等方面的损害而承担民事责任。所谓过错推定,是介于过错责任与无过错责任之间的一种责任方式,即指法律规定侵害人就其所致的损害结果不能证明自己没有过错的就应当负赔偿责任。从本质看是将过错证明责任倒置的规定,其目的是为了更大限度地保护受害人权益。学生伤亡事故发生对于高校法律责任认定而言,要看学校是否有过错。

分析高校是否有过错,首先,从高校是否有过错行为来看,就高校的职责来考察,根据《中华人民共和国教育法》和有关法规规章对学生实施教育和管理,如果学校在履行教育管理职责中有不当之处,例如在学校设施或教学活动安排中有过错,且这过错之处是造成学生伤亡的原因,学校就应该承担过错责任。其次,学校过错行为造成了学生伤亡的危害结果。再次,高校实施过错行为主观是否有过失,在高校履行教育管理职责过程中学校是否尽了相当注意义务,即依照通常预见水平和能力,应当预见而没有预见或已经预见而没有采取避免伤亡结果产生的措施,就是学校未尽相当注意义务,如果学校尽了相当义务就可以免除法律责任。

三、高校学生伤亡事故学校法律责任范围的分类

根据教育部2002年9月1日颁布实施的《办法》第2条的规定,对高校学生伤亡事故的范围可归纳为三个必备条件:第一,学生伤亡事故必须是在学校负有教育管理职责的时间和空间范围内,具体是指校园内外和由学校提供并管理的校舍、场地和设施内的活动中造成的伤亡。第二,学生伤亡事故必须是在校学生发生的伤亡事故。在校学生是指在学校注册具有学籍的在读学生。第三,学生伤亡事故必须是人身损害事故、即伤或死亡。单纯的精神损害,如精神障碍性疾病则不属于该范围。

相当多的家长认为,学生来到高校,在高校发生的任何伤亡事故,不管事故发生的原因如何,一律归责高校,要求高校负责。从媒体报道中知悉,被马加爵杀害的四名同学中的家长对云南大学处理该起命案的态度很不满意,必要时将把云南大学告上法庭。而云南大学则表示,命案属于刑事案件,校方没有责任,而且校方已对受害人家属进行了"一次性补偿"。那么高校对学生伤亡事故该承担什么责任?本文将具体从学生伤亡事故发生的主要类型来分析高校的法律责任,可以将高校承担责任分别认定为三种情形:高校全部责任、高校部分责任、高校无责任。

(一)高校全部责任

也可称为高校直接责任,是指学生伤亡事故的发生与学校有直接的因果关系,对此学校要承担全部法律责任。具体在以下情形:(1)学校有关人员渎职致使校舍倒塌、脱落、坠落造成学生伤亡的;(2)学校的校舍、场地、教育教学和生活设施、设备不符合国家安全标准或有明显不安全因素的;(3)教师体罚学生或变相体罚学生的;(4)学校向学生提供的食品、饮用水、药品、学习用品等不符合国家或行业规定的标准和要求的;(5)学校组织学生参加的教学活动未按规定对学生进行必要的安全教育,或者没有采取必要的安全防护措施的;(6)在体育课或学校组织的体育活动中学校未落实安全保护措施或教师违反教学大纲的;(7)在教学实验中或组织社会实践活动中,指导教师实施了错误指导的;(8)在正常教学时间内,教育人员撤离工作岗位的;(9)因学校环境污染造成的;(10)学校饲养的动物致学生伤亡,受害人没有过错或第三人没有过错的。如果上述情形按法律责任的性质分析,即可能涉及

刑事责任。例如《刑法》第138条规定的明知校舍和教学设施有危险不采取措施或不及时报告的公共安全罪等等。除此之外就是因学校违约或侵权产生的民事赔偿责任。

（二）高校部分责任

也可称为高校间接责任，是指学生伤亡事故发生在校外，在本校同学之间或学生本人，或其他一些非学校因素，但在事件发生过程中，学校存在某些过失或措施明显不当，客观上对伤亡事故的发生或伤害程度的加重起着一定的条件作用。例如，(1)在学校组织的校外活动中，事故的直接责任为校外部门，但学校组织管理措施有不完善之处；(2)学校的教师在教育教学过程中有某些过失，但不会导致学生伤害；(3)伤害事故发生后，学校没有及时采取措施，由此导致病情加重或死亡；(4)学校相关人员对学生间的打斗事件没有及时制止，致使伤害程度加重。这类伤亡事故学校承担次要责任，行为人承担主要责任。学校承担间接责任一般是指民事赔偿责任。

（三）高校无责任

这类情形是指学生伤亡事故的发生完全由于学生自身、学生之间的原因，学校在事故发生过程中没有任何过错，因此不承担任何法律责任。主要情形有以下几种。(1)学校不能预见、无法避免的意外事件或不能克服的危险；(2)学生伤亡事故发生在校内，但是完全是学生违反规定引起，但此过程中学校能证明没有任何过失；(3)在学校组织的校外活动中，引发伤亡事故的原因与学校无关，且学校组织措施得当，有关人员完整履行职责；(4)学生身体体质特异或疾病复发，学校事先得到家长通知；(5)学校和有关教育人员工作无不当，学生在校内自残或自杀；(6)学生在校内遭到校外人员入校伤害，在学校无法事先预警，同时学校保卫措施得当情况下的伤亡事故学校不承担法律责任。

四、高校法律责任认定的举证责任

举证责任的确定，是校方与学生方在诉讼或非诉讼过程中认定高校在学生伤亡事故中承担法律责任的关键问题。对上述在学生伤亡事故中学校三种不同程度的责任，由谁负举证责任。如果涉及刑事责任，由公安、检察机关负举证责任。在民事诉讼或非诉讼（主要是双方协调、谈判等）过程，从诉讼公平的原则和举证责任能力的角度，原则上由受害学生对被害事实和结果承担举证责任，同时对学校的过错也负举证责任；由学校对自己无过错负举证责任。

在民事诉讼和非诉讼中，一般情形下是谁主张举证，举证责任的倒置或分配必须有相关的法律或司法解释明确规定。对学校民事赔偿诉讼中举证责任的分配没有相关的规定或司法解释，但是最高人民法院《关于民事诉讼证据的若干规定》第7条确定了举证责任分配的司法裁量，即有法官按照公平正义的观念对个案举证责任的分配进行裁量。

在处理学校民事赔偿诉讼中，对损害事实及结果存在的证据应由学生方提出，因为受害学生占有或接近证据，同时也能够收集到该类证据。对学校的过错举证从法定的举证责任来看也应该归受害学生方。在诉讼中学校原则上只对自己无过错负举证责任。然而，受害学生方对学校过错举证证明时，受害学生或其家长时常无法提出有力的证据，有时出现举证困难。造成受害学生方举证困难的原因有：受害学生的陈述作为证据的证明力不及其他法定证据，在校学生迫于学校或教师的压力不敢作证；学生或家长对学校内部管理制度是否健全及具体落实情况难以收集等等。因此，从诉讼公平的角度出发，在具体的诉讼案件中，受害学生方向法庭申请，法官可以将部分学校过错的举证责任倒置给学校。在处理高校民事赔偿的非诉讼中，可以按照民事诉讼中的举证责任规定由双方各自承担举证责任。

五、减少或避免高校学生伤亡事故的建议

我国现行的《教育法》和《高等教育法》对有关校内伤亡的责任问题没有规定。国家教育部于2002年9月1日施行生效的《学生伤害事故处理办法》对大学生伤亡事故的处理没有单列规定,而现行的《民法通则》对审理此类案件又缺乏操作性。为学生向保险公司投责任保险,学校可按学生人数缴纳保险费,保险费也可分等级投保,多投多赔。我国的保险事业发展迅速,建议保险公司完善保险种类,增加高校学生的生命、健康保险。有关部门可设立专项基金,为处理事故解决赔偿费用提供来源,确保学校的正常教学活动不受影响。建立健全学校的保卫、消防、设施、设备等安全管理制度。保证学校的校舍、场地、其他公共设施以及学校提供给学生使用的学具、教育教学设施、设备符合国家规定的标准,在合理的范围内排除上述设施所存在的不安全因素。增强高校学生自律教育。帮助学生分析各种可能发生的安全隐患,增强学生的安全防范意识,提高防范能力。根据《教育法》和《高等教育法》完善教育合同条款。高校为了加强学生的自律意识,或明确在校园伤害事故中的高校与学生的地位和责任,在新生入校时便与之签订协议,明确学生在住校期间应注意的事故以及学校在何种情形下不承担责任,即学校的免责条款,使高校与学生在教育管理关系中双方的权利与义务更加明确。

参考文献

[1]彭万林.民法学[M].北京:中国政法大学出版社,1997.663

[2]万世容,刘剑云.分析在校未成人人身损害赔偿[N].人民法院报,1999-08-31.

[3]罗思荣,张国华.论学校在学生安全事故中的民事责任,2003(12)

[4]教育部.学生伤害事故处理办法

[5]中华人民共和国教育法

[6]最高人民法院.关于贯彻民法通则若干问题的意见

作者简介:

刘强　山西大同大学保卫处,副处长,电话:18703421430

通讯地址:山西大同大学,邮编:037009

平安校园建设

全力推进"平安校园"创建工作不断深入

李耀鹏　北京林业大学

摘　要：学校党委按照市委教育工委、市教委《关于深入推进首都高校"平安校园"创建工作的意见》的要求，结合自身工作实际，提出"六抓并举"的工作思路，整体推进"平安校园"创建工作。通过一年多来的创建，学校在方案制订和完善、全员发动和典型示范作用、学生工作系统建设、舆情引导和网络安全管理、校园网格化管理、平安后勤等工作方面取得了显著成效，为学校今后改革和发展奠定了坚实的基础。

关键词：平安校园　安全管理　安全稳定

多年来，学校党委立足为教学科研管理提供良好的环境保障这一出发点，系统梳理"平安奥运"、"国庆平安行动"的宝贵经验和超常态措施，并转化为长效工作机制，围绕"平安校园""创什么"、"怎么创"、"建什么"、"怎么建"等根本问题，以"重在建设、重在发动、重在提升、重在实效"为出发点，坚持"六抓并举"的工作思路，即：抓组织领导、抓责任落实、抓协调联动、抓重点示范、抓宣传引导、抓长效机制，整体推进"平安校园"创建工作。

学校党委牢固树立"稳定压倒一切"的政治意识，从围绕中心、服务全局出发，准确定位安全稳定工作，认真分析学校安全稳定面临的形势，针对学校高层建筑多、临时建筑和老旧建筑多、野外实习多以及学生中存在的价值观念多样化、民族宗教、心理健康等问题，明确提出发展是第一要务、稳定是第一责任，将"平安校园"创建作为维护广大师生根本利益的保障工程、营造良好育人环境的基础工程和惠及广大师生的民心工程认真抓好。

一、科学制订"平安校园"创建工作方案，不断提升创建方案的可行性和实效性

为了确保方案的可行性和实效性，学校在"平安校园"创建工作初期，注重整体谋划和沟通协调，不断完善安全稳定工作机制，重点做好四项工作。

一是学校确定了"党委统一领导，分管领导综合协调，党政办牵头抓，保卫处具体抓，各部门、各学院配合抓"的工作机制。

二是提出任务分解、责任分工初步方案。组织有关人员制订工作方案（草稿），按照创建基本标准，进行任务分解，组织有关部门、学院进行讨论，经过两上两下，反复修改，形成创建工作方案（征求意见稿），并向全校征求意见。

三是召开"平安校园"研讨培训会，邀请上级领导进行专题培训，研讨工作方案。

四是学校党委常委会专题研究创建方案。明确了创建工作的指导思想、工作目标和工作原则;组织领导体系等四项工作任务以及制度保障等五项保障措施等,并将6大体系的57项测评要素细化分解为100项工作任务,落实到相应部门。

二、注重全员发动和发挥典型示范作用,全面推进创建工作

(一)全面发动,全员参与

学校召开"平安校园"创建工作动员部署会,党委书记和校长以及其他校领导都参加了动员部署,学校机关职能部处科级以上干部,各学院副处级以上干部、全体辅导员参加会议。学生处、林学院代表职能部门和学院分别进行典型发言,并邀请上级单位领导现场指导。通过动员部署,各学院、部门成立了创建领导小组,制定了工作方案,落实具体负责人,明确工作进度。

(二)开展自查自评,查找隐患不足

学校各部门、各学院按照创建方案的工作要求及《任务分解表》,认真开展自查,重点查找各类安全隐患,安全责任和安全制度的落实情况,工作中存在的问题和薄弱环节,并提出整改方案。期间,学校平安校园督查工作组深入各学院开展创建工作督导、检查。学校安全稳定领导小组还专门听取党政办公室、学工部、后勤服务总公司等6个职能部门和13个学院的工作汇报。

(三)树立典型,以点带面

学校专门进行创建工作阶段总结,总结创建以来取得的成绩,存在的问题和不足,进一步强化工作措施,确保各项测评要素落实到位。会后,进行支撑材料的现场观摩和交流,并将生物学院、林学院创建方案和支撑材料模板进行推广。通过整改完善,学校安全稳定工作体制机制不断完善,新制定消防安全、校园活动等规章制度4项,修订20余项,修订应急预案7项,专项方案3项,制作了《安全稳定工作制度汇编》。

(四)全力以赴,迎评检查

按照迎评工作方案,学校积极迎接专家组进校检查,建立和完善维稳工作长效机制。检查组通过观看专题片,听取了工作汇报,集中审阅了自评报告、支撑材料、特色材料等,分别召开座谈会和实地走访学校安全管理服务中心、心理咨询中心、资助中心、就业服务中心、实验楼、学生公寓、生物学院、危险化学药品存放场所、保密部门、校园网络管理部门、食堂等部位,全面检查学校创建工作情况,并观看校园安全防范应急演习和校园突发事件应急处置演习。通过达标验收,检查组充分肯定了学校创建工作取得的成绩,认为学校领导重视,推进有力,全员发动,整合力量,使安全稳定工作得到进一步提升。学校工作联动特色显著,心理素质教育取得明显成效,很多方面值得推广。

三、加强学生安全教育与管理,完善学工系统维稳工作体系

(一)以完善《应急预案》为前提,确保重大敏感时期校园稳定

学校不断完善《学生突发事件应急预案》,并组织学习和培训。重大敏感时期,实行24小时值班和领导带班制度,开展值班巡查,做好值班记录,一旦发生重大或突发事件,辅导员能够第一时间到达现场。建立学工系统零报告制度和安全稳定周报制度,每周汇总学生离校情况、学生违纪情况、经济困难学生和心理问题学生,及时掌握学生安全稳定动态,发现和消除安全隐患和不稳定因素。

(二)以建立摸排机制为基础,准确把握学生思想动态

学校建立了以"学风督导、公寓走访、集中座谈、深度辅导、网络监管"为主体,以"课堂、宿舍、网络"为主阵地的立体交叉式学生思想动态监控体系。通过学风督导小组每天督察学生上课出勤情况,调查分析学生学业情绪和治学态度。通过公寓走访、集中座谈、深度辅导等多角度多层面多方式掌握学生舆情动向。学校坚持开展寒暑假返乡学生思想动态调研工作。学生处与人文学院心理系合作开展新生心理测评工作。本年度对3300名新生进行测试,采用UPI和SCL-90进行双重测试,并对其进行面接。

(三)以完善规章制度为保障,建设学生公寓安全防范体系

学校认真贯彻学生公寓出入证制度、大件物品登记制度以及晚归晚出登记制度。切实做到学生公寓安全用电监督制度,通过为全校3217间宿舍安装限电装置,有效避免学生宿舍内使用大功率违章电器的行为,消除因使用违章电器而带来的安全隐患。同时,大力推进学生公寓安全稳定排查常态化,定期、定点、定人、定量的开展学生公寓安全排查和禁烟防火工作,坚持不懈、毫不放松的做好学生公寓安全稳定工作。加强日常巡查及信息报送制度。增加巡逻保安每日巡查次数,做到第一时间了解学生公寓动态。针对全部学生宿舍每周进行安全、卫生例行检查。

(四)以"个性化资助"为引领,为家庭经济困难学生护航

学校在学生资助工作中积极探索"个性化资助"的新体系和新途径,真情服务学生,为家庭经济困难学生的成长护航,坚决避免因工作缺位导致的群体性事件等不稳定因素。学生处加强了家庭经济困难学生信息管理平台建设,制作了学生资助标准化工作手册,重新编印了《北京林业大学家庭经济困难学生资助工作文件汇编》,科学调整了学生资助政策工具。通过"绿色通道",为216名家庭经济困难学生提供了手机、课本、被褥等生活物资,共计价值40余万元,同时学生处为全校家庭经济困难学生提供了助学金项目8个,共计资助金额1000余万元,有力地支持了家庭经济困难学生的生活与学习。

(五)以课程教育为龙头,增强心理素质教育工作实效

学校开设全校公共选修课《大学生活与心理健康》,全校180余名学生选修课程。课程主要针对当代大学生面临的情绪、情感、人际关系、家庭、生命等几大方面进行授课,课程受到了同学们的广泛欢迎和认可。通过带领大一新生参观心理咨询中心的工作展板、预约接待测量室、家庭及团体咨询室、个体咨询室和沙盘室,为新同学揭开心理咨询的"神秘面纱",正确认识心理咨询。通过开展各种形式的活动,运用大学生心理与生活课堂、心理健康报、心理健康网、心理健康宣传手册、心理健康教育选修课以及我校品牌活动——"心海大讲堂"讲座、"成长训练营"团体辅导等平台开展心理健康教育日常普及宣传工作。

(六)关注少数民族学生成长,健全少数民族学生基础台账

学校成立了少数民族学生事务工作小组,在少数民族比较集中的学院,设置了1名辅导员负责少数民族学生管理,及时掌握他们的基本信息和家庭状况,并对其中家庭经济困难的学生给予跟踪帮扶。学校非常关心少数民族学生学习生活情况,通过经济资助、节日慰问、辅导员交流等方式关心关怀少数民族学生,帮助他们解决实际困难。利用藏历新年、穆斯林古尔邦节等少数民族重大节日开展形式多样的活动,取得了良好的效果。此外,学校深入了解少数民族学生的基本信息、家庭状况等,与藏族、维族学生家长建立沟通联络机制。

四、强化舆情引导和网络安全管理,积极引导青年学生健康成长

(一)加强形势研判,提升舆情掌握水平

学校立足主动、靠前的思路,系统整合工作资源,加强对校园舆情的监测、收集和分析,及时掌握师生员工的思想动态,消除意识形态领域的杂音噪音。加强网络舆情监测与引导。学校加强了专兼职网络舆情观察员和引导员建设,不断完善舆论信息工作机制,提升《舆情通报》的编辑质量,注重网络版的开放,系统收集整理师生在工作、学习、生活中反映突出的问题、校内外发生的重大事件以及社会反响等,每周及时向有关领导反馈。目前,学校共发布《舆情通报》120余期。

(二)宣传教育主阵地不断拓展,确保了意识形态领域绝对安全

学校牢牢把握党对意识形态工作的主导权,召开意识形态领域管理和防范工作专题会议,及时通报情况,研究对策,坚决抵御意识形态领域的渗透。坚持用中国特色社会主义理论体系武装师生头脑。学校以"两课"为主渠道,建立了由专职教师为主体,由党务人员、辅导员等组成的马克思主义理论传播队伍,建立起了立体化的教育宣传网络,坚持用社会主义理论体系引领校园思潮。加强思想文化阵地管理,强化意识形态的管理。

(三)加强基础建设,做好信息与网络安全的技术防范

学校不断完善基础设施建设,加强和建立信息安全防护与监测体系,实现多层级、立体式安全防护。网络出口部署万兆防火墙为校园网提供基础安全防护;数据中心、一卡通专网等特殊区域部署专属防火墙和Web应用防火墙提供二级安全防护;邮件系统安全网关实现了校内病毒邮件与垃圾邮件的安全过滤;网络版正版卡巴斯基防病毒系统为全校师生提供终端病毒查杀与安全防护服务。通过网络设备监控、应用服务监控、上网行为监控以及各系统安全日志审计,及时发现网络与信息安全中的问题。通过建立网络安全应急响应方案,确保问题及时处理,将影响与损失尽可能降至最低。

(四)强化管理水平,做好信息与网络安全的日常防范

学校实施网络实名制认证,对全校师生上网账号、电子邮箱、IP地址、主机物理地址进行实名制登记,并通过网络计费系统、IP地址管理系统等实现IP、主机物理地址等的关联绑定,实现校园网有线、无线网络的统一身份认证,提升网络安全准入控制。同时,加强上网行为审计与管理,对网络用户的登录日志、使用日志进行了合理记录与留存。

五、积极推进校园网格化管理,努力构建校园综合防控体系

(一)制定学校网格化管理工作方案,明确各部门、各学院工作任务

一是要做好对网格内各类人员和组织的管控工作,全面、准确地掌握各类人员和组织的动态;二是要加强对网格所属区域和网格空间的巡查防控工作,特别是对重点部位的管理;三是做好网格内各类基础设施、设备的管理,及时排查整治各类安全隐患,确保各类设施设备完好有效;四是做好对网格内各类矛盾纠纷的排查化解和稳控工作。

(二)强化网格化管理的人员配备,提升校园综合防控水平

学校按照"专群结合、群防群治"的原则,根据不同网格任务的不同要求,广泛调动专兼职和群防群治力量,合理配置网格防控力量,落实工作责任,做到"重点人员有人管、重点部位有人守、网格区域有人巡、重点信息有人报、突出事件有人管"。特别重视班主任、辅导员、学生骨干、实验员、宿舍长、

安全员和"平安校园"志愿者队伍,确保网格区域内力量配备充足,并实行实名登记,逐人明确工作职责。

六、提升后勤服务水平,积极打造平安和谐后勤

(一)创新管理制度,构建安全长效机制

学校后勤总公司先后建立完善了77项安全管理制度,22项安全应急预案和15项安全操作规程,重点做好防火消防安全、食品卫生安全以及预防群体性事件的发生,将安全责任具体落实到岗位人员,层层签订安全责任书,采取有效措施开展安全放心工程,制定安全工作目标,加大安全工作力度,使安全管理工作有的放矢,针对性强,达到期望效果。为使各项制度和规程得以认真执行,公司及各实体成立了安全卫生检查考核组,定期或不定期按照标准要求进行检查考核指导,认真记录备案,奖惩兑现,对发现的问题及时整改或向上级汇报,从制度层面确保安全。

(二)创新成本核算标准,构建合理伙食结构

2006年以来,市场办伙原材料及人工成本的大幅上涨使食堂正常办伙遭受前所未有的强烈冲击。学校站在顾全大局,维护稳定的高度,辩证处理改革稳定与发展的关系,坚持公益性投入与市场化运营相结合的原则,努力践行科学发展观,创新了高校学生食堂成本核算与管理标准、方法和现代伙食结构及其科学比例,同步推出了减人增效、成立总库房、统一招标采购、再造作业流程、增加风味比例、创新品种及创收养服务等十大举措,有效降低高校伙食成本,实现了多元化、多层次、多品种、富竞争活力并满足不同需求、保证基本大伙优势并向贫困生倾斜的良性办伙格局,管理制度与结构标准的创新消化了伙食上涨成本的40%,此外还自筹经费900万元补贴学生食堂消化了约20%的办伙上涨成本,加上政府的专项补贴和水电气优惠价消化的近20%上涨成本,从而确保了我校食堂价格的基本稳定。

(三)创新"五勤法"管理,打造高效管理平台

后勤总公司总结提炼"勤观察、勤走动、勤动手、勤张口、勤思考"五勤管理法,使之成为后勤管理服务工作科学高效管理平台,探索建设平安校园的长效运行机制。勤观察,通过全面视野管理主动观察责任区内人、机、料、法、环的安全状况,致力于发现问题、漏洞和隐患;勤走动,通过走动式管理深入工作区域,现场采集真实的安全信息;勤动手,通过为员工做出示范,纠正违章作业,指导员工随时清理物品,规范操作机械和水电气系统,及时消除存在的隐患;勤张口,通过案例分析管理与员工有效沟通,针对典型案例、存在的问题进行分析及培训,使员工理解并掌握知识技能与标准作业流程的实际应用及精要;勤思考,通过目标决策管理综合分析以上现象、数据、问题及原因,提出整改对策及新的目标方向。"五勤管理法"有力、高效地推进了平安后勤、高效后勤建设的规范化、法制化、专业化、流程化与标准化。

通过开展"平安校园"创建活动,以及相关系列重点工作的协同推进,学校平安校园工作在体制机制、工作理念、业务能力、人员配备和条件保障等诸多方面得到了极大加强,为学校改革和发展,以及今后实现创建平安校园、和谐校园、绿色校园的总体目标奠定了坚实的基础。

作者简介:

李耀鹏　北京林业大学保卫处,副处长,手机:13810030381

通讯地址:北京林业大学174信箱,邮编:100083

创新工作思路　建设平安校园

田　欣　天津医科大学

摘　要：平安校园建设在各高校蓬勃开展，并取得了显著成效，本文通过分析时代发展与科技进步对平安校园建设工作提出的新要求，安全保卫工作面临的新挑战等相关问题，指出作为大学保卫干部在新时代、新背景、新环境下要有新的思维，要用新的思想武装自己，适应新时代赋予我们新的历史使命。提出保卫干部要加强理论学习，掌握专业知识能力，提高解决问题能力，特别是针对QQ、微信、微博等新兴信息交互媒介，保卫干部更应该充实自己，跟上时代步伐，利用信息传播新途径，加强安全教育，巩固发展并深化平安校园建设。

关键词：创新　平安　安全保卫　信息　有机结合

平安校园建设已经在各大学院校蓬勃开展，并且取得了显著成效，校园安全环境得到明显提升。但随着社会进步科技的发展，大学生的思想也在不断发展变化，给平安校园建设提出了许多新的问题，需要我们保卫干部创新工作思路、完善工作方法、解决工作难题，建设有序安全的校园秩序，营造良好教书育人环境，培养德才兼备的优秀人才，共同建设和谐平安校园。

大学作为培养高端人才的场所，打造学风纯正，创建环境幽雅、秩序井然的大学校园环境，有助于形成学校独特的文化氛围。天津医科大学位于天津市中心城区，两个校区分别坐落在和平区和河西区的繁华地段，校园周边道路狭窄交通拥堵，校园内部面积狭小学生众多，这些都给平安校园建设造成了困难。几年来，天津医科大学保卫处以建设平安校园为目标，以积极开展综合治理为手段，以全校师生积极参与为基础，以创新工作思路为抓手，不断创新工作方法，在校党委领导下进行平安校园建设，取得了良好成效。

一、创新思想教育思路，适应新形势下校园保卫要求

创新，是民族的灵魂，只有创新才有出路。而加强思想政治建设，是党在各个历史时期不断取得胜利的根本保证，是队伍建设的灵魂和生命线，是适应新环境创新工作方法取得新的伟大胜利的重要保证。在建设和谐平安校园的工作中，思想政治工作这个灵魂不能丢，更要牢牢抓住"创新"这一根本要求。

当今时代，大学校园呈现出许多新的问题。大学校园主体是大学生，而当代大学生思想活跃，加之各种信息交流途径更加便利快捷，校园与社会联系更加紧密，各种意识形态对大学生的影响更加迅速，安全环境更加复杂。大学生容易接受新观念，伴随着主观意识的觉醒，出现了价值取向多样化

和价值追求的复杂性。当今世界经济全球化进程明显加速,各种冲突此起彼伏;国内改革开放不断扩展与深化,社会环境日益多样化,各种社会矛盾日益复杂,社会阶层的分化也影响着大学校园宁静的生活;与此同时,高校内部改革全面启动,涉及学生招生、学习、生活、就业等方面的环境因素均发生重大变化,大学生的思想状况更加复杂。这些都给保卫干部提出了新的课题,使得保卫干部在工作中面临的形势比以前更为复杂。那么,在新的形势下,面对新的挑战,我们保卫干部应如何更好地开展工作,成为我们首先要面对的问题。

新时代、新背景、新环境,就要求大学保卫干部要有新的思维,要用新的思想武装自己,适应新时代赋予我们新的历史使命。

由于各种的原因,目前大部分保卫干部年龄偏大,文化低,谈起工作、学习虽有热情,但毕竟力不从心。知识老化使得部分保卫干部喜欢凭老办法、老习惯办事,有的保卫干部尚未掌握计算机和办公自动化方面的现代科技知识。这些现实的问题,都给保卫工作的正常开展带来很大障碍。这就要求大学保卫干部要不断学习,作为新时代的保卫工作者,不仅要有过硬的政治思想,还要有扎实的专业知识。要想跟上时代步伐,在强化思想政治学习的基础上,加强政策法规学习和现代专业知识学习。也就是要用正确的思想武装我们的头脑,以科学的态度对待工作中发生的各种问题,以发展的眼光审视问题的进程,以改革的精神提高自己处理问题的能力,以创新的思想正确解决存在的问题。

在加强保卫干部学习的基础上,还要加强学生安全防范教育,并使之与思想政治工作结合起来。涉世未深的青年学生缺乏社会经验,识别能力差,容易上当受骗。通过对学生进行系统的实用法律知识、安全防范知识、学校安全管理制度和心理健康知识教育,使学生增强安全防范意识,掌握防范技能。保卫部门作为学校的一个职能部门,要善于利用自身的工作特点,加强学生安全教育和思想政治工作。天津医科大学结合学校实际情况,利用新生入学教育和板报、图片、标语和校园网等宣传工具,或邀请公安干警讲述发生在高校的一些案例,有针对性地对学生进行警示教育,提高学生法律意识和安全防范意识。

通过开展广大师生员工的学习,能够不断更新思想,提高政治水平,增强防范意识,确保防止各类事件的发生,增强创建平安校园能力。

二、创新校园管理模式,促进平安校园建设

校园面积的扩大,教学条件的改善,优秀师资队伍的建立,学生人数的增加,都要求保卫部门要不断完善管理方法,创新管理模式,适应时代要求,加快平安校园建设。为此,各学校都进行了卓有成效的改革、创新,大学院校的安全环境得到了进一步提升,办学软实力进一步增强。天津医科大学作为唯一一家市属"211 工程"院校,对校园管理中存在的突出问题进行了有益尝试,在平安校园建设方面进行了积极探索。

天津医科大学地理位置和周边环境,给和谐平安校园建设造成了困难,但通过加强校园安全综合治理,学校教学环境、学生生活环境得到了改善。

(一)强化自行车管理,保障校园交通安全

自行车是大学生主要交通工具,学生上下课、吃饭、外出经常要在校园内骑车穿行,稍有不慎就会发生碰撞事故,特别是下课和吃饭时间,学生活动较为集中,更是事故多发时段,给校园秩序管理造成困难。为了加强校园内自行车管理,避免安全事故的发生,天津医科大学保卫处为教职工自行车

设置专门停车场所,教职员工可凭红色车牌,将自行车停放在办公所在楼宇的职工停车棚内。

保卫处、学生处、团委等多部门协同配合,对学生自行车加强管理,明确要求学生在校园内的活动不准骑自行车,学生骑入校园的自行车要停放在学生公寓周边的指定位置。

为了减少校园内自行车停放数量,我们还采取了四项措施:第一,安装自行车标识牌。学校保卫处按毕业年份不同给在校学生(包括本科生、研究生和留学生)分别安装了五种颜色的车牌,学生每年毕业后该年级所使用颜色的车牌作废。第二,及时清理无主车辆。针对校园内没有标志无法识别的许多无主自行车,和因外地考生毕业后丢弃的自行车,根据标识牌颜色确认后及时清理。第三,配备免费使用自行车。在中国移动通信集团天津有限公司的大力支持下,天津医科大学在我市高校中率先实行学生免费租用自行车。200辆黄色免费供师生使用自行车落户医大,学校配备专人负责看管维修,学生可凭证件免费使用,有效减少了无主自行车的存在,同时也大大减少了自行车丢失案件的发生。第四,及时清理外来车辆。学校保卫处加强保安人员在校园内巡逻,对入校办事外来无牌自行车,在校园内出现的乱停乱放现象,保安人员在巡逻时会及时将其搬入临近车棚,保持校园环境整洁规范。

(二)规范机动车管理,整顿校园停放秩序

随着人们生活水平的提高,机动车已经开入千家万户,并成为人们上下班和外出的主要代步工具。各大学校园内机动车也是与日俱增,公务用车、教职员工的私家车甚至部分学生也开车上下学,使得校园内存在越来越大的交通安全隐患。由于车辆增多,机动车停放难问题也日益凸显出来,校园内经常出现车辆乱停乱放,严重影响了校园环境的改善。

为了加强机动车进出校园管理,规范校区停车秩序,天津医科大学投入数十万资金对校区安装了机动车管理系统,并为在校区间教课、学习的教师和学生安排校车接送,最大限度减少私家车的往返压力。同时,学校保卫处也对进出各校区的机动车加强管理。1.学校公务用车和职工的私家车辆使用ETC卡进出校园,并根据办公室地点不同,在校园内施划停车位的位置停放;2.进校办事的外来机动车进出学校时,领取临时通行卡,并在校园内指定停车场停放;3.学校保卫处治安科人员对各个区域分工负责(包括自行车停放的管理),每个人都掌握校内车辆车主姓名、牌照号和联系电话,遇有车辆停放等问题时,可及时与车主联系进行解决;4.治安科长负责检查各区域机动车和自行车的停放情况,并督促各区域负责人员及时清理违章停放的车辆;5.对在校园内违章停放的车辆,监控室可随时发现,随时用广播提示车主将车辆停放到指定位置。学校保卫处还可从电脑中查询车辆所属人的姓名和联系电话,用电话通知其将车辆停放到指定位置;6.对严重违章车辆,保安人员可将车辆上锁,学校保卫处对车主进行批评教育后再予放行。

在全校师生员工的努力下,通过一系列行之有效的管理措施的实施,校园内车辆通行及停放状况明显改观,校园秩序明显好转,校园学习生活环境明显改善,促进了平安校园建设。

三、创新工作方法,深化平安校园建设

社会的进步和科技的发展,既对安全保卫工作提出了挑战,又为我们提供了机遇。以往各种信息主要通过口头、信件、电话等传播方式进行,传播速度较慢、范围较小,这给不稳定事件的处理留出了时间和空间,相关部门面临的舆论压力较小。信息技术革命,致使各种信息传播媒介迅猛发展,互联网的出现,给所有人提供了一个自由言论的平台。无线通讯设备与网络的结合更是极大加快了信息的传播速度、缩短了信息传播的时间、扩大了信息的传播范围。但是,信息社会的出现和形成也产生

了一些不良影响,如传播信息时常出现偏差,对关乎个人的事件容易产生"发酵"效应,同时部分别有用心的人,经常通过互联网、短信、微信等手段制造、传播一些有害的虚假信息,制造混乱、搅乱人心,以达到破坏高校稳定的目的。这些不良信息通过网络论坛、电子邮件、QQ、微信、微博等方式极快传播,有时保卫部门可能还没掌握这些信息,但已经给师生造成恐慌,影响了学校的稳定,保卫部门面临着较大的舆论压力,不得不被动的进行处理。

这就要求我们保卫干部要紧跟时代步伐,熟悉互联网,掌握微信、微博等新兴信息传播途径,与学校有关部门加强校园网安全的维护管理,对网上信息进行有效监控,确保校园网的健康运转和信息安全。作为"211工程"学校,天津医科大学不仅加大网络建设投入,加快网络建设步伐,也对网络安全进行了卓有成效的控制。一是派专人监控互联网,收集师生对时政热点的看法和对校园各类问题的反映,及时处理各种可能威胁校园稳定的信息;二是做好甄别、剔除虚假和有害信息,对于那些无中生有、蓄意破坏校园稳定的信息,要及时发现、及时汇报、及时删除,并追究信息来源;三是重视网上的信息,对某一时段师生大量关注的问题,要及时发布权威消息,把问题的来龙去脉讲清楚、搞明白,消除大家的疑虑;四是及时处理好师生关注、反映的问题,不能马上解决的,向师生解释清楚;五是对敏感时间点进行重点监控,防止不正常言论的出现。

在加强网络监管的同时,保卫部门也充分利用网络、手机短信、微信等形式,向广大师生员工宣传安全事项,介绍保卫工作成果,让大家及时了解保卫工作的动态,理解安全保卫工作的内容、方法和采取的必要措施,形成有利于开展安全保卫工作的良好局面,深入做好校园安全、维稳的各项工作。

四、做好人防技防有机结合,巩固平安校园建设成果

作为现代大学,增加科技防范设施,配置现代化防控设备,发挥现代高科技的作用,实行人防、物防与技防的有机结合,是巩固平安校园建设的有效途径。天津医科大学为进一步深化巩固平安校园建设,加强校园管理,确保学生在校安全,在宿舍楼口安装了门禁系统,出入宿舍要刷校园一卡通,这样既可以防止无关人员的进入宿舍,扼制盗窃案件的发生,又可以做好学生管理工作,对学生出入宿舍进行统计。在办公区、实验室等重点部位安装闭路监控系统,在特殊位置还将监控录像与红外监控相结合,实现防盗防火自动报警。为进一步加强夜间值班,在校园内建立了"巡更系统",在少有人至的地方坚持夜间巡查。在加强技防和人防的同时,保卫干部还与学生管理部门配合,经常深入师生学习、生活第一线,及时了解和掌握师生的思想动态,以及对教学、管理、生活等关系师生切身利益的"热点"问题的想法,收集敏感时期师生思想动态信息,特别注意出现各种可疑迹象,做到早预警、早发现、早报告、早行动,进一步保障和巩固平安校园建设成果,确保一方平安。

平安校园建设是一项长期的系统工程,要做好工作,不光要有工作热情,还要有与时俱进的思想和不断创新的工作思路,要在各学校党委的领导下,各部门通力合作、齐抓共管、全员参与、群防群治,才能实现创建安全文明和谐校园的工作目标,才能为师生营造了一个安静、祥和、有序的教书育人环境,为我们建设、巩固和谐校园、平安校园、精品校园打下了良好基础。

作者简介:
  田欣　天津医科大学保卫处,副处长,手机:13920400958
  通讯地址:天津市和平区气象台路22号,邮编:300070

和谐校园建设探究

陆明亮　天津美术学院

内容摘要：建设校园文化与构建和谐校园相辅相成，密不可分。本文认为，要以先进文化引领校园文化建设，塑造具有学校个性特色的大学精神；要重视物质条件，通过校园文化促进学校事业全面协调发展；要通过校园文化增强校园创造活力，形成良好的学风、教风和校风；要大力开展丰富多彩的校园文化活动，满足师生对精神文化生活的需要；要以人为本，充分发挥师生员工的积极性和创造性；要加强对校园文化的领导和管理，实现校园安定有序。

关键词：意义　要素　实践对策

建设和谐校园，既是构建社会主义和谐社会的要求，也是高校自身建设和发展的需要。作为发展社会主义精神文明建设的重要阵地，高校如何建设和谐校园，促进学校和谐发展，是摆在我们面前的一个重要课题。本文紧密结合高校实际研究探讨高校和谐校园建设的若干理论问题，以期对加强高校党建和思想政治工作有所启迪和帮助。

一、和谐校园建设的意义

建设一个和谐的校园，能够为学校更快更好的发展创造一个基本条件：和谐能够凝聚人心，和谐可以团结力量，和谐促进事业发展。校园奏响和谐的旋律，将会为学校的发展和学生的成长注入活力，使学校的组织效能得到充分的发挥，提高教师教书育人的积极性和学生学习的主动性，促进师生的自身发展和身心健康。建设和谐校园是坚持用科学发展观统领高等教育发展的内在要求。以人为本作为高等教育科学发展观的价值内核，贯穿于高等教育全过程。学校办学以人才为本，教师是主体；学校教育以学生为本，学生是主体。以人为本，就是要关心人，尊重人，要促进人的全面健康发展，建设和谐校园就是要建设师生员工身心愉悦的物质和精神环境，体现落实以人为本的科学发展观的要求。顺应时代需要，建设和谐校园，是当前学校德育工作的首要任务。管理和谐为建设和谐校园打造基础，环境和谐为建设和谐校园创设氛围，师生和谐为建设和谐校园提供保证。建设和谐校园是中国大学战略目标的必然选择。只有大力建设和谐校园，才能更好地优化育人环境，凝聚师生合力，形成团结和睦、共同育人的局面，为中国特色社会主义事业培养更多合格建设者和可靠接班人。只有大力建设和谐校园，才能形成相互学习、和谐融洽、团结协作的良好环境，充分发挥学校教师教育的特色优势，加快学校发展，为社会主义现代化建设提供强有力的人才支撑和智力贡献。

二、和谐校园的要素

高校校园的特点决定了高校和谐校园是人、事、物等三个要素自身的和谐和相互之间的和谐。

(一)人的和谐

人在高校和谐校园中居于核心的地位。其一是领导班子的和谐。领导班子的和谐既不是不讲原则的团结,也不是没有矛盾和批评与自我批评的步调一致,而是坚持民主集中制下的团结和步调一致。其二是教师之间的和谐。教师的和谐应当是勇于进取和奋发向上精神的组合,是教学和科研团队精神的组合,是学术上的不断追求、素质和修养水平上的不断提高。教工的和谐应当是服务意识第一原则下的和谐,是合作与不断协调一致上的团结,是建立在相互理解、谅解、平等基础上的团结。教工和谐同样需要不断地提高自身的修养和素质,才能适应高校发展的时代要求。其三是大学生之间的和谐。高校大学生是校园人的和谐的核心。高校大学生的和谐应当是相互关心、相互信任、相互支持、团结友爱、奋发进取、勇于探索、不断向上的和谐。

(二)事的和谐

高校和谐校园中事的和谐是指高校事业的和谐。高校的发展方向是建立在学校的性质和定位基础上的,而事的和谐正是高校事业发展的现实体现,是高校校园人的和谐的具体反映。校园的中心是教书育人。所有的事都是围绕这个中心工作进行的。岗位的设置、人员的安排、教学的组织实施、教学水平和质量的评估、校园建设与后勤服务的保障、教职员工的考核评价等大小事,无一不关系到校园的和谐。树新风、讲正气,方向明、信心足,上下拧成一股绳朝前奔,和谐校园的构建就有了坚实的基础;相反,前景不明、事业萧条、人心就会涣散,学校连生存都成了问题,哪里还有校园的和谐建设可言。

(三)物的和谐

高校校园中物的和谐是指客观物质的条件和环境的和谐。高校校园物的和谐主要表现在教学与研究基础建设(包括教室、多媒体设施、图书馆、实验室与实习基地、体育场馆等)、后勤保障建设(包括食堂、卫生设施、宿舍等)、校园环境建设(包括绿地、林木、花卉和休闲娱乐场所等)等方面。

三、建设和谐校园的实践对策

(一)完善高校管理和服务体系,采取措施切实为师生员工解决各种问题

(1)深化高校工资收入改革及分配制度,按照有关政策建立健全教师工资收入正常增长的长效机制,使教师能够安心工作、有尊严地工作,切实提高教师待遇,注重分配方式的进一步完善,做到公平公正,提高教师群体的幸福感。

(2)注重教师职业发展和职称晋升,建立健全绩效工资制度及岗位聘用制度等人事管理制度,注重教师职业进修和人才培养,建立高素质的人才队伍,加大师资培养的投入,完善学科团队,营造良好的职业发展氛围,为教职工提供良好的教学与学术科研条件,做到职称评审、岗位聘用等方面工作的公开公正公平透明,制定有关方案前应通过各种途径广泛征求广大教职工的意见建议,健全高校民主决策机制,充分发挥高校教职工参与制定各项事关员工切身利益的重大决策的积极性、主动性和创造性。

(3)高校及有关教育主管部门要注重和关心教师学生群体关注关心的热点、焦点和难点问题,着

力解决教职工工作生活上的困难,着力提高教职工的福利待遇,着力改善广大师生的学习、工作条件及利益诉求,想师生员工之所想,急师生员工之所急,真正做到以人为本,全心全意为广大师生员工的利益服务,按照科学发展观的要求,实现科学发展上水平、师生员工得实惠。

(4)思想政治教育是一项事关党和国家利益的系统工程,是学校工作的重要内容,深入细致的思想政治工作是和谐校园建设的前提和基础。学校思想政治工作的最终目标是培养德智体美全面发展的社会主义建设者和接班人,这正体现了科学发展观以人为本,全面、协调和可持续的和谐本质内涵。因此,在创建和谐校园的过程中,我们要充分发挥思想政治教育的作用,解决人们的思想认识问题。实现人与自然、人与社会、人与自身的全面和谐,其中,人与自身和谐是社会和谐发展的前提,造就和谐的个体,掌握和应用科学的方法及其理论体系,自觉地依照规律实施思想政治教育,提升构建和谐校园能力,实现思想政治教育在和谐校园构建中的最佳效果。

(二)健全和完善紧急预案机制和危机管理与处置机制

(1)高校应注重解决教师和学生群体中实际存在的突出矛盾和棘手问题,及时有效化解各类矛盾冲突,积极采取有效措施,协调各职能部门,畅通信息沟通渠道,完善矛盾处理机制和信访制度,尽早尽快解决各种突出矛盾,避免恶化升级,演变为不可掌控的突发性群体事件。

(2)高校应建立完善的突发性事件及群体事件紧急预案及应急处理机制,加强特殊时期、敏感事件的值班及领导带班制度,建立健全突发事件领导干部责任制度及责任追究制度。提高危机管理和风险管理能力,健全应急管理组织体系,完善应急预案体系,强化基层应急管理能力,加强应急队伍建设。组织和完善一支由各单位、部门主要负责领导、机关工作人员、保卫部门工作人员、学生工作人员、辅导员及学生干部骨干为主要力量的突发性事件及群体事件应急处理队伍,加强教育培训和队伍建设,真正起到防患于未然、预防与应急处理相结合的作用。

(三)加强校园安全保卫工作,加强网络媒体监控和管理

(1)高校应高度重视、提高警惕,防范和阻止西方国家"和平演变"和境内外敌对势力的渗透,安全保卫部门要掌握相关信息和动态,时刻把维护国家安全和校园和谐稳定当作首要政治任务来抓。

(2)高校应切实采取有效措施加强校园安全,防止各类违法犯罪案件的发生,维护正常的教学生活秩序和广大师生的人身财产安全,与当地警方密切配合与合作,努力破获一些造成重大损失和严重社会影响的案件,维护校园的安定和谐。

(3)加强对校园内交通安全的监控与管理,加强对校外人员进出校园的登记和管理,尽力排除各种社会因素对于高校校园和谐的影响。加强师生安全稳定教育,做好消防安全、防盗和防止意外事故的宣传教育和引导,防止各类校园事故发生。

(4)加强舆论媒体和网络平台如BBS、校友论坛、交友网站、微博等新兴媒体的监控和管理,及时发布正确的舆论信息引导学生,采取有效措施屏蔽及删除错误导向的舆论和反动信息,维护校园网络的安全,避免网络谣言的蛊惑、煽动和串联,从而避免网络群体事件的发生。

参考文献:

[1]李延保.关于大学的管理[J].中山大学学报,2004(1)

[2]许小永.论实现高校人才资源的优化管理[J].中国高校研究,2004(1)

[3]林震,莫秋树.浅析如何认真培养高校校园文化[J].促进大学生综合素质教育,中国教育导

刊,2005(1)

[4]朱小翠.和谐校园文化构建初探[J].中国科技信息,2005(3)

作者简介：

陆明亮　天津美术学院

高校校园安全文化建设的实践与探索
——以清华大学为例

何兰英　马丽云　殷宏斌　清华大学

摘　要：建设校园安全文化是构建和谐校园的基础，阐述加强校园安全文化建设的途径和策略，强调要适应时代发展不断探索和创新。

关键词：安全文化　和谐校园　探索和创新

校园的安全是高校正常教学科研的基础和保障，是提高高校核心竞争力的重要内容。目前许多高校集社会各项功能于一园，教学区、生活区、家属区并存，形成了教学、科研、生产等并存的多元化的社会结构。新形势下高校管理方式社会化、办学形式多样化、学生结构复杂化以及校园与社会相互交叉、渗透的状况，使校园安全形势日趋复杂严峻。校园安全文化是高等学校在长期办学、育人、发展实践中，为保障师生员工的安全，建立完善和谐的安全环境，并使全体师生员工形成良好的安全价值观、态度和素质，从而积累具有高校特色的安全物质财富和安全精神财富的总和。[1]建设校园安全文化，可以进一步推动平安校园的创建，有效防止校园内重大刑事、治安案件的发生，预防和减少违法犯罪行为和安全事故的发生，形成良好的校园秩序，不断改善校园育人环境，促进和谐校园的建设[2]。越来越多的教育管理者已经认识到校园安全文化建设的重要性，它既是构建和谐校园的基础，也是促进大学生全面发展的要求。

本文以校园安全制度、校园安全设施建设、校园安全宣传、校园安全教育等为主要内容，阐述清华大学在加强校园安全文化建设的具体做法。

一、建立健全规章制度，为校园安全文化建设提供保障

建立涉及高校教育教学和学生生活各个环节的完备的安全管理制度，是构筑高校校园安全文化的基础、核心和保证，是校园安全文化的重要内容之一，它能有效规范师生员工的安全行为，同时也能规范校园安全文化内容。为此清华大学制定了一系列安全规章制度作为校园安全文化建设的基础，主要包括：校级的各项安全治安管理相关制度，如《清华大学消防安全管理规定》、《清华大学治安管理规定》、《清华大学学生宿舍管理规定》等，并根据国家相关法规的修订和校园安全形势的变化适时修改、补充，保证了相关管理规定具有时效性和针对性，体现了安全管理文化的与时俱进。建立和不断完善安全保卫等职能部门内部管理制度及岗位职责，各具体单位的各项安全规章制度、实验操作规程、应急预案等，真正做到工作有章可循，有据可查，从制度措施上保证各项工作的有序、规范地开展，为校园安全文化建设提供有力保障。

制度是安全文化的核心,也是校园安全文化建设的保证。学校的各种规章制度规范了师生员工的安全观念和行为,推动了校园安全文化的建设。

二、加强校园安全设施建设,为校园安全文化建设提供必备的"硬件条件"

校园安全设施硬件条件是校园安全文化建设的重要物质保障。学校多年来持续在安全设施上加大投入,已经建成比较完善的安全保障系统。特别是建设了大量技术安全设施。主要有:覆盖学校主要公共场所、全部的学生宿舍、大部分办公楼以及部分家属区的治安监控系统和火灾自动报警、灭火系统。校园技防监控系统在侦破案件、打击犯罪,防范、处理火灾事故,处理交通事故、纠纷等方面发挥了重要作用。学校近期又筹措资金为现有的技防系统升级改造,建设成全校接报警指挥中心,2014年中心启用后将极大地提升学校的安全防范和处置各类突发事件的应急能力,为学校和师生员工提供更可靠的安全保障。在学生宿舍管理中,为防止学生违章使用大功率电器而引发火灾,在楼内安装了过载保护装置,每幢楼都增设了开水房,杜绝了使用大功率电器引发的安全事故。

为保证师生员工在校园交通安全,保卫处根据交通和车辆人员通行情况,适时在校园内增设隔离墩、限速标牌、交通标线等交通标志。

校园安全设施是校园安全的物态文化,这些硬件建设为校园安全文化建设提供了坚实的物质基础。

三、加强舆论宣传,营造和谐的校园安全文化氛围

意识能反作用于人的行为,而物的不安全状态通常又受控于人的行为。所以说,安全问题归根结底是人的问题。校园安全文化是由全校师生员工共同参与创造的,只有全校师生员工安全文化素养得到提高,才会产生更大的物质和精神力量。在校园里广泛宣传,营造校园安全文化氛围,通过不断灌输安全理念、内容,使全体师生员工安全意识得到提高,提高人的安全价值观和规范人的行为,提高领导者、组织者和执行者的安全素养,从而为校园安全文化建设提供保证。

为此学校针对学生、教职员工及居民等不同人员,采用大家喜闻乐见的形式开展安全宣传工作。利用广播、电视、网络等宣传手段广泛宣传安全法律法规、安全常识,编印《校园安全手册》、《消防法规及学校消防管理规定汇编》等材料下发给全校师生员工学习。在冬春季火灾易发时期,在治安诈骗高发时期,都通过校园网发布有关通知和提示,提醒师生员工和单位做好相关防范工作,保障安全。

(一)对学生进行的宣传工作

每年由学生处、保卫处共同举办有3000多人、110多个班级学生参加的新生安全知识竞赛,竞赛内容包括交通、治安、防火等多方面,同学们在竞答中掌握和学习了安全知识,增强了安全意识。每年保卫处、学生处、物业管理中心等单位联合在新生报到现场和"11·9"安全宣传周活动期间开展安全教育工作。内容以宣传防火知识为主,防盗、防骗等知识为辅,宣传主题是增强安全自防意识,减少安全事故的发生。通过横幅、展板,播放安全宣传视频、发放传单和手册、违章电器展示及安全知识有奖答题等一系列的安全宣传教育活动,目的是引起广大同学对防火、防盗等安全问题的高度重视和警觉,达到"普及安全常识,传授安全技能;唤醒安全意识,培养安全习惯"的目标。

(二)对教职员工的宣传工作

除了常规的基本宣传方式,保卫处还组织对教职员工义务消防队进行培训、演练和比赛,在教职员工中开展安全宣传、培训工作。从1998年开始保卫处每两年举办一次全校各单位义务消防队技能运动会,运动会设水带连接和灭火器油盆灭火两个比赛项目,校内各单位非常重视,许多单位的主要负责人亲临现场督战。这些活动,一方面提升了志愿消防队业务水平,对初起火情他们能进行有效扑救,避免和减少损失,维护校园安全;另一方在校园里营造了良好的氛围,增强了广大师生员工的安全意识。

(三)对居民住户的宣传工作

针对清华大学平房家属区电线老化、私搭乱建、人员密集的特点,我们制作了《致居民的一封信》、《家庭防火歌谣》等宣传材料,到居民区入户发放和张贴,提醒居民做好家庭防火、防盗、防骗、防煤气中毒工作。

(四)对宣传安全工作给予鼓励和支持

安全文化素质的最终形成是一种个性心理的积累过程,这一过程需要不断强化。当师生员工的正确行为受到鼓励以后,这种行为才能再现,进而成为习惯稳定下来,并逐渐渗透到师生员工的观念中。所以学校特别注重鼓励和奖励师生员工在安全建设中的正确行为,把安全文化素质教育落到实处。为此,专门设立综合治理先进集体、个人奖项,用以表彰在平安校园建设以及在各项安全保卫工作中作出突出贡献的师生员工,也在各项安全教育活动中提供一些奖励,鼓励大家积极参与。如每年在"119"宣传活动中,有奖问答是最吸引学生的活动之一,学生都踊跃答题,在轻松有趣的环境下,就学习和掌握了一些简单易学的消防安全知识,提高了大家对安全的关注。在每两年举行的全校消防技能比赛中,设立竞技项目,激发参赛队伍的斗志,根据取得成绩的名次给予相应的奖励。这些做法的目的是让更多的人关注和参与到这项工作中来,提高广大师生的安全素质和能力。

四、开展日常化、规范化和系统化的安全教育,提高学生的安全素质

对高校学生进行安全教育,可以增强师生的法制观念和防范意识,既是适应当前校园安全形势和校园和谐发展的需要,也是师生提高安全文化素质的需要。正如《国家中长期教育改革和发展规划纲要(2010—2020年)》提出:加强师生安全教育和学校安全管理,应提高预防灾害、应急避险和防范违法犯罪活动的能力。高校对学生安全教育做到既要全面展开,又要有所侧重,做到突出重点,以点带面。把一般的安全教育、专项安全教育和特别的安全教育结合起来,形成安全教育的日常化、规范化和系统化。

(一)开展对本科生的全员安全教育

根据本科生刚跨入大学校门,对社会缺乏了解,安全防范意识淡薄,从2004年开始,学校每年利用本科生新生入学教育期间进行一次集中的以防火安全为主要内容,包括治安、交通、保密等方面的安全教育课,以及应对突发事件的疏散演练。2006年8月31日,教育部与北京市教育工委在清华大学举办了"高校突发公共事件应急演练暨清华大学2006级新生安全教育活动",3300余名新生参加了活动,中央有关部门和北京市各高校的负责人观摩了此次活动,活动对全国高校的安全教育演练起到示范和推动的作用。从2010年安全教育范围扩大至清华全体研究生新生。

(二)开展针对研究生的安全教育课程

针对工科院系实验室涉及学生安全事故频发的情况,从2004年开始,保卫处与材料系合作,在材料系的研究生中增设了《实验室安全学》的必修课程,课时为16学时,1学分,核研院、生物系、化学系等其他院系部分研究生也选修该课程。课程主要包括:燃烧、火灾与爆炸、灭火与逃生、电器火灾原因与防范措施、化学品与放射性安全、气瓶与压力容器使用安全、安全规章制度,以及灭火器实操和疏散逃生演习、消防隐患检查等实践内容。该课程已经连续进行了9年,取得了较好的教学和安全教育效果,2010年获得清华大学教学成果二等奖。

(三)吸纳学生参与各项安全实践活动,支持和培育典型

为了创建良好的安全文化氛围,学校从政策上和资金上大力支持学生参与校园安全教育活动。清华大学从1988年正式成立"清华大学学生治安服务队",参加治安服务工作的学生比照勤工助学的标准发给一定报酬。治安服务队在保卫处指导下,相继成立了为学生服务的捡拾物品招领处、操场存包处、浴室安全服务站,队员们利用业余时间在学生宿舍区和学生重要活动场所,担任治安、防火巡逻值勤,在寒、暑假期间,组织部分学生勤工俭学,参加校园值勤巡逻和护校守舍。至2011年年底,已有5000余名学生参加过治安服务队的工作。学生治安服务队1991年至2006年8次被北京市公安局授予"先进治保会"、"先进治保会标兵"称号,多人被评为"北京市先进治保积极分子"。

2005年学校成立了"学生交通协管队",协管队员在中午和晚餐就餐期间,在食堂门口摆放自行车,维护交通秩序。

2012年4月学校成立了"学生消防志愿队",志愿队本着"自我服务、自我教育、拓展素质"为宗旨,对学生宿舍进行防火安全检查,发现隐患及时报告保卫处。制作宣传材料,在同学中宣传消防知识,提高广大学生的消防意识和自救能力。

学生在参与维护校园安全和教育活动中,自我教育、自我管理、自我服务、自防自救能力不断提高,并影响和感染周围同学对校园安全的关注和重视,提高了校园安全文化的整体水平,校园的安全文化氛围日益浓厚。

总之,校园安全文化建设是一项复杂的系统工程,要本着"以人为本"的理念,服务于教学科研这两个中心任务,在保卫部、学生部、研工部、宣传部、物业管理中心等校内各部门的大力配合和支持下,充分调动师生员工的积极性和创造性,充分发挥街道居委会的作用,把校园安全文化建设落实到每项日常工作中去,做到安全文化建设生动化、细致化、个性化。

我们从校园安全制度、校园安全设施建设、校园安全教育、校园安全宣传四个方面梳理了清华大学校园安全文化建设的实践和探索之路。同时也认识到在新形势下,校园安全文化建设要走创新和固原兼容之路,这样才能适应新形势的发展变化,才能取得良好效果。如可以开办融知识性、趣味性、服务性为一体的校园安全网站,把网站办成既是传播安全文化的窗口,又是与广大师生交流、举报和发现安全隐患的信息平台,使网络成为校园安全文化建设的新模式,充分发挥网络在校园安全文化建设中的作用。

参考文献:

[1]王才领,徐骏.论高校校国安全文化建设[J].浙江工业大学学报(社会科学版),2010(4):376~380

[2]杨霞.和谐校园视野下高校安全工作刍议[J].中国科教创新导刊,2011(28):232~233

[3]国家安全生产监管总局政策法规司编.安全文化知识读本[M].煤炭工业出版社,2011:111

[4]李超民.和谐校园视阈下的校园安全文化建设[J].湖南科技学院学报,2011(1)

作者简介:

何兰英 清华大学保卫处,联系电话:62782050

马丽云 清华大学保卫处,联系电话:62782050

殷宏斌 清华大学保卫处副处长,联系电话:62784631

通讯地址:清华大学,邮编:100084

维护校园安全稳定

维护校园安全稳定需要培养"强迫症"

张国柱　北京农业大学

摘　要：随着高校"平安校园"创建工作的深入开展，维护校园安全稳定的主体——人（特别是党员）一定要有维护校园安全稳定的强迫意识，体现在行为上就是"强迫症"，本文针对"强迫症"内涵及如何培养进行了阐述，探索了一条师生（特别是党员）在维护校园安全稳定发挥作用的途径和方法。

关键词：安全稳定　强迫症

党的十八大报告提出，要"深化平安建设，完善立体化社会治安防控体系"，为维护校园安全稳定工作指明了前进方向；同时报告提出"社会和谐人人有责、和谐社会人人共享"，这样即提出了应履行的责任，又赋予了共享的权力。当前，学校正在开展"平安校园"创建工作，可以说"校园平安人人有责，平安校园人人共享"。维护校园的安全稳定归根结底要提高人（特别是党员）的安全意识、掌握安全技能，履行安全责任。人都有惰性，如何实现，需要培养"强迫症"。

一、此"强迫症"非彼"强迫症"

医学上所讲的"强迫症"是指反复出现某些行为或想法，感到焦虑和痛苦，这种观念或冲动来源于自我，但又极力抵抗，却无法控制。其常见的症状有很多诸如反复检查东西，反复看门是否锁紧，反复清洗自己的身体或打扫房间等。当然在维护校园安全稳定需要培养的"强迫症"，并非病态，而是对维护安全稳定的意识、行为、能力的一种"强迫"，表现为"主动强迫"和"被动强迫"。所以说此"强迫症"非彼"强迫症"。

二、维护安全稳定"主动强迫"的内涵及培养

（一）维护安全稳定"主动强迫"的内涵

"主动强迫"是指个人、组织、集体在不受外界条件的影响，通过自身认识、学习、修养而对维护安全稳定的意识、行为、能力的主观能动性，是对自己或对他人的一种负责。俗话说内因起决定性作用，"主动强迫"就是内因，就是自觉性，对维护安全稳定起着决定性的作用。

对安全稳定"主动强迫"的表现总体而言，是从意识上高度重视，从行为上形成自觉，从能力上表现超强。具体而言，学生离开宿舍时，强迫检查是否有电器还处于工作状态、贵重物品是否随身携带或是入柜上锁、宿舍的窗门是否关严锁紧；教师离开实验室时，强迫检查化学药剂是否安全存放，实

验仪器、材料以及水、电、暖器材是否处于安全状态;工作人员离开办公室时,强迫检查办公设备是否安全、吸过的烟蒂是否会死灰复燃;组织、集体强迫检查所负责的岗位、区域内的人、地、物、事、组织是否存在安全隐患等。

(二)维护安全稳定"主动强迫"的培养

一种意识、一种行为、一种能力的主动培养,不外乎对其本性的认知后而产生的一种自觉。而对其本性的认知主要渠道就是学习、实践,所以培养维护安全稳定"主动强迫"需要学习、实践,使之认知,使之成为自觉、习惯行为。

1. 维护安全稳定"主动强迫"理论知识培养

学习、实践需要一种模式、载体,维护安全稳定教育的模式和载体如何,需要进一步地创新和探索。目前,各高校通用做法是在学生入学教育中加入安全知识教育,在学生军训过程中加入技能训练,为每一名新生免费发放大学生安全教育知识书籍、手册等。这做法只起到了入校新生安全教育起步的作用,没有过程跟踪、没有成果检验,不能形成"主动强迫",起到的作用也是微乎其微。所以需要探索一种新的模式进行大学期间安全教育全过程。

受党员、中层干部网上学习之启发,可将大学生维护安全稳定的理论教育采取网上自主学习、考核,分阶段获取学分的方式进行。具体为,将大学生维护安全稳定教育的课程纳入学生选修课中的必选课,学分设置为2学分(含技能训练),分四个年级八个学期,每个学期为10学时,0.25学分。这样学生可发根据自己的情况通过自己的账号登录网页,自主选择时间、地点学习、考核。学生工作部行使学生维护安全稳定教育课程学习组织、管理职能(定期对网络课程进行更新和维护、检查管理等),教务处将学生维护安全稳定教育课程学习情况记录在成绩单上,管理视同基础课(即不取得相应学分不准毕业)。

2. 维护安全稳定"主动强迫"实践技能培养

对于安全知识的技能培训由各学院负责学生工作人员组织实施,主要开展主题实践技能培训与演练,比如在学生宿舍内设置各种隐患情况,迫使学生在离开宿舍时,检查并排除安全隐患等;同时,对学生的应急反应进行训练,模拟地震、火灾等突发事件的场景,学生将似身临其境般地感觉紧迫性、危险性,及掌握逃生、组织逃生等应急反应技能的重要性。对于老师、员工的维护安全稳定的教育如法炮制。

这样即可以实现安全稳定知识学习的"主动强迫",从而使师生自觉形成维护安全稳定意识、行为、能力的"主动强迫"。

三、维护安全稳定"被动强迫"的内涵及培养

(一)维护安全稳定"被动强迫"的内涵

"被动强迫"是指个人、组织、集体在外界条件的影响下,通过认识、学习、贯彻落实而对维护安全稳定的意识、行为、能力的客观能动性,是对岗位、对学校、对社会的一种负责。"被动强迫"是外因,对维护安全稳定起着主导性作用。

对安全稳定"被动强迫"的表现总体而言,在外力的影响下,体现出意识上重视、行为上主动、能力上具备。具体而言,机关人员深入基层一线,多接触教师、多接触学生、多进教室、多进学生宿舍、多进食堂。基层人员站在一线前沿,多检查实验室、多检查实习基地、多检查水、电、暖、网等重点部位,

组织、集体检查所负责的岗位、区域内的人、地、物、事、组织及公共设备是否存在安全隐患等。

(二)维护安全稳定"被动强迫"的培养

俗话说,"没有规矩不成方圆",所以要实现维护安全稳定"被动强迫"要讲规矩,要从体系建设、责任制建设、落实及责任倒查机制等方面入手。

保卫工作部(处)作为维护校园安全稳定工作的职能部门,重要的一项职能是监督管理,要发挥好主导作用,要想行使好此项职能必须做好有法可依、有法必依。

1.维护安全稳定"被动强迫"体系建设是关键

当前,北京高校开展的"平安校园"创建工作的主要任务就是要加强维护校园安全稳定的六大体系,即安全稳定组织领导体系,维护稳定工作体系,矛盾纠纷排查分解体系,校园综合防控体系,安全教育、管理和服务体系,应急处置体系。此六大体系涵盖了校园安全稳定工作的方方面面,是做好校园安全稳定工作,维护安全稳定"被动强迫"的关键,所以需要加强建设。当然体系建设的同时,维护校园安全稳定工作的管理制度如消防、治安、交通、户籍等制度及各类预案建设等要跟上,形成一个体系完整、管理规范的维护校园安全稳定工作长效机制。

2.维护安全稳定"被动强迫"责任制建设落实是保障

涉及安全稳定的工作一定要建设并落实好责任制,始终让师生有安稳是第一责任的意识,建立横向到边、纵向到底的责任制体系是实现维护安全稳定"被动强迫"的保障。主管学校的上级部门每年或遇有重大政治事件等要同学校法人签订安全稳定责任书,学校法人要代表学校同各职能部门、各二级单位签订安全稳定责任书,各二级学院要同单位内部的组织、人员、岗位等签订安全稳定责任书,同时,对于需要协作才能确保安全稳定的工作,各组成单位、人员之间要签订安全稳定责任书。

3.维护安全稳定"被动强迫"责任倒查机制是助力

俗话说,"事故发生是必然,不发生是偶然"。事故发生以后处理结果能否做到不再发生类似事件,能否达到惩前毖后、治病救人的目的,关键在于责任倒查机制的建立和实施。

责任倒查是指校园内发生严重危害社会稳定、造成恶劣社会影响的重大案件后,主管上级根据有关规定需要追究领导和管理责任,而组织进行的事件、案件原因、后果调查,并对应当追究责任的机构及相关责任人员作出处理的专项工作。

责任倒查条件,校园内发生下列情形之一的,启动责任倒查:(1)发生危害国家安全和社会稳定的重大政治性事件;(2)发生暴力恐怖事件;(3)发生大规模群体性事件;(4)发生大规模上访活动和个人极端事件;(5)发生重大公共安全事件;(6)有必要进行责任倒查的其他重大问题。

责任倒查原则,实施责任倒查应当遵循实事求是、有责必究、惩前毖后的原则;"属地管理、分级负责"和"谁主管、谁负责"的原则;分级查究、归口办理的原则。

责任倒查重点,责任倒查的重点内容是:(1)事前预防是否到位,排查是否及时,责任是否明确等;(2)事中责任人是否重视,反应是否迅速,处置是否得当等;(3)事后跟踪是否及时、事态有无反复等;(4)事后整改是否认真彻底、效果是否明显等。

责任倒查追责。责任倒查调查结束后,根据各级各部门应负的责任,对有关领导、部门和个人追究责任。责任追究的包括责令检查、通报批评、警告、一票否决、党纪政纪处分、组织人事处理、交由司法部门追究刑事责任等七种。

做好责任倒查是维护安全稳定"被动强迫"的重要方法,有可能实现维护安全稳定"被动强迫"向

"主动强迫"的转变,责任倒查势在必行。

高校充分发挥教书育人、科学研究、服务社会、文化传承的职能,需要安全稳定的校园环境,需要各级各类组织发挥维护校园安全稳定的作用,需要培养"强迫症"。

作者简介:

张国柱　北京农业大学

基于SNS信息动态分析的高校维稳工作创新研究
——以人人网新鲜事为例

时子庆　吕雅楠　天津大学

摘　要：本文对SNS（以人人网为例）发布个人新鲜事信息采用多元回归分析和对比分析的方法，研究公共主页的重要影响作用，探索人人网新鲜事传播模式和新鲜事产生的时间规律，并提出打造有影响力的公共主页，对新鲜事建立研判预警制度，设立"三级监督引导体系"，对信息传播高峰期进行网络监控，开发人人网新鲜事研究系统等方法，对大学生思想加以引导，为维护高校稳定开拓新思路。

关键词：SNS　高校维稳

一、社交网络在大学生中悄然兴起并迅速发展

SNS即"Social Networking Services"，是指帮助人们建立社会性网络的互联网应用服务。它是继维基、博客和RSS等技术之后，对以"交互"为核心的互联网技术的进一步发展。SNS平台能使加入其中的用户不经过任何中间媒介享有广泛的通讯资源，在发达的网络社会迅速积累自己的人脉关系。这种模式改变了传统的人际社交与拓展模式，是一传多、多传多的塔式扩展模式，通过网络手段加强了人脉圈理论充分有效，Facebook，Twitter等社交网站在几年前已经风靡全世界。

近年来，随着我国手机移动网络的发展，以微博、开心网、人人网、微信等为主的社交网络迅速崛起。在中国互联网络信息中心（CNNIC）发布的《2010年中国网民社交网站应用研究报告》中指出，国内SNS用户群体中近37.5%的参与者为学生。而这一比例在《2011年中国网民社交网络应用研究报告》中跃升到50.3%。

SNS提供给了信息发布者和信息阅读者相互交流的平台。大学生使用SNS的目的集中在了解周边事件、娱乐和关心朋友动态上，这与同学们使用传统媒体如报纸、电视等专注于国家大事和让人们开阔视野的目的不同。

根据2011年11月份天津大学学生社团对学生使用SNS情况的专项统计显示，大学生使用频率最高的是人人网，其次是微博、开心网等。

本文采集人人网首页新鲜事（包括发布、分享和转发状态、日志、照片、视频等），从2012年7月28日晚至2012年8月7日晚，持续10天，共采集样本数据3431574条，数据清洗（ETL）之后，剩余3,333,743条有效数据。采用多元回归分析和对比分析的方法对公共主页、个人新鲜事、信息传播的时间规律等加以研究，旨在探索掌握学生思想动态的方法和规律，有针对性地开展学生网络思想政治

教育工作。

二、人人网新鲜事特点分析

(一)公共主页影响力巨大

公共主页是公共人物、媒体机构、企业品牌与人人网好友交流的平台。它在个人主页功能上,增加个性化页面设施、沟通管理后台,营销数据分析等强大功能,便于公共主页维护者与目标用户互动。

1.新鲜事评论数量对比

公共主页好友量众多,单个新鲜事的评论数为普通用户的32.48倍。

表 2.1 新鲜事评论数对比分析

	新鲜事总数	评论总数	平均每条新鲜事的评论数
公共主页	426146	27270544	63.99
普通用户	2907597	5720397	1.97

图 2.1 新鲜事评论数对比分析

新鲜事的重现率,是指在新鲜事的收集过程中,某条新鲜事可能会在不同用户的首页多次出现,这也是代表一个用户影响力大小的重要指标,跟用户的好友数、或者公共主页的被关注数有直接关系。比如,用户A发布日志之后,新鲜事出现在他所有好友的首页,在新鲜事的采集时,采集到了4次用户A发布的日志,那么这篇日志的重现率就是4。

2.新鲜事的重现率对比

数据清洗(ETL)之后,剩余3333743条有效数据,去除重复数据之后剩下2032635条,样本整体的重现率为0.64。

表 2.2 新鲜事的重现率对比分析

	排重后的新鲜事数量	新鲜事总数	重现率
公共主页	54952	426146	6.75
普通用户	1977683	2907597	0.47

图 2.2 新鲜事的重现率对比分析

通过对比可以看出,人人网公共主页发布的新鲜事的重现率要远远高于普通用户。

3.公共主页是人人网新鲜事的重要信息源

对人人网新鲜事的原创日志进行统计分析,分析结果显示新鲜事中一共有272935条原创日志的新鲜事。公共主页的新鲜事总数占总新鲜事数量的12.8%,但公共主页的原创日志却占总原创日志的92.5%,可见,公共主页在原创日志方面,已经成为人人网原创日志的主要信息来源。

表 2.3 原创日志对比分析

	原创日志的新鲜事数量	新鲜事总数
公共主页	252511	426146
普通用户	20424	2907597

(二)社交网络信息传播规律研究

根据"六度分割理论",任何两个陌生人之间所间隔的人不会超过六个,也就是说,最多通过六个人就能够认识任何一个陌生人。社交网络信息传播模式符合"六度分割理论",任何一条新鲜事最多通过六个人就能传播给网络中的任何一个人。这样的传播模式使舆论导向的监督控制难度增加。

与根节点的距离(trace),是指用户转发新鲜事时,与最初发布该条新鲜事的源头间隔的人数。根据"六度分割理论",当转发新鲜事时,与根节点的距离大于等于6时,该文章可以被整个网络的所有人看到。但是由于用户上网时间的局限和新鲜事产生的数量巨大,所以用户实际看到的信息要少得多。经统计研究发现,人人网每天产生 0.187 亿条新鲜事,与根节点距离大于等于6的新鲜事占总量的 4.6%,大约有 86.27 万条。

对"与根节点距离"进行多元回归分析

在样本收集过程中,trace 大于10的新鲜事获取不到具体的与根节点的距离,可以用多元回归分析进行拟合和预测,把与根节点距离小于3的干扰项去掉,建立多元回归方程

$$y = 107459 e^{-0.316x}$$

回归方程的相关系数 R=0.9889,非常高的拟合度,利用回归方程对与根节点距离大于10的新鲜事进行回归分析,预测结果见表2.4 与根节点距离的统计分析。

表 2.4　与根节点距离的统计分析

与根节点的距离	新鲜事条数
0	2349881
1	453175
2	192354
3	91203
4	55501
5	38010
6	27783
7	21429
8	15770
9	12088
10	9197
11	3324
12	2423
13	1767
14	1288
15	939
16	685
17	499
18	364
19	265
20	193
……	

（11 及以后合计 67352 条新鲜事）

根据这种传播模式的特点,部分新鲜事在短时期内被集中评论、密集转发,但其中不乏部分用户的造谣信息和具有极端观点的不良信息。例如某个用户所分享的新鲜事在高校或有关部门还未得知情况或正在调查时,此信息就会迅速传播扩散,交互传递,滚动扩展。然而,多维、复杂的传递过程容易产生大量噪音,进一步影响了信息的准确性。同时,SNS 使传统的信息源复杂化,每一个接受信息的用户又是发布信息的源头,改变了原有的信息传播者就是教育者、信息源较为集中的状况,增加了

信息过滤和舆论导向的控制难度。

(三)信息传播的时间规律

为了让网络监控者有重点的进行监控和研究,需要对新鲜事产生的时间规律进行探索,表2.5和图2.4是抽取样本中2012年7月31日(星期二)00:00至2012年8月1日01:00共25个小时的数据进行统计分析。

表2.5 各个时间段产生的新鲜事数量统计

时间	00:00-01:00	01:00-02:00	02:00-03:00	03:00-04:00	04:00-05:00
数量	9453	4927	3890	1426	780
时间	05:00-06:00	06:00-07:00	07:00-08:00	08:00-09:00	09:00-10:00
数量	947	1869	4290	8747	13243
时间	10:00-11:00	11:00-12:00	12:00-13:00	13:00-14:00	14:00-15:00
数量	16944	15796	13077	12288	12682
时间	15:00-16:00	16:00-17:00	17:00-18:00	18:00-19:00	19:00-20:00
数量	13605	16797	17335	17961	20916
时间	20:00-21:00	21:00-22:00	22:00-23:00	23:00-00:00	00:00-01:00
数量	21061	26095	25864	18910	9895

分析结果显示,人人网新鲜事的产生有两个高峰期,中午10:00至12:00是一个小高峰,下午16:00至凌晨00:00是一个大高峰,峰值高、持续时间长,跟大学生的作息时间完全吻合。

三、利用社交网络引导大学生思想

新媒体时代,大学生的自主性、个体差异性和多变性更加凸显。以往学生管理的传统模式很难有效发挥作用,因此必须主动适应新形势的变化,运用互联网去实现对大学生的有效管理,有针对性地开展大学生思想政治教育工作,维护高校的安全稳定。

(一)打造具有影响力的公共主页

改变以往灌输式的单向教育模式,主动接近大学生,成为大学生的朋友,才能打破思想交际的隔阂。利用SNS平台,建立有影响力的高校公共主页,发布学生喜闻乐见的信息,扩大影响力,并对学生进行潜移默化的影响。遇到敏感事件、突发事件,公共主页可以利用自己的影响力,在第一时间发布客观、公正、翔实的权威主导信息,准确报道事件真相,并以权威的分析评论引导舆论,戳穿谣言,用正确的导向防止和消除各种杂音和噪音的干扰,客观全面地报道处置措施和进展,引导和控制舆论走向,迅速有效地控制群体性事件,使事件得到妥善解决。

建立有影响力的高校公共主页,例如天津大学的人人网公共主页"北洋体",而不是鼓励每所大学在自己校园内重新复制一个SNS。人人网、微博等每天产生几千万条的新鲜事,没有哪所高校有足够的影响力可以把自己的学生吸引在一个校内局域网的SNS中。

(二)建立分析研判预警制度,对转发多、评论多的信息进行统计分析,及时掌握学生思想动态

任何事物的发展变化,都是一个由量变到质变的过程。高校中某种思潮的兴起,总会在某些方面表露出一些信息。所以,要在不改变事物的根本性质的量变阶段,广泛采集信息。要特别注意发现采集苗头性、倾向性、内幕性、突发性、预警性的情况信息。

人人网新鲜事就是一个良好的信息采集源头,新鲜事更能体现学生目前的关注点,兴趣点。将网

络监控的重点放在人人网新鲜事上,不断采集人人网新鲜事,并对新鲜事进行语义分析,找出当前学生关注的热点,并进行适当的引导。

(三)建立三级监督引导体系

网络是自由的,大家可以各抒己见,其中也混杂着一些不正确的言论。作为高校思想政治工作者和维稳工作者要营造文明的社交网络氛围,并协助相关部门制定相应准则,让网络社交既能满足大学生社会交际和情感交流的需求,又懂得自我保护和不伤及他人。

建立"主页维护者——网络辅导员——信息技术员"三级监督引导体系。

主页维护者负责维护公共主页,在学生中营造积极向上的氛围,正确引导学生思想潮流。在敏感事件和突发事件面前,主页维护者可以根据网络辅导员的要求,及时发布客观、公正、翔实的权威主导信息,引导舆论导向。

网络辅导员负责对新鲜事数据进行处理分析,形成分析报告,及时向领导和决策者反映学生思想动态。网络辅导员应有很强的政治敏锐性,大是大非面前保持头脑清醒,在突发事件面前,可令主页维护者及时公布客观、公正的信息,形成正确的舆论导向。

信息技术员的工作职责是开发和维护人人网信息收集系统和数据分析系统,开发功能齐全、使用灵活、界面友好的信息收集和分析系统,供网络辅导员分析使用。信息技术员要不断学习最新的互联网知识,关注最新的技术走向,利用最新的技术为学校的思想政治教育工作和安全稳定工作服务,在工作中不断提高自身技术能力,和对信息的收集和掌控能力,使其成为精干的网络卫士。

(四)在信息产生和传播的高峰期进行网络监控

通过对新鲜事产生的时间规律,确定每天学生在人人网活动的高峰时期。在活动高峰时期加大网络监控力度,由多部门组成快速的信息响应队伍,发现异常后"黄金四小时"内及时采取措施,稳定学生思想情绪,防止事态扩大。

(五)建立人人网信息分析系统

开发建立人人网信息动态分析系统,包括以下几个方面的功能:(1)24小时不间断搜集新鲜事数据,对新鲜事进行语义分析,及时掌握热点、焦点问题,主动进行引导;(2)将与根节点距离大于10的文章,即网络传播热点文章,收集汇总并转发给学生思想政治教育者和学校安全保卫部门,使其能快速准确地掌握学生思想动态;(3)该系统要提供灵活的筛选查询功能,例如可以对新鲜事根据学校、发布时间、发布类型进行筛选,充分发挥SNS网络数据的应用性。同时也要做到使用灵活、界面友好,使得"网络辅导员"等非计算机专业人士也可对人人网信息进行数据分析,形成报告,为决策提供依据。

参考文献:

[1]胡天生,孙显水.基于SNS信息传播特征的大学生思想政治工作创新研究[J].思想教育研究,2011(2):78~81

[2]鲍捷,程久军.基于社交网络的群体信任算法[J].计算机科学,2012,39(2):38~51

[3]王雷.社交网络与大学生思想政治教育途径[J],西南农业大学学报,2012,10(3):206~207

[4]李忠军,张森林.互联网对当代大学生政治价值观的影响及对策研究[J].西北大学学报,2008(2):168~170

[5]刘家增,胡立男,张涛.浅谈高校稳定与信息工作[J].中国建设教育.2006,6(6):34~37

[6] Mislove A, Marcon M, Proceedings of the 7th ACM SIGCOMM conference on Internet measurement, Gummad K P 2007 Internet Measurement Conference, San Diego, California, USA, October 24—26, 2007 p29

作者简介：

时子庆　天津大学,助教,主要从事学生思想政治教育工作。E-mail: shiziqing@tju.edu.cn

吕雅楠　天津大学,硕士,研究实习员,主要从事高校安全保卫研究工作。E-mail:lyn@tju.edu.cn

以人为本做好高校安全维稳工作

汪支平　张　晋　薛志东　包头师范学院

摘　要：本文在认真分析当前高校在校生特点和高校安全维稳工作背景以及面临严峻挑战的基础上，探讨通过建立以人为本的高校安全维稳工作理念，探寻措施，应对目前高校安全维稳工作面临的挑战。

关键词：以人为本　高校　安全维稳工作

随着全球政治多极化、经济一体化、文化多元化和社会信息化时代的到来，以"90后"为主体的高校在校大学生的道德观念、价值取向、行为倾向和爱情观日趋多元化，表现出自我意识较强，追求个性化，心理承受能力不强等特点。我国改革发展进入矛盾多发期，国内外各种敌对势力借机向大学生渗透西方文化和价值观，借机煽动大学生反对党和国家；高校毕业生就业难、高校改革发展、高校后勤服务制度改革等因素导致学生与高校之间的矛盾逐渐增多；加之高校保卫部门不具有执法权，导致高校安全维稳工作面临前所未有的挑战。本文探讨建立以人为本的工作理念，做好高校安全维稳工作，应对高校安全维稳工作面临的挑战。

一、当代大学生特点

高校安全维稳工作的主体是在校大学生。当代大学生的思想和心理特点直接影响高校的安全和稳定。因此，做好高校安全维稳工作必须把握当代大学生群体的特点。

(一)主流思想积极向上，但个体差异明显[1]

"90后"大学生的家庭背景、个性心理、理想追求等方面的差异越来越大。大部分学生心怀强烈的爱国热情，关心时事政治、关注国计民生，但小部分学生的国家、民族观念淡薄，理想信念缺失；大部分学生能正确看待个人利益与集体利益、国家利益的关系，积极参与志愿服务等公益活动，但小部分学生却只讲个人利益，公德意识和社会责任感淡薄；大部分学生能自觉遵守道德和法律规范，展现出新时期大学生的良好风貌，但也有一些大学生唯利是图，不择手段，个别同学甚至参与违法、犯罪活动。

(二)有强烈的自我意识，特别重视个人价值，人生追求多元化并趋于现实

"90后"大学生大多是独生子女，在众多的关爱、夸赞氛围中成长起来，自我意识强，自信心强。他们在信息化社会环境中成长，能从各种媒体获得大量的知识和信息，不同种类的信息影响着他们的理想追求，导致大学生的理想追求趋于多元化。大多数能为理想努力奋斗，但存在缺乏实现理想的意

志力。

(三)有很强的独立意识,情感丰富,但心理承受能力弱,容易采取极端方式表达情感,容易被煽动、利用

"90后"大学生有较强的独立意识,渴望摆脱家长式的管控,但又缺乏独立生活的能力;有强烈地表达自己想法愿望,但往往对事物认识片面,对社会倾向于持批评的态度。在竞争压力日益增大的情况下,大学生群体的思想焦虑现象日渐增多。部分大学生由于尚不具备成熟的心理素质和承受能力,心理准备不够,信心不足,心理调适能力差,在少数大学生中不同程度地出现了心理问题与心理障碍;一些大学生看到现实社会和理想社会存在反差,不能全面正确地看待社会当中存在的问题,他们会感到迷茫,进而消极应对甚至表现出颓废,容易被国内外敌对势力煽动和利用。

二、当前高校安全维稳工作面临的挑战

(一)国内外形势给安全维稳工作带来较大压力

从国际形势看,当前国际局势总体和平,但局部并不平稳。中东地区政局动荡,世界范围内恐怖袭击此起彼伏,叙利亚内战并没有缓和迹象,朝鲜第三次核试后,东北亚局势更趋紧张,伊朗核问题的解决困难重重;南海问题、钓鱼岛问题以及周边国家与我国的各种摩擦都对我国的安全稳定造成影响。此外,国际金融市场动荡,金融危机的影响并未结束,恐怖袭击在世界范围内时有发生。由此看来,影响世界和平与发展的不稳定、不确定因素依然存在,传统与非传统安全问题相互交织的现状没有变,对我国和平与发展造成不利的影响并没有消失。

从国内看,2013年新一届国家领导人就任,我国的改革发展进入"深水区"和矛盾多发期,新一届政府将以极大的勇气推进改革,改革过程中的不确定因素和矛盾在所难免;另一方面,西方反华势力、国内分裂势力总在寻找各种机会,利用各种矛盾制造事端,企图破坏我国安全稳定的发展环境。

(二)社会不良风气和校园周边治安环境对高校校园影响令人担忧

一是目前社会上较严重的拜金主义、自由主义思潮及钱色交易、权色交易等丑恶现象不断向校园渗透,对高校教育负面影响较大;二是部分单亲家庭和独生子女家庭教育观念、方法欠妥;三是校园周边开设有网吧、酒吧、歌厅、洗浴场所,藏污纳垢,治安环境较差,社会无业青年和违法犯罪分子常常聚集在这些地方。受以上三方面因素影响,大学生的是非观、价值观偏离正常轨道,大学生违法犯罪案件增多,有的学生甚至羡慕富贵,追求奢华,开始涉足黄、赌、毒,严重影响了校园的安全稳定,增加了学校安全管理工作的难度。

(三)高校人员构成复杂,容易产生民族和区域矛盾

我国高校自大规模扩招以来,在校大学生人数激增。校内大学生来自不同地区、不同民族。各地区、民族文化存在差异。这种文化差异容易产生区域群体和民族群体之间的矛盾。高校内各民族、各地区个人和群体之间的矛盾容易被国内外敌对势力利用,通过煽动、放大,进而引发国内民族矛盾。

(四)高校保卫部门在校园治安管理中没有执法权,制约了校园安全管理

由于地方公安警力不足,无法派遣驻校执勤民警,高校保卫部门又没有执法权,况且高校各部门内部往往更重视能出"政绩"的工作,安全工作难以真正落到实处,不免流于形式。另外,校园各类案件查办,只能等待公安机关查处、办理,而公安机关没有更多的警力解决一般的治安案件,致使案件的查办效率不高、破案率较低,导致校内师生积怨加深,导致对保卫部门和学校的不满,容易引发次

生案件和稳定事件。

(五)保卫干部队伍素质亟待提高

很多高校将各部门年龄较大、体弱多病、文化层次较低的职工调整到保卫部门工作；另外，高校在进人政策上普遍限制低学历、低职称人员入校，而高学历高职称人员又不愿意从事安全保卫工作，导致高校保卫部门职工年龄严重老化。面对当代大学生道德观念、价值取向、爱情观和行为倾向日趋多元化，自我意识较强、追求个性化、心理承受力不强等的特点，高年龄、低文化的保卫干部很难适应新时期安全维稳工作的要求。

三、以人为本做好高校安全维稳工作的几点想法

依据党的十七大报告对以人为本的解释，高校安全维稳工作中的以人为本就是把高校广大师生的安全和校园的稳定作为一切工作的出发点和落脚点，把培养提高大学生安全、法制意识作为重要目标，安全维稳工作理念由管理型向服务型转变，充分发挥校内各层级机构和广大师生的主体作用，以广大师生员工为中心，维护他们的尊严，尊重和保护他们的权利，满足广大师生对校园安全稳定的需要。

针对当代大学生特点和高校安全维稳面临的严峻形势，做好高校安全维稳工作，必须建立以人为本的工作理念，在做好各项常规工作的基础上，具体应做好以下几方面工作：

(一)建立健全协调配合、自发运行的工作机制，构建安全、稳定的校园环境

安全、稳定的校园的最大受益者是校内广大师生员工，也是以人为本的最好体现。维护安全、稳定的校园需要建立健全校内各部门相互协调机制，将校内各部门、各单位在校园安全维稳工作中的职责要求，以制度的方式加以明确、细化和规范，将广大师生员工维护校园安全、稳定的义务和责任明确下来，以校园安全稳定需要为安全维稳工作行动的指挥棒，校内各部门和相关人员能够依据规章制度自发开展工作。

另外，高校学生来自全国不同地区、不同民族，各地区、各民族文化存在差异，容易产生矛盾，预防和化解校内各民族、各地区个人和群体之间的矛盾任务艰巨。针对少数民族群体具有很强的民族凝聚力的特点，为更容易得到学生信赖，便于沟通、教育和管理少数民族学生，应在全校范围内成立相应的少数民族学生教育工作协调小组，选派政治素质过硬的少数民族老师承担全校范围内少数民族学生的安全教育、管理工作和思想教育工作。

(二)根据当代大学生特点，有效开展安全法制宣传教育，提高师生安全、法制意识

大学生具有较高的安全意识、法制意识，是维护校园安全稳定重要基础。提高大学生的安全法制意识，只有通过有效的安全法制教育工作来实现。但高校现有的安全法制教育往往通过校内悬挂条幅、校园橱窗、广播站、手抄报、展板等形式开展宣传，通过讲座、安全保卫网站开展安全法制教育，由于宣传教育方式司空见惯，往往不能很好的吸引受众的注意力，宣传教育效果不尽如人意。

高校安全法制宣传教育应该针对当代大学生特点，充分调动广大师生的智慧，将安全法制教育内容和发生在学生身边、校园内和其他高校的案例创作成顺口溜、幽默小故事、具有深刻寓意的漫画等文艺作品，通过手机短信、QQ群、微信群、学生活动活跃的贴吧、网站等形式开展个性化的安全教育。这样既避免了广大师生对传统的强制安全法制宣传教育的抵触情绪，又能增强受众对安全法制教育的兴趣，强化宣传教育的效果，还不占用受众太多的时间。

（三）以人为本，建立"重点"学生预警制度，依法依规，及时妥善处理校园治安案件

校园治安案件大多数与经常违规违纪的"重点"学生有关，因此，建立"重点"学生预警制度，对管理和教育"重点"学生，降低校园治安案件，提升校园安全感具有重要意义。"重点"学生预警制度是指"重点"学生出现违规、违纪行为时，视其情节严重程度，认错悔改程度和违规、违纪重复率，采取教育（必要时做心理疏导）、批评、警告、处分等阶梯措施，对"重点"学生进行管理、教育，留给违规、违纪学生反思和自我教育的空间，而不是只要违规、违纪便直接给予处分，导致"重点"学生抱有"破罐子破摔"的思想，一错再错，最终成为校园安全稳定隐患。

另外，校园治安案件侦破率和办理时效直接影响后续校园案件的发生率和校园安全感的提升。在科学论证的基础上，分类建立校园案件限期办结制。将发生在校内的治安案件调查、取证、审核、调解以及违规处分等过程限定办理期限，提高校园治安案件办理效率。此外，在不涉及隐私和不影响案件办理的情况下，建立校园案件办理公开制度，将校园案件办理程序面对当事人或全校公开，既能有效促进工作人员认真负责地办理案件，又能有效避免由于当事人对案件办理的误解，从而避免引发后续矛盾。

（四）关注学生诉求和心理健康，妥善化解矛盾

当代大学生大多是独生子女，在成长过程中是家庭的中心。这种特殊的成长环境，造就了这一群体形成了以自我为中心的价值观，心理承受能力脆弱。在离开家长的呵护，进入大学校园过集体生活过程中，适应不了自己不再是"中心"的生活，同学之间也因此很容易产生矛盾。为此，非常有必要通过班主任、辅导员、QQ群、学生活动活跃的贴吧等多条信息渠道，及时了解和掌握学生诉求和心理状态，提前做好预防、心理疏导和矛盾化解工作。另外，在对违规、违纪学生教育过程中，要重视学生的心理感受和心理需求，充分尊重其人格尊严。同时，注重对学生的心理疏导，避免因心理问题引发后续矛盾。

（五）改善现有保卫干部年龄、学历结构，加大保卫干部培训力度，树立以人为本，依法治校的安全维稳工作理念

目前，很多高校保卫干部整体年龄较大、学历较低，这部分人的工作积极性相对较低，工作理念陈旧，工作能力不强，直接影响他们与学生的亲和力，影响他们在学生当中的威信，最终影响学校的安全维稳工作效率。因此，有必要在高校保卫干部队伍中引进高学历、年轻人才，培训现有保卫干部，建立以人为本的工作理念，提升他们的管理、教育理念，以保证广大保卫干部在工作中能够充分尊重师生员工的基本人权和人格尊严，尊重违法、违纪大学生的合法权利和人格尊严，避免因工作方式、方法不当使学生产生积怨，形成安全、稳定隐患。

总之，建立以人为本的高校安全维稳工作理念，就是要把校园的安全和稳定作为校内广大师生的基本"红利"和目标。在开展安全维稳工作过程中，要充分尊重校内每个成员的基本人权和人格尊严，充分协调和调动校内各单位和广大师生员工参与到校园安全维稳工作中，协调构建安全、稳定的校园。

参考文献：

[1]杨定鹏,石昌远,聂国东,闫研,郑晓娜.当代大学生特点分析及教育对策研究.长春理工大学学报[J],2010(7)

作者简介：

汪支平　包头师范学院副院长

张　晋　包头师范学院保卫处处长

薛志东　包头师范学院保卫处副处长，手机：15904723558

通讯地址：内蒙古包头市青山区自由路 24 号

对新形势下高校少数民族学生维稳工作的几点思考

崔宏泰　天津大学

摘　要：当前影响我国高校少数民族学生稳定的因素更加复杂。高校少数民族学生维稳工作存在一些问题。要采取有关对策做好新形势下的高校少数民族学生维稳工作。

关键词：维稳工作　高校　民族学生　思考

高校少数民族学生稳定工作是高校保卫工作的重要内容之一，关系到少数民族大学生健康成长，关系着高校乃至社会稳定与和谐，也关系和影响到建立平等、团结、互助、和谐的社会主义民族关系。近年来，随着形势不断发展变化，影响高校少数民族学生稳定的因素日益复杂，对新形势下高校民族学生稳定工作带来新的挑战，必须引起重视，认真思考和对待。

一、影响高校少数民族学生稳定的因素更为复杂

（一）国内外政治经济形势变化对高校少数民族学生稳定的影响

胡锦涛指出，"在现实生活中，我国的民族问题往往表现为经济问题与政治问题交织在一起，现实问题与历史问题交织在一起，民族问题与宗教问题交织在一起，国内问题与国际问题交织在一起。正确处理民族问题，涉及我国经济建设、政治建设、文化建设与和谐社会建设各个方面。"可见，高校民族关系问题处理必须放在整个国家和社会的发展变革的大局中来审视和思考。从国内来看，我国正处于社会转型期、矛盾多发期，面临政治体制改革、深化经济改革、民族文化传承与延续、少数民族人口流动和少数民族贫困等许多困难和问题。国际上霸权主义和强权政治利用包括民族、宗教在内的一切问题干涉我国内政和破坏安定团结局面。这些问题对民族关系均会产生较大影响，进而会影响高校民族学生的稳定。

（二）民族分裂势力抬头和渗透对高校少数民族学生稳定的影响

民族分裂主义是民族主义的极端形式，与国际反华势力勾结严重威胁我国民族团结、国家统一。当前，"藏独"、"东突"等分裂势力加紧对我国进行渗透破坏。高校是其重点争夺的地方之一，青年大学生是其重点争夺对象。"3·14"事件和"7·5"事件发生时，国内个别高校也曾出现不明真相的民族学生聚集的事件，这说明民族分裂势力加紧利用一切手段分裂国家。同时这些事件对少数民族学生的认知、情感、心理甚至行为都会带来巨大的冲击和影响。事实证明，必须时刻增强忧患意识、居安思危，切实做好同分裂势力、敌对势力不懈的斗争，加强对民族学生的教育、管理和引导。这是高校维稳工作不容忽视和回避的重要方面。

(三)高等教育发展对高校少数民族学生稳定的影响

随着高等教育飞速发展,高校在教学、管理、服务的体制、机制上也发生巨大的变化,在高校少数民族学生数量迅猛增长的形势下出现了许多不适应的状况。这些问题涉及越来越多的少数民族学生进入到内地或边疆地区高校接受高等教育,现有的办学条件如何满足民族学生的教育需求,是否具备民族语言教师、教材,能否开设民族语言教学课程的问题。在校园文化建设中,如何坚持做到一元主导、多元并存,各民族文化和谐共荣的问题。高校后勤社会化改革后,宿舍管理中各民族学生和谐相处问题,如何保证清真食品供应满足民族学生生活和饮食习惯的问题。这些工作做好了能促进民族关系和谐发展,反之则会影响高校民族学生的稳定。

(四)自身思维与行为方式特殊性对高校少数民族学生稳定的影响

少数民族大学生主流上有当代青年崇尚理性、心系家国等共性,但作为少数民族青年,在文化背景、风俗习惯、宗教信仰、民族认同感上比较特殊。第一,民族认同意识较为强烈。由于来源于共同地域、有相同或相近文化背景、风俗习惯、宗教信仰等,少数民族学生在获得国家、社会、学校对本民族的尊重、认可、肯定上有更强烈的要求。第二,宗教信仰有较大差异。我国是多民族国家,大多数民族都不同程度信仰宗教,比如藏族学生信仰藏传佛教,维族学生信仰伊斯兰教。第三,生活习惯有较大差异。由于宗教信仰和生长环境不同,少数民族学生在作息、饮食、节日习惯等方面与汉族大学生有巨大差异。第四,学习基础相对较弱。特别是来自边远聚居地的民族学生,他们在英语、数学等科目上较为薄弱,甚至语言也是一道难关。第五,民族学生群体性更强。由于相同的背景和习惯,民族学生更愿意与本民族同学交往,其联系更为紧密,思想、行为方式更为一致。在青海玉树地震发生后,某些高校藏族等少数民族学生聚集呼吁学校向受灾地区本民族捐款,就是很好的例证。上述特殊性是高校做好民族学生维稳工作时必须尊重和考虑的因素。

二、当前高校少数民族学生维稳工作存在的问题

(一)对形势估计不足,重视程度不够

当前,部分高校对民族学生稳定工作认识不够清晰,重视程度不够。主要表现在:第一,对形势判断不清。许多高校特别是内地高校,对当前民族学生稳定工作面临的新形势和新挑战认识不够到位,对政治、经济、文化、社会等多种因素交织对高校民族学生稳定的冲击缺乏全方位、清醒的判断和认识。对稳定工作的重要性、影响因素的复杂性、隐蔽性,事件发生的突然性估计不足。第二,对民族学生稳定工作定位不准确。不少人认为民族学生稳定工作仅仅是学生工作的一部分,是学生工作部门的事情,或者认为与统战工作关系不大,与民族问题关系不大,与社会稳定关系不大。第三,对政策把握不准确。比如正确理解和掌握教育与宗教分离的原则,正确区分民族文化与宗教信仰等。曾经在内地某些高校中,出现个别少数民族学生在校园等公共场所堂而皇之穿戴宗教服饰的情况。由于对此缺乏充分了解和认识,在教育管理中就显得敏感度不高,依据不充足,理由不充分,说服力不强,处理起来就不得力。

(二)工作格局不全,工作机制不顺

部分高校没有建立起健全的工作格局,工作职责不明,工作机制不顺,未能形成工作合力。主要表现在:第一,工作格局不健全。民族学生稳定工作是一个系统性、整体性的工作,涉及民族学生思想政治教育、民族政策教育宣传、民族学生日常事务管理、民族学生突发事件应急处理等方面。需要多

个部门协同动作、密切配合,齐抓共管。第二,工作职责不明确。有的高校将民族学生稳定工作纳入到学生管理中由学生管理部门牵头负责,有的高校将工作纳入到保卫部门进行牵头负责。这都说明没有弄清楚民族学生稳定工作的重要性、特殊性和复杂性。第三,工作机制不顺。在具体工作中,存在缺乏统一领导和协调、条块分割和部门本位主义严重等问题,一些职能部门相互推诿、扯皮的现象严重,影响了民族学生稳定工作的效果。

(三)维稳工作思路僵化,工作方法不活

在快速的全球化、信息化、城市化、工业化进程中,仅仅沿用传统的理论说教、课堂灌输、"防"、"堵"等老思路、老办法开展民族学生维稳工作,系统性不足,针对性不强,实效性不高,已经不能适应形势的发展要求。在处理民族关系问题时,既要坚持原则性,又要坚持灵活性。不要轻易把民族学生问题上升到民族关系对立、冲突的层面,但是又要对煽动挑起民族关系矛盾的言行予以坚决制止和处理。这就要求我们既要了解和掌握政策,又要灵活处理相关问题。对于一些苗头性、倾向性问题要及时发现,要坚持及时处理,避免事态扩大化。如果对应及时处理的问题拖拉处理,对应从严处理的放松处理,对应按照日常学生事件处理的按照民族关系问题处理,就可能扩大事态、激化矛盾。此外,还应该充分掌握和利用必要的现代技术手段,发挥高新技术手段在维稳工作中的作用,提高工作效率和效果。

三、做好高校少数民族学生维稳工作的几点建议

高校民族学生稳定工作关系重大,是一项基础性、长期性、系统性的工作,影响到社会主义民族关系,影响到党和国家民族政策的落实,既要做到统筹兼顾,又要做到重点突出。笔者认为应该在"大统战"工作格局下,防控结合,齐抓共管,综合治理,形成合力,建立起维稳工作的长效机制。

(一)充分认识做好高校少数民族学生稳定工作的重要性

民族、宗教无小事。高校应该从维护民族团结、国家和社会稳定的高度出发,充分认识少数民族学生维稳工作的重要性,要把它作为一项政治任务来完成。要坚持做到四个到位,首先是认识到位,即把维护稳定团结的民族关系作为一项重要政治任务来抓。其次是责任到位,即建立从领导到职能部门具体的民族工作责任制,责任落实到人头。再者是保障到位,即建立民族工作专项经费,保证工作顺利开展。最后是机制到位,即建立维稳工作机制,完善教育、管理、服务相结合,预防、处突、善后一体化的工作体系。

(二)纳入"大统战"格局,建立高校少数民族学生维稳工作长效机制

民族学生维稳工作的复杂性和特殊性决定了必须将其纳入到"大统战"工作格局中,按照党委总揽全局,协调各方力量,坚持"精干、统一、高效"的原则,建立起党委领导、统战部牵头协调、各有关部门和各院系各负其责、共同配合,校内各群团共同参与、相互协调的"大统战"格局。在"大统战"工作格局中,完善民族工作协调、议事、处理机制,建立由统战部牵头协调,包括思想政治教育部门、学生管理部门、保卫部门、基层院系、后勤部门各负其责、共同配合,各族师生员工共同参与、相互协调的民族学生维稳工作机制。

(三)教育与维稳相结合,发挥思想政治教育工作的作用

把思想政治教育与维稳工作充分结合起来,发挥思想政治教育春风化雨的作用。一是要继续发挥思想政治教育课主渠道作用,广泛、深入、持久地开展马克思主义民族观和党的民族宗教政策的教育

活动。坚持"三爱"、"三个离不开"、"四个认同"、"六好"教育,帮助少数民族大学生树立正确的民族意识、公民意识和国家意识。二是结合当前的形势和热点,特别是民族关系中的大事,开展反对民族分裂,维护民族团结的学习和活动。帮助学生牢固树立维护祖国统一、加强民族团结、反对民族分裂的思想观念,使他们能够把本民族意识与中华民族意识及爱国主义有机统一起来,把对民族的热爱自觉转化为对中华民族的热爱,转化为爱国报国的情怀,转化为勤奋学习、善于思考、勇于实践的精神动力。三是建设民族团结、民族和谐繁荣的校园文化。通过举办民族节、少数民族地区民主改革成就展、民族教育成就展,开展丰富多彩的弘扬民族文化的活动,开展少数民族困难学生的慰问、帮扶活动等,促进民族了解,增强民族感情,不断增强少数民族学生对中华民族、对中华文化、对中华文明的自豪感。

(四)加强对高校少数民族学生正式群体和非正式群体的管理和引导

少数民族学生群体对少数民族学生的思想、行为中有非常重要的影响。在高校中,少数民族学生的正式群体主要是党、团组织、班集体和社团等。要充分发挥党、团组织的政治优势和组织优势,要大力吸收和发展符合条件的优秀少数民族大学生入党、入团,把他们紧密团结起来,充分发挥党组织的战斗堡垒作用和团组织的生力军作用。建立和培养一支政治上可靠、学习上进步的少数民族学生干部队伍,发挥他们与广大民族学生的桥梁和纽带作用。少数民族大学生非正式群体,是指少数民族大学生在社会生活中以感情、兴趣、地域、民族等为基础,自发形成的一种无明文规定和严格组织形式的集合体。在高校中,主要表现为某某地区同乡会、民族青年联合会等等。这些非正式群体对少数民族大学生的影响不容忽视,必须加强教育、管理和引导。

(五)以人为本,切实关心和解决高校少数民族学生的实际困难

要坚持以人为本的理念,深入进行人文关怀,充分调动和整合各种资源,解决高校少数民族学生的实际困难,增强民族团结的情感纽带。少数民族学生困难主要表现为:经济困难,要建立和完善"奖、勤、助、学、贷、减、免、补"的资助体系。解决学业困难,一方面学校要加强教育教学改革,实行针对民族学生实际情况的分班制教学,另一方面与成绩优异的汉族学生结对子,建立互帮互助小组。生活困难,特别是维族、回族等穆斯林民族学生,高校要创造条件解决清真食品供应问题。心理困难,针对少数民族学生的心理特点,适时开展心理咨询和辅导,建立健全心理问题预防和应急机制。就业困难,要针对民族学生特点,及早进行职业生涯规划和就业技能培训,帮助他们顺利就业。

(六)防控结合,建立高校少数民族学生群体事件预防与应急处理机制

要深入了解和掌握民族学生的需求,及时疏导学生情绪,努力解决苗头性、倾向性问题。一是要建立防范排查机制,开展经常性的矛盾纠纷排查调处工作。二是建立信息报送机制和发展信息成员,做到信息渠道畅通,争取早发现、早解决。三是要建立少数民族学生参与机制,要充分吸收和调动骨干分子,做到为我所用。四是制定预防和处理影响民族关系问题的工作预案,努力把不稳定因素解决在萌芽状态。五是要建立应急和善后处置机制,明确影响民族关系事件发生后相关部门和人员的职责,以及处理的原则、步骤和方法,及时化解矛盾,防止事态扩大。

参考文献:

[1]胡锦涛.在中央民族工作会议暨国务院第四次全国民族团结进步表彰大会上的讲话[N],人民日报

作者简介：
崔宏泰　天津大学保卫处政保科

高校突发事件与应急管理

网络舆论监督下的高校突发事件处置策略浅析

袁聆钊　太原理工大学

摘　要：近年来，随着我国社会经济的快速发展和网络技术的不断进步，国内高校内外环境中所发生的变化，尤其是突发事件所产生的网络舆论效应非常大，不仅对高校稳定发展会产生影响，而且还会对和谐社会的构建产生造成不利的影响。本文将对高校突发事件的网络舆论特点进行分析，并在此基础上提出一些建设性建议与思考。

关键词：高校突发事件　网络舆论监督　处置策略　应对

引　言

在当前信息网络时代，如果对当前的高校突发事件缺乏理性的网络舆论监督，则对高校突发事件的有效处理非常不利。因此，在当前的形势下，加强对网络舆论监督环境下的当前高校突发事件问题研究，具有非常重大的现实意义。

一、高校突发事件网络舆论特点分析

对于当前的高校突发事件而言，网络舆论主要表现出以下几个方面的特征：

（一）网络舆论的即时性

较之于报纸、电视、广播以及传统新闻媒体，网络舆论产生的周期非常的短，而且表现出较强的时效性。对于当前高校中所发生的各种突发性事件、思想动态等，甚至只需几分钟的时间就可在网络上传播、形成网络舆论。当这一网络舆论资讯产生时，很快就会引导公众关注与迅速传播。对于高校公共突发事件而言，实际上就是突发紧急事件，通常可分为潜伏、爆发、蔓延以及衰退四个阶段，而且在潜伏阶段可能就会表现出一定的征兆。实践中我们可以看到，当前网络媒体的形式呈现多样性，比如论坛、电子邮件、博客、微博和QQ等，而且无论哪一个阶段，对高校突发事件信息的控制难度都非常的大，即便能够有效的控制，但仍然比较被动，亡羊补牢固然是一种有效的补救性措施，但此时网络舆论影响业已产生。

（二）舆论资讯的来源具有开放性

对于传统媒体而言，其对当前高校突发事件的报道来源渠道比较单一，记者采访、目击者来信以及高校自己提供的信息，都要经过审稿，既要保证报道的真实性和质量，又要注意舆论导向影响。而网络媒体则与之大相径庭，当前的高校突发事件资讯来源非常的广泛，可以是记者采访、目击者来信,也可以是高校自己提供,开放性非常明显。对于计算机网络而言,资讯发布主体资格的审查并不严格,可以说是对传统二元对立思维模式的一种否定,身份虚拟化是其最大的特点,因此任何人无需身份验证均可参与网络资讯的发布与传播。实践中我们可以看到,因网络媒体具有匿名性,传播者与广大受众在网络上进行信息传递、发表意见,在很多程度是不受法律规范制约的,这使得计算机网络舆论变得更加的活跃(也叫自媒体时代),甚至泛滥,监管难度明显增大。

(三)舆论产生的社会反思性

网络舆论监督下的当前高校突发事件,一方面含有事件本身工作的不到位造成失败的原因,引起社会网络舆论的压力,处置事件的难度,另一方面处置得当、及时,导向舆论理性反思,又孕育着成功,而事后的反思与收获,成为当前网络舆论在高校突发事件中的重要功能和价值。在某一高校的突发事件临近消解时,事件发生的原因、避免方法、处置过程以及实践中存在着问题等,一定会明确指出来。在此过程中,网络舆论还会利用其广泛的影响力,全面推动社会各界的反思;同时,通过信息资讯的互动,可获得更为全面的认知;并且还能培养广大民众的良好习惯,提高高校、公众应对突发事件时的心理承受力,促进社会的良性发展。

(四)网络舆论的演变性

在实际的生活中,很多突发性的问题通过网络舆论的传播,甚至以讹传讹,似乎已经变质,而且部分资讯发布者唯恐天下不乱,无事生非。极少数网民借机发泄不满情绪,发表极富煽情的言词,网络舆论被不断放大、失真,使其呈现负面效应,有时还会出现事态的发展与事件起因没有关系的网络导向,可能加速突发事件恶性发展,出现失控状态,给学校造成极坏的影响和更大的损失。

二、网络舆论监督下的高校突发事件处置策略浅析

基于以上对当前高校突发事件网络舆论特点分析,笔者认为要想有效处理网络舆论下的高校突发事件,可从以下几个方面着手:

(一)高校突发事件的网络舆论资讯收集与研判

网络舆论资讯信息收集过程中,应当注意动态信息的收集,尤其是要尊重主流思想观点,避免不良信息的干扰。同时,还要准确把握公众与媒体最为关注的话题、舆论影响力。首先,应当加强高校学生思想政治教育,完善高校学生心理健康干预机制,并在此基础上构建一套科学合理的网络伦理道德体系,随时掌握舆情,以便于能够提升高校及学生的预警能力。其次,突发事件过程中,要对事态发展与学生的思想变化做出合理的预测。学校党委、学生工作部门,应当对可能影响高校稳定发展的因素进行分析研究,并及时做思想工作。最后要对所收集到的相关网络信息予以汇总,对信息就能先去伪存真,消除其中不稳定的影响因素,牢牢把握维护高校稳定的主动权。

(二)事件真相的及时公布,把控舆论导向

高校应当对突发事件的真相进行及时公布,以免造成恐慌或以讹传讹。比如,新华社2009年10月28日电,北京卫生局发布了一条消息:北京航空航天大学某学生患有甲型H1N1流感,因医治无效最终死亡。据悉,近日北航有3000余名新生在大兴进行军训时,部分学生有发热、流感症状,其中一名学生因病情恶化在送往区医院进行救治时不幸死亡。当这则网络舆论资讯播出时,该校患者病情已经基本稳定、无危重病人。然网络上却相继刊登了多篇北航甲流死亡事件的帖子,而且作者均为北航本届新生,而且这些帖子上的评论均是负面性的。比如,北航甲流死亡事件真实内幕、逃生学生军

训回忆北航新生死亡真相等等,而且点击率非常的高。这一舆论资讯播出后,多次被转帖,不明真相的社会人士、学生纷纷骚动起来,对北航的声誉和未来发展产生了非常不利的影响。从性质上来讲,该事件属于高校突发事件,因学校没有第一时间向学生、社会公布事件的真相,所以造成谣言满天飞,加之网络的快速传播,其影响不言而喻。在网络时代背景下,若高校中发生了类似的事件,学校及其各部门该如何正视这一突发事件背后的网络舆论? 这是一个必须面对和必须处置的问题。为此笔者建议:要将新闻发布活动列入突发事件处置的整体安排,并予以高度重视,并在第一时间组织并实施新闻发布,打好新闻发布的组合拳(新闻发布会,记者见面会,单独会见记者,集体会见记者采访,通过学校网站发布信息,通过 Email 传真发布信息,通过微博平台发布信息,都是媒体的新闻发布)。在整个事件的处理中应该掌握几个要点:①坚持实话实说,②把握好什么时间说,③确定由谁来说,④以什么方式说。

(三)加强网络评论舆论的正面引导

高校应当培养高素质的学生舆论领袖,使其在大众传播过程发挥重要的过滤或中介作用。在当前信息网络时代,计算机网络业已成为当前广大人民群众表达思想和发表言论的重要平台,但因网络舆论发布者非常分散,其资讯内容也比较复杂,所以快速形成和传播的网络舆论难以有效的得以控制。对于这一问题,笔者认为可从以下几个方面着手应对:第一,采用先发制人的方式进行应对。及时发布权威信息、正面声音,关键时刻不失语,使谣言止于事实,尤其要注意负面资讯和思想的乘虚而入;据相关数据调查,网民可以接受相关部门的回应时间长度如下表1:

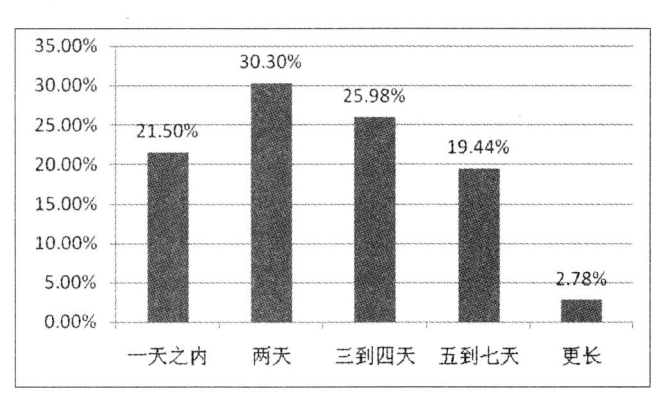

表1 网民可接受相关部门回应时间长度

第二,多方协调,将网络不良舆论及时删除。实践中可以看到,高校可通过官方渠道,与网站协调,将不良舆论予以及时的删除,以最大限度地减少不良网络舆论造成的影响,降低其传播点;第三,借助传统媒体的力量,加强宣传,营造正面舆论氛围,让更多的受众了解事实真相,同时我们要力避和扭转我们的领导干部面对媒体不愿说不敢说不会说的局面。高校一出事,记者就会蜂拥而至,不会面对怎么办? 用手挡着、到处躲着,不是办法,把辅导员推到第一线去,恐怕不行,最终我们还是要面对媒体。与其被动说,不如主动说;与其迟说,不如早说;与其别人说,不如自己说;与其外行说,不如内行说;与其一般人说,不如领导亲自说。

(四)认真做好事后处理,将危害和不良影响降至最低限度

之所以高校突发事件发生后会产生不良网络舆论影响,其中一个主要原因就是高校在事件发生后不作为,或者反应迟钝,最终导致对高校产生更为严重的负面影响。实践中为有效避免该类事情的发生,高校应当在事件发生后第一时间内,积极组织处理机构,认真做好善后处理工作,必要时还要

通过新闻发布会等多种形式,向社会、大众说明情况。在善后处理过程中,要加强对突发事件中的学生思想政治教育,让他们真正了解事实的真相,给学校以支持和认可,同时高校还要做好善后的总结,从中吸取教训,以免此类事情再次发生。

结 语

高校突发事件的发生与网络舆论快速跟进之间存在着密切的关联性,这使得网络舆论对当前高校突发事件的影响举足轻重。我们要做到:搜集舆情、研判信息、确立主旨、掌握口径、实时发布、妥善处置,做好评估。应当加强思想重视和应对策略创新,只有这样才能有效应对突发事件,才能确保高校的稳定和发展。

参考文献:

[1]卢晓霖.浅析高校突发事件的网络舆论应对机制[J].华章,2011(11)

[2]卢晓霖.浅析高校突发事件网络舆论的引导方法[J].投资与合作,2011(05)

[3]叶勇.高校公共突发事件中网络舆论的特点与功能研究[J].教育探索,2008(01)

[4]范高瞻,黎万和.从"甲流"看高校对突发事件中不良网络舆论的应对策略[J].牡丹江教育学院学报,2010(03)

[5]沈文哲,张晓玮.突发事件中网络舆论的情报引导模式[J].网络安全技术与应用,2012(11)

作者简介:

袁聆钊　太原理工大学保卫处处长,高级工程师,手机:13603565933

通讯地址:山西省太原市迎泽西大街79号太原理工大学保卫处,邮编:030024

做好新时期校园应急管理工作启示

李耀鹏　北京林业大学

摘　要：本文重点讲述了应急管理的概念、构成和当前高校应急管理的概况，通过对我国突发公共事件高危期和原有应急工作基础薄弱等应急管理工作现状的分析，从加强领导、强化预案、夯实基础、注重队伍、全员培训等五个方面提出加强高校应急管理工作的设想。最后，结合高校实际，探索性地指出当前高校应急管理工作面临的主要困难和问题。

关键词：应急管理　校园　突发事件

应急管理是指政府及其他公共机构在突发公共事件的事前预防、事发应对、事中处置和善后管理过程中，通过建立必要的应急机制，采取一系列必要措施，保障公众生命财产安全，促进社会和谐健康发展的有关活动。应急管理是对突发公共事件的全过程管理，根据突发公共事件的预警、发生、缓解和善后四个发展阶段，应急管理可分为预测预警、识别控制、紧急处置和善后管理四个过程。应急管理又是一个动态管理，包括预防、准备、响应和恢复四个阶段，均体现在管理突发公共事件的各个阶段。应急管理还是个完整的系统工程，可以概括为"一案三制"，即突发公共事件应急预案，应急机制、体制和法制。

新时期高校应急管理工作将始终坚持以"三个代表"重要思想为指导，认真贯彻和落实科学发展观，坚持以人为本的工作思路，有效预防和妥善处置高校各类突发公共事件，保护广大师生的生命和财产安全。高校思想活跃，人员密集，对外交流频繁，很容易引发群体事件、政治事件和涉外事件，高校的稳定关乎社会稳定，这也是各级政府高度重视高校应急工作的重要原因。目前，高校应急管理工作还处在起步阶段，基础相对薄弱，工作体制机制不尽完善，应急能力有待加强。今后高校要通过完善各项应急法律法规和工作措施的落实，建立校园维稳和应急管理工作体系，全面提高高校的应急预警和处置能力，积极维护高校政治稳定和学校正常的教学、科研及生活秩序。

一、我国应急管理工作现状

目前，我国正处在突发公共事件的高发时期，而且在未来很长一段时间内，我国都将面临突发公共事件所带来的严峻考验。加上原有应急管理基础薄弱，公众的危机教育不足，应急管理工作要走的路还很艰巨。

（一）我国进入突发公共事件高危期

从自然灾害的角度分析，中国是世界上受自然灾害影响最为严重的国家之一，灾害种类多、灾害发生频度高、灾害损失严重。由于受灾害影响的人口大体在2亿左右,占全国人口的1/7以上,自然灾害在中国有着较强的社会性。随着经济建设的发展,灾害造成的损失也逐步增加,我国每年因自然灾害造成的损失一般都要超过上千亿元。"5·12"汶川大地震造成的直接经济损失就高达8451亿元人民币。

从社会发展的角度分析,我国目前正进入经济社会发展的关键阶段,既是关键发展期,同时又是矛盾凸显期。人民内部矛盾出现一些值得重视的新问题,如果处置失当,有可能会出现社会危机。此外,国际政治经济格局的最新变化也使得国际的冲突和危机出现新的特点。如"9·11"事件就显示了国际恐怖主义威胁巨大。以及由于人类对自然环境破坏严重,潜在的危机有可能随时爆发。

从国际国内形势分析,在复杂多变的国际国内形势中,我国国家安全和政治制度长期受到敌对势力的长期威胁,甚至制造各类破坏和分裂活动,从而达到其不可告人的目的。维护国家安全以及开展对敌斗争始终是我们一项艰巨的工作任务。

(二)我国原有应急工作基础薄弱

从非典疫情到禽流感,从开县井喷到北京密云游园踩踏事件,从吉林中百商厦特大火灾到阜阳劣质奶粉,从东航包头空难到辽宁孙家湾特大矿难,以及三鹿婴幼儿奶粉事件,山西"9·8"特别重大尾矿库溃坝事故……这些突发公共事件及处理,已经暴露出了诸多问题。

第一,基本法律法规有待进一步落实和完善。虽然此前我国已经颁布了一系列与处理突发事件有关的法律、法规,例如:应对突发事件发生的《突发事件应对法》,应对骚乱的《戒严法》,应对自然灾害的《防震减灾法》、《防洪法》等,应对安全生产事故的《安全生产法》等、应对公共卫生的《传染病防治法》等。各地方根据这些法律、法规,又颁布了适用于本行政区域的地方立法。但是这些法律法规,在贯彻落实执行中缺乏监督。加强各级部门的工作协调和合作,实现化零为整可大大提高处理突发事件能力。

第二,信息管理系统落后。信息管理系统对突发事件的处理起着非常重要的作用。一则为决策者提供及时和准确的信息;二则为民众传递适当的信息,避免民众情绪失控,促进民众沟通。目前,我国发生灾害及各类突发事件时,都是以部门为单位逐级汇报,缺乏快捷、有效的沟通渠道。信息量并不是不够大,也不一定不及时,最大的问题在于信息分散和部门垄断,无法在危难时刻统一调集,迅速汇总。

第三,我国公共服务体系薄弱,很难应对公共突发事件的冲击。其一,对社会变动和市场经济波动起抗衡和缓冲作用的综合社会保障体系在我国还没有建立,社会保障覆盖面较低。其二,我国公共卫生服务的覆盖面还很低。

此外,我国对公众的危机教育不足,防灾应急教育还没有纳入教学体系中。公众的警觉性较差,缺乏自救、救护的防灾意识和能力。在这一方面,我国与发达国家的差距十分明显。

二、如何加强高校应急管理工作

做好高校应急管理工作,切实维护校园政治稳定和校园正常的教学、科研、生活秩序,是今后一段时间高校工作的一个重要课题,也是教育主管部门的重要职能和任务。随着高校改革和发展步伐的不断加快,学校就要加快建立高校应急管理工作体系,探索高校应急管理工作的有效途径和办法,大大提高学校应对和处置突发事件的综合能力。结合当前国际国内复杂形势和学校改革发展面临的问题和困难,加强校园应急管理工作重点要做好以下几个方面的工作。

(一)切实加强对应急管理工作的领导

加强应急管理工作要始终坚持学校党委的正确领导,将维护校园政治稳定和保护广大师生的生命财产安全始终作为学校的一项重要工作来抓实抓好。加强基层应急管理工作,要深入贯彻落实科学发展观,以构建社会主义和谐社会、和谐校园为目标,按照党中央、国务院的有关决策部署,依靠群众、立足基层、夯实基础、扎实推进。加快建立起"横向到边、纵向到底"的应急预案体系,建立健全基层应急管理组织体系。高校作为特殊群体,要始终贯彻党委统一领导的工作原则,通过努力初步形成"政府统一指导、学校统筹协调、各单位各司其职,广大师生共同参与、防范严密到位、处置快捷高效"的基层应急管理工作机制,同时随着国家相关法规政策进一步健全,基层应急保障能力全面加强,广大师生公共安全意识和自救互救能力普遍提升,使学校应对各类突发公共事件的能力显著提高。

(二)强化预案体系建设和演练

为了总结学校处理各类突发事件的经验,完善应急处置的预警、应急和评估机制,积极探索安全稳定工作的长效机制,确保各类突发事件能够得到及时、妥善的处理,保障师生员工的身体健康和生命安全,为学校改革、发展创造稳定的环境和良好的秩序,学校不断完善应急预案,切实加强学校对突发事件应急处置的领导,设立各级组织机构,坚持预防为主的方针,确保积极预防、妥善处理各类突发事件;完善应对突发事件的预警机制与应急机制,早发现、早报告、早决策、早处置,做到积极主动、快速响应、果断处置、平稳解决,最大限度地减少损失和避免不良影响;完善应对突发事件工作的评估机制,不断提高学校应对突发事件的决策水平和处理能力。目前,大部分高校已经初步建立起应急工作预案,以我校应急工作预案为例,主要包括总体预案和专项预案两部分,总体预案从制定目的、指导思想、适用范围、工作流程、工作细则等方面进行说明;专项预案包括:学校稳定应急预案、防火工作应急预案、防治传染性疾病应急预案、破坏性地震应急预案、防汛工作应急预案、网络信息工作应急处理预案。但由于种种因素,各高校应急预案的培训和演练工作参差不齐,强化和落实应急工作预案成为我们今后工作的一项重要工作任务。我们也欣喜地看到了部分高校非常重视校园应急演练工作,相继开展了形式多样的防火、反恐防爆等应急演练活动,并取得了较好的效果。

(三)夯实应急工作基础

应急工作基础是一项系统工作,需要各单位各部门紧密合作、相互配合,需要强化日常工作监督检查和工作规范,需要相应的技术支持和条件保障等等。学校是一个小社会,开放程度越来越大,高校的对外交流日益频繁。我们要在动态环境下系统的了解和掌握日常的校园动态,有效预防和处置各类突发事件,不仅要建立顺畅的应急工作指挥系统,还必须有扎实的工作基础提供保障,在应对复杂环境时,我们还必须全面的掌握学校的人、地、物、事等各个要素的基本情况。今后,学校要加强校园应急工作,必须从日常基础工作抓起,建立一定的工作规范或标准,切实从基础工作着手,不断完善应急工作基础。在新形势下,校园应急管理工作要以科技创安工作为依托,进一步深化科技创安工作,加大资源整合力度,实现校园应急管理工作的现代化、数字化,大大提高预防和处置突发事件的能力。

(四)注重应急工作队伍建设

新时期,开展应急管理工作必须有一支高素质、高水平的应急工作队伍。学校要注重应急队伍的建设,加强应急队伍的培训和演练,提高必要的经费支持,配备必要装备,加强日常管理,严明组织纪律,强化协调联动,提高综合应对和自我保护能力。学校各单位要强化本单位职工对应急工作的认识,树立应急管理工作全校一盘棋的思想,积极参与应急管理工作,在紧急情况下对应急工作队伍实行人员补充。学校还要大力开展志愿服务工作,实现志愿服务工作向应急工作有效延伸,更好的发挥志愿服务在应急工作中的作用。

(五)全面加强广大师生的教育和培训

随着《中小学公共安全教育指导纲要》的贯彻落实,实现应急知识进学校、进教材、进课堂,把公共安全教育贯穿于学校教育的各个环节,我国安全教育水平将翻开新的一页。高校作为人员密集的场所,大学生安全教育的水平也不尽相同,如何进一步创新形式,提高安全教育的水平和效果成为高校安全管理的一个新的课题。近年来,北京高校大力推进大学生安全教育进课堂工作,一些高校已经了一些有效探索,并取得了一些成绩,但安全教育作为一项常项工作,需要常抓不懈,今后我们还要不断深入开展大学生安全教育进课堂工作,不断创新安全教育的形式和方法,切实提高安全教育的效果和质量,通过形式多样、内容丰富的安全教育,提高广大师生的安全防范意识和应急避险技能,使他们学会逃生和自救、互救,从而自觉应对各类突发事件。

三、开展应急工作存在的主要问题和困难

在学校开展应急管理工作中,我们也面临一些困难和问题,主要表现在:

(一)学校处于法律法规的执法盲区

目前,在开展应急工作中,公安、安全执法机关很难深入校园进行执法工作;同时高校安全行政管理部门很难通过法律途径对校内各种违法犯罪活动进行有效的打击,在涉及校外人员的情况下,学校更是缺乏有效的干预措施;在学校举办的各种演练活动中,虽然采取了各种各样的防范措施,但如果发生意外事件,缺乏相应的法律保障等等。

(二)缺乏相应的经费支持和条件保障

开展应急管理工作,需要充足的经费提供保障。目前,由于历史欠账多,安全经费投入不足,相关安全设施、设备没有得到及时有效的维护更新;新建设施安全设施不尽完善,并且缺乏相应的强制力和规范标准;加上广大师生安全意识淡薄,缺乏必要的安全防护知识,造成学校应急工作疲于奔命。因此,学校要加大对应急工作的经费投入力度,不断改善学校安全工作条件,切实维护校园的安全稳定。

(三)高校应急资源有待进一步整合

目前大部分高校都设立了维护高校政治稳定和日常安全防范的工作机构,但是高校安全防范体系相对松散,应急基础设施和条件保障比较分散和薄弱,如何进一步整合应急管理资源,实现各级组织的有效联动和应急资源的相互共享,更好的应对和处置各类突发事件成为今后我们工作的一个努力方向。

目前,我国正处在社会矛盾的凸显期、治安案件高发期、灾害事故多发期,高校作为社会不可分割的一部分,面对越来越复杂的环境,加强应急管理工作,及时应对和化解各种矛盾纠纷,有效维护校园政治和安全稳定就显得愈加重要。学校在今后工作中,要进一步开阔思路、大胆创新,妥善解决各种问题和矛盾,积极创造安全和谐的校园环境,实现学校事业又好又快的发展。

作者简介:

李耀鹏　北京林业大学保卫处,副处长,手机:13810030381

通讯地址:北京林业大学174信箱,邮编:100083

高校突发事件网络舆情的传播与引导

于 鹏 曹 露 张德庆 河北科技大学

摘 要：突发事件舆情信息的传播伴随着网络、手机和微博等新媒体的发展和普及，发生了巨大的变化。在新媒体环境下，高校突发事件的舆情信息的传播具有诸多不同于传统媒体的特点。高校管理部门应予以高度重视。本文建议建立健全突发事件预警机制，增强突发事件监测和预防；建立健全突发事件信息发布机制；提高师生的媒介素养、培养"意见领袖"；综合各种媒体优势，营造良好的校园氛围。

关键词：高校突发事件 新媒体 网络舆情 舆情引导

随着信息技术、数字技术、移动通讯技术的快速发展，新媒体的应用愈加广泛，新媒体所具有的开放性、互动性和及时性等特点已经迅速发展成为继报纸、广播、电视等传统媒体之后的最有影响力的媒体，以网络为平台，广大网民通过新闻跟帖、论坛发帖、网上签名等方式迅速形成的网络舆情已经成为一个重要的研究领域。学生目前约占整体网民的三分之一，高校学生作为网络利用率极高的一个群体，对网络舆情有较大影响。

在突发事件整个发展变化的过程中，大学生通常使用电脑、手机通过论坛、贴吧和微博等网络平台关注相关信息，传播信息并发表个人关注意见看法，从而形成了高校突发事件网络舆情。而大学生所关注的信息包括主流权威网络新闻发布者和事件的参与者对事件的各种感受观点，也包括各种不负责任的虚假事实和相关的言论，导致大学生无法分辨是非，无法确切地了解事件真相，给他们带来了较大的负面影响。因此，正确认识新媒体环境下高校突发事件的舆情传播的特点和机制，充分发挥新媒体的网络舆情引导作用，加强网络舆情引导和管理，科学地处置高校突发事件网络舆情，掌握校园突发事件网络舆情传播的主动权，对提高高校思想政治教育水平、维护校园和谐稳定具有重要意义。

一、高校突发事件网络舆情概述

高校突发事件是指在学校正常运行中突然发生的、严重偏离学校运行常态的、可能会对学校日常工作造成重大冲击或对师生的安全构成明确威胁的爆发性事件。计算机应用的普及与互联网技术的高速发展让大学生群体越来越广泛地参与高校突发事件在网络上进行传播和评论，成为网络舆情的主要生成力量、推动发展力量和影响对象。高校网络舆情是指高校师生以网络为平台对特定事件表现出的有一定影响力的、带倾向性的特定意见。高校突发事件网络舆情是指高校师生基于突发事件发表的相关言论,多元化的观点和意见在网络内彼此较量、修正、融合后形成的具有一定影响力和倾向性的意见或言论状态。互联网、手机、微博等主流新媒体给当代大学生的学习、生活、思想带来了巨大影响,潜移默化地改变着信息的传播方式,在突发事件信息传播和舆情演变中发挥着越来越重要的作用。

新媒体环境下的高校突发事件网络舆情的传播相对于传统媒体环境而言具有其独特的特点。首先,大学生既是信息接收的客体,同时也是信息传播的主体,他们积极地使用电脑和手机通过微博、校园BBS、贴吧等新媒体工具发布自己的观点看法,传播主体已经由过去的高校管理部门主导转变为目前多样化的传播主体。其次,突发事件发生后,大学生关注度非常高,急于获取相关信息,纷纷到网络中寻找和发布事件信息,而新媒体工具的普及使突发事件网络舆情的传播范围无限扩大,传播渠道也更加多样化。任何相关的信息都可以在极短的时间内传至其他互联网的信息终端,而即时通讯服务,如QQ、微信等也使信息交互传播突破了时间和空间的限制。同时网络新媒体的信息表达可以实现"文字+图片"、"文字+视频"、"音频+视频"、"文字+图片+音频"、"文字+图片+音频+视频"等多种方式。多样化的信息表达,丰富了信息的内容,增强了信息的直观性和趣味性,从而吸引更多的人关注突发事件的相关信息。这些都对高校管理部门网络舆情的监管工作提出了挑战。而且目前社会对高校的关注度越来越高,部分大学生出于无知,或哗众取宠甚至报复等多种目的,有意识地借助微博、微信、贴吧等新媒体到处传播未经证实或无充分根据的信息,也有部分大学生因为自身学习、生活中遇到的挫折而借机发泄自己的不满,这些都导致舆情传播的后果具有很大的破坏性。

二、高校突发事件网络舆情引导存在的问题

高校的舆论环境伴随着新媒体在校园的快速发展也在不断调整和发展,但在应对突发事件、引导网络舆论方面存在很多问题亟待解决。首先是舆论引导观念还没有随着传播环境的改变而与时俱进,现阶段部分高校的媒体传播和舆论引导,依旧是侧重单向的宣传模式,而这种模式已经不能适应现在这种传播环境下多元复杂的变化,而且管理部门还没有树立现代媒体传播意识。其次,传播主体的多样化已经改变了以往高校作为信息传播和传播行为"把关人"的地位,虽然校园报纸和广播依然在传播校园信息,但是影响力已经发生了很大的变化,学生的关注度已经慢慢降低,而是对新兴的微博、微信等方式产生了极大的兴趣,并且大学生的集体生活也使得这种传播方式很快影响到更多的同学。因此高校传统的对于舆论控制手段的作用已经在慢慢减弱,因此高校应与时俱进,改变对于舆论引导的方式。最后,目前多数高校基本上都是由保卫部门负责处置学校的突发事件,而很多问题涉及学校各个管理部门,需要各部门联动处理,而且很少有高校设立舆情收集、分析的专职人员,即使有的高校设立了,也基本上停留在舆情的收集上,缺少相应的分析、处理。

三、高校突发事件网络舆情引导的对策建议

(一)建立健全预警机制,增强突发事件监测和预防

高校突发事件网络舆论引导要注重事前的监测和预防,建立科学有效的预警机制。高校大部分的突发事件是由于高校内部各种矛盾的不断累积而导致的。现阶段"90后"的大学生自主维权意识已经很明确并且不断增强,对于校园内与其学习、生活密切相关的,而且长期困扰他们的问题常常会以吐槽的形式通过网络媒体传播,以此宣泄自己的不满情绪。因此,高校管理部门应重视这些处于潜伏

状态的各种零散的舆情信息的汇集和整理。高校可以建立一支出学生工作部门教师、辅导员、学生党员、学生骨干等组成的政治素质较高的专业"网络队伍",积极地活跃在各类网络平台上,采取"疏堵结合,交流沟通"的办法,积极参与学生的讨论,畅通信息渠道,及时反馈同学在校园和网络生活中对学校日常事务、基础设施、发展建设方面的意见和建议,发现有对学校不满或者提出意见的,及时用积极向上的语言调节同学的情绪,引导同学,消除对学校的负面影响,同时将问题报送学校管理部门予以解决。并且注重网上网下相结合,把网上学生反映的实际问题处理好,以实际行动化解矛盾和问题。

(二)建立健全突发事件信息发布机制

在网络舆情的引导和管理中,时间决定一切。一旦发生突发事件,师生以及校园新媒体必然会密切关注,学校管理部门如果不能第一时间发布信息或查明真相,突发事件传播中的信息就会出现真空,这时候各种猜测和谣言会甚嚣尘上,而其中的虚假消息如果经过网络的"放大"和"强化",后果将难以控制。因此,高校要把握住主动权,在最短的时间内控制住局面,第一时间发布权威信息,主动应对网络舆情,密切关注各种焦点、难点和疑点问题,积极及时作出判断、答复师生的质疑、澄清事实,保持信息渠道的通畅,使虚假信息没有产生的时间。迅速将突发事件的信息和处理结果反馈给学生,与学生之间进行良性互动,保障师生的知情权,稳定大家的情绪,避免引发不必要的误会和正面冲突,争取广泛的理解与支持。

(三)提高师生的媒介素养、培养意见领袖

新媒体技术的不断发展进步会让越来越多的社会公众参与信息的传播过程,成为信息的传播者以及发布者,因此要提高高校校园舆论引导的能力,必须从根本上提升作为校园舆情传播者、发布者的大学生的媒介素养和道德观念。媒介素养是指人们面对媒介中各种信息时的选择能力、理解能力、质疑能力、评估能力、创造能力和制作能力,以及思辨的反应能力。为了让大学生客观理性的应对网络信息,培养他们对新媒体信息的辨别能力,高校可以针对学生关注度较高的重大事件、热点问题组织学习讨论,邀请专家学者开展讨论会或讲座,对高校师生进行正向的引导,让其从本质上对信息有明确的判断;同时,高校要鼓励老师和学生主动地表达个人的情绪、态度,并为师生提供表达观点的平台,对于其中从而达到疏导的作用。

同时要在平时的工作管理中注意培养具有较强文字感染力的网络舆情的"意见领袖",或通过论坛和贴吧的级别和积分、微博的粉丝量等方式寻找"意见领袖",与其建立私人联系,循序渐进的通过各种方式对其加强思想政治教育,对他们进行正确的引导,提高他们的思想觉悟,通过他们间接地影响其他的大学生网民。"意见领袖"通常居于网络群体交流的中心位置,在相应的网络社区中比较活跃,拥有自己的特殊力量,有众多的跟随者和粉丝,这类人群极易引起网络民众的关注。"意见领袖"要明确把握事件发展动态和趋势、及时迅速将自己的鲜明观点提出,并高频率发表主观意见,参与议程设置,发表有倾向性的议题,强化和提高主导信息的影响力,引领正确舆论导向,维护校园的和谐稳定。

(四)综合各种媒体优势,营造良好的校园氛围

相对于传统的校园媒体,现阶段的微博、QQ等校园新媒体已经融入大学生学习和生活的各个方面,传统媒体和新媒体具有不同的技术特点和优势,高校要熟悉和掌握各种媒体的特点,了解受众的喜好、需求和实际情况,特别是新媒体已经是大学生喜闻乐见的形式,积极发挥多种媒体的优势,发挥优势互补,提高综合影响力,推动高校思想政治教育工作实现新发展。努力形成一种健康、阳光和积极的文化氛围,为大学生营造良好的精神成长环境,帮助大学生形成积极的思想观念、正确的价值取向和健康的行为方式。

参考文献:

1.计卫舸,武宇清.高校突发公共事件的特征、类型及诱因分析[J].河北科技大学学报,2007,7(4)

2.方付建.突发事件网络舆情演变研究[D].华中科技大学博士论文,2011

3.赵治,王集令.高校突发事件网络舆情的演变过程及应对策略[J].北京教育,2010(10)

4.顾洁莹.基于SNA的高校突发事件网络舆情演进机理研究[D].哈尔滨工程大学硕士学位论文,2012

5.陈阿娜.新媒体环境下高校突发事件的舆情传播与舆论引导[J].中国石油大学学报(社会科学版),2012,28(6)

6.马宾.大学生突发事件成因与预警机制研究[D].华东师范大学,2009

7.高晔.高校网络舆情管理对策研究[D].上海交通大学硕士论,2010

8.苏运生.新媒体与思想政治教育的价值传播[J].教育评论,2012(3)

作者简介:

于鹏　河北科技大学保卫处政保主任,讲师,研究方向:安全教育管理。邮箱:yupeng@hebust.edu.cn,联系电话:13832355023

曹露　河北科技大学研究生学院,硕士,研究方向:应急管理。邮箱:caolu19890526@126.com,联系电话:13832176173

张德庆　河北科技大学保卫处,本科,研究方向:信息安全管理。邮箱:zhengdeqing@hebust.edu.cn,联系电话:18903397235

浅析校园突发事件的应急管理

赵 凯 中国石油大学

内容摘要：近年来校园突发事件频发，引起了社会各方面的广泛关注。为了加强保卫干部在新形势下的应急管理能力，作者通过分析校园突发事件产生的原因，以及对高校应对突发事件所存在的一些问题的研究，提出了在校园突发事件应急管理中应该完善预警机制，加强舆论引导，加强宣传教育和完善心理干预机制等建议，力争达到将突发事件控制在萌芽状态，或者在突发事件发生后做到最大程度上减少师生、学校、家庭及社会的损失。

关键词：校园突发事件 舆论引导 心理 应急管理

近年来，在经济全球化、社会信息化、高等教育大众化的时代背景下，随着世界范围内各种思想文化的交汇、交融、交锋日益频繁，各类群体性突发事件时有发生。而大学校园是青年知识分子聚集的场所，青年教师和大学生具有强烈的爱国热情和特有的政治敏锐性，他们思想活动的独立性、多变性、差异性日趋明显，使得高等院校成为全社会政治上最敏感的区域之一。在校园突发事件中，如何运用合理的手段科学处置，影响突发事件的传播与处置效果，减少突发事件的负面影响，将成为高校保卫干部必须具备的一项能力。作者作为一名高校保卫干部，就校园突发事件的应急管理方面，提出几点建议。

一、校园突发事件概述

（一）校园突发事件的概念

校园突发事件是指在校园内突然发生的，造成或者可能使师生员工身体健康受到致命威胁或是公共财产受到损失以及学校名誉受到损害的事件和可能迅速演变或者激化为较大规模，严重影响校园稳定和治安秩序，进而危及社会安全和政治稳定的事件。

常见的校园突发事件既有危害公共安全的地震、洪水、疾病等自然灾害；也有危害学校成员人身财产安全的交通事故、实验事故、火灾伤亡、自杀身亡等安全事件；还有危害校园安全的治安案件，如抢劫、诈骗、学生斗殴、偷盗、性骚扰及波及校园内的社会危机等。

（二）校园突发事件的特点

校园突发事件具有涉及范围多、影响层面广、产生原因复杂等特点，且不同于一般的突发事件，它还具有高校群体特点赋予的独有特性。即高校大学生正处于身心逐渐成熟的关键时期，思想活跃，但自控能力差，容易产生偏激行为，易使突发事件升温，并极易经由网络迅速发酵，成为引发群体性事件的导火索。

(三)校园突发事件的原因

引发校园突发事件的原因错综复杂,除了因地震、洪水、疾病流行等不可抗拒因素造成突发事件外,分析其他引发突发事件的主要原因如下:

1. 高等教育迅速发展,大学生人数不断攀升,就业难问题凸显

20世纪90年代以来,我国的高等教育事业得到迅速发展。由于高校的不断扩招,毕业生逐年增加,就业困难的问题也越来越突出,缺少就业岗位和不同专业就业差异过大等原因,均会引起许多同学心理不平衡。同时部分未能就业的毕业生,选择过起了"校漂族"的生活,栖身于学校和学校周边,也给在校生严峻的就业形势以较大的负面影响,处于这种情况下的毕业生,情绪易激化,很容易酿成不理智的群体性事件。

2. 互联网技术迅猛发展,各类信息冲击,易受热点问题影响

随着社会的发展,网络媒体日益壮大,各种消息的传播不再是官方和记者的专利。但是网络信息真假难辨,而我国正处在改革的关键时期,国际环境和国内形势交错纠织,使许多的问题都可以孕育成"热点"问题。当代大学生年轻热血,好奇、从众心理严重,如果遇到煽动或其他诱因,就可能导致轻信盲从广泛传播,造成不良的社会影响。

3. 西方敌对势力的破坏和渗透

多年来西方敌对势力始终没有改变对我国实施"和平演变"的战略,而高校则是敌对分子工作的重点对象之一。自从各高校建立校园网以来,西方敌对势力在网上的反动宣传从未停止过,以期达到蛊惑人心、反对政府的目的。他们还通过宗教、项目经费支持等手段,制造谣言、误导舆论,致使部分学生上当受骗,进而引发群体性突发事件。

4. 大学生心理健康问题高发

目前我国高校在突发事件应急管理中对心理干预和心理预防方面有所欠缺。有一些高校在认识上走进了误区,认为心理健康教育是针对心理有问题的大学生的疏导和教育,而没有认识到心理健康教育该面向全体学生,促进全体学生心理健康发展,拥有完善的人格。尤其是现在的在校大学生基本上都是独生子女,从小集宠爱和娇惯于一身的居多,经不起一点挫折,受不了一点委屈,常常以自我为中心。如果缺乏日常的疏导和教育,一旦遇到不顺心的事情,就可能产生心理失衡,容易做出极端的事情。

二、校园突发事件应急管理现状

校园安全无小事,近年来,频发的校园突发事件给校园的教学和环境秩序带来不同程度的冲击,同时也暴露了我国高校突发事件应急处置机制存在的一些问题。

(一)管理理念滞后,安全教育制度缺失

学校管理者的应急意识淡薄,在学校管理过程中对应急管理的认识不足。经常出现重应急制度建设,轻师生应急教育的倾向,安全教育课程参与率低。在防震、交通、用电、防火等安全教育方面,多为简单的宣传教育,各种疏散与逃生演习比较少,这就使得师生们的自救意识、自救能力比较差。

(二)信息壁垒严重,应急管理能力不佳

现在的高校管理中,多数高校对突发事件都采取"遮掩"的方法,不能及时对外公布信息,反而给

小道消息和种种谣言到处流传创造了时机。师生通过一鳞半爪的信息,相互猜疑,互不信任,易产生恐慌和不安心理,可能导致矛盾冲突激化。在突发事件突然爆发后,管理者缺乏正确的应对办法,如何组织疏散,如何应对媒体,如何整体调度等等,从而造成被动的应对,把高校至于一个被动应对社会指责的位置,增加突发事件的处理难度。

(三)缺乏法律法规支持

目前在校园突发事件应急措施中较多地考虑了有效性,但是存在合法性保障机制不充分的问题。《中华人民共和国突发事件应对法》于2007年11月1日正式施行后,引发了许多关于校园突发事件相关法律法规的讨论。现在还没有出台专门的高校突发事件应急管理的法律制度,要想让学校的应急管理变成积极的自觉行动,并保证应急措施的权威性,就需在法律层面上明确学校在突发事件处理中的责任。

三、建立完善的校园突发事件应急管理的几点建议

(一)完善预警机制,快速反应

预警机制是校园突发事件应急管理的第一阶段。任何突发事件的发生都是有背景和诱因的,从酝酿到爆发都会有一个潜伏期,在此期间会有一些征兆和苗头出现,提高保卫干部的敏感性,设置突发事件监测系统,在校园内建立信息反馈系统,将有效地预防和避免突发事件的发生、升级和扩大。如果能把问题解决在萌芽状态,将会为学校节约大量的人力、物力和财力。在一定程度上,突发事件的预防以及防止突发事件的升级和扩大,比单纯解决突发事件显得更为重要。

学校应该运用科学的分析方法察觉危机信息。一是要建立上下贯通、灵敏高效的情报信息监测网络,通过辅导员、学生干部、学生信息员等,及时把握学生思想动态。特别是充分发挥一线辅导员或班主任老师的直接作用。还有就是要建立快速反应系统。无论是在发现可能引发高校危机的危机前兆时,快速反应,阻止事态的恶化,还是在突发事件突然发生后,快速反应,第一时间采取果断行动,迅速控制事态向更坏的方向发展,都能够最大限度地减少伤亡,减少损失,使突发事件带来的负面影响减到最小。

(二)加强舆论引导,进行传播控制

校园突发事件一旦发生,学生对外传播信息是不可避免的,而且现在消息传播的渠道和对象明显的多元化。在校园突发事件处理过程中,如果学校不能迅速发表声明,在校师生由于不了解事件真相,容易以讹传讹,引起心理上的恐慌,学校应该充分发挥广播、校园网络、内部短信平台、校内闭路电视等不同校园媒体平台的作用,遵行"第一时间原则"尽早发布权威声音,尊重师生的知情权,控制舆论制高点,引导舆论向良性方向发展。从而避免学生对事件真相的猜测,进而导致不实流言和恐慌情绪的蔓延。同时降低师生获取信息的成本,稳定师生的情绪。对突发事件的详细信息,学校所采取的措施及进展情况等重要信息公开的越及时越透明,就越利于增强师生对突发事件处置的参与和配合,越有利于学校掌握和控制主动。

(三)加强宣传教育,完善心理干预机制

现在大学生因为应试教育的原因,素质参差不齐。心理承受能力差的学生,极易因一些小的挫折就做出自残自杀或者伤人杀人等极端行为。根据有关数据显示,当前存在心理问题的大学生人数约占10%,退学的大学生中有一半以上是因为心理问题。学校应注重宣传教育,将校园突发事件应急处

理的理念融入宣传教育内容之中,多组织实战演习,让学生们对应急处理的认识不再只是停留在书面上,加强学生对各种危机事件的了解,增强学生的危机意识,增加学生的应急处理知识。其次学校应该通过建立心理健康咨询中心,开设心理健康课程等手段,畅通心理干预的渠道,减少因心理问题加重而导致的突发事件。还有就是学校应在日常教育中培养学生的自我弹压能力,以增加学生自身对心理危机的防御能力。

(四)妥善处理善后事宜

在校园突发事件结束后,学校应人性化地做好善后工作,要重视突发事件后学生的"心灵重建",保护和引导学生的情感表达,安抚并化解矛盾,迅速恢复学校正常的教学秩序。同时应及时分析原因和总结经验和教训,完善应对突发事件的应急预案。

在当今社会的新形势下,作为高校的保卫干部将会面临许多新的挑战,加强对校园突发事件的应急管理机制研究,能够确保我们与时俱进,在面临新情况时做到迅速、妥善的处理,为平安校园的创建和社会的和谐做出应有的贡献。

参考文献:

[1]秦浩.高校突发事件应急管理机制研究.苏州大学,2010(10)

[2]吕剑红.校园突发事件的媒体应对策略研究.新闻知识,2011(6)

[3]刘汉利.基于心理干预视角的学校突发事件预防.武警学院学报,2011(3)

作者简介:

赵凯 中国石油大学(北京)保卫处,保卫科副科长,手机:13810033392

通讯地址:北京市昌平区府学路18号保卫处,邮编:102249

大学生安全教育

基于自我教育的高校学生安全教育探索*

韩 标 王亚平 清华大学

摘 要：虽然高校重视学生安全教育覆盖面有所扩大，但调查显示，学生安全意识仍很淡薄，高校安全教育效果不佳。如何提高安全教育的效果已成为人们关注的问题。教育和自我教育是人类文化传承的两种基本途径和手段。在高校学生安全教育方面，教育形式单一、创新不多，且对自我教育的重视程度不够。本文基于对首都高校安全教育的相关调查数据，阐明了自我教育是提高安全教育有效性的必由之路，探索总结了当前高校学生安全方面自我教育的常见模式，重点提出要为学生自我教育提供优质的资源、创造更好的环境和平台。

关键词：自我教育 高校 学生安全

一、当前高校学生安全教育的状况与问题

首都高校重视学生安全教育，宣传教育覆盖面不断扩大，面向学生广泛开展了消防、治安、交通、实验室安全、保密等各类安全教育。被调查的78所[①]首都高校中有50%实行全员消防安全教育进课堂；67.5%的首都高校经常进行消防等应急演练；60%的高校对全员进行交通宣传教育；61%的高校全员参与校园安全生产及实验室安全宣传教育。尽管如此，校园内发生的与学生相关的各类案件仍比较多。调查显示，2000—2011年期间，首都43所高校的刑事案件总数最高时达到590件。据26所首都高校反馈的数据，每年火灾（学校发生的有财产损失或人员伤亡的火灾数量）总数在10起左右，2009年有20多起。其他不安全事件也时有发生。

事故的发生具有一定的偶然性，但绝大部分不安全事件是由于"物的不安全状态和人的不安全行为"引起的，"物的不安全状态在很多时候也是人的管理不善造成的"。学生的安全意识淡薄是高校不安全事件发生的主要原因。究其深层次原因应该是高校的安全教育形式单一、创新不多，效果不好。我们曾让清华大学近千名[②]学生对学校的安全教育工作进行评价，得出了相同的结论（如图1所示）。

---

* 本文系清华大学承担的北京市委教育工作委员会"首都高校'平安校园'建设长效机制研究"子课题"首都高校校园安全管理问题与对策研究"和清华大学学生工作研究重点项目"构建体系、注重实效——学生安全教育现状与对策研究"的相关成果。

① "首都高校校园安全管理问题与对策研究"课题组对北京地区80所高等院校进行了调研，收回78份。参与调查的高校中，"211"工程院校26所，占总数的33.3%；"985"工程院校8所，占总数的10.3%。文中有关首都高校的数据都是由此次调查或到北京市文保总队、北京市消防局等相关部门访谈得来的。

② "清华大学学生安全教育现状与对策研究"课题组对学校近千名学生的安全教育情况进行了问卷调查。文中有关清华大学学生安全教育数据，都是从此次调查中得出的。

学生认为学校重视安全教育,教育内容符合实际需要,覆盖面也较大,但是效果不好。

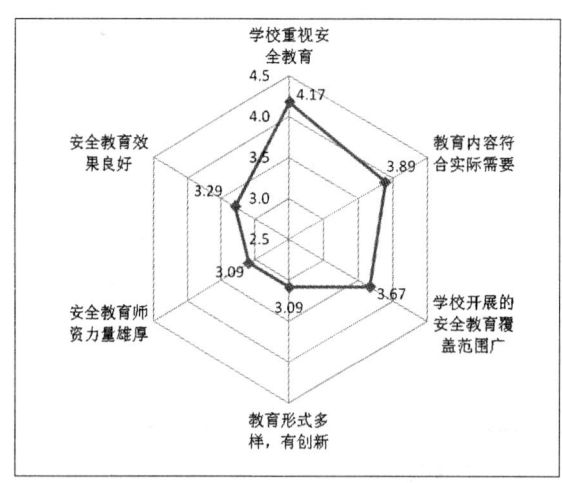

图1 清华学生对学校安全教育的认同程度

如何提高学生安全教育的效果,教育作为提高学生素质、传承人类文化的方式之一,是否还有其他的有效方式,在教育学领域有这样的说法,"人类文化的传承有两种基本的途径与手段,这就是教育与自我教育"①。苏霍姆林斯基也曾提出"真正的教育是自我教育"的著名论断。

二、自我教育是提高安全教育有效性的必由之路

(一)自我教育是发挥大学生主体性的内在要求

教育要尊重受教育者的主体性,发挥其在学习过程中的主导地位。良好安全素质的形成是学生根据周围环境的特点和自己的实际情况,对个人生活中所接受的安全知识进行认知、思考、判断等一系列心理或行为活动的综合结果。他人无法代替这个心理过程。成功的学习应该是自觉的、主动的学习,任何强制的、非自愿的学习都会导致不良的效果。学生进行自我教育,就是要发挥自身的主体性,积极地汲取安全知识,提高自身的安全素质。

(二)自我教育是提高学生安全素质的有效途径

教育和自我教育是人类文化传承的重要手段,他们之间存在"根本的区别"。"教育的根本特点是其在文化传递、继承过程中的师授性和他控性;而自我教育与此不同,其根本特点是人对知识文化继承吸收的自控性和自授性。"②近千名清华学生对自身获得安全教育的途径进行反馈:74.9%的受访者表示通过生活中的实际经验积累;64.1%的受访者表示是通过学校组织的各类教育;57.0%的受访者表示自己通过网络、电视、书报学习。生活实际经验的积累被学生认为是获得安全教育的主要途径。生活经验的积累过程,就是学生在生活中遇到不安全事件时进行独立的自我思考、判断、总结、积累和提升的自我教育过程。因而,自我教育是提高大学生安全素质的有效途径。

(三)实现教育和自我教育的配合是高校安全教育的有力抓手

教育和自我教育"从理论上看,二者固有不同的特点,而从实践上看,两者又是统一的、互补的。因此我们也必须在理论上肯定其统一性和互补性,而不能有顾此失彼,或者薄此厚彼的偏颇。"③教育

---

① 胡德海.教育学原理第二版.甘肃教育出版社 2006 年版.229
② 胡德海.教育学原理第二版.甘肃教育出版社 2006 年版.231
③ 胡德海.教育学原理第二版.甘肃教育出版社 2006 年版.233

为学生进行学习和自我发展提供了必要的条件,但教育必须以教育者的"教",以及受教育者的"学"为中介。学生是否接受、接受多少是教育效果的关键。我们重"学",但不能轻"教",人的自我发展必须以一定的外部条件为基础。高校的安全教育也必须认清这一点,要提高安全教育的效果,应该在实践中重视教与学的辩证关系,看到教育与自我教育的统一性和互补性,实现教育和自我教育的协调配合。从当前高校的安全教育的状况来看,人们关注教育的方式较多,还没有看到自我教育的重要作用,因而,应该加强学生安全的自我教育。

三、基于自我教育的大学生安全教育常见模式探索

美国学者、著名学习专家爱德加·戴尔发现并提出的学习金字塔效率理论表明:知识或技能的学习者参与学习活动的程度越高,真正掌握的东西越多。首都高校在一定程度上践行了这样的理念,创造机会让学生参与安全教育或管理。从这些实践中,我们总结探索了以下几种模式。

(一)模拟体验式

模拟体验式的自我教育,与体验式教育类似,笔者认为主要是通过外界创造一定的环境和氛围,运用各种方式模拟某种情景,让受教育者在其中进行体验,从中获得认知和感受,积累经验,提高认识。它可以被认为是教育方式中受教育者"学"的过程,笔者认为它更是自我体验、自我积累经验的过程,是一种重要的自我教育方式。在首都高校学生安全教育过程中,模拟演练的方法主要体现在消防安全教育方面。首都78所高校反馈的数据显示,有67.5%的高校经常进行消防应急演练,部分高校演练的次数较少,"985"高校的情况较好。

近年来,清华大学一直注重模拟体验式安全教育模式,取得了较好的效果。从2004年开始每年在新生入学教育期间,对全体本科新生进行安全知识培训和突发事件应急疏散演习。让学生一入校就受到一次深刻的体验式教育,强化学生的安全意识。2006年,清华大学新生安全教育活动被教育部定为高校学生应急演练观摩现场。同时学校在学生公寓区,每年抽部分楼宇,轮流进行四到五次消防安全应急疏散演练。多年来的消防安全培训和模拟演练收到了良好的效果,2012年12月中旬,清华大学一座办公楼因为电器短路发生火灾,该楼的两名同学立即组织楼内师生疏散,并且先后利用灭火器和室内消火栓成功控制了火情,减少了此次事故的损失。

(二)参与管理式

高校发生的不安全事件,虽然是学校安全管理部门要解决的问题,但是,在这些不安全事件中,很多学生是其中的受害者或者肇事者,所以有必要让学生参与到校园安全管理当中。当前高校倡导学生进行"自我管理、自我教育、自我服务"的理念,目的就是让学生参与到校园安全管理当中,通过实际的管理过程,增强个人安全素质。学生充当校园安全管理者的角色不仅要求自身懂得安全知识,而且要处理相关事件,并且在事后选择适当的时机,充当教授他人的角色,把安全知识传播出去。通过这个过程,学生的安全意识和素质会得到很大的提高和进步。学生组成的安保队伍是学生进行"自我管理、自我教育、自我服务"的重要平台。

首都参与调查的78所高校中,有34所有群众性治安组织。最早的成立于1987年。从2002年开始,成立数量较多。成员大部分为学生,人数从几十人到几百人不等(详见图2)。

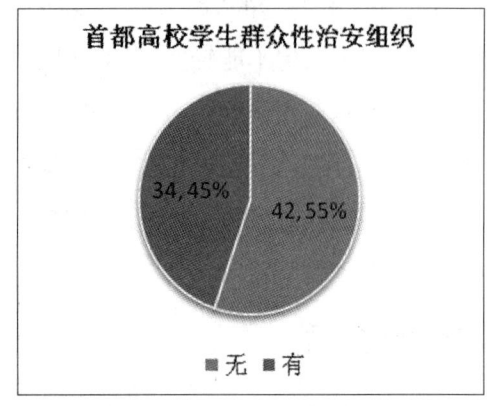
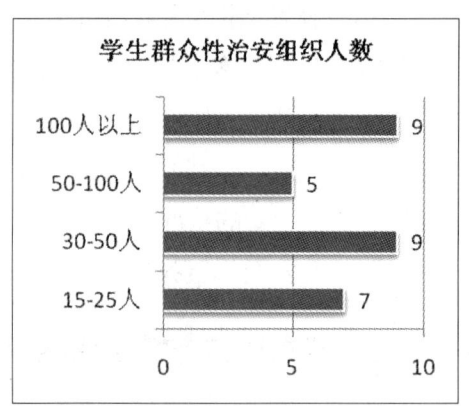
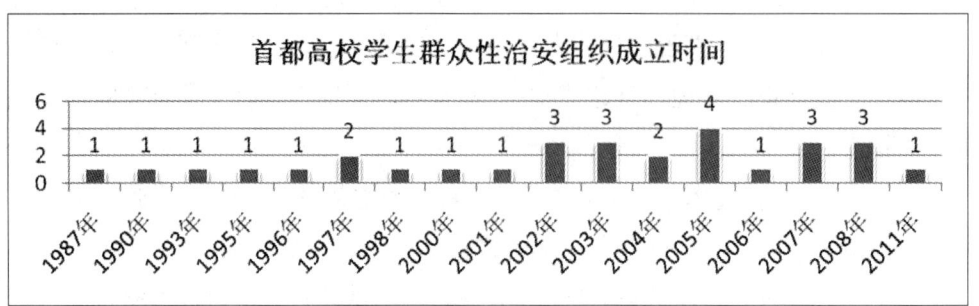

图2 首都高校学生群众性治安组织建立情况

(三)自觉追求式

自我教育在很大意义上讲的应该是受教育者主动去追求、汲取知识的过程。除了以上提到的方式,安全领域的自我教育当然也应该包括自觉学习、主动追求的方式。在高校,这种模式体现在学生由于学业需要,主动追求安全生产领域的知识,主动学习安全方面的法律法规;出于兴趣去追求野外生存的安全知识等等。如很多学生喜欢观看《荒野求生》视频,阅读《野外求生秘籍》等类似的书籍。自觉学习安全知识,主动关注安全现象,这应该是学生自我安全教育中的一种较高的境界,对于提高学生自身的安全素质有很大的作用。

四、为大学生开展自我教育创造良好的平台和环境

(一)加强师资队伍,推出优质学习资料,提供良好的自我教育资源

开展学生安全教育,启发和引导学生开展自我教育都需要强有力的师资队伍。调查显示,师资力量还是学校开展安全教育的短板,需要继续加强。学习材料在学生自我教育方面也居于重要地位,但目前国内关于学生安全教育常见的学习材料是手册、读本等形式。大学生在刚刚迈入大学校门的时候,学校往往会发给学生一本学生手册,有些高校会附加一本《校园安全知识手册》或指南等类似的书籍。然而,大学生阅读的效果并不好,甚至束之高阁,直到大学毕业。

怎么样推出有吸引力的安全教育书籍,不妨借鉴一下国外的相关做法和经验。如翻开《加州大学伯克利分校警察局2005—2006年度校园安全手册》详细比对,它包含了校园年度犯罪数据统计资料,这往往对学生有很大的吸引力。通过这个资料,可以真实地了解到过去的一年中学生自己所在校园各种案件的发案率,能够给学生有针对性的警示作用。手册编辑内容贴近学生实际,内容剪短,细致入微,涉及面广,更加强调服务理念。实验室安全是高校安全管理的重点,有学者在对比国内外实验室安全相关学习材料后,指出,与国外《CRC实验室安全手册》相比,国内的实验室安全相关教材在

内容选择上没有将国际上已认同多年的安全规则(如化学材料安全数据表)引入;内容组织上缺乏正确的实验技术与实验方法介绍,缺少实验室安全责任体系、安全法规与标准等内容,编排结构还需要进一步调整。①介于此,我们需要推出安全知识领域优质的书籍或教材,为学生提供良好的安全教育资源。

(二)坚持学生志愿安全保卫队伍的建设,拓宽学生的自我教育平台

学生志愿安保队伍是学生进行"自我管理、自我教育、自我服务"的重要平台。各高校要实现学生志愿安保队伍从"无"到"有",从"有"到"优"的转变。上文的数据显示,被调查的学校中还有50%以上的学校没有提供这样的平台。我们要根据各高校实际情况,努力推动高校学生志愿安全保卫队伍建设。已建立的高校要坚持创新理念,从学生的实际出发,坚持学生为本,通过各个方面的实践锻炼,增强学生的安全素质。清华大学于1987年建立了"学生治安服务队",至今已有26年的历史。其规模由最初的7人,发展到现在的150人。多年来,治安服务队根据学校的特点,在工作中不断创新,先后推出了操场免费存包、夜间平安护送、浴室爱心锁等工作。2008—2012年五年间,操场存包共计3万5千余次,得到了同学的认可和支持。现在已成为一支组织合理、管理有序、制度相对健全、有自己独特文化并在师生中具有一定影响力的学生组织。其业务范围也由原来的治安,逐渐扩展到交通和消防领域,并于2003年组建了交通协管分队,2012年从治安服务队中分化出了学生志愿消防监督服务队。多年来,无数学生通过这个"课堂"的学习,增强了自己的安全防范意识,学到了防范技巧,磨炼了意志,找到了自信,提升了个人综合素质。

(三)利用网络等科技传媒手段,畅通自我教育的交流途径

随着互联网技术的迅速发展,人人网、微博等网络平台已经成为大学生日常生活的一部分。根据中国社会科学院社会学研究所、社会科学文献出版社联合进行的《2012年中国城市居民生活质量调查报告》称,中国年轻人遇事更信微博。在微博用户当中,44.4%的人更相信微博上的信息。②高校的人人网也是学生进行信息传播的主要渠道。去年在高校新生入学之际,北京大学一名研究生撰写了《那些北大周围的骗子们——写给新生的防范指南》放到人人网上,其中总结了9种骗术,提醒广大新生注意防范,在短时间引发上千学生关注,取得了很好的教育效果。③在国外学生安全教育方面,网络发挥了十分重要的作用。加州大学建有校园安全项目网页,从加州大学伯克利分校警察局的主页可点击进入,该网页提供安全服务、出版物、预防战略等;还可以在注册后登陆梅根法案网址,浏览各种犯罪信息资料;邮件系统也是该校对学生进行安全教育的一个重要互动平台。因而,高校要加强网络和信息化建设,充分发挥和利用网络媒体的传播功能,用贴近大学生的语言发布、传播安全教育的相关知识,实现校园安全信息的快捷、准确、畅通的传播,对于学生掌握安全信息,促进学生自我教育有重要的作用。

(四)建设校园安全文化,为学生开展自我教育营造良好的文化氛围

自我教育作为提高学生安全素质、提高安全教育效果的有效途径,需要我们创造一定的舆论、营造一定的文化环境对学生进行引导。大力加强校园安全文化建设,从安全物质文化、安全制度文化、安全精神文化等方面努力,以此来为学生进行自我教育提供良好的文化氛围。

---

① 郑春龙,李五一.中外高校实验室安全教育教材建设的比较.实验室研究与探索,2011,11
② 搜狐网.http://roll.sohu.com/20121219/n360879302.shtml 访问时间:2013年5月26日
③ 申志民、韩旭阳.北大研究生为新生写防范指南[N].新京报.2012.8.29.A31

总之,高校在学生安全教育方面形式不够丰富,创新不多,学生的安全意识还需进一步提高。自我教育的方式能够充分发挥学生的主体性,与教育协调配合,是提高安全教育水平的重要方式,应该引起足够的重视。同时,我们要为学生开展自我教育提供丰富的资源,创造广阔的平台,拓宽交流的渠道,进行充分的引导和启发,让自我教育成为提高学生安全教育效果的有效途径。

作者简介:

韩　标　清华大学保卫处副教授,工学博士,联系电话:010-62784630

王亚平　清华大学保卫处职员,法学硕士,联系电话:010-62782050

通讯地址:北京市海淀区清华园1号,邮编:100084

清华大学学生安全教育现状及对策研究

韩 标　张运腾　李 伟　王亚平　清华大学

摘　要：大学生安全教育是提高大学生安全素质主要方式，也是提升大学生综合素质的重要内容之一。清华大学一直重视加强和改进学生安全教育，根据大学生自身特点和校园生活特点，有效调动学生的积极性和主动性，注重网络媒体的运用，并着力构建大学生安全教育的体系；同时加强安全教育的评估，不断提高安全教育质量、水平以及实效性。本文运用文献研究法和问卷调研法对清华大学学生安全教育现状进行了简要分析，并就如何做好安全教育工作提出具体对策与建议。

关键词：清华大学　大学生　安全教育　安全素质

一、引言

青年是祖国的未来、民族的希望。大学生是国家未来建设的骨干，是实现"中国梦"的主力军。当前，我国正处于社会发展的集中转型期，改革开放不断深入，高校环境也发生了深刻变化。近年来随着高校自身事业的不断发展，校园不再是曾经的象牙塔，俨然已是一个小社会，与社会接触和交流频繁，互动不断增多。与此同时，影响高校安全稳定的社会因素也越来越多。

新世纪前后，清华大学形成了建设世界一流大学"三个九年，分三步走"的总体发展战略。根据这个战略，第三个九年从2012年开始，进入了"整体推进，全面提高，努力在总体上达到世界一流大学水平"的阶段。为实现上述目标，在清华进入新百年之际，学校对人才培养也提出了更高的要求，其中对学生安全素质的培养不容忽视。此外，对学生加强安全教育，也是当前我校建设"平安校园"工作的题中应有之意。因此，研究大学生安全教育情况，科学地开展安全教育，具有重要的意义。

二、清华大学开展学生安全教育的工作现状

清华大学一直重视加强和改进学生安全教育，根据校园生活和大学生自身的特点，有效调动学生的积极性和主动性，运用多种形式落实学生安全教育。同时加强安全教育的评估完善安全教育体系建设，不断提高安全教育质量和水平。

（一）结合重要时间节点，积极开展学生安全教育

在新生入学军训期间、"119"、"122"、"124"等重要节点，开展学生安全教育活动。从2004年开始每年利用新生军训进行安全知识培训和突发事件应急疏散演习；2006年，被教育部指定为高校学生

应急演练现场观摩活动;2007年,增加了交通安全等方面的内容;2010年,安全教育范围进一步扩大到全体研究生新生。从2004年开始已举办9届消防技能运动会。

(二)注重学生自我教育,建设好学生安防队伍

我校于1987年最早建立了"学生治安服务队"迄今已有26年的历史;学生交通协管分队于2003年成立;2012年,建立了学生志愿消防监督服务队。当前,三支学生安防队伍共200余人,是学生进行自我管理、自我教育、自我服务的重要锻炼平台。

(三)努力推动"学生安全教育进课堂"

保卫处和材料系从2004年开始共同开设主要针对材料系硕博研究生的《实验室安全学》必修课(16学时、1学分),已连续9年;2007年,《实验室安全学》已正式列入全校研究生选修课。

(四)结合日常安全管理服务,不断强化学生安全教育

在平时的管理服务过程中,我们时刻注意对学生进行安全知识的渗透。保卫处坚持将安全教育贯彻到与学生相关的每一项工作中,寻求一切契机开展安全教育和提示。如在接报案的过程中,学生遭到宿舍溜门盗窃等具体问题时,工作人员都会结合具体问题开展切实有效的防盗、防骗教育;在学生宿舍发生火情的时候,在处理交通事故的过程中,也同时对学生开展相应的安全教育。

(五)努力构建学生安全教育体系

我校在校园安全工作和对学生教育方面长期坚持校党委、行政统一领导,学生处、研工部、校团委、物业管理中心、保卫处以及院系单位分工负责,齐抓共管,努力形成一套较为严密的组织体系和工作机制。

三、清华大学安全教育问卷调查结果分析

为更全面了解清华大学安全教育现状,发现安全教育过程中存在的问题,我们采取了问卷调查法和文献研究法。首先编制校园安全现状调查问卷,通过电子(网络)和纸面方式面向清华大学本科生、研究生进行抽样调查。共回收有效问卷870份。撰写论文的过程中,参考已有文献,进行深入分析。从回收的问卷中可以看到:33%的受访者为女性,67%的受访者为男性。受访者中,本科低年级、本科高年级、硕士研究生和博士研究生所占的比例分别为27%,23%,28%和22%。从问卷受访者性别以及学历年级分布来看,此次抽样基本符合清华学生总体分布,能够较好的代表整体清华学生的情况。

(一)学生对安全教育总体认识

整体上来看,清华大学学生对安全教育情况有着良好的认识。绝大部分(91.4%的受访者)同学认为学校有必要进行安全教育。大部分同学(86.3%的受访者)能够认识到,学校进行安全教育的主要目的是为了保护学生自身的安全(图1)。生活中实际经验的积累,是学生获得安全教育最主要的途径。同时,学校组织的各类教育活动以及自己通过网络、电视、书报学习等方式是辅助途径。受访者普遍认可在校期间,学校举行的模拟演练,认为模拟演练是效果最好的安全教育形式(图2)。

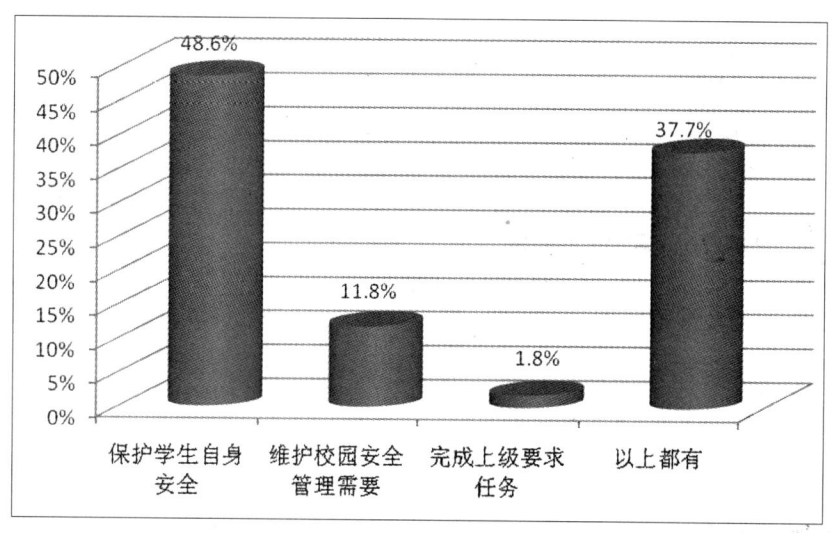

图 1 您认为学校进行安全教育的主要目的

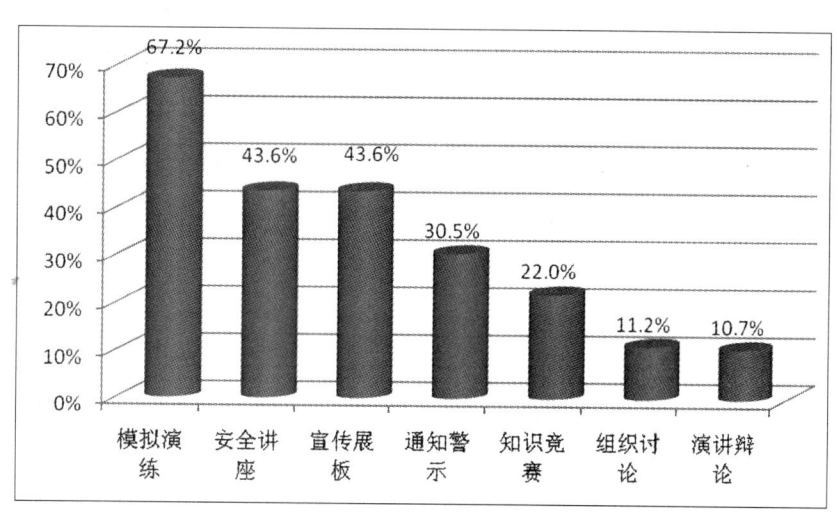

图 2 在校期间您认为以下哪种安全教育形式效果较好

(二)安全教育普及程度

学校的安全教育普及程度较高,超过 85% 的受访者表示参加过有组织的安全教育活动,超过 75% 的受访者接受安全教育信息的频率在每年一次以上。

受访者接受安全教育的组织机构也同样多元化,将近 80% 的受访者参加过由学校组织的安全教育活动的同时,院系组织的安全教育活动,校内社团、协会组织的安全教育活动以及班级组织的安全教育活动三足鼎立,有效的配合补充了学校组织的安全教育活动。

在接受安全教育的种类方面,超过 85% 的受访者参加过消防安全方面的安全教育,较多受访者(超过 30%)参加过人身财产安全、交通安全和实验室安全等方面的安全教育活动,较少(不超过 20%)受访者参加过食品、卫生安全,信息安全以及保密安全等方面的安全教育活动(图3)。

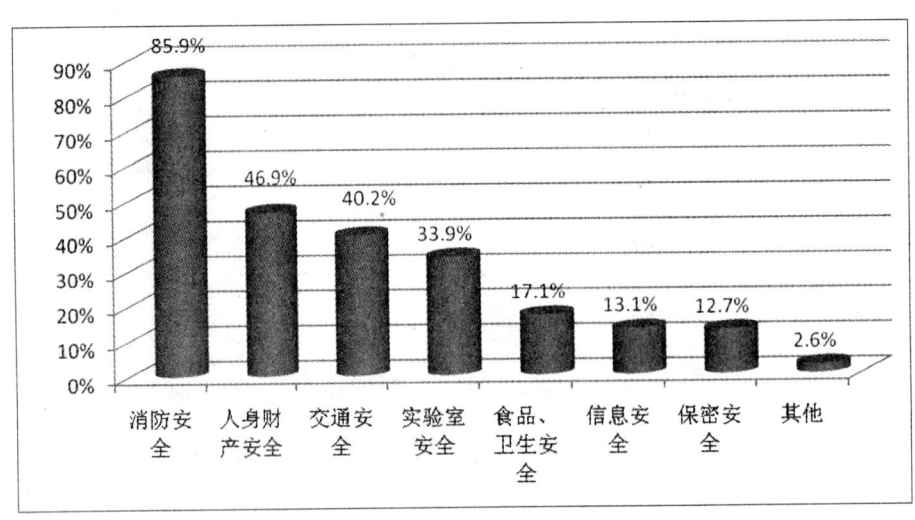

图3 您参加过哪些方面的安全教育

(三)安全意识程度测评

从总体上来看,受访者安全意识程度较高。例如,发生火灾以后,接近90%的受访者会选择采用湿毛巾来防毒,超过70%的受访者会选择报警求救的方式来脱离火灾。但是,在某些方面,受访者的安全意识仍存在较大的问题。例如,只有不到20%的受访者表示知道学校的报警救助电话。有将近50%的受访者对于在宿舍使用高功率电器的危害性没有正确的认识,不会自觉坚决抵制宿舍内高功率用电器的使用。

而对于最为担忧的盗窃事件发生的原因,受访者也有比较清醒的认识:个人防范意识不强被认为是校园盗窃事件发生的最主要的原因,而环境因素(校园内外来人员混杂)以及管理因素(学校安全措施不到位)也被认为是校园内盗窃事件发生的重要原因。另有部分受访者认为内盗情况也是发生校园盗窃事件的重要原因(图4)。

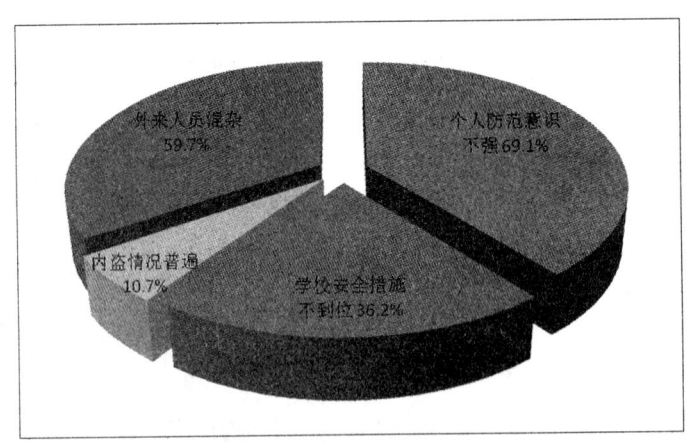

图4 您认为导致校园内盗窃事件发生的主要原因

(四)安全教育现状评价

从整体上来看,针对清华大学学校组织的安全教育情况,受访者反映一般。对于学校组织的安全教育情况,大部分受访者(将近68%)选择了基本满意,只有不到25%的受访者表示满意,另外还有超过7%的受访者表示不满意。

针对清华大学校园安全教育的现状,受访者也给出了自己的评价和建议。受访者普遍对于"学校重视安全教育"、"教育内容符合实际需要"这两项认同感较高,而对于"(学校)安全教育师资力量雄厚"、"(学校安全教育)教育形式多样,有创新"这两项的认同度偏低。这也反映了我校当前学生安全教育面临的主要问题:一方面是在保证安全教育数量和频率的情况下,安全教育有效性有待进一步提高;另一方面是在安全教育内容贴近学生实际的同时,高水平的安全教员应该进一步引进(图5)。

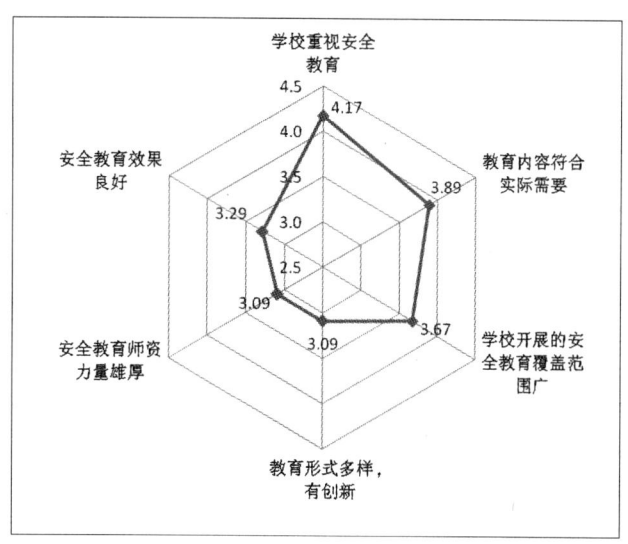

图5 关于我校安全教育,您对以下说法的认同程度

四、进一步加强和改进学生安全教育的对策与建议

(一)丰富安全教育种类,改进安全教育形式

受访者普遍对于消防安全方面的教育参加比较多,但是对于其他方面的安全教育活动参加的还不够。作为我国高科技人才的培养基地,增强在校生保密安全、网络信息安全等安全教育活动也是十分必要的,而关于这一点,受访者普遍反映比较缺乏。同时,学校应该进一步加强法律法规知识教育和心理健康与心理安全教育。

另外,针对学生安全教育中存在的问题,多数受访者表示安全教育的数量和频率并不是最主要的。那么,在保证安全教育数量和频率的同时,丰富安全教育的形式,从"量"和"质"两方面同时作足文章,才能有效地提高校园安全教育的效果。这样做才能使得更多的参加过安全教育活动的同学能够记住安全教育的内容并且能够把安全教育的知识在实际生活中加以运用。

(二)发挥课堂教学优势,系统普及安全教育

现阶段各高校的安全教育多属于抓重点的安全教育,而要做到全面普及安全教育,只有通过把安全教育引入课堂,做好完备的教学计划和系统的讲解,才能更好地使学生全面掌握安全知识。第一,完善课程,统筹规划;第二,精选教材,专人讲授;第三,制作课件,案例教学;第四,寓教于乐,实践演练。

(三)调动学生参与教育主动性,完善学生自我教育机制

当前,各高校开展学生安全教育多采用举办安全知识讲座、下发安全知识手册或者举行展板宣传等形式。这些形式中,学生多为教育活动的"受动者",缺乏安全知识学习的积极性与主动性,教育效果也比较有限。强化安全教育中的自我教育,就是要使学生具有教育的主体性地位,改进安全教育的形式、方式、手段,增加学生学习的主动性与趣味性,从而推动安全教育的自我实现以及自我完善,努力完善学生自我教育机制。为此,我们要鼓励学生积极参与安全实践。一方面,引导学生参与安全教

育资源自我开发的实践;另一方面,引导学生参与安全管理的实务。

(四)建立健全安全教育评估反馈机制

本次问卷调查反映出一部分安全教育过程中存在的问题,如果没有类似的问卷调查,这类问题就可能不会被发觉。

1.评估是安全教育过程的重要环节

高校学生安全教育活动必须重视评估环节。一个完整的教育过程,应包括教育目标的制定、教育活动的实施、教育评估的进行以及通过评估的信息反馈对其他环节的改进等环节,而这些环节应该构成一个闭合循环的回路。安全教育反馈环节对于下一阶段安全教育方案制订、下一轮安全教育实施过程有重要的参考与借鉴意义。我校应该加强安全教育评估机制的建立,评估以改进为目的,通过准确评价教育的效果,总结经验,发现问题,为提高教育的效果提供可靠的依据(图6)。

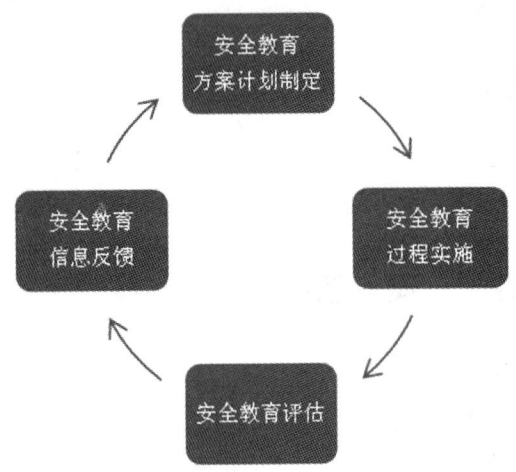

图6　用评估完善安全教育的闭合循环

2.建立安全教育质量及实效评估体系

我校学生安全教育的评估一直坚持科学性、可测性、全面性、动态性的原则,力图使评估真实、准确反映安全教育的实施效果。安全教育评估既要评估安全教育活动的过程是否科学,如通过问卷调查、询问学生等方式了解教育方法、宣传手段是否被学生接受,安全教育的内容是否符合同学的实际需求等;更要通过实际演练,对学生掌握安全知识与技能的程度等指标进行评估,如组织学生参与消防应急演练等,检验学生对消防安全知识的掌握程度、在火灾中的安全逃生技能、应对突发事件的心理素质等。

(五)构建完善的学生安全教育体系

安全教育内容涵盖面很广,包括治安、交通、消防、保密、法律法规、心理健康等诸多方面。对于大学生个人而言,如果说学科专业教育是掌握一门知识和技能、成就事业的基础,那么安全教育则是学业和事业成功的前提,是每位大学生受用终生的财富。从这个意义上讲,大学生安全教育是大学生教育的重要组成部分,且安全教育质量直接影响大学生的安全素质的提高。然而,当前我校学生安全教育的现状却不容乐观,安全教育还没有建立起系统、完整的教材体系和专业、稳定的教师队伍,教学内容和形式与实际脱节等问题突出。为从根本上解决这些问题,首要任务是构建学生安全教育的体系,并将其纳入大学生在校教育体系之中统一规划和实施,从根本上保证教育的持续性和稳定性。

五、结语

学生安全教育意义重大。在建设世界一流大学的过程中,良好的学生安全教育应该是清华大学努力完善的一个重要方面。学校开展学生安全教育应该从实际出发,改进和完善安全教育的内容和实施方法,重视安全教育的评估,着力构建大学生安全教育的体系,以切实提高高校学生安全教育的质量和实效。

参考文献:

[1]汤继承.当前大学生安全教育的问题成因及对策研究.华中师范大学学报,2006
[2]宋江浩.当前高校学生安全教育所面临的问题与对策探析.高教高职研究,2007(34)
[3]何金科.大学生心理安全教育刍议.闽江学院学报,2009(6):107~111
[4]赵宁,常斐.关于大学生信息来源现状调查分析及工作设想.科技信息,2010(22):344
[5]王征,唐晓英,范强锐等.从自我教育的角度谈高校实验室安全教育模式创新.实验技术与管理,2008(3):151~153

作者简介:

韩　标　清华大学保卫处处长,电话:62784630
张运腾　清华大学保卫处,手机:13581852046
李　伟　清华大学保卫处副处长,电话:62784629
王亚平　清华大学保卫处,手机:15201146033
通讯地址:北京市海淀区清华园1号,邮编:100084

创就业安全教育新模式 稳固平安和谐育人环境

王 钧 曾春红 山西财税专科学校

摘 要：高等职业院校的教育类型与属性决定了学生在读期间，必须到专业对口的相关企业进行半年或一年的就业实习。随着近年来就业实习人数的不断增加，在就业实习过程中的伤害事故更是频繁发生。这一方面给实习生本人造成了很大影响，另一方面也影响到企业参与学生实习教学的积极性，对校企合作教学模式带来了较大的负面影响。本文从我校安全教育工作的实际出发，阐述了我校如何面对就业安全教育这一新课题，如何着力开展"四个融入"的安全教育新模式，不断稳固平安和谐育人环境。

关键词语：就业安全教育 四个融入 新模式

高职院校学生参与就业实习是教学计划中一个不可或缺的环节。大多数实习学生都要在企业现有的生产环境下，参与各种生产实习活动。尽管学校和企业采取了一些措施，尽量做到安全实习，但实习生伤害事故发生率仍呈逐年上升趋势。据教育部调查报告，全国每年约有1200万高职院校学生到企业进行就业实习，其中购买就业实习保险的高职院校不到1.4%，占学生总数的1.1%，很多高职院校学生都处在"裸实习"状态，这就意味着，一旦出现实习生伤害事故很难得到相应的法律保护及赔偿。面对现阶段学生就业实习保障机制的薄弱，相关法律法规缺失，实习生伤害事故频发，如何保障实习生的就业实习安全成为高职院校安全工作的一项难题。

一、就业安全教育的意义

高职院校是培养专业型人才的摇篮，确保他们在校期间的"安居乐业"是高职院校管理者的一项重要职责。随着社会主义市场经济体制的逐步建立和完善，我们的高职院校发生了深刻的变化。这些变化既给高职院校发展带来了生机和活力，也给学校的安全教育带来了新问题。一方面高职院校的持续扩招，在校人数不断增加，专业设置不断更新，交流领域的不断扩宽给高职院校发展带来了勃勃生机；另一方面，就业实习人数的增加、校企合作企业的增多、就业实习安全事故的频繁发生，又给高职院校的安全工作带来了前所未有的压力。2010年8月13日，在北京某企业顶岗实习的河北省石家庄市某职业学校学生小相，由于电梯故障导致意外身亡。2009年8月27日，福建生物工程职业技术学院一名学生在某药业有限公司顶岗实习时，被货物砸下来造成左脚拇趾粉碎性骨折。通过对这些事故案例的分析，我们注意到这些事故的发生，固然与复杂的外部环境有关，但一些学生的就业安全意识及自我保护能力较差，无疑也是不可忽视的重要因素。因此如何对在校生进行就业安全教育，已是摆在高职院校管理者面前的迫切问题。现阶段,我们的安全教育课程中很少涉及就业安全教育内容,即使有也是一些简单的案例分析,甚至有些职业院校的就业安全教育还停留在依靠就业实习企业的上岗培训阶段,这些显然已经无法满足学生的就业实习需求,无法满足职业院校快速发展的需要。

所谓就业安全教育,是指以党和国家法律、法规、政策为依据,以全面提高大学生的综合素质为目标,围绕就业安全责任、就业安全意识和就业安全知识为主要教育内容,使在校大学生能增强就业安全意识、全面系统地掌握就业安全知识,更好地适应实习生活和今后走向社会需要而进行的教育。其意义主要体现在三个方面:

(一)全面提高大学生就业素质的需要

高职院校培养的合格人才,不仅要专业过硬,更重要的是要具备适应企业岗位的需要。在重视素质教育的今天,我们很早就将安全教育纳入了素质教育的范畴,并贯穿了大学生在校期间的全过程,如今,面对市场经济发展的需求,我们更需要将就业安全教育纳入安全教育课程,使大学生在学好专业知识的同时提升就业素质。通过接受必要的就业安全教育,增强就业安全防范意识,学习并掌握基本的就业安全知识和自我保护机能,不仅提高了学生的就业安全防范能力,更使其在今后的职业生涯中不断受益。

(二)"人性化"安全教育理念的体现

自我校提出"人性化"安全管理理念以来,就本着学生是学校的根本这一原则,凡事都能从学生的利益角度出发来考虑。面对就业实习阶段,实习生这一弱势群体,我们必须从根本上给予他们更多的保障,才能使他们学有所长,学有所用。只有所有在校生的安全意识和自我保护能力提高了,才能避免和减少他们在参与各项社会活动时自身利益受到伤害,才能使我们的"人性化"安全管理理念落到实处。

(三)稳固"平安、和谐"育人环境的基础

面对严峻的社会治安形式和高校安全管理工作中的新情况、新问题,要求高职院校要从实际工作出发,落实人防、物防、技防措施,共同打造"平安、和谐"校园,其中安全教育工作便成为不可或缺的基础。但安全教育不是一成不变的,它必须根据市场经济发展的需要,不断更新,以满足学校发展的需要。适时地将就业安全知识融入安全教育课程已经成为我校安全教育工作的新模式,它将有力地稳固我校"平安、和谐"的育人环境。

二、根据专业建设就业安全教育内容

就业安全教育主要包括:就业安全责任、就业安全意识和就业安全知识三个方面,但每个职业院校的专业不同,所以就业安全教育的内容也会根据专业特点而设置。我校是全国示范性财经类职业院校,在设置就业安全教育内容时,我们就围绕专业特点而进行了尝试。

(一)就业安全责任教育

2009年我校金融系一名男生被实习单位的同事以代缴话费为由骗走500元。2010年我校贸经系一名男生在销售实习中错填发票,而导致企业销售金额亏损。面对这样的事故案例,大家首先想到的是责任由谁来负?很多在校生受到传统观念的影响,认为一旦参与企业的顶岗实习,安全自然应该企业负责。其实不然,一方面《民法通则》规定,公民年满18周岁,就是完全民事行为能力人,目前,我们

的在校生年龄多数在 20 岁左右,依照法律规定,他们具有完全认识、控制自己行为的能力,同时具备相应的自我保护能力,他们应该也必须为自己的行为负责。如果由于个人行为造成人身、财产的损害,理应责任自负。另一方面,在校生到企业实习,并没有于企业签订正式的劳动合同,他们的关系不属于劳动关系,学生实习期间受到事故伤害的不属于工伤,只能通过人身意外险等途径予以保障。通过就业安全责任的教育,使学生在实习前就能对可能遇到的困难、问题有一定的心理准备,一旦遇到突发事件不会手足无措,能够通过正常的渠道予以解决。

(二)就业安全意识教育

2010 年,我校会计系一女生参加社会招聘会,被对方以参加面试为由,拉入非法传销组织,幸亏学校发现及时,否则后果不堪设想。2010 年我校保险专业一名男生,参加实习企业的保险促销时,被风刮倒的广告牌碰伤。通过对这些实习安全事故案例的分析,我们发现很大一部分是由于学生缺乏安全意识导致的。这一方面和他们的成长经历中被家长"过分关爱",缺乏对各种安全问题必要的重视和警惕有关;另一方面,他们对学校的安全教育缺乏足够的重视,高估了自己的专业能力造成的。树立就业安全意识是我们对所有在校生开展就业安全教育的第一课,我们把相关的就业事故案例编成短片,让学生通过直观感受到实习伤害事故的危害性,透过别人的故事看到职场,很多学生在看后直呼"伤不起"。

(三)就业安全知识教育

《国务院关于大力发展职业教育的决定》出台后,对我们的职业教育提出了新的发展方向和目标。多年来,我校始终坚持"以服务为宗旨、以就业为导向"的职业教育办学方针,开设了会计、税务、金融、营销等 18 个专业,每年为社会输送就业实习生近 2000 人,在就业实习结束后直接签约的近 60%。很多来我校联系就业实习的企业在实习结束后都相当满意,这一方面是因为我们的学生专业过硬,另一方面是我们的学生岗位安全意识强,能很好地规避安全风险。这些都源自于我们就业安全课程的提前开展。

我们围绕传统的安全知识内容,根据学校的专业特点开设了:(1)《劳动法》、《劳动合同法》、《社会保险费征缴暂行条例》及学校开设相关专业的法律、法规课程。众所周知财会专业一直是我校的精品专业,我们为财经专业的学生开设了《财经法规》讲座,主要是围绕工作中遇到相关法律问题的处理方法展开,这一方面和学生现阶段学习课程的相辅相成,另一方面课程生动,很受学生欢迎;(2)如何识别就业陷阱、防范求职骗局。面对这类普遍存在的问题,我们将其做成了短片形式,同时针对市场营销专业的学生专门开设了《怎样识别营销陷阱》、对旅游专业的学生开设了《如何应对旅游骗局》等讲座,分门别类的讲座使每个专业的学生都能有所收益;(3)在就业实习中遇到火灾、地震、拥挤踩踏等突发事件时的应急处置。工作中我们还不断地根据当前的社会形势调整相关就业安全教育课程,比如在面对 H7N9 突发流感期间,我们就增设了公共安全卫生讲座,现在我校开设的就业安全教育已经基本满足了我校各个专业学生在实习阶段的安全需求。

很多老师认为我们应该将就业安全知识独立成章,只针对实习生开设,但是经过不断调查,我们发现相当一部分学生在入学初期就已经开始做一些如家教、促销、服务生等兼职工作,于是我们就开始对安全教育课程进行新的尝试。

三、"四个融入"的安全教育新模式

安全教育的主体是学生,根据大学生喜欢新鲜事物的特点,同时结合安全教育工作的实际情况,我校率先提出了"四个融入"的安全教育新模式,即将就业安全知识融入安全教育课程中、将弹性教学模式融入传统的讲授式教学模式、将模拟案例融入课程教学、将安全演练融入社会实践活动。通过两年来对"四个融入"的安全教育新模式的不断探索,使我们的学生在社会实践中受益良多,同时也得到了相关实习企业的一致认可。

(一)将就业安全知识融入安全教育课程

学校在原有大学生安全教育课程内容的基础上,把就业安全知识分解,分别加入了到了社会生活、法律、法规知识、遇到突发事件应急处置、毕业生心理和就业疏导等多个篇章中,虽然没有独立成章,但内容新颖,更贴近学生的实际生活。例如我们将安全事故案例的短片在讲述社会生活安全问题这个章节中播放,学生很自然地就了解了在未来工作当中的可能存在的危险,比起日常的讲述式方式,学生更容易接受。

(二)将弹性教学模式融入传统的讲授式教学模式

大学生安全教育课程的设置每学期有四次,每次2课时,共计8小时。面对增加的就业安全知识,如何能够在原有的时间段内完成呢?我们采用了将弹性教学模式融入传统的讲授式教学模式,即在保证原有的授课时间的基础上,利用剩余课余时间滚动播放安全教育短片,同时组织各系同学根据他们的安全知识讲座内容编排安全教育情景剧,每学期第二个月我们还专门组织各个系学生进行安全知识竞赛和安全事教育情景剧会演。这种新的模式更能吸引学生们关注的目光,特别是情景剧的演出,现在已经成为安全教育内容的一个亮点。

(三)将安全知识测试融入实践教学

根据我们的安全教育教学安排,每学期都会对我们的在校生进行安全知识测试。在将就业安全知识融入安全教育课程后,我们对安全知识测试也进行了调整。在就业实习生的就业岗位上对实习生进行安全知识测试,包括实习企业的相关劳动法规、专业操作程序、劳动保护等,例如2011年我校酒店管理班的同学在晋祠宾馆实习期间,我们就对他们进行了一次有关酒店实习岗位的安全测试,结果参加实习的40多名同学全部合格,而且他们当年的安全知识测试成绩直接计入了实习鉴定成绩,很多学生的实习还没有结束就已经收到了企业的录用通知。实践证明将安全知识测试融入实践教学能更好地促进学生对安全知识的掌握。

(四)将安全演练融入社会实践活动

随着安全演练全覆盖要求的深入,我校每年都会组织不同种类的安全演练,有防火、防震、自救逃生等,但这些演练都是在学校完成的,很多学生很难从思想上提高认识,把演练当做未来保护自己的一种手段。为了保障就业安全教育更深入地融入安全教育领域,我们利用学生的社会实践活动进行了突发事件演练。例如2011年6月,学生组织社团在会堂演出,我们在演出结束后进行了疏散演练,结果没有一例学生发生踩踏事故。2011年12月,我们在学生元旦活动期间组织了防火逃生演练,期间各个系的学生都能安全地撤离,同时我们的大学生消防志愿者都能熟练地报警、使用灭火器具。通过多次在实践活动中的演练证明我们的方法是行之有效的,它能让我们的学生时刻保持安全警惕、对周围的事物提高安全隐患意识。

安全教育任重而道远，作为安全教育的一线工作者，我们深感责任重大，未来我们还会不断探索，以求我们的教学模式更能适应我们的学生需求，不断巩固我校的"平安、和谐"育人环境。

作者简介：

王　钧　山西财政税务专科学校保卫处科员，手机：13934155663

曾春红　山西财政税务专科学校保卫处处长，手机：13509711633

通讯地址：太原市万柏林区千峰南路 25 号，邮编：030024

浅析大学生国家安全教育

李 湛 天津财经大学

内容摘要：维护国家安全是任何一个主权国家肩负的重要使命，是每个公民的义务。作为国家的未来与希望的大学生，其国家安全意识的强弱，对国家是否安全有着直接的影响，加强新时期大学生的国家安全教育迫在眉睫。

关键字：大学生 国家安全 国家安全教育

一、国家安全教育相关概念的界定

（一）国家安全的概念

国家安全问题已经深入到每一个公民、社会组织的各个方面。对于国家安全的定义，在我国的一些法律法规中有所体现。比如，我国《刑法》第二编第一章明确规定了危害国家安全罪的定义，即危害国家主权、领土完整和安全，分裂国家、颠覆人民民主专政的政权和推翻社会主义制度的行为。此外，还有一批维护国家安全的专门法律法规，包括：《国家安全法》、《反分裂国家法》、《国防教育法》、《保守国家秘密法》、《国防法》、《兵役法》、《科学技术保密规定》、《出国留学人员守则》等等。这些法律法规规定了公民维护国家安全的各项具体的法律义务。

国际关系学院编著的《国家安全学》一书中对"国家安全"概念进行了论述：国家安全是国家的基本利益，是一个国家处于没有危险的客观状态，也就是国家没有外部的威胁和侵害也没有内部的混乱和疾患的客观状态。当代国家安全包括10个方面的基本内容：国民安全、领土安全、主权安全、政治安全、军事安全、经济安全、文化安全、科技安全、生态安全、信息安全。

（二）国家安全教育的概念

国家安全教育，是根据维护国家安全的目的和要求，以一定的国家安全观念和国家安全知识，对全体国民思想和行为施以相应影响的一种有计划的活动。加强国家安全教育就是通过爱国主义教育、民族精神教育等方向性教育，使公民在成长中逐渐具备国家安全意识；通过国情教育、国防知识教育等认知性教育，使公民获得与国家安全相关的知识、信息、基本经验；通过社会责任感教育、国家安全法教育等规范性教育，使公民明确自己的责任与义务；通过心理教育、危机意识教育等实践性教育，使公民在面对各种正在或可能给国家重大利益造成影响的威胁时，具有维护和获得国家重大利益的行为能力。维护国家安全是任何一个主权国家肩负的重要使命，是国家追求的最高战略目标，是每一个公民、每一个社会组织的义务。大学生是国家的未来与希望，是社会主义事业的建设者和接班人,同时也是境外敌对势力渗透的重要目标。当前,国家安全问题的日益复杂与当代大学生的国家安全意识的相对淡薄形成的矛盾,警醒我们必须加强大学生的国家安全教育,提高大学生的国家安全意识,树立"国家安全,人人有责"的观念,这对于维护国家的安全稳定有着深远的现实意义和战略意义。

二、当前我国大学生国家安全教育有待完善的方面

多年来,各高校不断加强对大学生进行国家安全教育,并取得了可喜的成绩,但当前大学生国家安全教育还需要进一步完善。

(一)大学生国家安全教育体系需要进一步完善

目前,大学生国家安全教育还不够完善,远未达到有计划、有目标、规范化教育的层次。究其原因,在于一些高校对大学生国家安全教育概念的内涵与外延的认识存在一些偏差,将国家安全教育等同于爱国主义教育、国防教育、《国家安全法》教育,导致了国家安全教育的实施缺乏整体性、系统性,没有形成全面、科学、长效地教育体系与落实机制。

(二)大学生国家安全教育的内容、形式不够丰富

当前,有些高校在对学生进行国家安全教育中,在教育内容上比较单一、陈旧,缺乏时代性、适应性、调整性,不能够适应当前形势的发展与要求,教育内容对学生群体缺乏足够的吸引力,难以达到理想的教育效果。在教育形式与方法上,不够丰富,互动性差,难以激起学生的兴趣与共鸣。导致这一问题的原因在于,一些高校对于大学生国家安全教育的重视程度还不够,从事大学生国家安全教育的教育工作者本身的素质还有待提高。

(三)大学生国家安全教育应涵盖学生毕业后将面临的问题

大学时代是学生形成系统的世界观、人生观、价值观的关键时期,是步入社会、从事社会工作的重要准备期。当前,我国高校教育存在的普遍问题就是培养的人才不能够适应社会的需求,大学阶段的国家安全教育也存在这一问题。很多高校在进行大学生国家安全教育时,往往忽视了学生毕业离开校园步入社会所面临的种种问题。学生毕业后,仅仅少部分继续在国内高校读研深造,大部分毕业生或走上工作岗位,或出国留学深造,而在我国的教育环境中,出国前的教育及企业中国家安全教育是弱项,因此,大学阶段安全教育的成效此时显得尤为重要。

三、大学生国家安全教育的完善

针对我国大学生国家安全教育存在的上述问题,笔者认为,应当从以下几个方面进行完善。

(一)完善高校国家安全教育内容体系

大学时代是国家安全意识养成的最重要的时期,高校要认识到自身的责任与使命,要抓住这一重要时期,全面的进行大学生国家安全教育。

1.对学生进行国家安全理论知识教育

内容包括军事与政治安全,经济安全、文化安全、环境安全、信息安全等等,使学生对于国家安全的内涵和外延有较全面的理解和掌握。

2.对学生进行爱国主义、民族精神教育

高校要帮助学生树立国家主权和国家利益高于一切的信念,增强学生忠于祖国、献身人民的自觉性和责任感,提高学生国家安全意识,能够自觉抵制不良思潮的侵袭,维护国家利益。

3.对学生进行国家安全政策、法律、法规教育

要以《宪法》为指导,以《国家安全法》、《刑法》、《反分裂国家法》、《保守国家秘密法》等法律的有关条款为主干,提高学生国家安全法律知识,树立国家安全法制观念,自觉履行维护国家安全的责任与义务。

4.对学生进行国家安全形势、国防教育与危机教育

要通过开设相关课程,增强学生对国家安全的忧患意识,积极引导学生树立国防观念和国防意识,加强对学生的危机意识教育,让他们认识到当前我国国家安全面临的种种挑战,培养学生运用辩证唯物主义和历史唯物主义的立场、观点、方法,认识、分析国际安全形势以及国家安全中的各种问题,教育他们团结一心,为实现国家安全与发展而不断奋斗。

5.心理健康教育

通过心理教育和实践,使学生在面对国家安全威胁时能保持良好心态,做出独立的判断,形成较强的心理调适能力和抗挫能力。

6.大学生国家安全教育的内容要涵盖学生毕业后面临的种种情况

在近几年的相关报道中,有些大学毕业生由于在工作中、求学中对危害国家安全的行为缺乏警惕,在不经意间泄露国家机密,甚至经不起种种诱惑,出卖国家安全信息,给国家安全造成重大损失。大学生是社会主义现代化的建设者和接班人,是国家的未来和希望,高校肩负着为国家培养合格接班人的使命,高校在实施大学生国家安全教育时,要针对大学生毕业后步入社会、出国留学等情况为学生打好"预防针",使其时刻保持高度警惕,自觉承担起维护国家安全的责任和义务。

(二)拓展国家安全教育的形式与途径

国家安全教育的形式与途径是实现国家安全教育目标的手段,它直接决定着国家安全教育的效果。对于教育形式的选择,首先要考虑大学生群体的思想意识特点与心理特点,要符合大学生思想意识的形成与发展规律和身心发展规律;第二,在国家安全教育中要注意到教育者与被教育者之间的双向交流与互动的,以引起教育者与被教育者的共鸣,提升教育效果;第三,进行国家安全教育要注意教育效果的实践性与渗透性,要让内容真正渗透到学生思想和行动之中,在方法上要体现实践教育的重要性;第四,不能忽视网络教育与网络管理的重要性。具体而言,国家安全教育的形式与途径有以下几类:

1.开设必修与选修课程

当前很多高校都将《军事理论》、《法律基础》、《形势与政治》等课程列为必修课,也开设了一些军事类、文化类、法律类、心理类的选修课程。国家安全教育要充分利用课堂教育这一平台,发挥课程教育在授业解惑的功能,将国家安全理论知识、法律法规知识、国家安全形势、国防知识、心理健康知识以及分析与判断国家安全形势的方法等等融入教学当中。

2.抓住新生入学安全教育与军训这一重要时机

各高校在大一新生入学都会安排"新生入学第一课"与军训。刚刚进入大学的学生对大学生活充满了新奇与向往,也有初离开父母、家庭的不安与不适,也是其人生观、价值观形成的重要时间点,这对于进行国家安全教育是一个非常重要的时机与切入点。军训中融入学习队列、射击等军事技能,在军训的同时开展新生入学第一课,融入国防和国家安全相关理论知识教育,让学生在浓厚的军事环境和军事氛围中学习、接受、感悟国家安全相关知识,能都达到较好的教育效果。

3. 发挥学生社团及社团刊物的作用

高校开展国家安全教育要注意利用学生社团及社团刊物。学生社团与社团刊物贴近学生生活，与学生群体天然的联系使其更容易渗透到大学生群体当中，传播便捷，易于被学生接受。教育者要积极联系、指导一些社团，鼓励社团开展宣传国家安全、普及国家安全知识的活动，创作有关国家安全方面的作品、主题活动等等，大学生富有创造力的思维与社团活动的活力会给大学生国家安全教育带来新的生命力与教育效果。

4. 网络平台的日益重要

目前，计算机网络的应用在大学生群体中达到了普及的程度，网络成为学生接收信息和学习的重要方式，同时网络也为我们进行国家安全教育提供了很好的平台。网络的教育的开展，可以突破时间与空间的限制，且信息资源丰富，承载的形式多样，趣味性与互动性更强，为国家安全教育提供了更为广阔的平台，是从事国家安全教育的重要阵地。

5. 开展丰富多彩、形式多样的校园课外活动

做好大学生国家安全教育，除了做好上述四个方面之外，还要充分利用课外活动这一阵地。例如，可以举办演讲比赛、辩论赛、知识竞赛、绘画与影像作品比赛、国家安全知识的图片展览等等活动。课外活动内容、方式灵活，载体丰富，富有感染力的特点可以赋予国家安全教育这一严肃的教育内容新的活力，达到意想不到的教育效果。

（三）增强国家安全教育的时代性、调整性

1. 大学生国家安全教育要增强时代性

国家安全是一个古老而常新的历史课题，国家安全教育具有与时俱进的属性，特别是对于大学生的国家安全教育要时刻把握规律性，赋予时代性。在新的历史时期，国际形势风云变幻，高校国家安全教育必须适应形势变化，适时更新补充内容，努力增强教育的时代性。

2. 对大学生进行国家安全教育中要增强调整性

在对学生进行国家安全教育中，教育者要密切关注国际形势与社会实际，对于触发国家安全的国内外重大事件快速做出反应，调整教育内容。在调整教育内容的同时，要注意教育主题的明确，对于具体事件的反应要密切关注学生思想动态，做到理论联系实际，积极引导，教育到位。在教育中要以爱国主义教育和大学生民族意识培养的高度，通过事件的评述、梳理、讨论，引导大学生运用正确的分析方法进行独立思考、分析、判断，使之形成正确的分析问题、解决问题的方法，从而达到理想的教育效果。

参考文献

[1] 郑声文.试论我国青少年的国家安全教育.福建师范大学学报,2005

[2] 王敏.关于加强大学生国家安全教育的思考.思想教育研究,2003(01)

[3] 龚建萍.新形势下大学生的国家安全教育叹息.经济研究导刊,2011(13)

[4] 洪梅.全球化语境下高校国家安全教育有效机制的探索.南昌教育学院学报,2010(3)

[5] 曹晓飞.网络时代大学生国家安全意识教育探索.教育评论,2012(5)

作者简介：

李湛　　天津财经大学保卫处

建立高校安全教育评价体系的构想

史志强　郭薇薇　中北大学

摘　要：高校安全教育规范化、系统化和大学生安全素质、满意度的提高，需要建立科学的评价体系，高校安全教育的运行机制、规章制度、教育内容、教育形式、效果考核等涉及环节是评价体系的内容，并提出了确立评价标准、设计评价手段、利用评价结果改进安全教育的高校安全教育评价体系建设构想。

关键词：高校　安全教育　评价　构建

随着高校"安全教育进课堂"的逐步实施，大学生安全教育日益制度化、系统化，但由于受到安全教育师资队伍、教育内容、教育形式、以及学生参与兴趣、实际需求等因素的制约，安全教育的低效问题一时难以改变。建立科学、全面的安全教育评价体系，对安全教育的准确性、实效性、满意度等进行客观评价，并依照评价结果规范和改进安全教育的环节，是提升高校安全教育成效的有力保障。

一、构建高校安全教育评价体系的必要性

（一）安全教育的规范化需要建立科学的评价体系

安全教育作为维护高校安全稳定必不可少的手段，其效果直接关系到大学生安全素质的提高，关系到高校改革的稳步推进和高校的持续健康发展。实践证明，仅靠安全管理制度、规定、纪律约束学生的行为，难以有效防止和彻底消除各类安全事故的发生，而利用科学的安全教育评价体系，不断规范安全教育的实施过程，教育和引导大学生发挥安全自主性和自主能力，自觉增强安全意识和安全责任感，系统掌握安全知识和防控安全事故的技能，才是安全教育的最终归宿。

（二）安全教育的系统化需要建立科学的评价体系

高校安全教育是依据国家对大学教育的要求，根据一系列具体的法律、法规和学校的规章制度进行的教育，本质上属于高校教育的一部分。与一般的社会安全教育相比，应更具有组织性和系统性，因此应该传授哪些内容、谁去教、如何教、教育的效果怎样、安全教育如何改进等等都必须有相关评价体系来约束。

（三）大学生综合素质的提高需要建立科学的评价体系

高校安全教育以全面提高大学生综合素质为目标，以提高学生安全意识、传授安全知识、培养学生安全防护能力为核心。安全素质作为综合素质的一种，需要通过安全教育的开展来完成，学生安全素质提高，安全意识的自觉性、自我管理、自我约束、自我服务的能力的增强，使自身的综合素质得以

提高,知识能力得到全面发展。但安全素质不仅体现着安全知识的掌握,更体现着安全知识的运用能力,要使大学生重视安全技能和能力的培养,达到"知之于行"的水平,不能仅从课堂安全知识的考核成绩来反映,而同样需要科学的安全教育评价体系。

(四)安全教育的满意度需要建立科学的评价体系

安全教育的满意度包括受教育者接受教育的满意度和实施安全教育者对教育成果的满意度,由安全教育者工作质量的优劣高低和受教育者的学习态度所决定。要准确、科学地对安全教育者的工作质量进行鉴别,为改进安全教育工作方式,加强师资队伍建设提供可靠信息,从而调动安全教育者的教学积极性和受教育者的学习主动性,提高教育质量,离不开科学的安全教育评价体系。

二、高校安全教育评价体系的内容

高校安全教育涉及运行机制、制度建设、教学计划、师资队伍、教育内容、教育形式、成绩考核等多方面,要实现对安全教育的科学合理评价,应将实施安全教育的各个环节纳入到评价体系。其中,重点内容应包括:

(一)安全教育的运行机制

灵活、高效的运行机制是高校安全教育目标和任务真正实现的保证。组织机构是否健全完善、职责明确、指挥有力,教育过程能否安排科学、有效衔接、规范有序,各部门是否分工明确、紧密配合、齐抓共管,都影响着安全教育的实施和运行。

(二)安全教育的规章制度

制度是行动的准则。健全的安全教育教学制度不仅是安全教育师资、教材、课时、经费、教学计划落实的保证,也是规范安全教育活动有效实施的重要手段。而安全教育检查考核制度的执行,既能对安全教育的队伍建设、教学管理、效果考核进行全程监督管理,又能促进学生良好学习习惯的培养,实现教育过程的可控。

(三)安全教育的内容

安全教育的内容决定了学生通过接受教育能获得何种安全知识、能力和素质。安全教育的内容选择是否全面、系统、科学、具有时代性和实用性,是否考虑了大学生这一特殊群体的年龄特征、心理特征、文化程度、社会经验、日常生活等特点,是否注重生命、健康、财产、政治经济、社会交往、自然环境、个人权益维护及突发事件处理等方面,按需施教,才能避免教育内容的枯燥无味。

(四)安全教育的形式

安全教育的形式和手段直接影响着教育的效果。传统的说教和板报、通知等宣传教育方式陈旧、落后,缺少吸引力,已不能激发学生的学习兴趣,学生往往视而不见,很难取得积极的效果。采取学生喜闻乐见的形式,将安全教育与安全管理相结合,系统的课堂安全教育与灵活多样的日常教育相结合,全面展开与重点突出相结合,知识学习与参与实践相结合的教育方式,是引发学生关注与兴趣的安全教育手段,也有利于学生全面掌握安全知识和防范技能,提高综合素质。

(五)安全教育的效果考核

安全教育的目标是提高学生对安全知识技能的认知能力、实践能力,传统的考试成绩成为衡量安全教育效果的唯一标准,具有很大的局限性。通过考查学生直接参与安全管理、识别周边安全隐患、讨论突发事件应对措施、组织安全宣传活动等不同任务的完成情况,给予累积记分考核,能客观反映学生的安全素质和实践能力。

三、建立高校安全教育评价体系的构想

高校安全教育评价是以规范安全教育活动、提高安全教育成效为出发点,引导和促进学生安全技能素质为目的,评价体系的建立应围绕安全教育活动的各个环节而完成。

(一)确立科学合理的安全教育评价标准

确立科学合理的评价指标和评价标准是开展高校安全教育评价的基本依据,以高校安全教育活动环节为内容的细化评价指标、制定评价表,按照评价指标的重要程度和评价结果的可信度,赋予合理的权值,能客观判定出安全教育的评价结论。

(二)设计定性定量相结合的安全教育评价手段

不同的评价方法反映了不同的价值取向,高校安全教育的制度建设、教学计划、师资队伍等方面可用科学量化的方法去客观评价,但大学生安全意识、安全素质的高低,安全技能的掌握程度在一定程度上还需依靠描述性、解释性的质性评价来实现。结合量化评价的精确性、客观性,采用质性评价,并注重安全教育过程的评价,能提高评价的可靠性。另外,评价手段要随着安全教育要求的不断变化而及时调整、改进。

(三)依照评价结果改进安全教育的组织实施

评价是实践活动的一种反馈调节,通过高校安全教育评价可以判断高校安全教育的教育思想和观念是否与安全教育目标相符,安全教育实施的基本条件是否具备,措施是否得力,是否取得了预期的效果。在安全教育的评价实践中,要利用评价结果引导和改进安全教育的组织管理、教育条件的完善、教师队伍整体素质的提高,以及学生自主提高安全素质意识的增强。

四、结论

高校安全教育的各个环节影响着安全教育的成效,构建高校安全教育评价体系,确立评价标准和手段,对高校安全教育过程进行客观评价,发现和改进制约安全教育的不利因素,是检验和提高高校安全教育成效的必要措施。

参考文献

[1]汤继承.当前大学生安全教育的问题成因及对策研究[D].华中师范大学,2005(16)

[2]韦庆辛.新时期加强和改进大学生安全教育的实践与探索[J].中国安全科学学报,2009(19)

[3]杨得志.高校安全教育的问题及改进策略研究[D].东北师范大学,2008,5

作者简介:

1.史志强　中北大学保卫处安全科科长,手机:13934162906
2.郭薇薇　中北大学保卫处教育科科长,手机:13994247559
通讯地址:山西太原学院路3号,邮编:030051

高校保卫部门开展心理安全教育工作路径

徐思钢　北京大学

摘　要：安全是人的最基本需求，心理安全是行为安全的基础。高校保卫部门对在校大学生开展心理安全教育工作是平安校园建设的有机组成部分，有助于在校大学生的健康成长。为更好地开展心里安全教育工作，高校保卫部门应更新观念，提高开展心理安全教育的意识和能力，加强校园安全文化建设，创新心理安全管理和教育工作模式。

关键词：保卫部门　心理安全　教育　安全文化

安全需要是人的最基本需求，当代大学生的安全包括财产安全、行为安全和心理安全等多个层次。实践中，人们往往将目光投向财产安全和行为安全等"显性"安全，缺乏对心理安全的关注。但是心理支配行为，没有心理安全就很难有行为安全等其他层次的安全。

一、心理安全的概念

心理安全最初是伴随着心理战概念的出现而出现的，属于国家整体安全的范畴。最初的心理安全概念主要指一个国家或民族在心理上或精神上具有比较稳固的防线，这个防线既能抵御国际敌对势力实施的心理攻击，又能有效防范内部敌对分子的煽动、破坏而导致的各种心理险情的发生。[①]

随着社会的发展与进步，心理安全的外延得到了拓展。目前，心理安全在学界尚无统一的概念，有学者认为，心理安全是指个体没有恐惧感，不用担心别人会指责和批评自己，内心保持安全、自由、踏实、稳定的心理状态。笔者个人认为，心理安全主要是指人作为个体在心理上的安全感，这种安全感主要包括个体内心对外界环境的感知和个体内心对自身的感受两部分，前者主要是指个体对自身生活、学习、工作的环境评价和判断，后者主要是指个体对自身行为、思想等方面的认知和评价。

二、心理安全教育工作的内涵

目前，学界对心理安全教育工作的内涵并无统一的认识。笔者在综合大学生生理特征、校园环境等诸多因素后，认为目前大学生心理安全教育工作主要包括以下内容：

（一）国情教育

引导学生用理性、辩证的态度观察、思考社会现象，培养学生辨析是非能力和理性思考的习惯。

[①] 欧立寿，赵可.论国家心理安全及其维护.求索，2002(6)

(二)法制教育

主要通过案例教学、现身说法等形式,引导学生学法、懂法、守法、用法,遵守国家法律法规,提高自身安全防范意识,避免受到各类不法侵害。

(三)感恩教育

调查显示,受家庭学校教育、社会环境等因素的影响,当代大学生的感恩意识有待提高。在大学生中进行感恩教育能够使大学生以感恩之心看待社会,有助于大学生建立融洽的人际关系,形成健康的心态、健全的人格,获得安全踏实的心理状态。

(四)心理健康教育

一个心理健康的人其内心应该充满安全感,而内心缺乏安全感的人,某种程度上也说明了心理处于亚健康或不健康状态。因此,心理健康教育是心理安全教育工作的重要内容之一。

三、心理安全教育在高校保卫部门工作中的地位与作用

(一)是维护人民民主专政和社会主义制度的需要

近年来,西方敌对势力一直通过各种传播途径对我国进行思想渗透,宣传西方价值观。当代大学生思想活跃单纯却缺乏社会经验,善于通过互联网等途径获取信息却缺乏对信息真实性的判断,容易受到不良思想的影响,因此,西方敌对势力一直将大学生群体作为思想渗透工作的重点。高校保卫部门是高校的内部安全保卫组织,根据《高等学校内部保卫工作规定(试行)》等相关法律法规,严防各类敌对势力对高校的渗透是其法定职责之一,因此,高校保卫部门应大力加强大学生的心理安全教育工作,帮助大学生正确认识各种社会现象,提高辨别是非的能力,抵制网络虚假信息的影响。

(二)是平安校园建设的有机组成部分

高校保卫部门担负着维护校园安定稳定的重要职责,在工作中我们发现,许多校园案事件的发生与学生的心理安全密切相关。以社会普遍关注的大学生自杀类案件为例,2010年,某省在省内部分高校进行了问卷调查,在问及所在学校学生自杀原因一项时,70.1%的学生选择"谈恋爱"[1]。而震惊全国的"药家鑫案"、"马加爵案"、"清华学生烧熊案"则以事实证明,学生心理安全问题如果不能及时被学校发现、干预,容易升级为学生行为安全问题,进而影响大学生的形象和校园的安全稳定。由此可见,高校保卫部门积极开展学生心理安全教育工作,及时掌握学生的心理安全状况,对个别学生的问题提前介入干预,能够最大限度地避免学生由心理问题引发的各类案事件,保障学校安全稳定,维护社会安定团结。

(三)有助于在校大学生的健康成长

受我国计划生育政策的影响,目前我国在校大学生大多为独生子女,他们中的很多人从小在爷爷奶奶和父母的关怀下长大,过度的关怀使得他们普遍缺乏集体意识和合作精神。同时,受应试教育的影响,多数大学生的中学是在准备考试中度过,独立生活能力和人际交往能力普遍较弱。高校保卫部门如果能从本部门工作出发,开展有针对性的心理安全教育工作,能够帮助大学生正确认识各种社会现象,学会如何信任他人帮助他人,促进同学间的信任与友谊,提高大学生的人际交往能力、集体合作意识和感恩意识。

---

[1] 张晓.加强大学生心理安全教育与管理的有效途径——基于山西省大学生心理安全现状的调查,教育理论与实践,2011(12)

四、高校保卫部门开展心理安全教育工作的路径

(一)更新观念,提高开展心理安全教育的意识和能力

更新心理安全教育理念。高校保卫部门是负责学校、师生安全工作的职能部门,很多人据此认为高校保卫部门是主要负责学生行为安全的部门。事实上,行为是心理支配的结果,心理安全是行为安全的基础,没有心理安全就很难有行为安全。从部门的职能性质来说,高校保卫部门是集管理、服务与教育三大职能于一体的部门,但是我们在日常工作中,往往重视管理和服务职能的发挥,忽视了教育职能的发挥。事实上,高校保卫部门通常在学生出现行为安全问题后才会介入处理,此时如果能抓住时机,在处理行为安全问题的同时对学生进行普法教育和人生观、价值观教育,再辅以必要的心理辅导,往往能对学生的心理安全产生事半功倍的效果。因此,高校保卫部门在学生的心理安全教育方面能够发挥学校学工、心理咨询等部门无法替代的作用,高校应将学校保卫部门置于高等教育大背景中定位,重新认识高校保卫部门的心理安全教育职能。高校保卫部门在日常工作中应提高心理安全教育意识,将心里安全教育工作视为高校保卫部门的重要工作之一。

提高心理安全教育意识和能力。目前,高校保卫部门在工作时遇到与学生相关的事件时,在案事件查明不需要对学生做出行政、刑事处罚后,往往是将学生移交给所在院系或者学校学工部门处理了事,而不能积极主动的参与后期对学生的教育工作,放弃了宝贵的教育机会;另一方面,少数高校保卫部门的工作人员在工作中不能认识落实工作要求,在处理案事件的规范性、合理性等方面有所欠缺,不但不能承担教育学生的工作职责,反而影响自己的教师形象,影响了教育职责的发挥。因此,高校保卫干部承担教育职能就必须具备担负这种职能的素质。保卫干部要掌握马列主义哲学基本理论,在工作上能够运用哲学的基本理论解决具体问题;要熟练掌握国家的法律法规,运用法律知识准确解决学生的问题,提高工作的规范性和合理性;要掌握一定的心理学、教育学知识,在工作中能够把握学生的心理动向,有针对性地开展教育工作;要具备广博的社会知识,以引导学生明辨是非,提高认知能力。只有具备以上素质,高校保卫干部才既能维护校园安全打击违法犯罪行为又能在育人职能上发挥应有的作用。

(二)大力加强校园安全文化建设

校园安全文化建设包括校园安全文化和社会安全文化两个方面。校园安全文化建设是高校为实现稳定、协调、有序的发展,应对各种威胁和突发事件所进行的物质文明建设和精神文明建设,是大学生心理安全的体现与物化形态。校园安全文化的基本内容包括安全精神文化、安全法制文化、安全物质文化以及安全行为文化等诸多方面,通常结合高校的日常工作和各种学生活动,通过生动活泼、形式多样的活动所进行的精神灌输、思想教育、心理疏导和科学知识的普及活动。社会安全文化建设的基本内容与校园安全文化建设相同,但是建设的重点在于针对"成长环境缺失"、"社会环境缺失"等社会因素造成大学生心理安全威胁的情况,社会从创造友爱、诚信、感恩、法治的社会环境、氛围入手,保障大学生的心理安全教育工作;家庭作为社会的基本单元,应在从小对子女的家庭教育中培养子女理性、感恩、务实的健康心态,为大学生的心理安全教育工作打下良好的基础。

(三)创新心理安全管理工作方法

建立学生心理安全档案。高校保卫部门对在日常工作中发现的可能存在心理问题的学生应及时与学校心理咨询部门沟通,经专业心理咨询人员确认后应及时建立学生心理安全档案,掌握学生的

心理状况,为心理安全教育工作奠定良好的基础。同时,建立学生心理安全档案能够帮助工作人员在遇到学生因心理问题产生的案事件时,及时、有效地找到解决问题的突破口,并在解决问题时开展对学生的心理安全教育工作。在档案建立后,要实行专人管理,做好保密工作,防止学生个人信息、工作信息的泄露。

加强与心理咨询部门的沟通。目前,国内各高校基本都建立了校园心理咨询中心,针对大学生的心理问题开展心理咨询和心理干预活动,取得了较好的效果。这些心理咨询中心一般属于团委、学工等部门,和高校保卫部门并无直接的工作联系。保卫部门和心理咨询部门缺乏正式的沟通渠道带来诸多不便,一方面,高校保卫部门在日常工作中往往需要及时掌握学生的心理状况,以便有针对性的开展工作,但是由于缺乏正式的沟通渠道,往往只能在事后通过所在院系得知学生存在心理问题,影响了教育效果;另一方面,高校保卫部门在日常工作中也会发现一些心理状态有问题,需要及时进行心理干预的学生,但是由于缺乏正式的沟通渠道,无法及时将情况向心理咨询部门进行通报,延误了干预的时机。因此,有必要建立高校保卫部门和心理咨询部门的正式沟通渠道,一方面高校保卫部门要请心理咨询部门教师对保卫工作人员进行心理知识的培训,使保卫干部掌握大学生常见的心理疾病,以有针对性开展工作;另一方面,高校保卫部门在发现心理有问题的学生后应及时向心理咨询部门进行通报,心理咨询部门应及时提供信息支持并及时通报学生后续治疗情况,必要时由心理咨询部门在保卫部门处理时提前介入,参与案事件的处理工作。

(四)创新心理安全教育工作模式

提供多种形式的实践锻炼机会。目前,各大学都推出了助教、学生助理等学生工作岗位,给在校大学生实践锻炼的机会。高校保卫部门的工作岗位与上述岗位相比,多为一线实践工作,很多工作需要面对不特定群体,需要工作人员具备较强的团队合作精神、人际沟通和交往能力。而现在的大学生由于大多数为独生子女,团队合作意识和人际沟通能力和交往能力有待提高。因此,笔者认为,让学生参与校园综合治理工作是开展心理安全教育的有效途径。据此,笔者认为,高校保卫部门中除了涉秘岗位外,其他如消防、治安、交通、秩序管理等工作都可吸收学生参与其中,一方面能够使他们得到充分的实践锻炼,提高学生的团队合作精神和人际沟通能力;另一方面也能让学生参与学校管理工作,实现管理者与被管理者的互动,增强学生的主人翁意识,培养他们以务实、理性、辩证的态度解决实际问题的能力。

充分利用微博、校园BBS等网络媒介,提供心理安全咨询服务。目前,国内各高校中鲜有保卫部门主动向学生推出心理安全咨询服务,这其中既有客观条件的限制,也有主观认识的不足。笔者个人认为,高校保卫部门提供心理安全咨询服务十分有必要。这种心理安全咨询服务不同于心理咨询部门专业的心理咨询服务,这是一种综合性、侧重"安全"的咨询,是集教育、宣传、服务和沟通为一体的平台。通过这个平台可以解答大学生心理困惑,掌握大学生思想动态,帮助他们理性看待问题,又可以宣传法律、安全知识,增强大学生的法治观念,还可以实现学生与管理部门的良性沟通,指导他们以沟通的方式解决生活中遇到的问题。

参考文献:

1.张彦主编.高校学生管理危机研究[M].北京大学出版社,2008

2.张进辅.青年心理概论[M].高等教育出版社,2004

3.赵鸣九.大学心理学[M].人民教育出版社,2003
4.钱铭怡主编.变态心理学[M].北京大学出版社,2006
5.欧立寿,赵可.论国家心理安全及其维护[J].求索,2002(6)
6.张晓.加强大学生心理安全教育与管理的有效途径——基于山西省大学生心理安全现状的调查[J].教育理论与实践,2011(12)
7.陈健.研究生心理安全问题浅析[J].安阳工学院学报,2009(4)
8.韩红根.论大学生安全的构成与保护[J].扬州大学学报(高教研究版),2004(2)

作者简介:
徐思钢　北京大学保卫部职员,手机:18911580299
通讯地址:北京市海淀区颐和园路5号,邮编:100871

风险社会背景下加强大学生安全教育的思考

程诗敏　首都师范大学

内容摘要：伴随着现代化进程和全球化发展，人类悄然进入"风险社会"。风险社会背景下的大学生安全教育工作，面临更为复杂的局面和严峻的挑战，必须充分认识大学生安全教育工作在新形势下维护校园安全稳定、促进学校全面发展中的重要意义。要做好大学生安全教育工作，需要做到"部门齐抓共管，构建教育体系，丰富教育形式，落实教育责任"，只有这样，大学生安全教育才能真正取得实效。

关键词：风险社会　大学生　安全教育

现代化进程使科学教育、标准化技术和法理化的政治制度基本确立。与此同时，人类生存的空间和模式在"现代性"的洗礼中也被充分制度化了。制度化在带来人类发展进步的同时，也带来了制度自身的风险。制度化自身的风险是制度自身难以克服和解决的，从而成为每个社会个体和组织必须面对的问题。无处不在的社会风险，给新形势下的大学生安全教育工作提出新的挑战。对高校而言，采取积极措施加强大学生安全教育工作，不仅是在风险社会大背景下应对风险的客观要求，同时也是全面提高大学生安全素质、贯彻落实素质教育的重要内容。

一、"世界风险社会"的到来

1986年，德国慕尼黑大学社会学家乌尔里希·贝克教授首次在其《风险社会》一书中使用"风险社会"这一概念。贝克用"风险社会"来描述当今西方高度发达的现代社会，反思、批评现代性出现以来风险因素日益突出的社会现象。1999年贝克又出版了另一本论著《世界风险社会》，再次使公众话语和社会科学面对生态危机的挑战，由于这些生态危机不再局限于一定的规模内，而是全球性的，既不受地理上因素的约束，也不受时间或社会的限制，因而全球市场的风险呈现出"有组织的不负责任"的表现形式，至此，"世界风险社会"已然到来。

贝克指出，"风险"本身并不是"危险"或"灾难"，而是一种危险和灾难的可能性。当人类试图去控制自然和由此产生的种种难以预料的后果时，人类就面临着越来越多的风险。风险在人类社会中一直存在，但它在现代社会中的表现与过去已经有本质的不同。现代风险的表现形式多种多样，如环境和自然风险、经济风险、社会风险、政治风险等等，它几乎影响到人类社会生活的各个方面。

就中国而言，风险社会已成为我们时代的必然境遇和根本问题。由于当代中国社会正经历着深刻的结构转型、体制变革与社会心理变迁，与此相关各种风险现象也凸显为主要问题。从某种意义上讲,中国不仅处于"风险社会",甚至可以说是"高风险社会"。对于这一点,贝克的分析异常精辟:"当代中国社会因巨大的变迁正步入风险社会,甚至将可能进入高风险社会。从西方社会发展的趋势来看,目前中国可能正处在泛城市化阶段,表现在城市容纳问题、不均衡发展和社会阶层分裂,以及城乡对比度的持续增高,所有这些都集中表现在安全风险问题上。"

二、风险社会背景下加强大学生安全教育的必要性

伴随着风险社会的到来,高校这个历来被认为是人类社会"象牙塔"的地方日益消解它在人们心目中的传统观念。无处不在的社会风险,使得新形势下国际国内影响高校大学生安全的不稳定因素剧增:国际上传统安全问题与非传统安全问题的交织越来越深化,相互抬升共振效应越来越突出,同时西方意识形态的渗透和颠覆活动形式日趋多变,高校大学生面临的国际政治环境越来越复杂;开放办学使高校社会化程度不断提高,特别是高校后勤社会化改革的深入发展客观上使高校与社会的联结更加紧密,社会因素影响高校大学生思想动态和言行的情况不断增多;校园内外治安环境日趋复杂,大学生整体安全意识不强,各类涉及学生生命、财产安全的违法犯罪活动日益增加;高校网络安全和大学生网络道德教育问题、大学生心理健康问题、大学生就业安全问题等日益引起社会多方的广泛关注。复杂的社会形势和严峻的社会现实不仅凸显了当前大学生安全意识和防范技能的缺失和匮乏,同时彰显了新形势下加强大学生安全教育的必要性。

然而当前大学生的整体安全素质现状是令人担忧的:独生子女的成长和安逸舒适的生活环境,使得不少大学生在进入大学后生活自理能力较差、人际关系处理不好、安全防范意识淡薄、心理素质脆弱。因此,在风险社会大背景下,加强大学生安全教育,从社会角度来讲,是维护社会稳定和建设社会主义和谐社会的现实需要;从高校角度来讲,加强大学生安全教育是提高大学生综合素质特别是安全素质,促进大学生全面自由发展的基础和保障;从大学生自身角度来讲,加强大学生安全教育是提升大学生安全意识,最大可能地预防和减少各类安全事故的发生,成功实现大学生社会化的关键因素。简而言之,新形势下加强大学生安全教育,既是对大学生个体提高应对社会风险能力的必然要求,也是全面提高大学生安全素质、贯彻落实素质教育的客观需要。

三、风险社会背景下加强大学生安全教育的路径建构

风险社会背景下的大学生安全教育工作,表现出更为复杂的现实局面和更高的挑战性。新形势下做好大学生安全教育工作,必须做到"部门齐抓共管,构建教育体系,丰富教育形式,落实教育责任"。唯有如此,大学生安全教育工作才能真正落到实处,取得实效。

(一)树立风险意识,部门齐抓共管

风险意识是风险社会背景下任何组织或个人必备的一种意识,是应对风险的思想源头和基础,只有意识上对风险有足够的重视,才可能采取进一步的应对措施去规避风险。就高校而言,"稳定压倒一切",安全是一个集体、一个组织乃至一个国家稳定的基础,稳定是发展的保证,离开了安全稳定,其他一切都将是空中楼阁,无从谈起。高校重视安全稳定工作,必须充分认识安全教育工作的重要性。而开展大学生安全教育工作,必须牢固树立"生于忧患、死于安乐"的风险和危机意识,同时要深入贯彻落实"预防为主,防治结合"的工作原则。实践表明,"教育先行",重视安全教育,并将安全教育工作制度化、长效化,客观上对维护学校安全稳定,保障学校正常教学、科研及生活秩序,确保大学生

人身和财产安全,构建"平安和谐校园"发挥着不可替代的作用。

而做好大学生安全教育工作,依靠单纯个人、单个部门的力量是远远不够的,必须在学校党委的统一领导下,由职能部门积极牵头,各个相关部门积极配合,各司其职,各负其责,努力形成党委总揽全局、统一协调,各部门具体负责、层层落实,全校师生员工共同参与的工作格局。唯有如此,安全教育工作才能有序开展,工作实效才能得到真正彰显。

(二)狠抓系统工程,构建教育体系

大学生安全教育是一项长期而复杂的系统性工程。加强大学生安全教育,就是要从大学新生入学开始,直至大学生毕业前夕,自始至终,一以贯之,把安全教育工作作为一项日常性工作常抓不懈。

新生入学安全教育。大学新生入学之初,生活环境的变化、人际关系的变化、管理模式的变化都会给同学们的学习生活带来新的压力和挑战。而大学新生涉世不深,安全意识薄弱、缺乏必要的安全知识又常会给一些不法分子带来可乘之机。因此必须加强新生入学安全教育工作力度,在实践中逐步完善新生入学安全教育的形式和内容,努力使工作做实抓好,取得实效。

大学生日常安全教育。安全教育不是一劳永逸的,而是一项长期的日常性工作。深入开展大学生日常安全教育,就是要充分利用校园网络、校园广播、校园电视和宣传橱窗等宣传阵地,以开展消防演习、举办各类安全专题讲座、组织学生社团活动、发放安全知识手册、播放安全教育光盘等多种形式,将各类安全知识纳入日常安全教育,建立安全教育长效机制。

毕业生就业安全教育。作为一个系统工程,大学生就业安全教育包括心理健康教育、就业知识教育、安全防范教育等,这就需要高校各院系、学工部门、就业指导中心等部门群策群力,齐抓共管,保卫部门要配合学校相关部门加强就业安全教育,规范校内就业招聘会管理,积极为大学生安全就业营造一个健康有序的良好环境。

(三)丰富教育形式,提高工作实效

安全教育作为教育的基本内容之一,遵循教育的一般规律,但是安全教学又有着明显的自身特点,不同于其他的课程教学。安全教育如突发事件应急处置、疏散逃生、防范自然灾害等都需要老师或专业人员的指导、演习等。而安全意识的提高则需要不间断的、不同形式、不同途径的安全宣传和安全提示。因此,安全教育的教育形式,除课堂授课之外,更应该注重实践演练和安全宣传、安全提示等工作。

课堂授课,除了大学生安全教育课,还应该增加不同形式的安全知识讲座、培训等。授课内容应该与学校的思想政治教育、道德教育、民主法制教育、校纪校规教育等相结合,但安全教育也应做到与时俱进,科学发展,在加强传统的治安、消防、交通、国家安全等教育内容之外,要把新形势下的网络安全、心理健康、求职安全、防自然灾害等知识纳入授课内容。

实践演练是提高大学生安全素质和防范技能的必要环节。通过灭火演练、逃生演练、模拟急救、应急抢险等突发性事件的应急预案演练,使大学生在模拟实践中深化感性认识,提高防范意识,掌握防范技能。

安全宣传和安全提示是营造良好校园安全文化氛围、提高大学生安全意识的重要途径。实际工作中,要通过学校内部刊物、广播电视、校园网络等各种媒体以及专项宣传等内容丰富、形式多样的校园文化活动,有目的、有计划、有组织、经常进行安全宣传教育,寓教于乐、寓教于日常生活中。同时,手机短信平台作为一个便捷高效的宣传手段,越来越受到人们的支持和青睐。日常工作中可根据实际,及时通过短信平台向大学生传达工作信息和警情提示,对有效打击犯罪,防范上当受骗和财物损失,具有较好的工作效果。

(四)健全规章制度,落实教育责任

科学的管理离不开严密的制度保障。安全教育作为安全管理的重要手段,同样离不开健全的规章制度。一方面,规章制度是规范学校安全教育的依据和基础,另一方面,规章制度也是安全教育的重要内容,大学生只有充分了解和掌握规章制度,言行意识才有了规范和标准。

就安全教育本身而言,同样也涉及制度建设问题。首先,安全教育制度化是安全教育自身发展的客观要求。只有将安全教育以制度化的形式固定下来,安全教育工作才有章可循,有据可依,安全教育才能真正落到实处;其次,安全教育制度化是建立安全教育长效工作机制的保障。安全教育是一项长期而复杂的系统性工程,需要在工作实践中月月讲,天天讲,甚至时时讲都不为过,从防范宣传和提高安全意识的角度来看,安全教育必须建立长效机制常抓不懈;最后,安全教育制度化也是落实安全责任、提高工作实效的需要。在规章制度里明确安全教育的责任主体和责任追究办法,在实践中以签订安全责任书等形式,把教育责任层层分解并纳入年度考核范畴,客观上有助于安全教育的深入贯彻和真正落实,从而使安全教育的实效性明显提高。

综上所述,风险社会背景下的大学生安全教育工作在高校安全管理工作中有着举足轻重的作用。加强大学生安全教育工作,既是保障高校稳定与发展的必要手段,也是提高大学生综合素质必不可少的途径。同时从根本上讲,大学生安全教育工作不仅仅是一个理论问题,更多的是一个实践问题。在风险社会大背景下,影响高校安全稳定工作的因素日益增多、高校面临的工作形势日趋复杂,因此,必须进一步加强大学生安全教育工作,最大可能地减少和降低校园安全事故的发生,努力创建"平安校园",为大学生健康成长成才创造环境,为高校教学、科研等各项工作的顺利开展奠定基础。

参考文献:

[1][德]乌尔里希·贝克著,何博闻译.风险社会[M].南京:译林出版社,2003

[2][德]乌尔里希·贝克著,吴英姿,孙淑敏译.世界风险社会[M].南京:南京大学出版社,2004

[3]程诗敏.做好高校安全教育工作的几点思考.高教研究,2010(4)

[4]蒋娜红.高校安全教育现状调查和对策研究.广西教育学院学报,2010(3)

作者简介:

程诗敏　首都师范大学保卫处副处长,手机:13717690415

通讯地址:北京市海淀区西三环北路105号保卫处,邮编:100048

构建大学生安全教育指标体系

郭玉成　华北科技学院

摘　要：安全稳定是高校学生工作中的重中之重，是和谐校园建设的基石。本文对大学生安全教育现状进行了系统分析，对高校创建大学安全教育体系作了深入探讨，着重从一级指标体系，即安全教育领导体系，安全教育制度体系，安全教育内容体系，安全教育形式体系四个方面进行了说明，并列举了31个二级指标。两级指标体系对于规范大学生安全教育的系统性和长效性有很好借鉴意义，各高校应努力构建适合本校的大学生安全教育指标体系，以确保学校的稳定与学生的健康成才。

关键词：大学生　安全教育　指标体系

安全稳定是高校学生工作永恒的主题，也是大学生思想政治教育工作的重中之重。安全教育作为培养大学生安全意识提升生命价值的重要载体，对于保障校园的安全稳定和保障大学生的健康成长具有不可忽视的作用。有效开展大学生安全教育工作，维护稳定有序的校园环境，确保学生生命财产安全，已成为新形势下构建和谐平安校园的一项紧迫任务。

一、目前高校大学生安全教育开展的现状及其存在的问题

大学生安全教育是高校学生教育管理的重要组成部分。为了保障校园的安全稳定，各高校都在大学生安全教育工作方面进行了长期不懈的努力，探索出了适合本校实际的安全教育方法。但是由于缺乏系统性、连贯性等问题，水平与成效参差不齐，教育的效果也不尽相同。

（一）缺乏针对性，形式较单一

安全教育所采用的形式以传统的宣讲和说教为主，教材内容缺乏生动性、新颖性，形式呆板、单一，难以触动同学们的内心，无法引发其深度的感知与认同。

（二）体系不完整，缺乏长效性

多数高校现有的安全教育体系不够严谨与完整，仅限于新生入学时的"一次性"的安全宣讲，或者"短期性"的安全课堂，而缺乏延续性和长效性。缺位严重，并且缺乏将安全主题一以贯之的长效机制。经常是关注重点人群和重点时期，而对所有人群的经常性教育不够重视。

（三）重视法规教育，忽视成长成才教育

现有的安全教育仅着力突出"法制、校规"等教育内容，而对于与学生成长成才密切相关的心理健康教育、医疗保健教育等却存在不同类别、不同程度的缺位。这样一来既浪费教育资源，又减弱安

全教育的实效。

（四）形式大于实效,检查多于细化

现有的安全教育经常是说的多、做得少,应付检查的多,真正细化安全教育全过程的少,领导口号多,群众真正重视的少。安全教育经常是紧一阵、松一阵,或因领导个人的好恶决定精力和资金的投入。

以上这些安全教育存在的问题在各高校都有或多或少的体现,大学生安全教育和管理问题也的确不仅仅是高校一家的事,大学生不同于中小学生,是符合法定成年人的特殊学生群体,处于思想活跃又极力追求自由表达的年龄。大学生的安全教育和管理也有社会治安环境、家庭教育环境,以及社会价值观等影响。因此高校在制定大学生安全教育政策时要充分考虑社会法律、校园周边环境、以及家庭社会因素等方面的影响作用,针对大学生知识年龄特点,注重教育实效,而不流于形式。

二、高校大学生安全教育体系的思考

改革开放以来尤其是进入新的世纪以来,高校逐渐形成了交际社区和小社会,一方面大学校园在适应教书育人的同时,另一方面也在进行校园社会化的改革,我们看到越来越便捷的社会公共服务体系进入了校园。师资的社会化和人才培养模式的开放等办学理念的改变,这一切都让大学生与社会更紧密的联系。大学生在完成学业的同时其社交活动的频度、广度和内容也在不断增加,而这在扩充了大学生的视野的同时,也给大学生带来了不安全因素,即社交安全问题。除此之外,跟大学生自身的利益紧密相连的是财产安全问题、心理疾病问题等,对学校和受害人都带来了严重的危害。

教育部《普通高等学校学生安全教育及管理暂行规定》中明确规定:高等学校应将对学生进行安全教育作为一项经常性工作,列入学校工作的重要议事日程,加强领导。学校各部门和有关群众团体或组织要相互配合,积极开展安全教育,普及安全知识,增强学生的安全意识和法制观念,提高防范能力。学生安全教育应根据不同专业及青年学生的特点,从学生入学到毕业,在各种教学活动和日常生活中,特别是节假日前适时进行,并善于利用发生的安全事故教育学生,防患于未然。学校应根据环境、季节及有关规律进行防盗、防火、防特、防病、防事故等方面的教育,并使之经常化、制度化。高等学校对学生进行安全教育须注重心理疏导,加强思想政治工作,教育学生注意保持健康的心理状态,帮助学生克服因各种原因造成的心理障碍,把事故消除在萌芽状态。

各个学校大学生安全教育既有共性的问题,也有个性问题,因每所学校历史原因、地域不同、学生生源等区别等原因,在构建本校大学生安全教育体系中要以教育部和公安部有关法律法规为依据,充分借鉴各安全教育先进院校经验,并结合本校实际,创造性开展长效性、规范性的大学生安全教育体系,以适应本校及本地区的发展。

三、大学生安全教育指标体系构建

虽然各高校间存在各不相同的环境和特点,但有些共性的大学生安全教育指标是基本相同的,我们在总结各院校安全教育基础上,制定了比较共性的大学生安全教育指标体系,分为二级指标,各学校可根据自己实际适当取舍二组长指标,也可以将二级指标再细化为三级或四级指标,大学生安全教育是全校师生的共同责任和义务,要形成上下齐心共管的"立体安全教育体系",这才是安全教育的根本目标,同时也是一个学校安全发展的前提保证。

下面仅列一级安全教育指标体系作进行说明。

(一)安全教育领导体系

完善安全领导组织机制。做好高校安全教育工作,关键在领导。高校各级党政一把手是校园安全构建的第一责任人,必须亲自抓,负总责。要建立、健全由党委牵头,相关职能部门组成的组织领导机构,形成党委领导、部门负责、齐抓共管的工作机制。领导的重视和示范是搞好大学生安全教育管理的关键,强化领导的安全意识,将安全工作放在高校各项工作的首位,增强做好高校安全工作的责任感和紧迫感,针对校园安全管理工作的长期性特点,在落实责任过程中,要明确安全管理的主要责任部门和责任人,同时还要明确协管部门与协管责任人,使管理组织与责任体系构成网络。学校在配备组织机构过程中,应将各部门的职责中加入安全管理责任内容,以使安全管理工作时时有人管、处处有人抓。学校要成立校园安委会(或安全教育管理工作领导小组),并且定期、不定期对校园安全情况进行检查,及时发现问题、解决问题。

(二)安全教育制度体系

"没有规矩,不成方圆",制度建设有着根本性、全局性、稳定性和长期性的规范作用。因此,要制定和不断完善高校安全教育的各项管理规定,用制度来规范和调节各种关系,使一切工作都有章可依、有矩可循。健全的安全工作制度对学校安全教育有着很大的促进作用。各高校要根据治安管理部门、消防部门和国家安全部门等的要求以及本校的实际情况,制定和实行严格而详细的各项安全管理制度。

(三)安全教育内容体系

安全教育内容是要针对大学生安全隐患和成才观、世界观确立,并融入大学生思想教育心理教育等众多内容的综合教育体系。要针对不同人群、不同专业、不同时期、不同特征进行分门别类的系统教育,以达到较好的教育效果,最忌不切实际和大讲堂式的一刀切教育模式,这极不适合大学生群体的年龄特性,常常会适得其反。内容要灵活丰富多样,喜闻乐见,其中以较完备的案例警示教育效果最好,以达到潜移默化、润物无声的境界。

(4)安全教育形式体系

学校各职能部门和老师要对照岗位安全职责,卓有成效地开展安全教育活动,充分发挥校园主流媒介作用,并使安全教育真正进入课堂和宿舍,真正形成全天候立体的安全教育网络。同时,安全教育形式还要灵活多样、要符合大学生认知习惯,并与之产生共鸣,要体现大学生自我安全教育的主体作用,充分尊重他们的主人翁创造,以达到大学生自我服务、自我教育、自我管理的"三自教育管理模式"。

大学生安全教育指标体系

编号	一级指标	编号	二级指标	负责部门
1	安全教育领导体系	1.1	安全教育管理组织机构	校安委会
2	安全教育制度体系	1.2	安全责任及分工	校安委会
		1.3	责任追究及奖罚制度	校安委会
		2.1	定期监督检查制度	保卫处
		2.2	突发事件应急反应制度	校办
		2.3	治安管理制度	保卫处
		2.4	消防管理制度	保卫处

续表

编号	一级指标	编号	二级指标	负责部门
2	安全教育制度体系	2.5	交通安全教育制度	保卫处
		2.6	学生管理制度	学工处
		2.7	食品安全管理制度	后勤
		2.8	公寓安全管理制度	后勤（院系）
		2.9	医疗卫生安全管理制度	校医院
		2.10	实验及实习安全管理制度	教务处
		2.11	大型活动安全管理制度	保卫处
		2.12	安全保卫管理制度	保卫处
3	安全教育内容体系	3.1	法律校规教育	
		3.2	安全防范教育	
		3.3	安全自救互救教育	
		3.4	案例警示教育	
		3.5	心理健康教育	
		3.6	核心价值观教育	
		3.7	新生入学安全教育	
		3.8	毕业生离校安全教育	
4	安全教育形式体系	4.1	安全教育进课堂	
		4.2	安全教育进宿舍	
		4.3	大学生自我安全教育	
		4.4	专家或专题讲座	
		4.5	网络化安全宣传教育	
		4.6	校园安全文化建设	
		4.7	人性化心理干预教育	
		4.8	主流媒介教育	

建设平安校园，关系到每个师生员工的切身利益，需要广大师生的全员参与，需要各个部门的广泛参与和密切配合。因此，要建立一套较为完善的责任落实考核制度和奖惩机制，将安全责任进行分解，层层签订安全工作责任书，层层明确目标责任，一级抓一级，把工作落实到岗，把任务落实到人，以形成横向到边、纵向到底的安全工作责任体系。高校管理人员要增强服务意识，以师生满意为落脚点，积极化解校园内部矛盾，这是构建和谐校园的内在要求，也是构建安全教育体系的一项重要内容。高校还应与当地相关部门合作，大力加强安全防范工作，消除校园周边的安全隐患。

构建高校大学生安全教育体系，对于全面落实党的教育方针，把社会主义核心价值体系贯穿于国民教育全过程，深入实施素质教育具有不可替代的基础作用；大学生安全教育与管理要走制度化、规范化道路，以保障有章可循，并将大学生安全教育贯穿于思想政治教育中，以维护校园安全、国家安全及社会稳定。我们需要进一步解放思想、坚持与时俱进，加强改革创新，拓宽工作思路，适时研究解决可能影响校园安全稳定的新情况和新问题。努力营造平安、和谐的校园环境，为学校教学科研工作创造安全稳定的环境基础。

参考文献：

1.周永康.加强和改进社会管理,促进社会稳定和谐.人民日报,2006.10.25(2)

2.周文斌.高校大学生安全教育体系构建研究.中国公共安全·学术版,2010(2)

3.何磊磊.大学生安全警示教育实效性的提升.教育教学论坛,2013(3)

作者简介：

郭玉成　华北科技学院

浅析大学生安全教育管理

高晓峰 包头职业技术学院

摘　要：安全教育是大学生思想政治教育的一个重要内容,深入细致地做好这项工作,让学生有针对性地学习必要的安全知识和法律法规,增强安全防范意识,提高自我保护能力,预防和减少违法犯罪,对高校实现又好又快的建设和发展起着至关重要的作用。本文从大学生安全教育管理的意义、现状、问题产生的原因以及解决问题的对策等方面进行了分析思考。

关键词：大学生　安全教育　意义　现状　对策

随着我国高等教育事业的快速发展,高等教育正逐步由精英教育转向大众教育。在校学生人数的急剧增加、学校校区的快速扩大、学校与社会的逐步一体化,这些都对大学校园和大学生的安全带来了更大挑战,导致近年来学生被骗、被抢的案例,学生的伤害、伤亡事故,学校的"安全事件"逐年增加,严重影响了学生的正常学习生活和高校的稳定发展,我们迫切需要重新审视和高度重视大学生安全教育问题。

一、加强大学生安全教育管理的意义

学生的安全教育问题是教育行政部门和高职院校管理者要考虑的首要问题。大学生的安全是其在校学习、生活、成长和全面发展的根本前提,是高职院校稳定和发展的基础。近年来我国高校中频繁发生的各类事故令人触目惊心,"80后"、"90后"大学生的安全问题心系千家万户,既关系到社会的和谐与稳定,也关系到国家的前途和未来。因此,加强对大学生的安全教育与管理,具有十分重要的意义。

二、加强大学生安全教育的必要性和重要性

近年来,随着我国高等教育事业的蓬勃发展,各高校办学规模不断扩大,在校生人数迅速增加,高校社会化现象也日趋明显。随之而来,一些危及大学生人身及财产安全的案件,诱发大学生实施违法犯罪行为的案件在高校大学生中也时有发生。因此,不断加强和改进大学生安全教育与管理,提高大学生的安全防范意识和自我保护能力,对于促进大学生身心健康成长,保障大学生人身和财产安全,确保高校和社会的和谐稳定具有深远的意义。

三、大学生安全教育的现状

目前大学生安全教育中普遍存在思想认识上忽视或不重视，管理制度和机制不健全，内容不明确等问题，高校对大学生的安全教育工作尚存缺失，大学生的安全状况、安全意识和安全技能等现状不容乐观。影响当前安全教育管理主要表现在以下几个方面：

（一）重视不够

稳定是政治、是大局，稳定压倒一切。高校稳定工作是党委的工作，也是行政的工作，是学校党政干部、教职员工的共同责任。教育部在《普通高等学校学生安全教育及管理暂行规定》中明文要求："高等学校应将对学生进行安全教育作为一项经常性工作，列入学校工作的重要议事日程，加强领导。学校各部门和群众组织要相互配合，积极开展安全教育、普及安全知识工作，提高学生的安全意识和法制观念，增强防范能力。"但现实中，由于学校管理系统的分化，真正落实大学生安全教育与管理工作的只有高校保卫干部和大学生辅导员。部分高校领导片面强调学术科研，轻视政治引导，对大学生安全教育工作不重视、不关心。应该安排的课时没有安排，应该解决的教研设备没有落实，甚至必要的师资培训也以种种理由推辞。加之教师、管理、后勤三支队伍的安全教育意识差别较大，全校教职员工的全员育人意识不强，导致大学生安全教育工作"说起来重要，做起来次要，忙起来不要"。

（二）安全教育队伍待加强

高校保卫干部和大学生辅导员是安全教育教师队伍的主体，直接面对广大青年学生，在学生的安全教育与管理方面付出了很多心血，做了大量工作。但部分高校却在一定程度上忽视了这支安全教育队伍的建设。一些学校保卫干部和大学生辅导员人员配置比例偏低，而又受制于人事指标的限制不能够随学生人数的递增而增加，导致超负荷运转，忙于"灭火"。一些学校缺乏安全教育的资金投入，很少对安全教育教师队伍进行业务培训，更加缺乏对相关人员的实践锻炼，使得大学生安全教育质量得不到保障，加之安全教育与管理工作常常不被领导重视，造成了安全教育教师队伍工作积极性不高，人心不稳，责任心不强，很多有较强业务素质的人才不断流失。

（三）安全教育教学课程缺位

高等学校安全教育课程是帮助大学生提高安全防范意识、知识和能力的重要途径，也是高等院校思想政治教育的一项重要内容。《普通高等学校学生安全教育及管理暂行规定》中规定："学生安全教育应根据专业教育及青年学生的特点，从学生入学到毕业，在各种教学活动和日常生活、节假日中适时进行。"然而，现实中，一些高校没有开设安全教育课程，一些高校开设了安全教育课却并不重视，在课程设置和教学模式等方面存在诸多问题，导致高校安全教育教学课没有取得应有的效果。

（四）大学生掌握安全技能的途径狭窄

安全教育是教育的基本内容，自然遵循教育的一般规律，但是安全教学又不同于其他的课程教学。其他的课程教学，学生可通过自身练习达到掌握知识的目的，但安全教育如安全防患技能、防身术、遇火灾逃生等都需要教师或专业人员的现场指导、演习等，所以，安全教育过程中教师的主导作用至关重要。调查结果显示：学生所接受的安全教育内容中，只有23%是通过教师传授的，其余则多是学生通过报刊、电视、网络等手段自己学习。

（五）高校安全教育实效性不强

大学生安全教育既是知识的传授、技能的培养，更是态度、观念的转变，是集理论、实务和经验为一体的综合教育。实际操作中技能的获得比知识的掌握显得更加重要,因此,大学生安全教育关键在于实践的教育环节,通过实践实质的提升大学生安全意识和技能。然而,实际情况是,高校保卫干部和大学生辅导员更注重通过多种途径灌输安全教育的重要意义和理论知识,对于学生的实践操作能力、动手能力,知识与实践的联系及转换讲得少之又少,没有锻炼没有练兵,安全教育就像纸上谈兵,导致新时期高校学生安全教育工作普遍存在知行相背离的现象,极大地削弱了工作的实效性。

四、加强大学生安全教育的对策

(一)思想重视,齐抓共管

对大学生进行安全教育,必须依靠学生管理部门、保卫部门、学校党、团组织等各个部门,形成齐抓共管的局面。在开展日常的宣传教育的同时,加强管理,从管理上加强学生安全防范工作。要建立、健全校园安全管理领导小组,完善安全教育运行机制,进一步明确分工,落实责任制。安全教育工作由各校党办、学生处、保卫部门负责,团委、教务处、公寓管理部门、网络及心理咨询中心等相关部门要相互配合,明确职责,加强协作,层层落实。班主任、辅导员、专兼职老师、行政管理、后勤服务等人员都应参与安全教育工作,形成全校齐抓共管的安全教育氛围。

(二)加强安全教育队伍建设

高校保卫干部和大学生辅导员是安全教育教师队伍的主体。在此基础上要建设一支相对稳定、专兼结合、高素质、专业化、职业化的安全教育教师队伍,保证大学生安全教育质量。要加强安全教育干部和教师的培养和培训工作,鼓励开展教学和科学研究,鼓励团队教学;聘请各方面专家加入到教学队伍中来,创造性地开展各种形式的教学活动,促进学术水平和教学效果不断提高。要高度重视新形势下高校安全教育与管理工作面临的新挑战,正视高校社会化带来的种种影响,不断补充人员,提升能力和素质,研究工作方法,有效应对新的局面。面对互联网的挑战,安全教育教师队伍特别是大学生辅导员应主动应对,加强网络安全教育,普及网络安全知识,提高学生对网络信息的甄别能力和网上行为的自律能力。同时,建立学生心理咨询机构,配备专兼职心理辅导教师,积极开展心理健康教育指导和心理咨询工作。

(三)将安全教育纳入教学管理和教学计划之中

安全教育进课堂是大学生提升自我素质的需要,也是社会发展的要求。大学生安全教育工作要以课堂教学为主体,以全面普及安全常识为目标,遵循针对性、阶段性的原则开设安全教育课程。应当将大学生安全教育课列入新生入学教育和每学期大学生第二课堂主题教育活动,重点放在低年级实施,并贯穿从入学到毕业的整个培养过程。各高校要结合实际,将大学生安全教育纳入教育教学体系,制定具体的教学计划,合理安排教学时间,在条件成熟的时候,逐步把大学生安全教育课列入基础必修课,并落实相应学分。

(四)创新安全教育管理的形式,真正讲究实效

在安全教育过程中,一方面应当使学生认识到安全教育的重要性,另一方面也要强调实践教育环节。应该积极的引导学生开展问题分析、安全演练、社会实践与调查、小组讨论等活动,提高对自我、校园和社会安全环境的认识,为安全发展打下扎实的基础。要充分利用校园网、广播、院校报刊、宣传栏、黑板报等宣传阵地,结合举办专题讲座、主题班会、知识竞赛活动等多种形式开展安全教育。在有关安全的特殊日子开展安全教育活动,如"6·26"世界禁毒日、"11·9"消防日、"12.4"法制宣传日等节

日作为教育契机，利用这些节日及典型安全事件等形式邀请相关行业专家进行安全教育系列讲座；举办安全知识竞赛；进行消防实战演练、普及社会公德，举办心理健康讲座，观看专题录像等特色活动，增强大学生安全保护意识，内容更贴切、更真实。还可以通过校园广播、校园网络、橱窗等形式进行安全教育。

五、结语

古人云："师者，所以传道授业解惑也"。学校教育不仅仅传授书本知识，而更应以人为本，传授莘莘学子如何在社会上安身立命，如何保护自己。大学生的安全教育是一项长期性的系统工程，需要社会、学校、家庭的紧密配合和教育行政部门的高度重视，更需要学校各部门的通力合作、齐抓共管，提高对大学生安全事故的预见能力，把大学生安全教育工作做在前面，不断增强大学生安全意识，提高安全防范能力，为国家培养更多具有良好安全意识和能力的高素质合格人才，这样才能收到较好的效果，达到对大学生进行安全教育的目的。

参考文献：

[1]王文湛主编.全国高校安全工作指南.光明日报出版社,2005

[2]黄希庭主编.大学生心理健康与咨询.北京高等教育出版社,2000

[3]李峰.针对高职院校学生特点做好学生安全教育工作.教育与职业,2009(12)

[4]刘勇.如何做好高校安全教育.科技资讯,2008(6)

作者简介：

高晓峰　包头职业技术学院副科,手机:15124836786

通讯地址:内蒙古包头市青山区包头职业技术学院(建华路校区)保卫处,邮编:014030

从教育教学角度浅谈高校大学生安全教育

徐长江　北京第二外国语学院

摘　要：大学校园安全是学校管理工作的重点，安全教育工作是大学校园安全工作的重要组成部分。安全教育工作的好坏直接关系到师生的生命财产安全、关系到高校的稳定和谐。本文分析了目前我国高校安全教育的现状和存在的问题，并从教育教学角度提出了改进大学生安全教育的措施和对策。高校重视校园安全教育工作，应将高校安全教育纳入到学校教育教学计划，根据大学生自身特点和校园生活特点制定相应的教学方式和方法，采用丰富教学内容及手段，调动学生的积极主动性，注重安全教育实效，并着力构建学校安全教育的体系。

关键词：大学生　安全教育　现状　对策

安全是其他一切活动得以顺利开展的重要前提之一，大学校园安全是学校管理工作的重点之一。安全教育工作既是高校履行学校法定义务的要求，也是提高大学生综合素质、培养合格建设者和接班人、增强全校工作人员的救人和自救能力的必然要求。校园安全教育，是指高校安全保卫部门、学生部门、心理咨询部门等相关部门针对全体师生员工开展的，旨在提高全校师生员工安全意识，普及安全知识，提高安全防范技能和心理健康水平的多种形式的宣传教育活动。校园安全教育为建设平安校园、和谐社会提供坚实保障。

一、高校大学生安全教育的现状

（一）高校安全教育机构设置不规范，权责不明确

随着高校不断扩招，学生人数不断增加，校园安全问题的重要性日益凸显。要组织好、落实好校园安全教育，就要有相应的人员来承担教学任务和教学责任，健全的机构和较稳定的教师队伍缺一不可。然而，目前我国高校学生安全教育机构设置各异，大部分高校由保卫处承担，部分高校由校医院或学生心理健康教育中心承担，还有少部分高校由几家单位共同承担学生的安全教育工作。高校安全教育机构设置不规范，不仅造成了学生安全教育的混乱；权责不明确，在出现事故时也容易形成相互推脱责任的局面。

（二）高校重管理、轻预防，忽视学生安全教育工作

随着"以人为本，重视生命，重视安全"的思想理念深入人心，政府部门实行问责制，安全问题实行领导责任追究制。各级领导为了防止安全事故，对安全管理工作相当重视，以免出现事故承担责任。

目前高校的安全管理工作做得虽好,但是很多高校却忽视了学生的安全教育工作,从而影响了安全教育的质量。此外,高校的安全事故具有不可预测性,一旦发生了安全责任事故,才会引起高度重视。严格事故后的安全检查,加强对大学生进行安全教育和管理,其实这是一种治标不治本的做法。

预防是防止一切安全事故的最有效、最根本的工作。高校安全工作的预防容易疏忽,然而要防止安全事故的发生、杜绝安全隐患,就必须做好安全预防工作,否则其他的一些工作都是"亡羊补牢"。要杜绝大学生安全事故的出现,就应重视安全预防工作,除定期检查高校的安全状况外,把安全教育工作作为学校的一项常规工作来抓,加强大学生的安全教育和管理工作,切实提高大学生的安全防范意识、求生技能和能力,是防止出现安全事故、保证高校大学生安全的根本。

(三)高校安全教育滞后,系统性不强、实效性不高,无法保证安全教育质量

目前,一些高校对大学生安全教育的认识仍滞后于形势的发展,不能深刻地认识到加强大学生安全教育是培养高素质合格人才的关键,许多高校对在校学生的安全教育不重视或重视不够,领导机制不健全,在进行必要的安全教育时也没有统一的规划和计划,最终致使大学生安全教育流于形式,安全教育质量不高等现象发生。

此外,高校安全教育工作中存在的另一个问题就是安全教育没有形成系统化和多元化。教育内容不系统、效果不佳、不注重提高师生员工的实践能力、形式化较严重。这跟高校大力倡导加强安全教育、增强学生安全意识是极不相称的。目前大部分高校开展的安全知识教育形式较为单一,仅仅通过几个讲座、图片展览、报告会或者消防演习的形式来开展,只注重知识的传授,不注重能力和技能的提高,使得教育没有实效性,没有和实践结合起来,使得教育停留在理论和形式上,因此校园安全教育的效果不佳。

二、加强高校大学生安全教育的必要性

加强高校大学生的安全教育,对于维护校园公共安全、保证大学生的正常学习生活和健康成长具有重要意义。

目前,高校大学生总体安全意识较薄弱,缺乏必要安全防范意识及对社会敌对势力诱惑的抵御能力。当代大学生由于从小都是在父母和老师的呵护下长大,没有经受什么挫折,思想比较单纯,虽然有较多的文化知识,但缺少社会经验,对社会上的不良风气和一些坏人坏事不能作理性的认识。一些不法势力不择手段地渗透高校,利用一切机会对大学生进行欺骗性宣传和煽动,利用大学生年轻气盛,容易冲动的特点挑起事端。

通过加强高校大学生的系统性的安全教育,不断增强学生安全防范意识,培养学生掌握基本的安全知识和自我保护的技能,从而全面提高大学生的综合素质,实现职业生涯中的安全与健康,对于学生个人受益终身。

此外,师生员工的安全事关大学校园的稳定,是营造良好的教育和生活环境的基础和保证。师生员工的安全知识和安全意识提高,不仅能够帮助学生自身在遇到危险时成功自救,同时也能够使学生对可能发生的危害有高度敏感性,自觉维护校园公共安全。

三、加强大学生安全教育的具体对策

(一)构建安全教育体系,健全安全教育体制

为使大学生安全教育工作真正落到实处,必须建立健全安全教育运行机制。要建立健全大学生安全教育的运行机制,首先应建立由主管安全工作的校领导担任主要领导,保卫处、教务处、学工处、校团委、各学院、公寓管理部门、网络及心理咨询中心等多家相关部门共同参与组成的安全教育领导机构,负责大学生的安全教育,确定大学生安全教育的内容,制定安全教育计划,组织进行授课,考评教学效果,形成齐抓共管的局面。

(二)制定完善的教学大纲和教学计划

大学生的安全教育工作应当纳入学校整个的教学计划,指定明确的教学大纲和教学计划,建立和完善保证大学生安全教育健康运行的一系列制度。在明确的教学大纲和教学计划的指导下,安全教育才能有章可循,才能保证安全教育的系统性和连续性,保证安全教育顺利和全面开展。此外,还应开展安全教学研究,将成型的科研成果推广开来,进而推动安全教育课的实施。对大学生进行安全教育关键在落实,要健全各项规章制度,使之规范化、制度化,把其作为一项重要工作长期抓下去。要明确责任,把安全教育纳入学生日常管理计划,统一教育内容,制订安全教育计划。国家教育部门应统一编制高校安全教育的教材,纳入教育教学计划,规定课时,以保证安全教育落到实处并制定教学大纲。

(三)丰富教学内容,增加教学形式

随着社会的不断发展,大学生学习、生活和成长的环境越来越复杂,带给大学生的各种不安全、不稳定的因素增多。像大学生面临的网络安全、传销、文化安全等不安全因素就是近几年来大学生面对的新的不安全因素。高校就应该加强这些新因素的研究,应提前预防,给大学生传授如何应对这些新问题的知识、措施、能力和技能,使大学生学会如何处理这些新问题,免遭这些新问题、新因素的侵害。高校各部门均树立培养学生安全意识人人有责的思想观念,找准切入点,积极开展内容丰富、形式多样的安全实践活动,充分融入安全知识教育的内容。例如,针对一些多发案件开展安全知识宣传、安全知识竞赛、传播安全知识网站、定时发送安全短信等。

(四)加强师资队伍建设,利用先进的教学手段和方法

影响大学生安全教育质量的主要因素有两方面:一是教师教学水平的高低,二是教学手段是否先进。教师的教育教学水平直接影响到安全教育的效果,甚至决定安全教育的质量。大力加强师资队伍建设,提升教师队伍的素质和能力,增加安全教育的资金,提高安全教育队伍的待遇,与其他的教师享有同等待遇,为他们解除后顾之忧,使他们能够安心从教,乐于从教,从而达到提高安全教育的效果。另一方面加大资金投入,更新教学设施,并使用先进的教学手段,为提高安全教育质量提供硬件保障;此外安全教育应该不断探索现代化的教学手段,使用高效、便捷的教学实施,如建立大学生安全教育网络平台,建立安全教育网站,传播安全教育知识,宣传国家的安全教育法律法规,通过网络等现代科技调动学习的积极主动性,加大宣传范围,教育大学生提高安全意识和防范安全事故。

参考文献:

[1]严峻岭,衣扬.高校学生安全员管理模式的构建与实施.中国高教保卫学会华北协作区第十二

届(2012)年会高校安全工作优秀论文选编

[2]韩标,黄学永.关于加强和改进大学生安全教育的思考.中国高教保卫学会华北协作区第十二届(2012)年会高校安全工作优秀论文选编

[3]李立平.提高大学生安全意识 加强大学生安全教育.中国高教保卫学会华北协作区第十二届(2012)年会高校安全工作优秀论文选编

[4]刘强.大学生安全教育的现状及对策.中国高教保卫学会华北协作区第十二届(2012)年会高校安全工作优秀论文选编

作者简介：

徐长江　北京第二外国语学院干部,手机:13311077332,电话:010-65778557

通讯地址:北京第二外国语学院保卫处,邮编:100024

浅谈大学生安全教育

高咏美　北京农学院

摘　要：安全是学校的一项重要工作，是学校正常教学秩序和师生日常生活的基本前提，是学生健康成长的重要保证。本文通过分析当前大学生安全教育的现状，进一步加深了对大学生安全教育意义的理解，并根据当前大学生安全教育的不足提出了一些建议，以更加切实有效地保障师生安全。

关键词：大学生　安全教育　现状

一、加强大学生安全教育的必要性

大学生的安全教育，是指依据国家有关法律、法规，学校的安全规章和纪律，安全知识和安全技能对学生进行教育，通过安全教育增强学生法制观念，安全防范意识和技能，以维护大学生生命财产安全，确保校园的安全和稳定。当前，校园的治安形势不容乐观，各类治安案件时有发生，给学生造成了一定损害，从案情看，有的虽然属于偶然性，但大部分案件的发生，与我们日常的管理和宣传教育有着密不可分的关系，特别是现在的学生，思想情绪波动大，心理素质低，应对复杂社会能力差，容易上当受骗，甚至走上违法犯罪的道路。因此，加强对大学生安全防范教育，对培养德、智、体全面发展的社会主义接班人具有现实意义。

（一）加强大学生安全教育，是维护国家安全和利益的需要

首先，从国家面临的安全环境来看，当前我国面临的环境复杂多变，安全形势不容乐观，主要表现为境外敌对势力和间谍情报机构为达到分化、西化中国的目的，一方面利用各种渠道，以公开或秘密的方式，传播西方的政治和经济模式、价值观念以及腐朽的生活方式，培养和平演变的"内应力量"。另一方面采取金钱收买、物质利诱、色情勾引、出国担保等手段，或打着学术交流、参观访问、洽谈业务等幌子，刺探、套取、收买国家和单位秘密。其次，大学生对国家安全也存在着种种模糊的认识。一是大学生对国家安全还停留在军事、战争、国防、领土、情报、间谍这样一些传统的、局部的认识上。当前，国家安全既包括国土安全、主权安全、政治安全、经济安全、国防安全、国民安全等传统内容，也包括文化安全、科技安全、金融安全、信息安全等方面的新内容。因此，全方位理解国家安全有助于端正大学生的思想认识，增强国家安全意识。二是讲国家安全，大学生会自然联想到美国的中央情报局、联邦调查局以及国家安全机关、军队、警察身上，这种把国家安全等同于情报间谍活动的片面认识，使大学生不能自觉地把维护国家安全与自身的责任联系起来，或多或少地、有意无意地认为

"国家安全与己无关"。三是随着我国经济发展、社会稳定、人民安居乐业,国际地位与日俱增,和平环境使大学生自觉不自觉地对国内外敌对势力的破坏活动放松了警惕,淡化了安全意识,认为"对外开放无密可保","和平期间无间谍"等等。由于思想麻痹,造成国家的一些机密被泄露,更有甚者,个别人经不起金钱、美色等种种诱惑,不惜丧失国格人格,出卖情报,给国家安全和利益造成重大损失,教训极为惨痛深刻。

总之,我国面临着复杂严峻的安全形势,而大学生的国家安全意识又相对薄弱,这就迫切需要对大学生进行安全教育,教授国家安全知识,使其树立新的国家安全观,既是必要的,也是紧迫的。

(二)加强大学生安全教育,是高校治安形势的需要

近几年来,在全国范围内开展了社会治安综合治理的"严打整治"和"平安创建"等各项活动,治安形势总体向良好方向发展。但目前我国仍处于由计划经济到市场经济的过渡期,是经济体制的转型期,各种复杂的社会问题、不安定因素、各种违法犯罪活动仍然存在,治安形势十分严峻。高校作为社会的一部分,社会上的各种矛盾、各种不安定因素必然会反映到高校来。近年来,从我们掌握和破获的案件看,高校内部治安和刑事案件正逐年上升,尤其是侵财案件已趋向团伙化、智能化方向发展,发案越来越频,案值越来越高。从盗窃的物品看已由以前的计算器、手表、饭菜票等发展到现在的手机、MP3、笔记本电脑。

校园周边治安环境复杂,各类经营、商铺、餐馆、网吧在校园周边遍地开花,社会小混混、不法之徒往往混迹其中,经常出入学校,伺机作案。各类抢劫,诈骗案时有发生,致使学生的生命财产受到了严重侵害。另一种情况是校园周边的不健康文化书社、淫秽书刊,赌博场所、黄色网站正潜移默化地影响着学生的身心健康,致使部分学生精神萎靡,厌恶学习,不求上进,甚至走上犯罪的道路。再就是高校的改革和发展与周边的社区居民的矛盾,周边居民因为土地征用、房屋拆迁、环境污染等问题而堵校门等事件时有发生。面对这些复杂的情况,如果缺乏防备心理,就会造成人员与财产的伤害和损失。因此预防和减少违法犯罪分子,除公安、保卫部门采取"严打"、"整治"和落实各项防范措施外,关键在于对大学生进行安全教育,通过各类宣传教育,使学生对社会及校园周边和高校内部的严峻治安形势有清醒的认识和理解,增强忧患意识和防范意识,掌握基本的安全防范技能,做好自身的防范工作。

(三)加强大学生安全教育,是提高学生自我防范、自我保护能力的需要

随着我国高等教育事业的发展,高校办学规模迅速壮大,多种形式的办学格局、多校区的管理模式、后勤社会化管理等,对高校保卫工作提出了更高要求,增加了管理难度。一是高校扩大招生以来,在校师生成倍增长,校园内商业网点增多。二是随着校园环境的进一步优化,到校参观、借道通行、锻炼身体的人员不断增多,加上外来务工、施工队伍不断涌入校区,使校园人员更加密集。三是外来人员素质差,常常与在校学生发生矛盾和纠纷、甚至出现打架斗殴,扰乱了学校正常的教学和生活秩序。四是近几年来,教职工生活待遇的提高,私家车逐日增加,使校园内本来就拥挤的道路交通显得更加拥挤,机驾人员在校区超速行驶,违章行驶,乱停乱放现象较多,严重影响着道路交通安全。五是由于扩大招生,学生的整体素质有所下降,学生中违章违纪现象逐年增加,打架斗殴、聚众斗殴、内盗案件经常发生。六是网络已是现代生活不可缺少的一部分,但网络又是一把双刃剑,一些大学生整天沉迷于网络世界不能自拔,经常逃课、旷课,学习成绩直线下降,有的甚至走上违法犯罪道路。目前,我国正处在一个前所未有的改革开放时期,乘虚而入的西方资产阶级腐朽思想和没落的生活方式,以及"一切向钱看"的极端个人主义、利己主义、享乐主义,对那些涉世不深、阅历不广、缺乏社会经验、良莠不分的青年大学生来说具有极大的诱惑力。有的学生经不起这种诱惑,自觉或不自觉地接受了这些腐朽观念,如有些大学生受拜金主义、享乐主义、极端个人主义思想的影响,经受不住来自社会金钱和好逸恶劳、贪图享乐的诱惑,从贪小便宜、小偷小摸而发展到大肆行窃,害人害己、危害社会,堕落成为社会的罪人;有些大学生在西方"性解放"及淫秽书刊、录像的影响下,奉行"青春不美,死了后悔"的人生哲学,在这种腐朽思想的支配下,很快便成为淫乱思想的俘虏。针对上述大学生安全意识和防范能力方面存在的问题和不足,因此,加强大学生安全教育,使广大学生提高警惕,掌握必要的安全知识,可以起到预防犯罪,减少发案的作用。因此加强对大学生安全知识和法律法规的教育和学习,既是时代的需要也是现实的需要。

总之,加强大学生安全教育,上好安全教育第一课,是学生完成四年学业,能够健康发展的重要环节。实践证明,适时的利用学生画廊、报刊、课堂、网络等媒体,开展多形式教育,对增强校园稳定有着长远而积极的作用。

二、大学生安全教育的现状

安全是一个大学生完成学业的保证,安全是一个学生思想进步、健康成长和立志成才的基本条件。安全不仅仅是指在生活方面的安全有保障,也是指思想上的,心理上的。学习安全知识不仅可以保证我们自身的安全,还可以用科学的理论武装自己的大脑,防止不良文化的影响,使自己生活在一个安全的思想世界中。在自己的人身和思想都是安全的情况下,就能使社会更加安全。从而使经济发展的不稳定因素减少。一个人也就可以为社会做出更多的贡献。然而,当前我国高校大学生安全教育现状还有待健全,表现在:

(一)安全教育单调

在为数不多的开设安全教育课程的学校中,我们进一步了解其安全教育内容的安排情况,从学生问卷统计中发现了一个共同点,那就是内容单调、涉及面狭窄,仅仅局限于消防安全、交通安全、人身安全等几个最基础的方面,而对于安全教育的其他内容如文化安全、信息安全、科技安全、网络安全等则涉及太少或根本没有安排。

(二)学生接受安全教育的方式以课堂教学为主

课堂教学中教师可结合各种各样的教学方法,充分运用现代化的教学手段,把理论教学与技能培养相结合,力争使教学效果达到最佳。调查结果显示:仅有36%的学生是通过课堂教学来接受安全教育的。更令人担忧的是,4%的学生根本就没有接受过任何方式的安全教育。所以这就不难理解当今大学生安全意识与安全技能低下,大学生安全事故屡有发生的原因了。

(三)学生掌握安全技能的途径狭窄

安全教育是教育的基本内容,自然遵循教育的一般规律,但是安全教学又不同于其他的课程教学。其他的课程教学,学生可通过自身练习达到掌握知识的目的,但安全教育如安全防患技能、防身术、遇火灾逃生等都需要教师或专业人员的现场指导、演习等,所以,安全教育过程中教师的主导作用至关重要。调查结果显示:学生所接受的安全教育内容中,只有23%是通过教师传授的,其余则多是学生通过报刊、电视、网络等手段自己学习。

三、对高校大学生安全教育的一些建议

(一)加大宣传教育力度,提高学生的法制观念和自我防范意识

高校发生杀人、强奸、诈骗、伤害等恶性案件的一个重要原因,就是大学生法律意识淡薄,自我防范意识不强。因此,对大学生的法制教育要常抓不懈。学校应积极开展安全教育,普及安全知识,增强学生的安全意识。学生安全教育应根据不同专业及青年学生的特点,从学生入学到毕业,在各种教学活动和日常生活中,特别是节假日前适时进行,并利用发生的安全事故进行警示教育,防患于未然。学校应根据环境、季节及有关规律进行防火、防盗、防骗、防病、防事故等方面的教育,并使之经常化、制度化。教育的形式可多种多样,如举办专题讲座、办黑板报(宣传橱窗)、张贴宣传画、播放音像制品、树立宣传牌、召开现场会、开展安全知识竞赛等。对学生进行安全教育必须注重心理疏导,加大思想政治工作和心理健康教育力度,教育学生注意保持健康的心理状态,帮助学生克服各种原因造成的心理障碍,把事故消除在萌芽状态。

(二)开展针对性的预防教育,加强教育实践环节

古代教育家和思想家荀况提出"先其未然谓之防,发而止之谓之救,行而责之谓之戒"。从当前发生在高校学生中的人身安全意外事故的原因分析,其中有相当一部分是由于大学生安全防范不到位造成的。大部分的学生希望学校举办实践性和针对性强的安全教育活动。另外,学校应增加联合当地公安消防部门组织进行消防安全演练教育的次数,通过举行灭火救援演练、采取现场演示、实际模拟等多种丰富的教育形式,使大学生亲自参与组织逃生,学会使用消防器材等。

在当前人们对综合素质教育重要性的认识还没有达到一定高度的情况下,更大程度强调大学生安全教育"进教材 进课堂 落实学分",无疑是值得推广的一项强有力措施,要有教材、学时、考核保证,要算学分。在高校师生对安全教育的教与学还未达到十分自觉的情况下,安全教育"进教材 进课堂 落实学分"无疑是保证大学生安全教育质量和效果的一种重要手段。

(三)健全组织机构,强化校园安全管理机制

大力加强校园安全管理,积极开展创建安全文明校园活动,建立健全管理机构和规章制度。建立以学院为主体的校、院、班三级安全教育管理机制,实行群防群管,真正做好校园安全教育管理工作。依法制定学生安全保护工作的实施计划和方案,健全、完善安全教育与管理规章制度。层层落实学生安全防护工作岗位责任制,明确岗位职责,确保各项管理措施落实到位。通过学生安全教育与管理领导机构的积极工作,广泛宣传,督促检查,使各部门、全体师生进一步增强安全意识,促使各项安全防范措施落实到位,规范安全管理,提高安全防范的有效性,力争将大学生的安全事故降到最低点。此外,需要建立健全安全问题的善后处理机制,统一为大学生购置意外伤害保险、医疗保险;聘请法律顾问,合理定位学生、学校、家长、社会的关系。

(四)规范高校管理机制

学校、政府职能部门应携手搞好校园周边治理。高校周边环境的管理,并不是高校一家的事情,涉及公安、文化、工商、税务、城管等多个政府职能部门。规范好高校周边环境的管理机制,是搞好高校周边治理的基础,各职能部门携手出击,共同承担维护高校稳定的社会责任是治理周边环境的保障。高校应继续加大对校园安全保卫力量的投入,提高保卫人员的素质,积极争取地方政府、公安机关的支持,严厉打击危害高校及大学生安全的不法行为,抓好与地方的共建,切实改善校园周边治安

状况。

参考文献：

[1]肖战.新世纪高校安全教育与管理的再思考[J].咸宁师专学报,2002(5).

[2]童宣海.对在校大学生应进行安全教育.保卫学研究[J].2001,(2):22~23

[3]韩红根.论大学生安全的构成与保护[J].扬州大学学报:高教研究版,2004(4):76~79

作者简介：

高咏美　北京农学院副科,手机:18910637810

通讯地址:北京市昌平区回龙观镇北农路7号,邮编:102206

浅谈大学生安全教育管理

李耀宇　张建华　毕忠臣　江顺平　中国农业大学

摘　要：本文从社会热点议论的大学生安全事故案例入手，着重探讨了大学生安全教育的必要性、主要内容、现状及改进措施，并结合当前大学生安全教育工作中出现的问题，提出了一些建议。

关键词：大学生　安全教育　措施

2002年8月7日，北京大学山鹰社登山队在攀登西藏希夏邦玛峰的过程中，五名队员不幸遭遇雪崩，两人遇难，三人失踪。19日，搜救队六名成员成功抵达事发现场，找到三具队员的遗体，并判断其他两名队员埋在更深的雪层中，由此确定，北大登山队遭遇雪崩的五名队员全部遇难。

2008年10月28日晚上，中国政法大学学生付成励手持菜刀冲进教室，将正在上课的中国政法大学法学院教授程春明砍死。原因是付成利认为程教授抢了自己的女朋友。

2008年11月14日早晨，上海商学院徐汇校区宿舍楼602寝室内起火，因寝室内烟火过大，四名女生被逼到阳台上，从6楼宿舍阳台跳下逃生，当场死亡。

2010年10月16晚上，在河北大学新区超市前，一牌照为"冀FWE420"的轿车，将两名女生撞出数米远，被撞两名女生一死一伤。肇事者李启铭口出狂言："有本事你们告去，我爸是李刚。"

2013年4月16日下午，复旦大学2010级硕士研究生黄洋被人投毒，经抢救无效，当天在上海中山医院去世。警方在该生寝室饮水机内残留水中检测出某有毒化合物成分，认定其寝室室友林某有作案嫌疑。25日，上海市黄浦区人民检察院以涉嫌故意杀人罪对复旦大学"4·1"案犯罪嫌疑人林某依法批准逮捕。

2013年5月8号凌晨，华南师范大学与星海音乐学院发生斗殴事件。据报道，星海音乐学院某学生醉酒后到华南师范大学宿舍挑衅，遭到华师学生反击后产生摩擦进而发生冲突，现场估算共有超过一百名学生聚集，场面十分混乱，警察到场后才控制了局面。

远有北大登山遇险，近有复旦学生投毒，北有法大教授遇刺，南有华师星海互殴，一幕幕血的教训，无时无刻不提醒着人们：大学生安全教育要警钟长鸣！

一、大学生安全教育的初步理解

笔者理解的大学生安全教育，顾名思义，是指高校相关工作人员通过新生入学教育、课程教育、网络宣传、模拟演练等多种途径，使大学生增强自我保护能力，提高安全防范意识，掌握各种逃生技能,从而更好地适应大学生活而进行的教育。

二、大学生安全教育的意义

近年来,随着我国各个高校扩招办学,在校师生人数迅猛增加,高校社会化现象也日趋明显,一些危及大学生人身及财产安全的案件时有发生。因此,加强和改进大学生安全教育与管理,对于提高大学生的安全防范意识和自我保护能力,保障大学生人身和财产安全,建设平安校园具有深远的意义。

(一)维护在校大学生的安全

美国著名心理学家马斯洛在需求层次理论中指出:安全需要是人类的重要需要之一,是人类要求保障自身安全、摆脱事业和丧失财产威胁等方面的需要[1]。大学生在校学习的同时,也要掌握一些安全常识和必备的逃生技能,不仅可以保护自身安全,而且也能及时帮助他人,还可以依靠法律法规的力量维护自己的正当权益。加强在校大学生的安全教育,能够完善其知识结构,提高遇险应变的能力。

(二)为高校保卫干部分担压力

目前,很多高校对安全工作的重视还没有提升到一定高度,部分高校的专职保卫干部人员配备不足,而且这些保卫人员每天又需要处理各种琐碎事情,任务繁重。对大学生进行安全教育,能够有效降低案件的发生,减少破案环节,从而在一定程度上减轻了保卫干部的工作负担。

(三)提高大学生综合素质与能力

随着社会的不断进步,人才的竞争越来越激烈,面对突发事件能否妥当处理,能否经受得住挫折也是对大学生综合素质的要求之一。加强在校生的安全教育,让大学生能够应对一些常见的险情和灾难,增强学生安全防范意识,掌握一些基本的安全知识和必备的自我保护的技能,提高安全防范能力,从而帮助大学生走出校园后,适应社会中的各种复杂环境。

三、大学生安全教育的主要内容

大学生安全教育的内容极其广泛,在分析和总结以往校园发生案件的基础上,针对大学生这一特殊群体,主要从以下几方面开展安全教育工作:

(一)国家安全教育

随着高校对外的开放,国家安全工作面临着许多新的问题。但部分大学生对国家安全的认识还停留在电视剧的画面里,停留在战争、领土、间谍这样一些传统的、局部的观念上,因此对大学生进行新形势下全方位的国家安全教育,帮助大学生树立正确全面的国家安全观迫在眉睫。学校应充分利用广播,报纸等媒体和宣传工具,广泛宣传《国家安全法》和其他相关关法律知识,使大学生认识到国家安全事关重大,没有国家安全,就没有和平与稳定的学习环境,不断提高大学生的国家安全意识,正确认识敌对国家对我国的各种隐蔽斗争的手段和形式。同时做好保密教育工作,增强大学生的敌情观念和保密意识,使大学生在对外交往中,自觉保守党和国家的秘密。

(二)网络安全教育

网络为大学生提供了丰富的信息资源,给大学生的生活、学习和娱乐带来了极大便利,已逐渐成为大学生校园生活必不可少的组成部分,同时网络安全隐患也渐趋突出。很多大学生的网络安全意识比较薄弱,因此加强大学生网络安全教育刻不容缓。目前,校园网络问题主要表现为色情侵入,消极、反动言论侵入和教唆犯罪侵入。通过网络安全教育使大学生了解网络安全的相关法律法规,认识到网络上哪些行为是法律严令禁止的,从思想上形成一道"防火墙"。积极开展网络的正面宣传活动,教育大学生不浏览淫秽内容,不发表煽动性言论,发现反动网站及时上报,做到不信谣,不传谣。另外还要积极呼吁网络文明,以不文明、不道德的网络行为为耻,倡导文明健康的网络环境。

(三)消防安全教育

随着中国高等教育的快速发展,高校不断扩大招生,然而校园面积有限,导致校内人员密度升高,使高校火灾隐患越来越大。加之很多大学生入学之前埋头苦学备战高考,缺乏必要的消防常识和自救逃生技能,甚至有的学生不知道如何报警,导致火灾发生时,不能及时扑救,往往小火变大火、小灾变大灾。面对这些情况,必须对大学生加强消防安全教育:首先,组织大学生学习消防法规,教育学生在平时的学习生活中严格遵守本校的消防安全规定,减少火灾的发生;其次,要大力加强消防演练,提高火灾发生时的逃生、自救及互助能力,降低火灾发生时的伤亡率。

(四)治安防范教育

大学生的防范意识的高度,很大程度上取决于防范宣传教育工作的程度。调查数据显示,校园内的易发案件大多是盗窃和诈骗,这些案件的发生大部分是由于大学生防范意识不强造成的。因此,学校应积极做好宣传教育工作,提高大学生的安全防范意识,建立一个牢固的思想安全防线。可以通过看视频、案例研究等形式,教会大学生如何识别不法人员的盗窃、诈骗、抢夺、抢劫伎俩;教育学生自觉遵守安全规定,在宿舍内不存放大量的现金,不允许留宿外客等;在校园内发现形迹可疑人员及时上报保卫处,减少治安案件的发生。

(五)交通安全教育

《中华人民共和国道路交通安全法》第一百一十九条规定:"道路",是指公路、城市道路和虽在单位管辖范围但允许社会机动车通行的地方,包括广场、公共停车场等用于公众通行的场所[2]。按照法律,校园不属于道路交通安全法管理范畴,因此面对车辆超速、乱停乱放等行为,保卫部门由于没有交通管理执法权,只能进行劝阻,效果并不理想。既然管理有难度,就更需要加强宣传教育,让大学生自觉遵守交通秩序。随着机动车辆的迅猛增多,校园交通工作越来越复杂,学校应采取多种形式,例如组织交通安全辩论赛、组织交通志愿者文明执勤等活动,促进大学生学习交通安全知识,使广大学生牢固树立"安全第一,预防为主"的意识,养成遵守交通法规的良好的习惯,从而避免交通事故的发生。

(六)心理安全教育

由于社会竞争激烈,尤其是就业压力、学习压力、恋爱纠纷以及家庭环境等诸多原因,使一些大学生产生心理压力,出现各种心理不适的表现,如抑郁、焦虑、强迫、烦躁等。如果不及时进行疏导,就很有可能导致各种安全问题。近年来频繁发生的学生自杀行为,多数是由于心理问题造成的。因此,迫切需要对学生进行心理安全教育。充分发挥心理素质教育中心作用,通过适当的安全防范教育,如开设心理门诊、心理热线,积极开展心理辅导来帮助解决学生的各种心理问题。

四、大学生安全教育的现状

高校扩招,大学生人数猛增,校园周边治安环境日益复杂,高校由过去的封闭式办学到现在的开放式办学,这些因素给学校保卫工作带来了前所未有的挑战。大学生安全教育主要存在以下问题:

(一)安全教育机构设置不合理

安全教育是大学教育的重要组成部分,要有稳定的教师队伍来承担教学任务和教学责任。但目前我国很多高校没有专门的大学生安全教育机构,安全教育任务有的由保卫处承担,有的由学生处承担,有的由校医院承担,还有高校由几个部门共同承担,这造成了大学生安全教育比较混乱,责任不明确,出现事故时相互推脱,安全教育走形式、质量不高等情况的出现。

(二)片面强调责任追究,忽视教育工作

随着社会的发展和进步,"生命至上,安全第一"的理念越来越深入人心。很多地方教育部门实行问责制,从上级教育部门到学校基层单位,层层签订安全稳定责任书,安全问题实行领导责任追究制,这是一种比较好的做法。但是很多时候,却忽视了加强学生的安全教育工作的重要性,大学生的安全防范意识高不高,老师安全教育的培训做的好不好,在各种突发事件中求生技能强不强,却没有得到很好的重视。提高大学生的安全防范意识,学习各种自我保护技能才是做好保卫工作的根本。

(三)安全教育没有课程化,安全教育效果较差

美国公共关系权威罗伯特·L·狄思达在《公共关系手册》中写道:"最好的危机管理办法是预先预备,知道去找谁和去按哪个按钮"[3]。但调查发现,部分大学生连本学校的保卫处报警电话都不知道,有的新生甚至不知道保卫处在学校什么位置。由此可见,大学生安全教育不仅要有教师讲课,还要必须让学生真正掌握,否则就是流于形式。然而目前很多高校都只是入学时对学生进行短期培训,没有成为真正的课程计算学分。这样就容易导致学生不认真听讲,安全教育效果大大降低。另外,由于很多学生存在侥幸心理,认为危险的事情不会发生在自己身上,不去真正掌握技能,导致部分大学生虽然经过培训,但灭火器的存放位置、如何使用都不曾记住。如果能将大学生安全教育课程化,作为必修课计算学分,将能在较大程度上改善这种局面。

(四)缺乏一支稳定高效的安全教育教师队伍

目前很多高校没有一支专门的安全教育教师队伍。一般来说,安全教育工作,都是保卫处组织,临时花钱聘请外来人员讲课。例如聘请公安人员讲解治安防范方面的知识,聘请消防局人员讲解防火安全知识,聘请交通警察讲解交通安全知识。这些受聘人员确实是相关领域的专业人士,但对某个高校的具体情况未必十分熟悉,并且这些临时聘请人员队伍也不稳定。有时候由于时间冲突等原因,经常临时更换。另外,这些人员往往还接受其他高校和其他单位邀请讲课,一般并不针对某个高校的具体安全情况特点讲课,而是用千篇一律的"万能讲课稿",空洞的套话连篇,具体工作怎么做却很少涉及。这样的培训,既不稳定,也不高效,效果并不理想。

五、改进大学生安全教育的主要措施

(一)建立专门的安全教育机构

可以在保卫处成立安全教育科室,专门负责大学生安全教育工作。例如北京大学保卫部在2009年设立了综合与宣传教育办公室,负责安全教育工作。遇到新生入学后的安全教育高峰期,还要调集学校其他部门的人员,如辅导员、校医院医护人员、心理健康教育人员及保卫处的相关工作人员,以便形成全校齐抓共管的安全教育局面。

(二)安全教育与安全管理相结合,共同发展

要做好安全教育工作,一方面需加强对大学生的安全教育,提高大学生的安全意识,使其及时掌

握安全防范的各项技能;另一方面要大力加强安全管理工作,落实领导负责制,签订安全稳定责任书,加强技防建设,定期检查,及时消除安全隐患,定期召开学习安全会议,使广大师生时刻牢记安全第一,尽量把安全事故扼杀在萌芽状态。教育先行,管教结合,才能最大限度地减少安全事故的发生,保障校园的安全和稳定。

(三)将安全教育课程化,不断更新教育内容和形式

把大学生安全教育课列入基础必修课程,计算相应学分,并建立明确的教学计划。将大学生安全教育课列入新生入学教育当中,重点放在大学一年级、研究生一年级新生上实施,并持续贯穿从入学到毕业的整个过程。每年按照教学计划的要求开展安全教育,保持安全教育不间断,确保安全教育的质量和数量。

社会不断发展,大学生生活方式也在发生改变,这就要求安全教育工作也要与时俱进。网络安全、非法传销、校内非法传教等不安全因素日益增多。面对新的不安全因素,高校应该不断探索新形式,利用现代化的教学手段,进行安全教育。如建立大学生安全教育网络平台,给大学生发送提示安全信息的手机短信;建立安全教育网站,宣传安全知识等,创建平安校园。

(四)加强安全教育队伍建设一般来说,目前高校安全教育教师队伍主要由保卫干部和辅导员组成

在此基础上要建设一支更专业化、职业化的安全教育教师队伍,以保证大学生安全教育质量。要加强安全教育干部和教师的培养和培训工作,特别要重视新形势下高校安全教育工作面临的新挑战,提升能力和素质。同时,要配齐学生心理咨询辅导教师,及时对学生进行心理健康教育和指导。

参考文献

[1]马斯洛.自我实现的人.北京:三联出版社,1987

[2]中华人民共和国道路交通安全法.北京:中国法制出版社,2011

[3]罗伯特·L·狄思达等.公共关系手册.北京:社会科学文献出版社,1989

作者简介:

李耀宇　中国农业大学保卫处治安管理科副科长

张建华　中国农业大学副校长

毕忠臣　中国农业大学保卫处处长

江顺平　中国农业大学保卫处副处长,办公室电话 010-62737428,手机 13488776083

地址:北京市海淀区清华东路 17 号中国农业大学东校区保卫处治安管理科,邮编:100085

高校安全教育工作不足与对策

陈云鹏　天津工业大学

论文摘要：新形势下进一步加强大学生安全教育问题对于保障高校稳定，加强大学生思想政治教育和促进大学生健康成才具有重要意义。本文针对高校安全教育存在的不足问题，提出自己对大学生安全教育工作的几点对策和创新。

关键词：安全教育　不足　对策　创新

随着社会的不断发展和高校招生规模的扩大，高校的人员结构、学生数量和素质都发生了巨大变化。我国在校大学生人数居世界第一。如此庞大的一个群体，就会带来一系列问题，其中安全问题显得很重要。加强大学生这一特殊社会群体的安全教育，提升大学生安全文化素质、法律意识和自护自救、帮助他人的意识与能力，意义重大而深远，任务艰巨且复杂。[①]

一、高校安全教育工作的不足

（一）对安全教育重视的不够

部分学校对学生的安全教育工作重要性认识不足，积极性不高，仍然存在重成绩、轻安全，重学科教育、忽视安全教育的问题。高校的安全事故具有不可预测性，高校安全工作的预防容易疏忽。一旦发生了安全责任事故，才会引起高度重视。事故后的严格安全检查，加强对大学生进行安全教育和管理，其实这是一种治标不治本的做法。从另一方面讲，许多学生，自我保护能力差，自律意识不强，安全知识和事故防范和应急能力不够。虽然经过了安全教育，但面对起来，自行其是，把教育的内容扔到脑后。这种学而不用、学用脱节现象存在的原因，虽然有学校安全监管力度不够的问题，但根本上还是学生安全意识差、对安全教育不够重视。

（二）安全教育主体不明确

安全教育应该是家庭、学校和社会共同的责任。许多家长认为一旦将孩子送入学校，学生的安全就成了学校和教师的责任，学生安全几乎就和家长没有什么关系了。这种片面的认识会造成安全管理的盲区，家长职责不清，过分依赖于学校教育是出现问题的关键所在。另外在不同高校，大学生安全教育机构设置各异，甚至是混乱，造成了大学生安全教育的不及时，责任不明确，出现事故时相互推脱责任、安全教育得不到落实、安全教育质量不高等现象。

---

① 李洪渠、李友玉著.安全警示录.武汉大学出版社，2007年版.1

(三)安全教育师资匮乏

目前高校内安全教育的师资没有充足的来源,更谈不上择优聘用。在对大学生安全教育时,只能从本单位选派安全员或老师临时任教。他们大多没有经过系统的专业化培训,专业理论知识水平不高,仅凭个人的工作经验和体会授课,因此在授课过程中出现概念模糊和用语不标准的现象就难以避免。

(四)安全教育内容过时

目前学校在进行安全教育时,有的单位安全教育教材多年不变,内容过时,缺乏针对性,和实际联系不紧,没有结合新时代的特点重新制定、调整或补充新的安全教育内容。教材中的知识老化、观点落伍,这样的教材达不到安全教育的目的。另外,安全教育范例式教学的不足表现在:典型案例并不典型,一般性案例不能够完全的贴近大学生生活或很好的切合教学内容,这样,典型案例可能在大学生看来遥不可及,不易理解。

(五)安全教育方式单调,安全教育流于形式

现目前的安全教育教学模式缺乏创新性,绝大多数都是单一的课堂讲授模式,学生是在被动的情况下接受安全教育的。在其他文化课上,有很多的专家、学者都会参与的教学模式,但是安全教育没有。很多学校把安全教育当作读读文件、念念简报而已,不结合单位实际分析讨论,不从实际出发,不求实际效果,只是把安全教育喊在嘴上,通过搞形式来糊弄安全,这种方式起不到应有的效果和作用。

(六)安全教育法规不健全

目前我国还没有强制性的法规来明确要求学校在安全教育中的责任和义务。有一部分学校已经开设了安全教育课程,有很多学校的安全教育是被学校禁止学生行为的规定所替代。

(七)安全教育投入不足,安全经费不落实

当今有的学校只注重学校校园建设,往往不愿意在安全教育方面进行投入,学生甚至得不到基本的安全教育,导致学校整体安全素质和安全意识严重不足。

二、做好高校安全教育工作对策及创新

(一)定期召开安稳工作会议,建立完善安全管理体系

定期召开安稳工作会议,及时对各项工作进行总结和布置,随时做到警钟长鸣,才能提高学生安全意识。在日常管理中,逐步形成常态管理、设施完善、制度过硬、过程落实、保障有力的安全管理体系和以教师主导、学生为主体的安全管理网络。健全学校安全预警机制,制定突发事件应急预案,完善事故预防措施,及时排除安全隐患,不断提高学校安全工作的管理水平。

(二)安全教育方法、方式的创新

1.采用创新的、多样的教育方式。针对安全教育广泛性的特点,采取分层教育方式。根据不同群体采用有针对性的安全教育培训手段及内容。对班干部、学生代表、负责人等人员通过传播安全教育新思路,宣传相关政策法规新动向的方式;对少数民族或者易发案件群体(如男生、毕业生)以贴近工作实践的内容开展经常性的安全教育活动,结合各时期安全动态与学校内部安全活动特点,开展相关专题安全讲座,加强学生安全防范的意识和能力。安全教育固然少不了传统式的你说我听式的讲授法,但安全教育是一种特殊形式的教育方式,要做好这项工作,不能只满足于形式和受教育量的多

少,不能只采用填鸭式方法。应采取互动式的教育方法,还要充分运用现代科技开展学校安全教育工作。积极开发和传播多媒体安全教材,以生动逼真的形式加强安全教育效果。以电视、电影为中心的映像文化具有语言、文字所不能比拟的形象性、具体性,因而对提高教育的直观性,培养学生的主体性、创造能力,增加学生感性认识提供了非常有利的条件。[①]大力开发具有典型特点的事故预想与仿真系统,开展事故演练培训,提高学生防范事故的能力。

对学生开展安全教育要在教育大纲的范围内,加强教育需求调研分析,完善不同教育对象的教育模式,做到教育形式多样化、教育对象层次化、教育方法多元化、教育内容实用化,要突出重点,注重实效,因人施教,增强教育针对性。

2.将安全教育融入课程教学中,融入学生思想政治教育中,融入学生的军训中,融入学生的实践活动中,融入学生的文体活动中。做到专题教育与日常教育相结合,讲授活动与参与活动相结合,知识教育与技能教育相结合。[②]

3.学校内开设模拟法庭。模拟法庭从学生法制宣传教育的角度出发,通过学生自主参与模拟法庭,在实践中做法律知识的学习者、传播者、实践者,不仅能让学生了解法庭的审判程序、职责等,感受法律的威严,更有利于提高学生的法律意识,增强学生的法制观念。作为学生法制宣传的活动,模拟法庭充分达到了学法、懂法的效果,它既是课堂教学的延伸,又是能力素质的拓展。切实做到了使同学们学以致用的目的,并为共同打造法制化校园,活跃校园文化做出了一点贡献。

4.建立教育宣传阵地。学校通过广播、电台、网站、校报等媒介,加强对安全法律法规、安全工作的好做法、好经验与典型案例的宣传报道,使安全教育深入人心,让学生关注安全工作中的最新动态,宣传和展示学校安全工作成效。通过阵地的教育宣传,提高了全校学生安全意识。

(三)强化安全教育师资的培训

加快安全教育人员考核认证工作,建立一支数量充足、素质优良的安全教育师资队伍,加强对学校学生的安全教育,促进学生安全意识的养成和安全技能水平的提高。学校安全教育要选派安全知识水平高、素质优良的教师担任;学校内部二级学院安全教育选派有资质证又有实际工作经验的教师担任。要建立健全安全教育网络,逐步提高学校整体安全教育标准化水平,实现学校安全教育师资队伍的良性循环。

(四)教育部门要对安全教育效果进行经常性的检查和评估

教育部门利用先进灵活的教育手段,建立科学的检查评估体系,要针对不同层次、不同类型的学校,采取定期与不定期检查评估。检查从学校组织领导、依规操作、日常管理等方面进行,重点是门卫管理、食品卫生安全、消防设施安全、校车及校舍安全、设施设备的安全隐患等。教育部门及时下发检查通报,督促解决存在问题;对发现的安全隐患问题,下达整改通知,要求学校立即整改,不留安全隐患。如果学校不能按照整改通知在规定时间内按照规定要求完成安全隐患整改的,教育部门将情况通报给相关政府部门和领导,纳入学校政绩考核范畴。

(五)安全教育必须得到经济支持

学校是安全教育的主体,学生安全教育经费应足额列支。政府也应当加大对安全教育培训的投入,将安全教育经费纳入财政保障范围,逐步建立由政府、学校合理分担的安全教育投入机制,在全

---

① 张斌贤等著:《教育学基础》,教育科学出版社 2002 年版 第 344 页
② 北京大学保卫部"大学生安全教育研究课题组":《新时期加强大学生安全的调查与思考》,2011 年

社会形成安全教育齐抓共管的局面。提高安全教育队伍的待遇,与其他的教师享有同等待遇,为他们解除后顾之忧,使他能够安心从教。

(六)联合互动,形成安全教育网

实现家庭、社会、学校三方的统一。安全教育不是学校一方的责任,是学校、家庭、社会共同的责任,所以培养学生的安全教育意识,要实现学校,家庭,社会三方的统一。学校要从保护学生健康成长、对国家民族未来负责的高度出发,树正气压邪气,严格施教,大胆管理。一方面要切实培养和加强教师的责任心、使命感,另一方面要坚决维护教师的合法权益。家长是教育的重要环节。家长要努力为孩子的健康成长创造一个良好的家庭氛围,要加强自身修养,努力学习科学教育方法,言传身教,以自身的榜样力量感染和熏陶孩子,帮助他们树立起积极、健康、向上的人生志向。[①]社会部门要加强社会常识和形势教育,同时给学生进行答疑活动等等。充分发挥学校及周边治安综合治理工作领导小组及各成员单位作用。教育行政部门积极配合相关部门开展专项治理行动,优化学校周边环境;交警部门,对校车进行常规性专项整治,从源头上消除校车的安全隐患,严防交通事故发生;消防部门,经常组织学校开展消防安全教育和培训,加强消防演练。各部门形成齐抓共管、协调联动的全动员、全方位、全过程安全监管网络,维护校园及周边环境安全。

(七)重视舆情监控

当前,网络已经成为学生学习生活的重要工具,也成为学生发表意见的广阔平台。学生主要通过bbs、微博、微信等方式进行交流,学生的思想动态在这些媒体上能够得到一定程度的体现。因此,学校要高度重视校园舆情监控,对发生在学生中的热点问题予以高度重视,对网络中涉及学生的安全问题,更应主动出击,积极调查,及时把矛盾化解在萌芽之中,消除校园有关安全方面不良信息的负面影响。

参考文献:

1.李洪渠,李友玉.安全警示录.武汉大学出版社,2007年版

2.张斌贤等.教育学基础.教育科学出版社,2002年版

3.历史新起点上的高校安全管理学术研讨会文集,2011年

4.杜立峰.高校内部安全保卫工作管理与规章制度实用手册.中国教育出版社,2005年版

5.万德义等.新编大学生安全知识手册.军事谊文出版社,2008年版

6.李保元,焦凤松.大学生安全知识必读.中国商业出版社,2002年版

作者简介:

陈云鹏　天津工业大学科长,手机:13001333698

通讯地址:天津西青区宾水西道399号,邮编:300389

---

① 杜立峰著:《高校内部安全保卫工作管理与规章制度实用手册》,中国教育出版社2005年版 第943页

大学生校园安全教育

袁 全 天津大学

摘 要：近年来不容乐观的高校安全形势，已日益成为人们关注的突出问题。安全教育不仅是保障大学生人身和心理安全、创造良好育人环境、维护校园安全和社会稳定的需要，也是能否实现高等学校教育培养目标的需要。营造良好的校园安全文化环境更是全面落实科学发展观、构建和谐社会的时代要求。但是大学生安全防范意识淡薄，校园安全教育体系的不完善愈发增加了大学生安全教育的难度，必须探索新的安全教育模式，拓展安全教育的主要途径和有效措施。

关键词：大学生 安全教育 安全意识 和谐校园

一、加强校园安全教育的意义

自改革开放以来，我国高等教育得到全国各界的重视并迅速发展，高校的招生规模逐年增大，在校学生人数大幅增加，高校办学模式愈加开放，不再是一般的教学、科研机构，而是逐渐向教学、科研、生产等多元化的社会机构转变。校内及学校周边环境也日趋复杂，越来越多的社会人员进校服务。大学生财物丢失、被传销组织控制、网恋被杀等等事件屡见不鲜，各类刑事治安案件时有发生，不安全因素逐年增多，而火灾、自杀等事件更是酿成不可挽回的损失，产生十分严重的影响。强化大学生安全教育，加强学校日常管理，不仅是高校治安形势的需要，更是构建和谐校园，营造良好的校园安全文化环境的前提保证，同时对于维护学校的正常教学、科研及生活秩序，增强学生安全意识和自我防范能力，保障学生人身和财物安全，促进学生健康心理的形成，提高学生综合素质，都具有十分重要的现实意义和战略意义。

二、大学校园安全教育的现状

（一）日趋复杂的校园环境给大学安全教育带来了极大的挑战

随着高校教育改革的深入，当前高校的管理方式逐渐社会化，校园与社会相互渗透，两者的结合度越来越明显，办学形式日趋多样化、学生结构也愈加复杂化。高校已由以往的封闭式教学转变为多功能、全方位、开放型的"小社会"，校园内不仅有教学区、生活区，有的还混杂家属区；除了教学、科研设施，还有超市、书店、浴室、小卖部、工厂、公司等很多生活服务设施和机构；日趋流行的网络购物，使得快递人员出入校园更加频繁；穿梭在校园的私家车也有逐渐增多的趋势，特别在早晚上下班高峰,也常有车水马龙之势,而这正是学生上下学的密集时段,造成了极大的交通安全隐患。这种复杂的格局在客观上给高校的安全造成了诸多不利因素,导致校园安全形势更加严峻。社会上的一些不法之徒,时常窜入高校进行诈骗、盗窃、行凶等犯罪活动,有的甚至危害师生的人身安全,严重扰乱大学治安秩序,直接影响了校园的安全稳定,出入频繁的车辆也给校园交通造成了极大的安全隐患。同时,校园周边的治安环境日趋复杂。种种因素使得高校安全保卫工作者面临更新更严峻的挑战。

(二)大学生安全防范意识淡薄加大安全教育的难度

近来,校园内外涉及学生意外伤害的事故愈发频繁,多是由于大多数当事学生的安全防范意识淡薄,面对伤害不知所措,对事故的发生没有任何心理准备和自我保护意识。当代大学生中独生子女的比重越来越大,多在父母的呵护下长大,思想比较单纯,没有经受过什么挫折,缺乏社会经验,对社会上的不良风气和一些坏人坏事不能做出理性的判断;对安全教育的基础知识和基本规范也了解甚少,存在学习上的"盲区";缺乏人际交往中的经验,心理脆弱且依附性强,抗压和耐挫的能力较弱,生存交往和自救自护能力差,容易上当受骗,当受到情感、学习或者就业上的压力时无法疏解,以致出现心理问题,甚至轻生。并且,很多大学生没有养成良好的安全行为习惯,对可能发生的各种安全问题缺乏必要的重视和警惕,存在很多安全隐患。据调查,近40%的大学生进出宿舍没有关门或者锁门的习惯,贵重物品(钱、手机、银行卡、相机、手提电脑)也不加妥善保管、随意丢放,导致钱物失窃,特别在早晚洗漱时段,学生的防范意识最弱,对出入宿舍的人几乎没有觉察。因此,针对众多"高分低能"的大学生,欲提高其安全防范意识与能力是具有相当难度的。

(三)大学安全教育模式存在一定问题

但是,目前大学安全教育工作中仍存在很多问题。例如:安全教育教学体系不健全,对学生缺乏深入性、系统性教育,多以入学教育为主,或仅在出现事故时"亡羊补牢";教育内容枯燥、陈旧,缺乏理论体系,多侧重于安全知识、安全责任的教育,而缺乏安全对策、安全技能的教育,严重影响了教育效果;教育手段落后,多停留于传统的说教、讲座,或者海报、标语等宣传方式,不能吸引学生的兴趣。同时,大学生本身对安全教育也不够重视,学习缺乏主动性和积极性,从而导致安全教育的效果不甚理想。

因此,加强大学生校园安全教育已是刻不容缓,及时排除安全隐患,加强治理,全力做好各项安全保卫工作,明确大学生安全教育在整个大学教育过程中的重要作用,创新安全教育模式和内容,不要只做表面文章,校园安全教育要进课堂、进头脑、进宿舍、进生活,让大学生自觉形成科学的安全观念,提高防范意识,保证校园安全稳定。

三、加强大学校园安全教育的对策

(一)落实安全教育系统化,丰富安全教育内容

大量事实证明,对大学生开展安全教育是一项长期而艰巨的任务,必须转变安全教育"无用"的思想,消除大学生安全教育的"形式化",将安全教育知识纳入学校的教学计划,从师资、教材、课时等方面给予保证,落实大学生安全教育"进课堂、落实学分";在内容上,不单单要传授传统的安全基本知识,而应与时俱进,根据时代的变化与要求,不断拓展和延伸大学生安全教育的新内容,心理健康教育、文化安全教育网络、安全教育等等都是安全教育工作者不得不重视和研究的内容。同时可以结合学校特点和学生在校的不同时期,开展形式多样的日常安全教育,如举办安全知识竞赛或专题讲

座、编印安全问题案例、组织安全主题演讲等，使学生切实感受到安全意识的重要性，从而调动他们参与安全教育的主动性和积极性。

（二）开展针对性预防教育，加强教育实践环节

很多发生在高校学生中的人身安全意外事故都表明，大学生安全防范不到位，没有掌握防火、防盗、防诈骗的一些预防措施，在安全教育中要更加注重先期预防，把安全隐患及时消灭在萌芽中。学校可以多举办实践性和针对性强的安全教育活动，比如：可联合当地公安消防部门组织进行消防安全演练、灭火救援演练、现场演示实际模拟等，丰富教育内容和形式，使大学生亲自参与，组织逃生，并学会报警、火灾扑救、使用消防器材等基本技能。

（三）组织学生参与学校的安全管理，积极承担安全责任

调动学生们的主观能动性，发挥他们自我教育、自我管理、自我服务的作用，是做好学生安全教育的有效方法。可以开展创建安全文明宿舍、文明校园活动，让学生加入学校安全组织，或者形成学生安全的自治组织进行自我管理，比如设立宿舍安全管理员、班级或年级安全管理委员会等，定期对宿舍及班内情况进行排查，让学生在自我安全管理中逐步增强安全意识，提高安全防范能力，让大学生明确"安全工作自己管，管好安全为自己"的责任意识。在安全教育体系化、常规化过程中，我们应该调动全体学生自觉提高安全意识，积极承担安全责任，积极参加到创建安全校园中，为建设和谐校园贡献自己的一份力量。

大学生校园安全教育是一项长期性的系统工程，需要学校、社会、家庭的紧密配合和高度重视，更需要学校各部门之间通力合作、共抓齐管，通过各种有效的安全教育手段和措施，切实提高对大学校园安全事故的预见和防范能力。在大学生中开展安全教育，应在传统方法之上积极分析和探索新形势下学生工作遇到的新情况和新问题，与时俱进，开拓创新，真正使安全教育成为学校育人工作的重要环节，不断增强大学生安全意识，提高安全防范能力，为国家培养更多具有良好安全意识和能力的高素质合格人才，真正实现对大学生进行安全教育的目的。

参考文献：

[1]杨芳.切实加强在校大学生的安全教育[J].思想政治教育研究,2006,2:121~122

[2]蒋娜红.高校安全教育现状调查和对策研究[J].广西教育学院学报,2010,3:115~119

[3]田琼.构建高校安全教育与管理机制的创新举措[J].湖南科技学院学报,2010,31(3):171~174

作者简介：

袁全　天津大学

浅谈山西省大学生安全教育管理的几点思考

陈娟娟　太原理工大学

摘　要：新时期高校学生安全教育与管理工作面临着严峻的挑战，高校管理者要认清当前大学生安全教育与管理工作的形势，立足本质，与时俱进。本文着重探讨大学生安全教育的含义、必要性、主要内容及现状，并结合当前大学生安全教育工作中出现的问题，提出笔者对大学生安全教育与管理工作的一些措施和建议。

关键词：大学生　安全教育　教育合力　隐性校园环境

所谓大学生安全教育与管理，是指为了维护学校的正常秩序，维护大学生的人身、财产安全和身心健康，提高大学生的安全防范意识与自我保护技能，从学校实际情况出发，依照国家有关法律、法规的规定，制定各种安全教育与管理的规章制度，并对大学生进行国家法律法规、学校安全规章和纪律、安全知识与防范技能的教育与管理活动，努力提高学生的安全意识和素质，使学生学会从安全的角度观察和理解要从事的活动和面临的形势，用安全的观点解释和处理自己遇到的新问题。

一、加强山西省高校安全教育与管理的重要性

（一）高校安全教育是适应高校发展的需要

随着我省高等教育事业的发展，高校办学规模迅速壮大，多种形式的办学格局、多校区的管理模式、后勤社会化管理等，对高校保卫工作提出了更高要求，增加了管理难度。一是高校扩大招生以来，在校师生成倍增长，2000年至2012年底我省高等教育实现跨越式发展，全省高校由24所增加到63所，普通本专科在校生人数从9万增加到56万，教职工从2万增加到6万。二是随着校园环境的进一步优化，到校参观、借道通行、锻炼身体的人员不断增多，加上外来务工、施工队伍不断涌入校区，使校园人员更加复杂多样化。三是近几年来，随着公民生活水平的提高，私家车逐日增加，山西省各高校多实行开放式管理，车辆自由进出，使校园内本来就拥挤的道路交通显得更加拥挤，加之超速行驶、违章行驶、乱停乱放，严重影响着道路交通安全。四是由于扩大招生，学生的整体素质有所下降，学生中违章违纪现象逐年增加，考试舞弊、打架斗殴、盗窃案件时常发生。五是一些大学生整天沉迷于网络世界，不能自拔，经常逃课、旷课，学习成绩直线下降，有的甚至走上违法犯罪道路。因此，加强对大学生安全知识和法律法规的教育和学习，既是时代的需要也是现实的需要。

（二）高校安全教育是适应日益严峻的社会治安形势的需要

近几年，经过多次治理，社会治安形势有所好转，但是形势依然十分严峻，各种违法犯罪现象仍

呈上升趋势;高校在改革、开放、搞活的新形势下,与社会融合的程度越来越高。高校周边治安环境更加复杂,一是"城中村"、"城中城"等问题较为严重,有些校园里有村庄、有工厂、有铁路,存在大量的隐患;二是针对师生的敲诈勒索、抢劫、暴力伤害、传销等侵害师生人身、财产安全的各类违法犯罪活动时有发生;三是学校周边各种文化、娱乐、商业经营场所、交通秩序的管理无序,校园及周边地区大量存在违法违规经营的网吧、KTV、酒吧、美容美发会所、音像书刊点、饮食摊点以及违章建筑等;四是社会不良文化和不正风气也是毒害大学生思想,影响学生身心健康的重要因素,部分大学生沉迷于淫秽书刊、影碟、黄色网站而不能自拔,导致精神萎靡,厌世厌学,不求上进,甚至走上违法犯罪的道路。对大学生进行安全教育与管理,让大学生对社会治安形势有客观的认识和理解,使大学生自觉地学习安全知识与技能,做好自身的安全防范工作,从而预防和减少高校中违法犯罪活动对大学生的不法侵害。

(三)高校安全教育是提高大学生综合素质的需要

大学生安全教育,经过漫长的历史发展,已逐步由低级走向高级、由不成熟走向成熟。今天,大学生安全教育管理已发展成为一门科学并进入课堂。随着社会经济文化快步发展,教育事业发展迅猛,学生的毕业就业问题逐步显现,人才市场竞争激烈,用人单位对综合素质高的人才青睐有加,而良好的安全意识和必要的安全知识正是体现大学生综合素质的重要指标。

二、山西省大学生安全教育管理的现状

目前,大多数高校都不同程度地开展了大学生安全教育,也收到了一定的效果。但安全教育问题依然突出,主要表现在以下几个方面:

(一)教育管理部门重视不够

稳定是政治、是大局,稳定压倒一切。高校稳定工作是校党委的工作,也是校行政部门的工作,更是学校党政干部、教职员工的共同责任。但现实中,由于学校管理系统的分化,真正落实大学生安全教育与管理工作的只有高校保卫处干部和大学生辅导员。部分高校领导片面强调学术科研,轻视政治引导,对大学生安全教育工作不重视,不关心。应该安排的课时没有安排,应该解决的教研设备没有落实,甚至必要的师资培训也以种种理由推辞。加之教师、管理、后勤三支队伍的安全教育意识差别较大,全校教职员工的全员育人意识不强,导致大学生安全教育工作"说起来重要,做起来次要,忙起来不要"。

(二)安全教育队伍待加强

高校保卫处干部和大学生辅导员是安全教育教师队伍的主体,直接面对广大青年学生,在学生的安全教育与管理方面付出了很多心血,做了大量工作。但我省部分高校却在一定程度上忽视了这支安全教育队伍的建设。一些学校保卫干部和大学生辅导员人员配置比例偏低,而又受制于人事指标的限制不能够随学生人数的递增而增加,导致超负荷运转,成为"消防队员"忙于"灭火",而无暇顾及教育和引导学生。一些学校缺乏安全教育的资金投入,很少对安全教育教师队伍进行业务培训,更加缺乏对相关人员的实践锻炼,使得大学生安全教育质量得不到保障,加之安全教育与管理工作常常不被领导重视,造成了安全教育教师队伍工作积极性不高,人心不稳、责任心不强。

(三)安全教育教学课程丧失实效性

高等学校安全教育课程是帮助大学生提高安全防范意识、知识和能力的重要途径,也是高等院校

思想政治教育的一项重要内容。然而,现实中,我省一些高校虽开设了安全教育课却并不重视,在课程设置和教学模式等方面多停留于传统说教式,缺乏创新性,导致高校安全教育教学课没有取得应有的效果。

(四)大学生掌握安全技能的途径狭窄

安全教育是教育的基本内容,自然遵循教育的一般规律,但是安全教学又不同于其他的课程教学。其他的课程教学,学生可通过自身练习达到掌握知识的目的,但安全教育如安全防患技能、防身术、遇火灾逃生等都需要教师或专业人员的现场指导、演习,所以安全教育过程中,教师的主导作用至关重要。调查结果显示:学生所接受的安全教育内容中,只有23%是通过教师传授的,其余则多是学生通过报刊、电视、网络等手段自己学习。

三、加强山西省大学生安全教育与管理措施和建议

(一)领导重视,齐抓共管形成教育合力

1.要提高对安全教育与管理重要性的认识

安全教育是我省高校安全稳定的保障,是高校安全工作得以顺利开展的前提,也是促进大学生全面发展、构建和谐校园的必然要求。高校应加强对安全教育的组织领导,建立和完善安全教育的领导机构,加强安全教育指导、协调和监督工作;规划安全教育的总体工作目标;加大投入以满足安全教育软硬件的需求;在实践中不断探索安全教育的方法,逐步健全安全教育的运行机制。

2.实现安全教育制度化、常态化

我省高校管理者应采取积极有效的应对措施,从目标规划、队伍建设、教学管理、效果考核等方面建章立制;把安全教育纳入教学计划,力求安全教育的时间、内容得到保证,从制度上确保安全教育的有效实施;合理选配授课教师,并对安全教育进行全程监督管理,统一组织考查,实行责任追究制,以保证安全教育取得实质性的效果,从而使安全教育步入规范化、走向系统化、达到常态化。

(二)建立一支高素质的专兼职结合的师资队伍

1.安全教育师资队伍的基础建设

在校内建立一支以高校保卫干部、部分辅导员、马克思主义理论课和思想政治教育课等相关课程教师为主体的安全教育教师队伍;同时还需要调动一切可以利用的社会资源,聘请公安民警、消防官兵、红十字会急救人员等各方面专家加入到教学队伍中来。在此基础上要正视物质保障,确保这支队伍的基本待遇、工作条件、职称评定以及今后的发展路径等,以保证队伍的相对稳定和基本的工作热情。

2.安全教育队伍的业务培训

加强对安全教育师资基本素质的研究,做好岗前培训,做到持证上岗,确保在岗教师熟练掌握安全教育的知识和技能;要根据外界环境的变化,不断更新培训内容,及时做好继续教育工作。高校还要关注教学骨干和学术带头人的培养,优选基础较好的教师,提升他们的能力和素质,帮助他们成为专业化、职业化的高素质专业教师。

(三)切实做好安全教育进课堂的活动

1.安全教育的课堂教学要做到规范有效

高校应当充分利用天然的教育资源,利用课堂这个主阵地,发挥课堂教学的主渠道作用,把安全

教育纳入教学计划,真正落实安全教育"进教材、进课堂、落实学分"的要求;要优化安全教育内容,依据制定出的教学大纲,系统、规范地进行教学活动;严肃课堂管理,严格执行考核制度,引起学生对安全教育的重视,确保教育的效果。

2.利用已有的教学体系,渗透安全教育。一方面,要利用成熟的马克思主义理论课和思想政治教育课教学体系,有意识地渗透安全教育的相关内容。另一方面,要发挥专业教学课堂的作用,任课教师在授课时结合课程内容有意识地渗透一些安全教育的内容,部分专业课程也应当传授一些专业安全教育的内容。根据高校的特点,做好阶段性的安全教育,对重点人物、重点阶段、重点任务要做好专题安全教育。

(四)安全教育应突出重点,注重教育效果

1.理论教育要生动活泼

教师必须根据学生特点,不断丰富安全教育方法,增强教育的效果。在理论灌输时注意结合案例加以解释,把生活中的案例编印成册供学生阅读、借鉴,或选取一些与学生生活密切相关的法律案例,做到以案施教;对于大学生普遍关注的安全问题,以开办安全知识讲座、安全形势报告会或组织主题班会、知识竞赛活动、小组讨论、文艺节目等多种形式开展安全教育,也可以利用学校的校园网、宣传栏、校报等传播媒体和各种有效手段,进行安全知识宣传。对大学生进行深入的、广泛的、经常性的安全教育,使安全意识渗透到大学生学习、生活的每个角落,并成为一种习惯。

2.积极引导学生进行自我教育

要利用学生组织活动的热情,使安全教育进宿舍、进网络、进社团。对学生寝室中的安全行为进行教育、引导、管理和监督,充分发挥学生的主动性和积极性,同学之间相互教育和提醒,增强防范意识,避免危险事故的发生;引导学生开展以安全为主题的社团活动,把安全教育与学生课外活动、社团活动结合起来,把安全教育寓于学生喜闻乐见的活动之中,以达到学生自我学习、自我教育、自我成长的目的。

3.强化实践教育环节,帮助学生掌握安全技能

在安全教育过程中,要注重理论与实践的结合,强化实践教育环节。积极地引导学生开展问题分析、安全演练、社会调查等实践活动,帮助学生掌握安全技能;通过组建大学生治安志愿者服务队,让学生参与到学校安全管理的实际工作中,使学生在提高安全防范意识、掌握安全防范技能的同时增强自觉维护学校安全秩序的责任感;也可尝试在校外建立安全教育基地,让学生更好地理论联系实际,学以致用。

(五)重视高校安全文化的隐性教育

1.注重校园安全环境建设,营造高校安全文化

高校的安全教育,应更多地关注环境和文化对人的影响作用。安全文化教育可以促进大学生安全观的形成,使大学生对安全的认识由感性上升到理性。在安全教育中,要把潜移默化的环境文化熏陶与直接活跃的教育活动相结合,以达到最佳的教育效果。

2.师生员工共同参与,营造校园安全文化

在校园安全文化建设中,物质文明建设是基础,制度建设是保障,精神文明建设是关键。要加强舆论引导,形成一个人人重视安全、人人关心安全、人人维护安全的文化氛围;搭建一个平台,组织、发动全校师生开展安全文化活动,创造一个重视安全、宣传安全、保障安全的浓厚氛围;高校还要有

意识地引导舆论的方向,不失时机地培养师生员工的安全"忧患"意识,逐渐形成高校安全文化。

高校教育不仅仅传授书本知识,而更应以人为本,传授莘莘学子如何在社会上安身立命,如何保护自己。大学生的安全教育与管理是一项长期性的系统工程,需要社会、学校、家庭的紧密配合和教育行政部门的高度重视,更需要学校各部门的通力合作、齐抓共管,提高对大学生安全事故的预见能力,把大学生安全教育工作做在前面,不断增强大学生安全意识,提高安全防范能力,为国家培养更多具有良好安全意识和能力的高素质合格人才,这样才能收到较好的效果,达到对大学生进行安全教育管理的目的,真正做到办人民满意的教育。

参考文献:

1.王文湛主编.全国高校安全工作指南.光明日报出版社[M],2005年版
2.张丹虹.高校治安形势原因及对策.光明日报出版社[M],2005年版
3.黄进.关于高校安全教育的几个问题.国土资源高等职业教育研究[J],2007年
4.赵金龙.浅谈大学生安全教育.郑州交通职业学院[J],2009
5.张继延.试析和谐校园视阈下高校安全教育的问题及对策.中国论文下载中心[J],2012年

作者简介:

陈娟娟　太原理工大学保卫处科员,手机:18235110102
通讯地址:太原市万柏林区太原理工大学保卫处户证科办公室,邮编:030024

论大学生安全教育

尚凤森　艾绍东　太原理工大学

摘　要：本文论述大学生的安全教育，从个人集体，人身和思想，理论和实际多个方面论述了大学生的安全教育。分析了大学生在现实生活中所应该注意的种种安全问题。

关键词：安全意识　大学生的成才

目前，大学生安全教育还处于宣传教育阶段，远未达到有计划、有目标、规范化教育的层次，但安全教育绝不是可有可无，可做可不做的事情。安全教育是维护大学生安全的一项基础教育，是学生素质教育的一部分，是人才保障的根本教育，它始终是贯穿于人才培养的全过程。

一、大学生安全教育的主要内容

安全教育中的一些内容也是学校思想政治教育的一个重要组成部分。安全教育涉及的内容非常广泛，应与高校的一切教育活动相联系，应与学校的思想政治教育、道德教育、民主法制教育、校纪校规教育、心理健康教育等相结合，但安全教育又有其自身特色和特定内容，从安全防范角度讲，大学安全教育主要包括以下几个方面内容。

（一）国家安全教育

随着高校改革开放的深入，境外人员来高校参观访问、举办讲座、讲学、留学、科技合作等情况日益增多，使高校的国家安全工作面临许多新的问题。为提高大学生的国家安全意识，使其能正确认识改革开放条件下隐蔽斗争的新形式和新特点，自觉抵御境内外敌对势力的渗透活动。当前应重点抓好"三项教育"，强化"三种意识"。一是抓好《国家安全法》等法律法规宣传教育，提高守法意识。学校要充分利用广播、校报等宣传舆论工具，在全校范围内开展《国家安全法》等法律法规的宣传教育，要使每个学生认识到，国家安全是关系到国家存亡的大事，没有国家安全，就没有和平稳定的建设环境，就没有社会主义的现代化。每个大学生都有维护国家安全的责任和义务。二是抓好爱国主义教育，强化责任意识。在开展爱国主义教育时，要联系中国近代史，联系改革开放以来全国各条线所取得的巨大成就，激发民族自尊心和自豪感，增强大学生对党和国家的向心力和凝聚力。三是抓好保密教育，强化防范意识。保密工作关系到党和国家的安全，关系到经济建设和社会发展的大局。因此，学校要积极开展保密教育，增强大学生敌情观念和保密意识，使每个大学生在对外交往中能自觉遵守各项保密制度和规定，自觉保守党和国家的秘密。

(二)网络安全教育

近几年来,网络经济迅速发展,进入网络领域的人越来越多,高校学生几乎人人涉足网络,虽然他们有驾驭网络的技能,但对维护网络安全的法律、法规、条例却知之甚少,网络安全防范意识相对淡薄。当前,高校校园网络受外来非法侵入现象日益突出,主要表现为黄毒侵入,反动言论侵入,教唆犯罪侵入。针对上述这种情况,目前网络安全教育应重点抓好这几方面工作:一是加强网络法律法规宣传教育,提高大学生网络安全意识。学校要通过创办网络安全主页,对网络安全的法律、法规、条例进行及时的登载,这样既方便学生学习网络法律法规知识,同时,也使学生一进入网络首先能感受到网络安全的重要氛围,在思想上形成一道能抵御外来反动、邪恶势力侵蚀的"防火墙"。二是积极开展"呼唤网络文明,净化网络环境"等宣传教育活动。大力提倡网上道德,树立良好网上风气,摒弃不文明、不道德的网上行为,自觉抵制网上有害信息的侵蚀,倡导文明、健康的网络生活。三是积极开展网上正面宣传教育活动,用科学的理论占领网络阵地。要教育大学生不登录反动网站,不看淫秽及内容低调的网页,不下载传播反动及煽动性信息,不在网上发表煽动性言论,对个人电子信箱中接收到的反动信件要自觉删除,保证不转发,不投递。实践证明,教育学生自觉抵制校园网上的有害信息,是防止校园网络遭受非法侵入最有效的方法和途径。

(三)消防安全教育

随着我国高等教育事业的迅速发展,招生数量的不断扩大,校园内人员密度相应增大,消防重点部位不断增多,消防安全形势日益严峻。当前大学生消防安全意识淡薄,缺乏必要的消防常识和自救逃生技能,有的学生遇到火灾发生时,惊慌失措,不知道如何报警,由于没有掌握简单救火常识,往往小火酿成大灾;也有的学生在火灾发生时,因缺乏自防自救的知识和能力,丧失了逃生的最佳时间,最终被火魔无情地吞噬。针对上述这些问题,如何加强大学生消防安全教育:一是组织大学生学好消防法规,用好消防法规,提高依法治火的观念。要教育学生在平时学习、生活中,要严格按照消防法的原则和规定办事,自觉遵守学校消防安全管理规定,积极配合学校做好消防安全工作。二是要大力普及消防安全知识,增强灭火技能和火灾发生时逃生、自救、互救本领。学校可采用消防知识讲座、举办消防运动会、图片展览、演示各种灭火器材的使用、常见火灾的扑救方法和不同情况下的逃生自救方法,进行模拟消防训练,让学生熟悉防火、灭火全过程,从而使他们熟练地掌握"三知"(知防火知识、知灭火知识、知防火制度)、"四会"(会报警、会使用灭火器材、会扑灭初起火灾、会疏散自救)。只有这样,才能有效地减少火灾的发生。

(四)防盗窃教育

近几年来,由于受社会多种因素的影响,学生宿舍盗窃案件呈上升趋势,这不仅使学生遭受物质损失,而且直接影响到学生正常的学习和生活。针对当前学生宿舍盗窃犯罪增多的特点和原因,学校必须加强大学生安全防范教育,减少宿舍盗窃案件的发生。一是加强宣传教育,提高学生的治安防范意识。一般来说,防盗工程多注重人防、物防、技防。人防中最重要的是防盗意识的树立和增强,而防盗意识的确立和增强,在很大程度上取决于宣传教育工作的程度和广泛性。因此,学校要采取多种宣传形式,大力宣传安全防范工作的重要性和必要性,努力提高学生的安全防范意识,在思想上筑起牢固的安全防线。二是运用典型案例开展防盗窃教育。针对学生宿舍盗窃案件突出的严峻现实,通过看录像、案例分析等形式,积极开展防盗窃教育,增强学生的防盗观念,自觉落实各项防盗措施,堵塞防盗漏洞。三是建立治安通报制度。以"治安通报栏"或"治安简报"等形式,及时向学生通报学生宿舍失窃的原因、特点和规律,增强学生的安全防范意识,提高安全防范能力。四是要教育学生自觉遵守学生宿舍安全管理规定,在宿舍内不存放大额现金,不擅自留宿外客,更不能丧失警惕,引狼入室。对形迹可疑的陌生人更应提高警惕,随时进行询问,不给犯罪分子以可乘之机。

(五)交通安全教育

当前,大学生交通安全意识普遍不强,主要体现在学生交通安全知识缺乏和交通安全意识淡薄两个方面。如何有效的防范大学生交通事故的发生,确保交通安全。一是加强交通法规的宣传教育,提高大学生交通法制观念。学校要采取多种形式,大力宣传《中华人民共和国道路交通管理条例》等法律法规,通过交通法规的宣传教育,使广大学生了解在交通活动中,可以做什么,不能做什么,自觉养成遵守交通法规的良好习惯,避免交通事故的发生。二是积极开展交通安全周或交通安全月活动,从而使广大学生牢固树立起"安全第一、预防为主"的交通方针。通过交通安全教育,使广大学生相应地建立五个意识,即红绿灯意识、停车线意识、斑马线意识、靠右行意识、路权意识。形成人人自觉遵守交通法规的局面。三是加强大学生的心理训练。心理训练的目的是提高大学生对交通情况反应能力和应变能力,训练内容包括注意力、观察力和应变力,通过训练提高学生心理素质,使行车、走路集中精力,注意观察,遇到紧急情况,可以作出迅速处理,从而遏制交通事故发生。

(六)安全规章制度教育

近几年来,各高校按照国家相关的法律法规,结合学校的具体实际,制定了一系列安全规章制度。如学生宿舍安全管理制度、实验室安全管理制度、网络安全管理制度、消防安全管理制度、校园治安管理制度等等。实践证明,这些安全规章制度在维护学生的合法权益,保障学生的安全方面发挥了积极的作用。但是,由于大学生的道德水准、思想觉悟、价值观念、自律意识千差万别,一些学生在学习、生活、教学实习、社会实践过程中,总会出现一些违反规章制度的行为,造成个人或他人利益受到侵害。出现这些情况的主要原因是:一些学生对学校安全规章制度知之甚少,有的甚至一无所知;也有一些学生无视学校安全规章制度,有章不循,违反操作的结果。因此,在大学生安全教育中,应注重对学生进行安全规章制度的教育,提高学生遵章守纪的自觉性。一是学校要采取多种形式,大力宣传学校各项安全规章制度,使广大学生充分了解安全规章制度的内容和要求,不仅知其然,而且要知其所以然,逐步养成遵守规章制度的习惯。要通过对安全规章制度考试、知识竞赛等形式,加深学生对安全规章制度的认识。要使学生认识到安全规章制度是多少年来实践经验的总结,有些是总结事故教训,用血的代价换来的。如果为了自己省点力、省点事而违反安全规章制度,那就是对国家不负责任,对社会不负责任,对人民的生命财产不负责任,对自己和他人的家庭幸福不负责任。从而使学生懂得学校安全规章制度同校园安全与个人安全密切相关,增强遵章守纪的自觉性。二是抓好典型事故案例教育。组织学生对本校或兄弟院校的典型事故案例进行讨论和剖析,使广大学生达成"遵章平安,违章出事"的共识,提高学生安全保护意识,自觉抵制违反安全规章制度行为。三是严格执行安全规章制度,认真查处各类违纪事件。学校对违章违纪的学生要进行公开曝光,严肃处理,决不姑息迁就,使违章人员及周围学生都受到教育,以促进规章制度的落实。

(七)心理安全教育

随着高教体制改革力度的加大,学校对学生的培养全面引入竞争机制,必然对学生的思维方式和思想观念等方面产生巨大的影响,使之感到心理有压力,表现为各种心理上的不适。诸如:焦虑、强迫、恐怖、抑郁、冷漠、固执、消沉、暴躁等等,情绪色彩十分强烈,如不加以积极疏导,极有可能导致各类安全问题。近几年来发生在学生中的自杀、打架斗殴、偷盗等行为,多数是由心理问题引起的。因此,学校要特别重视学生的心理安全教育,培养学生健康的心态。一是在大学生安全教育中引进心理健康教育内容,减少安全事故的发生。良好的心理素质是保障学生安全的内在原因,健康的心理在很大程度上能杜绝心理性安全事故的发生。学校对学生心理安全教育应采取普遍教育和个别疏导相结合的方法,有针对性地进行人际关系和谐教育、环境适应教育、健康人格教育、心理卫生知识教育、挫折应对教育以及心理疾病防治教育等内容。这对优化大学生的心理素质,提高心理健康水平,预防心理疾病,促进人格全面发展与完善,有着十分重要的作用。二是要把安全教育与心理咨询结合起来,有目的、有针对性地做好安全防范教育。学校要通过开设心理门诊、心理信箱、心理热线电话等形式,积极开展心理咨询,及时帮助咨询对象,减轻他们内心的紧张与压抑。同时,通过心理咨询对违纪行为或思想上有轻生苗头的学生进行及时疏导和教育,使学生在轻松氛围下,认识自己的错误,以达到心悦诚服,使教育真正发挥震撼心灵的力量和感化学生心灵的作用,使学生安全教育迈上新的台阶。

(八)自我保护教育

大学生在实际学习和生活中往往容易受到来自社会和内部的侵害,而当面临侵害威胁时,又不能有效的保护自己,显得很懦弱。因此,加强学生的自我保护教育,提高学生自我防卫能力显得十分重要。如何加强大学生自我保护教育,一是要对大学生进行有关自我保护内容的法律知识教育,并学会运用法律武器保护自身的合法权益不受侵犯。要教育学生在遇到不法侵害的威胁时,应及时向公安保卫部门报警,以求得他们的帮助。在遇到抢劫、强奸、行凶、杀人等不法侵害时,应大胆采取正当防卫来保护自己和他人。我国法律规定,正当防卫不负刑事责任。当遭到不法侵害后,要教育学生应按照法律程序,依靠执法部门来处理,不能"私下了结"或"私设公堂"来处理。否则,就会出现先受害后违法,甚至犯罪的结局。二是教育学生邪不压正。在受到不法侵害时,要教育学生临危不惧,不可惊慌失措,必须看到"做贼心虚"是一切不法侵害人的共同特点。要大义凛然,以正压邪,从气势上压倒他,迫使不法侵害人停止侵害行为,进而将其抓获。如果不能抓获,应记住不法侵害人的体型特征,为公安部门破案提供重要线索。对于体能较弱的学生,特别是女生,要引导他们同违法犯罪行为作斗争,不能"硬拼",一定要沉着机智,善于动脑,巧于周旋,学会"智斗",用自己的智慧来赢得呼救及报案机会。

二、大学生安全教育的主要途径和措施

加强大学生安全教育,既是时代的呼唤,也是素质教育发展的必然要求。为此,我们应采取以下几个方面的途径和措施。

(一)切实提高对大学生安全教育工作重要性的认识

发生学生安全事故,不仅仅是个别学生受到伤害的问题,还会牵动学生家长,影响其他学生的情绪,影响高校正常的教学秩序,甚至还会影响到局部地区的社会稳定。因此,我们要把做大学生安全教育工作提高到能否营造优良育人环境;能否维护校园和社会的稳定;能否实现高校的教育培养目标这一高度来认识,时刻把学生安全教育工作摆在重要位置。学校要采取切实有效措施,加大教育力度,实现全员、全面、全过程教育。全员教育即学校各级要加强教职工安全知识培训,组织广大教职工系统地学习、掌握安全知识,只有教职工具备了安全知识,才能有效地对学生进行安全教育。否则,难以向学生普及安全常识。在教学上,要充分发挥课堂教学的主渠道作用,在有关课程和教学环节中由任课老师结合课程内容对学生进行安全教育,如在计算机课程中讲授有关计算机安全、网络安全方

面的内容;在化学、物理等实验课讲授有关防火防爆方面的内容;在信息工程课程中讲授信息安全、系统安全等内容。在日常教育管理以及各种服务工作中,都必须结合安全方面的内容,适时的对学生进行安全教育,从而形成对安全工作重要性的共识和公众舆论,以利于安全教育与教学活动、课外实践以及管理和服务工作紧密结合起来,使学生安全教育得到广泛而充分的重视。全面教育即安全教育不但要使学生掌握一般的国家安全,网络安全、交通安全、防火、防盗安全等方面常识,也要教育学生遵纪守法,提高警惕,加强防范,珍爱生命,热爱生活,使安全教育真正融入德、智、体全面教育之中。全程教育即要求学生从入学到毕业,安全教育要始终贯穿于学生在校学习、生活的全过程中,做到常抓不懈,持之以恒,使学生安全地度过大学生活时期。

(二)安全教育要突出重点,注重教育效果

加强学生安全教育,既要全面展开,更要有重点的进行,做到点面结合,以点带面。一是抓重点人的安全教育。如对经常违反校纪校规的学生,要进行重点教育,防止因严重违反校纪校规造成安全事故。要做好这项工作,不能满足于形式,更不能只往下灌输,而要讲效果,要能打动人心,让受教育者内心接受,做到入耳、入脑、入心。二是抓重点场所的安全教育。如对防火、防爆有一定要求的实验室,要教育学生严格遵守实验操作规程,防止意外事故发生。又如在人群集中的活动场所,应教育学生文明礼貌,服从指挥,并注重观察场所周围环境和安全通道,避免发生安全事故。三是抓重点时期的安全教育。重点时期是指易发生安全事故的特殊时期,在高校应重点抓好以下几个时期的安全教育:一要加强新生入学时的安全教育。新生刚跨入大学校门时,由于对校园及周边环境情况不熟悉,缺乏安全防范知识,不懂得如何自我保护,最容易发生各类安全事故。因此,切实加强新生入学安全教育,增强新生的自我防范意识,这对于他们以后的大学生活,乃至以后人生道路上将会产生深远的影响。二要加强节假日期间安全教育。节假日期间学生思想容易放松,易发生财物被盗、火灾、食物中毒、溺水、车祸等事故。因而在此期间特别要强调安全问题,防止各类事故发生。三要加强学生外出实习、社会实践和毕业生离校之前的安全教育。由于这部分学生外出实习、社会实践以及毕业生外出找工作单位,脱离了学校管理人员的视线,如果缺乏安全意识和自我保护能力,遇事考虑不周,也易发生各类事件。因此,学校要切实加强重点时期的安全教育,防止各类事件的发生。

参考文献:

[1]黄希庭主编.大学生心理健康与咨询[M].北京:高等教育出版社,2000

[2]王智新,冯时林主编.论大学生法制教育[C].北京:中国国际广播出出版社,2002

[3]蔡培元.从安全需要的变化中寻求对策[J].保卫学研究,2002.(5)

作者简介:

尚凤森　艾绍东,太原理工大学保卫处监控中心科长,手机:13453112405　18636607470

通讯地址:山西省太原市迎泽西大街79号太原理工大学保卫处,邮编:030024

高校安全教育重要性探讨

李丽生　温雅娟　山西同文职业技术学院

摘　要：近年来,随着大学生的生活空间不断扩展,交流领域也不断拓宽,随之而来的便是与大学生相关的各类案件不断攀升。这些案件多是因为大学生缺乏必要的社会生活知识,尤其是安全知识的缺乏造成的。因此,加强大学生安全教育,提高他们的安全防范能力,已成为一个亟待解决的问题。本文从分析大学生安全教育课的缘起和意义,对当前高校大学生安全教育课的实施模式进行了分析和总结,并针对其存在问题与不足,提出了针对大学生安全教育课的改进措施。

关键词：高校　安全教育　重要性

一、高校大学生安全现状及原因分析

（一）高校大学生安全教育现状

1.学生缺乏安全个体意识

安全意识是指对不安全因素及潜在危险的预判和辨别能力。大学生年龄结构现状使其在身体上已成人,但在心理上却未成人,在对不安全因素的辨别和判断上显得幼稚和不成熟。往往面临危险境地,个体还未察觉,社会经验相对缺乏,个体心理比较单纯。生活经历告诉一个人在面对一种危险时应采取何种策略更有利于保护自己。而大学生刚离开父母的怀抱,从家庭走进大学这个小社会,原先父母会把危险因素化解,只要危险未降临到自己身上,其安全意识就不会重视。同时,当代高职学生的猎奇冒险心理,注重自我及突出的个性也导致了个体对安全意识的不重视。所以当出现安全隐患时,大学生个体应对能力差。我们没有面对危险应采取何种应急措施的系统教育,家长和整个社会的危险应对能力差,加之应急演练更是少之又少。同时,由于大学生自身生理、心理特点及生活环境的特殊性,导致应对危险的能力差。但是学生面对危险因素采取何种应对措施和具备何种应对能力是极为重要的,应对措施得当,可将损失降到最低,或可以转危为安;应对措施不当,则会使问题恶化,甚至酿成大祸。

2.学校安全教育的课程设置单一

在我们所调查的学校或者院系当中,没有开设安全教育课程的有31%,每学期只开设1次安全教育课程的有40%,每学期开设3次以上安全教育课程的只占12%。由此可见,绝大多数高等学校没有将大学生安全教育作为一项重要内容来对待,甚至根本没有将大学生安全教育课程列为学生应该学习的课程。在为数不多的开设安全教育课程的学校中,我们进一步了解其安全教育内容的安排情况,从学生问卷统计中发现了一个共同点,那就是内容单调、涉及面狭窄,仅仅局限于消防安全、交通安全、人身安全等几个基础方面,而对于安全教育的其他内容如文化安全、信息安全、科技安全、网络安全等则涉及太少或根本没有安排。

3.大学生掌握安全技能的途径狭窄

安全教育是教育的基本内容,自然遵循教育的一般规律,但是安全教学又不同于其他的课程教学。其他的课程教学,学生可通过自身练习达到掌握知识的目的,但安全教育如安全防患技能、防身术、遇火灾逃生等都需要教师或专业人员的现场指导、演习等,课堂教学中教师可结合各种各样的教学方法,充分运用现代化的教学手段,把理论教学与技能培养相结合,力争使教学效果达到最佳。所以,安全教育过程中教师的主导作用至关重要。调查结果显示:学生所接受的安全教育内容中,只有23%是通过教师传授的,其余则多是学生通过报刊、电视、网络等手段自己学习。

(二)高校大学生安全教育现状的原因分析

1.客观因素分析

首先,社会不安定。伴随改革开放,西方拜金主义、享乐主义等思想大量渗入我国国民心中,使社会的不安定因素大大增多。社会价值评判标准出现了扭曲,在错误舆论导向的作用下,一些意志薄弱的大学生便产生认知偏差,人生观、价值观等发生错位。加之社会现实层面对大学生构成的不安全具有多样性,如社会不稳定因素增多、交通安全事故增多等,让人防不胜防。

其次,家庭教育影响。父母是孩子的第一任教师,家庭环境是导致大学生违法犯罪或受侵害的重要因素之一。家庭离异,或时常打架不和睦,不关心孩子,孩子缺乏父爱或母爱是导致大学生违法犯罪的第一诱发因素。家长教育方式中往往表现出溺爱、忽视真善美的道德教育,重智力轻人格教育等,在教育的方式上缺少对孩子的了解与沟通,忽视对孩子基本安全知识、发生意外时的应急措施的教育。

再次,学校教育影响。学校教育往往侧重于掌握丰富的文化知识,却忽视大学生与社会接轨能力的培养。大学生因教育理念的偏差,对社会实际了解得少,缺乏正确认识社会和与社会接触的正确心态。很多高职院校缺乏安全教育的系统性,安全演练次数更少,学生缺乏安全技能。

2.主观因素分析

大学生本身对安全教育存在模糊认识,不能正确处理安全教育课程与其他专业课程的关系,只重视专业课学习,忽视自身安全知识的掌握、安全意识与安全技能的提高,觉得安全知识学不学无所谓。对待事情抱侥幸态度,或者一旦发生安全事故则自认倒霉。绝大多数案件是由于大学生自身防范意识淡薄、思想麻痹、不重视人身安全等造成的。由于大学生的身心发育程度,使其面对一些危险因素和意外情况,生活阅历丰富的人往往能识破并应对,而缺少经验的学生却常常难以应付,遇到危险时惊慌失措,从而造成不必要的损失。另外就是大学生心理问题的影响。近年来,我国大学生心理健康水平正呈现逐年下降的趋势。根据一项以全国12.6万大学生为对象的调查显示,约20.23%的人有不同程度的心理障碍,主要表现在自闭、抑郁、焦虑、偏执、强迫、精神分裂等方面。其心理发展尚未成熟,缺乏社会经验,适应能力较差。心理问题成为大学生安全意识中不可忽视的问题。

二、高校安全教育的重要性

(一)高校安全教育是国家法律法规的要求

改革开放以来,高校校园治安和大学生安全问题得到了党和国家的高度重视,大学生安全教育与管理工作已纳入社会主义法治轨道。在很多法律法规中,既明确了学校在大学生安全教育和管理中的职责,也规定了大学生在安全教育与管理中应该享受的权利和必须履行的义务,体现了国家对大学生安全的高度重视,把维护大学生的安全和合法权益,对大学生进行安全教育和管理,依法治校确定为高校各级领导的法定义务,推动了高校各级组织对大学生的安全教育和管理工作。

(二)高校安全教育是适应高校发展的需要

随着我国高等教育事业的发展,高校办学规模迅速壮大,多种形式的办学格局、多校区的管理模式、后勤社会化管理等模式对高校保卫工作提出了更高要求,增加了管理难度。高校扩大招生以来,在校师生成倍增长,校园内商业网点增多。随着校园环境的进一步优化,到校参观、借道通行、锻炼身体的人也不断增多,加上外来务工、施工队伍不断涌入校区,使校园人员更加密集。而外来人员素质差,常常与在校学生发生矛盾和纠纷、甚至出现打架斗殴,扰乱了学校正常的教学和生活秩序。扩大招生也在一定程度上使学生的整体素质有所下降,学生中违章违纪现象逐年增加,打架斗殴、内盗案件经常发生。

(三)高校安全教育是社会治安形势的需要

近年来,经过多次治理,社会治安形势有所好转,但是形势依然十分严峻,各种违法犯罪现象仍呈上升趋势。高校在改革、开放、搞活的新形势下,与社会融合的程度越来越深。高校周边治安环境更加复杂,学校周围茶楼、酒吧、网吧、歌舞厅林立,一些不法分子混迹其中,伺机作案。另外,社会不健康文化也是毒害大学生思想,影响学生身心健康的重要因素。部分大学生沉迷于淫秽书刊、影碟、黄色网站而不能自拔,导致精神萎靡,厌恶学习,甚至走上违法犯罪的道路。对大学生进行安全教育与管理,让大学生对社会治安形势有客观的认识和理解,使大学生自觉地学习安全知识与技能,做好自身的安全防范工作,从而预防和减少高校中违法犯罪对大学生的不法侵害。

(四)高校安全教育是提高大学生综合素质的需要

大学生安全教育已发展成为一门科学并进入课堂。随着我国社会经济文化快步发展,教育事业也发展迅猛,学生的毕业就业问题逐步显现,人才市场竞争激烈,用人单位对综合素质高的人才青睐有加,而良好的安全意识和一定的安全知识正是体现大学生综合素质的重要指标。当前,许多高校已普遍将安全教育列为学生入学教育的重要组成部分,大学生的法律意识和安全防范意识得到进一步提高。当大学生独立面对突如其来的灾害,社会纷繁复杂的现象,要学会用法律途径来维护自身的合法权益。

三、高校安全教育应有的内容

(一)安全的理论知识与防范技能

大学生安全教育的基础是法制教育,大学生法制教育是社会主义精神文明的重要内容。目前大学生普遍缺乏法制观念,法律意识淡薄,有些学生不知法,不懂法,头脑里根本没有法律意识,被违法行为侵害了也不知用法律武器来保护自己。还有些学生知法犯法,针对这些情况,进行法制教育的目的,是让学生增强法律意识,使他们知道法律的严肃性,提高他们学法、懂法、守法、用法的自觉性,杜绝或减少学生无知违法和知法犯法的现象。随着校园日趋社会化,高校由过去的相对独立、相对封闭状态走向全方位的开放,与外界的联系愈加密切和广泛,对大学生进行防盗、防骗等安全方面的教育更加必要。大学生通过学习,可以了解掌握必要的生活常识和安全防范的基本知识,增强安全防范的意识和能力,实现从我要安全到我会安全的转变。

(二)校纪校规教育

国有国法,校有校规,俗语说:没有规矩不成方圆。遵纪守法、遵守校规校纪,不侵犯他人利益,自觉维护校园正常秩序是大学生的基本义务。校纪校规教育是学生入校的基础教育,但对大学生来说依然存在着突出的问题。这固然与学校管理不严,要求不高有关,另一方面也反映出学生没有认识到纪律的严肃性,没有树立遵守纪律的自觉性。

(三)心理健康教育

心理健康是指一种与生活相适应的良好心理状态。心理健康教育的目的,是通过心理咨询等方法,开展心理辅导,矫正心理障碍,教育学生应克服自己心理的问题,消除挫折感与自卑感,帮助学生排忧解难,以增强自我调节能力,保持健康的心理状态。大学生正处于生理、心理尚未成熟的时期,思想行为盲目性比较突出,遇到矛盾、冲突和压力时很难控制情绪,从而不能做出正确的选择。加强心理健康教育,就是帮助学生正确认识和对待学习和生活及人际关系等方面出现的心理问题,提高他们正确认识和应付各种事件的能力,增进身心健康,杜绝或避免因心理原因而引发的违法违纪行为和安全事故。

(四)消防和防盗安全教育

学校要教会学生如何预防火灾,在发生火灾时要知道如何报警,并在学校组织下演练简单的救火常识,在最短的时间内做到自救并掌握最佳的逃生技能。近几年来,由于受社会多种因素的影响,学生宿舍盗窃案件呈上升趋势。对此学校必须加强大学生防范教育,采取多种宣传形式,大力宣传安全防范工作的重要性和必要性等等。

四、提升高校学生安全教育的措施

(一)学校重视,齐抓共管

学校要从实践"三个代表"重要思想的高度,本着维护良好的教育教学秩序、本着对学生高度负责的精神,认真做好大学生安全教育工作。在高校贯彻"谁主管,谁负责"的原则。高校领导要充分认识到大学生安全教育工作的重要意义,在思想上、制度上、组织上给予高度重视。另外学校安全管理职能部门的保卫机构既要抓安全管理,又要抓安全教育,以安全教育促进安全管理。

(二)开展形式多样的安全教育

对于大学生安全教育,必须结合学校特点和学生实际,开展形式多样的安全教育。根据大学生可塑性和接受能力强的特点,切实做好安全知识的传授和安全防范能力的培养。多通过开设专题讲座、利用广播、电视、橱窗以及召开案件事故分析会、办学习班等形式向学生进行形式多样,生动活泼的宣传教育。还要抓住时机,将安全教育与打击各种刑事犯罪相结合,以提高大学生安全防范和法律意识。

(三)防范教育为主,着力提高安全素质

学生安全素质的提高,重在实践锻炼。对大学生进行常规安全防范训练重点是进行防火、防盗、防骗、防抢劫、防侵害、防自然灾害事故等。在训练中教给他们一些安全问题的策略和办法,丰富他们的间接经验,提高他们防范安全事故的自觉性和实际应对能力。同时引导大学生分析因自身缺乏安全防范知识和能力而引发安全问题的事例,切实提高大学生自我教育、自我管理、自我保护能力。还要采用实战模拟等方式对学生进行临灾应急心理、防护技术的训练,提升应急能力。使其在面对意外事故发生时要临危不惧、镇定自若、主动采取自救和互救措施。

参考文献:

[1]王艳婷.大学生安全意识教育重要性与有效途径研究[J]

[2]傅贵,李宣东,李军.事故的共性原因及其行为科学预防策略[J],安全与环境学报,2005(2)

[3]田毅,潘洪江,张福喜.高校学生安全工作体系建设的几个基本问题[J],中国青年研究,2007(6)

[4]汪永高.加强高校安全文化教育的意义与对策[J],中国高教研究,2004

[5]黄进.关于高校安全教育的几个问题[J]

[6]王成君,韩爽.高职院校大学生安全意识现状及对策分析

作者简介:

李丽生　山西同文职业技术学院副院长,手机:15364641369

温雅娟　山西同文职业技术学院辅导员,手机:15364641306

通讯地址:山西省介休市北坛西路239,邮编:032000

浅析大学生公共安全教育工作的现状及对策

李 娜 南开大学

内容摘要：本文首先阐述了高校公共安全内涵及公共安全教育内容意义，概述了近年来高校公共安全教育取得的一定成绩，分析了存在问题。在此基础上，提出大学生公共安全教育对策，认为应从树立新型大学生公共安全观、构建三位一体的防范体系、注重安全文化熏陶及加大平安校园宣传力度四方面着手，把大学生公共安全教育任务落实好，为高等教育事业的全面、协调、可持续发展营造平安和谐的良好环境。

关键词：大学生 公共安全教育 现状 对策

近年来，随着高等教育的快速发展，高校公共安全的内容日渐丰富，任务更加繁重、复杂，面临的形势也更加严峻。因而，在新的历史时期，高校公共安全管理工作必须受到高度重视，加强高校公共安全管理工作，需要从诸多方面作出努力。加强高校公共安全教育，提高安全教育的质量和效果，是一项最基础，也是最有效的工作。

一、大学生公共安全教育概述

大学生公共安全教育，是指高校管理者和教育者以国家的法律、法规和党的方针、政策等为依据，以安全责任、安全意识和安全知识为主要教育内容，以全面提高大学生综合素质为目标，通过新生入学教育、课程教育、日常教育和管理等多种途径，使在校大学生增强自我保护能力，提高安全防范意识，全面系统地掌握安全知识，更好地适应大学生活和社会需要而进行的教育。[①]新形势下，大学生公共安全教育工作主要包括国家安全教育、网络安全教育、消防安全教育、心理安全教育和交通安全教育等五个方面的内容。

大学生公共安全教育具有重大意义。首先，高校开展公共安全教育，宣传学习相应的法律法规，是培养社会主义事业建设者和接班人的必然需要。其次，高校开展公共安全教育，是提高大学生安全意识和公共安全防范能力的需要。再次，对大学生进行安全知识教育，使他们在灾害和事故中学会自救，学会逃生，提高自我保护能力，是他们保护自身生命安全的需要。另外，对大学生进行心理安全教育，是学生保持健康心理，防止心理障碍导致事故发生的需要。最后，对学生进行公共安全教育，使他们在自身权益受到侵害后，懂得依靠什么法律，通过什么程序和途径，找哪些单位去维护自身的权

---

① 冯小宁，陈木龙. 新形势下高校公共安全教育体系的构建. 思想教育研究，2011（2）

益。[1]

二、大学生公共安全教育现状分析

(一)大学生公共安全教育取得的成绩

近年来,党中央国务院高度重视安全工作,出台了相应的法律法规,这其中也包括高等学校的安全保卫工作。各高校根据形势发展要求,持续加大工作力度,出台相关措施,重点突出对大学生的公共安全教育,取得了一些成绩。

(二)大学生公共安全教育存在的问题

高校公共安全教育模式已不适应当前安全形势发展的需要。目前高校都普遍制定了安全教育管理规定,主要通过安全讲座和宣传板报的形式对学生开展安全教育,但由于教育观念陈旧,教育手段单一,安全教育的效果不是十分理想。

大学生持续下降的心理健康状况给高校安全带来新的冲击。当前的高校学生,90后居多。90后大学生有许多优点,如积极上进,好动活泼,易于接受新鲜事物。但他们也存在一些不足,比如自我意识强,唯我观念重,互助精神差,心理承受能力弱,独立生活能力低等。这些问题的存在,使得大学生缺乏面对生活的勇气和办法,往往遇到挫折就束手无策。如果不及时发现和疏导,会引发一些违法乱纪的事。

网络化趋势不断挑战传统的高校公共安全教育。对于思想活跃的大学生来说,网络是他们了解社会、接受知识、人际交往的重要工具。由于大学生正处于青春期,心理尚不定型,认识能力有待提高,分辨是非的能力较差,容易受到不健康信息的诱惑和侵害。同时由于网络的超时空性和隐蔽性等特征,有的大学生经常会由于现实世界的失意,在网络中重新塑造另一个自我,按照自己的方式和个性,去满足自身的需求和欲望。

三、大学生公共安全教育之对策

(一)创新思路,树立新型高校大学生公共安全观

我们要把做好大学生安全教育工作提高到能否营造优良育人环境、能否维护校园和社会的稳定、能否实现高校的教育培养目标这一高度来认识,时刻把学生安全教育工作摆在重要位置,按照中国特色社会主义理论体系的要求,与时俱进,开拓创新,结合新形势下创新社会管理的要求,创新校园管理,切实加强和改进新时期大学生公共安全教育工作。高校安全教育应以全面提高大学生的综合素质为目标,以大学生在校期间及今后走上社会面临的安全问题为切入点,对学生进行实用法律知识、安全防范知识、学校安全管理制度及心理健康知识教育,培养其抵御违法犯罪能力,对突发性事件和灾害性事故的应急、应变能力,避免生命财产受到侵害的安全防范能力,以及遇到人身伤害时的自我保护、防卫能力。

(二)注重研究,构建人防、物防、技防"三位一体"的防范体系

随着科学技术的不断进步,社会环境的日益复杂,安全保障体系已进入了人防、物防和技防相结合的时代。对高校来讲,人防、物防和技防是学校安全稳定工作中最实用也最常用的防范手段。要进

---

[1] 韩连生.高校保卫学[M].中国人民公安大学出版社,2010:177-180

一步巩固和加强高校安全稳定工作,就是要不断加强人防、完善物防、强化技防,全方位打造高校校园安全防控体系。

1. 构筑安全人防体系,打造高素质保卫队伍

在构建人防安全体系方面,高等学校要建立三支队伍,即保卫干部队伍、校卫队队伍和学生保卫队伍。保卫干部是高校安全保卫工作的核心力量,是做好高校保卫工作的重要因素。一方面,要加强保卫干部职业道德素质建设。另一方面,要加强保卫干部的业务学习和培训,全面提高其业务素质。校卫队队伍是构建和谐平安校园的基本力量。他们集管理、服务师生员工为一体,全天候、全方位地在岗位上做着维持交通、守卫校门以及安全巡逻等方面的具体工作。在新的历史条件下,建设一支素质较高、工作责任心强、能够吃苦耐劳的校卫队队伍显得特别重要。学生保卫队伍在高校平安校园建设工作中有着独特的作用,高校应该根据自身实际情况成立学生保卫自治组织,这既能够发挥学生主动参与学校安全保卫工作的积极性,又能保证学校各项安全措施的贯彻渠道畅通,还能及时获取学生中相关动态信息,从而做到防患于未然。

2. 构筑安全物防体系,提高综合防范能力

构建和谐平安校园不仅需要人力保障,同时也需要物质保障。良好的安全设施装备是维护高校安全稳定的必要条件。要加强校园内的硬件环境建设,全面排查校园内的道路交通、各类建筑物、体育器材等安全隐患,防止人身意外伤害事故的发生,对校园内所有建筑、设施、用火用电等安全风险点,实现重点检查和监控。

3. 构筑安全技防体系,开创科技创新局面

实践证明,技防是"三防"体系中最有效、最具综合功能的防范手段。高等学校要积极树立起"技术防范是商品"和"花钱买安全"的安全意识,加大技术防范专项基金投资力度,努力建立消防自动报警系统、电视监控系统、红外线自动报警系统和巡更系统等,并将这几个系统整改组合,建立校园安全监控中心,实行24小时不间断值班,努力实现安全防范技术的科技化、信息化和智能化,不断开创科技创安工程的新局面,为构建和谐平安校园提供必要的技防支持和保障。①

(三)加强安全防范教育,注重安全文化熏陶

1. 倡导校园安全文化建设,发挥文化"软实力"

校园安全文化建设应以"人"为本,以文化为载体,通过文化的渗透提高人的安全价值观和规范人的行为。提高领导者、组织者和执行者的安全素养,是校园安全文化建设的保证。而提高师生员工安全素养,则是提高学校安全文化水平的基础。倡导校园文化安全就是要更突出关注人的需要,不断提高师生员工的安全价值观,形成有利于确保安全的思维方式、精神风貌、职业行为规范、舆论、习惯和传统等等。

2. 强化校园安全管理,完善校园安全的规章制度

从我国的现实和历史文化的源流看,校园安全文化建设的任务还相当艰巨,需要制定安全文化的规章制度,以规范师生员工正确的行为,形成安全高于一切的氛围,用以约束个体的行为与改善人际关系,养成正确的思维习惯,调动师生员工重视和改进安全的积极性,把安全放在优先位置,并化作每个人的自觉行动,使全体师生员工在"安全第一"这个共同的价值观指导下,凝聚到一个共同的方

---

① 张国力,程诗敏.构建高校和谐平安校园的理性思考.北京市高教学会保卫学研究会第十届学术年会论文选集[C].2007.

向,保证各种安全目标的实现。因此,学校的领导者和组织者要进一步统一师生员工的思想,提高安全第一的思想认识。要建立健全安全规章制度,明确安全责任制和责任追究制,把"预防为主"的工作原则从严从细地落实到日常管理工作中去。

3.开展安全教育活动,营造充满生机的校园环境

校园安全文化建设,必须重视对师生员工安全心态、安全制度、安全行为等方面的教育。要从安全思想、安全态度、安全责任、安全价值等多角度对他们进行安全文化渗透,唤醒人们对生命安全、身心健康的渴望,对学校财产和个人财产的责任意识,从而从根本上提高师生员工对校园安全的认识,牢固树立"安全第一"的思想。要运用各种手段对师生员工进行安全理论、安全技能、避险自救、生活安全、公共安全知识的教育,做到理论联系实际,切实提高安全意识和自我保护意识,增强自我保护能力,以最大限度消除安全隐患,确保安全。[①]

(四)以"平安校园"建设为抓手,加大宣传教育力度

"平安校园"建设既是高校深入实施素质教育,全面提高教育质量的有效载体,也是高校公共安全教育重要的理论平台和实践平台。

一是理论平台。"平安校园"建设是新时期高校改革发展中的重要使命。其实践活动需要理论的创新和探索。大学生安全教育内容非常广泛,从国家安全、网络安全再到消防安全、心理安全,无一不是安全教育的内容。开展高校安全教育既要以科学理论为指导,又要在安全教育实践中扎实推进。尤其是安全教育模式、模型、制度的探索要具有理论上的前瞻性,把大安全观教育理念融入"平安校园"建设。

二是实践平台。高校各部门、各单位必须牢固树立全局观念、全局意识,围绕教育教学全局开展工作。基础牢则全局牢,局部稳则全局稳。要始终坚持工作重心下移,强化基层基础工作,努力提高基层组织的防控能力,充分发挥基层组织在平安建设中的作用,不断增强各部门的责任感、使命感,通过"平安校园"建设,确保学校平安。

1.领导重视,齐抓共管

一是要在高校贯彻"谁主管,谁负责"的原则。高校党政领导要从"稳定压倒一切,安全重于泰山"出发,充分认识到大学生安全教育工作的重要意义,在思想上、制度上、组织上给予高度重视。二是作为学校安全管理职能部门的保卫机构,既要抓安全管理,又要抓安全教育,要以安全教育促进安全管理。学校广大政工干部和班主任以及全体教师要把安全教育作为义不容辞的责任。

2.联系实际,确保平安

按照建设"平安校园"、构建和谐稳定的内部环境的总体要求,联系学校实际,将"平安校园"建设与学校中心工作有机结合,互相促进提高。一是把"平安校园"建设同学校的改革发展相结合。保证和促进学校的教学、科研和各项事业的健康快速发展。二是与校园环境和校园文化相结合,促进校园绿化、美化,完善文化娱乐设施,陶冶大学生的思想情操,培养大学生良好的行为举止,养成良好的文明习惯。三是与安全防范相结合,强化防范措施,增强防范意识,加大陈旧设备、老化设施的改造力度,最大限度地减少各类安全事故的发生。四是同大学生的法制安全教育相结合。不断提高大学生的法制观念、法律意识和自我防范能力,同"平安班级"、"平安宿舍"、"平安单位"创建活动相结合。[②]

---

① 邓国林,朱蓉蓉.试论高校校园安全文化建设.江苏高教.2008(2)
② 武金陵.推进"平安校园"建设,营造良好育人环境.重庆科技学院学报.2011

参考文献：

[1]江乐忠.高校公共安全法律研究[M].人民出版社,2009

[2]秦琴,齐福荣.高等学校公共安全教育研究[J].中国安全生产科学技术,2009

[3]武金陵.推进"平安校园"建设,营造良好育人环境[J].重庆科技学院学报.2011

[4]罗松涛.大学生安全教育创新研究[J].学校安全管理,2010

[5]韩连生.高校保卫学[M].中国人民公安大学出版社,2010

作者简介：

李娜　南开大学

浅析大学生教育教学活动秩序的安全管理

郭薇薇　中北大学

摘　要：在科学技术飞速进步，知识爆炸的今天，高等院校规模日渐庞大，各院校教育体系亦日趋完善。大学生群体作为高等院校的受教育主体，以及现代社会的重要组成部分，一直是社会各界关注的焦点。其中，大学生安全管理成为各高等院校近年来的首抓项目，而作为大学教育主要模块的教育教学活动部分，自然成为大学生安全管理的一个关键部分。本文从安全管理的原则出发，以中北大学各方面具体情况为例，对大学生教育教学活动秩序如何进行安全管理做了详细的分析。最后，在分析的基础上，结合现代大学生教育教学活动的特点，对大学生教育教学活动秩序的安全管理提出几点建议。

关键词：大学　教育教学　安全管理

校园安全，并非老生常谈。似乎总有那么一些不和谐的因素打破校园原本的平静，扰乱师生们的正常生活秩序。近年来，虽然各高等院校逐步加强了大学生安全管理的重视程度，但大学校园安全事故仍时有发生。从美国校园枪击事件到南平悲剧，校园安全已经成为一个严峻的社会问题，如何创造一个安全的校园环境，是如此迫切地需要解决。在当下，大学校园安全俨然已成为社会广泛关注的焦点，校园安全事故的频发成为威胁大学生健康成长的重要因素。如何避免校园事故的发生，给在校大学生营造一个安全舒适、和谐向上的学习与生活环境，已经引起了相关部门的高度重视。因此，做好学校的安全防范工作，是安全工作是第一要务，保证学生的安全，对大学生进行安全教育管理，有效防范校园安全事故的发生，成为现代高等院校教育教学活动的一项主要任务。这是法律赋予教育工作者的责任，也是教育工作者的基本义务。

一、对教育教学活动秩序进行安全管理的原则

要想对大学生教育教学活动秩序进行安全管理，必须首先明确安全管理的原则，才能有效进行管理：

（一）坚持安全管理的目的性

安全管理是对人、物和环境因素状态的管理，有效的控制人的不安全行为和物的不安全状态，消除或避免事故，达到保护在校学生的安全与健康的目的。没有明确目标的安全管理是一种盲目行为。盲目的安全管理，充其量只能算作花架子，劳民伤财，危险因素依然存在。在一定意义上，盲目的安全管理，可能纵容威胁人的安全与健康的状态，向更为严重的方向发展或转化。明确针对大学生教育教

学活动秩序进行安全管理的目的,是确保安全管理有效性的前提。

(二)必须贯彻预防为主的方针

安全管理的主旨是"安全第一、预防为主"。安全第一是从保护学生的角度出发,在大学教育教学活动范围内,肯定安全的位置和重要性。进行安全管理不是处理事故,而是在大学生教育教学活动中,针对大学教育教学活动秩序的特点,对活动中影响秩序的不安分因素采取管理措施,有效的控制不安定因素的发展与扩大,把可能发生的事故,消灭在萌芽状态,以保证在教育教学活动中,学生的安全与健康。贯彻预防为主,首先要端正对教育教学活动中不安全因素的认识,端正消除不安全因素的态度,选准消除不安全因素的时机。在安排与布置教育教学活动内容的时候,针对其中可能出现的危险因素,采取措施予以消除是最佳选择。在教育教学活动中,经常检查、及时发现不安全因素,采取措施,明确责任,尽快、坚决地予以消除,是安全管理应有的鲜明态度。

(三)坚持"四全"动态管理

安全管理不是少数人和职能部门的事,而是一切与教育教学活动有关的人共同的事。缺乏全员的参与,安全管理不会有生气、不会出现好的管理效果。当然,这并非否定安全管理第一责任人和相关职能部门的作用。安全管理涉及教育教学活动的方方面面,涉及学生从接受教师授课到完成本课程课时的所有教育教学活动过程,涉及全部的教育教学时间,涉及一切变化着的活动秩序因素。因此,教育教学活动中必须坚持对其秩序的全员、全过程、全方位、全天候的动态安全管理。只抓住一时一事、一点一滴,简单草率、一阵风式的安全管理,是走过场、形式主义,不是我们提倡的安全管理作风。

(四)安全管理重在控制

进行安全管理的目的是预防、消灭隐患,防止或消除事故伤害,保护学生的安全与健康。在安全管理的主要原则中,虽然都是为了达到安全管理的目的,但是对教育教学活动秩序状态的控制,与安全管理目的关系更直接,显得更为突出。因此,对教育教学活动中人的不安全行为和物的不安全状态的控制,必须看作是动态的安全管理。事故的发生原理,是由于人的不安全行为运动轨迹与物的不安全状态运动轨迹的交叉。这就说明了对教育教学活动秩序状态的控制,应该当作安全管理重点,而不能把约束当作安全管理的重点,因为约束缺乏带有强制性的手段。

(五)在管理中发展、提高

既然安全管理是在变化着的教育教学活动中的管理,是一种动态,其管理就意味着是不断发展的、不断变化的,以适应变化的教育教学活动,消除新的扰乱教育教学活动秩序的因素。然而更为需要的是不间断的摸索新的规律,总结管理、控制的办法与经验,指导新的变化后的管理,从而使大学生教育教学活动秩序的安全管理不断上升到新的高度。

二、大学生教育教学活动秩序安全管理分析

结合上述教育教学活动安全管理的原则,以中北大学实际情况为例,对大学生教育教学活动秩序的安全管理的主要方面做详细分析,并提出应对措施。

(一)对外来流通人口的管理

大学校园一般是开放式管理,是允许外来人口正常流通的开放式场所,这就给学校安全管理工作增加了难度。对中北大学而言,由于学校本身与上兰村相毗邻,村内多数居民以在校内做生意为生。加之,学校是通往二龙山入口所在,每年一到春季,踏春游山人数增加,也使得外来人口数明显增加。

所以,地理环境缘由使得学校安全管理任务更为艰巨,以学校正常的教育教学活动为重心的秩序安全管理工作便成为重中之重。因此,中北外来流动人口之大,使得教育教学活动秩序更加容易被外来因素所干扰,对其进行安全管理,是学校保卫部门义不容辞的责任。结合安全管理的原则,应明确其目的,即防止外来流动人口妨碍学校正常教育教学活动秩序,并需要以预防为主,而学校保卫部门也能够对其可能出现的状况进行控制,最好可以实行安全管理原则中强调的动态管理原则,及时、准确、有效的排除扰乱学校教育教学活动秩序的因素。因此,需强化各处值班制度,将工作落实到实处,排除扰乱教育教学活动秩序的不安全因素。如1.严禁行为异常人员和各类无证无卡车辆进入校园;2.对来校办事人员实行安检,严禁携带危险物品的人员、车辆进入校园(刀具、易燃、易爆品),来访人员应一律登记在册。3.坚守岗位,严格执行作息时间,保证24小时全天候守护校门,为保证学校教育教学活动秩序的安全管理工作提供第一道防线。

(二)针对大学生课外教育教学活动秩序的安全管理,需要格外注意并提前预防

现今的教育教学体系越来越完善,其教学内容也更加丰富多彩,大学生课外教育教学活动愈加频繁的同时,对其安全管理工作提出了更高的要求。如中北大学课外教学活动日渐增多,而且由于学校坐落于二龙山脚下,有些教育教学活动难免会涉及山上的空间,还有一些课外活动如体育课等,都涉及对学生的安全管理工作。因此,巡查学校课外教育教学活动时段,扰乱其秩序的安全隐患并及时排除,成为学校保卫部门的首要职责,也是安全管理工作的重心。结合安全管理原则,对教育教学活动中的不安全因素进行排除,并及时控制扰乱正常教育教学活动秩序的意外状况,以预防为主,兼具动态控制的原则,制定措施,对学校教育教学活动秩序进行有效安全管理。如:1.清理课外教育教学活动区域内的商业性摆摊设点;2.疏理教育教学活动区域内的交通堵塞;3.及时化解学生与学生、学生与家长、家长与家长的矛盾和纠纷;4.引导学生开展文明的课外教育教学娱乐活动,及时制止学生相互逗打、疯闹的不良行为,并对其进行教育;5.制止学生攀爬危险设施及护栏;6.及时处理偶发事件,重大事件向学校报告。

制定规章制度,是为了防范安全事故的发生,但并不能完全杜绝扰乱课外教育教学活动秩序安全事故的发生。因此,如何灵活治理,动态管理,将安全防范与意识更好地落实到学校教育教学活动有关的每个细节,贯彻到安全管理工作部门的工作中,是值得每个学校深入思考和研究的课题。

三、对大学生教育教学活动秩序进行安全管理的几点建议

(一)明确工作要求,强化防范措施,实行责任追究

保卫部门人员工作要求如下:一是到岗准时:不脱岗,不离岗,不串岗;二是工作认真:巡查到位,处理到位,教育到位,报告到位;三是迎难而上:遇到突发扰乱教育教学活动秩序的事件,要及时处理,善于控制预防;遇到辱骂、责怪,要容忍大度;四是讲究方法:对扰乱教育教学秩序的学生进行耐心的说服教育,不体罚学生;对外来人员进行劝导,说理,不激化矛盾;对突发事件,冷静、科学处理,不留后患。五是依法处置:遇有恶意滋扰、惹是生非,报请公安部门及时打击。

(二)对管理工作中的不安全因素进行排查

1.对校园内及校园外的扰乱教育教学秩序的安全隐患进行大排查。发现存在隐患的设施设备要进行更新、完善;对校园周边的门店、摊点要进行治理,对校门周边来往人员及车辆要观察、了解,发现情况,及时报告。

2.对家长、教师、学生中存在的矛盾纠纷予以排查。对家长与教师、教师与教师、教师与学生、学生与家长中存在的各类矛盾纠纷要进行了解,对重点人(偏执类、容易走极端类),要摸清底数,由学生管理、工会、人事等部门列出名单,落实包保人,进行原因分析及矛盾化解,防止影响正常的教育教学活动秩序。

(三)添置安全配套设施。

在学校各校门及科技楼等重点实验楼的入口处,安装电子监控设施,监控室设在保安室。保安室内,购置基本防暴器材,同时,通过正规保安公司,聘请保安,负责校园的安全保卫工作,对扰乱教育教学活动秩序的不安全行为早发现、早处理、早解决。

(四)加强夜间安全保卫力度。

设置督察员,最好是由校行政部门牵头,每天安排二名行政人员,在晚上6:30至9:30教育教学活动时间内,在校园内巡查,在校门处执勤,杜绝行为异常人员及无证无卡车辆进入校园。

(五)实行责任包保与责任追究。

学校对全体行政人员、校门值班人员、场地值日人员、楼道值日人员、任课教师、保安等,明确了各自的工作区、工作时间、工作责任,并公示各值班区域的名单,做到谁值班,谁履责,谁失职,谁受罚的工作要求。对值日不到位,履职不到位,工作不到位造成的安全事故,经上级行政部门及执法机关查实的,受到行政处罚和法律追究的当事人,学校不讲情,不说情,不留情。

(六)加强重点部位的教育教学活动秩序安全防控措施。

预防学生上体育课时,或游泳馆等教育教学活动等场所出现安全事故。体育教师在体育课的教学过程中,要划定好学生活动区域,做好学生的安全防护措施,时刻引导和关注着学生的活动,确保学生锻炼的安全。

(七)加强安全教育,提高安全防范意识

要进一步加强对学生的安全教育,增强学生的法制意识、安全意识、自我保护意识、自助自救意识、心理健康意识。如引导教育学生课间开展正常的文娱活动,不追跑、不逗打、不冲撞、不推搡、不拥挤、不相互投掷物品、不向楼下投掷物品、不做可能伤害他人的事情。教育学生在进行课外教育教学活动时,不翻越走廊护栏,攀爬院墙和危险地段、体育器材、篮栏、乒乓球台等。此外,需向学生传授防溺水、防车祸、防中毒、防火灾、防盗窃、防暴力等知识。

重视高等院校教育教学活动秩序的安全管理,提高各职能部门对扰乱教育教学活动中安全事故的防范意识,加强不安全因素的排查工作,对影响教育教学活动秩序的人、物以及周围环境采取提早发现,及时处理,规范报告的工作程序。将大学生教育教学秩序的安全管理工作落实到实处,是学校之本,是学生之福,是保卫处相关工作人员之责。

参考文献:

[1]卢实小,蒋晓政.《学校教育教学活动安全》,上海师范大学,百度文库,2011年3月28日

[2]《西安工业大学安全管理规定》校保发[2007],2010年5月23日

[3]邢雅伟,文涛.《中国高校校园安全管理初探》,《社科纵横》,2009年10月

[4]《维护教学秩序的教学管理方法与策略》http://www.Xkbw.com/Article/KeG/200907/56955html

[5]《西宁市保护学校教学环境维护教学秩序的规定》,青海省人大常委会,百度文库
[6]安全管理——百度百科,http://baike.baidu.com/view/297227.htm

作者简介:
郭薇薇　中北大学保卫处教育科科长,手机:13994247559
通许地址:山西太原学院路 3 号,邮编:030051

高校学生安全教育工作的现状及对策

张丽红　河北工业大学

摘　要：学生安全教育作为一项基础工作，事关高校稳定和发展。本文通过分析安全教育工作的现状和存在的主要问题，提出了加强制度化建设、树立正确的教育理念、加强心理健康教育、网络安全教育、内外综合治理的工作思路，不断提高学生安全教育工作水平。

关键词：教育形式　安全意识　制度化

校园安全是学校发展的基础，是大学生成长成才的根本保证，它不仅关系到师生的合法权益和人身安全，同时也是学生在校学习、生活和发展的根本前提。作为高校管理者和教育者，必须充分认识到加强安全教育工作的重要性。

一、高校学生安全教育工作的现状

（一）人力、物力投入不断增大，技防水平显著提高，确保了校园安全

各高校依托保卫、后勤、学生管理等部门不断加强校园巡逻，密切关注校内外人员动态，加强学生宿舍管理，排查各类外来人员，防止校园各类突发性事件发生。为了保护高校各类重要设施和重点部位，大多数高校都安装了自动报警装置和高清摄像头，同时为保卫部门配备了自动接警和24小时巡逻车，技防水平不断提高，高科技设备开始装备校园，对杜绝校园安全事故的发生和事故的侦破起到了重要作用。

（二）安全教育形式不断创新，内容逐渐丰富

目前，多数高校都利用"119消防日"、"安全活动月"、"新生安全教育"及典型安全事件等形式对大学生进行安全教育，增强学生的安全防范意识。随着高校安全事故形式的增多，如大学生传销组织、学生联合罢餐、网络诈骗等事件的增多，许多高校将这些安全事件作为专题在学生中进行宣传教育，对大学生进行安全预警，提高他们的安全意识，有利地促进了高校安全教育工作。

（三）制度化和法制化建设不断提升，提升了安全教育工作的理论水平

我国《普通高等学校学生安全教育及管理暂行规定》明确规定：高等学校要做好学生日常安全管理工作，加强安全防范，建立和健全规章制度，严格管理，学校要把安全教育及管理工作纳入领导任期的责任目标，落实到年级、班主任，学校应由一名校领导主要负责。在这一思想的指导下，各高校制订了详细的安全教育的规划，建立健全了各项规章制度，如《大学生安全管理规定》等。部分高校把《大学生安全教育课程》纳入了教学计划，系统讲授大学生安全教育。有的学校编写了适合于校情的

"安全常识"小册子,做到学生人手一份,使安全教育系统化、形象化、通俗化,"离不开、少不了、听得进、看得到"。

二、安全教育工作存在的主要问题

(一)安全教育工作属于预防性、基础性工作,只要不发生安全事故,很难体现这一工作的重要性,但恰恰是预防性、基础性,容易使高校放松对学生的安全教育,使这一基础性工作流于形式

主要表现在:(1)只要上级安排了,就组织人抓一抓,上级不管,就放到一边不予理睬;(2)学校进行全面安全排查时就集中力量对付一下,只要检查合格就可以;(3)发生重特大案件或者严重事件时,就抓紧时间抓一下,事后既不总结也不反思。这些做法使学生安全教育工作仅仅停留在表面,流于形式,忽视了安全教育工作的预防性和前瞻性,容易造成安全工作的松懈,等到真正发生安全事故后才追悔莫及。

(二)安全教育工作形式单一,内容匮乏

为了配合安全教育工作,高校都会请一些专家做一些报告,除此之外,只是利用宣传媒体、安全教育日等平台,例行性进行安全宣传,年复一年,日复一日,形式老套,很难吸引学生参与其中。当前社会形势日益变化,安全问题及影响安全稳定的因素也不断增多,如诈骗形式和花样不断翻新、传销组织形式变化多端、手机网络等新型犯罪出现、等等,传统的安全教育内容很少涉及这些。

(三)高校重视不够,认识滞后,体制不健全

主要表现在:(1)部分高校领导对安全教育工作重视不够,认识不到这项工作的重要性,硬件投入不足。(2)多头管理易造成"无人管理"。安全教育工作涉及方方面面,属于基础性工作,在部分人看来属于"出力不讨好"工作,因此,许多部门对于安全教育工作态度消极,不愿意参与其中。

(三)学生安全意识淡薄,缺乏自我防范意识

如今的大学生大多数是90后,独生子女多,特殊的社会背景、家庭环境和成长经历,使他们更多的关注自我,在与人交往中缺乏平等意识,易造成人际关系不协调,发生打架和伤害事件。同时,他们缺乏社会经验和防范意识,易上当受骗从而遭受经济财产损失;部分学生"超能力消费",爱慕虚荣,在家长不能满足其欲望的时候,去偷盗别人财务满足其虚荣心。这些安全问题的发生多数源于学生安全意识淡薄,缺乏应有的自我防范意识。

(四)网络安全教育滞后

随着电脑网络的普及,网络作为一种便捷的媒体而成为大学生活的一部分,网络给他们带来信息交流方便的同时,也带来了大量不良信息。部分学生沉迷于网游不能自拔,网络淫秽、色情、暴力内容严重影响学生身心健康,因网恋而造成的伤害事件频发。这些网络的负面效应,急需要高校相关部门建立一套科学的监控管理系统,对学生进行网络安全教育,使他们合理合法的利用网络资源,提高自身素质,同时,自觉抵制各类不健康的网络内容。

(五)心理健康教育工作有待加强

随着社会的快速发展,大学生就业竞争日趋激烈,他们所面临的压力日益增大。有关资料显示:对全国高校学生的一项调查表明,有28.75%的学生存在不同程度的强迫症、压抑症和焦虑等心理问题。心理的亚健康状况已经成为当代大学生较为普遍的现象,在心理健康问题上,大学生仿佛成了社会新的"弱势"群体。因此,关注大学生心理健康安全教育刻不容缓。因为,一些心理不健康学生的过激行为会给其他学生的人身和财产安全带来严重威胁,例如马加爵事件等。因此,高校必须充分重视心理健康教育,将其贯穿于大学教育的整个过程。

三、加强高校学生安全教育工作的主要措施

(一)健全制度,规范管理

学校要建立一个领导有力、机构健全、措施落实、信息畅通、工作有效的体制和运行机制,"层层抓落实,人人要负责",多部门齐抓共管,整体推进,只有这样,安全教育工作的系统化建设才能不断提高。同时,建立健全各类规章制度,如安全事故定期排查制度、群体性事件应急处理预案、食品安全事故处理预案等,只有做到"事事有制度,样样有规范",才能预防和杜绝学生安全事故,才能做到安全教育工作的规范化、制度化、科学化,才能保证安全教育工作的可持续发展。

(二)树立"以人为本、安全第一"的教育理念,多渠道、多层次进行安全教育

由于影响学生安全的因素日益复杂化,要求我们必须不断调整工作思路,改进工作方法,提高工作水平。要着眼于提高全体师生的安全教育意识,努力营造"关爱生命,关注安全"的良好氛围,多渠道、全方位地做好安全教育。

1.广大教师在教学工作中既要关注学生的学习,又要了解和把握学生思想动态和心理现状,对学生进行正面引导和教育,提高其学习的积极性和创造性,以学风建设带动安全教育,把学生的主要精力引导到学习知识,增强技能上来。

2.辅导员教师要深入学生宿舍、课堂,了解学生的思想状况,掌握和关心他们的学习、生活情况,主动帮助学生解决各类问题,"及早发现,第一时间解决"。

3.学生党团组织、学生会、社团要积极组织各类文体活动,广泛发动学生参与,通过文体活动陶冶学生情操,引导学生积极锻炼,营造生动活泼的校园体育文化氛围。同时,各类社团组织要发挥"身在学生中"的优势,及时发现学生安全隐患,向辅导员老师或学校相关部门反映。

4.依托高校保卫部门,加强学生安全和法律意识教育。如通过开设"安全教育"选修课的形式,对大学生进行系统的安全教育讲授,提高学生的安全防范意识;编制一些通俗易懂的小册子给学生发放,使学生了解身边的安全隐患,及在遇到危险状况下怎样逃生,如何识破各类诈骗等等;利用一些有教育意义的事例对学生进行专题教育,可以取得良好的效果;利用各种聚会、重大节日宣传各类安全知识,努力做到"警钟长鸣";利用安全大检查等专项工作,大力宣传防火、防盗知识。保卫部门要不断提高工作人员素质,努力完善"技防、物防、人防"相结合的校园安全防控体系建设。

(三)加强大学生心理健康教育,建立学生安全教育的绿色通道

通过举办心理健康讲座、学习辅导、团体训练、班级设立心理委员、建立心理辅导室、新生心理健康普查等形式,"加强对大学生心理健康教育知识的普及,使他们掌握更多的心理调试方法,自觉舒缓心理紧张,消除心理障碍;……同时,要建立一套'预测、排查、干扰、跟踪'的危机积极干预机制,对出现心理危机的学生进行心理干预和跟踪,防止出现自残、自杀和伤害他人等事故"。

(四)加强网络安全教育,引导学生树立正确的"网络道德观"

教育学生合理合法的利用网络资源,远离暴力、色情网络游戏,慎重交友,充分利用校园网,正面宣传报道,用生动活泼、健康向上的内容占领网络阵地。

（五）内外结合，努力做好校园周边环境综合治理

如今的大学不是单纯的象牙塔，作为社会的重要组成部分，其社会功能越来越重要，与社会人员交流越来越多，特别是新建高校，基础设施不完善、远离市区等原因造成学生往来市里交通、购物等生活的不变，因此造成校园内外小商小贩、黑出租等违章经营活动的泛滥，给学校的安全稳定带来了隐患。因此，"学校一定要联合公安、工商管理等部门，对学校周边环境进行整顿，以清除学校周围违章经营店铺对学校的干扰"。

大学生是"国家之栋梁，未来之主人"，加强大学生的安全教育是我们每个学校和教育工作者的职责，我们必须树立"以人为本，预防第一"的工作理念，转变工作作风，树立服务理念，扎实做好大学生安全教育工作，担负起培养高素质接班人的历史使命，为构建和谐校园建设而努力。

参考文献：

[1]《普通高等学校学生安全教育及管理暂行规定》，[EB/OL].[2003-08-08].http://www.eol.cn/article/20030808/3089246.shtml

[2]严云岗，罗翔.关注新"弱势"群体，警惕心理疾病"入侵"象牙塔.人民日报海外版，2001，11

[3]何军峰.当前高校学生安全教育与管理面临的挑战及对策[J].学校党建与思想教育，2005(9)

[4]谷晓丹.试论大学生安全教育问题[J].辽宁工学院学报，2007(12)

[5]张人民.新形势下高校学生安全教育面临的挑战与对策探析[J].《安全与教育》，2004(4)

[6]孔一凡，卢祺.高等院校学生安全教育刍议[J].《知识经济》，2010(23)

[7]朱程.浅析大学生安全现状的成因和对策[J].《中国成人教育》，2010(14)

[8]柏珂，王虹.大学生安全教育问题刍议[J].《文史资料》，2011(1)下旬刊

作者简介：

张丽红　河北工业大学保卫处，邮编：300130

大学生安全意识浅析

陈　欣　天津外国语大学

摘　要：大学生的安全事关高校的安全稳定,是营造良好的学习环境和生活环境的基础和保障。由于学生们把主要的精力放在学习上,因此大学生的安全意识普遍薄弱。加强安全管理与宣传,培养学生的安全意识,是高校在教育工作中必须重视的一个问题。

关键词：大学生　安全　意识

大学生安全教育的现状

近年来,绝大多数高校都不同程度地开展了大学生安全教育工作,通过大家的不懈努力,的确收到了一定的效果。但安全教育问题依旧突出,主要有以下几个方面：

（一）加强重视程度

稳定是政治、是大局,稳定压倒一切。高校稳定工作是党委的工作,也是行政的工作,是学校党政干部、教职员工的共同责任。教育部在《普通高等学校学生安全教育及管理暂行规定》中明文要求："高等学校应将对学生进行安全教育作为一项长期性工作,列入学校工作的重要议事日程,加强领导。学校各部门和群众组织要相互配合,积极开展安全教育、普及安全知识工作,提高学生的安全意识和法制观念,增强防范能力。"但现实中,由于学校管理系统的分化,真正落实大学生安全教育与管理工作的只有高校保卫干部和大学生辅导员。部分高校领导片面强调学术科研,轻视政治引导,对大学生安全教育工作不重视、不关心。应该安排的课时没有安排,应该解决的教研设备没有落实,甚至必要的师资培训也以种种理由推辞。加之教师、管理、后勤三支队伍的安全教育意识差别较大,全校教职员工的全员育人意识不强,导致大学生安全教育工作"说起来重要,做起来次要,忙起来不要"。

（二）加强安全教育队伍

高校保卫干部和大学生辅导员是安全教育教师队伍的主体,直接面对广大青年学生,在学生的安全教育与管理方面付出了很多心血,做了大量工作。但部分高校却在一定程度上忽视了这支安全教育队伍的建设。一些学校保卫干部和大学生辅导员人员配置比例偏低,而又受制于人事指标的限制不能够随学生人数的递增而增加,导致超负荷运转,忙于"灭火"。一些学校缺乏安全教育的资金投入,很少对安全教育教师队伍进行业务培训,更加缺乏对相关人员的实践锻炼,使得大学生安全教育质量得不到保障,加之安全教育与管理工作常常不被领导重视,造成了安全教育教师队伍工作积极性不高,人心不稳,责任心不强,很多有较强业务素质的人才不断流失。

(三)安全教育教学课程较少

高等学校安全教育课程是帮助大学生提高安全防范意识、知识和能力的重要途径,也是高等院校思想政治教育的一项重要内容。《普通高等学校学生安全教育及管理暂行规定》中规定:"学生安全教育应根据专业教育及青年学生的特点,从学生入学到毕业,在各种教学活动和日常生活、节假日中适时进行。"然而,现实中,一些高校没有开设安全教育课程,一些高校开设了安全教育课却并不重视,在课程设置和教学模式等方面存在诸多问题,导致高校安全教育教学课没有取得应有的效果。

(四)大学生掌握安全技能的途径狭窄

安全教育是教育的基本内容,自然遵循教育的一般规律,但是安全教学又不同于其他的课程教学。其他的课程教学,学生可通过自身练习达到掌握知识的目的,但安全教育如安全防患技能、防身术、遇火灾逃生等都需要教师或专业人员的现场指导、演习等,所以,安全教育过程中教师的主导作用至关重要。调查结果显示:学生所接受的安全教育内容中,只有23%是通过教师传授的,其余则多是学生通过报刊、电视、网络等手段自己学习而来。

(五)高校安全教育实效性不强

大学生安全教育既是知识的传授、技能的培养,更是态度、观念的转变,是集理论、实务和经验为一体的综合教育。实际操作中技能的获得比知识的掌握显得更加重要,因此,大学生安全教育关键在于实践的教育环节,通过实践实质提升大学生安全意识和技能。然而,实际情况是,高校保卫干部和大学生辅导员更注重通过多种途径灌输安全教育的重要意义和理论知识,对于学生的实践操作能力、动手能力,知识与实践的联系及转换讲得少之又少,没有锻炼没有练兵,安全教育就像纸上谈兵,导致新时期高校学生安全教育工作普遍存在知行相背离的现象,极大地削弱了工作的实效性。

二、加强大学生安全教育的必要性和重要性

近年来,随着我国高等教育事业的蓬勃发展,各高校办学规模不断扩大,在校生人数迅速增加,高校社会化现象也日趋明显。随之而来,一些危及大学生人身及财产安全的案件,诱发大学生实施违法犯罪行为的案件在高校大学生中也时有发生。因此,不断加强和改进大学生安全教育与管理,提高大学生的安全防范意识和自我保护能力,对于促进大学生身心健康成长,保障大学生人身和财产安全,确保高校和社会的和谐稳定具有深远的意义。

(一)保障高校安全,保护人才资源

加强在校生的安全教育,对于维护校园公共安全、保证大学生的正常学习生活和健康成长具有重要意义。保护大学生的人身及财产安全,就是保护国家的人才资源。学生的安全知识和安全意识提高,不仅能够帮助学生自身在遇到危险时成功自救,把危险和损失降到最低化,同时也能够使学生对可能发生的危害有高度敏感性,自觉维护校园公共安全,防患于未然。

(二)满足在校大学生的安全需要

加强在校生的安全教育,能够完善在校大学生的知识结构,提高防灾抗变的能力。大学生在校学习文化、科学技术知识的同时,学习、了解、掌握一些安全常识,不仅可以减少自身在校期间的安全风险,而且也不伤害他人,还可以依靠法律法规的力量保护自己,维护自己的正当权益。

(三)提高在校大学生的综合素质

随着我国改革开放的不断深入,人才的竞争越来越激烈,能否经受得住挫折是现代人才素质的一

个考验,当他们独立面对突如其来的灾难和社会纷繁复杂的现象,往往会表现出无知与无奈;不知道如何通过法律途径来维护自身的合法权益,比如职业伤害、劳动保护、劳动争议仲裁等。加强在校生的安全教育,能够增强学生安全防范意识,学习并掌握基本的安全知识和自我保护的技能,提高安全防范能力,从而实现职业生涯中的安全与健康,终身受益。

三、如何提高大学生安全意识

由于大学生的生活阅历相对较少,从开始读书到高中毕业,一直都是在家长和老师的庇护下成长,没有真正地了解社会的复杂性,思想既幼稚又单纯,因此大多数大学生的安全防范意识相当薄弱,其实大学校园里很多事故的发生都是因为学生本身主观防范意识差造成的。下面就个人的一些经验,简单谈谈为了避免危险事故的发生,如何提高大学生的安全意识。

(一)防盗

据本人工作经验,大学生个人财物被盗事件时有发生,以钱财、笔记本电脑为主。大学生的经济来源以父母供给为主,一旦造成经济损失,会给学生的生活、学习和心理带来不良影响,为了尽量避免盗窃事件的发生,应注意以下两个方面:

1.宿舍及教室防盗

学生宿舍及教室是犯罪分子作案的主要场所,主要原因是学生缺乏警惕性,也缺乏沟通,经常不锁门,把贵重物品放在桌面上,宿舍进来陌生人以为是自己同学等等。宿舍和教室是我们重点防范的地方,是必须提高警惕的地方。

2.校内、外公共场所

在校内食堂、图书馆、学生活动中心、运动场等人员密集的地方,校外餐馆、商店、公共交通工具、步行街等地方,要时刻保持高度的警惕性。

(二)防骗,防人身侵害

随着经济的高速发展,社会治安日趋复杂,像大学生这样年轻幼稚、思想单纯的群体是犯罪分子实施诈骗的主要对象。例如以推销或招聘之名,提供高额报酬施展骗术,引诱学生上当。因此,要求大学生在生活中一定要提高安全意识,在社会交往中要时刻注意防范别人,遇到疑问应多了解,多询问,不要轻易相信他人。一旦遇到麻烦应立即向学校反映或报警,并注意保留证据,提供真实线索,协助有关部门的调查,将损失降到最低。

(三)防火

"隐患险于明火,防范胜于救灾,责任重于泰山"这是江泽民总书记讲过的。防火安全是建设平安高校的重中之重,火灾是威胁大学生学习生活安全的重要因素。了解、学习、掌握防火知识,协助学校做好防火工作,杜绝火灾的发生,保障全校师生的生命及财产安全,是每位在校大学生义不容辞的责任。一旦发生火灾时,首先要保持镇定,头脑清醒,在火势小的情况下应及时扑灭,火势过大应及时报告学校保卫处并同时拨打119火警电话。

(四)食品卫生安全

为了保证广大师生正常的教学和生活环境,食品卫生安全是至关重要的环节,大学生食物中毒事件屡有发生。首先学校管理部门应加大管理力度,其次,如果学生们发现问题应及时向学校相关部门反映,起到监督的作用。

（五）防范交通事故

近几年国家经济的发展促使交通工具产业发展迅速,每座城市的交通压力急剧增大,道路上的交通事故越来越多,这就要求大学生认真学习交通法规,养成遵守交通规则的好习惯,在平时的生活中应多了解一些交通常识,一旦发生交通事故也有及时准确的应对策略。

总之,提倡素质教育的今天,提高自身的安全意识是实现大学生德、智、体、美、劳全面发展的重要前提。所以大家树立安全防范意识,提高警惕,将会确保自身安全。

参考文献：

[1]王文湛主编.全国高校安全工作指南.光明日报出版社,2005年版

[2]张丹虹.高校治安形势原因及对策.光明日报出版社,2005年版

[3]黄希庭主编.大学生心理健康与咨询.北京高等教育出版社,2000年版

作者简介：

陈欣　天津外国语大学

论大学生安全教育与管理

贾二会　陈啸军　山西煤炭管理干部学院

内容摘要：大学生是社会的一个特殊群体,是社会新技术、新思想的前沿群体,国家培养的高级专业人才。大学生的安全问题已成为社会各界所关注的焦点。大学生安全教育是完善高等教育、培养合格人才应有的内容之一,也是大学生个人亟须正视和重视的问题。旨在帮助大学生养成良好的安全习惯,提高安全意识,掌握安全知识和防范技能,增强自我防范能力。安全管理工作要常抓不懈,还要有完善的安全管理制度,还要有强硬的执行措施。安全工作不能仅仅靠学校领导和安全保卫工作人员,还需要广大师生员工的共同参与,只有这样,才能构建平安和谐的校园。

关键词：大学生　安全　教育　管理　安全意识

大学生是社会的一个特殊群体,是社会新技术、新思想的前沿群体,国家培养的高级专业人才。大学生则应学习"大学"之道,努力把自己塑造成为具备一定"治国安邦"才能的人。大学生应当有坚定正确的政治方向,热爱社会主义祖国,拥护中国共产党的领导和社会主义制度,努力学习马克思主义;应当热心于改革和开放,有艰苦奋斗的精神,走与工农群众相结合的道路,努力为人民服务,为实现具有中国特色的社会主义现代化而献身;应当自觉地遵守宪法、法律、校纪校规,增强法制观念,有良好的品德。立志成为有理想、有道德、有文化、有纪律的社会主义现代化建设事业的合格人才。

近年来,危及大学生生命、财产安全的意外事故和恶性案件时有发生,给家庭、学校和社会蒙上了阴影,令人震惊和痛惜。大学生的安全问题已成为社会各界所关注的焦点。安全教育是生命教育,仅仅依靠社会、学校、家长对学生进行保护是不够的,重要的是引导大学生树立安全观念,形成安全意识,掌握自救自护知识,锻炼自救自护能力,使他们能够勇敢机智地处理各种危险,果断、正确地进行自救自护。

大学生安全教育是完善高等教育、培养合格人才应有的内容之一,也是大学生个人亟须正视和重视的问题。当代大学生安全知识缺乏,自我保护意识薄弱。帮助大学生发挥其主观能动性,加强自身修养,保持健康心理,养成良好的安全习惯,又能帮助大学生提高安全意识,掌握安全知识和防范技能,增强自我防范能力。

大学生安全教育内容包括国家安全教育、预防刑事犯罪教育、学习安全教育、生活安全教育、公共安全教育、网络安全教育、消防安全教育、心理健康教育和自救常识教育等等。旨在帮助大学生养成良好的安全习惯,提高安全意识,掌握安全知识和防范技能,增强自我防范能力。

作为社会重要机构的高等院校,不仅仅是培养高级专门人才,而且也是大学生和谐健康成长的重要保障。随着我国高等教育的蓬勃发展和各项改革的不断深化,多层次、多形式的办学格局已经形成,后勤社会化改革也在逐步深入,市场经济的触角迅速伸入校园,校园由封闭式的"世外桃源"变成开放型的"小社会"。在与外界频繁的交往中,社会上的不良风气在校园里不断凸现。一些治安案件、危及大学生的人身财产案件、诱发大学生违法犯罪案件在高校大学生中也时有发生。因此,加强对大学生的安全教育与管理,不仅关系到师生员工的合法利益和人身财产安全,而且也是创建平安校园的前提和保障。

荀子曰:"先其未然谓之防,发而止之谓之救,行而责之谓之戒。防为上,救次之,戒为下。"因此,加强对大学生的安全教育与管理要做到:首先要增强大学生遵纪守法观念和安全防范意识,提高自我保护能力。其次,让大学生有针对性地学习必要的安全知识和法律法规,掌握必备的安全防范技能。最后,通过实战演练,让大学生掌握自救自护知识,使他们能够勇敢机智地处理各种危险,果断、正确地进行自救自护。

大学生安全教育及管理的主要任务是,对学生宣传、贯彻国家有关安全管理的方针、政策、法律和法规,实施安全教育及管理,妥善处理各类安全事故,引导学生安全健康成长。

大学生安全教育及管理,要以预防为主,本着保护学生、教育先行、明确责任、教管结合、实事求是、妥善处理的原则,做好教育管理及处理工作。大学生安全教育要根据专业教育及大学生的特点开展,从学生入学到学生毕业,在各种教育活动和日常生活节假日中都应以适当的方式进行,并持之以恒地进行防盗、防火、防骗、防诈、防病、防事故发生的教育宣传活动,使之经常化、制度化、防患于未然。

安全教育管理就是学校维护正常秩序,维护大学生的人身、财产和身心健康,提高大学生的安全和防范意识与自我保护能力。各高校要从实际出发,依照国家有关法律法规,制定各种安全规章制度和安全教育规章。对大学生进行国家法律法规、学校的安全规章纪律制定、安全知识与防范技能的教育和管理。

高校安全教育管理工作要求真正落到实处,安全宣传教育工作一定要多样化、经常化、规范化、制度化,做到"安全教育进课堂,应急演练全覆盖"。高校一定要把安全教育作为一门课程,纳入到教学计划中,把安全知识和安全技能详细、系统、全面地传授给学生,真正地灌输到学生的大脑当中。

"安全责任重于泰山","安全问题无小事",可是怎样才能做好高校的安全工作,防患于未然呢?首先,高校领导必须重视,学校的安全工作做的好坏,与学校第一责任人有着直接的关系。实践证明,安全工作一把手亲自抓,才能奏效。但是,仅靠一把手重视是不够的,可以实行校长亲自抓,主管领导重点抓的机制;建立安全隐患例行检查制度,定期逐一排查隐患;造成安全问题随时观察,经常检查的浩大声势;引起全体师生员工的高度重视,调动全员参与,安全管理才能真正落到实处。

学校安全的维护,要靠全体师生的共同努力。发挥人的主动性,调动一切积极因素,有序有力地开展好安全维护工作,实现工作目标管理是主题,预防是关键。预防的途径是管理,而管理的主体是人,技术设施和工具是人们为预防灾害、事故和其他案件发生必须利用的手段。安全保卫工作必须坚持常抓不懈。安全教育要警钟长鸣,安全检查要日复一日,预防是安全的主题,每天都是开始。

高校安全工作牵涉方方面面,这就要求高校在制定安全管理制度时,一定要考虑周密,制定全面、具体、细致、可操作的制度和细则方案。全方位地开展工作,逐一落实责任,不能有任何疏漏,不能放过一个细小环节。"千里之堤,溃于蚁穴,生命之舟,覆于疏忽。"稍有疏忽,就有可能存在安全隐患,一个小小的隐患就可能酿成重大的安全事故。因此,要建立一整套完善的安全管理制度,确保安全工作无漏洞。

安全工作有了完善的管理制度,还要有强硬的执行措施,安全工作一定要有强硬的手腕,决不能手软。因此,高校要对安全工作实行"安全事故一票否决制","安全问题问责制度"。只有采取强有力的措施,强硬的手段,才能引起师生员工的高度重视,才能促进安全工作落实到位。

做好高校安全管理工作,还有一个重要的前提,就是要全面了解学校师生的情况,广泛收集情报,及时掌握各方信息;同时,还要充分发挥班主任、学生干部及教师的作用,对学生的身心健康多作了解,逐一排查、登记、掌握情况。针对性地采取有效的预防保护措施,尽量减少损失。

总之,高校安全教育和管理工作是学校教学、学习、生活、工作的重要保障和前提,没有了安全做保障,一切都无从谈起,学校安全工作的重要性不容忽视,安全工作责任重大,这就要求我们每一位安全保卫工作人员常抓不懈,将其当作一项需要不断探索研究的永久性课题。同时,也需要广大师生员工共同参与,共同努力去完成的一项重要工作和任务,这样才能构建出安全稳定和谐的校园。

作者简介:

贾二会　山西煤炭管理干部学院保卫处,联系电话:4119093

陈啸军　山西煤炭管理干部学院保卫处,联系电话:4119093

通讯地址:太原市许坦西街29号,邮编:030006

大学生安全教育管理的实践探索

杨济维　承德医学院

摘　要：近年来,随着高等教育事业改革、发展步伐的加快,影响高校安全稳定的因素越来越复杂,维护高校稳定的任务越来越艰巨。重视高校学生安全教育与管理对于建立和完善安全稳定的长效机制,具有重要的意义。本论文立足于当前创建"平安高校"大背景,对学生安全教育管理与校园安全进行理论与实践研究,从理论层面上,阐述了安全教育与管理的基本理论、面临问题、主要对策,从现实层面上梳理了当前学生安全教育与管理过程中的问题,并提出相应对策.

关键词：大学生　安全教育　管理

随着接受高等教育的大学生数量逐年增加,近年来高校校园安全问题逐渐成为社会焦点,没有平安校园也就谈不上和谐校园,安定、有序是平安高校的内在要求,也是评价学校安稳的重要标准。因此,建设平安高校,必须加强大学生安全教育与管理建设。因此,探索大学生安全教育与管理的有效策略和机制,既是一个重大的理论课题,也是重大的现实问题。当然,大学生安全教育管理是一项艰巨的系统工程。虽然高校安全日益高度重视,但做好此项工作,还需要更深入的研究和实践。

一、大学生安全教育与管理的意义

大学生安全教育与管理,是指高等学校为了维护学校的正常秩序,维护大学生的人身财产安全,提高大学生的安全防范意识与自我保护技能,从学校实际情况出发,依照国家有关法律法规,制定安全教育与管理的规章制度,并对大学生进行国家法律法规、学校安全规章和纪律、安全知识与防范技能的教育与管理活动。

加强大学生安全教育与管理的研究，不仅是培养学生优良素质的需要，而且是维护高校稳定的必要途径。因此,对大学生科学地进行安全教育与管理,形成正确的安全观,促进大学生成才,是为社会和校园稳定提供保障。加强大学生的安全教育与管理,不仅能提高整个国民安全意识,从而进一步提高整个社会安全水平。安全稳定工作关系到高校的全盘工作,扎实做好大学生安全教育与管理关系到高校教育事业的健康发展,促进和谐文明校园的构建。加强大学生安全教育与管理工作是高校改革和发展的需要,同时也是素质教育培养的需要,更是形势发展的新要求。

二、大学生安全教育管理面临的问题

(一)不稳定因素将会长期存在

近年来,国际敌对势力始终没有改变对我国实施的"和平演变"战略,推行"西化"中国的策略仍不减弱,更不会有根本改变;台独、藏独势力与西方敌对势力配合进行分裂活动,"法轮功"等邪教活动的渗透都将长期存在,有时甚至会更加猖狂。高校将成为敌我争夺的主要阵地之一。

(二)高校与社会接触趋于密切

高等教育体制改革的深入,学校与社会的联系更加广泛和密切,高校后勤管理社会化改革全面启动以后,高校逐渐打破了长期以来形成的半封闭状态,改革后的后勤集团在管理水平和服务质量上有了很大提高,但后勤管理服务社会化以后也产生了一系列的问题,给安全管理带来隐忧。大量外来人员在校内打工,增加了校内务工人员的数量,给安全管理带来难度。其次,在追求利益的后勤集团所能提供的服务和学生的要求之间往往存在一定的差距,后勤集团和大学生之间的矛盾、摩擦、冲突乃至法律纠纷也在一定程度上有所增加,从而为高校安全管理带来了新的矛盾。因此,高校应积极开展安全教育活动,进一步加强安全管理工作,消除不安全因素。

(三)"信息化"对高校安全教育工作提出了更高的要求

出于网络功能的多样性,内容的广泛性,速度的快捷性等特点,网络与大学生的生活联系越来越紧密。但网络带给大学生的安全隐患也在增加,已成为高校不得不予以重视的问题。一方面网络信息的隐蔽性、虚拟性、易变性,对追求新潮的大学生极具诱惑性;另一方面,有些学生甚至无意间做出了不安全或危害他人安全的行为,黑客、网上欺诈行为、网上盗窃行为也屡见不鲜。在此情况下,网络安全问题对高校的安全教育和管理工作提出了新的挑战。为全面提高大学生的素质,确保高校的安全与稳定,必须对大学生进行网络安全教育,其主要内容包括网络伦理道德和责任意识教育,网络法律、法规基本知识教育,网络安全知识和安全意识教育等。

三、安全教育管理对策探讨

(一)探索安全教育的新内容

1.加强心理健康教育

高校要建立一套科学的学生心理健康教育与管理体系,将大学生的心理健康咨询与大学生健康心理辅导课结合起来。可以通过专家讲座、开设心理教育课、心理健康普查和建立心理健康档案、心理咨询和治疗,以及创造和谐融洽的人际关系和良好的校园文化氛围对大学生进行心理健康教育。为此,必须加快高校心理咨询机构的建设和专业人员的培训,建立一支高水平的心理健康教育队伍,使其与思想政治教育者相配合,共同做好大学生心理健康教育、咨询工作。心理咨询工作是一项高度专业化的工作,它需要扎实的专业基础、丰富的知识和娴熟的技术。

2.加强大学生网络安全教育

学校要加强网络建设,提高网络监管水平,促进网络文化健康发展。及时抢占网络阵地,防止有害信息进入校园。学校互联网要积极为大学生提供更多、更好、更安全、更健康的网络信息,最大限度地满足学生的需求。同时,学校要利用网络对大学生进行安全教育,引导他们健康成长。大学生是网络的常客,各院系和相关部门要把安全教育的阵地延伸到互联网上,共同建设内容丰富的校园网。用先进的文化指导学生,用丰富的信息吸引学生,用全面的知识服务学生。一方面强化网络安全责任感,引导大学生提高网络信息辨别能力,帮助大学生建立牢固的、经得起考验的思想防线,绝不能让他们受不良信息的影响而迷失自身在思想上和学业上的发展方向,要利用校园网络的优势加强对大学生上网的引导,防止各种不道德的、破坏性的网络行为发生。另一方面要充分利用网络信息技术的优越性,把有关法律法规知识、安全知识,如防火防盗、逃生自救等知识在网上公开宣传,结合学习生活期间的事故、案例进行网上教育,普及安全知识,提高学生自我防范、自我抗险能力;加强网络思想教育,提高大学生综合素质。

3.发挥课堂教学优势

在高校的课堂里,既可以利用思想品德、法律基础、军事训练、形势政策、卫生与健康、实习与实验等课程对学生教授安全知识和技能,也可以由专任教师结合专业课内容对学生进行安全教育和法制教育。比如在计算机课程中讲授计算机安全、网络安全方面的内容,在化学、物理等课程中讲授防火防爆方面的内容,在毕业设计、毕业论文撰写中讲授有关知识产权方面的内容;既可以在其他课程中结合进行安全教育,也可以将安全教育单独开课,比如将安全常识、法律法规、心理知识等结合典型案例,开设公共课、选修课;既可以开设理论课,如讲授人生观、价值观、道德观、国家安全、涉外安全、交通安全等方面的理论,也可以开设应急能力训练课,采取实战模拟等方式对学生进行临时应急心理、防护技术的训练,如溺水急救、中暑急救、使用消防器材、保护案发现场等。

(二)探索安全教育管理的新途径

我国《高等学校学生安全教育及管理暂行规定》中规定:高等学校学生管理的主要任务是宣传、贯彻国家有关安全管理工作的方针、政策、法律、法规,对学生实施安全教育及管理,妥善处理各类安全事故,引导学生健康成长。通过安全知识教育,使大学生掌握防盗、防骗、防火、防计算机违法犯罪等方面的安全知识,要宣传教育和引导大学生增强法律意识、自我防范意识,并且有一定能力爱护自己、保护他人。要完成这么艰巨而光荣的任务,光靠保卫部门的单打独斗是不行的。保卫部门在当今的高校,其实只是常设的安全管理机构,它本身就存在不可逾越的局限性,所以,从更大的层面上说,安全教育需要院、系及学生管理部门共同承担。要把安全事件作为综合考评的一项重要指标,要求相关部门完善和落实学校的各项安全教育制度和规定,年终考核、评优评奖、升迁晋级都看安全管理和安全教育的实绩。

(三)加强高校安全管理队伍建设

1.加强管理者队伍建设

想把高校安全工作抓好就必须有一支好的管理队伍,只有不断加强大学生安全教育与管理的管理者队伍建设,提高安全教育队伍的政治素质,提升保卫人员与安保人员的知识水平,增加他们的政治敏锐性,才能正确引导学生加强对国内外敌对势力破坏活动的警惕,同时加强安全教育队伍的业务培训,熟练掌握大学生心理健康教育知识、国家安全知识,文化安全教育,网络技术,防火防盗防身等技术,坚持"以预防为主,打防结合"。提高管理人员业务素质,保证管理制度的全面落实。

2.建立学生安全管理干部体系

学生安全保卫组织是高校整体安全保卫工作的重要组成部分。学生安全协会、信息员、保卫委员是自治性的保卫组织,是学校保卫部门联系广大学生的纽带和桥梁,是团结和带动广大学生参加治保活动的骨干力量,是协助保卫部门维护校园秩序的得力助手,同时又是大学生自我管理,自我防范的有效组织形式。

总之加强大学生安全教育管理,是适应社会发展、促进大学生健康成长的迫切需要。对于高校来说,如果要通过提高教育质量、人才培养质量提高办学效益,也必须要有安全作保障,安全与效益的关系就像水与舟的关系,"水能载舟,亦能覆舟"。只有良好的安全管理,减少事故的发生才能保证良好的工作效率,保证教育事业的发展和教育目标的实现。

参考文献

[1]陈绍奇.大学生安全教程[M].广州华南理工大学出版社,2000
[2]刘亚辉.论大学生安全教育[J].高教发展与评估,2004(2)
[3]罗伯特·希斯著.危机管理[M].中信出版社,2001

作者简介:

杨济维 河北承德医学院保卫处

大学生安全教育网络平台的构建

宋晓钢　阚双印　青格乐图　王　军

摘　要：网络信息技术的发展，使当代大学生生活方式、获取信息的方式、接触社会的方式较以前发生了显著的变化，特别是对安全教育方式方法产生了深远影响。从当前现实出发，结合大学生安全教育工作的实际和大学生安全知识的需求，论述如何构建大学生安全教育网络平台，及其安全教育网络平台的作用。

关键词：网络环境　大学生　安全教育管理

一、网络媒体在大学生中的应用

当前90后已经成为大学生的主体，作为在互联网时代下成长起来的一代人，网络已经成为他们与他人沟通、获取信息的一个重要渠道。2011年CNNIC（中国互联网络信息中心）第28次互联网发展统计报告，中国网民共有4.85亿，学生群体占比最高，达到29.9%。根据2010年北京师范大学新闻中心调研组对在校大学生网络学习、网络娱乐、网络参与等网络应用行为进行的大规模的问卷调查报告：超过七成的大学生日上网时间在4小时以内，28.1%的大学生表示上网的主要目的在于娱乐。其后依次为学习、网上聊天交友，所占比例分别为26.2%、22.1%。可见，大学生更主要是将互联网作为休闲娱乐工具，而将其作为学习工具的比例相对较低。56.9%的大学生认为网络对学习影响较大或非常大，表明网络已经成为大学生重要的学习工具；仅3.7%的大学生认为网络对学习没有影响。

二、当前安全教育已不适应形势的发展

根据集美大学诚毅学院于2011年在福建省所作的《大学生安全教育状况调查问卷》，调查结果显示在开设安全教育的4所高校中，75%的任课教师是辅导员、团总支书记等学生工作人员，25%的任课教师是安全教育专业相关人员，比如保卫处有关人员、教育专业相关老师等。通过调查发现，高校安全教育的任课老师以非安全专业老师为主，多是进行学生管理的工作人员，影响了传授安全知识的专业性和广泛性。2009年中国青年报社会调查中心通过新浪教育频道，对千名大学生进行的在线调查显示，71.0%的大学生没有接受过安全自救知识培训，77.5%的大学生赞成高校开设安全自救课程，82.9%的人认为应当进行突发事件的应对演习。

随着社会的快速发展，高校校园与社会的联系越来越紧密，大学生参与社会实践的机会也越来越多，影响大学生的安全因素也越来越多。由于受传统观念影响，各高校并不注重安保队伍建设，导致

安保队伍年龄普遍偏大,非专业人员比重较大,专业知识掌握程度低。部分保卫干部思想观念滞后,囿于传统校园管理理念,工作缺乏主动性,对于校园管理出现的新情况、新问题,只能"头痛医头脚痛医脚",使校园安全管理工作与大学生的安全需求相去甚远。

三、大学生安全教育的重要性

随着社会的快速发展,高校改革的进一步深化,大学生与社会的联系越来越紧密,参与社会实践的机会也越来越多,影响大学生的安全因素也越来越多。大学生的生活成长经历,决定了大学生缺乏必要的社会经验,在社会实践中缺乏安全意识,部分大学生对可能发生的种种安全隐患缺乏必要的警惕性。大学生的心理发育尚未成熟,自己思想和行为的控制力不强,遇到外界的刺激或发生矛盾时,大学生很难在这种情况下对自己的行为作出正确的选择,从而导致突发事故的发生或是突发事故的后果扩大化。

现在大学校园实行的是开放式管理,社会人员在校园内从事各种活动,大学生走进社会开展社会实践,社会与大学生的联系也日益紧密。网络上各大门户网站均有校园频道,有关大学生安全事故通过网络媒介传播,在社会上总是能引起广泛反响。

四、大学生安全教育网络平台的构建

当前,一方面大学生对安全教育的需求比较强烈,另一方面高校缺乏相应安全教育专业教师,缺乏统一的安全教育规划,安全教育在大部分高校并没有走入课堂,只是在新生开学时进行安全教育,教育方式以说教为主,不能达到增强大学生安全意识的目的。

信息技术的迅速发展为安全教育工作提供了新的技术支撑,改变了过去安全教育形式单一、内容枯燥、跟不上时代发展等弊病,使安全教育更贴近大学生的生活实际,更容易获得大学生的认同。首先网络媒体将图像、声音和文字有机地结合起来。网络媒体传播范围广,不受时空限制。网络媒体提供的信息可以进行多次播放、存储。其次,网络上提供的信息资源丰富,为社会参与主体提供的安全教育资源丰富,如图画文字、视频、安全教育案例等。

(一)建立专门性的安全教育网站

高教保卫学会应协调各高校建立全国性、专门性的安全教育网站,此网站应是一个多媒体的大学生安全教育数字化资源库,此资源库由大学生安全教育知识库、大学生安全教育视频库、有关大学生的案例分析库和师生交流平台组成。整合全国高校的大学生安全教育资源于大学生安全教育网站,服务于大学生安全教育教学、理论研究和宣传,为大学生安全教育、师生互动提供一个专门的网络平台。

在大学生安全教育网站基础上,设立区域性版块。各高校所在的地区不同,由于独特的生活环境、风俗习惯,大学生对安全知识的需求也有所不同。在整合全国高校安全教育资源的同时,设立区域性版块,该版块涵盖区域内的风俗习惯、特定环境安全知识等知识,使大学生根据自身需要随时随地地学习安全知识,培养大学生的安全意识,达到安全教育效率最大化。

(二)建立高校间大学生安全教育微博平台、微信平台等网络媒体平台

首先,当前微博、微信已成为大学生交流沟通、获取信息的重要手段之一。在现有微博、微信等平台开辟大学生安全教育新阵地,实现安全教育老师及工作人员与大学生的实时文字、图片、语音和视

频的沟通、互动,及时向大学生传递新的治安动态并提供解决方案,及时解答大学生在生活、学习过程中所遇到的难题、困惑。通过微博、微信等平台既能通过新鲜灵活的方式向大学生传授安全知识,又能让大学生快速接受安全知识;由于上述平台不受时间、空间的限制,从事安全教育老师及工作人员能够及时了解大学生所面临的难题、困惑,及时与大学生互动,答疑解惑并提供解决方案,把安全隐患消灭于萌芽状态。

其次,由于微博、微信等平台不受时间、空间限制,各高校从事安全教育的老师及其工作人员均可参加这一平台,使现有的安全教育资源的利用最大化,克服了高校保卫队伍及安全教育老师数量、素质参差不齐的顽疾,真正使安全教育工作落到实处。

再次,微博、微信等平台采取是虚拟名称与实名制相结合的方式,大学生可以在这个平台上毫无顾忌地说出自己所面临的问题,安全教育老师及安保工作人员可以根据已掌握的信息有的放矢开展工作,在做好安全教育工作的同时又提高了安保工作的效率。

参考资料:

[1]张丽莉.浅谈微信公众平台在大学生安全教育工作中的运用[J].新西部,2011(5):6

[2]王维.新时期大学生安全教育的内容与方法[J].牡丹江医学院学报,2011(1):32

[3]韦爱勇,王成端,周小波.试论加强在校大学生安全教育的必要性[J].高教研究,2006(3)

高校校园内外环境安全管理

网络视角下高校学生非传统安全教育管理初探

陈建斌　山西财经大学

内容摘要：随着我国高等教育事业的发展和高校校园开放程度的增加，相对于传统安全的高校校园，非传统安全问题日益突出。高校是对大学生进行安全教育的主渠道和主阵地。在网络时代大发展的前提下，对大学生进行系统的非传统安全教育与管理是高校教育管理工作者必须严肃、慎重对待的重要工作。本文从探讨非传统安全与传统安全的区别出发，阐明了在社会转型期高校非传统安全教育工作的重要性及内容，在此基础上，就当前高校在网络视角下开展的非传统安全教育管理存在的问题进行了较为深入的分析，并分析了开展网络视角下高校非传统安全教育管理的途径和方法，尝试性地构建了网络视角下高校学生非传统安全教育管理的立体模式。

关键词：网络视角　大学生　非传统安全　安全教育

随着国内外形势变化、社会发展进步以及影响大学生安全的因素增多，安全的概念在内涵和外延上都大幅地加深和扩充，安全的内容也随之不断拓展。在这种背景下，高校学生面临的安全问题已经远远超出了传统安全的范畴，许多非传统安全问题开始对高校学生产生巨大的影响。同时，信息技术与网络技术的极速发展也冲击着高校安全教育。如何应对这一技术浪潮所带来的机遇和挑战，也已经成为当下高校安全教育管理所面临的最富时代特征的重要课题。这就要求高校教育管理工作者在网络视角下积极思考高校学生的非传统安全教育问题，有效探索增强非传统安全教育管理的途径与方法，构建有助于高校非传统安全教育管理顺利实施的格局与模式。那么，什么是非传统安全？它对高校安全管理会产生什么样的影响？当前高校在非传统安全教育管理中存在什么样的问题？尤其是在网络时代这样的特殊背景之下？这些都是本文将要探讨的问题。

一、何谓非传统安全

非传统安全是近年来逐步凸显的一个国际热点问题。非传统安全（Non-traditional Security，简称NTS），也称非传统威胁（Untraditional Threats）、非传统问题（Untraditional Issues）、非常规安全（Unconventional Threats）、新安全（New Security），是20世纪90年代的"舶来品"。那么，究竟什么是非传统安全呢？

(一)非传统安全

1.非传统安全的内涵

国际学术界对非传统安全的认识差异很大,争论十分激烈,目前尚无权威的定义。其中,《非传统安全论》一书认为,相对于传统安全而言,非传统安全是由非政治和非军事因素所引发、直接影响甚至威胁本国和别国乃至地区与全球发展、稳定和安全的跨国性问题,以及与此相应的一种新安全观和新的安全研究领域[①]。随着冷战的结束和经济全球化的兴起,传统的国际安全理论和安全机制难以有效应对冷战后出现的新安全威胁,大量的非传统安全问题迅速蔓延和扩展,主要包含:经济安全、金融安全、能源安全、环境安全、水资源安全、民族分裂问题、宗教极端主义问题、恐怖主义问题、文化安全问题、信息安全问题、流行疾病问题、人口安全问题、武器扩散问题、海盗问题等。非传统安全主要具备以下特点:第一,跨国性,不仅仅关系到某个国家的生存,而且可能影响到其他国家或者整个人类利益的共同问题。第二,多样性。传统安全的核心是军事安全,而非传统安全威胁往往由非国家行为体如个人、组织或集团等所为,使得它相对于传统安全威胁而言更为复杂,靠单一手段难以根治。第三,突发性。传统安全威胁从萌芽、酝酿、激化到导致武装冲突,往往会通过一个矛盾不断积聚、性质逐渐演变的渐进过程;而很多非传统安全威胁经常以突如其来的形式迅速爆发,具有明显的突发性。第四,动态性。非传统安全威胁是不断变化的,且与传统安全威胁相互交织、相互影响,并在一定条件下可能相互转化。

与传统安全相比较,非传统安全具有以下不同之处:

(1)来源和行为主体不同。传统安全问题一般来自于主权国家间的利益冲突与纷争,主要是国家和政府行为的结果,行为主体和来源相对比较明确。非传统安全问题的行为主体和来源则更具多样性,它一般是各类非国家行为造成的,多植根于社会体制、发作于国家内部,有着深刻的体制性根源。

(2)表现形式不同。传统安全问题是伴随国家的出现而发展起来的,威胁主要来自战争、武装冲突或政权颠覆。解决国家安全问题主要依靠一支能制止和进行战争的武装力量,国家安全防卫活动主要围绕着战备展开。非传统安全则表现为非军事性。随着经济、文化全球化及"地球村"成员交往活动范围的扩大,非传统安全问题很容易超越国家间的各种政治、地理、文化界限,在不同国家间传播、蔓延、扩散,使个别国家的问题演变成全球性问题。

(3)产生的后果和影响范围不同。传统安全主要是国防问题、领土纠纷、主权问题、国家之间的军事态势等政治安全问题。传统安全带来的威胁直接关系到民族、国家的存亡。而非传统安全威胁的方式、程度、后果不同。非传统安全问题带来的威胁有的关系到一个国家的安全与发展,有的则没有国界,可能关系到全人类的生存与发展。

(4)发生的背景不同。传统安全问题是伴随着国家的产生而产生的,一直到世界殖民主义体系崩溃之前它是国家安全主要问题。非传统安全问题则是在冷战结束和经济全球化、社会信息化的背景下发生的。

(5)解决的手段和途径不同。传统安全问题的解决主要是以军事手段(战争、军事实力威慑和遏制等)达到维护国家领土和主权完整的目的,军事因素直接决定着一个民族或国家的生死存亡。非传统安全所涉及的领域更广泛,对非传统安全问题治理难度大、过程长、综合性强等决定了在解决非传统

---

① 陆忠伟.非传统安全论[M].北京:时事出版社,2003.

安全问题时,只有综合运用政治、经济、外交、法律、科技等多种手段,把提高国家的综合国力作为实现国家安全的主要途径。同时,对于那些危及全人类利益的全球性问题,要求国际社会从共同安全出发,积极对话,借助于多边机制的努力,采取形式多样的合作方式来缓和、抑制和解决。

由此,我们可以看到,非传统安全问题涉及的领域十分广泛,具体来说,非传统安全主要可以分为五种类型:一是人类社会为了实现可持续发展必须面对的共同性安全问题,如能源危机、环境威胁等;二是某国社会内部产生的社会问题影响到其他国家或地区,甚至是整个国际社会的威胁因素,如大规模的种族清洗、人权迫害等问题;三是跨国性的有组织犯罪活动,如跨国毒品贩运、非法移民等;四是类似国际恐怖主义组织等非国家行为体对国际社会的冲击,如基地组织、9·11恐怖袭击等;五是全球化以及国际交流扩大所带来的负面影响,如国际性的电脑病毒、文化侵蚀、黑客所引发的信息安全问题等问题。

具体到高校而言,当前我国经济社会发展正进入"矛盾凸显期",不仅教育系统内部出现了各种新的安全问题,包括:校园后勤服务社会化改革、高校大规模扩招和合并等,而且社会上各种非传统安全因素势必折射到日益开放的校园中,包括:我国社会结构转型和经济结构调整过程中产生的各种利益分配矛盾、境外敌对势力对校园的思想文化渗透活动、恐怖主义和民族分裂主义的潜在威胁以及国内外重大政治事件等一些社会热点和敏感问题。传统校园安全观局限于校园周边治安环境、灾害性事故、社会交往和心理健康等传统安全因素下导致学生人身安全、财产安全和身心健康问题,采取思想政治教育和行政管理工作作为主要实施手段,已经难以有效应对各种非传统安全因素诱发各种校园突发事件的挑战。因而,在当前各种非传统安全因素凸显的形势下,需要树立起校园综合安全观,从"学生—校园—国内外环境"社会复杂系统角度审视校园安全问题,运用科学的管理方法构建校园安全的系统工程。其主要特点表现为:安全主体定位在包括学生在内的校园整体安全;安全内容除了考虑传统安全因素外,更为注重当前各种非传统安全因素造成的校园安全问题;安全手段运用科学管理方法构建校园安全防控体系和校园突发事件应急管理体系;安全目标定位在有效预防和控制各类校园突发事件,保证学校的教育目标和社会的和谐稳定。

2.非传统安全在高校学生中的表现

当代大学生是一个特殊的群体,他们具有知识水平高、思维活跃、个性突出等时代特征,因此,名目繁多的非传统安全问题反映到大学生身上有不同的突出表现:

(1)文化安全。美国前国务卿奥尔布赖特在美国国会谈及互联网时就曾自信地说:"中国将随着信息流通而民主化,只要中共想在经济上竞争,就不可能不让国际互联网和全球化的风潮进入中国大陆,随着信息的流通,民主就会到来。"当代大学生正处于世界观、人生观和价值观逐渐定型的关键时期,思想和观念尚未成熟,识别能力较差,容易受到不良思想和观念的误导。据调查,81.7%的学生认为网络信息肯定会对我国传统文化、民族文化造成冲击,西方文化的入侵,导致中国传统文化本质的东西正在淡化。因此,文化作为影响当代大学生价值观念的重要因素,是与当代大学生紧密相关的非传统安全突出表现之一。

(2)公共卫生安全。不断增加和扩大的公共卫生安全事件,给高校大学生也带来了严重的负担和困扰。据调查,60.9%的学生认为公共卫生安全对自己的学习和生活造成了一定的影响,甚至有12%的学生认为学习和生活受到了严重影响。当代大学生是未来国家的建设者和接班人,他们对于公共卫生安全的认识和处理能力将直接制约着国家未来应对公共卫生安全事件的水平,因此,公共卫生安全是与高校大学生紧密相关的非传统安全又一突出表现。

（3）信息安全。人类社会进入20世纪50年代以后，计算机的出现和逐步普及，把信息对整个社会的影响逐步提高到了一种绝对重要的地位，信息量、信息传播的速度、信息处理的速度以及信息的应用程度等都以几何级数的方式在增长，人类从此进入了信息时代。随着20世纪90年代以后我国网络技术的迅速发展和普及，来自全球信息安全领域的种种威胁对我国也产生了巨大影响，逐渐成为影响国家安全和稳定的一项重要因素。当代大学生成长在信息时代，受网络等新兴媒体舆论的影响更大。据调查，中国现在有超过4000万以上的大学生网民，有91.9%的学生经常上网，有10.5%的学生每星期上网15小时以上，在上网的学生中有72.3%的学生浏览过国外网站。当前，手机、QQ、互联网等手段信息传播速度快、范围广、数量大，当代大学生是这些新兴媒体的主要受众，受此所倡导的舆论影响较大，严重制约着传统思想政治教育的实际效果，影响着当代大学生国家安全观念的巩固，制约着他们对社会稳定的认识，是与当代大学生直接相关的非传统安全的另一突出表现。

（二）社会转型期高校非传统安全教育的重要性

当前，中国社会正处于转型期，美国研究社会转型期的杰出学者F·W·Riggs（雷格斯）从泰国、菲律宾这两个国家实地的经验观察中，发现这两个转型期的社会都有三种现象，即"异质性"、"形式主义"与"重叠性"。台湾的金耀基先生发现这三种现象也正是台湾转型期社会的特征。事实上，今天的大陆也广泛存在这些现象。那么，在这样一个特殊的时期，高校的非传统安全教育就显得尤为重要。

大学生是国家的未来和民族的希望，安全问题不仅是大学生在校学习、生活中经常要遇到的问题，同时也是毕业以后走向社会必然要遇到的问题。因此，掌握包括非传统安全在内的安全防范知识和方法将会使大学生在人生的过程中获益良多；同时，加强大学生非传统安全教育也具有十分重要的意义。

1.有利于拓展大学生安全教育的内容

目前我国大学生的安全教育显然存在诸多问题，其中最主要的是对于大学生安全教育的研究更多地集中于传统的安全防范教育，对新出现的非传统安全教育的问题探讨不透彻。因此，将非传统安全的内容纳入大学生安全教育，有利于拓展大学生安全教育的内容，对进一步加强大学生安全教育起到促进作用。

2.有利于进一步增强大学生的国家安全意识

一般认为，非传统安全是国家安全的重要组成部分。国家安全是一个历史的、动态的概念，其构成要素随着时代的发展而变化。在大学生安全教育中加强非传统安全的教育，能够使大学生与时俱进，主动地适应国家安全形势的新变化，树立新的国家安全观，进一步增强大学生的国家安全意识，更密切地关注和应对当前非传统安全问题对国家的威胁和影响。

3.有利于大学生的健康成长

加强大学生非传统安全教育，目的在于帮助他们提高安全意识，掌握相关知识，学会在学习生活及社会活动中更好地保护自己，防范各种对自己成长产生负面影响的事件，临危不乱，逐一化解，确保自己的健康成长。

4.有利于高校学生的安全稳定

从国家安全领域来讲，当前我国的安全形势总体是好的，但仍存在许多瞬息万变的因素；从高校的安全稳定来讲，境外敌对势力以高校大学生为重点目标，以非传统安全为主要手段，加紧各种渗透破坏活动。加强大学生非传统安全教育，将有利于抵御境外敌对势力的渗透，有效维护高校的安全稳定。

(三)高校非传统安全教育的内容

自从国家产生以来,国家安全始终是国家政治的首要目标,是国家生存与发展的前提条件。千百年来国家所注重的安全属于传统安全。人类跨入新世纪以来,随着经济全球化与社会信息化的深入发展,国家安全的内涵发生了重大变化,非传统安全问题进一步凸现。非传统安全问题涉及的面很广泛,因而高校非传统安全教育的内容也将涵盖广泛的主题,主要包括:

1. 社会安全教育

社会安全是社会成员公共生活空间的安全,直接体现了与人民群众密切相关的安全利益需要。社会安全代表所有社会阶层、利益集团在共同社会生活中的公共安全利益需要。20世纪90年代以来,社会转型过程中不稳定因素有所增长,经济发展进程中灾难事故相对增多,在国际矛盾和冲突的渗透下,社会安全问题凸显出来,正因为社会安全关乎国家的生存和发展,所以重视社会稳定、维护社会安全、构建和谐社会已成为维护国家安全的重要内容。

2. 经济安全教育

经济安全是指一国根本的经济利益不受侵害,经济的正常运行不受外国摆布和威胁的态势。维护国家经济安全包括两个基本方面:一是要最大限度地确保其在全球经济竞争中的经济利益;二是要确保其经济在受到外力冲击的情况下不出问题。经济安全涉及的领域很多,如粮食安全、资本市场安全、通货膨胀、经济泡沫、能源安全、金融安全等。

3. 信息安全教育

信息安全是指信息系统运行安全和信息网络中的信息资源免受各种类型的威胁、干扰和破坏,确保信息安全性的状态和能力。信息时代的今天,人类所谈论的国家信息安全,是包括了国家的政治、经济、军事、文化、科技等各个领域信息安全的综合安全。当前我国信息安全面临的问题是基础信息技术严重依赖国外,特别是在软、硬件上大量进口国外产品,信息核心技术缺失;信息安全意识淡薄;信息安全管理体制不健全等。加强信息安全与大学生信息安全意识教育,是一项刻不容缓的工作。

4. 科技安全教育

科技安全是指一个国家在科技领域特别是高科技领域具有一定领先水平并具有相对独立的科技研发能力,使国家经济发展与国防技术不受外国科技制约与要挟的状态。科技安全是国家安全的支撑点。在经济全球化和信息化条件下,各国间的竞争越来越多地表现为科学技术的竞争。只有抢占科技制高点,在全球科技进步的浪潮中夺取优势,保持强大的发展后劲,才能在复杂的世界环境中进退自如。

5. 生物安全

生物安全是指由现代生物技术开发和应用所造成的对社会、经济、生态环境和人类健康产生的潜在威胁有一系列有效的预防和控制措施。生物安全主要包括预防外来物种侵入、转基因生物、包括克隆技术在内的生物技术等。目前世界各国已广泛开始关注生物安全问题。

6. 文化安全教育

文化安全是指作为国家主权组成部分的文化主权和文化尊严神圣不可侵犯,民族个性化的文化传统和文化选择应该而且必须得到尊重,一个民族的文化在与外来文化交流过程中具有的文化自觉的理性以及维护民族文化不被外来文化同化的能力。伴随着经济全球化、信息网络化,文化的全球化是必然的趋势。文化安全是国家安全必须坚守的精神阵地。只有强化自己的民族文化和国家精神,守望好自己的文化疆域,才能在融入世界的过程中不迷失自己。

7.人口安全教育

人口安全是一个国家或地区的人口规模适度、结构合理以及流动有序的一种状态。我国目前面临的人口问题主要是庞大的人口给资源和环境带来沉重的压力。此外,性别比例严重失调、人口的老龄化日趋严重、人口素质有待提高、国内大量的人口流动给交通、城市管理、社会治安等工作增加了难度,严重地冲击着社会秩序,影响着社会的稳定等。人口安全是中国的特殊国情,教育大学生认识中国国情就不能不认识我国人口安全问题。

除此之外,非传统安全教育还包括环境安全教育、生态安全教育、宗教安全教育等。

二、网络视角下高校学生非传统安全教育管理存在的问题

当前,我国高校基本上都制订有大学生安全教育和管理的规章制度,并通过各种方式对大学生进行安全教育,但具体到非传统安全教育方面,由于教育理念滞后,理论内容陈旧,方式手段单调,师资队伍薄弱等因素的制约,导致非传统安全教育的整体实施效果不理想。尤其21世纪是信息网络化时代,网络的发展对大学生非传统安全教育产生了双重影响,它既为大学生非传统安全教育的开展带来了新的契机,提供了新的平台,同时又给大学生非传统安全教育带来了巨大的冲击和挑战,提出了新的课题。因此,探讨在网络视角下高校学生非传统安全教育管理中存在的问题对有效开展高校非传统安全教育有着极其重要的现实意义。这些问题主要体现在:

(一)异常发达的信息网络挑战高校安全体系

随着网络技术的迅猛发展,网络日益成为人们生活的一部分。对于当代大学生,网络是他们了解社会、接受知识、与人交往的重要工具,他们享受着网络给自己带来的诸多方便与快捷、知识与乐趣;同时大学生的身心也正承受着网络带给他们的煎熬,网络的超时空性和隐蔽性正成为某些境外敌对势力向大学生思想领域渗透的工具。有的大学生因网络成瘾,导致学习成绩下降、荒废学业、心理和行为异常,甚至出现违反道德和违法犯罪的非理性行为,如滥用信息技术制造传播信息垃圾和计算机病毒、编造虚假信息对他人进行诽谤或制造社会混乱,这些都成为高校安全教育体系的薄弱环节。

(二)大学生对网络信息的依存度高,但高校网络安全教育缺失,使得大学生对网络安全的威胁认识不足

有关学生获取安全知识的方式和途径的调查显示[1],70%的被调查者表示主要来自于网络新闻等媒体对安全事件的评论,显示出目前大学生对网络信息的依存度较高。而大多数国家都以安全技术和法律作为网络的主要保护屏障,投入了大量的人力物力进行技术开发和应用,以确保网络安全,但是由于技术和法律具有相对的滞后性,当发生网络安全事故时,危害已经造成。所以仅仅是技术上的防卫和法律的完善已难以适应日趋严峻的网络安全问题,网络安全教育显得十分重要和必要。然而,网络安全教育也是我国高校教育的薄弱环节。关于网络对国家安全威胁的调查中[2],认为网络泄密严重威胁国家安全及对国家安全有较大威胁的分别占11%和30%;认为网络中的不安全因素影响高校安全的比例也较低,显示出了学生对网络信息安全的重视程度不够,对网络所产生的安全威胁认识不足。高校的网络安全教育普遍存在着认识不足、内容不全、形式单一等问题,有些高校虽然制定了

---

[1] 丁红星.非传统安全视野下大学生安全教育的思路与途径[J].西南农业大学学报(社会科学版),2011(7):173.

[2] 同上

各项管理制度,但宣传教育的力度不够,师生法纪和责任意识淡薄,自我保护意识差和自我管理能力弱,忽视网络安全教育给人才培养和高校稳定带来极大损失,网络安全教育势在必行。

(三)网络时代下大学生非传统安全教育的理念相对滞后

非传统安全教育是安全教育的重要组成部分,也是一项系统工程,目的是通过教育使学生树立非传统安全意识,掌握应对非传统安全的常识和基本技能。但目前,相当一部分高校并没有将大学生非传统安全教育提到一个应有的高度,对大学生非传统安全教育的认识存在一定偏差,教育理念缺乏且滞后,认为其可有可无,往往是口头重视,实际上并没有真正将非传统安全教育落到实处,只在非传统安全事件发生影响到学校的安全稳定和学生的人身、财物安全时,才意识到非传统安全教育的重要性。因此,高校必须首先转变教育的理念,以学生为本,加强大学生非传统安全教育,才能确保学校的和谐稳定和学生的健康成长。

(四)高校非传统安全教育内容陈旧、手段方式单一、师资落后、效果不理想

目前,多数高校没有将大学生安全教育纳入到学校的正规课程教学体系中,大多只停留在新生入学教育阶段,导致包括非传统安全教育在内的大学生安全教育缺乏系统性、连贯性和全程性。一方面,大学生安全教育的理论框架体系基本还属于传统架构,有的根据出现的新问题作了一些补充和改进,但并没有从整体上进行创新。而对于大学生非传统安全教育的理论构建则基本停留在十分模糊和肤浅的阶段。另一方面,大学生安全教育的内容主要还是在国家安全、人身财产安全、消防安全、交通安全等传统方面,而对于经济、文化、生态、网络、心理等新的非传统安全问题则涉及甚少,导致内容相对陈旧枯燥,体现不出时代性、现实性、科学性、实用性,很大程度上影响了学生安全意识的养成和安全防范技能的提高。此外,高校对学生进行非传统安全教育的方式手段比较单调,主要局限于传统的说教和宣传方式,提不起学生的兴趣,满足不了学生的需求,导致安全教育效果较差。当前,我国高校的大学生非传统安全教育工作主要由保卫部门和学生工作部门的相关人员兼职担任。他们一般没有接受过系统的专业学习,学历层次相对较低,往往是凭工作经验开展大学生非传统安全教育,专业理论与知识比较缺乏,师资队伍的整体素质偏低,故而,在进行大学生非传统安全教育理论研究与教学工作时就显得捉襟见肘,办法不多,使非传统安全教育的理论创新、内容拓展、方式改进方面速度缓慢,从而影响了大学生非传统安全教育的效果。因此,在相关调查中显示[①],有53%和13%的大学生认为学校非传统安全教育"效果一般"或"没什么效果",认为"效果比较好但还需改进的"占39%,却没有一个被调查者认为"效果非常好"。

(五)大学生处理突发安全事件能力和心理弹性有待增强

在相关调查中也显示,当下大学生缺乏理性分析处理突发安全事件的能力,需要他人帮助分析处理;同时,在应对突发安全事件中,心理承受力不足,会有较大的情绪反应,这也表明大学生在应对突发事件的心理弹性上有待提高。

三、网络视角下高校学生非传统安全教育管理的途径与方法

(一)网络视角下高校学生非传统安全教育管理的途径

大学生非传统安全教育是一项系统工程,具有长期性、复杂性等特点,需要国家、社会、高校等多

---

① 丁红星.非传统安全视野下大学生安全教育的思路与途径[J].西南农业大学学报(社会科学版),2011(7):173.

方面的合力才能完成。因此,各高校需要从加强显性培育与隐性塑造两方面入手,切实探索改进大学生非传统安全教育的途径。

1.大学生非传统安全教育的显性培育

"显性培育"指在大学生非传统安全教育中能够对学生进行直接教育的方式和方法。主要包括:高校安全制度教育、大学生安全教育课程教育和安全实践教育三种途径。

(1)加强高校安全制度教育。高校首先应通过各种方式,尤其是在网络安全管理上做好学生安全教育和管理方面规章制度的宣传和组织学习工作,使这些规章制度都能为学生所熟知,并自觉遵守和运用。

(2)加快大学生安全教育课程建设,全面推进大学生安全教育进课堂。一是要在理论上构建和完善大学生非传统安全教育的框架,使之在大安全观架构下与传统安全教育理论融为一体,形成一个全新的安全教育理论体系。二是要在大学生安全教育教材中大幅增加非传统安全教育的内容,与国际接轨,努力将最新的非传统安全信息带给学生。同时,还可以将非传统安全教育的内容模块化,提高教育的针对性和实用性。三是要加紧大学生安全教育师资队伍的建设,加强培训,提高素质,努力打造一支专业化、专家化的师资队伍。四是将包含非传统安全内容在内的大学生安全教育作为必修课列入学校正规教学体系。要成立专门的大学生安全教育教研室,制定相关教学大纲和相应的考评标准,与其他必修课一样,统一要求,统一管理,使之系统化和规范化。

(3)加强大学生非传统安全的实践教育。大学生非传统安全教育不能局限于书本和课堂,还应加强实践教育,切实提高学生的实际应对和防范能力。一方面,要继续抓好大学新生军事训练和国防教育,高校必须把军训和国防教育作为对大学生进行非传统安全教育的一个良好时机和切入点,及时在拓展国防教育的同时,融入非传统安全教育内容,使刚踏进大学校门的新生能在具体的实践训练中对非传统安全有一个初步的认识,为日后系统地接受非传统安全教育打下坚实的基础;另一方面,要有计划、有针对性地定期组织学生进行应对非传统安全问题的仿真模拟演练,尤其是对于校园暴力恐怖、事故灾难、生态食品安全、流行疾病、网络安全等突发性安全事件,一定要提前组织相应的仿真模拟演练,这样才能使学生感受更深,对相关的应对处置方法、技能掌握更好。此外,高校还可以利用发达的网络打造安全仿真模拟演练平台;联合地方政府和社会各界,建设学生安全仿真模拟演练基地等方式,全方位、全过程地加强大学生非传统安全教育。

2.大学生非传统安全教育的隐性塑造

"隐性塑造"则指在大学生非传统安全教育中能够对学生产生间接教育作用的环境和氛围。主要包括三个渗透:渗透于高校"两课"教育、渗透于学生第二课堂活动教育和渗透于校园安全文化建设。

(1)渗透于高校"两课"教育。高校"两课"是指我国在高校中开设的马克思主义理论课和思想政治教育课。"两课"教学是对大学生进行系统思想政治教育的主渠道和主阵地,也是高校对学生进行非传统安全教育的重要途径之一,要结合"两课"教学的总体目标和要求,将非传统安全教育渗透于形势与政策、马克思主义基本原理概论等课程的教学中,引导和帮助学生用马克思主义的立场、观点和方法,用中国特色社会主义理论体系,用历史唯物主义观点去分析判断和解决所面对的非传统安全问题。

(2)渗透于学生第二课堂活动教育。大学生第二课堂活动既是开展学生思想政治教育的重要载体,也是开展大学生非传统安全教育的重要途径。"90后"大学生思想开放、思维活跃、求知欲强,可以根据这些特点,通过安全主题班会、特色活动等各种形式,对其进行非传统安全教育。此外,还可以将非传统安全教育渗透于大学生爱国爱校教育、职业道德教育、诚信感恩教育等日常思想政治教育活动之中,这些都是对大学生进行非传统安全教育的灵活有效的方式,有必要进一步加以发展和完善。

(3)渗透于校园安全文化建设。安全文化是校园文化的组成部分,良好的安全文化能促进校园安全氛围的形成,对和谐平安校园建设有着十分重要的意义。当前,非传统安全问题在世界范围内出现日益频繁,对我国大学生的影响也日渐增加。因此,将非传统安全问题渗透到校园安全文化之中,既可突出非传统安全教育的重要性,又可将安全教育纳入校园文化的系统建设中,嵌入学生的日常学习和生活,潜移默化地培养起他们的非传统安全思维,提高他们应对非传统安全问题的心理弹性,转化为他们头脑中的观念意识,实现文化的引导和塑造功能,将非传统安全教育提升到一个更高的层次。

(二)网络视角下高校学生非传统安全教育管理的方法

网络视角下的大学生非传统安全教育内含两个层面的蕴意,即基于网络技术层面和高校安全教育管理层面。面对大学生安全教育工作的新形势,高校管理者和广大教育工作者应当主要从以下几个方面入手:

1.领导重视,完善制度,齐抓共管

大学生的安全教育,是高校的基本责任。高校党政领导要以"稳定压倒一切,安全重于泰山"的大局意识,在思想上给予高度重视,行动上给予大力支持。我们要根据国家安全法规精神和计算机网络特点,从学校的具体情况出发制定和不断完善各种网络安全管理制度,并且制定学生网络安全教育计划和措施,将网络安全教育工作制度化、规范化、常态化。学校各级领导和部门要形成齐抓共管的局面,建立健全校园安全管理领导部门,完善校园安全教育体制和制度。安全教育各项工作由学校各级管理部门相互协调、相互配合,辅导员、班主任、管理人员、任课教师、学生干部等人员都应积极参与大学生安全教育工作,形成全校各部门全员齐抓共管的良好氛围。

2.教管结合,加强宣传,注重疏导

目前,随着互联网的日益发展,一些西方国家的高等学校已将网络道德教育纳入教育课程;而我国,虽然从中小学到大学都学习计算机、网络课程,但是学的只是技术理论,基本不探讨网络道德问题,基本不进行网络安全教育。因此,在当下,高校应充分发挥主渠道即课堂的作用,让网络安全教育进课堂;应发挥校园文化的功能,防止不良文化的渗透;应当注重对大学生安全意识的疏导工作,强化管理者的服务意识。

3.优化高校课程设置

要优化课程设置,建立通识课程与专门课程、人文课程与科学课程、必修课程和选修课程、学科课程与活动课程相结合的课程体系,加强大学生思维训练,使学生形成合理的知识结构和分析问题的多个视角,从而提高学生思考问题的深度和广度。

4.创设新型课堂教学文化

培养大学生非传统安全思维,要转变教育观念,营造民主平等、互动开放的教学氛围。在新的教学文化中,要实现三个转变:从单纯由教师传授知识转变为培养学生获取知识的能力、从以教师为中心的自我设计转变为以学生为中心的素质设计、从教师独占课堂转变为给学生以思维的空间和时间,帮助大学生形成提问的良好习惯,启发和鼓励学生提出新问题、寻求新思路、解决新问题,培养大学生多角度看待和分析问题的能力。

5. 加强防范教育，提高大学生自身安全素质

加强大学生防范意识教育，是全面推进素质教育的重要举措。高校要加强大学生网络安全教育，提高大学生网络安全意识，在思想上形成一道网络安全的"防火墙"。要对大学生进行安全意识防范教育，应重点抓好以下方面：维护校园网络安全，要普及师生网络安全技术防卫知识，增强师生安全意识；要加强对各个单位实验室、研究所、工作室、机房、网站尤其是校园周边网吧的管理，强化对上网工作人员的管理、监督和教育，努力营造校园网络安全环境；应将安全教育的有关知识融合到专业课的教学之中，让学生在接受专业知识的同时受到安全知识的教育，增强其自我保护和安全防范能力，全面提高综合素质，使学生在多方面受益，达到自我防范的目的。

四、构建网络视角下高校学生非传统安全教育管理的立体模式

从以上对网络视角下高校学生非传统安全教育管理途径与方法的探讨中，我们可以看到，要提升非传统安全教育的效果，需要整合相关教育管理资源，从"学生—校园—国内外环境"社会复杂系统的角度认识高校非传统安全问题，构建网络视角下高校学生非传统安全教育管理的立体模式，这需要做到：

（一）坚持"以人为本"这一核心，贯彻"一切为了学生、为了学生一切"的宗旨，打造以学生为本的安全教育新格局

高校应因地制宜，建立安全教育长效机制。高校可将学生的安全教育分散纳入各项课程之中，具体做法可分为集中讲课、列入必修课和选修课、举办讲座以及结合专业课程教授安全知识等。

（二）以"全面"为标准，结合实际，构建全方位、广覆盖的大学生安全教育立体新格局

依靠三支队伍，推进大学生安全意识的养成教育。依靠学生社团、辅导员、安全员以及要害部位从业人员三支队伍的力量，注意强化学生的主体意识，充分发挥学生的主体性，建立起有利于培养学生形成自我管理、自我教育能力和健康人格的教育模式。具体而言，一是发挥治保会、安保协会、自律会等学生社团群防群治的主体作用；二是发挥辅导员、班主任、学生宿舍安全员的示范引导作用；三是发挥要害部位从业人员的监督防范作用。

（三）统筹兼顾各种教育手段和方式，整合各种资源，构建多渠道的大学生安全教育立体新格局

进行非传统安全教育的手段有很多种，比如：可以综合利用社团、校园网、广播站等途径对大学生进行安全教育；加强实战演练，提升大学生应急避险和自救互救能力；发挥科技特长，使安全教育进网络；手机作为一种现代化的通讯工具，手机短信群发平台应该成为今后大学生安全教育重点开发和利用的模式；随着互联网的迅速发展，电子邮件已经成为高校师生工作、学习和生活的重要工具，因此，电子邮件在大学生安全教育中的作用也应被高度重视。另外，应大力开展大学生文明上网教育活动，可以增强学生上网的政治意识、法制意识、责任意识、自律意识和安全意识，培养大学生健全人格和高尚情操，树立良好的网络道德，自觉构筑抵制网络不良冲击的"防火墙"。因此，要充分挖掘和发挥校园网的宣传教育功能，建立统一指导、各方配合、责任明确、优势互补的网络宣传、网络舆论引导、网络监管和信息员队伍等工作队伍体系，把校园网建设成为立德树人的新阵地、安全教育的新平台，这对于安全教育实效性、直观性的提高具有重大意义。

非传统安全问题作为国家安全甚至全人类生存面临的重大威胁，它的应对不仅需要树立科学、合理的国家安全理念，更需要提高全民族甚至全人类应对非传统安全的实际能力。当代大学生是国家

发展和民族振兴的希望,担负着未来国家建设和社会发展的历史重任,他们的非传统安全意识及应对能力对未来国家安全来说至关重要。正因为如此,本文立足高校这一人才培养的重要教育平台,力图在大学生非传统安全教育方面做一些努力和尝试,为引导当代大学生树立科学、全面的国家安全理念做出不懈努力和积极贡献。

参考文献:

[1]陆忠伟.非传统安全论[M].北京:时事出版社,2003

[2]丁红星.非传统安全视野下大学生安全教育的思路与途径[J].西南农业大学学报(社会科学版),2011(7):173

[3]祝力维.关于大学生安全教育与管理的研究[D].长春:东北师范大学,2008

[4]赵小峰,赵绥生.非传统安全教育——大学生爱国主义教育的新课题[J].西安欧亚学院学报,2007(1)

[5]杨得志.高校安全教育的问题及改进策略研究[D].长春:东北师范大学,2008

[6]王雯霞.大学生安全教育与管理研究[D].太原:太原科技大学,2011

[7]蒋利平.国家安全视野下大学生非传统安全教育研究[D].长沙:中南大学,2011年

[8]叶三梅.大学生非传统安全教育刍议[J].淮北师范大学学报(哲学社会科学版),2012(8)

[9]张波.网络视阈下大学生安全教育的途径与方法研究[J].商业经济,2012(5)

[10]刘建伟,毛键.网络安全概论[M].北京:电子工业出版社,2009

[11]刘德海,屈丰安,常成德.非传统安全视角下我国高校突发事件应急管理研究[J].电子科技大学学报(社科版),2012(2)

[12]董雪梅.高校公共安全突发事件成因分析及应对策略[J].中国行政管理,2009(7)

[13]朱晓斌.美国学校危机管理的模式与政策[J].比较教育研究,2004(12)

[14]潘屹.浅谈高校大学生安全教育与管理策略的构建[J].法制与社会,2011(3)

[15]韦庆辛.新时期加强和改进大学生安全教育的实践和探索[J].中国安全科学学报,2009(2)

[16]宋胜男.高校安全形势的非传统安全问题分析及应急管理措施[J].消费导刊,2010(3)

[17]赵海滨.大学生视野中的非传统安全:问题与启示[J].中国青年政治学院学报,2008(2)

[18]王桥莲.网络时代高校安全教育工作的创新——基于辅导员视角[J].科学大众,2011(5)

[19]聂多均,许涧.高校网络安全教育问题与对策探究[J].教育与职业,2009(10)

[20]梁茜茜,陈志波.大学生非传统安全教育的显性培育与隐性塑造[J].高等农业教育,2012(12)

[21]裴劲松,高艳,邓小凤,邵虎.着力构建大学生安全教育立体新格局[J].中国高等教育,2009(7)

[22]赵经磊.高校学生安全现状及实施安全教育的途径探析[J].教育与职业,2008(7)

作者简介:

陈建斌　山西财经大学保卫处处长,手机:15035195599

通讯地址:山西省太原市小店区坞城路696号山西财经大学保卫处,邮编:030006

大学校园师生人身安全管理建设探析

眭红亮　李宏亮　杨拓进　太原科技大学

摘　要：随着我国高等教育改革的深入以及社会变迁的加剧，社会转型和高等教育改革交织在一起，各类突发事件在高校时有发生，并有逐步增加的趋势，严重威胁大学校园师生人身安全。本文主要研究怎样从学校实际出发，从师生自身出发，建立和完善高校安全管理体制，减少高校突发安全事件发生的频率，降低突发安全事件对高校造成的损失。

关键词：安全管理体制　安全教育　科技防范　人本管理

"安全工作无小事"，"安全责任重于泰山"。探索并构建一套行之有效的高校安全管理模式是构建和谐社会的重要内容，维护高校的安全稳定是社会经济发展的需要，也是保持高等教育持续、快速、健康、协调发展的重要保证。

一、大学校园人身安全风险的种类及其防范责任体系

所谓高校师生人身安全是指大学师生在高校实施的教育教学活动或校外活动中，以及在学校负有管理责任的校舍、场地及其他教育教学设施、生活设施内，所受到的生命权、健康权和行动自由权方面的威胁和风险。大学校园生活中的人身安全包括学习中的安全和生活中的安全。学习中的安全是指日常上课及其实践教学活动中存在的人身安全风险；生活中的安全主要包括宿舍住宿、课外运动、生活饮食、用水用电、勤工助学和社会交往、纠纷失控和饮酒失控等几个方面存在人身安全风险。危及大学师生人身安全的风险类型主要有：人身伤害风险、自杀他杀风险、食物中毒风险、疾病传染风险、自然灾害风险、意外事故风险、生活用电风险、设施故障风险、火灾事故风险及其他安全风险。在高校校园所发生的师生人身安全事故中，绝大多数是可以通过教育、防范和加强安全管理来提前采取措施避免的。

二、建立师生安全管理体制是大学师生人身安全管理的根本前提

在社会转型、体制转轨、经济快速发展的新时期，影响高校安全稳定的因素呈现多样化、复杂化的趋势，这些都给高校的安全管理工作提出了新的挑战。因此，建立维护高校安全管理体制是落实维护高校安全稳定工作"统一领导、统一指挥、统一协调"的必然要求，对有力地维护高校的安全稳定，建设和谐校园具有极其重要的意义。目前，教育管理部门还没有建立起一个完整的维护高校安全管理体制，各高校现有的安全管理体制又存在分散性、片面性的问题，因此，探索并构建一套高校安全

管理体制是当前高校安全稳定工作的重中之重,也是新时期高校健康发展的必然要求。

(1)构建一套高校安全管理体制必须遵循系统性、相对统一、预防为主、动态求优的原则,要对大学校园师生人身安全管理工作切实加强领导和统筹协调,明确职责,相互配合,形成齐抓共管的工作合力,全面做好安全防范工作和及时化解矛盾纠纷,按照"谁主管,谁负责"的工作原则,建立健全纵向到底、横向到边、反应迅速的人身安全防范工作网络系统和责任体系。高校要切实结合本单位实际,针对重点问题、重点对象和薄弱环节,抓住关键,重心下移,关口前移,超前预防,分解责任,制定严密防范措施,坚决防止重特大人身安全事故发生,确保学校的安全稳定。

(2)安全管理要变为事前预防与事中控制,则必须实现安全管理的四个凡事,即凡事有章可循、凡事有据可查、凡事有人监督、凡事有人负责。要明确事前如何预防、事中如何控制、事后如何处理,就必须加强安全管理的制度化建设。任一制度的出台应明确拟定目的,明确执行流程,明确管理层与执行层之间、各管理部门之间的分工界面与安全职责,方能为实现各司其职、各负其责提供书面依据。制度的拟定应严格依照安全管理类的规程、规定,并结合实际情况,做到切实可行。

(3)高校要严格建立安全工作"一岗双责"体系,层层落实安全责任制,要明确校党政一把手是安全第一责任人,对学校的安全工作负总责;分管安全工作的校领导对学校安全工作负有直接管理责任;其他校领导在分管工作范围内对安全工作负有领导、监督、检查、教育和管理职责。校内各职能部门主要负责人、各学院党政一把手是本单位安全责任人,负责本单位的安全工作。高校各级领导要切实担负起学校安全管理责任,层层签订安全工作责任书。将安全责任制落实到每个岗位、每个人、每个环节,形成了群防群治、齐抓共管的工作局面。

三、开展大学师生的人身安全教育是人身安全管理的重要内容

(1)高校要坚持"教育在先,预防在前"的原则,全力推进安全教育进课堂。制定并实施《学生安全教育进课堂实施方案》,落实课程、教材和学时,选派实践经验丰富的学生管理人员担任授课教师,内容应涉及应急知识、防火知识、交通安全、饮食卫生、公共安全、物品保管等方面。将安全教育课贯穿大学生四年的学习生活全过程,成绩录入学生成绩档案,学分修满后方能毕业。并把新生入学和毕业生离校安全教育工作作为安全教育课程的重要环节,以帮助新学生尽快适应大学生活,帮助毕业生及早适应社会环境。

(2)高校要注重安全教育文化建设。要将安全教育同学校的德育工作进行有机结合,将学生的第二课堂同安全教育有机结合起来。根据特殊时期、不同年级的特点,开展形式多样的大学生安全教育活动周等宣传活动,建立了经常性的安全宣传阵地,通过宣传单、宣传栏、校园广播、专题讲座、警情通报、春秋游安全教育、禁毒宣传教育、校园安全教育、寒暑假安全教育、每个宿舍张贴安全温馨提示卡等多种日常宣传教育途径和形式,大力弘扬安全文化,树立安全发展理念,向广大学生宣传安全的相关知识,传播快乐、文明、安全、健康的生活方式,使学生真正掌握安全知识,增强安全意识,提高防灾避险的能力。

同时,要依托社区,依托社会实践,创设良好的安全教育实践环境,充分利用现有教育资源,争取社会各方面力量的关心、支持。鼓励学生组织积极参与社区和社会实践的相关活动,如禁毒宣传、交通安全宣传、反邪教宣传等,让学生在社会实践活动中,领会自身安全、国家安全的重要性。

(3)高校应经常性地组织和开展各级各类安全稳定演练活动,使广大师生充分掌握了应急避灾

的正确方法,严防因食物中毒、踩踏事件、重大自然灾害及其他突发事件造成的群死、群伤等群体性事件。一是要每学期都举行全校性的消防和应急疏散演练,覆盖了全校所有单位、师生和场所。二是要在校园人群密集场所或事故易发区域如图书馆、实验室、体育馆等,由相关主管职能部门组织专项应急演练。

四、实施科技防范和人本管理是大学师生人身安全管理的关键所在

在大学校园师生的人身安全管理中,科技防范、人本管理是关键。

(1)高校应重视科技创安工作。建立校园视频监控系统、校园巡更系统和覆盖所有学生公寓的无障碍通道识别系统等先进技防设施,给校园管理、安全防范带来便利,有效提升校园安全防控能力和快速反应能力,使学校的安全得到充分保障,更好地维护校园的安全稳定。

(2)孟子曰:"以德服人,心悦诚服也。"对于教育中的人,如果仅用制度、计划、监督等来进行管理,尽管能体现出一定程度的规范性和实效性,达到一定程度的科学管理水平,但却忽视了人的最本质的特征,即人的个性,特别是人的需要、动机、能力、性格和人的发展。作为教师,其职业角色决定了他的价值取向:得到别人的承认与尊重,这远胜于物质利益。学校管理者应当发挥在师生人身安全管理中的带头作用,以身作则。在学校教育中应强调主体性张扬,除了强调学校教育工作围绕着科学"育人",以学生为中心,即学生主体性的张扬以外,还应强调学校管理工作围绕科学"用人",即以人才为中心,充分发挥教师在育人中的作用,这也可以说是教师主体性的张扬。

总之,大学校园师生的人身安全预防管理工作极为重要,只有分析各种客观存在的不安全因素,摸索出内在规律,实施人防、技防、物防相结合的安全管理模式,才能建立起新型的大学师生人身安全系统,切实保障大学校园师生的人身安全。

参考文献:

[1]梁家峰.高校安全稳定工作面临的挑战及应对策略[J].北京教育,2010(3)

[2]张鹏,林建华,姜秀敏.关于高校安全管理体制建设的思考.理论界,2012(1)

[3]庞贺军.新时期高校学生安全稳定工作标准化体系建设初探.经济研究导报,2011

作者简介:

眭红亮　太原科技大学保卫处处长,电话:03516998051
李宏亮　太原科技大学保卫处副处长,电话:03516998051
杨拓进　太原科技大学保卫处科长,电话:03516998051
通讯地址:太原市万柏林区窊流路66号,邮编:030024

高校新校区安全管理初探

王玉喜　山西传媒学院

摘　要: 高校新校区的成立是我省高校安全管理的新课题。探讨新校区安全管理问题,对保障高校安全稳定,促进大学生健康成才,维护一方正常的教学和生活秩序具有重要意义。本文针对设立新校区面临的社会环境和存在的安全隐患及大学生自身特点等情况进行了分析,对新校区安全管理、应急处置和安全教育及治安联防联动等具体措施进行了阐述。

关键词: 高校新校区　安全管理　大学生安全教育　维护新校区安全稳定

在党的十六届六中全会上党中央就提出了"建设人力资源强国"的这个概念。目前我国高等教育已经从传统的相对封闭的精英教育阶段发展为大众化教育阶段,高校的毛入学率为30%。预计高校进入毛入学率达50%的普及教育阶段还需要十多年的时间。进入21世纪以后,随着我国"科教兴国"战略的实施,各高校整体实现了繁荣兴旺的发展态势,高校办学规模不断扩大,办学模式日趋多样,许多省市相继出现了高等院校聚集的大学城。

2010年8月24日,山西省政府决定在规划中的晋中市北部新城北侧建设山西高校新区。该区离太原市中心约25千米,占地面积9890亩,规划建筑总面积约369万平方米。建成后的新校区将容纳太原理工大学、山西医科大学、太原师范学院、晋中学院、山西传媒学院、山西中医学院、山西煤炭学院、山西交通职业技术学院、山西建筑职业技术学院、山西职工医学院10所高校,约15万名教职工、学生集中入驻。成为山西省涵盖文、理、工、医、传媒、建筑、交通等多学科门类的高等院校聚集地,是我省中部地区的"智慧谷"。

山西高校新区的建设,不仅为进驻的高校拓展发展空间,改善办学条件,优化资源配置提供了机遇和平台,而且为高校的内部改革发展注入了新的活力。但是应该考虑到由于进驻新校区的高校多,规模大,学生高度密集地生活在同一区域,校区开放的程度和后勤服务社会化的程度更高,各高校之间学生交往形式多样化,信息传递快捷,各院校之间以马路分割,周边治安环境影响校园等等,这给新校区的安全管理增加了难度,提出了新的挑战。

1. 周边环境的复杂性

新校区离市中心有一定的距离,属于城乡结合部。经济和社会发展水平远低于市区水平,社会治安和综合治理状况令人担忧,交通、卫生、就医、餐饮、娱乐等社会配套设施相对滞后,校园和学生安全问题非常突出。

2. 学生聚集的密集性

新校区内高校众多,学生高度聚集,学生规模超过十万人。如此高密度的学生群,一旦出现突发性事件、群体性事件,后果很难控制。

3. 校区之间的开放性

新校区内各高校之间呈开放性的空间,容易使校园生活呈现"自由化"倾向。城乡居民、闲杂人员等难免随意进入校园,给存在不良动机的人留下了许多可乘之机。这给新校区的安全管理带来许多不稳定的因素。

近年来各大高校内外治安环境日益复杂,高校内的违法犯罪现象逐年增加,导致学生财物被盗、被骗、被抢的案例,学生的伤害、伤亡事故,学校的"安全稳定事件"逐年增加,严重影响了学生的正常学习生活和高校的稳定发展,很多师生员工在日常工作、生活、学习时越来越觉得缺少安全感。我们迫切需要重新审视和高度重视新校区的安全管理问题,维护新校区的安全稳定。

一、安全保卫队伍的组织机构及功能要健全

组织机构和队伍建设是维护高校安全稳定的组织保障。各高校应该高度重视和完善安全稳定的组织机构,并且要加强队伍建设,如综合治理委员会、维稳工作领导组、武装部、保卫处等,特别是处于安全保卫第一线的保卫处。因此各高校要加强安全保卫工作,注意把一些高素质的人才吸引到保卫队伍中来,对安全保卫工作者在职称评定、职务提升、进修学习等方面给予一定的照顾以稳定人心、激励斗志、提高保卫队伍的整体素质。不断改善保卫组织的技术装备,努力打造一支政治合格、纪律严明、作风过硬、业务精通的高校保卫队伍。

然而,目前高校安全保卫工作体制不顺,保卫部门没有法律地位,广大师生群防群治的工作还非常薄弱。保卫人员的社会地位、经济待遇比较低,甚至保卫经费投入严重不足,有的高校机构设置不够健全、人员配备少,对高校安全保卫事业的发展有非常不利的影响。安全保卫工作每年都在增加新的内容,常年以来保卫干部的工作都处于疲劳应付,缺乏科学性、技术性的防范管理。保卫人员无权而责任大。因此难以把思想素质高、业务精湛的人才吸引到保卫队伍中来,保卫队伍里现有的优秀人才也不能安心工作,总是想方设法"脱离"这支队伍,这必然会影响安全保卫部门工作的正常开展,导致部分工作不到位,服务质量不高,难以满足校内师生员工和学生家长的安全需求,也使得一些高、新、精的科学技术难以在高校安全保卫工作领域得到推广和广泛应用。

在加强保卫力量的同时也要大力倡导高校安全保卫人员爱岗敬业,要有奉献精神。虽然安全保卫工作很辛苦,又有一定的危险性,这是职业特点决定的。既然我们选择了这项工作,应时刻准备在国家和人民的利益受到侵害时不惜挺身而出,更要善于化解各类矛盾,处理危机。在加强"人防"的同时,"物防"和"技防"也要紧跟时代的步伐,要"舍得花钱买平安",充分发挥现代科技全天候、全方位值守的功能,完成安全保卫的重任。

二、大学生的安全法制教育要重视

新形势下市场经济的负面影响对社会传统道德观念形成冲击,反映到人们的思想意识和人与人的关系上来,容易诱发自由主义、拜金主义、享乐主义、利己主义,这必然会反映到高校青年学生的头脑中来,在一些大学生中出现道德观念弱化和扭曲现象。一些学生出现好逸恶劳、贪图享受、爱贪便

宜、为达目的不择手段等不良倾向,因此而出现陷入传销骗局、网络骗局、校内盗窃等安全问题。

大学生作为高校最重要的主体,是高校教育培养的对象,是党和国家事业发展的未来建设者与接班人。他们在校期间的一举一动、一言一行都会受到政府、社会、家庭的广泛关注。如果发生涉及大学生的"安全事件",就必然会牵动社会、家庭、宣传媒体和大学生群体的神经,影响高校安全稳定甚至在全社会产生强烈的负面影响。因此,重视和加强大学生安全教育,防患于未然,是确保高校安全稳定的重要举措。

大学生安全教育是大学生思想政治教育的重要组成部分。加强大学生安全法制教育有利于大学生树立法制观念、强化法律意识、提高自控自律能力;安全知识和防范技能是大学生知识结构的重要组成部分,安全意识和安全责任是大学生人文素养的重要内容;安全教育中针对大学生进行的心理辅导和心理问题矫正本身也是思想政治教育的重要内容。

加强大学生安全教育有助于大学生成长成才。从大学生成长的历程来看,大学是大学生成长成熟的关键时期。多数大学生是从中学校门直接迈进大学校门,社会生活经验比较欠缺,人生阅历尚浅,思想相对单纯,对社会复杂程度和安全防范的认识不足。加强安全教育,提高大学生的安全知识和安全防范意识,不仅有利于保障大学生在校正常生活学习,顺利完成学业,而且有助于增强他们认识社会、适应社会的能力,促进他们健康成才,树立正确的世界观、人生观、价值观,将来更好地为国家建设作贡献。

三、突发事件应急预案的可操作性要落实

突发事件是指由于自然的、人为的或社会政治的原因引发的,对学校的教学、工作、生活秩序形成一定干扰、冲击或危害,甚至造成财产损失和人员伤亡的突发性事件。意外的事情总是难以避免的,故此我们在平安的时候就要做出应对突发事件的预案。

目前,各高校的突发事件应急处置机制还普遍存在的问题有:

(1)多数高校尚未建立常设的应急管理机构专门来从事突发事件处置工作,面对突发事件的发生,往往是成立临时的应急管理机构,然后临时抽调一些工作人员。这些人员大多不具有专业背景而且没有受过正规的、系统的应急处置培训,应急管理效率低下,缺乏科学性和可持续性。

(2)有的高校突发事件应急处置制度不完善,应急处置保障落后,应急预案或不全,或不科学,或不具有可行性。全方面、全覆盖的应急管理体系尚未完全建立,应急救援的基础条件薄弱,急救物资和装备不足,应急救援能力有待提高。广大师生员工对处置突发事件的长期性、艰巨性认识不足,应急管理知识和技能贫乏,在重大突发公共事件应急处理中的协调配合有待进一步加强等。

(3)在高校内部,应急管理的内容并没有很好地进入党团组织和各职能部门的工作日程,而各类学生社团组织更多的是在扮演被管理者的角色。来自学校外部政府、社会及市场方面的参与力量非常少,利用综合力量处置突发事件尚没有得到充分发挥。更没有形成政府、学校、社区、家长、媒体等相关方的联动机制。

高校的突发事件具有诱发因素多样性、群体行为过激性、规模扩展共振性、事件处理复杂性等特点。突发性事件如果处理的不及时、不妥当很容易发生转化,影响到整个学校的教学和生活秩序。而且,由于网络的快捷性,甚至可能演变为影响区域和社会稳定的导火索。有时候一个意外事件、一个恶作剧或几声叫喊都可能引来无数人的围观。

各高校应建立健全校园公共安全预警机制和应急救援机制,建立相应的应急救援队伍,全面提高校园应对突发事件的能力。应组织广大师生员工参与维护校园的安全稳定,建立群防群治的治安队伍。同时必须加强各高校和校内各部门的"自保"意识,充分发挥广大师生员工在安全防范工作中的作用。认真落实安全责任制,坚持"谁主管、谁负责"的原则,真正使校内各部门都能"管好自己的人,看好自己的门,办好自己的事",力争把各类安全隐患消灭在萌芽状态。

四、社会治安综合治理的联动机制要强化

当前社会问题和高校内部问题相互交织,治安问题和政治问题相互影响,人民内部矛盾和敌我矛盾相互渗透,使得影响高校稳定的因素呈现复杂化、多样化的趋势。境内外敌对势力对高校进行宣传渗透的活动突出,对于师生员工的思想稳定也有直接或间接的影响;校园及周边治安环境复杂,存在着大量引发不稳定事端的隐患;网络传播的有害信息对稳定工作的影响也不可忽视;大学生就业难和贫困学生增多等问题潜藏不稳定因素;高校与"法轮功"邪教组织的斗争仍然很艰巨;民族和宗教问题成为影响高校维护稳定工作的一个重要因素;新闻媒体的一些报道有时也会引发师生强烈的情绪反应。

在市场经济条件下,新校区附近肯定会开设很多网吧、旅店、出租房、游戏厅、卡拉OK厅、舞厅、小吃部等,安全隐患会很多,治安工作难度会很大。另外,有的商主为了发不义之财可能非法经营一些不健康的项目,影响学生的学业和身心健康。当前学生上网非常普遍,有的学生经常彻夜不归,有的上网浏览、下载不健康的信息内容。有的学生思想单纯,在网上结识并轻易相信一些别有用心的人,给犯罪分子以可乘之机。

另外,随着招生数量的不断增多,好些分数比较低的学生进入大学校园,学生的素质良莠不齐,许多次生问题随之产生,往往因为一点小事就可能引发学生之间的冲突,事件扩大将会危害到校园的安全稳定。应该说当代在校大学生的整体素质是比较高的。但是,确实有相当数量的大学生在意志、品德、观念、法律等方面明显薄弱。比如经不起挫折甚至于精神失常、心理疾病导致自杀、自私自利侵害他人、法制观念淡薄以身试法等。

安全稳定工作不是全局,但是贯穿全局;不是中心,但是影响中心。

必须具备在省市领导和地方政府的统一领导下,形成高效的联防联动机制。采取综治委、教育厅、公安厅、工商局、城建局"五位一体"的联合维护高校新校区安全稳定的措施,运用政治的、经济的、法律的、行政的、文化的、教育的、科技的等多种手段,各部门协调一致、齐抓共管、群防群治,积极化解各类矛盾,整治社会治安,打击和预防犯罪,保障高校新校区的安全稳定。

参考文献:

[1]王从严,霍军亮.大学生安全教育的意义、现状及对策[J].学习月刊,2008(22)

[2]张人民.新形势下高校学生安全教育面临的挑战与对策探析[J].安全与健康,2004(7)

[3]张峰杰.群体性事件的危机管理[J].中国人民公安大学出版社,警察预警与应急管理,2006

作者简介:

王玉喜　山西传媒学院保卫处

浅析高校校园内外环境安全管理及对策

孙国琦　闫勇　仝西川　北方工业大学

摘　要：通过对高校校园环境安全诸要素的分析，客观评价我国部分高校在校园环境安全管理方面存在的问题，提出建立五道防线进行高校校园环境安全管理的基本对策。

关键词：高校　校园内外环境　安全管理

维护高校校园内外环境的安全是保障校园师生员工身体健康、精神健康、财务安全的基本要求，是保证高校健康长远发展的基本保障，而随着新形势下高校社会开放程度的加大，现有的校园环境安保制度受到强烈的冲击，观念上、制度上、硬件设置上均存在着诸多与现实不相符的地方，这就迫切要求我们探索新形势下高校校园内外环境的安全管理。

一、高校校园内外环境安全管理的内涵及要素

（一）环境是相对于某一事物来说的，是指围绕着某一事物，并对该事物会产生某些影响的所有外界事物

环境既包括以空气、水、土地、植物、动物等为内容的物质因素，也包括以观念、制度、行为准则等为内容的非物质因素；既包括自然因素，也包括社会因素。校园环境就是泛指影响校园中师生员工活动的各种自然的和社会的外界事物。对高校校园环境安全进行管理就是对影响师生安全的自然的、社会的、物质的、非物质的各个要素进行管理。

（二）这些要素包括人员、设备设施、规章制度

人员主要包括校内学生、安保人员、社会外来人员。设备设施包括各类安全防范设施。规章制度包括对人员和设备的管理规定和安全机制。对人员的管理就是要通过惩戒、提醒，规范学生的行为，通过教育、演练提高学生的安全意识和自我防御能力；通过培训、考核、奖惩提高安保人员的责任意识和专业技能；通过提示、检查、惩戒规范外来人员的行为。设备设施包括各类门禁系统、监控系统、消防设备、交通设备及其他各类安全设备设施。规章制度包括各类安全设备设施的使用维护，安保人员的职责、行为规范、培训，学生的行为规范、安全教育，针对校外人员的门卫制度，校园内后勤保障人员要遵守的部门规定等。

二、高校校园内外环境安全存在的主要问题

(一)高校校内环境安全存在的问题

1. 人员骤增，成分复杂，部分安保人员素质待提高。由于近一段时期，高校的合并和扩招导致学生数量急剧增加，无论是教职工还是学生，数量都大幅度增加。在学生中层次和形式也复杂了。一所省级普通综合性大学，上有博士生、硕士生、本科生、大专生，下有中专生，同时还有函授、自考等非全日制办学形式，由此产生了层次复杂，素质参差不齐的学生，教职工的增加带来的是后勤保障人员随之增加，这部分人员素质更是良莠不齐。人员骤增、成分复杂导致的直接后结果就是增加了犯罪率；人员的骤增还导致公共活动区域的狭小，增加了安全隐患；人员的骤增还对安保人员的数量配置提出了要求，增加了安保成本。而安保人员同样来源不一，有的是转业军人、有的是留校学生、有的是退休职工、有的是社会外聘人员，校警成分更是五花八门，安保人员素质低的现象也存在。

2. 安防设备设施陈旧。科技的发展、网络的发展为犯罪分子作案提供了良好的技术支持，作案手法更加隐蔽，查案成本更加高昂。各高校都在重要部位安装了监控设备，但发生了案件查询录像时却发现，许多录像根本没法用，不是模糊不清就是角度不对，要监控设备真正发挥作用，首先必须是高清的，其次要有相当的覆盖率，再次对安装的角度、位置要认真设计，而这需要巨额的资金支持和宽限的施工时间。相当一部分学校是不愿在这方面过高投入的，设备只求有，不求真正实用的现象还存在。不只表现在监控设备，其他方面，比如门禁、消防设备许多都是坏的，没有人管理，真正成了摆设。

3. 安全制度规定不合理或落实不到位。每个高校都针对本学校制订了大量的安全规章制度，但许多制度从制定之初就没有修改过，学校的形势变了，规定却不随着变，许多安全规章制度或者过于宽泛、笼统，或者过于苛刻导致可执行性差，规章制度形同白纸一张。还有一些规章制度各条例都是合理的可执行的，但却没有相关人员或部门监督，造成有章不循，我行我素的局面。

(二)高校校外环境安全存在的问题

1. 校外不法分子盗抢、寻衅滋事，个体老板违规经营。在校园及周边地区常有以盗窃高校自行车、行人钱物为目标的犯罪团伙。这些人时常流窜入校园内伪装成学生作案，严重扰乱校园秩序，引起学生间相互猜疑。在北京地区高校外常有部分少数民族犯罪团伙，在学生上下课的路上抢劫财物，以单身女子为目标，采用威胁、尾随等方式给学生造成巨大的心理伤害和人身伤害，这部分人以语言不通为武器，以少量财物不够量刑为手段，打法律的擦边球，常常刚从拘留所出来，又重操旧业，成为打不掉的牛皮癣。校园周边网吧、KTV等娱乐服务场所经营者，无证流动商贩，五金加工店铺老板等违规经营，他们或者通宵营业、提供黄、赌、毒服务，或者摆卖一些极不卫生的"三无"食品，或者制造刺耳噪音，严重影响在校学生的健康。

2. 学校周边的违章建筑影响交通、影响泄洪、存在火灾隐患。由于历史的原因，部分社会单位长期占用校园周边的土地，为牟取商业上的暴利，建起许多存在安全隐患的简易设施从事卖水、卖饮料、烧烤等活动。污染周边环境，制造废物垃圾，每到夏季来临造成泄洪通道堵塞；消防不达标，造成火灾；贩卖酒精饮料，引发学生酗酒打架；堵塞道路，发生交通事故。

3. 社会单位执法不严，缺乏统一协调的领导，违规违法现象得不到及时有效整治。对于反映出来的高校周边社会违法违纪现象相关执法部门重视程度不够，常常以做过了代替做好了，如果不是屡次反映，引起相关部门的领导重视，就很难采取大的行动。各部门间有相互扯皮现象，如果不是赶上

重大政治敏感期或社会发起的统一行动,对违法行为很难从根本上予以打击或取缔,引发学校师生的极大不满,从而在网上发布负面消息,容易引起更大的群体性事件。

三、国外高校校园管理的启示

绝大多数的美国高校没有围墙,校园内的道路属于社会公共道路,行人可以自由穿行,完全是开放的校园。传统的机械防范手段在美国高校基本已被淘汰,校园几乎见不到铁门、铁栅栏,他们在"人防"的基础上,充分依靠科技防范手段建立了多功能的防火、防盗、交通安全、报警等电子信息监控严密的安全防范体系。技术设施的完善,使校园安全防范形成了纵横交错、点面结合的严密网络。

(一)多功能电子监控系统

各高校都建有一个电子监控中心,通过安装在校园主要交通路口、停车场、重要楼门和其他重要部位的摄像探头,对校园情况进行24小时监控。监控中心集监控、报警、调度、救助功能为一体。学校在校园的各个方位设置了专门报警电话亭,接受各类报警和紧急求助电话。报警电话与监控中心直通,只要拿起电话,不用讲话,监控中心就可以知道报警所处位置,立即就可以通过监控系统锁定有关区域,并视情调度人员前去处理。此外,各高校的监控中心普遍配有电话录音分析系统,通过计算机网络与地方警察部门、FBI的信息库进行识别,确定当事人身份。

(二)安全防火技术系统

美国高校的建筑大多数都有消防报警系统,普遍安装了自动喷淋装置,配有ABC类的灭火器材,室内外消火栓数量多,能够保证提供充足的灭火水源。由于消防报警系统与监控中心直接相连,一旦发生火情,能够立即将报警信息传递到监控中心或地方消防部门。

(三)防盗、防侵入系统

美国高校已普遍采用了电子门禁系统。一些高校的门禁系统掌握在各建筑管理员手中,还有一些直接由监控中心控制,重要通道安装电子锁,师生凭电子钥匙(IP卡)开启,系统自动记载开启时间和使用者身份,确保万无一失。学生公寓学生寝室的电子钥匙集体存放在电子钥匙柜内,学生凭指纹打开柜子拿钥匙,只能取自己的钥匙进出门楼。

(四)交通安全管理系统

美国校园是开放性的区域,不仅校内师生可以通行,校外人员也可以使用校园道路,加之整个社会车辆拥有量大,维护校园交通安全成为校园安全管理部门的一项重要工作。美国高校除在校园主干道安装交通监控系统外,校园内部的道路交通标志设置不但充分而且非常合理,真正体现保证安全、便利畅通的现代交通管理目标。校园道路上各种交通标牌、标线齐全醒目,提示牌也多,重要路口设置了红绿灯,其他路口设有缓行标志,提醒车辆和行人注意安全。主干道上不准停放车辆,部分支路设置停车位。

(五)人性化的管理理念

美国高校校园警察十分注重为广大师生提供各种服务。例如:校园警察义务为师生提供"护送"服务,夜晚只要有人提出护送要求,警察部门就立即派人出车,将其送到指定地点,直到其安全进入室内才离开;学生忘记带钥匙,只需要向校园警察打个电话,警察就来帮助开门;学生在酒后不能违法开车时也可以向校园警察求助,由校园警察将车开到安全地点停放;校园警察的巡逻车内都备有急救包和药品,警察均有一般的救护知识,随时准备救治伤者。美国校园警察通过为广大师生提供各种服务,实行人性化管理,拉近了高校校园警察与师生的距离,提升了校园警察的安全、护卫和服务形象。

(六)专业化的队伍建设

校园安全管理队伍主要来源于高校毕业生、退役警察和军官,一般要求文化程度在本科以上,有学士学位,相当一部分警官是硕士或博士毕业。其中,应聘校园警察事先必须通过国家公务员考试,没有公务员资格就不能够得到聘用。

校园警察在录用前,还必须接受警察培训中心为期14—16周的培训,不经训练考试合格,不能授予警察资格。在职警察每年必须到警察培训中心接受不同期限的业务培训,达到知识更新的目的,考试不合格将被淘汰。

另外,除校园警察外,安全管理人员和保安都需经过职业培训,经考核合格获得从事安全保卫工作资格才能应聘安全管理工作。[2]

四、我国现行的校园环境安全管理规定

(一)现行的高校校园环境安全管理制度

2010年国家教委《高等学校校园秩序管理若干规定》(国家教育委员会令第13号)[3]是进行校园环境秩序管理的法律依据。它在有关条文中明确指出了对校园门卫管理的要求。

"第三条　学校的师生员工以及其他到学校活动的人员都应遵守本规定,维护宪法确立的根本制度和国家利益,维护学校的教学、科研秩序和生活秩序。

学校应当加强校园管理,采取措施,及时有效地预防和制止校园内的违反法律、法规、校规的活动。

第五条　进入学校的人员,必须持有本校的学生证、工作证、听课证或者学校颁发的其他进入学校的证章、证件。

未持有前款规定的证章、证件的国内人员进入学校,应当向门卫登记后进入学校。

第六条　国内新闻记者进入学校采访,必须持有记者证和采访介绍信,在通知学校有关机构后,方可进入学校采访。

外国新闻记者和港澳新闻记者进入学校采访,必须持有学校所在省、自治区、直辖市人民政府外事机关或港澳台办的介绍信和记者证,并在进校采访前与学校外事机构联系,经许可方可进入学校采访。

第七条　外国人、港澳台人员进入学校进行公务、业务活动,应当经过省、自治区、直辖市或者国务院有关部门同意并告知学校后,方可进入学校。

自行要求进入学校的外国人、港澳台人员,应当在学校外事机构或港澳台办批准后进入学校。

第八条　依照本规定第五条、第六条、第七条的规定进入学校的人员,应当遵守法律、法规、规章和学校制度,不得从事与其身份不符的活动,不得危害校园治安。

对违反本规定的第五条、第六条、第七条和本条前款规定的人员,师生员工有权向学校保卫机构报告,学校保卫机构可以要求其说明情况或者责令其离开学校。"

根据以上的要求所有不属于校区内教职工或工作相关人员均禁止在校园内活动,即便是校内师生员工在进入校园时也需提供身份证明。几乎所有高校在各自规定的门卫管理规定中都会写"严格

门卫管理,学生凭证件进入校园,无证人员必须到门卫登记"或者诸如此类的规定。

这就是中国式的高校校园管理的最真实写照。

(二)加强门卫管理的重要性

笔者查阅历年来本校发生的案件,经统计,在校园发生的案件中,外来人员作案比例为60%。2013年5月,笔者进行了问卷调查,共发调查问卷150份,调查对象涉及学生、公寓管理员、教师、行政管理人员、退休人员,收回调查问卷140份。其中,在校园环境安全隐患主要有哪些的调查中,45人选择了食品安全,62人选择了外来人员,67人选择了宿舍消防安全,18人选择了高空坠物,4人选择其他,所占比例各为32.14%,44.2%,47.9%,12.9,0.03%。由以上可以看出,校园管理中外来人员作案占了案件的近一半,这就要求加强对外来人员的管理,这也例证了加强门卫管理的重要性。

(三)门卫管理的现实矛盾

门卫管理的证件查验、登记制度是有效地防止校外人员进入校园作案的方法,但在具体实践中却存在着诸多不便,可行性比较差。门卫很难对进入校园的人员逐一验证,门卫管理阻力很大。表现在以下几个方面:

1.出入校园的人员成分复杂,素质参差不齐,大门口人流量瞬间骤增,查验困难。出入校园门口的人员有中国人,有外国人,有在校学生,有外来培训人员,有后勤职工,有建筑工人,有附近的穿行校区居民,有住在学校家属区的家属,有外来办事人员。人员混杂,尤其是上课及下课间隙,大量学生瞬时涌向各个大门,形成高峰,人员拥堵,造成查验困难。有的临时工已经辞退仍然持有在校工作的证件,有的学生已经毕业仍然持有相关证件,使门卫保安难以分辨。

2.出入校园车辆骤增,查验任务繁重。伴着高校合并与扩招,随之校园服务项目不断扩大,超市、文印室、洗染等日常生活服务项目所需物资增多,进出校门运送物资的车辆与日俱增。各高校都加紧校园环境的整治,有的是对原有的教学设施进行维修处理,有的新建投资项目,这些工程建设不可能在短期内完成,少则三、五个月,多则一两年。大量的车辆进进出出,不仅是增加了门卫的工作量,还要求门卫要加强责任意识对出入车辆要求严格盘查。

3.部分师生员工自我意识强,不配合检查。不少高校内的教学区与家属区只有一墙之隔、甚至没有阻隔,紧密相连,同走一个大门,对门卫的检查证件或生面孔查问时显出不耐烦,严重时产生纠纷。有的学生安全意识较为薄弱,当门卫要求出示证件时表现出极不配合的态度认为自己的相貌就是证件,不了解检查证件是安全工作的不可缺少的环节,是大学校园安全工作的第一关。

五、保持校园内外环境安全的对策

以上通过对我国高校校园内外环境安全问题的分析,对照美国现行的校园环境安全所采取的措施,可以看出校园大门门卫是阻止校外人员入侵校园的重要手段,但不是唯一手段,将其作为唯一手段是不现实的,要树立大管理的意识,作者认为可以从地理位置上划分,由外到内建立五道防线实施立体防控,建立保持校园环境安全的管理体系。

(一)建立第一道防线,校外环境整治

1.保卫机关要同地方公安机关、城管、工商等执法部门保持密切的联系,相互及时沟通信息。建议安全部门对严重危害学校治安的犯罪分子,依法从重从严打击,对学校周边的录像放映室、电子游戏室、台球室和歌舞厅等重点进行整治,并加强对学生上下课和晚自习期间等重点时段、路段和易发案的重点地点进行巡逻控制。保卫部门要建议工商、文化等行政主管部门从严审批学校周边网吧、游戏机室等文化娱乐场所,严禁在学校周边200米内开张,定时或不定时地开展专项检查活动。建议工商、卫生、国土、建设、城管等行政主管部门组织专门力量,加大对侵占学校土地行为的查处力度。

2.要坚持原则,对影响学校师生切身利益的事情决不退让。充分发动学校全体教职员工积极性,为维护学校的利益而斗争。特别是可以充分发挥退休教职工的作用,做好打长期战争的准备,向相关职能部门反复提出正义的要求,以此解决部分政府部门、个别部门负责人多一事不如少一事,办事推诿、扯皮的作法。

3.要充分利用政治敏感期、全社会性的统一行动的时机,及时将长期解决不好的问题向职能部门反映,引起其重视,得到社会最大限度的力量支持。要发现不安全苗头及时控制,不使其形成气候。学校周边出现不良现象要及时处置将其控制在萌芽中,避免出现"中国式过马路"的现象。

(二)建立第二道防线,门卫过滤校外非法人员

1.提高门卫管理的科技含量。以往以手工方式查证验证的方式已经严重不适应当前形势,在大门管理上强烈建议采用开放式的门禁管理系统,现代科技的发展,已经使快速通过的门禁系统在实际应用上成为可能。通过射频识别技术,可以实现远距离读卡,无需刷卡、无需等候,卡能够放在口袋、钱包、甚至书包里不影响其读卡性能。每秒钟可识别数百个标签,能够保证人流量大的情况下畅通无阻,拥有集成验证、入口控制的功能。

2.提高视频监控系统质量。解决部分高校监控系统老旧落后,不能发挥作用的状况。提高大门及各个重点部位摄像头的清晰度,保证在夜间及不良的天气条件下依然能提供有价值的影像信息,保证中央控制室实时掌控大门人员出入情况,为抓获犯罪嫌疑人提供良好的线索。

3.将地方的停车管理公司纳入为门卫管理的组成部分,协助解决车辆检查。如今多数高校都在校内实行了停车收费制度,停车公司除对车辆进行收费外,还依靠车管人员对进出校车辆比较熟悉的的优势,协助校园保安发现可疑车辆,对可疑车辆进行控制。一般的做法是学校出入口由停车收费管理人员和学校保安人员共同组成。

(三)建立第三道防线,校园110与安保巡逻人员配合发现并处置危险

1.校园内建立110防控系统。在校园内建立110中央控制室,是许多高校目前采用的模式,这种模式保证校园24小时有人监控,便于及时发现校园内存在的安全隐患并指挥巡逻前往处置。

2.提高校园巡逻人员的机动性和防卫能力。在笔者进行的140份问卷调查是什么原因造成安全事故中,有31人选择了校内巡逻力量薄弱,占22.1%,成为排行第二的因素。校园巡逻人员要配备现代化的巡逻装备,提高机动性能和防卫能力。要改变过去那种校园巡逻靠两条腿、防卫靠橡胶棒的落后局面。巡逻队员可以配备巡逻车,电警棍,辣椒水喷雾,防刺被心,防割手套和防暴头盔,避免发生安保人员被袭击牺牲的悲剧。

3.校园巡逻人员要树立服务意识。校内保安不要想着如何管理师生,而要想着如何为师生员工排忧解难。要树立全心全意为师生服务的思想,这样可以树立校警良好的形象,工作上获得师生的支持,得到他们的信任,有了好的口碑,在学校门口进行登记、验证,师生们就容易配合,甚至会主动提供支持,就能减少纠纷发生的几率。

(四)建立第四道防线,公寓或各建筑物的防侵入系统、自动报警系统

1.建立电子门禁、自动报警系统。学习美国一些高校的作法,在公寓、教学楼建立电子门禁。在重

要通道安装电子锁,师生凭电子钥匙开启。电子门禁系统在门禁卡上设置权限分级,不同的门禁卡只能在相应区域内通行,而外来人员未经许可则无法进入任何被控制场所。自动报警装置则在发生火灾、非正常侵入等事件时及时报警,通知建筑管理人员,建筑管理人员配备必要的安全防卫工具,根据所发生的安全事件侵害程度决定自行处理、启动灭火设备或者报警求援。

2.公寓管理人员安全巡查。公寓管理人员每天定时不定时要对公寓安全情况进行检查,检查有无陌生人进入,有无留宿校外人员,有无宿舍门忘记上锁,有无贵重物品直接放在醒目位置而没放在宿舍小型保险箱内,笔记本电脑有没有加装防盗锁,有没有存放管制刀具、大功率用电器等违禁物品,发现情况及时处理。

3.重点人、重大安全隐患登记制度。公寓管理人员长期与学生生活在一起,对于学生中哪些人比较爱惹是生非,哪些人与社会人员有复杂交往关系,哪些人精神状态比较异常进行登记,给予重点关注。对消火栓、防火门、防盗窗、储物保险柜缺失或损坏的要及时登记,上报相关部门给予及时维修。

(五)建立第五道防线,加强学生自我防范意识与能力

1.开展安全教育。在笔者进行的140份问卷调查是什么原因造成安全事故中,有64人选择了学生个人原因,占45.8%,成为排行第一的因素。当所有的安全保护都不存在的时候,唯一能保护学生的只有学生自己,所以要加强其个人的安全防护意识和能力,这首要的方式就是开展针对性的安全教育。要对学生进行安全教育作为一项经常性工作,列入日常工作的重要议事日程。要根据不同专业及青年学生的特点,在各种教学活动和日常生活中,开展法制安全宣传教育,普及安全知识,增强学生的安全意识和法制观念。

2.加强演练。结合每年的消防宣传日、防灾宣传日、法制宣传日等社会宣传日活动,组织学生开展形式多样的,有针对性的逃生、反暴力、反侵害培训演练,普及安全知识,提高学生安全意识和自救逃生技能。

3.加强心理干预。心理不健康已经越发成为当前社会各类凶杀案件发生的第一诱因。要特别注重对学生进行心理疏导,教育学生保持健康的心理状态,帮助学生克服各种原因造成的心理障碍。尤其对通过测试已经了解到的有严重心理障碍的人群,要给予特别关注。要通过建立心理咨询中心,分析心理障碍存在的根源,适时做好心理调试,帮助学生走出心理误区,减轻心灵的重负。

参考文献:

[1]http://baike.baidu.com/view/13655.htm 百度百科

[2]余宏明.美国高校安全管理及启示.中国安全科学学报,2004年8月第14卷第8期

[3]教育部网站:中华人民共和国国家教育委员会令第13号,高等学校校园秩序管理若干规定

作者简介:

孙国琦　北方工业大学保卫处干部,手机:13611262681,邮箱地址:sunkangyingxue@126.com.cn

通讯地址:北京市石景山区晋元庄路5号北方工业大学保卫处,邮编:100144

浅谈高校安全教育管理的几点思路

李立平 太原理工大学

摘　要：安全教育中的一些内容也是高校大学生思想政治教育的一个重要内容，也是大学生知识体系不可缺少的一个组成部分，加强大学生安全教育管理对高校实现和谐、快速、跨越发展起着至关重要的作用。本文从大学生安全教育管理的意义、现状、问题产生的原因等方面进行了分析，并对如何进行大学生安全教育管理进行了大胆的探索。

关键词：高校大学生　安全教育　教育管理

一、前言

近年来，高校校园安全和大学生安全问题得到了党和政府的高度重视，对大学生的安全教育已纳入社会主义法制轨道，也明确了高校在大学生安全教育管理中的权利和义务，将大学生安全教育确定为高校的法定义务，推动了高校对大学生安全教育的管理工作。以安全责任、安全意识和安全知识为主要教育内容，以全面提高大学生综合素质为目标，通过新生入学教育、课程教育、实战演练等多种途径，使在校大学生增强自我保护能力，提高安全防范意识，全面系统地掌握安全知识，具备正确法制观念、健康心理状态、应急、应变和抵御违法犯罪的各种安全防范、防卫、避险自救能力。为进一步落实学校创建和谐平安校园的各项措施，加强对大学生的安全教育管理工作，提高大学生的安全防范意识，保障安全稳定的教育教学秩序，促进高校"三风"和和谐校园建设，营造良好的学习生活环境和校园文化氛围，降低办学成本，提供了依据。

二、高校大学生安全教育管理的意义

高校大学生的安全教育问题是教育行政部门和高校管理者要考虑的首要问题。大学生的安全是其在校学习、生活、成长和全面发展的根本前提，是高校稳定和发展的基础。安全教育是高校大学生思想政治教育的一个重要内容，也是大学生知识体系不可缺少的一个组成部分，深入细致地做好这项工作，让学生有针对性地学习必要的安全知识和法律法规，增强安全防范意识和安全防范技能，提高自我保护和避险自救及施救能力，预防和减少违法犯罪，对高校实现和谐、快速、跨越发展起着至关重要的作用。现在的大学生缺乏必要的社会生活知识和心理知识，尤其是安全知识和防范意识，势必会导致各种安全问题的发生。大学生的安全问题心系千家万户，既关系到社会的和谐与稳定，也关系到国家的前途和未来，加强大学生的安全教育，增强安全意识和自我防范及自救施救能力，已迫在眉睫、刻不容缓。因此,加强对大学生的安全教育管理,具有十分重要的现实意义。

三、高校安全管理面临新的挑战

近几年来,我国高校正面临着规模不断扩大、人数急剧增加、内部管理体制改革进程逐步深化、学生心理健康状况欠佳以及高校本身的安全教育管理滞后等新情况,给高校安全管理带来了新的挑战。

(一)高校规模的扩大给安全带来新的压力

近几年来,我国高校规模不断扩大。建设新校区和多校区办学已成为普遍现象,有的高校包括二级学院在内,校区多达六七个。学生人数急剧增加,"1999年至2002年我国高校每年都是以32%的幅度扩大招生,2006年普通高等学校计划招生人数到了570万,2012年普通高等学校计划招生人数更达731万"。尊重人才、崇尚科学已成为全社会的共识,自考生、函授生及各类培训人员络绎不绝。高校真是"车如流水马如龙"。在新形势下,高校扩大规模是必要的,顺应了国民经济的发展,顺应了日益增长的对高等教育的需求,也为高校整合教育资源、提高办学效率、增强竞争优势起到了积极作用,但同时也给高校的安全管理工作带来了新的压力。尤其是有些高校新校区建在城乡结合部,周边环境复杂,给安全管理带来新的麻烦。

随着规模的扩大,各种贵重器材也在不断增加。仅以电化教育设施为例,多媒体设施及相应的各类电视机、录像机、投影机、摄像机、编辑机等设备价值成百上千万元。且师生手中的手机、收录机、MP3、照相机、笔记本电脑、单车等,都有很高的拥有量;随身携带现金、有价证券的也越来越多。这些东西体积小、价值高,犯罪分子行窃容易得手,销赃又易出手,已成为盗窃作案的重要目标。有些盗窃团伙,甚至在学校附近租赁住房,建立据点,专以偷盗学校和师生财务为业。

(二)高校内部体制的改革给安全带来新的麻烦

随着高等教育体制改革的深入,尤其是在高校后勤管理社会化改革全面启动以后,高校逐渐打破了长期以来形成的封闭、半封闭状态,对社会实现全方位开放。这种开放对高等教育走上"学校办教育,社会办学校"的良性发展具有积极影响。学校后勤管理部门与学校管理系统剥离成立后勤实体,原来的高校后勤管理者转变为经营者,行政性服务转化为企业化运作,改革后的后勤集团在管理水平和服务质量上有了很大提高。但后勤管理服务社会化以后也产生了一系列的问题,给安全管理带来隐忧。首先,高校后勤社会化,校内外聘人员、临时工增多,进校经商的校外人员增多;随着高校后勤社会化的形成,大量的外来人员来校务工、经商。由于这部分人文化素质偏低,法制观念淡薄,流动性较大,不易管理,增加高校大学生安全教育管理工作难度。校园内经常发生的集团盗窃、打群架、群众性卫生安全事故等,往往和这些人员有关。其次,高校后勤化改革在我国是新生事物,后勤集团服务范围的扩展和质量的提高需要一个渐进的摸索的过程。因此,在后勤集团所能提供的服务和学生的要求之间往往存在一定的差距,后勤集团和大学生之间的矛盾、摩擦、冲突乃至法律纠纷也在一定程度上有所增加,从而为高校安全管理带来了新的麻烦。

(三)高校学生心理健康状况欠佳给高校安全带来新的冲击

高考制度改革后,大学生的年龄差距增大,其生理与心理差异很大,在应试教育和独生子女两大背景下,大多数当代大学生,进入大学后普遍缺乏安全意识和安全防范基本常识,部分学生心理素质较差,遇到挫折或失败时,易走极端,导致事故发生。高校扩招,高校办学模式多样,常使学生入学分数参差不齐,学生整体素质下降,给高校安全带来不少冲击。目前中小学重智育,轻德育,"一好遮百丑",忽视学生品德和健康心理的培养。这样的学生一进入大学,便缺乏面对生活的勇气,往往一遇挫折就束手无策,轻则愁眉苦脸,唉声叹气,重则自暴自弃,甚至做出一些不合常理或违法乱纪的事。有的学生遇到学业、家庭、经济、就业、感情、荣誉等方面的问题时,就心态失衡,痛不欲生。如果得不到及时发现和疏导,就可能走上自杀、杀人等不归路。此外,在民族地区和民族大学,多民族学生在一起,由于彼此民族习惯不同,也容易产生误解和矛盾。大学生和外界的接触增多,社会的不良风气以前所未有的方式侵害着他们。互联网信息的泛滥和良莠并存考验着学生的道德水平、安全意识,学生的世界观、人生观、价值观、道德观都受到前所未有的冲击。方法:采用一般情况调查表和大学生人格问卷(UPI)表进行问卷调查。结果:有重度心理问题者占8.8%,有轻度心理问题者占29.9%;大学生中学习成绩差、对所学专业兴趣低、有失恋史、业余爱好单一、知心朋友少的学生其心理健康水平较低。结论:大学生心理问题不容忽视,学校应重视大学生的心理健康教育和心理咨询工作。

(四)高校重视不够,认识滞后,体制不健全

高校对大学生的安全教育重视不够,主要体现在两个方面,即认识水平和体制建设方面。在认识水平方面,一是对大学生安全教育认识滞后于形势的发展,不能深刻认识加强大学生安全教育与培养全面发展的人才的关系;二是不能正确处理安全教育与其他专业课程的关系,安全教育在高校日常工作中的重要程度得不到体现。在体制建设方面,一是领导机制不健全,以"安全教育进课堂,应急演练全覆盖"为内容的安全教育在高校各部门中权责划分不明晰,学院认为安全教育是保卫部门的工作,而保卫部门或是认为安全教育是学院和教育部门的责任,或是因"无能为力"而兴叹;二是没有把大学生安全教育作为学校教学工作的一部分,即使搞点安全教育,也只是零敲碎打,致使大学生安全教育一直没有主渠道;现有安全教育无体系可言,没有完善的管理制度,没有规范的教材,没有固定的课时和相应的学分,没有专职教师从事安全教育和考核,更没有专业的教研机构和教育经费;三是没有把大学生安全教育纳入教学计划,大学生在校接受教育期间,安全教育的时间、内容、教材、教师、教学效果等,都没有统一的规划和计划,因此,多数的大学生安全教育流于形式。

四、高校大学生安全教育管理的思路

(一)落实责任 加强管理

高校领导应把安全教育工作放在首位,树立"安全第一、预防为主"、"安全责任重于泰山"的思想,增强做好学校安全教育工作的责任感和紧迫感。实行学校安全工作教育党政一把手负责制,形成"一把手"亲自抓,分管领导协同抓,相关部门和人员各司其职、各负其责的工作机制。将学校安全教育作管理纳入目标管理范畴,制订目标管理细则,逐级签订安全工作目标责任书,建立横向到边,纵向到底的安全教育工作责任体系。高校保卫部门,有特有的人力资源和对本校及周边安全环境熟悉的优势,应当成为高校中开展大学生安全教育工作的责任单位。同时,高校内部各相关部门,如学生管理、教务、后勤保障等部门,应当根据各自的职能和特点,共同做好配合工作,最终形成"齐抓共管"的良好工作格局。依据"谁主管,谁负责"和"教育在先,预防在前"的原则,把安全教育管理细化到每个学院、每个系、每个教研室、每个班级,做到人人参与,措施明确,责任到位,高校领导、教师、辅导员和其他教辅人员要"以人为本",本着为学生、家长高度负责的态度,对学生进行全方位多层次的安全教育管理。

(二)构建立体化教育网

我国《高等学校学生安全教育及管理暂行规定》中规定:高等学校学生管理的主要任务是宣传、贯彻国家有关安全管理工作的方针、政策、法律、法规,对学生实施安全教育及管理,妥善处理各类安全事故,引导学生健康成长。通过安全知识教育,使大学生掌握防盗、防骗、防火、防计算机违法犯罪等方面的安全知识,要宣传教育和引导大学生增强法律意识、自我防范意识,并且有一定能力爱护自己、保护他人。要完成这么艰巨而光荣的任务,光靠治安保卫部门的单打独斗是不行的。治安保卫部门在当今的高校,其实只是常设的安全管理机构,它本身就存在不可逾越的局限性,让它来担任对学生的安全教育,无疑是难以胜任的。所以,从更大的层面上说,安全教育需要学生管理部门和所在的系、院共同承担。

安全教育工作需要常抓不懈,常抓不懈的最好办法就是把它纳入日常工作当中,天天抓,成年累月不放松。要把安全事件作为综合考评的一项重要指标,要求相关部门完善和落实学校的各项安全教育制度和规定,年终考核、评优评奖、升迁晋级都看安全管理和安全教育的实绩。要把安全教育纳入思想政治工作范畴,安全教育工作本来就是思想政治工作的重要内容,高校的思想政治工作要求是日常化的和经常性的,安全教育正要常抓不懈。

职能部门负责专职教育和防范,其他涉及的部门全力配合,不断强化,具体落实,并把一般的安全教育、专门安全教育和特别的安全教育结合起来,把个人安全教育和集体安全教育结合起来,形成安全教育的日常化、专项化和网络化。这就构建了一个上下齐抓共管的、由点到线再到面的、教育与管理相结合的立体化教育网络。只有形成这么一个立体化教育网,安全教育才能全面到位。

结合学校"平安校园"的建设和校园管理综合治理,健全安全教育管理工作制度,高校健全安全教育责任分工制度、突发事件应急处置预警预案及预案演练制度、安全教育考核制度,并在实际安全工作中执行落实制度。建立以校园管理综合治理委员会牵头,保卫处负责组织实施,学生处、后勤保障处参与,各学院密切配合,学生为对象,保卫处与教务处负责考核的长效安全教育管理考核体系和考评机制。实行安全教育进课堂制度,将安全教育课设为学生必修考查课,设学时、学分,教务部门负责会同学生、保卫等部门统一制定教学计划、教学大纲,做好组织排课、成绩录入等工作;实行应急演练全覆盖制度,采取切实可行的措施,安排专门时间,组织师生进行应急演练,确保演练不漏一个学院、不少一个班级、不丢一个学生;实行《大学生安全须知》发放工作,根据《大学生安全须知》,进一步细化内容,开学注册时发放到每一位学生手中,提高广大师生的安全意识和应对突发事件的避险自救能力,最大限度地预防和减少各种安全事故的发生。

(三)促进网络文化健康发展

学校要加强网络建设,提高网络监管水平,促进网络文化健康发展。及时抢占网络阵地,防止有害信息进入校园。学校互联网要积极为大学生提供更多、更好、更安全、更健康的网络信息,最大限度的满足学生的需求。学校要利用网络对大学生进行安全教育,引导他们健康成长。大学生是网络的常客,各院系和相关单位要把安全教育的阵地延伸到互联网上,共同建设内容丰富的校园网。"用先进的文化指导学生,用丰富的信息吸引学生,用全面的知识服务学生。"

总之,抓好高校安全管理和安全教育,对于促进学生心理健康,保障学生人身安全和财务安全,维护学校的正常生活、教学、科研秩序,都具有十分重要的现实意义和战略意义。面对高校安全管理和安全教育的新挑战,停留在过程化、表面化的管理教育方法不能适应今天安全科学技术发展的要求,探索高校安全管理教育的本质规律,建立适应新时期高校安全管理和安全教育的科学体系,才是确保高校安全和培养有较高安全素质的大学生的有效途径。

(四)采用内容丰富、形式多样的教育方式

发挥课堂教学优势,以强化安全教育,是高校得天独厚的条件。在高校的课堂里,既可以利用思想品德、法律基础、军事训练、形势政策、卫生与健康、实习与实验等课程对学生教授安全知识和技能,也可以由专任教师结合专业课内容对学生进行安全教育和法制教育,比如在计算机课程中讲授计算机安全、网络安全方面的内容,在化学、物理等课程中讲授防火防爆方面的内容,在毕业设计、毕业论文撰写中讲授有关知识产权方面的内容;既可以在其他课程中结合进行安全教育,也可以将安全教育单独开课,比如将安全常识、法律法规、心理知识等结合典型案例,开设公共课、选修课;既可以开设理论课,如讲授人生观、价值观、道德观、国家安全、涉外安全、交通安全等方面的理论,也可以开设应急能力训练课,采取实战模拟等方式对学生进行临时应急心理、防护技术的训练,如溺水急救、中暑急救、使用消防器材、保护案发现场等。

(五)健全评估考核机制

1.对学校(学院)的考核

(1)领导机构健全情况;

(2)师资队伍建设情况;

(3)制度建设和落实情况;

(4)应急演练的计划和落实情况;

(5)一票否决制落实情况。

2.对学生的考核

(1)对学生实行学时、学分制考核,学时、学分与毕业、学位、评先进和奖学金挂钩。

(2)考试以标准化笔试方式进行,如计算机模块考试一样,从安全教育题库抽题进行考试,旨在让大学生掌握安全知识,提高防范意识。

六、总结

安全教育重在培养安全意识,懂得安全规则。安全管理贯穿到学校各项工作的始终,要以安全防范教育为主导,认真作好学生的安全思想教育,将安全教育的内容规范化,使安全教育进课堂。把安全教育纳入教学计划,使之规范化、制度化、在教学计划上,制订安全教育计划,既要考虑高校大学生以后走向社会的需要,又要考虑高校大学生整个在校期间应接受的安全教育,掌握安全知识,还要考虑针对不同年级不同时段完成的教育内容、学生的思想、专业的性质,采取灵活、生动、有效的方法,使用科学规范的教材,加强大学生安全教育管理,提高安全教育的水平和效果。只要领导重视,全员参与,时刻不忘安全管理的重任,明确责任、落实任务,完善制度、健全机制,通过生动活泼的内容和丰富多彩形式有针对性地对大学生进行安全教育,增强大学生安全防范技能。

参考文献:

[1]黄进.关于高校安全教育的几个问题[J].国土资源高等职业教育研究,2007

[2]刘勇.如何做好高校安全教育[J].科技资讯,2008(6)

[3]马凤宝.浅析高校安全教育的现状和对策[J].高校后勤研究,2007(6)

[4]于子贻.浅谈高职院校学生的安全教育.教育与职业,2008(33)

[5]李峰.针对高职院校学生特点做好学生安全教育工作.教育与职业,2009(12)

作者简介:

李立平　太原理工大学保卫处调研科科长,联系电话:13935115096

通讯地址:迎泽西大街79号太原理工大学,邮编:030024

校园安全管理必须确立人文关怀理念

段清智　南开大学滨海学院

内容摘要：本文以确立人文关怀理念，创新并形成高校提高平安校园建设质量的新管法为切入点。高校安全管理应坚持在潜移默化中提高学生的自身素质、坚持在继承创新中改进安全管理教育方法、坚持在时代发展中提升安全管理教育目标，从这三个方面，论述了在校园安全管理中确立人文关怀的重要性、必要性和基本途径及方法。

关键词：安全管理　安全教育　人文关怀

人文关怀是指在社会实践过程中，把对人与自然、人与社会、人与人的关系以及人本身的理性、感情、意志等问题的关注融入其中，把对"如何做人"的思考渗透于其中，通过活动主体的人文素质展现，发挥人文科学的特殊功能，从而促使其取得高质量、高效率的结果，达到预期的目标。美国管理学大师彼得·圣吉曾在《第五项修炼——学习型组织的艺术与实务》一书中指出：企业管理者应该突破原有的、线性的学习和管理思维，从一个全新的角度出发来考虑和关注企业和人的问题，发现、整合并实践人与组织之间的互动发展。彼得的管理思维曾在企业管理界掀起一股清新的管理之风，那就是倡导管理者要做学习型的管理者，不断地充实和完善自己，营造出浓厚的人文环境，给人以人文关怀。高校安全管理工作者，要不断更新安全管理观念，创新安全管理思维，以新的安全管理理念为高等学校建设提供支持和保障。当前，校园安全管理者，应该重视研究安全管理中的人文因素，将关注人性、关照人本身的人文关怀理念引入到校园安全管理工作中来，在安全管理教育中注重人文关怀，创新并形成提高平安校园建设质量的新管法。

一、加强人文教育，坚持在潜移默化中提高学生的自身素质

通过法规制度的约束达到自觉的行为是安全管理的最高境界。在从被动服从到自觉行为的过程中，人是最关键的因素，人本身的素质又起着至关重要的作用。在当今的社会大潮中，学生的思维意识、行为方式都受到了各种社会思潮的影响，特别是拜金主义、享乐主义、个人主义等不良风气，使得部分学生的个体信仰发生偏差，如果不从人文精神和人文关怀入手，及时引导，潜移默化，提高学生人文素质，研究和创新安全管理方法，势必影响到校园安全管理质量的提升。因此，只有不断地加强人文教育，增强学生的免疫力、抵抗力和鉴别力，才能在潜移默化中提升学生的精神境界，才能在复杂的社会大背景下不断实施行之有效的安全管理，这是提高校园安全管理水平的有效途径。

(一)人文教育要始终注重知识与精神的交融,不断提高学生的综合素养

在实际工作中,人的成长是离不开知识的启迪与支撑的,尤其是知识与精神相交融的人文教育,更是人获得完善人性、理想人格的根基。虽然我们看不见、摸不着,但它是知识与智慧、涵养与气度的浓缩,是实施科学安全管理的基础,人文修养越深厚,精神生活越充实,精神境界越高尚,社会和自我的认识越深刻,实施安全管理就越轻松,工作也就越简便,成效也会越明显。因为,只有学生具备了较高的人文修养,才能准确地把握自己的言行举止。

(二)人文教育要始终建立价值体系,构建学生正确的价值观

人是有价值取向和理想追求的,人文学科正是通过探讨人的本质,提示、确立具有合理性的价值取向和理想追求,通过对以往个人价值体系的批判,构筑符合时代精神的价值体系,使之既体现时代精神和民族精神,又体现人文精神和集体精神。如司马迁在论述写《史记》的目的时说:"凡百三十篇,亦欲以究天人之际,通古今之变,成一家之言。"这"一家之言"也就是确立一种价值标准,以此来评判古人,规范今人。中华民族几千年历史,虽然时空不断变化,历史不断更迭,但关爱他人、团结友爱、奉献社会等都是价值体系中永恒不变的内容。它们为当代年轻人特别是学生积累了精神财富,在对它们进行审视的过程中,应该受到感染与启迪,那些崇高的品行无时不让人敬仰,在经历精神洗礼的过程中,自身的价值体系也会潜移默化地得到规范和校正,逐渐与新时代的要求趋同。这种人文精神是经过内心体验到精神融合后打造出来的价值体系,将更加真实牢固,因为它已内化为学生的思想品格。

(三)人文教育要始终注重提高精神境界,使安全管理者与被管理者的精神达到高度统一

人文教育以高扬人的价值、重视终极追求、强调人的完美为核心理念,是以推动社会健康发展和整体进步为价值取向,是现代公正、文明社会的一个根本支撑点。同时也是社会发展和进步的强大推动力,它重视对人精神的陶冶,它不涉及现实世界的利益得失,不追求现实的功名利禄,它使一个人能站在超越自我的更高境界关心社会。人文精神的宝贵财富集中体现在那些凝聚着人类精神精华的经典著作当中,因为那是学者们用心灵感受世界的结果,正如德国哲学家雅斯贝尔斯指出的:个体自我的每一次伟大的提高都源于同古典世界的重新接触。正像一艘船,一旦割去其系泊的缆绳就会在风浪中无目标地飘荡一样,我们一旦失去同古代的联系,情形也是如此。在人类精神文明共同构建的理想世界中,人的心灵是相通的。现在的学生中,往往过多地考虑自己的出路、个人的前途,目光局限在周围切身利益的小圈子中,这必然会带来个人思想和行为上的局限。只有通过人文精神的净化,才能使学生在了解古今中外丰富历史和博大精深文明成果的同时开阔视野,从更深远、更广阔的背景下看问题,从超越自我的高度去思考,只有学生们的精神境界共同提高了,才有可能达到在校园实现同学之间、师生之间关系的融洽和谐,才能发扬公正平等、民主法制的理性精神和自由创造、自我完善的主体精神,用校园管理规定约束和规范自己的言行,为自我管理提供坚强的主体精神,为平安校园建设提供不竭的动力源泉。

二、体现人文关怀,坚持在继承创新中改进安全管理教育方法

体现人文关怀仅靠加强人文教育是远远不够的,更重要的是要在落实和实现人文关怀中得到全体学生思想上的认同和在安全管理上的支持。人文关怀作为一种理念,应体现在安全管理的方方面面,在思想管理上要注重提高学生的人文素质,在实施安全管理的过程中必须充分发挥个人本身的

主体性,必须不断创新安全管理方法,体现人文关怀。

(一)适度的开放安全管理

适度开放的安全管理是指在确保校园正常教学秩序和安全稳定的前提下,在校园条件允许范围内,为满足学生正常的物质和精神生活创造条件,扩大学校与社会交流的范围与渠道,使学生的生活环境与社会环境最大限度地融合。这种安全管理可以使学校内外两种环境相和谐,可以使学校安全管理借助社会的推动力,把安全管理的目标放在提高学生素质上,可以使高校安全管理紧跟时代的步伐。这种安全管理模式积极适应了开放的社会大环境,是时代发展的必然要求,它充分考虑了学生作为社会的人,也满足了师生与他人、与社会大环境交流的愿望,体现了人文关怀的深刻内涵,在一定程度上消解了由于校内外的反差给学生带来的冲击,缓解了处于校园特殊环境下,学生思想、观念、个人能力与社会需要的不相适应的矛盾。同时,开放、竞争的大环境也会激发学生完善自我、提高素质的内在动力,从而形成安全管理的内在活力,增强学生面对社会复杂环境的免疫力,面对复杂事物的判断力,身处变革社会的适应力。

(二)适时的弹性安全管理

所谓弹性安全管理,主要包括两方面的内容,首先是安全管理的宽严要恰当,过严则施之以宽,略宽则施之以严,要因时因事不断调整,做弹性处理不要一成不变,要在不断调整与变化中寻找安全管理的恰当的"度"。在我们的传统哲学中有"过犹不及"的说法,也正是讲求一个"度"字,校园的安全管理也是如此,重在适度和合情合理。过严则限制了学生的主观能动性,违背了事物的发展规律,往往要适得其反,造成学生对安全管理的抵触与反感,过宽则容易使学生思想过于放松、行为放纵,不利于校园的安全稳定,因此,校园安全管理要在充分把握学生的心理、生理特点的基础上,宽严相济,合情合理,恰到好处。其次是安全管理教育方法要因人而异。学生的个性千差万别,有的人在督促中才能进步,有的表扬则是一剂良药,有的问题适宜当面解决,有的则应暂缓处理。安全管理者要善于因人施教,根据对象的不同,选择恰当的方式,增强安全管理教育的针对性和有效性,时刻掌握安全管理教育的主动权。尤其是学生,思想上还不成熟,分析事物、判断事物的能力还比较弱,年轻气盛、容易冲动的性格特点表现得十分明显,作为安全管理者,就要善于用弹性、冷静、幽默、分析、引导等方法动之以情,晓之以理,这样才能增强安全管理教育的效益,也必然会收到良好的安全管理效果。

(三)适合的人格安全管理

其身正,不令而行,其身不正,虽令不从。安全管理者的人格影响力在校园安全管理中具有重要的影响作用。我们常说"榜样的力量是无穷的",榜样的感召力是无限的,重要的是要通过其所作所为传达出不同于常人的精神境界和人格魅力,这才是榜样的真正价值所在,它的影响力将是无限的。这是因为教育的真正力量只能从活的人格源泉中产生出来,安全管理者身上所折射出来的人生观、价值观、审美观、情趣观,是被管理者——学生个体价值建构的重要参照。它表现在安全管理者对学生的关爱与信任之中,表现为安全管理者的人情味。只有安全管理者人格魅力参与的安全管理教育才是真正意义上的安全管理教育,学生喜欢与他交往,乐于向他吐露心声,把他作为自己的朋友、兄长,把自己的思想、言行自觉地纳入到他的管理之中去。

三、凝聚人文关怀,坚持在时代发展中提升安全管理教育目标

人文关怀的最终目的,用西方哲学家的话讲,就是对人的"终极关怀",用现代教育家的话讲,就

是使人成为"完善的人",它强调对人整体的提升与塑造。让学生的言行中规中矩,符合校园安全管理要求,这只是安全管理教育的基本目标,它终极的目标应该是锻炼人、塑造人,将学生们培养成为对社会有用的人才,这才是安全管理教育的最终目的,才是饱含着人文关怀的安全管理理念。

要以提高人的素质为关键。育人是安全管理教育的最高境界。在安全管理的诸要素中,人始终是处在核心和主导的地位,只有人的素质提高了,安全管理才会有坚实的基础。实践证明,培养学生高尚的道德品质、遵规守纪的良好习惯和妥善处理问题的能力,比任何一门实用技术更重要也更可贵。因此,必须树立以人为本观念,探索校园安全管理方式方法。一方面要严格管理,"注重治身",通过狠抓校园管理规定的落实和制度的约束,使学生养成良好行为举止习惯;另一方面要注重在思想上搞好安全教育引导,"重在治心",运用激励、感召、启发、沟通等柔性手段,增强学生遵章守纪、服从管理的自觉意识。

要以营造良性安全管理氛围为途径。所谓在校园安全管理中注入人文关怀理念,就其实质来说,就是要建立一个合理、高效、良性的校园安全工作氛围。从目前校园安全管理工作看,存在着安全管理者一定是校园安全管理工作主动角色的扮演者,而被动角色的扮演者一定是学生,形成了"我管你,你受管"的这么一种单向运作机制,要改变这种状况,就需要将人文关怀的理念引入校园安全管理教育之中,创造一个管理者与被管理者良性互动的校园安全工作机制,把校园安全管理做"活"、做"实",为提高平安校园建设质量提供坚实基础。

作者简介:

段清智　南开大学滨海学院保卫部部长,手机号码:13821384666

通讯地址:天津市滨海新区大港学府路634号,邮政编码:300270

加强学校的安全管理

王镜宇　太原理工大学

摘　要：当前，学校安全问题已成为学校工作的重中之重，全社会共同关心的热点话题，青少年学生是祖国的未来、民族的希望。学生生命安全是教育和谐发展的基石。面对学生安全问题，我们不得不思考：学校事故发生的根本原因是什么？怎样才能抓好学校安全教育而避免事故发生，把学校安全责任事故降到最低限度乃至消除？如何建设安全、和谐、健康的校园环境？本文通过现状，以及存在的问题，从各个方面提出了相应的解决方法。

关键词：高校　安全　制度　文明　和谐

学校的安全工作是学校的大事。主要核心是保护好师生的人身安全，责任重于泰山。做好学校安全工作是办好人民满意教育，维护社会和谐稳定的重要一环。在教学工作中始终要不忘对学生进行安全教育。安全教育，警钟长鸣。

关于如何加强改进学校的安全管理，从以下几个方面展开讨论：

一、加强安全教育，提高防范能力

要确保学校安全，其根本在于增强师生的安全意识，提高自我防范、自我救护的能力。因此，抓好安全教育是基础。

以主题班会、团队活动、操后教育、国旗下讲话、安全知识讲座、安全知识征文和安全知识竞赛以及学科渗透等活动形式，充分利用学校广播、橱窗展示、班级园地、悬挂横幅、张贴标语和警示标牌等宣传工具、宣传阵地广泛宣传教育，使学生接受了比较系统的防溺水、防火、防电、防盗、防骗、防食物中毒、防煤气中毒、防交通事故、防运动活动伤害等安全知识和技能教育，提高了学生安全防范能力和自我救护能力。

有的放矢，抓好针对性安全教育。开学时，学校与学生家长或其监护人签订了《家校安全协议书》，发放了《为了学生上学放学安全，告家长书》的宣传单，使学校教育得到延伸，学校教育落到实处，增强了家长或监护人的安全意识和责任意识。每逢周末放学，学校都要开通校园广播进行道路交通安全宣传，冬春季早晨雾大，我们教育学生往返学校要走人行道，不横穿马路；夏秋季教育学生不私自游泳，不到有钉螺的水域游泳，不擅自与同学结伴游泳，并在校园醒目处拉上横幅时刻提醒学生。通过以上教育，杜绝了季节性的安全事故发生。

二、加强辅导员安全管理

1. 安全教育

辅导员不仅自己要牢固树立安全责任重如山、生命责任大如天的意识,还要努力使学生树立安全第一观念。时刻不忘对学生进行安全教育,让学生掌握基本的安全防范、安全自护和安全自救知识。

2. 安全告知

辅导员的告知可分为四个方面:一是把学校或班级进行的各种活动中有关安全方面应注意的事项告知学生。如体育运动中某些项目的危险性,练习设备、器材的安全性能等内容都应在活动之前告知学生。二是把校园及其周边的设施包括环境中可能存在的安全隐患告知学生。如校园内外维修改造,施工场所或临时搭建的设施,校园内外处所、场地、水电设备可能存在的安全隐患等都应及时告知学生。三是把学生的有关情况对家长告知。如学生生病、学生请假离校或缺课、学生间发生纠纷或矛盾、学生的不良习气以及学生发生伤害或意外事故等,都要及时与家长联系、沟通。四是把发现的班级内部、校园内部及校园周边存在的安全隐患以及安全事故向学校领导告知。辅导员履行告知义务,可积极有效地预防安全事故的发生。

3. 安全告诫

辅导员在教育教学活动中负有对学生告诫的责任。加强对学生思想品德教育,增强学生的遵纪守法意识,规范学生的日常行为,保护学生的合法权益等是班级安全管理工作的重要内容。特别是对学生的危险行为或潜在的危险行为要及时地告诫、制止和纠正。

4. 安全防范

辅导员要对班级活动以及教育教学过程中可能出现的安全问题进行防范。如对流行病、传染病的防范,对班级进行的各种活动以及学生之间的矛盾纠纷、校园欺侮、包括隐性伤害在内的预防等,要防微杜渐,而不要亡羊补牢。

5. 安全救护

学生一旦发生安全事故后,除要及时按制度规定上报,还要力所能及地进行自护自救,并采取得力措施防止事故的扩大。

三、加强班级安全管理

1. 加强联系,齐抓共管

班级安全管理靠辅导员一人是不行的,只有加强同任课教师、学生及其家长、学校组织和部门的联系,才能把安全管理工作落到实处。

2. 以法治教,规范行为

加强同家长的沟通和交流,把学校安全管理方面的制度、办法及行政法规宣传到每一位学生家长,最大限度地争取学生家长的理解、支持和配合。

四、健全校园的安全机制,构建和谐校园

学校及教育工作者要提高思想认识,从办人民满意教育的高度,充分认识学校安全工作的重要性、紧迫性、艰巨性,切实加强管理,建立健全安全制度,落实岗位责任制和安全预警机制。成立安全

工作领导小组,形成安全教育管理网络,从校长到每一位教职工,做到合理分工,职责分明,把安全工作责任科学地分解,落实到每一个部门、每一个岗位,形成人人有职责,层层抓安全的良好氛围。大家齐抓共管抓安全,人人尽力保平安。在思想上真正树立安全工作无小事的观念。

另外还必须从学校每一个部位,每一个环节认真地排查安全隐患。对发现的安全隐患要落实责任,限期整改,对不认真履行安全工作职责的,要追究相应责任,造成事故的要加重处理。

五、增强学生的安全知识与应急防范能力

为了使学生具有安全意识和自我保护能力,学校应增设安全课,让安全知识进入课堂,并进行必要的演练和实训。

安全教育的落脚点应是培养学生的安全意识,形成自救自护能力。安全教育首先应注意内容的系统性和全面性,它包括以下几方面:

交通安全教育(包括行路、骑车、乘车等)

日常生活安全(包括防触电、防煤气中毒、防火、家务劳动安全、饮食卫生安全等)

活动安全教育(包括运动环境和器械的安全、体育课的安全、游泳、滑冰、野外活动、游戏、放鞭炮、人流拥挤的公共场所安全等)

自然灾害中的自我保护教育(包括水火灾、暴风雨、雷电袭击、地震等)。例如,日本经常地震,他们的学校就经常进行地震模拟训练。

社会治安教育(包括盗贼、骗子、抢劫、挟持、绑架等)

意外事故处理教育。要教育学生发现安全隐患,及时报告老师,掌握安全应急常识,牢记应急电话:火警119;匪警110;急救电话120;交通事故报警电话122。

六、关注学生心理健康,减少安全事故

当今学生存在种种不健康心理,诸如性格懦弱、依赖性和嫉妒心强、自私、逆反、情绪焦虑等,都属于非智力因素所致。学生自身安全出问题主要就是由以下几种不健康心理造成:

一是逞强心理;

二是逆反心理;

三是爱出风头;

四是盲目崇拜英雄。

良好的心理素质是保障学生安全的内在原因,有一个健康的心理,在很大程度上能避免心理性安全事故的发生。因此,我们要特别重视学生的心理安全教育,培养学生健康的心态,建立心理教育体系,开设心理教育课,建立心理辅导、咨询站,设立内心倾诉信箱等,按少年儿童心理发展的规律来解决他们的心理问题。

七、严格门卫制度,严明学生请假制度

学校管理人员、各班辅导员、各科任教师以及学生宿舍生活指导员要严格学生请病事假的审批管理制度,要加强学生的安全法制纪律教育。严禁学生旷课,必须做好相关记录,妥善保管学生请假条。

八、强化安全教育,提高自救能力

学校要通过有针对性的教育和训练,提高师生防范意外事故的能力和在紧急状态下的自救自护能力。安全教育的主要内容应符合学生的接受能力,以实用安全知识和技能为主。主要应包括:安全意识教育、交通安全教育、消防安全教育、社会治安安全教育、食品卫生及传染病预防教育、自然灾害安全教育、预防触电、溺水和煤气中毒教育、校内外活动安全知识教育和生活中的各类安全教育等。要经常性地组织师生参加安全演练和安全技能培训,使全体师生都能基本掌握紧急状态下撤离、疏散的方法、技巧和自救自护方法。

九、加大校园及其周边综合治理力度

学校要积极主动配合公安部门开展综合执法行动,排查整治各种安全隐患,每月收缴管制刀具。及时把握师生思想动态,坚决防止发生重特大群体性事件。教育学生远离网吧、营业性歌舞厅和电子游戏录像厅等,拒绝"黄、赌、毒"的不良侵蚀,教育学生与外人交往要慎重。加大对学生之间以及学生与社会闲杂人员之间矛盾纠纷的排查力度,预防学生发生打架斗殴、凶杀等暴力事件。如遇突发事件或安全隐患,教会学生及时报警,做到善于自救和救他,不断提高学生保护能力,防止学生在回家或到校的途中发生安全事故。

总之,学校要结合学校特点,采取有针对性的措施,通过不同的形式将方方面面的安全知识教给学生,让学生在头脑中牢牢树立安全第一的思想,使学生在安全的教育环境中学习、成长。而且只要我们每一位教师都来关心学校的安全工作,社会治安机关大力支持,留心每一处安全隐患,真正做安全教育工作的有心人,我们的下一代就能健康成长,学校教育工作就能正常进行,我们的社会就会更加和谐、安定。

"而今迈步从头越",我们将以此为契机,努力克服社会育人环境差,安全管理难度大,学生安全防范能力低等诸多不利因素,时刻为学校安全着想,为学生安全着想,不断解决学校安全工作中的新问题,进一步做好学校安全工作,为创建平安、和谐、文明的校园努力奋斗!

参考文献

[1] 张力.学校安全文化的发展与应用[J].核动力工程,1995(5):443~446

[2] 葛闻安.广深准学校安全管理模式探讨[J].中国安全科学学报,1995(4):7~9

[3] 谷鸿溪,张建伟.学校安全管理与安全工程、安全文化[J].中国安全科学学报,1995(4):20~23

[4] 毋涛.心理学常用研究方法在安全文化研究中的应用简介[J].中国安全科学学报,1995(2):29~32

[5] 张万奎.从三个层次构建学校安全文化[J].中国安全科学学报,2005(2):62

[6] 陈金国,朱金福.安全文化的平衡计分卡绩效评价方法[J].中国安全科学学报,2005(9):88~92

作者简介:

王镜宇　太原理工大学保卫处治安科科员,手机:13613443446

通讯地址:太原坞城南路西吴苑,邮编:030006

论高校校园师生的人身财产安全管理服务

赵光烈　张　雷　清华大学

摘　要：高校校园是教学科研的重要场所,是莘莘学子学习成长的园地,是服务祖国服务人民服务社会的智库平台。高校校园以"综合性、研究型、开放式"模式办学,长期在高强度复杂的状态管理服务运行中,其安全保卫工作任务光荣而责任重大,尤其是校园中的核心是人,主导是教师,主体是学生,还有大量的辅助服务工作人员,其人身及财产安全尤为重要。平安校园良好环境创建做得科学到位,就直接促进着师生心身健康和校园稳定的大局;反之,将会影响着校园秩序和育人成才。因此,高校校园的职能部门,在深刻认识师生人身财产安全的迫切性、重要性的同时,清醒自己肩负的责任与使命,按照上级对校园安全管理服务的精神,以科学发展观为指导,发挥主观能动性积极协调辖区社会部门公安、消防、交通、城管和卫生环保等各方力量,努力做好安全管理,创建平安和谐校园,为师生优质服务。

关键词：高校校园　师生　人身财产　安全管理服务

我国宪法明确指出:"国家发展社会主义的教育事业,提高全国人民的科学文化水平。"高校是教学科研的重要场所,是莘莘学子学习成才的园地,是服务祖国服务社会服务人民的智库平台。高校校园以"综合性、研究型、开放式"模式办学,在长期高强度复杂的状态管理服务运行中,其安全稳定保卫工作任务光荣、责任大,尤其是校园中的核心是人,主导是教师,主体是学生,还有大量的辅助工作人员,其人身及财产安全尤为重要,它直接影响着个人安心、家庭幸福和校园稳定的大局。因此,高校校园的职能部门负责人,在深刻认识师生人身财产安全的迫切性、重要性的同时,清醒自己肩负的责任与使命,遵照上级校园安全管理服务的精神,以科学发展观为指导,发挥主观能动性积极协调社会层面公安、消防、交通、城管和卫生环保等力量,努力做好安全管理,创建平安和谐校园,为师生优质贴心服务。

一、高校校园人身、财产安全管理服务的意义

高校校园创造平安良好环境,确保师生人身、财产安全管理服务,既是高校各级领导及安保工作者目前迫切的任务,又是长期艰巨的责任,它既利于师生个人有良好的状态搞好教学科研,也有利于校园平安和谐建设先行示范工作,更有利于世界一流大学的目标早日实现。

二、有关人身、财产安全概述

(一)人身安全

中华人民共和国公民的人身自由不受侵犯。是宪法所涵盖的人权基本保障,生命健康权是人身安全的基本内容,是民生的根本所在。广义范畴:包括人的生命、健康、行动自由、住宅、人格、名誉等安全。狭义范畴:如刑法上人身安全的本义,是作为自然人的身体本身的安全。

(二)财产安全

公民的合法的私有财产不受侵犯。财产是指拥有的金钱、物资、房屋、土地等物质财富。财产按所有权可分为:公有财产(国家财产是公有财产的一种)、私人财产,具有金钱价值并受到法律保护的权利的总称。大体上,私人财产有三种,即动产、不动产和知识财产(即知识产权)。财产安全是其财产妥善安全运作保值的状态。

(三)基本特点

(1)财产所有人依法对自己的财产享有占有、使用、收益和处分的权利;

(2)任何人不经财产所有人的许可不得使用该财产,否则就是非法侵犯权利;

(3)财产所有人可以是自然人,也可以是诸如公司这样的法人。我国的《民法通则》对上述的内容有明确的规定。

在高校校园生活工作学习的师生群体,人数多活动范围广、持续时间长方式多样,随着高校服务社会活动量的增大,大型活动集会人数多、频次高,规格也不断提升。因此,高校校园人身安全的保障形势严峻、要求突显,安保工作非常重要。校园的职能机构安全保卫部门在全力履职尽责主导工作的同时,还要积极协调地区辖属的保卫保密、安全生产、消防、交通治安、医疗卫生和环保等主管部门开展持久有效的检查督导保障工作,确保为师生人身财产安全管理服务,维护校园的稳定和安全。

三、高校校园人身财产安全管理服务的现状

高校校园内总体的环境秩序是好的,但也有一些师生安全意识不够,责任心安保技能措施不力,导致个别人人身安全、身体健康受到威胁甚至伤害;还有个别同学丢失学习生活用品的现象。如:常用的手机、电脑和自行车等;更有甚者在一些突发事件中个别人的身心受到伤害,甚至死亡。如:2004年2月23日,云南大学学生马加爵在学生宿舍残忍杀害四名男同学,制造了震惊全国的高校恶性案件;2010年10月16日晚,河北大学校园内发生校外人员李启铭醉酒驾驶小轿车,致1名女同学死亡1名女生受伤,肇事后还要逃逸,被学校安保人员制服;2013年4月,复旦大学发生学生林某投毒致一名男研究生黄洋死亡的案件,让人心痛不已。还有个别的同学内心纠结发生高坠、运动摔伤、误食不洁净的食物等,这些都严重的威胁了师生的人身安全,影响了校园文明稳定安全秩序,干扰了正常的教学科研活动,对师生心身造成了伤害,这些在高校校园都是不应该发生的,让人不能容忍的。

四、人身和财产安全伤害的主要类型

(一)危及人身安全的主要类型

人身伤害根据造成损害的原因,分为四个类型:即自然灾害造成的人身伤害;意外事故造成的人身伤害;人为因素造成的人身伤害;不法侵害造成的人身伤害等。

（二）危及财产安全的主要类型

我国民法依据财产权产生的根据，将财产权分解为物权、债权、知识产权和继承权。师生个人财产的保护途径一是他力保护，二是自力保护。他力保护就是利用法律、法规和规章，依靠国家行政、司法机关、高校保卫职能部门和其他行政组织的保护。自力保护或称自我保护，是凭借自己对财产安全的防范意识和基本常识，依靠自己的力量，对财产的不法侵害进行事前的预防和适时的防卫以及事后的保护。事前预防主要体现为防盗、防抢劫、防诈骗、防意外事故等；适时防卫主要体现阻止侵害、正当防卫、紧急避险；事后保护主要体现为惩治侵害挽回损失。根据造成财产损失的原因，主要分为盗窃、抢劫、抢夺、诈骗等类型。

（三）高校校园近几年发生的典型的人身安全伤害案例

（1）治安工作方面：生命权受到威胁，如马加爵案件；健康权受到威胁，如独自会网友被打受伤；名誉权受到威胁，如个人肖像等；诈骗钱财案件等。

（2）交通安全方面：留学生无驾照、无行驶证、无车牌骑摩托车；个别人乘坐黑车，其隐患使身心安全直接受到威胁。更有甚者是醉驾、毒驾参与交通活动。

（3）防火工作方面：2007年以来，北京市各高校共发生火灾159起，约占北京市火灾总数的8.5%。高校校园里的火灾隐患不容忽视。2008年9月1日上午北京某大学13号宿舍楼5层发生火灾。2008年11月14日早晨6时10分许，上海某学院徐汇校区宿舍楼602女生寝室失火，着火面积达20平方米左右。因室内火势过大，4名女大学生从6楼寝室阳台跳楼逃生，不幸当场死亡。失火原因为寝室的女生用"热得快"烧水所致。2009年3月11日上午8:20左右，湖北某大学教工住宅楼一外教居室内发生火灾。经消防人员及时扑救，火势迅速被扑灭。火灾中有一名三十余岁来自挪威的德国籍女教师从楼上跳下，经送医院抢救无效死亡。2003年11月24日凌晨，俄罗斯莫斯科某大学六号楼学生宿舍发生火灾。200名学生被烧伤，41名学生被烧死。其中中国留学生46人烧伤，11人死亡。从火灾事故看，学生的防火安全意识还比较差，而使用违规电器，在宿舍里使用明火、抽烟等行为都容易引起火灾。

（4）保密保卫方面：手机、计算机泄密案件等；

（5）运动安全方面：打球、跑步、游泳等运动人身安全威胁及其他安全隐患；

（6）餐饮过期、不洁食品中毒等安全隐患等。

根据北京海淀公安部门发案统计，现在高校校内发生的治安案件中最突出的是侵财案件。其中，手机、随身听、自行车等物品最容易丢失。2010年6月的一天，某高校学生在校内体育场踢球，将书包放在球门旁边约20米，30分钟后发现书包中的手机被盗。又某日，一名学生离开自习室去卫生间，回来后发现放在座位上的手机丢失。从警方掌握的情况看，某校仅当年9月份，在校园内丢失的手机就有20部，而这些手机的失窃都是由于学生防范意识不强，把手机这类的贵重物品放在自习室、阅览室、球场等公共场所，脱离视线疏于防范让小偷钻了空子。分析这些小偷的身份，多数是校内学生作案，还有一些是校外人员窜入校内的。还有校园内常见的交通事故，2008年以来在大家的努力下，某高校尽管交通事故率一年年在递减，但一天进出校园3万辆次的机动车、6万人次的非机动车和10万人次的行人，还是难免发生一些交通事故。据统计一年发生月30起交通事故其危害还是现实的，伤害是深痛的，影响是深远的，教训是深刻的，应该引起校园师生高度重视和警醒。

五、高校校园人身、财产安全问题的主要原因

（1）领导不够重视，总是副职抓安全，影响执行力和效果；安全是前提、是基础、是保障、平安生产力，是民生，是根本，绝不是可有可无的事，必须一把手挂帅，高度重视、亲力亲为做细做实做好。

（2）高校校园安全教育制度不完善。个别人安全教育制度没落实，有死角，有漏洞，与标准有偏差、有差距。

（3）高校有的单位、个体安全意识淡薄，防范技能措施欠缺。存在安全隐患是人身、财产安全伤害损失的直接原因。

（4）高校个别人员不懂法律法规，不知法，不守法。既害了自己也伤了别人，对家庭和社会都是现实的损害。

六、高校校园人身、财产安全的问题及对策

（一）经过事故案件血的教训总结归纳得出结论，人身财产安全保障应该从以下方面着手：

（1）与时俱进，学以致用贯彻实施法律法规，学法懂法守法，做校园人身财产安全防护模范的宣传者和践行者；

（2）以人为本，建立健全人身财产安全管理服务机制，完善规章制度，本科生研究生每班设立安全协调员；

（3）以生命健康权为中心，心理行为科学为导向，普遍教育和个别重点帮扶相结合，形成安全分层级别工作制，责任到人；

（4）人身安全事关人人，要针对性强、方法正确、措施跟进、管用有效、确保安全；

（5）领导重视，以身作则传递正能量，措施到位关心民生。

（二）人身和财产安全的防范措施

（1）校园师生要有防范的意识，保持良好的安全防护习惯。

（2）预防为主安全第一，留心观察身边的人和事，及时规避可能针对自己的侵害。

（3）发生安全隐患、案件事故、突发险情要沉着冷静、快速、准确、实事求是的报警求助，积极应对。

（4）用法律维护自己的人身财产安全。特别是面对暴力犯罪要斗智斗勇制止不法侵害。

（5）顾全大局、主动积极维护校园及周边治安秩序，创造和谐有序的育人环境。

（三）积极预防不法侵害危及的人身财产安全

1.抢劫的预防

（1）注意观察，抓住特点及时识别；（2）不在陌生人面前暴露自己的行踪；（3）遇到抢劫时沉着冷静应付；（4）及时报案，积极配合以便组织追捕。

2.滋扰的预防

（1）慎重处置，依靠集体力量，积极制止违法犯罪行为；（2）注意策略，防止事态扩大；（3）自觉寻找证据，用法律保护自己。

3.诈骗的预防

（1）多学习安全常识技巧；（2）不贪钱财，不图便宜；（3）保守自我信息秘密；（4）慎重交友，不感情

用事;(5)慎重对待他人的财物请求。

(四)做好几种易受侵害环境下的人身安全预防

1. 在公共场所时的人身安全预防

(1)尽可能减少深入场所的时间和频率;(2)不得从事法律、法规禁止的活动;(3)注意观察治安安全条件是否符合要求;(4)寻找自救机会与条件;(5)正确妥善应对不法侵害。

2. 在体育运动时的人身安全预防

(1)加强运动安全意识;(2)掌握运动安全知识;(3)运用法律法规自卫。

3. 在网络交友时的人身安全预防

(1)明确正确对待朋友的基本原则;(2)上网交友应当时刻保持警惕;(3)学会保护自己的隐私。

七、高校校园人身财产安全管理服务的思考与启示

高校校园安全工作中,人身、财产安全十分重要,其处理的原则是:依法治国、法德兼顾;预防为主、打防结合,群防群治、安全第一;以人为本、与时俱进。

人身财产安全处理的方式方法:公平公正、实事求是,重证据摆事实讲道理,依靠师生、依法办事、廉洁奉公。

总之,从近年来高校校园发生人身、财产伤害损失的案件来看,其危害是现实的,影响是深远的,教训是深刻的,应该引起高校校园师生的警醒,得到有关领导和组织者的高度重视。在认真贯彻十八大精神,全力振兴实现中华民族伟大复兴梦想的进程中,高校校园的师生是现实生活的主人,同心同德,凝心聚力,共谋安全稳定之策,共创平安和谐校园,共建文明良好育人环境,用科学高效的管理和优质贴心的服务,使人身、财产安全隐患远离高校校园,用安全保卫者的行动让师生的人身、财产伤害成为历史,在我们大家的共同努力下,为世界一流大学的目标构建做出应有的贡献。

作者简介:

赵光烈　清华大学保卫处职员,手机:13641071237

张　雷　清华大学保卫处职员,手机:18901298082

通讯地址:北京市海淀区清华园1号(清华大学保卫处),邮编:100084

关于校园安全文化与秩序管理的若干思考

张淑明　中央财经大学

内容摘要：校园安全文化是社会、经济发展对大学生综合性人才培养需求的产物，它的形成需要物质条件和内在精神的双向支撑。本文通过分析校园安全文化的内涵，指出校园安全文化建设的必要性，并提出建设校园安全文化的相关措施，共同营造富有安全感的和谐校园。

关键词：校园　安全文化　安全教育　秩序管理

一、引言

校园安全文化是经过长期的积淀形成的，它是以人为本、保护同学身心健康、实现同学安全价值的文化，是校园安全形象的重要标志。同时它是弘扬校园精神，塑造校园安全形象，实现校园正常教学目标的重要保障。依靠安全文化的潜移默化作用，提高同学们的安全意识和整体安全文化素质，营造稳定、和谐、安全的校园环境。在促进学校发展的同时，为学校打下坚实的人文基础。加强校园管理，保护师生人身、财产安全，维护教学、科研、生活秩序，就要建立良好的秩序管理。有良好的秩序，就要建立严格的制度保障。

二、校园安全文化的内涵

文化是有继承性的，它不可能、也绝对不会被人们简单地扬弃。校园安全文化是整个社会文化的组成部分，也是校园文化的重要内容，建设校园安全文化必须吸收校园文化中的优秀部分并继承下来，抛弃自身文化中制约发展的、不健康的成分，再注入符合时代要求、充满活力的创新文化，形成当代校园安全文化的内涵：全新的价值观念，更务实并富有亲和力地关注安全、珍惜生命、树立以人为本的人文理念。

校园安全本身是对师生生命权益的维护，安全意识的强弱，安全文化素质的高低，直接决定校园安全文化建设的具体过程和结果。同时，在形成文化的要素中，人是最重要的。人在生理、安全、社交、尊重和价值实现五个层次上的需求，形成了安全价值体系的需求和观念。"以人为本"是安全文化的核心理念，一切为了师生安全的人本观念是校园安全文化建设的基本准则。

具体而言，安全文化就是安全的价值观、信念、理想、传统、风气、行为准则的复合体。校园安全文化包括两大要素：一是安全物质文化，具体指安全设施、装备所体现出来的文化品位和文化的价值。二是安全的精神文化，这是安全文化较高层次、具有活力的核心部分。

三、校园安全文化建设的必然性

如果对于一个国家而言,稳定是压倒一切的大事,那么对于大学校园而言,学生安全工作就是压倒一切的大事,学生安全工作出了问题,一切工作都将受到影响。推进校园安全文化建设,是提高全校师生的安全意识和素质及时代进步表现之一,是改革开放和经济发展、提高学校竞争力的客观要求与战略选择。校园安全文化的形成将无疑对校园安全管理工作和培育人才起到有力的保障与支持作用。

(一)建设校园安全文化是校园安全管理自身的需要

现代管理科学强调"以人为本"的原则,就是要解决人的思想问题,为管理的其他环节创造先决条件。构建校园安全文化,能够增强管理上的道德含量和安全意识,符合学生的客观实际,是解决学生对安全的认识问题,形成正确的安全意识的主旋律;构建校园安全文化,就是要营造一种安全和谐的文化氛围,使所有学生形成一种安全思维定式,把创建平安、祥和的校园环境,构建和谐校园作为出发点和归宿点。

(二)建设校园安全文化是为社会输送高质量管理人才的需要

为社会主义现代化建设输送高质量的管理人才是学校的重要育人目标,学校把安全文化建设与安全管理活动有机地联系起来,建立起校园安全保证体系,使校园的安全管理有组织保障。校园要搞好意识形态领域的安全文化建设,通过思想教育、行为规范、文化熏陶、环境影响等,激发全体同学高度的责任感、使命感,使校园的安全管理充满活力和动力,达到教学环境安全的目的。这样才能保证学校为社会输送更多的高质量管理人才。

(三)加强校园安全文化建设是新时期高校事业发展的客观需要

在市场经济体制的逐步建立过程中,我国校园体制也在发生着深刻的变革,学校师生员工亦经受着社会变革的巨大冲击,各种利益矛盾不断显现,不稳定因素有所增加。随着我国现代经济的快速发展和当前教育规模的不断扩大,教育行业面临的风险也在逐年增加,如何有效防范风险事故、减少风险损失已成为教育事业发展中必须要尽快解决的问题。学校意外伤亡事故及其他各类安全事故明显增多,事故频发场所多为校园内科研、实验场所及周边道路交通、宿舍、公共设施、娱乐休闲等地,具有复杂性、突然性、多样性等特征,安全工作面临严峻的挑战。在此背景下,关心教学、科研领域的安全,保护师生在教学、科研、实验、公共生活等各种场合的安全与健康,已成为当前校园安全文化建设的主要内容。

四、建设校园安全文化的措施

建设和发展校园"安全文化",必须要立足于提高学生的安全素质这一主题,以切实保障同学们的人身财产安全为出发点,不断探索"校园安全文化"的新路子。

(一)建设校园安全文化的物质基础

校园安全文化体系的构建首先从物质层面着手。一是要按照校园安全事故防范的基本原则,加大校园安全基本设施的建设力度,确保校园安全设施的建设符合高校校园安全防范规定;二是要提高校园安全保卫部门装备的技术水平,提高安全保卫部门与犯罪分子斗争的物质条件保障水平。此外,校园安全文化建设的物质条件保障还包括利用安全保卫部门的基本职能,在高校所在的相关部门的配合下加强校园周边环境的治理整顿,创造优良的教育教学外围物质环境。

(二)在实践中不断丰富和发展校园安全文化

校园安全文化的建设不会是一帆风顺的,它必将受到许多非文化因素的牵制和约束,所以在建设安全文化的过程中,把"破"与"立"要同等对待。破除不利于校园安全工作的不良因素,积极促进校园安全文化的形成。同时,随着时代的发展,校园安全文化要与时俱进,适应时代发展要求,在实践中不断地丰富和完善。

(三)创造良好的校园安全文化氛围,建立校园秩序管理制度

为加强校园管理,建立优良、文明的校园环境,维护教学、科研、生活的正常秩序和安定团结的局面,建立有利于培养社会主义事业建设者和接班人的校园秩序,就要严格制定各项规章制度。

健全校园治安、综合治理的领导机构,定期分析校园及周边治安形势,逐级落实责任制,签订责任状,明确各级职责和任务,使维护稳定工作认识到位、领导到位、措施到位、工作到位、责任到位。全力维护校园教育系统的政治稳定,确保在校园不发生重大事故,创造良好的校园安全文化氛围。

(四)创建"安全文明校园"活动,强化师生安全意识

强化创建"安全文明校园"的意识,制定创建"安全文明校园"方案,强化组织领导,健全内保机构,增强防范力量,认真抓好规章制度、防范措施、管理教育、设施装备等各项软硬件建设;切实加强对学生的法制和道德教育,逐步建立起家庭、学校、社会教育紧密结合的管理教育网络,努力创建和谐、稳定、安全的育人环境。

五、校园安全文化的现实意义

安全是人类的永恒主题,校园安全文化是社会、经济发展对大学生综合性人才培养需求的产物。其基本作用主要包括:

(一)陶冶作用

校园安全文化是一种精神环境和文化氛围,学生通过校园安全文化无意识地渗透作用,使学生实现自己人格和灵魂的升华。校园安全文化对学生的陶冶作用体现在安全思想的修养、安全心理素质的引导、安全情感的培育、安全规范行为的映射等方面。

(二)能力作用

大学四年学习是将一个人转变为能够自立于社会,取得社会生活资格的过程,这也就是人的社会化的过程。但大学阶段是一个人生理、智力发展的黄金时期,学校的教育、校园安全文化的影响,是促进大学生社会化的关键。校园安全文化将社会对安全的要求和安全对社会的影响通过各种方式作用于大学生,促进大学生学习与社会相适应的各种安全规范、安全知识、安全技能和安全生活方式,使大学生在各方面得到协调发展,形成大学生的综合安全能力。校园安全文化的能力作用最终体现在安全技能社会化、行为安全规范社会化、人身安全责任社会化。

(三)教育作用

校园安全文化是校园根据安全工作的客观实际与自身要求而进行设计的一种文化,它符合校园的思想、文化等基础条件,它传递着校园关于安全的目标、方针以及实施计划等信息,宣传了安全管理的成效。既具有相对的系统性和完整性,又具有教育性,以促进全体同学产生心理的制约力量,自我约束,自我管理,自我提高。

(四)导向作用

校园安全文化以其内容的针对性、表达方式的渗透性、参与对象的广泛性和作用效果的持久性形成校园的安全文化环境与氛围,使全校同学耳濡目染,起着直接的与潜移默化的导向作用,从而影响每位同学的思想品德、学习生活观念的正确形成,无形地约束着同学们的行为。

(五)创新作用

校园安全文化的创新作用是指在校园安全文化能够孕育出新的安全思想、新的安全理念和新的安全科技成果。特别是现代的高校教学、科研、生产三位一体体制的形成,有力促进了校园安全文化的创新作用,使校园安全文化真正成为安全文化的先导。这为培养时代需要的创新型人才提供了良好的氛围。校园安全文化的创新作用随着时代的发展将越来越显著。

综上所述,校园安全文化对大学生各个方面将产生深远影响,并且通过校园安全文化的洗礼,大学生的安全素质将得到提高,从而可以从一个侧面保证校园的人才培养能够满足经济、社会发展的需要。我们应充分利用校园安全文化的陶冶作用、能力作用、教育作用、导向作用和创新作用,为时代培养出高安全素质的管理人才。

参考文献:

[1] 严樟根.论高校校园安全文化的实践与创新[J].中国高教研究,1999(1)

[2] 李奇志.校园安全文化探究[J].大连教育学院学报,2006(4)

[3] 胡源春等.试论高校校园安全文化的实践与创新[J].赣南师范学院学报,2006(4)

[4] 李伟清等.高校校园安全文化体系构建研究[J].河北公安警察职业学院学报,2007(2)

[5] 武目桥.和谐校园关键在于校园文化建设[J].新课程研究,2007(6)

[6] 徐青云.高校建设和谐校园的思考与实践[J].河南教育(高校版),2007(6)

[7] 冼菊明.关于高校安全文化体系的构建问题探讨[J].高教论述,2010(7)

作者简介:

张淑明 中央财经大学

大学教育教学活动秩序的安全管理

成俊杰　中北大学

摘　要：安全是社会文明和进步的重要标志,是坚持以人为本安全理念的必然要求,是坚持人与自然和谐发展的前提条件,是学校正常的教学秩序和发展的根本保证。本文从我国高等学校的管理现状入手,阐述了高等学校进行安全管理的重要意义,分析了当前影响校园安全问题的重要因素,并提出了具体的建议措施。

关键词：安全管理　保卫工作　问题　对策

近年来,美国校园枪击案、云南马加爵事件、上海学校宿舍火灾案等国内外校园安全事件的屡屡发生,对于高校的校园安全管理工作带来了很多新的挑战,高等学校的安全问题越来越受到全社会的广泛关注。学界对学校安全问题的关注度也不断上升。党的十七大也提出了高校校园安全管理要从稳定大局出发,以师生为本,构建平安、和谐新校园的历史使命。

一、加强高等学校安全管理的意义

新中国成立以来,我国高等教育取得了多方面的发展,实现了改革,在上世纪末取得历史性进步。从2002年到2009年全国各类高等学校招生规模来看,总体呈逐年上升趋势,如图1.1所示。

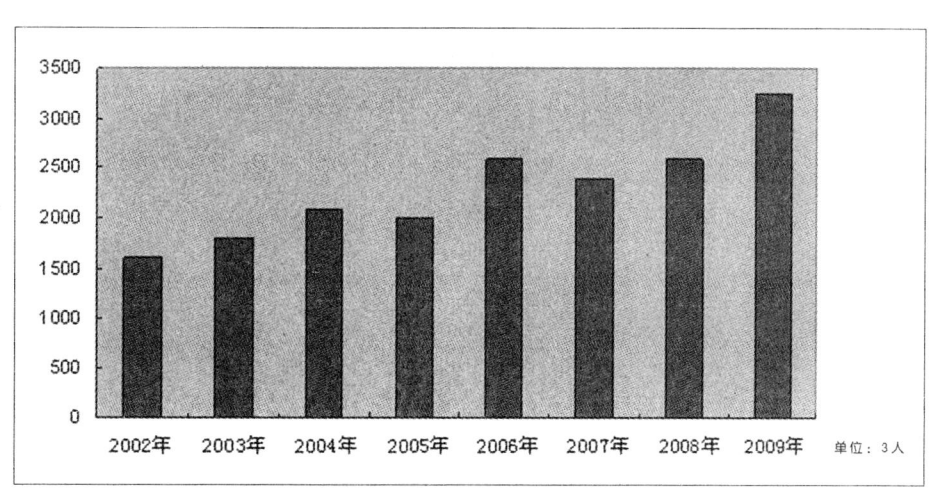

图1.1　2002—2009年全国高等教育在校生规模总体趋势

高等学校是人才荟萃、知识集中的地方,是实施科教兴国战略的生力军和重要基地。所以,加强高等学校的安全教育管理,不仅是构建和谐社会的重要组成部分,也是为社会主义培养接班人和合格的建设者,为高等学校的稳定发展提供保障。

第一,是构建和谐社会的重要组成部分

中国共产党第十六届四中全会首次提出了"构建社会主义和谐社会"的重要论断,指出构建民主法治、公平正义、诚信友爱、充满活力、安定有序、人与自然和谐相处社会的共同愿望。高等学校一直被认为是社会稳定的"晴雨表"、"风向标",学校教育的安全问题牵扯着社会的安定问题。改革开放以来,我国发生了几起由学生引发的大事件,给社会造成极大的混乱。高等学校是知识和人才的聚集之地,在努力建设和谐校园的同时,也能促进学术知识的交流,为建设和谐社会作出贡献。因此,加强高等学校的安全管理、努力构建高等学校和谐校园,是高等学校构建和谐社会不可推卸的义务和责任。

第二,为国家培养人才提供保障

高等学校营造一个安全稳定、有序、文明的环境,有助于为社会培养高级专业人才,提高专业人才培养的质量,为社会提供更多、更好的科研成果,更加广泛地传播科学文化知识,从而能更好地服务社会。但是,如果学校安全事故不断,学校教学和科研等工作就难以顺利进行,就必然会影响知识的传播、人才的培育和服务与社会的愿望。

第三,为高等学校的发展提供保证

高等学校的办学质量,直接关系到社会文明程度的提高,所以必须有一个安全稳定的环境作保障。近年来,高等学校安全事故不断增多,学校正常秩序被打乱,有的还是数额巨大的经济赔偿,严重影响高等学校正常工作的展开。因此,加强安全管理,能够保证高等学校安全稳定的发展。

二、大学教育活动安全管理现状和存在的问题

(一)高校保卫部门现状

目前,我国高校的保卫部门大致分为五种:保卫处、保卫部、保卫科、公安处、派出所。其中,叫做保卫处的最多。保卫部门内部一般都设有科室。保卫部门人员编制少则2、3人,多则近百人。保卫部门人员基本上由转业军人、退役士兵、原武装部人员及其他人员构成。然而大部分保卫部门人员的文化素质偏低,年龄偏大,有的学校对保卫部门的人员也不是十分重视。

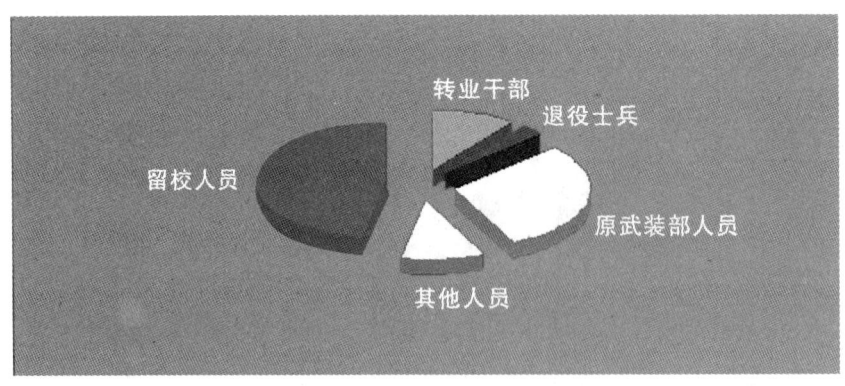

图2.1 高校安全保卫部门人员构成比例

无论这些高校的公安保卫部门名称有多少,科室的划分如何不同,人员编制或多或少,其职能都大致相似。

首先,在治安防范管理方面,保卫处要协助学校领导处理各种突发性事件,维护学校稳定;也要做好重要来宾到校访问期间的安全保卫工作,以及诸如开学典礼、毕业典礼、运动会、晚会等大型群体

活动的安全保卫工作；及时向上级公安机关报告校内发生的各种安全事故和其他严重危及治安的情况，并且协助公安机关进行办理；指导基层单位建立健全治保会等群众性治安防范组织，健全和落实规章制度，搞好技术防范。维护学校的教学、科研、生活秩序；设置交通标志和交通管理器材，划设停车场地，维护校园交通秩序。按照半军事化管理的原则，对保卫人员加强教育，严格训练，24小时巡逻执勤，安排有关业务管理人员及时处理报警。管理教职工和学生集体户口，办理借户口卡片和户口迁入迁出手续，办理居民身份证和身份证明等项工作。

其次，在消防管理方面，监督和指导对于重点部位的管理人员加强对易燃易爆剧毒物品、武器弹药以及其他贵重物品的管理。做好防火工作，建立健全基层单位群众性安全防火组织，落实各项规章制度，安装和配备防火设备和灭火器材，排除隐患。

第三，在学生安全教育管理方面，宣传、贯彻国家有关安全管理工作的方针、政策、法律、法规，对在校学生实施安全教育及管理，消除安全隐患，妥善处理各类安全事故，引导学生健康成长。

最后，在后勤管理方面，主要有：师生员工吃、住、行方面的生活服务和管理；水电暖的正常供应；校园环境、通讯设施、医疗卫生保健工作；招待所、餐厅、浴室、理发室、商店、书店等商业设施的管理。

（二）大学教育活动安全管理存在的问题

首先，安全管理保障机制不健全。目前，校园安全管理方面的规范性文件效力等级较低，如：公安部《关于企业事业单位公安机构体制改革的意见》(1994年)、国家教委《高等学校内部保卫工作规定》(1997年)和国务院《企业事业单位内部治安保卫条例》(2004年)等。尽管有了法律法规和组织机构以及专业人员的支持保障，但是整个保障机制仍然不健全。

长期以来，保卫部门对维护高等学校政治和治安稳定发挥了很大的作用。1988年4月，公安部、国家教委、劳动人事部、财政部联合下发的经国务院批准的《关于在部分高等学校设立公安派出所实施办法的通知》，允许在部分高等学校设立公安机构。但是这使得保卫组织的党政归属出现混乱，造成各高等学校保卫组织称谓多样，如：清华大学和北京大学称保卫部，上海大学和河南农业大学称武保处，山东大学称公安处。但全国大部分高等学校仍称保卫处。保卫处渐渐成为单一的行政管理部门。

其次，安全管理观念落后。在2003年前，高等学校一般认为突发公共事件的处理是学校安全保卫这类部门的职责；之后，虽然在认识上有了一定提升，但尚未完全树立"校园应急管理"意识，没有认识到高等学校应急管理的重要。同时，也未很好地树立全程管理的理念，许多高等学校仍未意识到应急管理的重要作用。保卫组织在处理较轻的安全问题时，通常依靠学校校纪校规的执行部门来处理，大多充当"调解人"角色，而对于较严重的安全问题，只能依靠学校公安派出所出面解决。所以，高等学校保卫组织处置和解决安全问题的手段单一，方法简单，造成师生员工对于学校保卫组织是"无能部门"的印象，这样不仅损害了保卫组织的形象，也制约了保卫组织工作的开展。

第三，安全问题处置机构无执法权。高等学校安全管理工作不仅要承担校园安全稳定的任务，还要发挥管理育人的作用。由于种种原因导致目前我国高等学校保卫组织存在没有执法权的尴尬。一是高等学校保卫机构"代行"公安职能的行为严重违反我国的《刑诉法》、《人民警察法》和其他有关法律。二是高等学校安全管理机构无执法权，无法顺利完成安全管理工作。如某高等学校保卫处负责人认为没有执法权是校园抢劫屡禁不止的主要原因。他说："学生碰到抢劫，除非损失太大，一般不会来报案。就算我们抓到这些案犯，学生也不敢来指认。而派出所一般也只能把案犯关上几天，然后就放他们出去。他们被放出来以后很可能又重新回来抢劫，我们真的很希望国家能赋予我们一些治安管理的执法权利。"校园公安没有被授予警衔,保卫机构常常处于欲管不能、欲罢不忍的进退维谷状态。

最后,安全教育实施力度不足。其一,安全教育实施存在狭隘性。其他教育一定程度上也包含安全教育。然而,从另一个方面而言,安全教育的内容非常广泛,涉及高校的一切教育活动:思想政治教育、道德教育、民主法制教育、校纪校规教育、心理健康教育等,这些方面的教育可以说是安全教育的方式之一。其二,安全教育的系统性不强。表现为高校安全教育制度不健全。安全教育应该制度化,由谁负责,何时进行,怎样进行,如何管理等等各个方面都应该有明确的计划和规定。然而,目前我国很大一部分高校做不到这一点。最后,安全教育缺乏实效性。《普通高等学校学生安全教育及管理暂行规定》明确要求,高等学校应将对学生进行安全教育作为一项经常性的工作。但在实际的工作中,高校对大学生安全教育往往只停留在形式上;发生重大案件时就抓一抓,事情过后就又放松不管。安全教育缺乏长效机制、不能常规化。由于这些原因,我国高校安全教育的实效性不高。

四、改进和完善大学教育安全管理的途径与措施

第一,建立健全安全管理保障机制。目前,我国还没有出台由全国人大及其常委会颁布的校园安全保卫方面的专门法律,现行的校园保卫方面的规范性文件大都层次不高,涉及与校园安全保卫相关的规范性文件一般都是与其他内容混合的。

原国家教委1997年制定了《高等学校内部保卫工作规定(试行)》,但是作为行政规章只能对各级教育行政部门和各类学校设定义务,离真正的法规尚有差距。因此,目前急需制定一部全国统一的《校园安全法》,以保护学校、教师、学生的合法权益。这是依法治校的需要,也是完善我国法制建设的必然要求。

第二,应当授予高等学校安全管理机构适当权限。尽管高等学校安全管理机构不具有执法权,但在校园治安过程中却要承担执法工作。这一矛盾表明国家公安在高等学校公共安全管理方面还存在空白。目前最主要的是应结合国情和各省、市、自治区的实际,给予高等学校安全管理机构适当的权限。比如,在法律允许的情况下,给高等学校保卫部门制发统一制服,以校园警察身份出现,在各省、市、自治区制作校警编号,从事安全执法活动,有助于树立保卫工作的权威和信心。

第二,明确高等学校安全管理机构的职责。要做好管理工作就要明确责任与义务。高等学校的管理工作也必须搞清楚管理者的职责与义务,并通过适当方式公开。对高等学校而言,行使安全管理的职能部门的保卫部(处,科),实际也是在行使安全管理的权利。

第三,构建校园安全文化。据英国健康安全委员会的定义:一个单位的安全文化是个人和集体的价值观、态度、能力和行为方式的综合产物。大学生在校园中生活、成长,校园的安全人文环境因素将直接或间接影响大学生个体特征的形成和发展。但校园安全文化能发挥极其重要的作用:生命需要安全,事业需要安全,幸福需要安全,没有安全就没有一切,这是校园安全文化的目标指向,是大学生安全素质教育的核心。由于校园的相对独立性,一些新思想、新观念、新价值一般停留在理论形态上,只有通过实践才能成熟,成为安全文化。校园安全文化在对人才培养的上,以及对于培养出来的人才走向社会后的发展都有积极的影响。

学校校园安全文化是一个有机的整体。我们要以完善安全文化的价值体系为重点,以强化安全管理和落实行为规范为突破口,不断改善学校物质条件和内外环境。通过学校安全文化建设,使广大师生的安全素质得到提高,人人讲究安全,时时重视安全。

第四,增强安全教育力度。大学时期是接受知识的高峰期,也是提高安全教育水平的最佳时期。学校应该对大学生在校期间以及社会中存在的安全问题,涉及大学生的安全问题的典型案例为内容,对大学生进行法律知识、安全知识、学校安全管理制度等教育,使大学生有效地增强自我防范能力和抵御违法犯罪能力。创建平安校园离不开校园主体,大学生是学校主体构成的重要组成部分,只有增强大学生的安全意识、增加法律知识、提高安全责任素质才能创建平安的校园环境。重点增强大学生的防范意识,进行宣传教育,发挥预警提示功能。

参考文献:

[1]教育部.2002年全国教育事业统计数据 http://www.moe.gov.cn/publicfiles/moe_568/html

[2]教育部.2003年全国教育事业统计数据 http://www.moe.gov.cn/publicfiles/ moe_564/html

[3]教育部.2004年全国教育事业统计数据 http://www.moe.gov.cn/publicfiles/moe_1394/html

[4]教育部.2005年全国教育事业统计数据 http://www.moe.gov.cn/publicfiles/ moe_1653/html

[5]教育部.2006年全国教育事业统计数据 http://www.moe.gov.cn/publicfiles/ moe_1661/html

[6]教育部.2007年全国教育事业统计数据 http://www.moe.gov.cn/publicfiles/ moe_2904/html

[7]教育部.2008年全国教育事业统计数据 http://www.moe.gov.cn/publicfiles/ moe_4633/html

[8]教育部.2009年全国教育事业统计数据 http://www.moe.gov.cn/publicfiles/ moe_4960/html

[9]新华社."十六届六中全会开幕,着重研究构建和谐社会问题".新华社2006年10月8日

[10]公安部、国家教委、劳动人事部等文件:《关于在部分高等学校设立公安派出所实施办法的通知》,1988年颁布

[11]王煌.社会稳定与社会和谐.北京:社会科学文献出版社,2006

[12]张德,吴剑平.校园文化与人才培养.北京:清华大学出版社,2001

[13]毛发虎.构安全文化,建和谐校园.保卫学研究,2007(4):8~10

[14]刘影.大学美育对校园安全文化建设的功能及意义[J].安全与环境工程,2008(4)

[15]胡源春.论高校校园安全文化的实践与创新.赣南师范学院学报,2006(4)

[16]冯时林.应进一步加强高等学校安全保卫工作.中国高等教育,2002(22):39

作者简介:

成俊杰　中北大学保卫处,讲师,联系方式:13835545542

浅谈校园内外环境安全与治理

夏军权　石家庄铁道大学

摘　要：随着高校内外环境的变化,带来对校园安全的影响,加强校园内外环境安全管理,努力创建平安高校。

关键词：大学校园　内外环境　安全与治理

随着高校招生规模的扩大和后勤社会化保障的不断深入,高校日益与社会融为一体,高校内外环境对师生安全的影响越来越大,昔日的学府净土越来越多地受到各种不法势力的滋扰,频发的各类事故案件和安全隐患严重威胁着广大师生的安全,影响到学校教学、科研工作。因此,加强校园内外环境治理,保障师生安全和教学科研活动的顺利进行,成为当前高校保卫工作的迫切任务。

一、高校内外环境对校园安全的影响

学校是社会组成的一部分,虽然相对独立,但不可能"独善其身",纷繁复杂的社会大环境通过各种渠道辐射、渗透进校园,对师生的理想信念、学校的教学科研、治安管理秩序都带来了较大冲击和负面影响。主要表现在以下几个方面:

(一)高校内外环境对师生安全和理想信念的影响

根据我校实际情况统计,学生在校期间人均月消费约800余元,因高校人员密集,形成了一个庞大消费群体,大学周边成为一些人投机获利的宝地,特别是集中连片的高教区,各种娱乐场所、钟点房、商业网点交叉林立,应有尽有。在商圈无序发展,商机相对有限的情况下,部分商人利欲熏心,缺失社会责任和良知,导致各种隐患层出不穷。

1.路边餐饮缺乏卫生保障,并助长攀比消费之风

高校周边,通常都会自发形成一条以餐饮、小商品为主的街区,那些烟熏火燎、无证经营的大排档、流动食品摊,在尘土飞扬的露天环境中,在缺乏卫生保障的条件下,以低廉的价格吸引着众多的学生走出校园。学生在遍尝"美味"后,往往会伴随各种肠胃疾病,威胁着学生的健康。同时,校外聚餐已成为目前时尚的消费方式,也是大学生交友恋爱、交往应酬的主要方式,无形中助长了攀比消费之风,使众多家长苦不堪言,也让部分贫困学生产生自卑封闭的心理,从而回避交往,不利于同学间形成纯真的、团结友爱的关系。另有一些学生为了满足虚荣心,通过不正当手段获取收入进行消费,彻底抛弃了艰苦朴素、自强自立的传统精神。

2."廉价"商品存在众多隐患,威胁着校园安全

校园周边的很多路边店、地面摊针对学生消费能力与短期使用的特点,兜售的往往是一些假冒伪劣商品。这些"三无"、"廉价"商品在使用中常常出现各种质量问题,经常引发学生与商贩间的冲突,控制不好便上升为治安事件。另外,像"热得快"、"掌中宝"、各类充电器等小微电器,由于渠道不正规、质量无保证,在使用中常常引发跳闸断电甚至自燃火灾事故,给校园安全带来巨大的安全隐患。

3.校内外出租屋是安全管理盲区,成为自由主义的乐园

大学生校外住宿在各高校都不同程度的存在,是高校管理的难点和盲区。高校周边一些缺乏卫生、安全设施的大小旅馆以及校内外的租住房,为大学生摆脱校规校纪,特别是为情侣自由入住提供了方便,威胁着大学生的人身财产安全,也为他们迟到、早退、旷课、沉迷游戏、聚众酗酒赌博等恶习的养成提供了环境,是大学生伤害事件的多发地。入住出租房还造成了部分思想开放、情感随意的女大学生出现未婚先孕问题,极大地冲击了传统的情感道德规范,给其身心健康带来不利影响。入住出租房也使得部分同学八小时以外脱离集体生活,不利于集体观念和团结协作精神的培养,成为大学生人生成长中的一种缺失。

4.文化娱乐场所隐藏着色情与暴力,腐蚀着学生的心灵

高校周边的夜总会、歌舞厅、洗浴中心、"地下"书摊等场所,吸引着部分学生频繁出入,有的彻夜不归。这些场所刺激着部分学生无节制的高消费,严重腐蚀着学生的灵魂,扭曲着学生的人生观、价值观,是产生拜金主义、享乐主义观念的温床,更是"黄、赌、毒"的滋生地,这些场所往往伴随着色情与暴力,使个别学生滑入犯罪深渊。少数学生因受黄色书刊毒害,沉迷网络不能自拔而荒废学业,贻误终生,令学校和家长深恶痛绝。

(二)高校内外环境对学校中心工作的影响

教学、科研是学校的中心工作,安全稳定的内外环境是中心工作顺利开展的基本保障。安全工作不是全局,但影响全局,不是中心,但牵动中心。安全工作出了问题,会牵扯各级领导的大量精力和学校的财力、物力。尤其是群体性治安事件,处理起来非常棘手,很多时候往往多位党委领导班子成员"组团"处理,整个过程下来,少的几个月,多的长达一两年,极大地耗费了领导的精力和时间,对学校的教学科研工作带来较大影响。

(三)高校内外环境对校园治安秩序的影响

随着后勤社会化保障的不断深入,使得越来越多的社会力量进驻到学校,形成了高校人员成分复杂、流动性大的特点。而校园管理观念、规章制度、设施措施相对滞后,造成校园管理工作出现了很多盲区和死角,周边个别不法之徒趁机混入校内作案,给广大师生造成了不少财产损失和人身伤害。

1.盗窃案件逐年上升

随着学生中独生子女不断上升和社会生活的改善提高,"再穷不能穷教育,再苦不能苦孩子"的口号已成为当前很多家庭的信条。大学生的"装备"也发生了翻天覆地的变化,各类高档智能手机、名牌笔记本电脑成为大学生装备的首选,同时也成为犯罪分子觊觎的目标。仅今年1-3月份,一名犯罪分子就在石家庄市内5所高校作案8次,偷盗笔记本电脑达三十余部。自行车被盗现象在高校更是司空见惯,犯罪分子利用高校自行车露天存放、无专职管理人员的管理漏洞,疯狂往复于不同学校作案,有的甚至盗甲校自行车到乙校卖,盗乙校自行车到丙校卖,这样往复作案、易地销赃,让广大师生痛恨不已,也对学校的安全保卫工作怨声载道。受周边不良社会风气的影响,有的学生丢了自行车,

一不报案、二不声张,悄悄地再撬一辆据为己有,从受害人转变为盗窃者,使本已面临严峻治安形势的校园更显混乱。

2.诈骗活动日益猖獗

面对日益严峻的就业形势,一些诈骗分子利用大学生求职心切的心理,在校园各处张贴形形色色的招聘广告,骗取大学生上钩。有的以收取各种费用为目的,一旦钱财到手便迅速"蒸发",有的以试用期为名,骗取大学生的廉价劳动力。更多则以招聘销售经理、业务员为名,将学生诱入"传销"网络。除骗取财物、伤害人身外,还迫使其寻找"下线",诱骗自己的亲人、同学"上钩",从而走上违法、犯罪的道路。

(四)周边环境对校园交通安全的影响

校园周边路段常常是人来人往、车水马龙,交通秩序尤其混乱,一些占道经营的饮食、商业摊点使这一情况更为恶化,常常引起交通堵塞。特别是校门附近,交通问题更为突出。那些随意停放的出租车,加上来来往往的机动车、自行车,使得校门口成了拥挤不堪的事故多发段。校园内,各类外来车辆大量涌入,超速超载现象普遍,喇叭声、制动声此起彼伏,与日益增多的员工私家车,以及熙熙攘攘的人流交混在一起,使得校园如繁杂的街区,交通险情时有发生。

二、校园内外环境对校园安全影响的成因分析

校园内外环境的形成,有社会发展同步引起的,也有历史原因遗留的,其影响成因较为复杂。主要有以下几个方面:

(一)高校周边治安管理体制不顺

大多数高校地处城乡结合部,分布面广,社情复杂。高校周边存在的大量问题多为综合性问题,涉及众多执法部门和利益主体,各部门在开展治安综合治理工作中,往往各自为政,无人协调、牵头,形不成有效合力。而对高校治安管理负有直接责任的保卫部门由于没有执法权,加上有些执法部门不愿直面高校周边的复杂状况,为了工作方便,往往将校园周边区域划片,包给一些社会闲散人员代管,无形中给高校保卫部门加强周边环境治理工作带来了阻力,使高校周边环境成为执法部门不愿管,高校保卫部门管不了的盲区。

(二)高校周边巨大商机的刺激

高校人员密集、服务要求不高,消费层次低,学生消费盲目、缺少理性等特点,使得高校周边形成了一个以大学为依托,以师生为消费对象的特殊商业圈,在社会大环境特别是经济利益的驱动下,部分素质低下的经商者往往违规违纪经营。有的小商小贩流动经营,经营成本低,经常与执法部门打"游击战",玩猫捉老鼠"游戏"紧一紧沉下去、松一松又冒出来,给执法管理带来较大的困难。

(三)高校安全管理教育和管理工作不力

高校对大学生的安全教育和管理工作,因涉及部门多,往往协调不顺、个别管理部门和管理者存在不愿管、不想管的畏难情绪,致使学生思想松懈、纪律散漫、放任自流,安全防范意识差,是校园安全的根本隐患。另外,校内出租住房问题也是安全隐患重点,一些老校区尤为突出。1999年房改后,集体宿舍大多转为个人财产,虽然没有大产权,但老师拥有使用管理权。随着生活条件的不断改善,几十年前的老房子无论从居住面积还是使用功能上都不能满足当前生活条件的需求,很多老师校外居住,校内房屋自然租给他人使用,但无论租给学生还是校外人员,都给校园管理带来了一定的困难。

特别是很多老校区,因历史遗留问题,教学区、家属生活区融为一体,一个门进出,给外来人员、车辆的管控带来较大困难。

三、加强校园内外环境安全管理,努力创建平安高校

(一)积极寻求地方政府与职能部门的支持,加大高校内外环境综合治理

高校周边环境的管理是社会综合治理的一部分,离不政府牵头推进,离不开执法部门大力支持。必须积极协调,建立与地方政府和各执法部门的长效、联动工作机制,定期开展活动,加强校园内外环境治理。对危及校园及周边安全的偷盗、诈骗、抢劫等治安、刑事案件,当地公安部门应在学校保卫部门的协助配合下优先立案、组织力量侦破;对高校周边的商业、服务业场所加大管理、检查与处罚力度,打击非法经营、违规经营和销售假冒伪劣商品的活动;在校园周边事故多发地段增设警力、警种,加强特殊时段的巡逻。通过联合治理,最大限度的排查整治安全隐患,保证校园的稳定和师生安全。

(二)加强师生的教育管理,搞好高校内部安全环境治理

1.加强大学生安全防范教育和管理,提高大学生自我防范能力

充分发挥高校思想教育的独特优势,结合课程内容,设置安全、法律课时,适时对大学生进行法律知识、安全防范和校规校纪教育;健全和完善学校教学、生活、管理等规章制度,加强对大学生日常管理和监督,增强学生的法纪意识、安全防范意识和责任意识,使其自觉遵守法纪和各项安全制度,掌握各种安全防范知识技能,提高自防能力。

2.不断加强和完善安全管理"三防"建设,提高安全管理水平

一是加强校园管理智能化建设,设立数字化门禁系统、道闸系统,有效管控出入人员和车辆;重点要害部位设立防盗报警系统,防止各类盗窃分子作案;加强可视监控系统建设,为案件、事故的侦破提供事实依据,同时也对犯罪活动起到震慑作用,预防可能发生的突发事件。二是加强保卫队伍建设,锻造一支懂法、能为的保卫力量,随时为师生提供以"110"指挥中心为平台的报警、处警、求救服务;建立与学管、物管、宿管等相关部门的协调与联动机制,相互补位,及时处理各类治安事件和安全隐患。三是及时排查疏导、调解学校内部、学生与社会人员发生的纠纷、矛盾,避免造成事端,预防和减少各类涉校案件和安全责任事故的发生。

3.大力开展校园文化建设,自觉抵制不良环境侵蚀

积极发挥学生组织在校园安全管理中的作用,开展丰富多彩的校园文化活动,创新校园文化。通过举办以弘扬爱国主义、集体主义、社会主义为主题的演讲会、辩论会、主题班会等活动,帮助大学生树立正确的世界观、人生观、价值观;开办高水平的人文社科讲座、学术交流活动、科技创新活动、使大学生崇尚科学、追求真知;举办各类校园文艺体育、文化科技竞赛活动,为大学生提供施展才华的机会和舞台,提高大学生欣赏美和创造美的能力;开展以案说法、以身说法等形式,教育大学生珍惜生活,努力学习、积极进取,走好人生每一步。

通过加强校园内部管理,丰富校园文化生活,不断提高大学生素养和人生追求,自觉抵制不良社会习气,并以自己良好的形象促进周边环境的优化和改善。

校园内外环境安全管理是一项长期的、复杂的系统性工程,作为高校保卫工作者,我们不能抱有一蹴而就的阶段性心理,要树立打持久战的心理准备,在实际工作中把上级精神和规章制度落实到

学校日常安全管理的具体工作中,通过不懈努力,为师生构建和谐稳定、安全有序的校园内外环境。

作者简介:

夏军权　石家庄铁道大学科员,手机:13739786199

通讯地址:石家庄市北二环东路17号,邮编:050043

浅谈大学校园的安全与秩序多元化管理

李 斌 中北大学

摘 要：随着校园环境的变化，安全问题日益复杂多变，相应保卫处的工作也趋于多元化管理，本文主要从安全问题的复杂多变引申到了管理面临的难题，得出了管理面临的多元化情况。

关键词：大学校园 安全秩序 多元化管理

大学校园是一个人群集聚的场所，一旦发生安全事故将会严重影响学校正常的教学、科研和生活秩序，可以说，大学校园的安全和稳定已经成为构建"和谐社会"的重要组成部分。而高校保卫部（处）是学校安全管理的行政职能部门，担负着大学校园的公共秩序、安全防范、消防和交通安全等管理工作。因此，保卫处的工作应当趋向多元化管理。

一、安全问题复杂多变

（一）交通安全事故

随着私家车的增多，各高校的校内交通处在一个堪忧的状态，人与车或车与车之间各种级别的摩擦时有发生。一到上下课或上下班的高峰期，人来如梭，车往如梭，学生低头走路嬉戏打闹不看车，司机谈天说笑不看人，因此难免发生些意外。

（二）火灾事故

由于各种原因导致的火灾是威胁学生人身安全的重要因素。据有关统计资料表明，在我国1000余所全日制高校中，从未发生过火灾的寥寥无几。有的学校整座教学楼、试验楼、大会堂被烧毁，甚至烧死学生，严重影响了教学科研活动的正常进行。

（三）盗窃案件

随着高校校园的开放，犯罪分子把作案目标投向高校，不断进入高校作案。高校在安全防范工作中仍存在一些薄弱环节，部分师生的安全防范意识较差，离开办公室和宿舍不随手锁门，将贵重物品随意放置在公共场所，财务部门违反现金管理规定，等等，这些都给犯罪分子作案提供了可乘之机，有些无法提供破案信息，致使案件侦破困难，犯罪分子长期逍遥法外。

（四）刑事案件

校园刑事案件中，当事人不少是在校大学生。他们中有的是由于社会或校园治安状况不好，被不法分子无端伤害；有的是由于学生本人缺乏警觉和自我保护意识，致使受到了本可以避免的侵害；也有个别大学生法制观念淡薄,道德观念沦丧,为琐事大动干戈,为私利胆大妄为,由此走上了违法犯罪的道路。发生在大学校园的刑事案例诸如:打架、吸毒、杀人、诈骗、强奸、抢劫等等。

(五)意外伤害事故

有的学生在校外游泳不幸溺水,有的学生在登山中不幸遇难,有的学生在校园体育活动中由于意外原因失去了年轻的生命,有的高校食堂发生食物中毒事件等。由于行为不当,缺乏安全常识,或者管理不善,未能采取应有的安全措施,造成了高校师生员工人身受到伤害的惨剧。处理这些事故有时使学校的全局工作受到牵制,对学校稳定造成影响。

(六)其他类型安全事故

发生在大学生身上的意外事故还有:传染病、食物中毒、跌伤、砸伤、触电、自杀、国防安全等等。意外死亡不仅给当事人的家庭、亲友带来了相当大的痛苦,也对学校和社会造成了很大损失。大学生自杀自残现象是在大学校园里发生的另一常见的安全事故。

二、管理难度面临挑战

过去,人们常用"一方净土"来形容高校校园。这除了说明高校教书育人,为国家培养高素质人才以外,还说明高校校园一般没有或很少有违法犯罪,是一个具有浓厚文化氛围和文明安全的环境。随着高等教育改革特别是后勤社会化改革的逐步深入,高校校园已成为一个具有多元化、多因素、多层次的比较复杂的小社会。各种违法犯罪在校园里屡屡出现,各类案件在校园里时有发生。高等教育改革给高校带来的种种变化,向高校安全管理工作提出了诸多挑战,安全管理的难度和工作量加大,究其原因,有以下两个方面。

(一)内部管理社会化

高校安全管理工作从其本质属性上讲属于内部管理,但是由于高校自身的改革,特别是后勤工作的社会化,高校既要管理学校院、系和其它附属单位,又要管好那些实行企业化管理的经济实体和商业网点;既要管理师生员工,又要管好学校的暂住人口和入校经商、承包的人员;既要保证校园内各个经济实体经营活动的正常进行,又要维护校园的治安秩序,确保教学、科研工作的顺利进行。这些变化表明,过去的那种单纯的内部管理方式已不适应变化了的形势,随着高校改革和后勤社会化的逐步深入,高校安全管理工作模式也要随之而变,只有这样,才能在加强高校安全管理工作的同时保证后勤社会化的顺利进行。

(二)治安管理多元化

在高校社会化日益突出的大背景下,学生活动范围不再局限于学校生活空间,往往发生在本校的管辖范围之外,使治安管理工作难以及时到位,形成流动学生管理的"盲点"。如部分学生擅自在校外租住公寓、民房,或将校内自己的床位转借给外校学生或其他人员,导致自身安全或财产受到侵害。随着各学校或各校区之间文化活动的增加,学生人际交往扩展,交流领域也不断拓展,有的兼职当推销员、公关员,有的利用业余时间打工、家教、搞咨询服务,甚至有的学生参与传销组织。虽然学生参与社会实践和各项活动对学生成长带来积极作用,但同时反映出部分学生安全防范意识薄弱,自我保护能力差。引发的治安问题很突出,一旦出现治安问题,调查处理起来难度较大,给高校保卫工作提出了新课题。再者学生面临着从青少年向成人转化的问题,心理发展处在不成熟迅速走向成熟的过渡阶段,在家里和高中那种自我优越感已不存在了。他们的情绪反应起伏较大,对自身情绪的驾驭能力弱,具有明显的冲动性和突发性,这种冲动性和突发性的行为方式多数表现为自杀、自残、伤害他人,甚至危害社会,引发一些意想不到的突发事情发生。

三、管理措施多元化

加强校园安全管理,既是对大学生学习生活的一种安全保证措施,也是为国家培养较高安全素质人才的战略行动。因此,高校保卫处的安全管理工作应当在传统管理模式上实行转型理念。

(一)加强对大学生心理安全辅导

一般青年大学生的心理尚未发育成熟,思想和行为的盲动性较为突出,受外界的刺激或发生冲突时,很难控制情绪而做出正确的行为选择,从而导致违法违纪和安全事故的发生。全国14所高校大学生心理状况的测试结果表明,大学生心理问题明显多于社会同龄人,患有心理障碍者一直在呈上升趋势,如不加以积极疏导,极有可能造成种种安全问题。为此在大学生安全教育中引进心理健康教育的内容,有针对性地进行智能发展教育、非智力因素的培养教育、人际关系和谐教育、环境适应教育、健康体积教育、性教育、心理卫生知识教育、挫折应对教育以及心理疾病防治教育,通过积极疏导,早日化解其心理危险因素,对提高大学生正确认识与调节自我能力和提高应对各种事件的能力大有益处。

(二)高校开设安全公共课

应把大学生安全教育进教育观念、进教学计划、进课堂。对于大学生安全教育,以往各高校一般都采用开专题讲座,利用广播、电视、橱窗、板报等形式来进行宣传。毫无疑问,这些做法能发挥其积极作用。但是,随着社会的发展变化,系统地在大学生中开设安全知识课显得十分必要。教育行政管理部门制订相应的大学生安全教育大纲,将安全教育纳入正规的教学管理中。各高校应将大学生安全教育纳入教学内容,列入教育计划,安排教学课时,提供师资、教材保证。对大学生进行校内安全、校外安全、活动安全、卫生防病、饮食安全、消防安全、治安安全、交通安全、信息安全以及自然灾害防范等教育。在管理上,可以等同于入学教育、军训教育而给予学分。通过多方面的制度落实,措施到位,大学生的安全教育才能真正起到应有的作用。

(三)建立完善的监控和指挥系统

监控系统是现代化声像技术应用于治安防范的有效手段。它具有对所监控范围的恒定监视功能,发生案件时能及时报警,并能起到治安警戒作用。闭路电视监控系统能记录案发原始画面,为查处案件提供依据。监控系统的选择,应由旧式的无像报警系统向闭路电视监控系统转变,设置于高校校门、校园重点部位、重大集会现场、案件多发部位,其主控室设在高校保卫部门,实施昼夜值班监控。一个校区是否有良好的秩序,包括生活场所秩序、居住环境秩序、交通管理秩序。直接关系到该校区的发案率。建立良好的校区秩序网是减少校区治安案件的首要措施。

(四)建立一支以校园"110"为主要形式的接报警系统和迅速反应力量

校园"110"接报警系统的基本运作模式是由高校保卫部门牵头设立校园报警求助指挥中心,学校各职能部门实行联动,指挥中心认真履行"有警必接、有险必救、有难必帮、有求必应"的服务承诺,随时接受全校师生员工的报警求助,并根据报警的内容迅速做出处理。校园报警求助联动服务系统的建立是以通信和计算机为主体的多层次、多功能、反应迅速、信息共享的指挥调度体系,全天候受理紧急报警求助信息,为领导随时掌握校园动态情况,从容处理各类复杂的突发事件,准确迅速地调度指挥奠定坚实的基础。

作为高校安全保卫工作的职能部门和专职保卫工作人员,必须强化服务意识,牢固树立"服务第一"的思想,要竭尽全力为学校改革发展和稳定大局服务、为学校的中心工作服务、为广大师生员工服务,寓管理于服务之中,在服务中强化管理,在服务中实现管理职能。

作者简介:

李斌　中北大学保卫处副处长,联系方式:13513635492

大学校园安全管理理念与组织构架建设的探讨

张学志　杨树兵　天津石油职业技术学院

摘　要：校园的安全稳定是社会稳定的重要组成部分，它决定了高校的办学条件、办学水平、办学能力。本文分析了目前高校存在的安全隐患，产生隐患的原因以及采取的相应措施，提出了安全管理理念指导下的新模式、新机制的构建，以便全面推动安全管理工作的顺利进行。

关键词：安全管理　隐患　预防　对策　模式

校园的安全稳定是社会稳定的缩影，当人们面对至高无上的"生存权"时，安全需求包括对人身安全、生活稳定以及免遭痛苦、威胁或疾病等的需求，就显得尤为重要。安全教育既是维护学生安全的基础教育，也是学生素质教育的重要组成部分，更是高校人才保障的根本教育。我们要树立"预防在先、标本兼治"的安全工作理念，加强思想预防、措施预防、设施预防、自我预防，将安全工作的重心前移，把预防工作放在突出的位置，按照"未雨绸缪胜于亡羊补牢"的工作思路，严把预防关，掌握工作的主动权，在科学理念引导下，全面提升安全管理水平，推进校园安全管理工作的开展。

一、高校目前存在的安全隐患

据统计，2001年全国58所高校共发生刑事、治安案件11725起，平均每校202起，发案率占管辖人数的3.45‰，占师生员工总人数的4.87‰，立案5736起，立案率49%。尤其是近几年，发生在高校的刑事、治安案件、火灾事故、校园侵害事故以及其他安全事故呈逐年上升趋势，提高对安全隐患的重视度已刻不容缓。

（一）校园周边治安隐患

高校的办学规模扩大了，随之而来的高校周边的餐饮业、KTV、网吧等娱乐服务行业势必将社会上的一些不文明行为带进校园，各种纠纷、斗殴及不法侵害的案件时刻危及着校园安全。

（二）校园内部经营利益隐患

随着高校后勤社会化改革的实施，高校食堂、超市、学生公寓、校园卫生等都由校外商家来管理和经营。这种管理方式既给学校带来了方便与利益，同时也增加了学校的危险系数。承包者为了赢取最高的利益，通常会采用压低成本、以次充好等手段，同时校方将后勤事项承包给经营者以后，只负责收取租金，却疏于对经营者的日常经营管理状况的指导和监督。

(三)危及人身安全的火灾隐患

1.消防设施不完善。由于资金原因,一些高校在消防配备方面投入不足,导致消防设施不够或维护保养措施无法落实,年久失修失用,无法运行。一些人员密集的场所如学生公寓、教学楼、实验楼、图书馆、办公楼等的消防通道难以保持畅通,疏散通道出口数量不足,人为堵塞、锁闭的现象普遍存在,一旦发生火灾,人员无法及时疏散。

2.管理机制不完善。虽然大多数高校都三令五申严禁在寝室乱拉乱接电线、严禁违章用电、抽烟等,但相关单位未能制定严格的安全管理机制,处罚力度不够,学生违章行为屡禁不止,如学生的手机、电脑、充电器等电源、电线随处乱拉乱接现象严重,还有相当部分的学生离开寝室不切断电源等。

3.老式建筑及低耐火建筑普遍。一些建校较早的高校采用的是老式木结构建筑,这些老式建筑普遍存在着线路铺设不规范、电路老化等问题,加之书籍、资料等堆放较多,一旦发生火灾,后果不堪设想。

(四)道德失衡和防范意识淡薄引发的盗窃隐患

就高校目前治安状况来看,失盗案件占案发总数的80%以上,而且绝大多数属于内盗。内盗频繁发生的原因:一是部分学生价值观扭曲、道德失衡、法律意识淡薄,看到别人的东西总想据为己有,以身试法;二是部分学生防范意识淡薄、防范能力较差。集中体现在学生跑操、午休期间学生公寓人去屋空、门户大开;有的学生把电脑、钱包、手机等贵重物品随手放在桌子上、床铺上,有的虽然放在壁柜里,但壁柜不上锁;也有不少学生用自己的生日、电话号码等容易被知情人破解的数字作为储蓄卡密码;学生就餐时把随身物品放在餐桌上,无人看管便自己去买饭;图书馆阅览室的存包柜经常不锁等等。

二、高校安全隐患的原因

(一)领导重视不够

有些学校只重视抓教学质量,安全管理工作往往是等到事故发生之后才想到补救。虽然许多学校都制定了相关的校园安全规章制度,但是真正落到实处的很少,多数是一纸空文。

(二)周边环境复杂

后勤社会化改革增进了高校与社会接触的机会,社会上各种闲散人员、机构星罗棋布,直接给学生提供了各种形形色色的服务,以盈利为目的出租房、网吧、台球室等虽然与学校的管理制度相违背,但是能够满足学生的各种需求,成了学生聚集的主要场所,校园成了一个开放的小社会。这些经营者结构复杂,往往以经商为幌子不务正业,以高校及周边为落脚点,经常在校园内进出,伺机作案。

(三)破案率偏低

《企业事业单位内部治安保卫条例》颁布以后,高校保卫部门没有执法权,只负责校内安全防范、协调、协助公安部门查处案件,在高校内发生的各类案件只能上报公安部门来立案调查,属地派出所所管辖单位又多,打击和防范力度不够,破案率低,社会上的大案要案不断,警力不足致使发生在校园的刑事治安案件不能及时查处。

(四)学生安全教育匮乏

目前绝大多数学校没有专门的安全教育课,学生缺乏基本的消防常识、交通安全意识、法律保护和危急情况自救知识等技能。

（五）管理人员缺乏责任心

高校实行后勤社会化管理后，物业公司为了节约成本，学生公寓的日常服务和管理只有2—3人，他们大多属老弱病残，管理能力差、文化水平低，在工作中缺乏"管理育人，服务育人"的责任心，个别素质差的甚至利用工作之便监守自盗。

三、高校安全管理工作面临问题的对策

（一）加强校园安全文明教育、法制教育，提高师生员工的防范意识

师生员工的法制观念决定了高校治安状况的好坏、违法犯罪现象的多少，高校应根据不同部门、不同对象有针对性地开展法制宣传教育、理想信念教育和思想道德教育，提高师生员工的法律意识和自我保护意识，增强自身的法制观念，逐步形成倡导文明、反对邪恶的校园新风尚。做好基础教育工作，将有利于消除内部隐患，缓解各种矛盾，有利于预防和减少校园违法犯罪行为。

（二）加强安全防范工作，建立健全安全管理责任制

"谁主管，谁负责"，尤其是对教学楼、实验楼、学生公寓、图书馆、实习车间以及其他重点要害部位的检查，安全防范措施要责任分明；对各类危险物品要登记在册并不定期地检查，特别要做好防火、防盗、防毒、防爆、防突发性灾害事故的工作，及时采取措施消除安全隐患。

（三）加强消防基础设施建设

首先，提高领导重视度，消防经费要到位，确保消防宣传、检查以及消防器材购置、维修的正常开支；其次，对自动报警、自动灭火系统、室内外消火栓系统、安全疏散通道、应急照明和指示标志等消防设施要及时检测、维护，保证其始终处于完好状态；最后，不能以任何理由取消或减少新建、改建项目消防设施建设，各单位应当有计划、有步骤地对校内消防设施进行检查、保养、增配，以确保应对各种突发事件的需要。

（四）建立网络心理辅导教室

开设心理辅导课程，让学生学会接受成功与失败、开心与痛苦，懂得如何面对喜、怒、哀、乐，如何面对贫穷与富有，如何面对坎坷与波折，既要磨炼学生的意志品质，又要帮助学生树立正确的人生观、世界观、价值观、道德观。针对一些心理内向的学生，可以通过网络心理辅导教室来表达他们的真实想法。通过聘请心理咨询师、心理辅导专家定期在网上为同学解决学习、生活、心理等方面的疑难困惑，降低学生患心理疾病的概率，对迷茫的同学进行正确、及时的引导。

（五）谨慎选择承包、出租、合作的商家，并严格实施监督

高校在招标引进商家时要"严把关、重监督"，不仅要对商家的信誉度和资金实力进行充分考察，还要真正做好后期的监督工作，定期或不定期的对各商家进行抽查、考评，并予以公示。

（六）授予高校保卫部门执法权

高校保卫部门是维护高校政治稳定、保证师生员工生命财产安全的重要力量。国家立法机构应制定一部适合中国国情的《校园安全法》，以立法的方式明确高校保卫部门的法律地位及其在校园安全管理中的职能、任务、职权，充分调动高校保卫人员的工作积极性，维护他们的执法尊严，才能使依法治国的基本策略在依法治校中得以具体体现。在《校园安全法》没有确立之前，可以通过行政委托的形式授予高校保卫机构部分执法权，由当地公安机关委托高校保卫机构对校园安全进行管理，公安机关并对其予以业务指导与业务监督，以缓解高校执法无权的被动局面。

四、高校安全管理新模式、新机制的构建

(一)建立预防型安全管理工作模式

首先要建设灵敏、有效的情报信息系统,让情报信息主导警务。大力依靠"四支队伍"的力量,即教职工信息员队伍、学生信息员队伍、离退休信息员队伍和国家安全组织及涉外人员信息员队伍;其次要完善全时空的防范体系,即不断巩固"人防"、细化"物防"、完善"技防";再次要完善防火安全责任体系,认真贯彻落实《高等学校消防安全管理规定》;最后形成安全教育工作全方位覆盖体系。采取多种形式,在各个阶段学生中、教职工中开展安全防范教育,增强安全防范意识、知识和技能,形成校园安全文化氛围。

(二)建立防治结合型安全管理工作模式

一是建立校园警务室,由地方公安机关派干警与高校保卫部门共同合作,高校提供办公场所,公安干警使用其法律手段和警察职能,维护和管理高校治安;二是依托地方公安机关建立校园交警巡逻队,巡逻队由地方干警与协警组成,既负责校园交通管理,又负责校园巡逻,同时参与治安管理;三是与地方消防部门建立密切联系,使用其专业力量监督检查高校的消防工作,把高校的安全消防工作落到实处。

(三)建立高校安全管理工作综合治理机制

一是成立综合治理委员会,建立二级综合治理领导组织机构,做到各级负责制;二是落实"谁主管,谁负责"的原则,形成安全管理工作齐抓共管的局面;三是建立和完善安全防范责任制,并层层落实,充分调动各级单位做好安全工作的积极性。

(四)建立高效的技防系统

一是在校园路口、教学楼、学生公寓等人群密集地方和实验室、图书馆、财务室等重点要害部门安装视频监控、红外报警、电子门镜等报警系统;二是安装消防报警系统,根据教育部、公安部第28号令颁布的《高等学校消防安全管理规定》,高校应安装自动消防报警系统,把火灾事故控制在萌芽状态;三是巡逻监控系统,目前多所高校已建立了校园监控指挥中心,同时在全校范围内安装了各种型号的监控摄像头,值班人员利用监控摄像头便可掌控校园动态,记录校园发生的事故案件;四是门禁道闸系统,目前各高校校园内机动车数量剧增,交通隐患不容忽视。为了有效控制进出校园的车辆,校园门口应安装门禁道闸系统,把好入门关。

(五)建立高校校卫队,壮大安全管理队伍

结合我院实际,学校招聘贫困生、勤工俭学学生为校卫队队员,校卫队在维护校园稳定、保护校园平安中发挥着不可替代的作用。

1.充实门岗力量,把握出入口防线

校卫队对出入校门的可疑人、物及车辆进行检查,能有效阻止或减少各类案件的发生,将训练有素、举止文明、责任心强的队员充实到门岗,文明值勤、热情服务。

2.校园治安巡逻,搞好综合治理工作

通过巡逻,队员们熟悉校园内各单位、部门和学生公寓分布情况,掌握校内安全重点部位,发现治安问题及时报告,防患于未然;发现有张贴、散发不良广告的及时报告、处置;发现火情、案件,第一时间赶到现场,做出相应的处理;同时结合警情,不断调整巡逻方案,确保校园安全。其次在巡逻中搞

好校园的综合治理工作,包括对不讲文明、随意毁坏公物的行为予以劝阻和制止;取缔无证流动商贩的摊点,禁止占道经营;禁止随意散发各类商业广告等。

3.肩负校园各类大型活动的保卫任务

学校及各系举办的各种较大规模的考试、学术交流、文艺演出、体育比赛、毕业生招聘会等活动中,安全保卫工作尤为重要。这些活动涉及的人员多、身份杂,对保卫工作提出了较大挑战。现场秩序的好坏,直接影响活动举办的效果,甚至涉及现场人员生命和财产的安全。实践证明,我院保卫处凭借校卫队这支生力军,保证了多场次考试、演出、比赛的顺利进行,得到了各方认可。

五、结语

安全是人类永恒的主题,将安全意识培养纳入课堂的机制,实际上就是安全管理的最有效方法,也是促进高校安全工作的重要手段。只要学校各级领导思想重视、政策明确、措施得力,各级管理部门坚持在新形势下探索加强高校安全稳定的新途径、新方法,并在实际工作中不断予以完善,就能有效处置影响高校安全稳定的各种因素,为高校各项事业的发展营造良好的氛围。

参考文献:

[1]张学志.加强高校保卫工作 促进和谐校园建设[J].管理观察,2013(1)

[2]赵奎浩.高校保卫工作现状分析与对策[J].莱阳农学院学报,2004(12)

[3]张亚城.浅议高校校卫队的作用和建设[J].新闻世界,2011(7)

[4]严俊.新时期高校安全保卫工作面临的问题及对策[J].高校管理,2011(20)

[5]徐洁瑾.略论如何做好新时期高校安全保卫工作[J].高校管理,2012(10)

作者简介:

张学志 天津石油职业技术学院,保卫处处长,手机13920970728,

通讯地址:天津静海团泊洼天津石油职业技术学院保卫处,邮编:301607

浅谈高校校园安全管理的对策

何化春　石　勇　贾慧敏　太原理工大学

内容摘要：随着我国教育事业的发展，高等学校办学规模不断扩大，校园面积不断增加，学生数量急速膨胀，社会诸多方面影响和侵扰着高校，校园各种安全问题突现出来。如何进行校园安全管理，保障高校的健康发展具有重要的时代意义。本文较客观地阐述了当前高校安全管理现状，对高校安全管理存在的问题进行了分析，从高校安全管理机制方面提出相应的对策。

关键词：高校　校园安全　管理

高校的安全问题是社会稳定的晴雨表，确保高校的安全稳定对于保证社会的稳定具有非常重要的意义，但随着我国教育事业的发展，高校办学规模不断扩大，校园面积不断增加，学生数量成数倍增长，各种社会服务机构也涌入校园和高校周围，原来相对安静的校园而今已热闹非凡，大学校园发生了巨大变化。随着大学开放程度的不断提高，除了在校生外，周末的校园涌进了许多参加各类培训、学习、考试的校外学生，各类商家、学校周边的居民也成了大学校园的常客；随着人们生活水平的提高，高校师生的生活方式也发生了变化，原来满校园的自行车变成了私家车，到处的磁卡电话机变成了几乎普及的手机，偶尔的几个随身听变成了平板电脑；随着城市化的发展，形成了以高校为中心的高校园区，社会各界充分地利用和享用着高校的无偿资源，高校校园成了社会关注的运动、休闲、学习生活场所，并影响着高校周围环境。高校校园整体环境的变化，对大学校园安全管理提出了新要求，高校的安全管理理念、管理制度、管理方法、服务质量、服务水平等也需要与时俱进，主动适应这些变化。

一、高校安全管理的现状

近几年，高校校园安全的形势不容乐观，高校校园安全问题再次成为教育、安全界的重要议题，似乎各种"天灾人祸"也不断降到"平安宁静的校园"。

2010年6月5日，山西某高校一名2006级男生地震后从二楼跳下身亡。

2011年9月19日，山西某高校一名2011级女生校外遇车祸身亡。

2012年9月10日，山西某高校一名2012级男生被自称香港人骗取现金2900元。

2013年1月6日，山西某高校一名2011级男生因心理障碍跳河自杀身亡。

2013年1月16日，山西某高校一办公室因遗留火种发生火灾。

2013年4月16日,南京航空航天大学金城学院刺伤案和复旦医学院研究生投毒案。

2013年4月17日,南昌航空大学宿舍的腐尸案。

诸如此类的事件或事故频繁出现,高校校园安全牵动着人心。高校安全形势日趋严峻,究其根本原因是相关人员缺乏必要的安全意识、安全防范能力较差。

山西省八所高校立受理立案统计表　表一

年份	刑事案件					治安案件						
	盗窃	诈骗	抢劫	非法拘禁	小计	盗窃	诈骗	殴打他人	故意损毁财物	扰乱单位秩序	违反其他行政法规	小计
2011	403	37	3	2	445	46	41	19	3	1	0	109
2012	368	25	3	0	396	70	156	40	2	2	52	322

近年来,高校安全取得了不少成绩,如"平安校园"的创建活动,安全专项整治工作,安全教育进课堂,应急演练全覆盖,但从表一可以看出高校安全管理还有不少问题。

二、高校安全管理存在的主要问题

(一)安全管理理念局限

目前,高校已由封闭型转变为开放型,管理方式也进入社会化。办学规模大,师生数量多,办学形式多样化,学生结构复杂化,校园与社会各方面相互交叉渗透,各种安全都涉足高校校园,但高校领导和政府部门还只是注重以前计划经济管理模式下的消防、治安、交通、食品等安全。没有树立包括消防安全、饮食安全、教学实习安全、治安安全、网络安全、交通安全、集会安全、卫生安全、校园设施安全、校园施工安全、校园暴力预防、疫情防治、自然灾害预防和自救抢救在内的"大安全"的理念。出现"头痛医头,脚痛医脚"的"消防队式"安全管理形式,不能实行"纵向到底、横向到边"的安全管理模式,不能单纯以安全处或保卫部的局部职责为主要构架的校园安全体系,而是要以"大安全"理念为思考基础,在组织领导、意识形态、宣传教育、制度政策及机制建设上建立立体交叉的校园安全管理网。

(二)法律依据不清

改革开放以来,高校安全管理的行政性强而法治性弱,到目前为止,只有1997年由国家教委、公安部发布的《高等学校内部保卫工作规定》(试行),适合高校安全管理的法律。但随着社会的发展和我国高校新形式的办学规模、办学形式、管理模式、开放程度、师生的生活方式以及高校周围环境的变化,高校安全的概念、内涵都发生了翻天覆地的变化,安全管理内容和任务不仅仅是内部保卫工作规定所包含。由于目前国家尚没有专门针对校园突发公共事件管理的立法,《治安管理处罚法》、《教育法》和《高等教育法》等只是界定和处理校园内的犯罪与违反治安问题。尤其是山西公安系统收回取消了高校公安派出所之后,高校现行的规章制度及其实施的合法性很容易受到置疑,而在有的规章制度中还存在着与法律相抵触的现象,这样给高校安全事故(件)的处理带来了困难。

(三)安全管理责任主体不明

由于历史原因,高校保卫部门一直沿袭校园安全管理工作,但随着社会和高校的发展,高校安全管理概念的扩宽,高校保卫部门从事安全管理工作的人员普遍文化程度不高,而且没有受过正规的、系统的安全管理培训,这在很大程度上也不利于安全管理工作的有效开展。目前高校保卫部门大部分的职能与基层公安机关相同,而按照现行法律法规,高校保卫部门不再作为公安机关的基层组织,失去了治安处罚权,也没有查处刑事、治安案件的权力,不能将打击和防范有机地结合起来,从而造成了"只防不打,防不胜防"的不良局面。而对地方公安机关来说,由于警力有限,无法有效地组织校园安全防范。这种"只打不防"的脱节,弱化了打击犯罪的职能,给维护高校安全稳定增加了许多困难。高校保卫处因权力、能力、设备等多种原因不能代表学校从事校园安全管理工作。而其他部门认为校园安全管理理所当然成为高校保卫部门的职责和任务,而保卫部门却是心有余而力不足。高校主管部门和学校都没有明确安全管理到底哪个部门负责。所以高校安全管理的工作落实起来比较困难。

(四)安全意识淡薄

长期以来,由于我国高等教育实行计划经济下的封闭式管理,基本上保持着和平稳定的发展势头,教育管理部门和高校的领导者主要精力集中于教育教学和发展,忽视了安全意识的培养,缺乏安全意识和敏锐的判断能力。由于教育管理模式的影响,各级教育部门也没能将安全教育纳入日常的教育体系,普遍的安全意识不高,师生参与安全活动不积极,安全主体意识淡薄,安全观念滞后,对法制和安全宣传教育不到位。另一方面,随着"90"后本科生、"85"后研究生逐渐占据校园,主体意识强、聪明、自尊、好强,但自理能力、抗挫折能力弱,社会阅历偏少,思想单纯,自我调节能力不强,自我保护意识不够,交通安全意识淡薄,遇到困难容易产生心理问题,对社会深层次的问题认知不到位,易受蛊惑走极端的独生子女、少兄弟姐妹成为校园学生的主体力量。学生的安全意识不能说没有,可以说极其淡薄,需要强力唤醒。

(五)管理制度不全面

社会转型期,高校已经被推向了社会舞台的中心,高校与社会之间越来越明朗的连通性和开放性,决定了其管理制度需要系统化管理,机制需要常态化。但实际情况是,我国绝大多数高校尚未走出主体单一性、空间封闭性、时间滞后性的安全管理应对套路,没有系统形成从组织机构到管理职责,从管理目标、管理计划到管理落实,从安全教育、安全检查、监督到安全考核、评比奖惩的制度。

三、高校安全管理的措施

要做好新时期下高校安全管理工作,必须以科学发展观为总领,不断增强高校内部的组织力、凝聚力、战斗力,努力适应教育改革和后勤社会化的新形势,采取有力措施。

有目的、有计划、有针对性地开展高校安全管理工作。

(一)树立"大安全"安全管理理念

随着安全概念的内涵的完善,高校安全管理不仅仅是以前计划经济管理体制下的安全管理理念,应将消防安全、饮食安全、教学实习安全、治安安全、网络安全、交通安全、集会安全、卫生安全、校园暴力预防、校园设施安全、校园施工安全、疫情防治、自然灾害预防和自救抢救等全部纳入高校安全工作的管理范围,树立"大安全"校园安全管理理念。高校要形成大安全、全覆盖的安全管理模式和体系,并逐步将安全管理提升到安全文化的高度,并使其成为校园建设和学校发展的有机组成部分。

(二)明确高校安全管理依据法律

高校校园安全管理是一个大的系统工程,从长远利益看,国家立法机构应尽快制定一部适合中国国情的《校园安全法》,以解决高校安全管理问题。

高校应建立完善的安全责任体系和系统的安全管理制度。制定《关于推行"一岗双责"进一步完善安全责任制的意见》、《安全环保工作措施及考核奖惩办法》、《学生教学实习管理规定》、《各类设备安全操作规程》、《疫情防控工作方案》、《突发事件应急疏散演练方案》、《各类活动安全预案》、《大型活动安全管理制度》、《交通安全制度》、《安全教育进课堂实施办法》、《校园管理规定》、《化学危险品管理办法》等各类安全管理文件和安全预案,使安全管理制度化、规范化、程序化、精细化。

(三)成立高校安全管理机构

高校安全管理工作是一项系统综合性的工作,包括消防安全、饮食安全、教学实习安全、治安安全、网络安全、交通安全、集会安全、卫生安全、校园暴力预防、校园设施安全、校园施工安全、疫情防治、自然灾害预防和自救抢救等广泛内容;涉及单位领导、教职员工、学生、家属、高校服务的参与者;涉及宣传教育、日常监管、隐患整改、考核评比整个制度建设过程,涉及教育教学、学生管理、设施设备的管理和维护、案件的预防打击,仅靠个别部门负责已难以满足安全管理工作的要求。当前,高校安全工作不论是在目标、任务、工作、内容还是在面临的工作环境和对象等方面,已发生了很大的变化,高校原来保卫部门的职能已经不能满足高校安全管理工作。因此需要在高校成立一个旨在专门负责校园安全教育、安全管理制度的制定落实、安全监督检查、安全管理的考核评比等安全工作的管理机构,如校园安全管理处,负责落实校园安全管理各项工作。

(四)加强宣传教育,提高安全意识

提高高校师生安全意识,是保障高校安全的一项基础性工作。要通过多层次、多形式的安全宣传教育工作,使广大教职工和学生牢固树立安全意识。认真学习了解一些国家有关的法律知识和日常生活安全急救措施,组织师生员工进行防火安全、应急疏散、火场逃生自救等方面的教育培训和应急疏散方面的演练。对学生开展心理健康教育。特别对通过测试或观察已经了解到有严重心理障碍的学生,要加强心理疏导,联系家属,商量对策,及时跟进防范措施。要通过上法律课、安全教育进课堂以及入学安全教育等各种形式,向全体学生普及法律知识,传输安全知识,唤醒师生的安全意识,增强全体学生的自我防范、自我保护、自救能力,增强全体学生的遵纪守法观念,从而提高全体学生的整体素质。

(五)强化管理责任,健全管理制度

高校领导应该始终坚持把高校安全工作作为高校工作的一个重要方面,把校园安全管理工作摆上重要的议事日程,要经常研究,切实抓好。以"教育为主 柔性管理"为原则,依据国家相关法律法规,制定高校安全管理规章制度,做到安全管理工作可以有章可依,有章可循。要继续加强各项安全工作的制度化建设,建立分管领导安全稳定负责制度,健全涉及校园管理、公寓管理、公共设施管理、实验室及危险品安全管理、学生管理、大型活动管理、交通管理、车辆管理、宣传教育管理、综合治理考核办法、安全检查办法、隐患排查整改办法等一系列全面、系统的安全管理规章制度,能够规范校园的日常安全管理,使行政管理程序化。真正使安全管理横向到边,纵向到底,不留安全管理死角。不论发生什么安全问题,都有人问,有人管,而且要及时管,及时解决,进而形成高校安全工作的长效机制。

(六)加大投入,建成防控体系

高校要通过引进人才、学习考察、座谈交流、专家讲座、观看录像等方式,打造一支综合素质高、业务能力强的专兼职校园安全管理队伍。高校安全管理干部,要针对当前校园安全管理的新特点,对

学校的安全情况进行全面的分析和研究,充分了解和掌握校园安全状况,明确校园安全重点部位,制定科学有效的安全措施。定期对校园内发生的案件进行统计分析,总结不同时段、区域的发案特点,及时调整安保方案,加强相应区域的巡逻力度。建立健全矛盾纠纷的排查调处机制,及时化解校园矛盾,防止突发事件的发生。保障高校安全,要有一定的投入,一些传统的安全措施,如高校围墙、公寓低层的防护窗、道路交通标志、减速装置等都是必要的,同时还要逐渐加大技防的投入,校园内各部位红外线监控系统,学生宿舍的智能限电系统,各楼宇进出的门禁系统和消防自动报警系统,学生户籍管理系统,校门的车辆管理系统等,这些都是保障高校安全的物质基础。形成以保卫队伍与学生干部为主体的人力防护网,以视频监控体系、入侵报警体系,出入控制体系为主干的现代化技术防范网,以信息技术为支撑的校内安全信息调研网,三网相互协作,呈现立体化管控,逐步健全校园安全长效机制,举全校之力,共同做好校园安全管理工作。

高校安全管理工作是一项系统综合性的工作,要依据有关国家法律,树立"大安全"管理理念,贯彻"安全第一、预防为主、综合治理"的方针,将消防安全、饮食安全、教学实习安全、治安安全、网络安全、交通安全、集会安全、心理安全、施工安全、校园暴力预防、校园设施安全、疫情防治、自然灾害预防等全部纳入安全工作的管理范围,形成全覆盖、全过程的安全管理体系,实行"纵向到底、横向到边"的安全管理模式,形成处处讲安全、时时讲安全、事事讲安全的管理氛围,提高师生的安全意识,建立以高校核心机关为领导,各院系、各部门参与其中的安全管理体系,加大投入,形成以人为本的多方防控体系。杜绝一切可能发生的人身、设备、财产安全事故,促进高校各项工作的和谐、快速、跨越发展,全力打造"平安校园、和谐校园"。

参考文献:

[1]林生.高校校园安全管理的若干探索.福建警察学院学报,2010(03):42

[2]曹跃兴.浅谈高校校园安全管理及措施.现代企业教育,2012(12):253

[3]李必鹏.浅析校园安全管理存在的问题及解决对策.北京电力高等专科学校学报,2012(12):163

[4]邢雅伟、文涛.中国高校校园安全管理初探.社科纵横(新理论版),2009(04):227

作者简介:

何化春　太原理工大学保卫处,办公室主任,手机:13700518131

石　勇　太原理工大学保卫处,手机:13191087131

贾慧敏　太原理工大学保卫处,手机:13613481231

通讯地址：　太原市迎泽西大街79号,邮编:030024

大学校园安全管理理念及组织架构建设的探讨

孙利东　秦自生　中国传媒大学

摘　要：大学是我国培养高精尖等专门建设人才的场所，维护大学安全是保证高等教育科学持续、健康、高效发展的需要，校园安全就是大学安全最重要的内涵，我国大学校园安全管理面临多重考验与挑战。本文立足我国高等教育长远发展，针对大学校园安全管理的理念及组织架构建设作一探讨，力求找到适合当前高校安全管理的新模式。

关键词：大学安全管理理念　组织架构

一　引言

在中国古代，类似于大学的高等教育机构有国学（稷下、学宫、太学、国子监）以及后来的高等书院等，是指聚集在特定地点整理、研究和传播高深领域知识的机构。中国古代的高等学校可以追溯到公元前两千多年。如虞舜之时，即有上庠，"上庠"即"高等学校"的意思。现代大学的概念，来自英文 University（A university is an institution where students study for degrees and where academic research is done），泛指实施高等教育的学校；在我国是指提供教学和研究条件并授权颁发学位的高等教育机关，包括高等专科学校、学院、综合性大学等。大学保卫工作不同于其他基层单位的保卫工作，其特殊性主要是由高校自身的特点所决定，这种特点表现为：

（1）大学生思想活跃，同时也比较单纯，社会经历、阅历比较浅，容易受到侵害；

（2）大量的专家、学者等高级专门人才集中于此，是发展我国高等教育事业和高科技的中坚力量，很容易成为侵害对象；

（3）拥有大量的高精尖教学科研和生产基地设备设施，遭受不法侵害会给国家造成巨大损失，危害后果严重；

（4）社会上政治经济及生活等诸多因素对大学校园的影响越来越大；

（5）为国家培养社会主义人才、接班人的主阵地。

鉴于上述特点，大学作为一个整体，要全方位地考虑安全保卫工作，满足大学校园安全的需求，确保平安校园建设落到实处，因此，我们必须审时度势，开拓创新，不断适应高校改革发展的整体要求。

安全管理，英文是 Security Management，意思相当于我国的安保与内部保卫。大学的安全管理范围，是指大学校园内公共财产、师生个人财产和人身安全，灾害事故的预防和管理，治安防范及处理，安全防范技术等。其阵地主要是校园内部的公共场所,目的是减少损失,核心是防范宣传教育和防范措施落实;管理主体是高校保卫干部和保安队员或校卫队员。

二 我国高校安全管理现状

(一)管理体制

20世纪80年代前,我国大学安全管理体制是大学保卫处,实行双重领导,既是本单位职能部门,又是公安机关派出机构,行使公安部门授予的权力。1988年4月根据《关于在部分高等学校设立派出所实施办法的通知》的文件精神,有360多所重点高校保卫组织组建了大学公安机构。1994年4月,国务院下发《国务院批转公安部关于企业事业单位公安体制改革意见的通知》,规定"对企业事业单位设立的公安机构,原则上应予撤销";但"考虑到重点大学的特殊情况,对其已设立的公安派出机构,先维持现状,暂予保留"。大学公安保卫机构没有了执法权,不再是公安机关的基层组织,只是高校的职能部门,对大学的安全管理职能极大地弱化,无权办理任何案件,大学案件多发,有权办理的地方公安机关没有精力和时间,有精力和时间又对大学案件特点有很好把握的内设机构又无办案权。

2002年12月,《教育部、公安部关于加强高校安全保卫工作的通知》指出,"党中央国务院进一步明确要在重点高校派驻公安机构,负责高校的安全保卫工作"、"高校公安派出机构党的关系实行由上级公安机关党委和高校党委双重领导,以上级公安机关为主的管理体制"。不过由于多种原因,大学派驻公安机构至今无法实现,文件精神没有得到落实,大学安全管理机构仍停滞在没有执法权阶段,难以适应高校日益严峻的治安形势。

(二)防范措施

我国大学安全管理的防范措施主要依靠人防和物防,技术防范手段近几年才开始大面积使用。

人防:主要通过门卫值勤、保安或校卫队校园巡逻、保卫干部值班以及定期不定期的安全检查等方式来防范各类事件和事故的发生。

物防:主要通过安装防盗门、铁栅栏、保险柜、隔离墩等物理方式来防范各种违法违纪人员的入侵和各类有意无意的破坏行为。

技防:近几年,很多大学校园开始加强技术防范系统的投入,但投入力度仍然不足,系统维护难以为继。

目前使用的这些大学校园安全管理防范措施,无法适应日益变化和较为严峻的高校治安形势。

(三)队伍状况

我国大学安全管理队伍主要由保卫干部和保安队以及校卫队3个部分组成。干部队伍年龄偏大,学历偏低,年龄和知识结构均不合理。保安主要由保安公司提供,面临招收保安困难,保安员因工资福利待遇差而造成人员流动性大等问题;有的大学校卫队是由临时工担任的,这部分人业务素质不高,还有一些是高校后勤社会改革后其他部门无法安置的一般工作人员,转入到保卫部门从事保安以及校卫队的工作。

我国高校安全管理队伍普遍存在学历低,没有经过职业培训,没有从业资格的情况,因此,他们在政治理论、政策水平以及处理问题的能力等方面综合素质不高,管理理念落后,难以胜任大学安全管理工作。

三 新时期大学校园安全管理理念

(一)以人为本的安全管理观念

对于大学校园安全管理来说,管理对象最主要的是人,安全管理的核心也是人,在安全管理过程中要将人放在首位,尤其是要重视对人的思想的管理,所以校园安全管理中要坚持以人为本的管理理念。

第一,以人为本的安全管理理念突出了人的主体地位,在管理过程中重视师生员工全方位的安全,最大限度维护"人"的基本利益;第二,以人为本是大学校园的特点决定的,因为人是一切的主体,所以树立以人为本的安全管理理念是非常必要的。大学校园安全管理中要坚持以人为本的安全管理理念,加大科技投入,为安全创造必要的条件,通过管理积极创造安全和谐氛围。

(二)大学校园安全管理理念的创新

大学校园安全管理理念是有效指导校园安全管理的重要保障,大学校园原来的安全管理理念有些已经不适应当前政治经济形势的发展要求,大学校园要切实做好安全管理就需要在安全管理理念方面进行创新,使其能真正为大学校园的安全管理起指导性的服务。

1."敌情"管理理念

"敌情"指的是在安全管理过程中各种与安全有关的因素,例如,外来人员、各种车辆、重点要害部位等客观因素,懒散、粗心、对安全不重视等主观因素。在安全管理过程中对这些因素轻视可能会导致各种安全事故的发生。坚持"敌情"管理理念就是要求在安全管理的过程中要时刻保持高度的警惕性,重视安全管理,在发现"敌情"的时候要及时采取必要措施进行处理,当"敌情"比较严重的时候应启动相应的预案,保证校园的安全。坚持"敌情"管理理念关键要从思想上重视各种不安全的因素,在管理过程中学会分析,善于总结经验教训,避免"轻敌"思想的产生。

2."素质"管理理念

在大学校园安全管理中,很重要的一个方面就是相关人员的素质,不仅仅包括管理对象的素质,还包括管理人员的素质,坚持"素质"管理理念,就是在管理过程中要重视提高全体参与人员素质,安全保卫部门要针对不特定情况确定长期性和反复性的培训方法,坚持以提高素质来减少安全事故的发生,坚持岗前培训、单位培训、日常观测培训、个人违规重点教育培训等一系列的培训程序;同时,争取安全教育进课堂,做到警钟长鸣,不断提高学生的安全意识。

3."程序"管理理念

大学校园秩序是由很多方面组成,安全管理就是要对这些方面进行严格管理,因为方方面面很多,每个细节都不能忽视,所以在安全管理中要坚持"程序"管理理念,安全管理应该与教学学习保持一致,同步进行。在管理中要重点培养各工作岗位的安全意识,对各岗位的职责要求要进行严格的规定,避免各种因疏忽和责任心不强而导致的非安全事故的发生。"程序"管理可以按照不同的人员分别进行,例如:对保安队员要教育他们懂得如何进行日常工作,把握什么要点,哪些因素或现象是不安全的,哪些要及时上报,哪些要当机立断,及时处置,并且在工作的过程中要坚持按照正规的程序进行,重视细节,善于发现各种危险因素;对于班组长,要重点培养他们如何带领队员完成工作任务,培养他们的工作能力;对于中队长则要注意培养他们的带队伍的能力,如何激发士气,怎么保证队伍的战斗力,最主要的是要学会对人和制度的管理,确保各项管理制度的合理性和执行力。

4."责任"管理理念

"责任"管理理念指的是在安全管理过程中要明确不同级别人员在安全管理中的责任,将安全管理责任逐级落实,细化量化到人,从而在大学校园安全管理过程中形成完整的安全责任体系。保安队员和各安全岗位工作人员是岗位第一安全责任人,班组长是当班第一责任人,保卫干部是各负责方面的第一安全责任人,保卫部门领导是总负责人,这样明确了不同人员的责任,能提高他们的安全责任意识,发生各种安全事故时能找到责任人追究责任,强化责任意识,增强责任人的自觉性。在"责任"管理理念指导下,保卫部门应该形成一个上下级互联互动的责任网络,形成全方位安全责任管理体系。

5."激励"管理理念

大学校园安全管理中,坚持"激励"管理理念就是要通过各种鞭策和激励来实现全体安全管理人员安全意识的提高。在"激励"管理理念的指导下,首先应该有严格的考核制度,用绩效考核的办法起到激励作用;其次,采用合理的鼓励措施,各安全管理部门在一定的时期内,对没有发生安全事故的领导、职工等进行物质或精神上的鼓励;再次,设置安全奖金,按照责任范围内有无出现安全事故情况发放奖励;最后,做好岗位评优工作,保卫部门要根据每个阶段的校园安全情况制定优秀评选机制,评选出最优的校园安全管理单位和个人,激励其他人员更加奋进。

总之,大学校园安全管理对大学的发展有极大的影响,"没有安全就没有一切",做好安全管理工作首先必须树立新的安全管理理念。安全管理部门在新的社会形势下,要根据大学的实际情况以及师生员工的具体需求创新校园安全管理理念,坚持以人为本,找出安全管理中的重点,以各种安全管理理念为指导进行校园安全管理工作,从而保证大学各项工作的顺利进行。

四 组织架构建设的一点粗浅想法

(一)必须进行大学校园安全管理立法

在我国,相关教育法律、法规很少涉及校园安全管理内容。当前大学安全管理过程中存在责、权不统一的问题。实践工作中也一再证明没有法律保障,安全保卫工作从根本上就没有地位和权威,就不可能有稳定的队伍、可靠的物质供给和强有力的保障手段,也就不能有效地预防和打击违法犯罪行为,更不能有效地保证大学校园的安全与稳定。

实际工作中,大学安全管理对相关立法需求亟需解决。因为很多违法犯罪是和社会犯罪有明显区别的,多数虽然案值较小,表面危害也较小,可影响却是极大,用社会上处理相同违法犯罪的方法和所依据的法律来处理案件在大学这个"小特区"显得很不适应,像大个子穿小马甲,而且民警和这个知识群体相处较少,与校园内一直从事安全管理工作的人员对相同案件的处理会有很大的偏差,打击和教育并重的效果很难实现,大学校园安全立法十分必要和迫切。

(二)大学安全管理需要完整、有力的保卫组织体系和高素质的保卫队伍

这是大学安全保卫工作实践得出的经验,也是做好大学保卫工作的决定性因素。这个组织体系包括:主管机关的保卫领导机构,学校的专门保卫机构,学校基层单位群众性治保组织,执行具体任务的辅助保卫力量(例如保安队或校卫队)。其核心是学校专门保卫组织机构,因为它承上启下,组织协调,担负实战任务,起关键作用。保卫组织机构的成员,必须具有强烈的责任感和事业心,具有较高的政策水平和文化水平,熟悉法律、法规,身体健壮,保卫业务知识和技能训练有素。制定相应的竞争机

制,吸引优秀人才加入,已成为高教安全事业发展中迫切需要解决的问题。

(三)大学保卫组织机构必须有精良装备。大学保卫机构必须具备信息灵通、预防可靠、出击迅速、求助有效的机制。先进、精良的技术装备是校园安全管理的物质基础。现代化的防范技术和手段是安全管理的重要保证。

(四)大学安全管理要重视宣传教育和服务职能。大学师生员工既是保卫对象,又是依靠对象。许多保卫任务措施,要有师生员工的理解、支持和参与。要通过宣传教育,增强他们的安全意识,采取多种形式将师生动员组织起来,普及预防犯罪、打击犯罪、防止灾害事故的基本知识和方法。另一方面要树立服务意识,体现服务功能。大学的校园安全巡逻车备有急救包,对师生有求必应,这样才能深得民心。我国多数大学保卫机构已认识到服务的重要性,从以往的被动工作改为主动服务,把安全保卫工作阵地前移。

(五)加强对大学保卫学的研究。大学保卫工作者特别是领导者都要重视对校园安全管理的特点和规律进行不断研究,探讨保卫科学理论。我国的大学保卫学术团体已经成立近20年,开展高校保卫科学研究这项工作是为了指导大学的安全管理工作,增强工作的前瞻性、自觉性,克服盲目性,使学校安全管理工作科学化、规范化、制度化。

参考文献

[1]张志富.坚持以人为本,建设安全文化.思想政治工作研究,2007(2)

[2]寇础石,郭太生等编著.经济文化工作手册.北京:中国人民公安大学出版社,2000

[3]张虹主编.国外校园安全管理与执法.北京:中国高教保卫学会北京大学保卫部编,2003

[4]吴心正.美国高校安全立法和警察制度.武汉水利电力大学学报(社会科学版),2000,20(3):76~77

[5]刘金星.高校公共安全管理工作的定位思考.赣南师范学院学报,2003,(1):44~45

作者简介:

孙利东　中国传媒大学保卫部治安科长,手机:13811367038

秦自生　中国传媒大学保卫部部长,手机:13501137161

通讯地址:中国传媒大学保卫部,邮编:100024

校园安全秩序管理研究

郑 重 中国医学科学院病原生物学研究所

内容摘要：安全和发展是人类社会追求的永恒主题,如果没有安全,就没有发展的前提条件,国民经济建设也就无法得到发展。同时,随着社会的发展,当今校园内安全保卫工作出现的问题也越来越多,要做好校园的安全保卫工作,关键就是解决这些问题。本论文就围绕当前大学校园面临的问题和我所当前安全管理模式,通过分析目前在安全管理等方面存在的特点和不足,探讨解决方法,使校园安全管理进一步完善化、系统化,形成相对完善的管理体系。

关键词：校园安全管理

党的十七大提出的构建和谐社会的宏伟蓝图,赋予了高校校园安全管理工作在新的历史条件下,坚持以师生为本的理念,从维护安全稳定的大局出发,承担构建社会主义和谐社会,构建平安和谐校园的新的历史使命。党的十八大强调了必须坚持以核心安全需求为导向,统筹各项建设。安全稳定是一个国家、一个民族快速发展的基本保障。高等院校校园稳定既是院校自身改革和发展的前提,也是保障社会稳定和发展的重要组成部分。目前,校园安全已成为一项需全力破解的重大社会课题。

一、校园安全管理现状和存在的问题

（一）大学校园安全现状

近年来,上海学校宿舍火灾案、美国校园枪击案、云南马加爵事件、入室盗窃案件、学生参加的网络反动信息流传等国内外校园安全事件的屡屡发生,给高校校园安全管理工作带来诸多新情况、新矛盾、新问题,引起了党和国家、各级政府部门的高度重视。

全国各大高校相继成立了由高校公安保卫部门为成员的保卫学研究委员会,制定和完善校园安全法律法规,增加保卫工作中的科技含量,增强校园安全保卫能力,加强保卫工作队伍建设,加强大学生的安全教育,切实做好高校校园安全管理工作已经被各级政府和高校作为重要议题提到日程上来。只有认真分析高校安全稳定工作的内涵,进一步明确高校安全稳定工作的重要性,对做好新时期高校安全维稳工作具有重要的现实意义。

（二）大学校园安全管理存在的问题

目前一些高校在消防安全防范上不舍得资金投入,存在重大安全隐患。有的学生宿舍有上千名学生居住,但只有一个出入口,有的宿舍楼没有消防器材,一旦发生火灾事故和地震等自然灾害,学生逃生极为困难,后果不堪设想。

校园园区大,治安环境复杂。大部分学校坐落在市郊,由于学生这一巨大的群体,迅速拉动了校园周边经济发展,城乡结合部本身就存在流动人员多的实际问题,加之周边商贩、外来务工人员数量剧增,校园周边安全隐患明显增加,盗窃、寻衅滋事、因经济纠纷而造成的打架斗殴和外来人员的校内肇事行为屡屡发生,加强校园治安防范管理刻不容缓。

随着互联网的高速发展,信息传播速度越来越快,已逐渐成为国内外敌对势力蛊惑大学生思想行为的主要工具。这不但体现在政治渗透方面,同时在个别高校因治安等问题引发的不稳定因素,在此平台上也能快速传播,容易形成全面呼应的情况。敌对势力、反华媒体和别有用心的人员,利用我国转型期出现的种种矛盾、社会热点、敏感问题,通过网站、电子邮件、网上聊天大肆散布不良言论,扩散效应,煽动和激发大学生对政府的不满情绪,妄图制造高校学生抗争事件。高校学生这一特殊群体决定了其违法犯罪活动的高智商性和高科技性,针对一系列事端制造的违法犯罪活动却成了学生自认为的实践活动,如果我们平时不增加引导,加强信息安全管理,很容易使是非观模糊的学生误入歧途。

在大众化教育的今天,学生安全教育管理问题越发重要。学生自身所受教育、素质参差不齐。随着大学生中独生子女的逐渐增多,相当一部分学生步入大学后是第一次离开家、离开父母,生活自理能力差,依赖心理重,法制观念薄弱,从小养成了自由散漫的习惯,追求所谓的"自由"和自认为的"个性",遇事缺乏理性思考,不懂得与人交往,对利弊、后果、危害考虑少。缺乏持久的自我约束和自我管理能力,容易冲动和感情用事,出现一些严重的违纪甚至是犯罪行为。

二、我所安全管理对策

(一)加强组织领导,建立责任网络

为落实"每位职工都是安全第一责任人"的管理理念,把安全生产目标责任落实到部门、岗位及每一位在岗职工,我所一直致力于建立并逐渐完善"所里统一领导、部门全面负责、职工广泛参与"的共同责任网络。建所之初,我所一直将以日常安全为主的常规安保工作和以实验室安全为主的生物安全工作作为全所安全保卫工作的两个核心来抓,并成立了保卫科、生物安全与实验室管理处(以下简称实管处)两个专门机构分别负责这两方面的工作。为加强保卫科的工作,将保卫科挂靠于所务办公室;为切实抓好、保障实验室生物安全工作,我所一名副所长兼任实管处处长。我所以创建"平安病原所"为主线,以所长为组长,各职能处室负责人为成员的日常安全与实验室生物安全综合治理领导小组。同时我所结合工作实际,将各实验室、办公室的安全员纳入到了全所安全保卫队伍体系当中,与保卫科、实管处共同负责全所的安全工作。每个安全员都有两重身份,一方面是第一线的科研或行政人员,另一方面也要配合保卫科、实管处共同工作,做好本课题组、办公室的安全保卫及实验室生物安全工作。进一步提升了消除实验室隐患能的能力,壮大了安保队伍建设。逐步完善并形成了"所领导—职能部门—业务部门—安全员—每位职工"组成的安全保障共同责任网络,形成了日常安全与生物安全综合治理横向到边、纵向到底、责任到人的工作局面,保证了各项安全工作经常有人查,经常有人抓,各项措施得到全面落实。

(二)针对实际所情,制定安全原则(九项安全保卫原则)

除健全机构形成安全保障共同责任网络外,我所领导十分重视建立安保长效机制。在安保工作实

践积累和探索的基础上,我所针对科研院所的特点及我所三地四处办公的实际情况,逐步总结出了指导安保工作的九条原则,形成了一个做好安保工作的长效机制工作体系。九项"安保工作原则":1.既要遵循上级的部署要求,也要考虑到我所的实际;2.既要制定总体工作原则,也要注重具体细节,把工作落到实处;3.既要注重水、电、火安全,也要结合我所实际,注重生物安全;4.既要做好所内的安全保卫工作,也要做好防止法轮功及其他所外人员的滋事;5.既要做到所领导高度重视,也要做到各级人员职责明确;6.既要重视东单,也要重视亦庄的安保工作;7.既要发挥保卫科的主责作用,也要发挥各部门的协同配合作用;8.既要做好编内人员的安全保卫教育,也要做好编外人员、博士后和研究生的宣传教育;9.既要做好安保的日常管理工作,也要做好重大突发治安事件的处置工作等。

在这九个原则的指导下,我所做到了严格按照上级文件的相关要求,开展安全稳定工作;把抽象的安全责任分解到每个部门,细化到每个安全员;做到既重视生产、消防安全,也重视科研信息的保密,形成全所一盘棋,人人有责,人人尽责的局面。

在这九个原则的指导下,我所针对人员办公科研场所分散,地理位置和工作内容特殊,保卫队伍较年轻的特点,树立了全面合理分配安保力量,在重点时期能够快速调配精干力量保障重点区域安全的正确理念。

在这九个原则的指导下,进一步明确了安全保卫归根到底是为广大员工创造一个安全、良好的工作学习环境,只有真正发动在第一线科研、行政管理部门的安全员及全体员工参与,才能快速反应、默契配合,形成安全保卫联动的良好体系。

在这九个原则的指导下,确保了我所安全保卫队伍始终保持旺盛的斗志,打造了一支能打硬仗、打胜仗的队伍。

在以上原则的指导下,我所达到了"大事没出、小事没有"的工作目标,不仅保证了本所内部的安全稳定,也配合上级单位做好了东单的安全稳定工作。更重要的是,逐渐总结梳理出了我所安保及生物安全工作原则及实施细则,初步形成了指导今后安保及生物安全工作的长效机制。

(三)建立考核机制,落实安全责任

为切实做好日常安全与实验室生物安全工作,我所与各实验室、课题组签订了安全目标管理责任书,各实验室、课题组负责人为本单元安全生产第一责任人,安全奖惩等兑现与发放都与安全责任人考核结果挂钩,实行安全"一票否决"制。凡安全工作中出现隐患甚至事故的单元和个人,一律不得参加评先、评优,并视事故的严重程度,分别进行批评、扣发安全奖、甚至停止实验室工作,进行整改。同时,对工作责任心强,发现较大事故隐患,避免事故发生的有功人员,给予奖励。通过落实安全责任制,逐步践行了"每位职工都是安全第一责任人"的管理新理念,把安全生产目标责任落实到各实验室、部门及岗位,形成了"所里统一领导、部门全面负责、职工广泛参与"的共同责任网络;做到了领导强化,任务细化,措施硬化,工作深化,促进了各级安全生产责任的落实。

此外,我所还进一步完善了安全会议制度,年均召开讨论日常安全、消防安全与生物安全所务会议十余次,就前期工作进行分析,对下一步工作重点提出要求。把日常安全及生物安全落在了实处。为切实发挥安全员的作用,我所采用了定期例会制。由实管处和保卫科组织,每月定期召集全所安全员开会交流,总结工作经验,学习安保知识技能,最大限度地发挥安全员的带头作用;此外,考虑到安全员多在第一线承担工作,为调动广大安全员工作积极性,我所拿出了专门资金,作为安全员的安全工作津贴,鼓励他们为我所安全运转作出的贡献。

(四)紧抓制度建设,完善预案体系

日常安全及生物安全工作涉及的工作面广,涉及部门人员多,安全责任事故不确定因素多,为抓好安全生产工作,我所根据院校及北京市要求,建立并逐渐完善了规章制度建设。在突发事件应急预案体系方面,已制定了突发公共事件应急预案、突发紧急治安事件应急预案、突发公共卫生事件应急预案、突发火灾紧急事件应急预案、突发水电事故和自然灾害应急预案、危险化学品事故应急预案以及实验室生物安全应急预案等。这些应急预案为有效预防、及时控制和消除各类突发公共事件及其危害,规范各类突发公共事件的应急处置工作提供了指导。

我所时刻将生物安全工作当成事关职工和研究生生命安全、事关科研安全、事关社会安全乃至国家安全的大事,一直秉持"生物安全是第一要务"的思想,制定了实验室生物安全管理规定、实验室技术规范和标准操作程序,制度的建立使我所实验室生物安全管理工作逐步走上了制度化、规范化的轨道。

这些预案的进一步完善为我所做好安全生产提供了制度保障,为开展安全生产工作打下了基础。

(五)增加基础设施,提高技防水平

为确保办公室和实验室的消防安全,我所不仅为新租用的实验室配备了灭火器,并对原有的消防器材进行了定期检修与维护。为保障我所重点部位的安全,在原有设施的基础上,专门为重点部位加装了安全门窗,设置了门禁系统和监控系统。在实验室及办公区域,严格检查插线板的位置,确保了实验办公的正常运转。租用研究生宿舍后,为确保研究生人身安全和财产安全,专门为研究生宿舍配备了家用灭火器,并联系煤气公司定期检查煤气管道。

(六)强化思想认识,开展平安活动

1.治理隐患,开展安全活动月

为进一步推动和促进我所的平安建设和综合治理工作,围绕"治理隐患,防范事故"主题,所领导提出在所里开展"生物安全活动月"活动。本次活动月的内容包括开展全所生物安全专项监督检查,强化生物安全管理;进行全所生物安全培训,强化实验室规范操作;召开各研究单元安全员与设备责任人会议,强化管理责任落实;建立实施各研究单元内部生物安全例会和培训制度,不断强化生物安全意识。通过本次活动月将进一步提高我所实验室生物安全管理水平和能力,最大限度消除安全隐患,为我所科研工作的正常进行提供良好的保障。通过活动全所员工进一步明确了日常安全及实验室生物安全是我所的生命线,全所人员要以对国家、对事业、对研究所和对自己高度负责的态度,充分认识生物安全的重要性。研究单元负责人作为本研究单元生物安全第一责任人要不断强化生物安全管理责任意识,加强本单元的生物安全日常管理。

2.自查检查,努力消灭隐患

隐患排查要在总结以往经验的基础上,找准隐患排查工作的切入点,找到一个,解决一个,不能立即解决的,要解决整改,切实消灭隐患。

为切实做好我所安全保卫及生物安全工作,我所专门召开了3次全所大会进行工作布置和动员,举办了2次全所生物安全培训,同时制定了《病原生物学研究所实验室生物安全与生物恐怖防范应急预案》,进行了"平安北京"实验室生物安全和生物恐怖突发事件的应急演练。积极开展自查工作,排除隐患,在重大活动期间停止所有涉及感染性材料的实验室工作并对所有感染性材料进行了统计,安排专人值班巡查,实行生物安全事件每日"零报告"制度。我所的生物安全管理工作多次获得了属地化行政管理部门的好评。

3."四个能力",增强安全意识

我所自建所以来,一直非常重视消防安全,始终坚持"发展是第一要务,安全是第一责任"的理念。一直以来,我所多次召开专题会议研究消防安全工作,通过"安全生产月活动",对各实验室、办公室和学生宿舍的200余个(部)消防设施进行了分批逐个检查;通过消防疏散及初期火险的扑救演练,进一步提高了我所人员的消防安全意识。在上海"11·15"特别重大火灾事故发生后,我所领导高度重视,召开会议特别进行了研究部署,在所内网上发布紧急通知,要求全所员工保持高度警惕,认真学习领会国务院《关于进一步做好消防工作坚决遏制重特大火灾事故的通知》精神,坚决克服麻痹大意思想,汲取上海11·15大火教训,认真总结消防工作中存在的薄弱环节,进一步加强我所消防"四个能力"建设专项行动,为全所的快速发展提供安全稳定的环境。

通过召开保安员工作会,再次强调除常规巡逻外,保安员要增加每日2次的消防安全巡查,保卫部门负责人要每周至少1次对东单基地进行排查,目前我所已按照"四个能力"建设的各项要求,单独形成了20余页检查记录。对在检查中发现的个别实验室、办公室将插线板随地摆放,纸箱未及时清理等情况进行了现场处理。

通过强化报告意识,确保防火信息畅通。按照我所各种突发事件应急处置程序,强调一旦发生火险等意外事件,除及时进行现场妥善处置外,必须坚持第一时间向所长报告制度,确保信息及时上传下达,确保处置工作科学有序开展。

4.教育培训,提高应急能力

为强化全所人员的安全意识,我所认真组织开展法制教育和安全教育,定期在全所人员大会上强调安全。多次召开全所安全大会,并举办了全所生物安全培训和消防安全培训,组织了实验室突发事件应急演练和消防安全应急演练。组织保卫人员对新出台的《消防法》进行了集体学习,进行了保卫人员的消防演练。通过培训和有针对性的学习,不断强化了广大职工、研究生的安全意识,提高了职工、研究生的应急处置突发事件的能力和技术水平。

三、总结与展望

(一)总结

安全是一切工作的前提和基础。平时以防为主,关键时监督到位,必要时挺身而出。遇到新问题时自主创新,做到人人有意识,人人负责任,细处着手,以小见大,建立长效机制,只有安全工作落到实处,落实到细节,学校的各项工作才能得以顺利开展。当今社会,是一个快速发展和开放的社会,大学生的生活空间大大扩展,交流领域也不断拓宽。他们除了在校园进行正常学习生活外,还要走出学校参加众多的社会活动以及经商、家教、打工等社会实践活动。当前,党中央、国务院高度重视,一场保障校园安全的战役正在展开。我们在采取应急措施、堵塞眼前漏洞的同时,更需要痛定思痛,从暴露出的薄弱环节入手,在解决深层次问题上下工夫。必须高度重视,把维护校园安全作为当前和今后一个时期一项重大政治任务。校园安全关系重大。维护校园安全是全社会的共同责任,是教育部门和学校义不容辞的职责。要从保护学生安全、促进教育发展、构建和谐社会的高度,充分认识维护校园安全的极端重要性和现实紧迫性,把维护校园安全作为当前和今后一个时期一项重大政治任务,切实抓紧抓实抓好。要把思想认识统一到中央的分析和工作部署上来,进一步增强政治意识、责任意识和忧患意识,切实担负起维护校园安全的政治责任,全力维护校园安全稳定。

(二)展望

在实际工作中要主动适应学校发展的需要。在原有工作的基础上,不断总结经验,结合本单位的实际情况,开创保卫工作的新局面。

(1)加强与学生管理部门的协作和沟通,有利于快速、全面地掌握学生群体中的各种不稳定信息情况,有利于在安全保卫工作中抢得先机,夺得主动地位。学校必须要将法制教育、安全教育和大学生心理健康教育纳入高校教学计划,通过课堂学习,使大学生增强法制观念、缓解精神和心理压力,提高自我保护和自防自救的能力。

(2)在工作中要牢固树立"以人为本"的工作理念,提高服务意识和服务水平,实行人性化管理,制定文明服务公约,全方位的提供安全服务。高校还应该进一步加强"校园110"报警服务中心的建设,这不但可以给违法犯罪人员以警示,给师生员工以安全感;同时还可以快速、及时的应对发生在校园内需要救急、救难的事件,实现了安全和服务两个方面的高度结合。高等学校是科技的殿堂,传统意义上的人防和物防,已不能满足学校日益发展的需要,而且与大学身份不相匹配,而提高高校安全防范措施的科技含量,就必须形成高效严密的技防体系。包括视频监视系统,多点联动防盗防火报警系统,门禁系统等。高科技防范系统的建立,对于解决高校校园大、人员多、警力不足的矛盾,确保学校财产和师生员工人身安全提供了坚实基础。

(3)建立预警、应急反应工作机制。认真分析学校存在的不稳定因素,加强信息搜集、筛选、核实、汇总、"研判"等工作,建立预警机制和应急处置机制,将预防工作做在前面,并在工作中不断予以修改和完善。

(4)加强学生心理安全辅导教育。以校心理咨询中心和校医院为主要机构,广泛开展大学生心理安全辅导,及时发现处理大学生心理问题,开导学生,使大学生保持良好的心态,正常面对学习、生活、就业方面出现的问题。高校安全保卫工作面临很多新情况、新问题,我们必须要积极的拓展安全保卫工作的新思路,创新安全保卫工作新模式,使安全保卫工作同学校的改革发展步调一致,协调统一,这样才能逐步适应新形势下高校安全保卫工作的需要。

今后,我所保卫部门及生物安全管理部门将立足长远,以更大的热情投入到日常安全及生物安全工作中去,结合我所的实际情况,进一步深化制度建设、创新安全工作机制,努力提高公共安全责任,提高安全防范意识,提高应对突发事件能力,为建设好和谐稳定病原所作出更大的贡献。

参考文献:

[1]苏文杰,华章.浅谈高校校园安全维稳工作.2012

[2]杨蜀昆.校园安全保卫工作存在的问题与对策研究.管理学家,2012(8)

[3]周立新.论高校校园安全问题及对策.中国安全科学学报,2006

[4]刘纪生.强化防范意识维护校园安全.魅力中国,2010

[5]胡超.浅析校园安全防控体系的构建.商场现代化,2010

[6]刘海霞.校园安全危机及其应对策略.管理研究,2010

[7]赵忠诚.高校校园安全危机成因探析.学术平台,2009

作者简介：

郑重 中国医学科学院病原生物学研究所，干部，手机：13910725081

通讯地址：北京市东城区东单三条 9 号医科院病原所，邮编：100730

浅谈大学校园大学生人身安全管理

宫瑞冰　中国石油大学

摘　要：高校校园的大学生人身安全管理一直是影响高校快速发展的重要因素,最近危害校园安全、侵害学生权益的案件频发,各类校园的违法犯罪现象呈上升趋势,校园安全成为了社会的关注热点。本文在分析了高校学生安全现状与隐患的基础上,剖析了其背后原因,并进一步探讨了大学生人身安全管理的相关措施。

关键词：大学校园　人身安全　人身安全管理

大学校园是社会的重要组成部分,近年来随着高校改革的不断深入,一方面学生数量大幅度增加,另一方面受现实社会的影响,学生的思想也日益复杂,同时大学生的生活空间越来越大,交流领域的不断拓宽,高校校园环境安全及大学生人身安全问题备显突出,因此,增强大学生安全意识教育和管理应当引起高校保卫部门的高度重视。

一、高校学生安全现状与隐患

随着高校"平安校园"工程的不断推进,高校在校园环境和大学生的人身安全管理方面总体状况是乐观的,校园环境相对稳定,人际关系相对单纯,但这并不意味着在高校就不存在人身安全隐患。

今年4月份刚刚发生的复旦大学舍友投毒案让所有高校管理工作者触目惊心,还有2004年发生在云南大学轰动全国的宿舍连杀四人的"马加爵事件",甚至19年前发生至今仍未破案的清华大学的"铊中毒事件"在国际上都备受关注。

据网络不完全统计,从今年3月初到5月中旬,仅北京高校已经发生了7起大学生跳楼事件,频频发生的校园惨案使我们更加重视大学生的心理安全教育,这些案件的发生与大学生的心理健康的好坏有着很重要的关系,也体现了大学生心理健康教育的重要性,做好高校心理安全教育,避免高校学生害己、伤人。

高校的不断扩招带来校内外人流量增加的同时也使得校园内外车流量急剧增加,受时代的影响,高校周边的交通环境也变得日益复杂,交通安全系数降低,交通事故时有发生。校园内发生的交通事故主要原因是大学生安全思想麻痹和安全意识淡薄,主要表现在有的同学一心多用,边走路边看书边听音乐,漫不经心;有的同学在路上你追我赶,嬉戏打闹,甚至在路面进行球类活动;有的同学购买了自行车在校内道路上"飞车飙速"且出入校门不下车,这都会埋下安全隐患。

随着高校校园的开放式管理,社会上的犯罪势力开始向高校渗透。社会人员到大学校园内偷窃自行车、数码产品、实施诈骗以及传销的事件时有发生,对大学生的人身财产安全造成损失。可见,来自社会的安全危机对大学生的人身财产安全和校园秩序的安全稳定运行造成了极大的威胁。

二、高校学生安全隐患剖析

结合以上案例,危及和诱发高校安全的因素大概可以分为以下几个方面:

(一)学生心理素质不高、自律性差

高校的不断扩招导致高校规模不断扩大,在校学生数量也大幅度增加,高校生源地域不同,出身环境差距大,学生成分更加复杂,素质层次差异较大。现在的大学生多是独生子女,近乎家长全包办的成长环境使得他们缺乏对当前社会治安形势的了解以及相关的社会经验;部分学生缺乏判断能力和经验,自我约束能力和自我保护能力不强,心理调节能力弱,思想相对单纯,在社会群里中属于受侵害的弱势群体。

(二)大学生心理健康问题严重,即大学生心理问题的诱因日益增多

部分大学生因从小受生活环境的不良影响,承受压力和挫折的能力差,有些学生不善于人际交往加之刚来到大学各方面都不适应等原因,往往会造成一些大学生产生不同程度的心理健康问题,如果得不到辅导员或周边同学的及时发现和正确疏导,很容易导致心理安全事件发生。

(三)社会不良因素的影响

随着当前社会的不断发展与进步,社会人员的作案手段不断"升级",社会治安的任务也越来越重,违法犯罪事件在一定程度和范围有所增加,高校校园也不可避免地受到影响和波及,尤其是盗窃、抢劫、打架斗殴等事件在学校时有发生。校园周边环境复杂使得不安定因素增多。

(四)校园社会化趋势明显,人员构成复杂化

随着高校的不断发展和扩大,校际对外交流与合作办学不断增加;高校后勤社会化改革不断深化,使得大学的开放程度明显提高。学校外来基建施工人员以及校内临时务工人员有着素质层次不一且流动频繁的特点,鱼龙混杂,良莠不齐,当他们熟悉学校环境,了解学校规律以后,容易产生不良动机,并且大学校园人群相比社会人员来说,有着人口相对密集,知识层次比较高,思想比较单纯,思想安全防范意识比较薄弱等特点,校内临时务工人员很容易成为危及校园治安、侵害师生权益的群体。

三、高校学生安全管理应当采取的措施

高校安全事件不断发生,不仅对大学生的人身财产造成了损失,在大学生中造成的心理阴影更不能忽视,作为高校保卫人员更应当去思考,被动防范的管理思想显然已不再适应当前的安全管理模式,主动出击的做法更应当被提倡。因此,做好大学生的人身安全管理工作,对平安校园的安全稳定建设有着重要意义。

(一)完善校园配套视频监控"硬实力"

校园视频监控系统的建设是为了预防和控制校园犯罪,提高校园处置突发事件的应急能力而配套的硬件设施。随着平安校园对监控系统的依赖越来越高,后期查询录像的需求日益增多,所以首先做好校园内处处录像、监控无死角的摄像布局,同时根据实际需要实施高清化、联网化和智能化的监控系统。

(二)加强校园安全保护力量

增加校园治安人员的数量,提高保卫人员的素质,增强治安人员的巡逻力度,同时定期对保安人员进行校园安保知识培训,加强保安人员工作责任意识,完善进出入校园外来人员的检查和登记制度,及时查看校园里可能存在的一切安全隐患。

(三)加强大学生安全教育

大学生安全教育,是大学生完善自身的需要,主要表现在缺乏必要的社会经验,安全防范意识差,自我防范能力薄弱等。大学生安全教育不仅是针对突发性事件、灾害性事故的应急和应变能力的教育,同时也是避免生命财产受到侵害的安全防范能力的教育。提高大学生遵守国家法律法规和学校的各项规章制度的自觉性以及运用法律保护自己的能力。当然,搞好安全教育,也必须与时俱进,要使教育的内容和形式更加符合现实需要,更要注重针对性和实用性,把保护生命安全的知识和技能作为教育的重要内容,恰当引用学生发生的案件实例将安全知识传授给他们。在学校的大环境下,通过加强校园安全教育,如果每个大学生都有较强的安全防范意识,那么犯罪分子的可乘之机就会少之又少。

(四)提高大学生的心理素质

大学生面临的社会环境和成长过程中遇到的困难复杂多样,在人际关系、学习、就业等方面的问题十分集中和突出,这就要求大学生要有良好的心理素质才能适应大学生活,但大学生的心理发展处于尚未成熟阶段,缺乏社会经验,心理比较脆弱、适应能力较差、情绪不稳定,高校中多数的治安事件都与大学生较差的心理素质有关。因此,通过多种渠道提高大学生的心理素质成了紧要任务。提高大学生的心理素质应当做好以下几个方面:帮助大学生树立正确的人生观、世界观、价值观;加强和做好情感教育和心理咨询;注重培养学生的人际交往能力;营造良好的社会环境感染大学生的心灵。

校园的安全与稳定,是对大学生学习和生活的根本保障,做好大学生安全管理工作,也是营造平安、和谐校园的必要途径。做好大学生安全管理工作,培养大学生珍爱生命、关注安全的思想观念,引导大学生积极参与学校安全管理,掌握安全防范知识和技能,加强自我安全保护能力,积极排除各项安全隐患,共同营造安全稳定的校园环境。

参考文献:

[1]姚翠莲.浅淡大学生人身安全管理的新思路[J].科教纵横,2012(11):246

[2]秦中彤.论新时期高校的安全教育[J].中国电力教育,2009(1):198~199

作者信息:

宫瑞冰　中国石油大学(北京)保卫处,手机:13701346903

通讯地址:北京市昌平区府学路18号,邮编:102200

高校校园交通安全管理

论"三位一体"校园交通管理模式的构建
——基于北京大学的交通管理模式研究[①]

熊冰雪　北京大学

摘　要：近年来，高校交通事故频发，事故伤害及影响愈大。本文旨在通过分析高校交通管理现状，找出一般性问题，为高校提供一套实用性、综合性的交通管理方法。在广泛了解国内外高校交通管理经验的基础上，提取运行良好的元素，提炼出北京大学的"三位一体"校园交通管理方法。"三位一体"，即通过对车辆入校的控制、车辆在校行驶和停车的规划管理，实现三管齐下且逻辑衔接、管理通畅的综合性校园交通管理秩序。

关键词：高校交通管理"三位一体"实用性综合性逻辑性

引　言

如"象牙塔"般的清净隐居形象曾是高等院校给世人的感觉。随着中国经济的发展和大学社会化的进程加快，大量机动车入校行驶首先打破了这静谧的安详。校园地少车多，行人与行车、公共用地与停车用地之间矛盾日增，高校交通管理日益成为突出问题。

一、高校交通管理现状

（一）高校交通管理的现实困境

高校交通管理有两个无法逾越的难题：首先，进行高校交通管理不能脱离社会交通背景。相对于西方发达国家来说，我国的机动车道路交通发展起步较晚，车辆行驶习惯与行人素质整体有待提高。其次，中国的校园社会化进程较晚。日益开放的大学发展之路决定校园已不再是一个完全封闭的社区。大量使用和随意停放机动车会导致校内交通环境秩序的不安定。总结高校交通环境的一般制约因素有：1.道路局限；2.规划缺陷；3.车位有限；4.交通设施滞后。

（二）高校交通事故特点

2005年以来，高校每年都出现在社会上影响重大的交通事故：如2008年，仅上海的高校就发生交通事故20余起，死亡12人，伤6人。根据事故特点，追踪引发校园交通事故的原因，主要在于校园环境局限和道路标识不完善，重点地段的道路在重要时段疏于管理。

校园交通管理的现实缺陷与车辆发展之间的矛盾是导致高校交通问题的根本原因。如未对校园

---

① 本文发表在《北大青年研究》2012第三期

交通问题加以足够重视,师生们日常生活和交通安全将会受到破坏,教育秩序将倍受影响。

二、高校交通管理元素

针对校园交通管理的困境考虑解决途径,一是要对流动中的车辆管控;二是对静止车辆的规划管理。这要求从国内外高校的交通管理经验入手,寻找有效的管理方式。虽然每个高校有其自身特点及相对应的管理方法,一般来说,国外高校校园多是开放性的区域,校内校外人员都可以使用校园道路。从整个社会背景来看,社会交通秩序已经深入人心,校园基本上是在深化社会交通管理。因此,国外高校对交通管理是在社会交通管理已有的基础上,设置校园主干道安装交通监控系统和校园内部的道路交通标志等。相对来说,国内高校有其天然的局限性,机动车的增加已经影响到校园安全秩序,校内交通管理一般是以封闭性为主导观念。

附:国内外高校交通管理对比

	管理背景	停车管理	管理标准	管理手段
国内高校	封闭式校园,通过控制进入校园机动车的数量。	收费方法单一,收费标准偏低,车位管理不严。	统一管理:按停车时间计费。对不同车型确定不同的收费标准。	人工管理为主
国外高校	开放式校园,通过控制校园内部停车位来进行总量控制。	收费方式灵活多样,停车位控制严格,停车行为规范。	分类细致:针对不同区域、不同人群分类管理。	智能化管理为主

(一)入校控制元素

为保障正常的教学秩序,方便教职工入校停车,必须对校外车辆进行入校控制,即"守"住校门。一般来说,国内外高校对入校车辆的管理方法有:划定校园功能区域,严禁某些区域的机动车行驶;通过资格审定,发放校方有效证件,凭证入校;同时对入校机动车进行划分,规定不同机动车种的行驶权限。

1.教学区禁止机动车行驶

不仅国内多数学校明令限制机动车行驶,国外部分大学也设置相似规则,如奥克兰大学的教学中心区道路实行机动车禁行制度[1],规定除了公共汽车、自行车、残疾人使用车辆、大学巴士和执行紧急公务的车辆(例如:消防车、救护车等)之外,其他车辆一律不准通行。

2.持校方有效证件入校

机动车辆须办理校园通行证方可进入学校,凭"通行证"从规定校门进出并主动配合门卫检查[2]。持证入校是国内大学赋予车辆入校的最常见方法。如中山大学规定:社会车辆入校必须驾驶证、行车证齐全,并持有学校机动车辆校门出入证(卡)、校内单位邀请函、来校联系工作介绍信、本校师生工作证或学生证等证明,证件不齐者,谢绝驾车入校[3]。

3.机动车分类管理

对于通行证的行驶权限,也可根据具体情况进行分级,有助于对入校车辆进行进一步的划分,属

---

[1] 中外高校校园交通管理措施[OL]. 上海海事大学保卫处网站:http://security.shmtu.edu.cn/
[2] 证件发放范围可由学校交通管理部门在综合校内实际情况的基础上裁决。证件有效期限、有效职权、应守规定都应包括在持证人员的资格中。
[3] 中外高校校园交通管理措施[OL]. 上海海事大学保卫处网站:http://security.shmtu.edu.cn/

于对校园主要区域的机动车"过滤"管理。如中国科技大学设立四种不同的通行证,通过不同颜色予以识别:(1)红色通行证适用于学校在职职工本人的车辆,通行范围为教学区和家属区;(2)蓝色通行证适用于教职工亲属(父母、配偶、子女)的车辆,只能从家属区大门进出,不得在教学区域行驶;(3)绿色通行证适用于长期协作单位车辆,不得在校内停放过夜;(4)临时通行证适用于短期来校从事相关业务的车辆,有效期为三个月[①]。

(二)行驶路线与行驶方式的规划元素

校园规划车辆行驶路线意在引导车辆在校内的行驶秩序。引车入校需做到两方面:一是控制机动车行驶速度;二是设计机动车行驶路线。

1.控制速度

对于速度的控制可采用技术手段,如设立电子指示和减速带。限速装置普遍存在于国内外高校中,常见有限速牌等。复旦大学规定车辆出入校门时,时速不得超过5公里。凡在校园道路上行驶的车辆,必须按照道路交通标识、标线的规定行驶,必须主动避让行人和非机动车,时速不得超过20公里,严禁鸣笛。

2.控制道路

控制行驶道路需根据情况,设置路碍进行分道。有条件的学校可以对校园道路进行总体规划,设立通往不同功能区域的专线。如上海交通大学在2006年对整个闵行校区进行校区公交所应满足的需求及现状问题的分析,决定在校内开设6条公交线路:①直达教室线;②来访观光线;③快速换乘线;④紫竹穿梭线;⑤校内需求 bus;⑥校际班车[②]。

(三)停车管理元素

控制校内停车最直接的方法是利用经济杠杆,控制需求总量,缓解停车问题给校园交通带来的巨大压力;其次是学习国内外先进经验,用科技代替人力手段对停车进行控制。国外高校对停车通常采取社会上通用的科技硬件和约定协议进行管理:

1.科技硬件

国际通行的"咪表"计时刷卡会提示车主在停放车辆占用道路的时间,培养车主时间观念和缴费意识,减少机动车对道路的占用时间和空间。如威斯康星州大学(University of Wisconsin)将咪表安装在用户的车辆中,由安装在车内的智能卡激活。当车辆处于静止状态时,激活的咪表将记录时间,按时间收取停车费用,每次停车的费用将从智能卡中扣除。据该校网站的说明,该方法计划实行两年作为实验,两个月之内已经有明显的成效。

2.约定协议

部分高校为整合机动车资源,减少校内机动车行驶数量,采取经济等手段控制校内停车。如得克萨斯工学院采用"公用停车位协议"允许使用者们共享一个停车位,只要合租者们签署"公用停车位协议",协调分配各自的停车时间,即可向校方申请。根据协议,某一时间段中只能有一辆车在停车位上。

---

① 中外高校校园交通管理措施[OL].上海海事大学保卫处网站:http://security.shmtu.edu.cn/
② 黄平,郁朝鸣,马立,刘俊.大学校园交通规划与设计方法研究——以上海交通大学闵行校区为例[J].交通与运输(学术版).2006(02).

三、北京大学"三位一体"综合性校园交通管理方法

综合国内外高校交通管理元素,实用综合性的校园交通管理需要做到:合理控制社会入校车辆;有效引导入校车辆行驶;对停车区域进行规划管理,加之监控等手段合力形成覆盖校园交通管理的逻辑性集合。结合"一守二引三停"的思路,北京大学从引车入校、规范行驶到合理停车,提炼最优组合,使时间上是承接关系,空间上是相辅关系,保障车辆入校通畅、行驶安全、停车便利。

(一)守:对车辆入校的控制

北京大学在校园自身环境的基础上规划了独具特色的"守"方略,即以服务的姿态有层次地进行合理守门。考虑到北大校园多自然风光、公共用地有限,原则上禁止无事穿行校园的校外车辆入校。对于来校办事的校外车辆,采取提前预约的方式[1],购置了3台电脑电话一体机,建立网络预约及电话预约系统。这是充分考虑到校园环境的交通承载量,在不影响校内人员正常的教学秩序下有理有节、有张有弛的管理。

(二)引:对入校车辆的行驶路线与行驶方式的规划

从法律法规上讲,校园交通标识不具备强制性法律效力,考虑到要保证校内行驶安全、提高校园生活质量,必须要控制机动车在校行驶速度,具体可通过划分区域、规定路线、设立标识辅助控制。北大以四种办法进行校内机动车引导:

1. 设计机动车行驶路线

规划校园主干道路,将校园道路系统划分为三种:①混行道路:这一级道路连接校园主要对外出入口、机动车停车区域等,机动车、非机动车、行人可混行。②机动车限行道路:此路段是校园主干道与各功能分区之间联系的纽带,对必须通过的教学区、宿舍区规定机动车行驶的时间段。③机动车禁行道路:规定局部重要地段禁止机动车行驶。

2. 分区管理,区别通行

将校园分为办公区、教学区、生活区三个区域,一是将学生宿舍及其周边区域用45个隔离桩与其他区域分割开,禁止非生活保障车辆进入生活区,减少学生生活密集场所车流量。二是把各教学楼前设立临时禁行区域,在高峰时段实行交通管制。三是在校园各条允许机动车通行的道路、路口施划了各类交通标线、指示箭头、让行线,引导机动车有序流动。

3. 对校内机动车超速的控制

北大规定校内机动车行驶速度不得超过20公里,校内各种机动车禁止鸣笛、急转弯、急刹车。

4. 标识设置与减速硬件

为有序疏导校园车流,北大在校园主要道路、重点路口施划了约1600延米各类交通标线,引导机动车有序流动。在交通法及新交通设施国家标准出台后,为约束机动车校园内依法依规行驶,学校按照国家最新标准,在道路沿线设立了195块(套)各类标志牌,包括禁停车、禁鸣笛、限速、指示、警告、

---

[1] 预约流程是:单辆车入校需用校内固定座机提前约电保卫部专用约车电话,说明入校事由和时间、车牌号。考虑到方便对非工作时间的进校车辆,保卫部开通部分校内专兼职保卫干部手机约车,给入校车辆提供极大的时间方便。对于多辆机动车入校预约、两辆以上、十辆以内大轿车入校,需校内单位具备相应预约资格,向保卫部出具预约申请、内容包括:活动名称、主办单位、起止时间、活动人数、车辆数量、加盖申请单位公章。在活动开始前3天,将预约申请以及自制车证样本交至保卫部秩序管理中心办公室。秩序中心办公室审批同意后,对准许入校的车辆核对数量、停放时间、按照学校收费标准区分车型收费。参考:《北京大学保卫部安全管理服务手册》之"工作流程"。

禁入、让行等。这些标牌有效保障校园行驶规范、约束机动车的行驶行为,减少事故发生可能。

减速带被从事校园安保的同志亲切地称为"卧警",安装目的是为强制降低机动车行驶速度,北大在分析各路段行驶速度后,在校园重点路口安装了39条247.5延米减速带,并在超速最严重的两条道路上安装了测速装置,惩处超速驾驶行为。此项举措推出以来,学校校园内机动车行驶速度基本降到20公里/小时以下[①]。

5.各种手段减少视觉死角

考虑到北大校内道路曲折、狭窄,交通死角比较多,学校将主要道路路旁绿化带由高大植物改为矮小灌丛,并在主要拐弯处增加扩视镜,减少视觉死角。

(三)停:对入校车辆的停车管理

1.施划停车位,引导机动车合理停放

为解决教职员工校内停车困难,从2009年到2012年,北大加大停车位的开发力度,缓解停车难问题。通过测量踏勘校园地上区域,深入挖潜停车资源,总计施划了1030个停车位,重点建设中等规模的法学楼地下车库,改造了理教地下车库,缓解暴增的停车需求。

2.安装自行车架,引导非机动车停放

为解决师生员工自行车停放问题,北大在校园内(主要是教学区)安装了455栅自行车架,施划了17000余辆车位。

四、未来校园交通管理发展趋势

"没有栅栏"的大学是未来的发展趋势,校园交通管理如何做到与社会交通管理有效对接,需要有交通管理经验的人才结合高校自身的特点进行全方位、综合性的管理。未来的校园交通管理发展要求对校园车流量进行动态的估测。基于北京大学的自身情况,结合全球视野中的高校交通优秀管理模式,未来高校交通管理发展趋势将是:注重车辆的入校控制、在校行驶和停车管理三者之间的逻辑关系,保证"三位一体"高校交通管理方法环环相扣,落实有效。以期达到停车在地下,道路深规划,和谐人车行的理想目的。需要通过以下四个方面实现:

(一)设置专业交通管理部门

此部门应具备管理、教育、沟通联络的职能:首先,精确设计高校交通方式、对校内不同功能区域分区管理,运用高科技设备作为辅助手段监控;同时,开设交通行驶课程指导良好行车规范的养成,定时举办形式多样的交通安全教育活动,营造安全有序的行驶氛围;除此之外,校内加强与学生工作部门的联系,以便更好地把交通安全教育及宣传深入师生;校外加强与上级交管部门和兄弟院校交通管理人员的沟通,定期邀请上级部门与兄弟院校的同事来校指导和交流。

(二)没有执法权的有效管理

关于校园内行驶和停放的车辆管理,特别是违规行为的管理,高校保卫部缺乏执法权的支撑。如何在没有执法权的情况下,进行有理有据的管理,可采取三管齐下的方式进行:一要"借力"。即通过与地方(社会)交管部门建立联管机制,使得社会交通管理进校园;二要培养自身力量。请社会交警天天到校园执法可能不现实,可从保卫部选派干部,接受专业的交通管理教育成为协管员,颁发有效执

---

① 参考引用北京大学保卫部工作材料

法证,为政府交管部门代理执法。三是针对高校情况,钻研出一套行之有效的"说教"管理模式,达到既不逾越执法权又要达到执法纠违的目的。

(三)入校车辆的"四定"管理

对校内教职工的车辆管理,要求实现"定人""定车""定区""定位"。需要建立规范有序的分区停车管理模式与制度,并配以电子化辅助,以实现快速引导、有序行驶、停车便捷的科学管理效果。

(四)以发展眼光进行停车资源的整合

随着学校发展,校内停车位少与停车需求量大的矛盾是当前和今后校园交通管理的一个十分棘手又十分迫切的问题。目前可行的解决方案一是整合地下停车资源;二是在地面建停车楼;三是寻求地方政府的支持,在校园周边给(建)一些停车场。为实现地面无车、地下停车直通教学楼、宿舍楼的整体规划,需要全盘的考虑以及全校师生员工的重视和配合。要实现少占地面用地,就必须科学规划地下停车场,学习国内外先进停车场建设经验,使地下停车更容易便捷,逐步取消地面停车场。

参考文献:

[1]杜胜品,孔建益,丁卫东.城市绿色交通规划的研究及发展对策[J].武汉科技大学学报(自然科学版).2002(02)

[2]李新民,张健.高校校园交通事故产生的原因及治理措施[J].杨凌职业技术学院学报.2010.09(09-03)

[3]许永兵,朱方正.城市CBD绿色交通体系构建探析——以宁波南部商务区为例[J].土木工程与管理学报.2011(01)

[4]薛美根,顾煜.上海市30年综合交通规划与实践[J].城市交通.2011(02)

[5]林臻.机动化背景下我国大学校园交通的优化策略研究[D].同济大学.2007

作者简介:

熊冰雪　北京大学保卫部综合与宣教办公室,助理研究员,联系方式:010-62751380,18701506851,xbx512@163.com

通讯地址:北京市海淀区颐和园路5号北京大学保卫部,邮编:100871

北京林业大学校园智能交通管理系统应用技术的研究

姜金璞　郑文波　北京林业大学

摘　要：随着社会的发展，人民生活水平不断提高，私家车数量也随之大量增长，如何做好交通管理，已成为一个城市管理的难点。校园作为一个特殊场所，进出校园车辆日益增多，乱停现象严重，给校园交通管理造成很大的困难。本课题将北京林业大学作为研究对象，从车辆管理系统概述、发展历程、现状、存在问题、实施方案、取得成效、未来发展等方面进行了梳理研究和探索。试图为高校校园的交通管理工作提供一点启发和借鉴。

关键词：北京林业大学　车辆管理　智能交通

一、智能交通管理系统概述

智能交通管理系统（Intelligent Transportation System，简称ITS）是未来交通系统的发展方向，它是将先进的信息技术、数据通讯传输技术、电子传感技术、控制技术及计算机技术等有效地集成运用于整个地面交通管理系统而建立的一种在大范围内、全方位发挥作用的，实时、准确、高效的综合交通运输管理系统。它的突出特点是以信息的收集、处理、发布、交换、分析、利用为主线，为交通参与者提供多样性的服务。智能交通管理系统就是利用高科技使传统的交通模式变得更加智能化、科学化和信息化，更加安全、智能和高效率。

二、交通及停车管理发展历程

（一）车辆自由进出阶段

2004年之前，进出校园的机动车数量很少，教职员工拥有机动车数量不多，因此，学校没有将机动车的管理作为一个重要工作来看待，因此对于进出校园的机动车，学校并没有进行严格管理，基本上采取自由进出的方式。

（二）启动停车收费管理阶段

自2004年以来，随着社会的发展和人民生活水平的提高，私家车数量猛增，同时进出校园的机动车数量也不断增加，为控制校内机动车流量，确保学生的安全，学校开始实行机动车进门收费管理，实行计次收费。该措施实施后，一定程度上减少了机动车进入校园的次数，特别是机动车借道穿行校园的现象大为减少，从而减少校园的交通隐患。

(三)交通与智能化管理应用阶段

随着学校基建规模的不断扩大,校内道路和停车面积逐年减少,而进出校园的机动车数量却越来越多,简单的管理方式已经不能适应现实要求。于是,2007年12月,学校开始采取人工与智能化相结合的交通管理方式,对车辆实行计时收费。虽起到很好的效果,但一证多用、一卡多用现象常常发生,人工很难识别证、卡的真假,保安时常会和教职工发生摩擦,这给保卫处的车辆管理工作带来很大的困难。为了提高交通管理系统的智能化水平,2012年8月学校重新进行了车辆管理系统的升级改造,实行车牌自动识别、自动记录、自动计费、挡杆自动抬起,加快了车辆的通行速度,减少了矛盾和摩擦,彻底消除了人为因素带来的不利影响,使车辆管理更加智能化、科学化和规范化。

三、我校交通与停车管理现状

(一)交通状况

1.出入口设置。学校现有车辆出入口4个,其中正门一进一出;西南门一进;北门一出。都属于机动车与行人、非机动车混行出入口。

2.道路情况。学校目前共有南北一条主干道、东西一条干道以及主楼环岛适合机动车通行。其他道路较为狭窄,不利于机动车行驶和错车。

3. 机动车流量。现在每天进出校园的机动车大约1100辆,其中校内车大约500辆,占总数的45%,校外车大约600辆,占总数的55%。

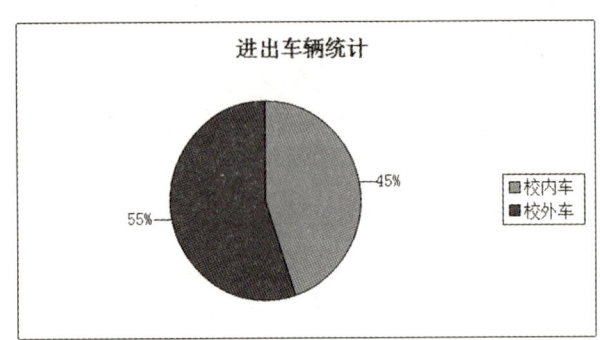

(二)停车管理状况

1.停车位数量。学校实有小型车辆停车泊位245个。

2.校园机动车数量。2011年,学校共办理校园通行证865个;2012年共办理校园通行证945个。

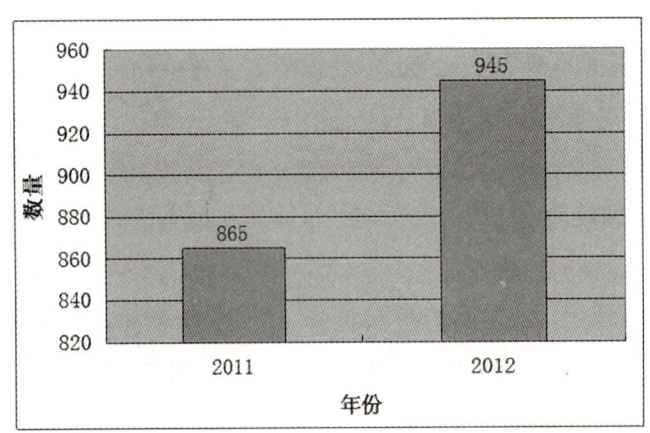

3.车辆收费标准。持有本校长期通行卡(证)的车辆可由正门进、出。无本校长期通行卡(证)的车

辆可由西南门进入,北门驶出,并按照北京市停车收费标准实施计时收费(小型车辆 1.25 元 /15 分钟;大型车辆 2.5 元 /15 分钟,不足 15 分钟按 15 分钟计算)。

四、校园交通与停车管理存在的问题及安全隐患

(一)机动车与停车位的数量比例严重失调

近年来,学校机动车数量急剧增长,经调查,每天进出校园的机动车达 1100 余辆,停放在校园内的机动车达 730 余辆,而我校现有固定停车位仅 240 余个。导致机动车乱停乱放现象极其严重,停放在道路、广场等规定禁止停车的地方,造成了道路拥挤,增加了交通压力,给广大师生构成了巨大的安全隐患,还严重破坏了校园整齐美丽的环境。

(二)出入口太少,人车混行严重

我校现有出入口 4 个,但大部分进入校园的车辆都从北门驶出,北门道路非常狭窄,双向很难错车,并且与我校西家属区车辆出入口和中科院半导体研究所的车辆出入口共用一条道路。这条道路的行人与非机动车数量也特别多,经常发生车辆堵塞,而且人车混行,存在极大的安全隐患。

(三)保安资源大量占用,造成人员紧张

由于许多车辆乱停乱放,甚至堵塞消防通道,为此,不得不安排大量保安进行疏导管理。遇到学校举办大型活动需要执勤或者发生突发事件时,人员安排非常紧张,无法保证足够的力量投入活动或事件中,影响了学校整体的保卫力量和反应能力。

五、我校停车管理与智能交通应用方案

为改善校园交通环境,确保师生安全,实现车辆进出科学化、智能化管理,减少人为因素。根据学校实际情况,将我校现有机动车管理系统改造升级为 2 进 2 出智能管理系统。

(一)设计原则

1. 先进性:系统的技术层面上,含网络构架、硬件设备、卡片设计、协议选择、软件设计、安全控制等各个方面充分体现和采用新近、成熟的技术。在管理层面上,含管理组织结构设计、管理流程、业务流程、使用流程等也应充分体现和采用先进、成熟的理念和方法。系统组成和拆分灵活、运作高效,体现出该系统的先进性。

2. 安全性:系统从卡片、终端、网络、软件、硬件、数据库等各个组成部分,到支付费用、数据存储、数据传输、数据处理、数据使用等各个环节,均遵从智能安防行业保护等级标准,确保系统的安全性。

3. 实用性:系统充分体现以人为本的人文文化,无论是系统管理者、使用者,都易于使用、管理和维护。所以,在系统设计时,充分考虑界面友好、操作简便、容错能力强、性能稳定、功能强大、维护方便、文档齐全的实用标准,确保系统的实用性。

4. 扩展性:系统要充分考虑用户的现状和今后不断发展以及多样化的需求,所有软件均采用标准模块化结构设计,集成、拆分、维护方便;所有终端产品均采用标准板块化结构设计,当功能改变需要进行个性化服务时,只需在计算机上修改源代码,通过网络下传给相应的终端机即可,不需要开盖更换应用程序芯片;所有终端产品可以提供各类应用接口,方便系统扩充和升级。

(二)设计目标

1.车辆保护功能：道闸根据车辆的通行情况自动升起和降落，并具有防砸车功能，即只要进出场车辆尚在道闸下，道闸将保持其初始状态不会下落。

2.停车收费由计算机统计和确认，杜绝作弊，保障学校的利益。

3.采用计算机网络和收费软件相结合的方法，防止非法修改或越权查阅资料。

4.管理计算机和各个收费计算机可以实现实时监控，并且管理计算机具有外接接口，网络扩展性强。

5.系统按工业级应用设计，满足长时间、高温、高负荷的全天候不间断运行；设备进行周全的电磁干扰防护与静电防护，主控系统AC/DC电路隔离，有效防止信号干扰。

(三)设计方案

根据"全面整合、数据先行、管理导向"的指导思想，总体方案归纳为"一网一中心"。一网指一类网络(专用内网)；一中心指一个数据中心。

全面整合：无论是客户端还是服务端，都是系统不可分割的部分，二者相互渗透，实现"独立控制、集中管理"模式；

数据先行：把智能停车管理分成两个过程、两个层面，即停车场数据中心和管理中心，二者数据实时交换，管理部门完全可以实时地共享和使用一套统一的数据、报表。

管理导向：无论是管理还是服务，最终实现的目标是数字化、智能化停车管理。

(四)系统结构

顶层：管理中心服务器——"管理层"。

中层：中心交换机和接入交换机——"传输层"。

底层：专业工控电脑、出入口控制机——"应用层"。

服务端：宽带连接，在管理中心设置一台服务器，并安装后台数据库，根据需要可组建双机热备功能系统，实现双机热备功能。并安装带有固定IP地址的宽带线路，特点是数据传输速度快，稳定性能高。

客户端：系统计算机控制主机放置在管理岗亭内，通过控制线、通讯线、电源线等传至岗亭内，实现与下位机的实时通讯。

(五)设计思路

以学校智能化交通管理为目标，建设成高度网络化、智能化、信息化的设计思想，提升管理效率。重点以固定停车用户为服务对象，以达到停车用户进出方便、快捷、安全，管理科学高效、服务优质的目的。对提高管理层次和综合服务水平方面将起重要的作用。

六、交通智能化管理取得的成效

(一)减少人员失误

该智能交通管理系统将先进的识别技术和高速的视频图像存储比较相结合，通过计算机的图像处理和图像对比，有效杜绝了原来存在的一张通行卡多车使用的现象，真正做到了车牌自动识别、快速通行，节省了保安人员、提高了工作效率、杜绝了收费漏洞、规范了车流秩序等。

(二)提供信息依据

此系统每天随时可以对进出校园的机动车流量进行监控,并加以分析,为日常管理和决策制定提供了详尽的信息依据。

(三)减少发案几率

此系统精确的信息化管理,为发生在校园的涉及机动车的违法案件的侦破,提供了图像帮助。

(四)提高工作效率

该系统反应快捷、灵敏,使停车用户进出方便、快捷、安全,使管理更加科学高效,服务更加优质,对提高管理层次和综合服务水平方面起到了重要的作用。

七、校园智能交通管理系统功能拓展展望

拓展智能交通管理系统的功能,建立一个校园交通管理控制及信息平台,实现交通管理服务的数字化和智能化,将车辆从进场到停放以及离场,可以实现全程远程跟踪,无须人工干预,所有识别、判断均由系统远距离自动实现,杜绝失误和作弊,车辆违规停放和超速行驶时,可以自动报警,实时监控停车场的车位使用情况和违章情况,可以实时显现停车位的数量,并自动引导车辆停放在空余的停车位上,使校园车辆通行和停车管理更加科学化和智能化。

参考文献:

[1]任胜兵、郑延民.高校多校区交通调度及其智能化管理系统的研究与实现.北京:机械与电子,2010(1)

[2]孙凤环、方春兰.车辆智能管理技术.交通科技与经济,2006(3)

[3]耿广军.科技创安———一个永恒的主题.中国保安,2005(13)

[4]岳勇.首都科技创安存在的问题与建议.中国保安,2005(19)

[5]杜连成.建设科技创安系统加强校园安全防范.中国安防产品信息,2003(2)

[6]杨涛.智能车辆管理信息系统设计.中国科技信息,2010(10)

作者简介:

姜金璞　北京林业大学保卫处,处长,手机:13901151329

郑文波　北京林业大学保卫处,综合管理科科长,手机:13810029169

通讯地址:北京林业大学174信箱,邮编:100083

高校道路交通安全管理的问题及对策

赵洪浩　天津大学

摘　要：随着社会的不断发展，机动车数量的急剧增长对高校道路交通安全管理带来了诸多新的问题，日益成为学校安全管理工作的重要组成部分，是治安、消防、政保、校园环境等工作以外，又一影响和谐平安高校建设的重要工作。文章从交通安全意识、基础设施建设、管理的相关法律法规等方面分析了当前高校交通安全管理存在的主要问题，并就如何加强和改善高校交通安全管理提出了建议。

关键词：高校　交通安全　道路管理

近年来，我国社会经济快速发展，各高校办学规模都在不断扩大。随着校园开放程度的提高，对外各项交流在不断增多，教职工及学生开车出入校园已经成为越来越普遍的现象，随之而来的校园道路交通安全问题也就越来越突出。高校道路交通问题，一方面关系到全校师生的生命安危，另一方面也会影响学校教学秩序的正常有序进行，从而关系到学校的稳定发展。因此，如何加强高校道路交通安全管理，提高师生的道路交通安全意识，是目前高校交通安全方面亟待解决的问题。

一、当前高校道路交通安全管理存在的主要问题

（一）师生道路交通安全意识淡薄

从近年来发生的一些校园交通事故案例来看，师生交通安全意识淡薄是重要原因之一。高校师生虽是高知群体，但在校园交通安全上存在一些认识误区。他们普遍认为校园很安全，不存在交通安全问题，而且校园交通不同于道路交通，不用遵守道路交通规则。有一些行人，甚至认为交通安全、交通法规等是机动车驾驶者的事情，与己无关。这些认识误区都直接导致了广大师生校园交通安全意识淡薄，乱走路、乱开车、乱停车现象随处可见。由于认识上存在偏差，很多师生对于学校的交通管理规定不理解与不认同，也无形增加了保卫部门的管理难度和成本。

（二）交通基础设施缺乏、道路交通规划不合理

与机构、人员的缺失相伴随，多数高校没有交通安全管理专项经费，道路交通基础设施建设难以得到保障，导致校园功能分区不明确，道路狭窄、停车位欠缺、交通标志标线不规范。很多高校校园内生活区、教学科研区、行政区混杂，甚至部分高校内存在家属区、附中附小、商业区甚至一些校外单位，给保卫部门的分类分时分区管理带来很大困难，不同类型的车辆难以隔离，上下班高峰时段的交通拥堵问题严重。狭窄的校园道路不仅会导致行人、机动车和非机动车互相干扰，而且由争道、剐蹭、

超速引发的矛盾冲突和交通事故日益增多。停车设施的缺乏导致乱停车成为高校交通管理的一个难点问题,本就拥挤的道路被随意停放的车辆所占据,使得道路的通行能力大为下降。一些临时划定的停车位占用消防通道,存在安全隐患。

(三)高校交通管理无法可依

校园交通安全管理无法可依是各高校面临的关键问题。《中华人民共和国道路交通安全法》(以下简称《道路交通安全法》)第一百一十九条规定:"道路,是指公路、城市道路和虽在单位管辖范围但允许社会机动车通行的地方,包括广场、公共停车场等用于公众通行的场所。"公安机关据此认为校园道路不属于《道路交通安全法》的管辖范畴,不进校执法,不参与学校日常的交通安全管理。面对校园中的普遍存在的超速、乱停乱放等行为,高校保卫部门由于没有交通管理执法权,只能进行劝导,管理缺乏约束力,效果并不理想。目前,部分高校对校内的交通违规行为采取罚款等"行政处罚"措施,但由于缺乏法律依据,易引发争议和纠纷。

二、加强和改善高校道路交通安全管理的对策

(一)加强高校道路交通安全宣传教育

《道路交通安全法》第六条规定:"教育行政部门、学校应当将道路交通安全教育纳入法制教育的内容。"高校应加强落实,将交通安全作为大学生安全教育的重要组成部分,将交通安全课纳入课程大纲,进教材、进课堂。与此同时,加强高校校园内的宣传力度,利用校园电视台、海报宣传、网络微博等各种媒介,使师生了解到高校道路交通安全的重要性,将高校道路交通安全宣传教育落到实处,真正提高师生的安全意识,进而从根本上降低管理难度,缩减成本。

(二)完善高校道路交通基础设施,合理规划

高校应加大对校园交通基础设施建设的投入力度,按照交通需求和国家标准,对现有道路、交通信号(包括交通信号灯、交通标志和交通标线)、停车场等道路交通设施进行改进和完善,消除校园交通安全隐患,满足校园交通需求。从交通的角度考虑,合理规划校园。例如,建设规模较大的高校,可以考虑将若干具有一定相关性的院系集中起来,周边再配建相应的学习生活设施,形成若干聚集区。各聚集区合理控制规模,学生日常教学、生活的交通出行均发生在聚集区内部,这样便可以缩减出行的距离。行政区也应当根据其功能进行规划区分,在建设时应当设置在临近校园出入口的位置,一方面保证了行政区的相对独立性,另外也方便了高校教师同校外的联系。

(三)发掘高校道路交通安全管理现有法律支撑

按照现行法律法规,高校可与属地公安机关协调,寻求公安机关对学校交通安全管理的支持。

首先,公安交管部门应负责处理校内交通事故。按照《道路交通安全法》相关规定,不论校园道路是否属于社会道路,公安交管部门在接到报案后,都应当依法进行处理。其次,公安交管部门应负责查处校内超速行为。《中华人民共和国道路交通安全法实施条例》第六十七条规定:"在单位院内、居民居住区内,机动车应当低速行驶,避让行人;有限速标志的,按照限速标志行驶。"这实际上就赋予了高校自己设置的限速标志以法定效力。如果机动车违反这些限速标志行驶,同样构成交通违章,交管部门应予以处理。为落实这一条款,学校应设置限速标志和测速设备,并与交管部门联网。相应的,交管部门应对这些标志、设备的设置进行指导验收。再次,公安交管部门应负责校园周边交通秩序管理。校园周边交通秩序治理属公安交管部门的管辖范围,其应在校园出入口位置和校园周边人车密

集区域采取专门的治理措施,如增设红绿灯、增配警力等,改善交通环境,保障师生安全。

对于高校的交通安全管理工作来说,公安机关的支持和参与不但可以增强其管理的权威性,而且可以提高管理的科学化、规范化水平,是重要和必要的。

随着时代的进步,与社会交通安全管理一样,高校道路交通安全管理工作面临着新的形势和挑战。加强高校道路交通安全管理,维护校园内良好的交通秩序,保证校园内行车畅通、人员安全是一项长期而艰巨的工作。高校管理部门应高度重视,更新观念,转变思路,加强师生交通安全意识,加大对校园交通硬件设施的投入,完善交通安全制度,发掘法律法规支持,努力创建一个文明、有序的校园交通环境,确保高校的平安、和谐与稳定。

参考文献:

[1]中国法制出版社.中华人民共和国道路交通安全法[M].北京:中国法制出版社,2011

[2]周永红.和谐校园视野下的交通安全管理【OL】

[3]乔晓阳.中华人民共和国立法法讲话(修订版).北京:中国民主法制出版社,2008

[4]张伟锋.高校交通智能化管理调研与探索.中国水运第12卷第4期

作者简介:

赵洪浩　天津大学保卫处

高校校园交通的现状与对策研究

张晓怿　河北工业大学

摘　要：本文探讨了我国高校校园道路交通的现状、特征,并针对校园交通现有问题提出了相应的对策与建议,相信这将对保障广大师生正常生活秩序、出行安全以及构建和谐校园等方面起到一定意义。

关键词：校园交通现状　内涵　对策

校园内的交通安全涉及广大师生的生命财产安全。本文简要介绍了我国高校校园道路交通的现状与特征,并针对校园交通现有问题提出了相应的对策与建议。

一、高校道路交通安全、和谐的内涵

交通现象是由静态交通和动态交通共同组成的,高校要保证道路交通顺畅、和谐,应该包括静态和谐与动态和谐两个方面:

(一)静态交通和谐

静态交通是相对于动态交通而言的,是由公共交通车辆为乘客上下车的停车、货运车辆为装卸货物的停车、小客车和自行车等在交通出行中的停车等行为构成的一个总的概念。此外,校内各类停车场也是静态交通的组成部分。停车位充足、停车场设置合理、摆放有序等方面都是静态交通和谐的表现。

(二)动态交通和谐

通常人们所说的交通都是指动态交通,是指各类交通工具包括机动车、非机动车以及行人在公共道路上处于流动状态的过程。交通顺畅、有序,遵守交通秩序,交通警示设施齐备、管理制度完善,机非分离等等都是动态交通和谐的表现和必要因素。

二、我国高校校园道路交通现状及成因

(一)交通工具种类、数量明显增多

随着高校办学规模的扩大,人员的增多,校园扩建、多校区办学格局的出现,校区之间往来与社会交通的关系日趋密切。自行车、电动车等交通工具数量大幅增加。高校师生购车人员越来越多,据调查,许多高校一年内新增机动车多达数十辆甚至上百辆。这种无法节制的内增长,给校园安全带来新的压力。有的高校校园教学区和生活区、家属区难以分割,教职工的亲属的交通工具混在其中,更

增加了管理的难度。高校施工建设期间,施工人员多、车辆杂。这些问题,都使得高校道路交通潜在的安全隐患很多。

(二)高校道路建设速度和质量与实际需求不成正比

无论是校园扩建还是新校区建设,人们都能看到高校校园道路变宽、变长、变多的可喜局面。但与此同时,校内人流密集、车辆激增,交通安全管理的难度加大。再加上有些校园路网结构不合理、公路质量低、通行条件差、缺乏交通安全警示牌等因素,使得校园道路出现瓶颈路、畸形交叉路口等不利于交通安全的现象。有些高校热衷于修主干道,不注重次干道、支路的建设,使得学生出行高峰期间交通流过于集中,主、次干道、支路比例严重失调。

(三)学生日常生活交通流量加大

多校区办学、学生公寓建在校外、向社会租借学生宿舍等等新生现象,导致大学生日常生活中对交通需求增多。特别是高校的作息、出行时间呈现极强的集中性和规律性,临近开学、放假,或上课前、下课后,或是节假日、双休日,交通流量骤然增加,密集度远远大于城市道路交通的平均值。高校道路的规划与建设若在平时还略显宽松,一到特殊时期便学生、教工、家长怨声载道、苦不堪言。更为严重的是,还存在着潜在的安全隐患,一旦出现事故,后果不堪设想。

(四)校园主体安全意识淡薄,校园交通安全教育不到位

大学生缺乏社会生活经验,交通安全意识淡薄。有些学生在校园里骑飞车、闷头猛拐等,都成为交通事故频发的主要原因。加上高校没有把学生交通安全教育提到应有的高度,过于信任学生的安全意识和自律能力,使得学生安全教育长期处于缺失状态。没有足够的责任机制和教育机制,加上盲目的从众心理,横穿马路、与车辆抢道、翻越护栏等现象愈演愈烈,高校内违反交通法规的现象十分普遍。

(五)校园内交通安全管理力度薄弱

许多校园内道路没有车辆、行人分道线,交通基本处于无序状态。有的初学者还把大学校园当成训练场,极易引发交通事故。学生大多数购买二手自行车,交通工具安全性能差。有的高校内分布着城市道路,校外车辆随意进出校园。人车混行、机动车与非机动车混行的交通方式直接影响了道路通行效率和安全。而校园内安全保卫部门在道路安全方面形同虚设,管理力度相对薄弱,对违法违章行为无权处罚,管理难度极大。

三、针对我国高校校园道路交通现有问题的对策与建议

(一)加强安全教育培训

高校交通安全教育培训要求要长期、系统、持续地开展,不同地区、不同类别的学生汇聚于此,对交通安全培训的要求也各不相同。因此,在制定培训方案时应从培训对象、授课计划、学习方法上多重考虑,合理组合,以优化学习效果。高校学生由于生源地不同,面临的交通环境不同,对学校所在地的交通情况不了解,对此应当对其进行基础性的教育,普及对校园内外交通状况的知识的了解;对高年级学生则进行有针对性的培训,针对某一法则、某一事件、某个场景等进行教育。要着重加强校内机动车驾驶员的安全教育和培训,督促司驾人员遵纪守法;要把道路交通安全工作纳入学校的日常教育之中,切实提高师生员工对于交通安全的认知度,提高师生员工遵守道路交通安全法规和自我保护的自觉性。除此之外,要加强对全体师生的经常性培训,根据学校、社会发展、学生队伍的变化的

需要,进行长期化、经常化、多样化的培训,为实现校园安全提供保障。

(二)加强校园交通管理

高校要参照社会道路交通的管理方式,依据《中华人民共和国道路交通安全法》和校园管理的有关规定,明确校区道路交通安全管理职能部门;明确校区各类道路的功能与限制规定;明确校区道路交通安全的具体要求,把校区道路交通安全工作作为学校安全稳定的重要环节,切实加强规范管理。

随着高校与社会联系的日益增多,高校校园交通安全管理也逐渐提上议程。例如在上课、生活的核心区域设置禁行区和禁停区,禁止机动车通行和停放;利用减速带最大限度降低车速;对违反规定的机动车驾驶员进行劝导、告知;实行人车分流,降低人车混行带来的交通隐患;采取停车收费制度限制校园通行、停放车辆的数量;建立校内停车场,规范校园车辆停放管理;引进智能化交通管理设备,提高高校交通管理效率等措施。参照社会道路交通的管理方式,进一步加强校园道路交通安全的管理和监督。

(三)学校出台相应的交通管理规定

就目前而言,在缺乏强制性执法权力的背景下,校园交通秩序的维护还是主要依靠机动车驾驶员的自觉遵守,对于违反管理规定的机动车只能以说服教育为主。但学校应当出台有关交通的管理规定,加大校门的监管力度,施行校区机动车密度控制,严禁机动车在校内超速行驶。对违反校内道路交通安全规定的行为要果断制止,加强对违反校内道路交通安全行为的纠正与处罚,强化对校内道路交通安全的管理力度。

(四)建立与媒体的互动机制,促进安全教育的普及

目前我国高校交通安全宣传的力度和效果已远远不能满足多层面交通参与者的需求。要区分对象,根据不同的社会群体,采取新鲜活泼、为广大交通参与者所喜闻乐见的形式。

在国外,很多国家已经采用了媒体这一形式进行交通安全宣传,我国在利用媒体方面取得了一定成效。电视网络的飞速发展给宣传教育工作提供了大显身手的"平台"。例如:天津卫视早间的"津晨视界"让群众了解出行情况、106.8兆赫的天津交通广播电台全天播出与交通有关的节目;安徽卫视"今晚报道""新安晨讯"栏目,不间断地播出交通安全的新闻。黄山交警支队与联通公司联手,建立了交通安全短信息发布制度。这类直观灵活的宣传形式更容易被接受和记忆,将会对提高校园交通安全产生积极影响。

高校作为重要的教学、科研场所,保持安全、稳定、和谐的校园环境和良好的校园秩序是必须的,分析当前高校校园交通安全管理的形势和出现的新情况、新问题,研讨进一步加强高校校园交通安全整治工作的对策,对高校的改革、建设和发展有着重大的现实意义。

参考文献:

[1]梁永明,贾水库等.高校校园交通管理现状及对策[A].北京市高等教育学会2007年学术年会论文集

[2]徐春林,咸利强.高校校园交通安全管理浅析[J].高校后勤研究,2009(6):96~98

[3]丁良平.大学校园交通现状及管理对策[J].常州工学院学报,2011(3):54~58

[4]袁贵仁.全面落实教育规划纲要深入推进教育事业科学发展[R].全国教育工作会议上的讲话,2011年

[5]孙玉.校园安全问题及对策研究[D].吉林:吉林大学,2005.
[6]李清德.建立"平安校园"长效机制的思考[J].中国科教创新导刊,2008(10):18~19
[7]肖战.新世纪高校校园安全教育与管理的再思考[J].咸阳师专学报,2002(5):126~127.

作者简介：

张晓怿　河北工业大学保卫处

试论高校校园的交通管理

栗 斌 内蒙古建筑职业技术学院

摘 要：高校校园交通管理关系到，内部师生及员工的切身财产和人身安全利益，也是为一所大学营造安定和谐校园环境的基础。目前，由于各高校校园面积不断扩张，师生规模不断增加等因素的影响，高校校园交通设施、管理等方面的缺陷日渐凸显。为此，必须加以重视，尽快完善高校校园的交通管理。本文主要对高校校园交通管理进行研究，首先从管理现状入手，又分析了高校校园管理存在的问题，并在此基础上提出了如何提高高校校园安全管理的一些措施。

关键词：高校校园 交通管理 现状 问题 措施

随着我国经济及综合国力的不断发展和提升，政府也越来越重视高校教育。因而，我国的高校校园面积不断扩张，师生规模也不断地增加。加之国民的生活水平不断提高，私家车数量骤增。受以上各因素的影响，我国的高校校园的交通管理日益复杂和困难。为缓解校园交通拥挤甚至杜绝校园交通事故，各高校应加强对校园交通管理的重视，并采取相应措施积极改善目前所面临的窘境。

一、我国高校校园交通管理现状

随着高校体制改革，大学生招收数量逐年递增，学校的规模逐年扩大。随之而来的高校对外开放程度扩大化。校内车辆如公车、班车、后勤服务车辆、校外私家车、来往车辆骤然剧增，导致了目前校园交通管理相对滞后的现状。也同时给校园交通的安全性埋下了隐患。

另外，本高校内部的教职工随着收入的增加，经济条件日渐改善，本校教职工的私家车数量逐年增加。随之而来的便是校园停车难问题。虽然近年随着校园基础设施建设，停车区域不断扩张，但供需的矛盾却在不断激化。因此，随处可见教职工私家车占道的情形。有些校园的主干道人行路也被私家车挤占，让本身就不宽的道路变得更加狭窄。当大学生们集中上下课或是就餐高峰期时就会出现交通拥挤的现象。此举使得本来已存在问题的校园交通变得更加拥堵，更有甚者导致了部分纷争。

除此之外，由于高校大学生数量的逐年递增及高校占地面积的不断扩张，使得大学校园里的自行车数量骤然剧增。由于校园面积大，住宿地点离就餐、上课距离较远，一多半大学生都购买了自行车。大量的自行车如何摆放的问题也成为高校校园交通管理的一个亟需处理的难题。大量自行车排放不好，也会堵塞校园交通。

以上便是高校校园交通的主要现状。根据高校校园交通的现状，我们必须结合高校校园道路的自身特点与相关交通法的条款规定，制定符合高校校园实情的校园交通管理方法和措施来改善目前高校校园交通拥堵的现状。

二、高校校园交通管理存在的问题

1. 师生及驾车人员安全意识淡薄

认真分析多起大型的高校校园交通事故,不难发现,大部分都出自于行人的麻痹大意缺乏安全意识。一方面,从驾车者的角度来说,可能为了着急上班,或是着急下班回家,车速相对较快,造成了撞人现象的发生。有的驾车者进入高校校园后开车放松警惕,比如同车上的人闲聊,驾车漫不经心,于是就造成了本可避免的交通事故。另一方面,从行人的角度来说,有的大学生在校园走路时对路上的车辆视而不见,比如带着耳机听音乐或低头玩手机,注意力不集中持一种不在乎的心态,认为校园里不会出什么问题。有的大学生在校园里骑自行车带人,边骑边聊天。还有的大学生一边走路一边拍球、踢球,或是一边嬉戏打闹,完全没有安全意识。以上这些现象也是造成校园交通事故的重要原因。

因此,师生及驾车者安全意识淡薄是目前高校校园交通安全方面存在的几大问题之一。

2. 设施落后,管理制度不健全

高校校园交通事故发生的主要原因,除了师生及驾车者安全意思淡薄以外,还存在交通设施不健全,管理有缺陷等问题。据有关研究显示,目前虽然各高校的建筑大楼气势磅礴、道路宽阔,但普遍存在着主要干道上没有信号灯,没有斑马线、减速带等现象。另外,在人流量较大的路段缺乏明显的安全提示标语或图标,车流量较大的转弯处缺少反光镜,甚至没有限速标志。另一方面,许多高校分为老校区和新校区。老校区建校时间长,相对陈旧,校园里面不仅包含学生生活区、教学区还有教师生活区。所有都混在一起,校园道路较窄,路口缺少信号灯,又缺少专门的交通管理人员。因而,在上、下课或集中就餐时就会形成人流高峰,而由于缺少有效的交通安全管理,校园交通安全事故时有发生。

3. 外来人员的增加,导致校园交通拥挤时有发生

目前作为与社会接轨、交流的方式之一,几乎所有的高校都面向全社会开放。接纳了国内国外、本地市民、外地旅游者等进入校园参观游览。一些知名的院校甚至被列入了旅游景点之一,比如北京大学的未名湖、武汉大学的樱花园等等。以至于本来相对封闭、与世隔绝、清幽的大学校园,顿时变得热闹起来了。大量的人流、车流不断涌入,大量的外来人员涌入,使高校校园环境变得复杂起来,也不断加重着高校校园环境的负荷,导致高校校园交通拥挤现象时有发生。

三、提高高校校园交通安全管理的措施

1. 加强全校交通安全教育,提高安全意识

鉴于师生等安全意识淡薄的现象,同时也根据相关交通法规的规定,高校作为教育行政部门,应当将道路交通安全宣传作为法制教育的主要内容之一。其具体形式可以是多种多样的。高校应切实的把校园交通安全教育作为一门必修课,花时间、按计划、有目标,并通过大量身边的案例,采取合理化科学化的教学方法。不仅教会学生意识到安全的重要性,同时也使各师生能够真正树立起交通安全意识,自觉遵守交通法规。

2. 加强外来机动车管理,消除隐患

针对外来车辆大量涌入高校校园,造成校园交通拥堵并不时有交通事故的现象,各高校应加强对外来机动车的管理,从而达到消除隐患的目的。首先,从准入制度上,对进入校园的外来机动车,须有

通行证或换发的临时通行证才可进入。另外,对外来机动车必须严格进行登记,执行公务的特殊机动车和邀请的贵宾,必须经过准确确认才能通行。对于那些无牌或证件不全的机动车和未经公安交通部门认可的改装机动车、大功率燃油、燃气助动车,禁止在校园内行驶。校园道路严禁教练车或无证驾车、酒后驾车、飙车、试刹车。最后,对于通过检查允许进入的机动车要求必须限速在一定的范围之内。所驾驶机动车通过十字交叉路、转弯道口、减速带,应减速慢行,尽量主动避让行人、非机动车。夜间行车时,为了避开行人必须要开启夜行灯。并且禁止各机动车在校园内鸣笛。

3.引进先进技术、设备和科学的管理方法进行管理

至于目前高校交通安全管理技术和设备相对落后的情况,各高校应结合自身实际情况合理引进先进的技术和设备,并不断改进自身的校园交通管理方法。科学的进行管理。比如视频监控系统,国家标准制式的道路安全警示牌,以及限速、禁停、禁鸣笛、环岛绕行等标志,在人流车流量大的路段应该安装减速带、隔离桩、广角镜和各种照明灯具等,并定期检查维护。管理上,可成立专门的校园交通安全管理办公室,主要对校园的各个主要干道的交通实行进行有组织有目的的监控和管理。另外,各交通标识、信号和标线等都应该统一按照国家交通法的规定,设置上符合国家标准。同时根据实际需要,能够随时及时的更换、增设、撤销,保持这种标识足够醒目、准确和完好等。

四、结语

高校校园交通管理是一项涉及人多面广的管理工作。实际管理当中确实存在一定的困难和阻碍,但各高校必须加以重视,集合各高校自身的实际情况,分析问题所在,对症下药,不断提高高校校园安全管理的合理性、科学性和先进性。只有这样才能做好高校校园安全管理。同时,也只有有了安全的高校校园交通环境,才能为高校自身的校园建设提供保障。让我们强化各项校园交通安全管理措施,多管齐下,通过各方努力最终营造一个文明、安全、有序的高校校园交通环境。

参考文献:

[1]王超,崔志林.高校交通管理方法探析[J].青年文学家,2013(4):212

[2]李丹.高校校园交通环境管理的思考[J].高等函授学报(自然科学版),2011(2):75~77

[3]李新民,张健.高校校园交通事故产生的原因及治理措施[J].杨凌职业技术学院学报,2010,09(3):90~92

[4]常焕德.试论高校校园的交通管理[J].时代经济,2010(14):94~95

[5]孙丰明.浅谈高校校园的交通管理[J].东京文学,2011(11):211

作者简介:

栗 斌 内蒙古建筑职业技术学院,保卫处处长,手机:15661008800

通讯地址:内蒙古呼和浩特市回民区生态园南侧,邮编:010050

高校消防安全管理

浅析大学校园环境安全管理
——火灾隐患及应对措施

关宏战　武旭斌　太原理工大学

摘　要：高等院校校园是高近视率、高学历人群和建筑物高度密集之地，是人流、物流川流不息的都市特殊路网片段。随着高校学生数量的增多，建筑物的增加，致使消防安全问题成为校园环境安全问题的一个重要方面。本文将基于当前大学校园火灾现状及隐患成因结合相关的研究成果，从方法保障、管理保障和自救保障对校园消防提出有事实依据、有理论根基的建设性策略。

关键字：方法保障　管理保障　自救保障　防火措施　自救逃生

一、问题的提出

（一）当前高校火灾的现状

随着高校招收规模的扩大，学校面积不断增加，各种教学楼、宿舍楼、实验楼、学校超市、食堂等诸多建筑拔地而起，人流量、物流量增多，用火、用电、用气量大幅增加，校园火灾隐患也日渐增多。

2012年8月4日凌晨7时许，湖南农业大学商学院2011级工商管理一班留守学生王某购买"热得快"在金岸学生公寓8栋120室违规使用，引发火灾。

2013年1月1日下午4时30分许，河南师范大学（简称河师大）学苑餐厅二楼厨房因炸茄子时油温过高突然起火。好在扑救及时，没有造成人员伤亡，避免了更大的灾害发生。

2013年5月10日凌晨，河南大学民生学院一女生宿舍着火。着火原因系女生公寓2号楼C座三楼中间水房内的烧水器出现短路，从而引发着火，但未出现明火及人员受伤、财产损失等情况。

此类痛人心扉的事故在当下校园中可谓是不胜枚举，并有愈演愈烈之势，这不仅严重威胁着学校师生的生命健康，而且也成为校园环境安全问题中的一个重要隐患。故而，对学校火灾的防范的研究显得重要而迫切。本文将基于当前校园火灾现状及隐患成因结合相关的研究成果，从方法保障、管理保障和自救保障对校园火灾防范提出有事实依据、有理论根基的建设性策略。

（二）当前校园火灾隐患的成因

1.领导对消防安全工作重视不够

高校领导片面地认为消防工作与教学质量无关，与学校稳定无关。作为消防安全责任人的校长，长期不过问消防工作，分管校长也经常因公务繁忙对消防安全工作重视不够，在学校会议上很少或根本不研究消防安全工作。领导对消防工作不重视，造成高校在消防投入上普遍不足，能砍则砍，能省便省。

2.消防安全制度落实不到位

虽然不少高校都建立了消防安全责任制,但并没有真正落实到位。有的高校虽然也层层签订了责任书,但内容大同小异,没有针对性;有的高校签订责任书后就束之高阁,不开展检查考评,责任制形同虚设;有的高校责任书内容含糊不清、过于笼统,没有把工作职责具体明确地落实到岗位和个人;有的高校对消防职责履行情况检查走过场,考评不严格,奖罚不分明,难以调动工作积极性。

3.消防组织机构不健全、消防安全管理制度不完善

一些高校没有健全的消防组织机构,没有明确专职消防的工作人员,也没有建立消防工作定期评议制度。有的高校没有明确消防安全重点部位,没有制定消防安全管理制度。有的高校没有成立义务消防组织,或者成立了义务消防组织但不开展任何活动,无法很好地发挥义务消防组织的作用。

4.消防宣传教育频率低、深度浅

高校师生众多,人员密集,消防宣传教育应当是消防工作的重中之重。但一些高校在消防宣传教育方面频次很少、内容单薄、形式老套,效果很不理想。宣传教育的缺乏直接导致了绝大部分的师生思想麻痹,普遍认为高校发生火灾的可能性比较小,谈起消防安全不以为然。由于思想上麻痹大意,违法违规行为在高校屡见不鲜,人为造成很多火灾隐患,有些师生甚至缺乏最基本的火灾扑救及逃生常识。

5.高校建筑物火灾隐患严重

有些国内知名的院校大多有着几十年甚至上百年的历史,校园内的一些原有建筑难以达到消防安全要求,其中还不乏受保护的文物古建筑。这些古建筑有的采用木质结构,建筑内的消防设施又不到位,且电气线路老化,很难达到现有的消防安全标准。

6.消防违法违规行为屡禁不止

很多高校为了便于行政管理采取了许多却违反消防安全管理规定的做法。例如有的高校管理部门为了防止应急灯、疏散指示标志、灭火器的丢失,采取了统一保管在值班室的做法,一旦发生火灾,这些必要的物品将失去它应有的作用。有的高校管理部门为了防止盗窃,在宿舍的窗户、出口上安装铁栅栏,使救火、救援及逃生更加不易。高校学生也经常违反消防管理规定,在宿舍里私拉乱接电线,极易引发火灾事故。

二、方法保障:高校各部门的防火措施

(一)重点实验室的防火措施

据调查显示,科研项目中的事故发生率大于常规生产。高校实验室里进行的大多数是探索性和试验性的工作,在没有现成的工艺和安全经验可供借鉴的条件下,很多新问题需要在无数次失败中摸索。要求师生在实验中应做好以下几个方面:

1.实验方案的设计应科学、严谨、周密,切不可随意决定,盲目试验;2.了解实验所需试剂的基本参数,熟悉仪器设备操作的注意事项等,做到心中有数,尽可能把灾害发生的可能性减少到最低程度;3.提倡首次实验采用小剂量的科学论证;4.不在同一实验室同时进行有燃烧、爆炸等风险的交叉作业;5.对实验过程可能产生的不安全因素,应提高警惕,有人看护;6.认真做好压力容器的管理工作,对长期未检测、容器内部腐蚀严重、安全阀锈死、存在严重质量问题的容器要坚决停用;7.实验结

束后,应按操作规范关闭阀门、切断电源,整理实验台;8.试验期间必须有专人值守。

(二)学生宿舍的防火措施

做好学生宿舍防火工作,每个学生都要树立防火意识,认识火灾的危害,自觉遵守学校的消防安全管理规定,做到以下几点:

(1)不躺在床上吸烟,不乱扔烟头。人在疲乏时,躺在床上很容易入睡,烟头掉在被褥上,或者烟头扔在易燃物上,容易发生火灾;

(2)不在宿舍使用电炉、热得快等大功率电器、电热设备以及煤气炉、酒精炉、液化气炉等明火。学生宿舍内可燃物品多,使用电炉、酒精炉等,稍有不慎或疏忽便能引起火灾;

(3)不乱接电源。乱接电源容易使电流过载,如使用不合格的电器或电线老化,易引起火灾;

(4)不在室内点蜡烛看书。人疲乏入睡后,蜡烛容易引燃蚊帐、被褥,引发火灾;

(5)不要将台灯靠近枕头、被褥和蚊帐;

(6)人走熄灯、关闭电源。切断室内电源,能彻底保证不发生火灾;

(7)不存放易燃易爆物品,如个别同学顺手带回实验室酒精,藏匿在床铺下,如有滴漏,一个烟头就可能引起火灾或爆炸;

(8)每日进行安全检查。

(三)图书馆的防火措施

(1)定期检修线路设施,防止电线老化,严禁使用大功率电器,防止超负荷用电造成短路引起火灾;

(2)图书馆始终保持疏散通道畅通;

(3)不得携带易燃易爆和危险化学品进入图书馆;

(4)不得在图书馆吸烟、乱扔烟头或使用明火;

(5)按规定配备灭火器具和消防设施;

(6)工作人员熟练使用灭火器具;

(7)一旦发生火险火情,现场工作人员要立即采取果断措施,迅速切断火源,使用自备灭火器进行灭火自救,防止火势蔓延扩大。稳定现场师生情绪,组织学生有序撤离,防止发生拥挤踩踏;

(8)按国家相关管理规定控制入馆人数,不能超过极限负载。

(四)公共场所的防火措施

在体育馆、报告厅、食堂等公共场所,要遵守消防安全制度和有关规则,做到不携带易燃易爆物品去公共场所,如汽油、酒精等;不吸烟或随地丢弃烟头、火种;不使用明火照明;不随便接触公共场所的电气设备开关;遵守公用场所秩序,不随意乱跑,不随意触摸开关按钮,保持安全通道的出入口畅通等。

三、管理保障:高校消防管理的应对措施

(一)提高学校领导的消防意识

应当经常召开消防例会,定期和学校各级领导座谈消防工作,及时传达消防工作的最新精神,让学校的各级领导清醒地认识到学校消防安全工作面临的严峻形势,清楚地认识到单位消防安全管理存在的突出问题,要让学校领导真正认识到抓消防工作就是保学校稳定,抓消防工作就是促教学科

研,在重视教学与科研工作的同时,始终不忘消防安全工作,推动消防工作与学校建设同步进行,最大限度减少火灾危害。

(二)督促学校建立并落实消防安全责任制网络

在提高学校领导消防意识的基础上,要督促各高校建立消防组织机构,建立定期检查评议制度,健全消防安全责任制网络,认真履行消防工作职责。明确每个院系、每栋建筑直到每间宿舍、每个实验室的消防安全管理人以及工作职责,并将消防工作的好坏与奖金挂钩,奖优罚劣,充分调动每个人的消防工作积极性。

(三)加大对学校的消防宣传教育

高校人员素质高,是更讲理智的地方,只要宣传到位,讲清道理,比单纯的行政命令会更有效。针对这一特点,要把对学校的消防宣传教育作为监督管理工作的重中之重。除了张贴宣传图片、播放消防宣传光盘等形式外,消防监督员可以利用每年新生入学的黄金时段,开展高校防火安全知识讲座,讲授消防知识技能,告诉学生们一些看似平常的不当行为会带来怎样的火灾危险,提高学生学习消防知识、预防火灾事故的自觉性。每年可以在高校中组织一次到两次不同院系学生之间的消防安全演讲比赛、知识竞赛或消防运动会,通过学生喜闻乐见的形式提高学生的消防安全素质。

(四)加强消防安全检查,及时消除火灾隐患

为了从根本上杜绝火灾和减小火灾危害,彻底消除各种致灾因素,消防部门应当对高校开展高频次的消防监督检查,经常检查火灾自动报警、自动灭火系统、室内外消火栓系统、安全疏散通道、应急照明和指示标志等消防设施,使其始终处于完好状态,充分发挥建筑消防设施的作用。重点检查学生宿舍、食堂、礼堂、网络中心等人员密集场所,并且对这些场所建立工作档案。

(五)发展义务消防组织,加强灭火疏散演练,提高自防自救能力

火灾具有偶发性、突发性的特点,加之一些心怀叵测者的破坏,使得火灾事故更是防不胜防。因此,在积极做好火灾预防的同时,还应构筑抵御火灾的最后一道屏障。这道屏障主要由两个方面组成,一方面是要具备较好的基础设施,另一方面,就是生活在这个空间的人群,要具备善于运用这些设施来自防自救。高校具有青年学生众多的优势,消防部门应当积极发展义务消防组织,有重点地制定灭火、应急疏散预案,指导高校开展有针对性的灭火疏散演练,使师生们掌握应对突发事件的基本程序和技能,切实提高自防自救能力。

四、自救保障:高校学生逃生自救方法及注意事项

一场火灾中,能否顺利逃离火场,这与火势大小、起火时间、楼层高度以及建筑物内消防疏散通道的畅通、消防设施等因素有关,但主要还是与受害者的自救能力,以及是否懂得逃生知识等因素有关。每个大学生都应掌握一定的逃生知识,在火灾发生时,沉着冷静,选择有利时机、路线和方法逃出危险区域。如惊慌失措,慌不择路。盲目冒险,就有可能酿成严重后果。

(一)高校学生逃生自救方法

1.立即离开危险区

一旦发现自己处在火场的最危险地区,生命受到威胁时,要立即停止一切工作,争分夺秒,设法脱险。脱险时,要观察、判断火势情况,明确自己所处环境的危险程度,以便采取相应的逃生措施和方法。

2.保持镇静,明辨方向

突遇火灾时,首先要强令自己保持镇静,千万不要盲目的服从人流和相互拥挤、乱冲乱撞。撤离时要注意朝明亮处或外面空旷地方跑,要尽量往楼层下面跑。

3.简易防护,掩鼻匍匐

火场上的烟雾含有许多有毒有害的成分,(火灾产生一氧化碳在空气中含量达到1.28%,1—3分钟可以导致人窒息死亡),因此逃生时要注意隔开浓烟,可用湿毛巾、湿口罩捂住口鼻做好个人防护,以防止烟雾中毒、预防窒息。如果出口被烟火封住,冲出险区有危险,可以将身上浇冷水,或者用湿床单、湿棉被将身体裹住,有条件的可穿上阻燃服,然后快速离开危险区。

4.寻求暂时避难,等待救援

在所有通道均被烟火严密封锁又无人救助的情况下,应积极寻找暂时的避难所。利用卫生间躲避烟火的侵害。若发现有烟进入室内,应关闭迎火的门窗,打开背火的门窗。用湿毛巾、湿布等织物堵住漏烟的门窗缝隙,或用水浸湿棉被,蒙上门窗,然后不停地向高温处或地面洒水,淋透房间,以延缓火势蔓延的时间,防止烟火渗入。

5.传送信号,寻求援助

被烟火围困时,尽量待在阳台、窗口等易于被人发现和能避免烟火近身的地方。在白天可向窗外晃动鲜艳的衣物等;在晚上,可用手电筒不停地在窗口闪动或敲击东西,及时发出有效求救信号等。在被烟气窒息失去自救能力时,应努力滚到墙边或门边,既便于消防人员寻找、营救;也可防止房屋塌落时砸伤自己。

6.缓降逃生,滑绳自救

高层、多层建筑发生火灾,通道全部被火封锁时,可迅速利用身边结实的绳索或将窗帘、床单、被褥等撕成条自制简易救生绳,用水打湿后,然后将其拴在牢固的窗框、床架或室内其他牢固物件上,从窗台或阳台沿绳滑到下面的楼层或地面逃生。

(二)逃生注意事项

(1)一定牢记发生火灾时要报警。

(2)生命第一重要,千万不要因为寻找贵重财物而耽误逃生时间。

(3)楼房起火时,不能乘坐普通电梯逃生,一是因为起火容易断电,二是因为电梯可能因箱体受热变形而卡壳,两种情况均会使逃生失败。

(4)不能在浓烟弥漫时直立行走,否则极易呛烟和中毒。

(5)在室内发现外部着火,开启房门时,须先触摸门板,若发现变热或有烟气自门缝窜入,就不能贸然开门,而应设法寻求其他通道,若发现不热,要缓缓开启,并在一侧利用门扇作掩护,防止烟气熏倒或热浪灼伤。

(6)逃生时,每过一扇门窗,应随手掩护,以防止烟火沿通道蔓延。在逃生的过程中看见前面的人倒下,应立即扶起,对拥挤的人,应给予疏导或选择其他方法。

(7)逃生者身上着火,切勿惊跑,惊跑和用手拍打只会形成风势,加速氧气补充,促旺火势。正确的做法是迅速将衣服脱下,或就地打滚压灭火苗,但要注意不要滚动过快,切记不要带火迎风跑动。

五、结束语

"隐患险于明火,防范胜于救灾,责任重于泰山",高校消防安全工作任重而道远。为给师生提供一个安全的工作学习环境,保护学校的财产安全,本研究在文献分析法和事实分析法的基础上从方法保障、管理保障和自救保障三个方面论述了高校火灾防范的可行性策略,方法保障在微观上从高校各行政个体出发提供了针对性策略,管理保障在宏观上从高校领导管理出发提供了整体性策略,自救保障在个体层面从逃生者出发提供了个体性策略。

参考文献:

[1] 孔焌.化学实验室的防火措施.广东化工,2012(9)

[2] 张涛.浅谈校园消防安全管理.中国公共安全,2011(3)

[3] 赵渊杰.大学校园消防安全管理弱点及防范策略.教育研究,2011(3)

[4] 张志源.基于层次分析法(AHP)的学校消防安全评估.中国公共安全,2011(4)

[5] 王生辉.浅谈如何加强高校学生宿舍消防安全管理.科技资讯,2011(4)

[6] 何纲.我国高校消防安全管理,理论研究,2011(10)

[7] 李忠群.高层建筑防火措施的设计与实施.产业与科技论坛,2011(18)

[8] 孙丛.浅谈图书馆火灾隐患与防火措施.科技信息,2010(27)

[9] 肖文涛.消防安全管理:当前形势与发展理路.中国行政管理,2010(12)

[10] 刘骥.高校消防安全管理工作浅析.中北大学学报,2008(6)

[11] 胡玉娟.浅析高校理化实验室消防安全管理.中国西部科技,2008(19)

[12] 吴柯妮.关于院校消防安全现状及防火措施的探讨.沈阳航空工业学院学报,2007(6)

[13] 严勇刚.公共图书馆消防安全管理的若干问题探析.图书情报论坛,2007(4)

作者简介:

关宏战　太原理工大学保卫处消防科,科长,手机:13643469505
武旭斌　太原理工大学保卫处消防科,科员,手机:18235110943
通讯地址:太原理工大学迎泽校区保卫处,邮编:030024

浅谈高等院校化学实验室的消防安全措施

王胜泽　中国农业大学

摘　要：化学实验室的安全管理是高校开展教学和科研的基本保证。本文阐述了做好高等院校化学实验室消防安全工作的重要性，分析了目前高校化学实验室的消防安全现状，提出了一些化学实验室消防安全管理措施，推动高校化学实验室管理工作不断发展。

关键词：高等院校　化学实验室　安全措施　消防

一、前言

高等学校的根本任务是培养具有创新精神和实践能力的高级专业人才，发展科学文化，促进社会主义现代化建设。为了完成这一任务，必须为学生提供一个安全的学习环境，因此，校园安全问题是影响人才培养质量的一个关键因素。其中，实验室安全更是校园安全问题的重要部分。实验室是高校进行实验教学和科学研究的重要场所，而实验室安全是高校教学、科研工作正常进行的基本保证。实验室的安全工作关系到大学生的生命安全，也关系到高校的财产安全和社会的和谐稳定。高校实验室安全问题越来越引起学校、社会和政府的高度关注。

实验室是高校师生开展教学、科研、社会服务的重要基地，是培养学生动手能力和创新思维的主要场所。化学实验室作为高校教学和科研训练的主阵地，其实验内容和反应条件多样，涉及许多实验药品和仪器设备的保存与使用，具有一定的危险性，给人身安全和环境造成一定安全隐患。因此，高等院校化学实验室在防火安全方面相对于其他建筑防火而言更为棘手。树立"以人为本、平安校园"的实验室管理理念，建立规范、合理、科学、高效的实验室安全教育途径，对于确保教学、科研工作的顺利开展和师生人身安全是非常必要的。

二、做好高等院校化学实验室消防安全的重要意义

近年来，国家对教育和科技投入力度不断加大，高校实验室数量明显增加，规模不断扩大，实验室的教学实践、科学研究活动越来越频繁，大学生接触易燃、易爆、有毒、有害、有污染的物质越来越多。做好高等院校化学实验室的安全防火，不但可以提高这些精密贵重仪器设备的投资效益，而且也是使其在教学、科研、培养学生中发挥应有作用的最基本保障。因此，重视和强化化学实验室的安全防火是非常必要的，否则，如因安全上的疏忽而导致火灾，往往会使国家财产遭受严重损失和造成人员伤亡，并影响教学和科研的正常开展。

同时,大学生是国家崛起之实力储备,高校要坚持以学生为本,培养中国特色社会主义事业合格建设者和可靠接班人。大学生的生命安全是第一位的,是重中之重,是大学生生存和发展的基础。加强大学生素质教育,培养全面发展的人才,已成为当前高校教育改革的主旋律,安全素质则是大学生综合素质中最基本的素质。因为安全是人类个体发展的基本要求,更是整个社会发展的基本条件。通过安全素质的不断培养,学生毕业走上工作岗位后,可以将安全文化融入安全行为和安全管理中,对于个人、国家和社会都将有重要的意义。

三、高等院校化学实验室的消防安全现状

(一)现行的化学实验室消防安全工作标准和规范已滞后

目前,国家关于安全工作管理已有一系列标准及法规,高等院校实验室主管部门多以此为依据,如《实验室安全防火工作条例》《实验室易燃易爆危险品使用、贮存管理办法》《实验室安全用电管理制度》以及《大型精密贵重仪器设备操作,维护安全管理办法》等。但由于各种条例、办法的局限性及各高等院校的化学实验室的特殊性,很多安全防火防范措施并未结合具体情况落实。

(二)老式建筑先天隐患多

我国有相当部分院校兴建于20世纪50年代初,许多建筑物为砖木结构。由于历史原因,这些建筑物普遍存在耐火等级低、布局不合理、周围无消防通道、未设置消火栓系统、电气线路老化等先天性火灾隐患。不少高校的一些旧建筑的走廊和室内吊顶采用易燃的泡沫塑料板,此种材料遇火即燃,且产生大量有毒气体。

(三)消防资金投入的缺口较大

有些高等院校周边根本没有公安专职消防队,即使已经建队的,由于财政困难,消防器材装备落后,没有或者少有针对化学实验室灭火的消防器材装备。而部分高等院校内部消防设施也有老化甚至损坏现象,有些化学实验室即使配备了一定的消防设备,由于没有专人进行管理和定期的检查,失效的消防器材得不到及时更换,消防设施和消防器材无论从数量还是质量上看,均达不到安全防火的要求。

(四)师生消防安全意识不强

在平时经常发现部分高校在实验室疏散通道上放置办公设备,甚至设置实验台。有的学校为了治安管理方便,甚至将双向通道走廊封闭一头,改为单向通道走廊。对于一楼多用的实验楼,为防止机密仪器被盗,部门院系之间各自为政,疏散通道上层层设置铁栅栏。一旦夜间发生火灾,科研人员很难逃生。实验室内违章使用明火烧水、煮饭,部分场所吸烟等现象广为存在。相当一部分高校师生没有接受消防安全培训,不会报警、不会逃生。

四、化学实验室安全管理措施

(一)从事化学实验的人员应该熟悉各种化学试剂的名称、性质和使用保管方法,掌握实验过程中的操作顺序、方法及实验室内各种仪器、仪表灯设备的性能

化学实验室的药品和仪器设备应由受过专业训练,具有专业知识技能的人员负责管理,也应该是最基层的安全员。一些最基本的专业知识他们必须掌握,比如性质相抵触的化学药品不能放在相邻的地方;腐蚀性药品不能放在高处或实验架顶层,剧毒物品不能开架存放,应当在剧毒品柜中双人双

锁保管；盛装易挥发有机溶剂的容器不能装满，并且避免阳光直晒等等。

火灾事故的直接原因：一是物的不安全状况、二是人的不安全行为。在对实验室进行安全检查时，经常发现一些研究生不大注意危险化学品的安全使用及存放，个别实验室超量存放危险化学品的现象时有发生，随意存放或者丢弃倾倒的现象屡见不鲜。

1995年7月20日我校农学院遗传教研组违反试剂的保管规定，向垃圾箱内倾倒危险化学试剂67种130瓶，造成着火爆炸，两个同学负伤。这个教训我们应该认真吸取。

2008年11月16日我校食品学院一名实验人员实验时将酒精灯打撒，之后处置不当而造成火灾事故。

（二）在实验过程中，应按照实验的项目，严格控制时间、温度和剂量

实验操作失败或设备失灵，温度失去控制持续升高达到一定程度，实验室的可燃物会在这一热源影响下发生自燃，引发火灾或爆炸事故。

2005年8月21日，动物学院饲料中心某实验室一名博士生直接用烧杯在开启式电路上加热固体石蜡，没有控制好加温时间而发生火灾。我们建议各个实验室进行石蜡加温时避免明火加热，使用电磁炉水浴加温，一段时间以来，证明效果不错。

（三）各种易燃、易爆、剧毒、腐蚀性的试剂，实验室存量不应超过一周用量，严格领取手续，登记造册，规范消耗记录，建立档案，分类存放，防止丢失

2001年5月18日，我校生物学院长期存放在西校区主楼5层北侧厕所内的大量废旧化学试剂旁垃圾着火，幸被及时发现扑灭，险些造成事故。2001年5月19日，我校动物医院放置在楼道里的试剂柜内报废化学试剂由于混存混放而自燃，发生猛烈燃烧，蔓延的火势不但使本实验室设备受到破坏，还波及邻居，险些引发全层实验室火灾。2007年6月17日，我校某科因为存放不当的过氧乙酸起火，虽然损失不大，但是值得我们注意。所以随意存放化学药品，不及时清理报废化学试剂，混存混放极易造成事故，是严重的事故隐患。

（四）性质相抵触的实验反应应分开

使用易燃易爆试剂能散发可燃气体的，要注意通风，普通冰箱中不得存放性质相抵和低闪点易燃液体试剂，防止发生起火爆炸事故。

进行化学实验时应尽可能打开门窗或换气设备，保持室内空气流通，加热易挥发有害液体，易产生严重异味，易污染环境的实验时应在通风橱内。各种气体钢瓶、燃气用毕或临时中断，都应立即关闭阀门，若发现漏气或气阀失灵，应停止实验，立即检查并修复，待实验室通风一段时间后，再恢复实验。需要循环冷却水的实验，需随时监测实验进行过程，不能随便离开人，以免减压或停水发生爆炸和着火事故。

1994年1月22日，我校农学楼342号实验室因在普通冰箱内放乙醚，造成爆炸起火。因为实际瓶体与盖的膨胀系数不同，在冰箱内的低温下会出现泄漏，当其浓度达到爆炸极限，遇到普通冰箱启动时的电火花，就会发生爆炸。

（五）所有电器设备，按照电力技术规范的有关规定，设备类型应与使用环境相符合，并经常检查，防止年久失修老化、腐蚀形成短路和将电炉、电烤箱等放在可燃基座上或者靠近可燃物，以及使用不慎、私拉乱接电线，超负荷运行引发电气火灾

1991年4月26日我校西区科研楼10层1022号实验室因一学生私拉乱接电线引发全层火灾，烧毁大量仪器设备,损失惨重。1995年12月8日,理学院应化小楼106号实验室发生的火灾就是电源插座内接线短路造成的。2000年1月22日我校学生某餐厅配电盘和2005年2月3日农学院植保室配电设备超负荷造成火灾。2000年3月14日动医学院平房空气开关过热烤燃可燃物引发火灾。

(六)严格按规定放置、使用和报废各类钢瓶及加压装置,正确使用加热装置和取暖装置

对实验室的各种设备,应该经常检查、测定、调试,防止因仪器、仪表失灵发生火灾。

近年来,我校几个实验室相继因为烘箱温控元件年久失修出现故障而出现失火事故。各类加热器都应该有控温系统,一定要保证继电器的质量和有效工作时间,容易被氧化的各个接触点要及时更新。

(七)每次操作完毕,应将试剂收好,工作台面、地面等处要擦拭干净,防止残留渣、液等引起事故

无危则安,无缺则全,实验室消防安全离不开点点滴滴细微的预防。负责实验室的管理及指导的老师对进入实验室工作的研究生经常进行安全教育,提高消防安全意识,科学制定并严格遵守安全操作规程实验室火灾时完全可以避免的。

(八)进入实验室工作的人员,必须熟悉实验室及其周围的环境,如水阀、电闸、灭火器及实验室外消防水源等设施位置

各实验室应该备有沙箱(袋)、灭火器和灭火毯,掌握初期火灾的扑救技能机应急处置程序,同时会熟练使用灭火器材、会报火警、会防护、会疏散逃生。

五、结语

现代的生活需要学习很多方面知识,需要具备很多种素质。培养消防安全意识,学习和掌握消防安全知识与技能,规范我们的消防行为,落实各项实验室消防安全措施,具备出现火灾情况下能及时正确应对能力,是从事化学实验人员必须具备的基本素质。

高校化学实验室安全管理是一项细致复杂的工作,在日常管理中必须坚持"预防为主,防消结合"的方针,建立健全的实验室管理规章制度。随着高校教育改革推进和实验室建设与发展,对实验室安全管理工作提出了新的要求,实验室工作人员必须积极进取,不断自我更新,提升管理水平探索和创新实验室安全管理方面的工作,为高校培养"创新、创造、创业"高素质人才作出贡献。

参考文献

[1]黄伟华.刍论高校实验室的安全管理[J].湘潭师范学院学报(社会科学版),2007(1):55~56

[2]孙立权.加强高等学校实验室安全管理的几点思考[J].现代科学仪器,2008(2)

[3]李五一,谷大丰,胡放.香港高校实验室安全和环保工作考察及启示[J].实验技术与管理,2008,25(9):10~11

[4]王国强,吴敏,斯舒平等.高校实验室安全准入制度的探索与实践[J].实验技术与管理,2011,28(1):180~181

[5]李五一,腾向荣,冯建跃.强化高校实验室安全与环保管理建设教学科研保障体系[J].实验技术与管理,2007,29(9):1-3

[6]赵楠.论高校实验室安全管理体系的建立[J].现代农业科技,2009(24):343~344

[7]杜栋,庞庆华.现代综合评价方法与案例精选[M].北京:清华大学出版社,2005

[8]刘未.浅谈高等院校化学实验室的消防安全对策[J].山西建筑,2008,34(29)

[9]朱宽宽.高校实验室消防安全现状及其管理对策[J].职业时空,2010,6(5)

[10]黄伟华.刍论高校实验室的安全管理[J].湘潭师范学院学报(社会科学版),2007,29(1)

作者简介:

王胜泽　中国农业大学保卫处,消防科副科长,手机:13611271363

通讯地址:北京市海淀区圆明园西路2号中国农业大学西校区保卫处,邮编:100193

浅述首都高校消防安全管理问题与对策

马丽云　王亚平　孟庆军　殷宏斌　清华大学

摘　要：本文在对首都78所高等院校的相关消防安全工作进行调研的基础上，总结归纳了当前首都高校在消防经费、消防安全教育培训以及校园老建筑消防安全管理等方面存在的主要问题，并对其原因进行了分析。在此基础上有针对性地从法律法规，制度、机制建设，消防安全教育等宏观和微观方面提出了相应的解决办法。

关键词：首都高校　消防安全　问题与对策

消防安全在国民经济与社会发展中处于非常重要的地位，是发展社会主义市场经济、构建和谐社会的重要保障。首都高校作为人才培养和科学研究的重要场所，其消防工作受到社会的高度重视。但是，首都高校消防安全仍然存在许多问题，如消防工作责任落实不到位；消防基础工作比较薄弱等消防安全形势不容乐观，因此对于这个问题的研究具有重要的理论意义和现实意义。

一、首都高校消防安全管理存在问题

在对首都高校消防安全各个维度调查的基础上，我们归纳了首都高校消防安全存在的主要问题有以下六个方面，并对其原因进行了必要的分析。

（一）消防专项经费难以落实，部分高校消防经费不足

消防经费主要指用于购买、维护、维修消防安全器材、设施、设备，进行消防安全宣传教育、培训、演练，组织消防安全活动等的资金，它是做好消防安全管理的基本保障。从被调查的首都高校的数据中看出，有37%的高校(共29所)消防经费不能达到基本满足的状态，有8所明确表示消防经费不能满足，具体如图1、2所示

---

① 课题及调研背景：2011年北京市委教育工委委托北京信息科技大学申报立项市教委科技创新平台项目《首都高校"平安校园"建设长效机制研究》。清华大学承担了其中一项子课题——"首都高校校园安全管理问题与对策研究"的研究任务。课题组设计了《首都高校校园安全管理工作调查问卷》，其中消防安全的调查涉及消防安全管理的机构、管理人员、制度建设、宣传教育、消防器材设施设备的配备、管理和维护、消防应急演练、消防工作中的重点、难点及以后工作的建议等各个方面，发放到北京地区80所高等院校，收回78份。参与调查的高校中，"211"工程院校26所，占33.3%；"985"工程院校8所，占10.3%。

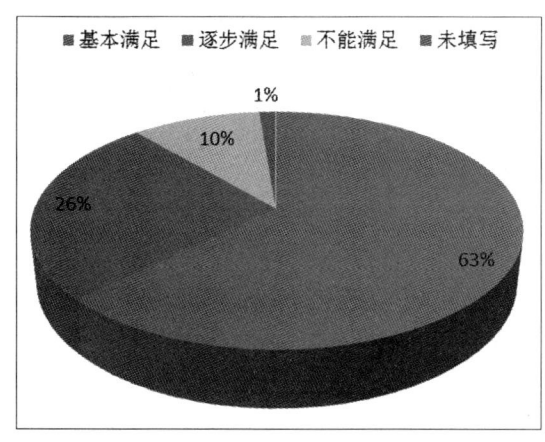

图 1　首都高校消防安全经费满足情况

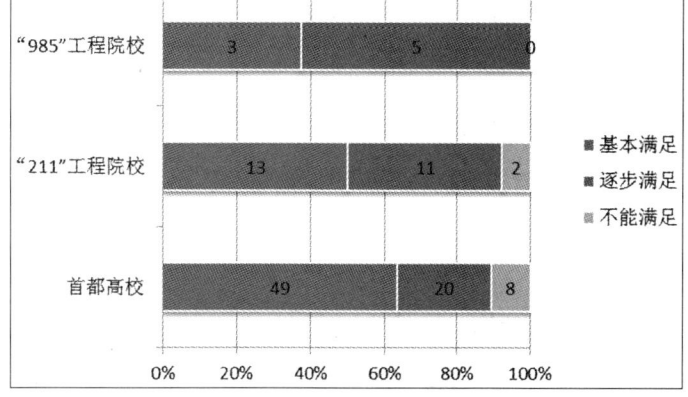

图 2　首都高校消防经费满足情况分类情况

消防经费落实中存在的问题。从上面的图表可以看出,首都高校消防经费的总体形势并不乐观。37%的高校达不到基本满足的状态。8 所"985"高校中有 5 所消防经费处于逐步满足的情况。

为什么消防经费得不到满足?通过访谈、调研了解到,对于规模较小的学校,通常由学校直接划拨相关的消防经费;规模较大的高校,一般校园公共场所的消防经费由学校直接划拨,学校二级单位的消防费用由其自行负责。消防经费不能很好地落实主要有经费紧张、重视程度不够等原因。第一,学校领导对消防工作重视程度不够,没有把消防经费纳入学校经费预算之中,不能按时拨发消防经费;第二,学校二级单位经费紧张,不能保障消防经费;第三,学校二级单位领导对消防工作不重视,有意缩减消防支出,无法保证消防基础设施的建设和火灾隐患的整改,更不愿意把有限的资金投入到'看不见效益'的消防安全管理中。

(二)消防设备、器材存在的问题

首都某些高校消防设施未能按照要求安装配备。发生火灾时,消防设施在灭火救火的过程中发挥着举足轻重的作用。不按要求配备灭火器材等消防设施,一旦发生火灾,影响救援。从图 3 可以看出,首都某些高校的消防设施存在配备不足的现象。消防设施未能按照规定配备安装,主要有两方面原因:一是经费紧张,二是单位对消防工作不重视,不愿意把人力、物力投入到消防工作方面,认为消防工作是事半功倍的事情。

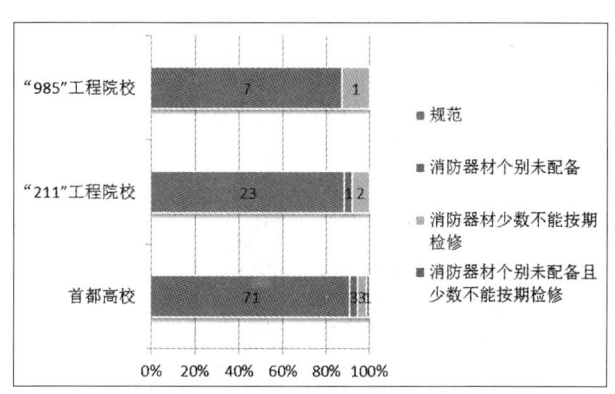

图 3　首都高校消防器材配备及管理情况

部分高校消防设施设备维护保养存在不到位的现象。当代高校的发展很快,占地面积越来越大,校内建筑规模大,种类多,消防系统配备的种类也较为多样。如室内外消火栓系统、自动喷水系统、建筑防排烟系统、气体灭火系统、消防供电供水系统、应急照明系统、火灾自动报警及其联动系统。这些系统都需要一定的维护和保养,但有些学校存在只重安装、配备,不保养、维护的现象,设备存在故障等问题不在少数,这导致许多消防设施设备因过期或损坏而不能正常使用,一旦发生火灾,难以起到应有的作用。

(三)消防管理队伍人员配备不足、且身兼多职、专业素质不够高

高校消防管理队伍主要包括学校消防管理职能部门、学校和各二级单位消防负责人、管理人及其志愿消防队伍。高校消防管理职能部门是指学校的防火安全委员会、保卫处、保卫科、防火科等组织或部门。

高校消防安全管理职能部门的人员配备及人员素质也有待提高。经过调查、访谈,存在的主要问题有:缺编运行现象较为严重;管理人员学科背景多样、业务能力参差不齐;平时缺少培训、学习和进修的机会,对消防安全新材料、新设施、新设备了解较少;有些人员年龄老化、没有层次梯度;存在管理思路、方式、方法落后等问题,容易造成工作中的缺失。学校二级单位的消防安全管理人员身兼多职现象严重,很难抽出时间投入消防管理之中。

高校消防安全队伍还包括高校志愿消防队伍,这支队伍往往是由教职工、学生自愿组建。首都高校志愿消防队建设情况总体来说情况较好,基本都组建了校园志愿消防队。有些高校在建设队伍上很有积极性,但是在对于志愿消防队员的培训、演练方面往往存在"热一时"的现象。志愿消防队伍管理制度和有效的工作机制还没有真正形成,致使志愿消防队成为一种摆设。

消防控制室值班人员不落实问题突出。这方面主要问题有:未按要求配备消防控制室值班人员;值班人员无证上岗;值班人员对设备设施不熟悉,不会正确操作,设备形同虚设,没能发挥应有的作用等。

(四)高校学生宿舍仍是火灾多发区域

通过对首都78所高等院校防火情况的调查以及对北京市消防局有关部门的访谈,首都各学校从2006年到2011年发生火灾一共140余起,火灾造成的财产损失共计十万余元人民币。[①]近几年学生宿舍发生火灾的次数占首都高校火灾总数的比例较高。2007年首都高校共发生火灾37起,其中16起发生在学生宿舍,约占43%;2008、2009年的相关数据,详见图4。后者占前者的比例分别是50%、62%,从这些数据看出,首都高校中学生宿舍是消防安全管理的重点。另外,还有理工实验室、建筑工地等。

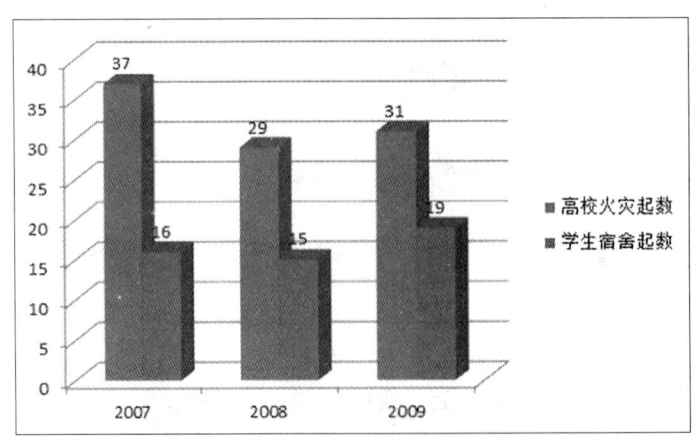

图4 首都高校学生宿舍火灾占高校总火灾的比例情况

---

① 北京市公安局消防局.《火灾年报》,2006—2011

(五)消防安全教育效果不够理想

《中华人民共和国消防法》第十三条在对机关、团体、企业、事业单位应当履行的消防安全职责中规定:"针对本单位的特点对职工进行消防宣传教育。"《高等学校消防安全管理规定》也对高校的消防安全教育和培训做了规定,并且对消防安全教育进课堂做了明确的表述:对每届新生进行不低于4学时的消防安全教育和培训;对进入实验室的学生进行必要的安全技能和操作规程培训……从调查数据来看,被调查的76所高校中仍有13所消防安全教育进课堂情况不太理想。

我们总结当前高校消防安全教育效果不佳的原因主要是以下几个方面。第一,消防安全宣传教育工作开展不到位。调查数据显示目前有的高校还没有开展有关消防安全方面的教育,或者只有少数院系和专业开展过这样的教育活动,或者只是象征性地做一到两次消防安全的讲座。第二,对师生员工的安全教育难以做到全覆盖。对高校临时人员的消防安全教育不落实,管理难度大。这主要包括临时的来学校务工人员和培训学员。第三,消防安全教育后缺少必要的监督检查措施和手段。有些学校往往忽视这方面的工作,没有后续的措施和手段进一步巩固教育的效果。

(六)高校老建筑的消防安全管理难度大

高校老建筑的消防安全问题仍然是消防安全控制的难点。由于历史原因,许多高校存在有不少老式学生宿舍或其他建筑,这些建筑一方面由于房屋建成年代久远,屋面老化,另一方面普遍存在电源线明线铺设的现象,一旦房屋漏雨造成漏电或因电线发热容易引起火灾。具体而言,这些老建筑主要存在以下这几个方面的问题:(1)线路老化,超负荷使用大功率电器现象比较严重;(2)私搭乱建,违章建筑较多;(3)居住人员复杂。外租户人员的安全教育管理工作难以落实;(4)房屋基本结构为砖木结构,耐火等级低,易火烧连营,难以扑救;(5)平房区密度大,通道狭窄、消防车辆难以进入;(6)缺少消防设施,一旦发生火灾难以施救。

二、首都高校消防安全管理对策和建议

在调查问卷中,各高校对做好校园消防安全工作提出了建议,主要有"加强消防宣传教育与消防演习""增加消防经费投入"如图5所示。针对以上六个方面的突出问题,我们从以下六个方面提出有针对性的对策和建议:

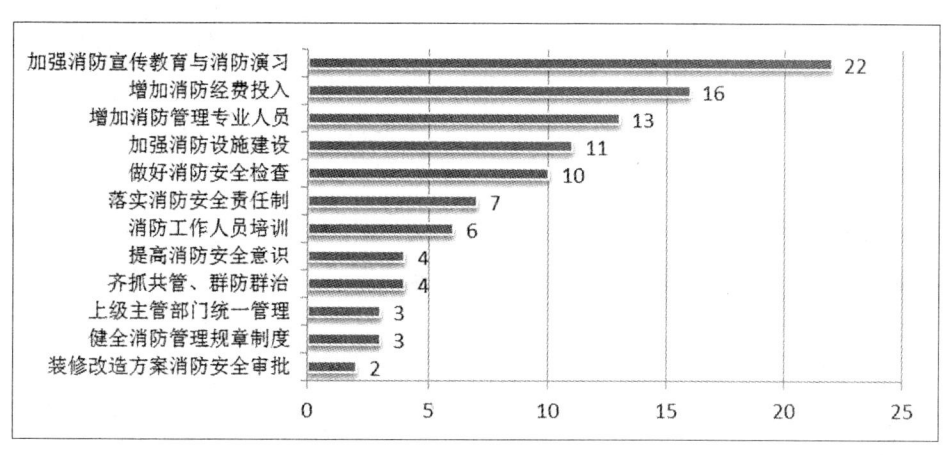

图5 首都高校做好消防工作的建议

(一)建立消防专项经费财务制度

为了最大限度地保证消防设施设备的配备、维修、维护和更新经费正常到位,需要建立消防经费

专项财务制度。各学校二级单位按照消防安全的具体规定，制定消防安全经费预算，上报学校，在学校给各单位划拨的经费中预留出足量的消防经费预算数额，作为当年的消防专项经费，不得挪作他用。

（二）制订符合高校实际，切实可行的消防安全工作计划，严格落实消防安全责任

高校作为一级法人单位，应该严格按照《中华人民共和国消防法》和《高等学校消防管理规定》的要求，制订详细的消防安全工作计划。校内各单位在学校的指导下，制订本单位全年的消防安全工作计划并严格执行，同时上报学校消防安全职能部门备案。

落实相应的消防安全责任。消防安全责任应该从学校(一级主体单位)到学院、部、处、馆、后勤社会化合作单位等(二级主体单位)，再到楼、堂、馆、所、实验室、微机房等消防重点部位的具体负责人(三级主体单位)，层层签订责任书，落实消防安全责任制。明确各级职责、任务、管辖区域及工作目标等，真正将消防工作列入议事日程，与教学科研工作同计划、同安排、同考核、同奖惩。[①]

（三）赋予高校消防安全管理组织以适当的执法权

在管理中我们讲究权、责、利相一致。高校的消防管理部门开展工作的难度大，在一定程度上就是权力的缺乏。高校保卫处、保卫科等对于二级单位不落实或延迟落实消防安全相关工作的行为缺乏必要的制约机制。当前，高校消防管理组织对二级单位缺乏处罚的权力，为了进一步增强基层消防管理组织对所负责单位的约束力，我们建议有关部门授予基层消防管理组织适当的执法权。

（四）提高消防安全教育的有效性

消防安全教育是保证消防安全的重要举措。消防安全教育后还需建立配套的消防安全监督检查的措施和手段，来进一步巩固消防安全教育的成果，真正提高学生的消防安全意识，让学生养成良好的生活习惯，从根本上消除消防安全隐患。巩固消防安全教育成果的措施和手段，因各个学校不同的实际情况而不同。例如，清华大学组织学生成立了消防安全检查小组，对学生宿舍定期（每天、每周、每月）进行消防安全检查，及时发现隐患和学生的不安全行为，及时上报。

（五）重点做好学生宿舍、实验室等区域的消防安全管理工作

高校的火灾多发区主要是学生宿舍、实验室、建筑施工地等场所，我们要有针对性地重点做好这些区域的消防安全工作。

学生宿舍向来是高校火灾多发区，要从以下几个方面做好消防安全工作：首先是学校领导的高度重视，认识学生宿舍消防工作的重要性，为高校学生宿舍的消防安全管理提供人力、物力和财力方面的支持。其次要狠抓消防安全责任制度，落实逐级消防安全责任制。再次，做好学生宿舍的消防安全知识宣传，落实消防安全检查制度。最后要塑造良好的消防安全软环境。从管理、检查、培训、奖惩等环境和制度建设方面努力。

实验室是理工科院校进行科学研究、培养人才不可或缺的条件，同时实验室内有大量的电气设备、化学药品等，都是容易导致火灾的发生的因素。因此应加强其消防安全管理。当前对首都高校实验室安全隐患的调查数据如图6所示。在关于实验室安全管理的调查中，实验室用电线路老化、危险品缺乏规范的管理占较大比例。另外，高校实验室的消防安全教育、消防制度建设、消防安全责任落实等也是消防工作的重要方面。

---

① 易贤文，赵礼昌.浅析高校消防安全工作的问题与对策.成都大学学报(社科版)，2012(2)

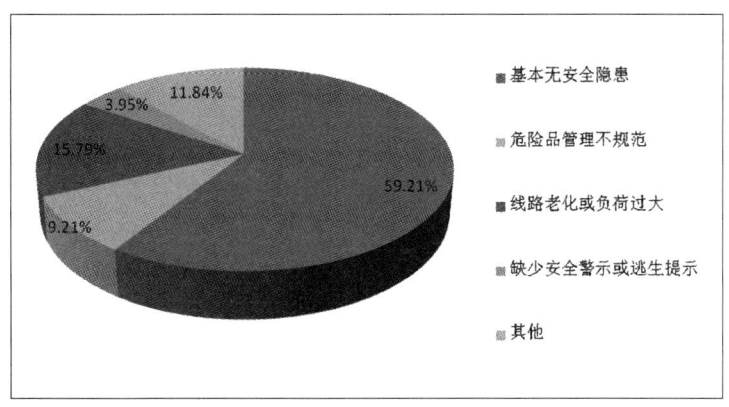

图6 首都高校实验室主要安全隐患

(六)做好首都高校老建筑的消防安全管理的建议

尽管高校老建筑的消防安全管理难度大,但我们还是要积极探索改进的机制和方法,通过加强消防安全宣传教育、检查等措施进一步做好这方面的工作。

第一,将平房区的拆迁腾退列入学校发展规划中,这是解决平房区安全隐患的根本办法。第二,对有保留价值的院落区域,学校应采取逐步收回,保护性改造使用方针,使其符合现有消防安全的标准。第三,在没有拆迁之前,要加大检查和宣传力度,为平房区配置干粉灭火器,配置巡逻消防车辆,安装监控系统并实施视频监控,及时发现各类安全事件。

总之,消防安全管理是高校安全管理中的重中之重,每年首都高校都会有火灾发生,造成一定的经济损失,甚至威胁到人的生命安全,这说明高校在消防安全管理工作中还是存在一定的问题。文章在实际调研的基础上总结归纳了当前首都高校在消防安全管理中存在的主要问题,并针对这些问题提出了具体的对策和建议。

作者简介:

马丽云　清华大学保卫处,防火科副科长,手机:13910690100

王亚平　清华大学保卫处,防火科科员,手机:15201146033

孟庆军　清华大学保卫处,防火科科长,手机:13811028688

殷宏斌　清华大学保卫处,副处长,手机:13501065303

通讯地址:北京市海淀区清华园1号清华大学保卫处,邮编:100084

网络舆情引导与管理

试论高校网络舆情的监测与引导

李 曾 刘 鹏 刘 冰 卜晓明 北京工业大学

摘 要：高校学生，作为网络利用率极高的群体，很容易受到网络舆情的影响并参与其中，甚至成为形成网络舆情的主要力量。高校网络舆情传播渠道集中、传播速度快、传播范围广、热点转换快，但现有的应对措施往往相应慢、处置被动、投入不足。如何及时监测高校网络舆情的发生和发展，并形成有效的正面引导，防止网络舆情发展演变为群体性事件，是当前高校安全稳定工作中一项重要的内容。本文试以北京工业大学"平安校园"创建中的实践为例，探讨高校网络舆情监测与引导的新方法。

关键词：高等学校 网络舆情 监测 引导

网络舆情是由于各种事件的刺激而产生的通过互联网传播的人们对于该事件的所有认知、态度、情感和行为倾向的集合。高校学生，作为网络利用率极高的群体，很容易受到网络舆情的影响并参与其中，甚至成为形成网络舆情的主要力量。近年来，随着社会经济的迅速发展，一些社会矛盾逐渐暴露，多元化的思潮也不断冲击着传统的社会价值体系。青年学生，处于对国家及社会焦点、热点问题的关注，极易自发地在网络上形成讨论，并发展成规模性的网络舆情问题。如何及时监测高校网络舆情的发生和发展，并形成有效的正面引导，防止网络舆情发展演变为群体性事件，是当前高校安全稳定工作中一项重要的内容。

一、高校网络舆情的特点

（一）传播渠道集中

研究表明，在公众网络上，言论传播途径主要有四个渠道：电子邮件及新闻组、网络聊天、电子公告板、博客和维基等。但在大学生群体中，言论传播渠道与公众网络有一定差异。

以北京工业大学为例，根据数字冰雹网络舆情监控服务提供的数据，在2012年5月至2013年4月期间，全网共检测到与学校相关的有效信息102467条。以信息来源分类，主要有效信息来源前三位的是：新浪微博、百度贴吧及腾讯微博。若通过信息媒体类型分类，微博类信息占比为41%、新闻资讯类占比32%、贴吧类信息占比16%。此外，随着SNS社交网站的迅猛发展，在建立之初基于大学IP地址及大学电子邮箱注册的"人人网"已经成为占领高校市场的大学生网络交流的重要平台。

由此可见，随着新媒体的发展，高校网上信息传播渠道正从传统的BBS、博客等方式向短、快、以社交网络为基础的SNS平台、微博平台上集中。

(二)传播速度快

随着信息技术的发展,移动互联技术已经深入了高校学生的生活。由于新媒体的特点,使得信息传播可以由一句话、一张图起始,通过不断分享、转发,形成由点对面的病毒式传播。特别是随着新媒体手机客户端的普及,使得舆情传播可以在任意时刻从任意地点发出,呈现难以预测的爆发。

同时,由于青年学生所处的年龄层面,使得很多信息在转发或分享前缺乏冷静的思考与理性的判别,仅凭一时的激情就进行了扩散。还有很多学生由于从众思想,也参与到网络舆情扩散中去,使得信息传播的速度进一步加快。

(三)传播范围广而有限

由舆情传播渠道的特点决定,高校网络信息传播渠道是大体是基于人际关系网络的。由此,高校网络舆情虽然呈现较高的关注程度,也较多集中于大学生关注和讨论的热点问题,容易形成网上网下的互动,但限于人际关系的联系,其传播范围通常可以控制在特定的群体中。

(四)热点转换快,政治敏锐性低

高校网络舆情事件的起因通常与一般网络舆情类似,即:偶发事件的激化、热点问题的触发、利益相关事件的爆发。因此,高校网络舆情通常会突然形成。由于大学生在社会阅历、人生经验方面的缺乏,使得他们在话题讨论中容易形成情绪化的倾向,易被外界因素影响,其话题也容易被其他热点取代。

同样以北京工业大学为例,根据2012年5月至2013年4月期间数字冰雹网络舆情监控服务提供的数据,全年共形成过3次大的舆情峰值,分别为5月中菲黄岩岛事件、6月高招及考研广告及9月北京工业大学举办林丹婚礼,但每一次峰值持续时间均很短暂。

二、高校网络舆情管控的现状

在以往对高校网络舆情的管控中,通常会暴露出一些不足。如应急准备不足,相应速度较慢;处置方式被动,硬性指令过多;重视程度不够,软硬件投入较少。随着高校对网络舆情重视程度的提高,已经有高校开始探讨建立网络宣传系统与学生工作系统双轨的网络舆情监控体系,并探索通过学生辅导员主动参与讨论进行"引导"而非"控制"的举措,但仍然改变不了被动应对、信息封堵、人工监测的不利局面。

(一)相应速度有待提高

网络舆情事件爆发突然,发展迅速。要实现对网络舆情的有效管控,及时迅速的有效反应是关键。当前,大部分高校网络舆情相应体系是金字塔结构,信息传递层级多、过程长、渠道单一。在第一时间发现舆情苗头向上汇报后,待层层上传、领导决策布置、各部门分别相应时,可能舆情已经爆发。

(二)被动应对居多,不重视事前干预

提到网络舆情事件,往往想到的是"封堵""删除"等在网上被动干预的方式。这种方式虽然可以在短时期内控制信息的传播和扩散,但往往容易将学校置于学生的对立面,使学生感觉学校是一个"控制者",更容易激化矛盾,甚至引发严重的群体事件。

(三)人工监控效率低

网络舆情监控,有效及时的获得信息并加以研判是基础工作。目前,大部分高校对网络舆情的监控还停留在人工筛查的阶段。人工监控效率低、出错率高,且很难实现24小时对全网的监控,存在极

大的监管空白。

其实,专业的网络舆情监控系统和服务早已在公共关系、媒介、市场推广等领域得到了广泛的应用,其技术也日趋成熟。但由于资金投入大、服务周期短、服务内容存在差异等原因,专业的网络舆情监控服务在高等教育领域还没有得到广泛的应用。

三、对网络舆情监测与引导工作的新探索

结合北京市教育两委"平安校园"的建设,北京工业大学自2012年起建立了"平安校园"联动管理中心、网络信息管理中心和安全稳定信息动态搜集中心,探索和实践网络舆情监测与引导的方法。

(一)进一步整合管理工作队伍

2012年3月,学校成立网络信息管理中心,由宣传部门牵头,统合校两办、学生工作系统、信息处、保卫处、团委等工作部门,与学校"平安校园"联动管理中心、安全稳定信息动态搜集中心形成多轨联动,使应急处置时间进一步缩短。

中心的建立,改变了以往高校网络舆情处置中学生工作体系、宣传体系、保卫处置体系相对独立的状况,形成中心直接对接信息来源,直接协调处置单位,直接管理各二级单位信息员、网站管理员、辅导员、班主任、学生骨干、网络技术人员的扁平管理体系,极大地缩短了相应时间。

(二)采用先进技术手段

为了加强网络舆情监控和情报搜集工作,学校改变了以往依靠宣传干部和学生骨干人工上网搜集信息的方式,与北京数字冰雹信息技术有限公司合作,购买了"数字冰雹网络舆情监测"服务。该公司根据学校提供的关键词进行全网的舆情监测,并对学校提供的重点人群开展微博及重点阵地的监控,向学校反馈每日监测报表和月监测报表。其中,日监测报表涵盖网络信息关键词、来源、链接、媒体类型等信息,供学校网络信息管理中心人员进行研判。月监测报表涵盖信息量、环比变化、来源汇总、关键词信息量走势、宏观信息量走势等要素,供学校领导进行参考。

在2012年5月北京市教育两委对学校"平安校园"的验收环节中,学校通过该项服务,仅用时不到2小时,就对教育两委临时提出的舆情预演问题形成了完整的舆情分析报告。在近一年的实践过程中,学校通过该项服务及时发现了多起具有倾向性、苗头性的舆情信息,及时采取了应对措施。

(三)网上网下工作结合

学校改变了以往网络舆情工作在网上开展的惯例,认为网络舆情是学生群体对某特定问题或这点的认知、态度、情感和行为在互联网上的表现与延伸,将对网络舆情的预警监控扩展与前移到校园生活中去。

学校在2012年3月成立了安全稳定信息动态搜集中心,整合宣传、学生、保卫、人事、外事等部门,在网络舆情信息以外,搜集汇总教职员工、学生、涉外交流合作项目及外籍教师留学生、安全生产、安全保卫、学生社团活动以及信访等八个方面的安全稳定信息,做到信息搜集无遗漏、全面关注无死角。

中心实行每月例会制度,定期传达上级及北京市通报的案件情况,通报上月校内治安及维稳状况,汇总分析各部处搜集信息,对校园安全稳定形势作出适时、准确的综合研判,做好动态预警防范。根据每月研判的信息,中心会定期更新关键词,并通报网络信息管理中心加强监控。

对于突发事件进行动态会商,发现倾向性、苗头性问题和行动性、内幕性信息,及时进行信息研

判,并将相关苗头性的信息及重点关注的人员、关键词通报网络信息管理中心,进行加强的舆情监控。

(四)借助新媒体开展网络舆情引导

学校学生工作系统、团委系统纷纷建立了微博、人人网主页,广泛吸引学生加入交流,及时了解学生的真实想法和思想动态,占领网络舆论引导的主动权。校团委于2012年3月建立了官方人人网主页和新浪微博"工大青年汇",发布官方信息、高雅艺术、体育、经典阅读四大类内容,吸引大量学生的关注。截至2013年4月底,新浪微博"工大青年汇"关注着超过6000人,人人网主页关注者4600余人。同时,学校还积极开展微直播、微互动活动,如"我眼中最美的工大"微博大赛、校园歌手大赛网络直播互动等活动,很好地吸引了学生参与和关注,并逐步成为网络舆情的引导者。

学校还于2011年与北京移动合作推出"北工大手机报",每周向全校近3000名教职员工免费推送,并于2012年创建了"工大学生干部手机报",积极有效地开展正面的宣传引导,发挥了很好的作用。

参考文献:

[1]曾润喜.网络舆情管控工作机制研究[J].图书情报工作,2009(18):79~82

[2]刘毅.网络舆情与政府治理范式的转变[J].前沿,2006(10):140~143

[3]黄朝峰.建立辅导员参与SNS网站的高校舆情引导机制——以"人人网"为例[J].重庆电子工程职业学院学报,2010(06):69~71

[4]汤力峰,赵昕丽.网络舆情与高校思想政治工作的应对[J].黑龙江高教研究,2007(4):64~65

[5]曾润喜,王国华,徐晓林.高校网络舆情的控制与引导[J].情报理论与实践.2009(11):79~82

作者简介:

李　曾　北京工业大学保卫处副处长,网络信息管理中心、安全稳定信息动态搜集中心成员

刘　鹏　北京工业大学保卫处处长,"平安校园"联动管理中心成员

刘　冰　北京工业大学宣传部干部,网络信息管理中心办公室主任

卜晓明　北京工业大学宣传部干部

通讯地址:北京市朝阳区平乐园100号　北京工业大学,邮编:100124

高校网络舆情与网络突发事件理性化引导措施

贾慧敏　何化春　太原理工大学

摘　要：网络信息化时代的到来，互联网已成为大学生获取知识信息、进行思想交流的重要平台。大学生作为一个特殊群体，其舆情的发生、发展直接影响着高校的稳定与社会的和谐发展。认真分析大学生网络舆情，及时进行正确引导，从而维护校园稳定。

关键词：网络舆情　预警　引导

一、高校网络舆情概念

大学校园作为社会"网络化"的发展前沿，互联网已经成为大学生获取知识信息、进行思想交流的重要渠道和平台。然而，网络是一把"双刃剑"，它在为大学生提供丰富的资源，给大学生的学习、生活带来巨大便利的同时，也给大学生思想政治教育带来了变革和影响。

网络舆情是指在互联网上流行的对社会问题不同看法的网络舆论，是社会舆论的一种表现形式，是公众通过互联网传播的对现实生活中某些热点、焦点问题所持的有较强影响力、倾向性的言论和观点。主要通过BBS论坛、博客、播客、新闻跟帖及转帖等形式表现。网络舆论因网络媒体所具有的海量信息、交互性、开放性、及时性、多元性等而呈现出与传统媒体舆论不同的特点，即话题丰富、包罗万象，主体分散、良莠不齐，"群体极化"明显、公信力缺乏。近年来，网络舆情对政治、生活秩序和社会稳定的影响与日俱增，一些重大的网络舆情事件使人们开始认识到网络对社会监督起到的巨大作用。同时，网络舆情突发事件如果处理不当，极有可能诱发民众的不良情绪，引发群众的违规和过激行为，进而对社会稳定形成严重威胁。

高校网络舆情，是指以在校大学生为主的群体通过户联网对国内外热点问题、校园突发事件和涉及学生切身利益的相关问题所表现的有一定影响力、倾向性的思想认知、情绪反应、价值判断和意见倾向的总和。大学生作为一个特殊群体，其舆情的发生、发展直接影响着高校的稳定与社会的和谐发展。

二、高校网络舆情的形成原因

高校网络舆情的主要形成于校园新闻网、学生网站、BBS和博客等载体中，一般以发生在大学生自身和周围的事件、问题为客体，与舆论主体的学生根本利益一致。形成原因主要由于大学生上网时间较长，具备较好的计算机网络知识素养，较易接触网络信息，大学生在思想上、政治上容易产生"迷茫"和"困惑"，当他们认为某些网络信息对他们有一定的"解惑"作用时，便会轻易跟随；同时，大学生群体有较强的政治热情，但又缺乏理性分析的能力，容易产生非理性的思想和冲动、偏激的行为，导致易被一些别有用心的政治阴谋所利用，以上因素导致大学生间容易产生网络舆情。

三、高校网络舆情的特征

高校网络舆情的特征包括舆情制造主体的特殊性和少数性，大学生具有热衷新鲜事物的特点，然而，并不是所有的大学生都是网络舆论的制造者，绝大多数以浏览者的身份出现，只有少数的活跃者才是网络舆论的发起者和传播者；舆情形成过程的迅捷性和交互性，一旦重大新闻事件发生，网络都会在第一时间予以跟踪报道，捕捉最新动态，由于大学生群体对新鲜事物领会能力较快，捕捉信息速度快，极易迅速传播；舆情内容的丰富性和分散性，大学生视野开阔，易关注网上的各种主题，或对同一主题发表各自的看法，能实现各种观点的正面交锋。既有积极健康的情绪，也有交流、求助、意见、发泄等多种类型；舆情影响的广泛性和难控性，大学生以急剧的速度和广度向外传播网络舆论，同时由于网络的"隐匿性"特点，加大了网络言论的开放性，加之大学生易冲动，缺乏成熟的思辨，且不轻易认同别人的观点，也体现了网络舆论的难控性。

四、高校思想政治教育工作对网络舆情影响的措施

(一)占领主阵地，规划和建设好校园思想政治教育主题网站

网络的发展，丰富了高校思想政治教育的内容，拓展了思想政治教育的文化视野，形成了新的思想政治教育环境。要做好校园网络上的思想政治教育阵地的建设，首先要在现有的校园网上开辟和完善学校的各类教育网站。将大学生思想政治工作的文件制度、经验材料、数字资料等信息输入网络，使思想政治工作在校园网中占据一席之地。其次，开发思想政治教育资源。把思想政治教育工作者组织起来，针对大学生在每一个阶段最关心的热点和难点问题，用生动形象易于接受的形式，做出一批思想性高、教育性强，具有生动性、说服力、适用于网络运行的多媒体思想政治教育教学资源，让学生在网上轻松而愉快地接受思想政治教育。第三，形成校园网络对大众宣传媒体的整合作用。实现思想教育与大众传媒的有机结合和互补，从而拓宽学生的信息来源，大大增强思想教育的辐射力、吸引力、感染力。第四，要让大学生主动点击，就必须有丰富内容来吸引学生。如可以建立心理咨询和职业规划网站等；注意利用网络收集学生对学校、学院事务的建议及学生关注的问题；与校园文化建设紧密结合，建设健康向上的校园文化；以上这些都会增强网上思想政治工作对学生的吸引力，使思想政治教育由"平面"引向立体而更加生动。把红色网站建成大学生网上的精神家园。

(二)普及大学生网络安全知识，积极加强大学生的心理健康教育，推动大学生网络环境下心理健康发展

高校是培养高素质人才的地方，而辨别信息的能力是这种高素质人才必备的素质，大学生不仅需要学会如何利用网络信息，更需要在受到不良信息的危害时及时地进行自我保护。大部分大学生对网络信息缺乏警惕性，很容易受到网络舆论的影响，做事时具有一定的冲动性，容易被不法分子利用。因此，普及大学生的网络安全知识，对构建和谐的校园网络、促进网络舆论引导工作的开展有着重要的作用。高校应加强对大学生计算机法律法规、网络伦理道德、网络安全基本知识等方面的教育，增强学生的安全意识，从根本上解决网络舆论引导中的困难，引导学生树立正确的人生观和价值

观。

高校要积极加强大学生的心理健康教育,推动大学生网络环境下心理健康发展。如高校应开设心理健康教育课程,建立健全心理咨询机构,并充分利用互联网广泛宣传心理健康与心理卫生知识,积极开展网上心理咨询工作,建立心理咨询专业网站,及时解决大学生的心理问题,从而引导大学生以健康的心态正确对待网上网下的学习生活。

(三)加强具有高水平的政治素养和工作能力的网络工作队伍建设

《教育部关于加强高等学校思想政治教育进网络工作的若干意见》中明确提出:"要培养一支既具有较高的政治理论水平、熟悉思想政治工作规律,又能较有效地掌握网络技术、熟悉网络文化的特点,能够在网络上进行思想政治教育工作的队伍。"因此,高校应该加快培养一支具有深厚政治理论水平、政治素质过硬、熟悉思想政治工作规律、掌握思想政治工作业务并且精通网络知识、适应网络文化发展要求、了解当代大学生特点的新型思想政治工作队伍,为做好校园网络舆情监管和大学生思想政治教育工作提供坚实的组织保证。此外,建设一支素质过硬、责任心极强的网络评论员工作队伍,培养"舆论阵地领袖",有效引导大学生网上舆情。

五、突发事件中网络舆情的应对策略

(一)加强校园网络舆情预警机制

舆情突发事件,在某种程度上是不可避免的。大学生网络舆情预警是指从舆情危机事件的征兆到造成可感知的损失的这段时期内,对大学生网络舆情尤其是负面舆情要及时妥善控制,从而达到有效化解大学生网络舆论危机的目的。要减少危机的发生,降低危机的损失,提高应对危机的效率,高校必须建立系统的预警管理机制。首先,制定有效的舆情监测预警机制,及时地对舆情的进展进行监测分析和正确引导,避免事件向消极的方向发展。其次,建立全校立体性的舆情监测网络,对大学生网上网下发布的信息进行分析、归纳、判断,预测事件发展趋势,增强准确把握学生思想动态的能力,提高监控工作的针对性、主动性和前瞻性,避免舆情危机事件的发生,使舆情突发事件的处理从即时处置型向事前预警型转变。如果负向舆情严重,需及时发布预警,并采取相应的应急处置措施。

(二)突发事件中网络舆论理性化引导

首先,把握舆论主导权,保证信息的及时、公开、透明。只有及时地把突发事件有关的信息予以公开,充分保障民众的知情权,才能掌握舆论的主导权。掌握了舆论主导权,才能保证更有效地引导广大民众朝理性的舆论发展,避免不稳定因素的发生。第二,加强高校学生关注的主流网站舆论引导力,重视整合传统媒体。在突发事件报道中网络媒体以其强大信息流量和互动性受到了人们的高度关注,然而,其开放性、虚拟性的特点使得信息的可信度下降。因此,要提高网站的媒体公信力,更要加强主流网站的舆论引导力。主流的网络媒体一般具有较高的权威性,在突发事件发生时,可利用主流网络媒体的理性的网络引导里,对已形成的网络舆论进行疏导,将网民的注意力引导到特定的方向,形成积极稳定的舆论气候。

综上所述,高校网络舆情是维护和确保当前高校稳定的关键,积极发挥高校思想政治教育的主动性,有助于和谐校园的构建。舆情突发事件,在某种程度上是不可避免的。制定有效的舆情检测预警机制,及时对舆情的进展进行监测分析和正确引导,避免舆情危机时间的发生。

参考文献：

1. 刘建华,陆俊.大学生网络舆论的形成机制分析.北京邮电大学学报(社会科学版),2008(3)
2. 王志龙.高校网络舆情与辅导员应对措施.教育教学论坛,2012(21)
3. 任海.高校校园网络的形成、特点及引导策略.燕山大学学报(哲学社会科学版),2009(2)
4. 于江宁.浅析大学生网络舆情与高校思想政治教育工作.世纪桥,2010(21)
5. 白荣宝,薛徽.高校校园网络舆论及其引导方法.东方企业文化,2010(4)
6. 甘忠涛.大学生网络舆情与高校思想政治教育的应对.学理论,2012(19)
7. 张爽.浅析突发事件中网络舆论的理性化引导.安阳师范学院学报,2009

作者简介：

贾慧敏　　太原理工大学保卫处,手机:13613481231

何化春　　太原理工大学保卫处,办公室主任,手机:13700518131

通讯地址:太原市迎泽西大街79号,邮编:030024

高校网络信息安全探析

武旭斌　韩宗甫　太原理工大学

摘　要：信息网络化的迅速发展，对社会经济、政治、文化等领域产生了深刻的影响。尤其在文化领域，信息网络化为各种思想文化的传播提供了更便捷的渠道，大量的信息通过网络伸入社会的各个角落，成为当今文化传播的一个重要手段。本文将从加强高校学生网络信息安全必要性及存在的一些问题方面分析，提出了建设性意见。

关键词：网络信息　信息安全　必要性

一、引言

随着计算机的普及与互联网技术的不断发展，越来越多的大学生开始使用互联网络，他们利用互联网来查阅资料、撰写论文、存储文档、收发电子邮件、进行技术交流，或是交友聊天、或是游戏娱乐等。大学生已经习惯从互联网络中获得信息，他们慢慢学会利用现有的信息技术来扩充自己的知识、提高自己的学习效率、扩展自己的交友范围，计算机和互联网已经开始明显地改变大学生的日常生活和学习方式，大学生们已经越来越依赖互联网络。与此同时，随着信息技术的快速发展，各种各样的信息设备和信息系统不断出现。对大学生来说，U盘、移动硬盘、数码相机、数码摄像机、智能手机、MP3、MP4、MD、GPS设备等信息设备越来越普遍。这些设备大大地改变了大学生们的日常生活，大学生们已经习惯和依赖于这些信息设备。大学生的生活离不开信息和信息系统，信息时代也在不断要求大学生们必须学会和掌握各种信息工具和信息系统。21世纪是信息的时代，当大学生们毕业走上工作岗位，他们每天将不可避免地接触到大量的信息、信息设备及信息系统。然而，目前高校大学生的网络信息安全意识普遍非常薄弱。

女大学生裸聊被敲诈事件、新加坡南洋理工学院校花手机性爱短片网上流传导致自杀事件、2006年引起网络大地震的铜须门事件、2008年震惊全球的艳照门事件、2007年熊猫烧香等病毒全球大面积感染事件、2008年趋势科技等数千网站被挂马的黑客事件等等真实的案例无不深深地警示着我们：信息世界充满安全威胁，并且各种安全威胁层出不穷，与日俱增。本文将从加强高校学生网络信息安全必要性及存在的一些问题方面分析，提出了建设性意见。

二、加强高校学生网络信息安全的必要性

信息网络化的迅速发展，对社会经济、政治、文化等领域产生了深刻的影响。尤其在文化领域，信

息网络化为各种思想文化的传播提供了更便捷的渠道，大量的信息通过网络伸入社会的各个角落，成为当今文化传播的一个重要手段。随着互联网渗透到社会的各个层面和领域，对新生事物历来敏感的高等学校受其影响日盛。网络在改变着当代大学生学习、思维和生活的模式，影响着他们的政治态度、道德风貌和价值取向。网络已成为大学生学习知识、交流思想、休闲娱乐的重要平台。

网络犹如一把双刃剑，在增强大学生与外界沟通和交流的同时，不良信息也会影响他们的身心发展。网络是一个信息的宝库，同时也是一个信息的垃圾场，学术信息、娱乐信息、经济信息以及各种各样的黄色、暴力信息混杂在一起，使网络成为信息的万花筒。"如果你爱你的孩子，那就让他上网去，因为那里是天堂；如果你恨你的孩子，那就也让他上网去，因为那里是地狱。"这就是网上流行的一句"至理名言"，它真正道出了网络"双刃"的两面性。据一份社会调查显示，在200多万的学生中有50%以上的学生宣称自己曾浏览过色情站点。根据对北京五所高校的调查，有9.8%的人曾查阅黄色图片或文字，98.6%的人曾获得机密和他人的私人信件，5.4%的人曾发布不健康的信息。除此之外，网上暴力、反动、迷信、赌博、毒品等不良内容的危害性也不容忽视。网上的不良内容不仅造成了人的心理伤害，生理上的伤害也已出现，"网络上瘾症"（IAD：Internet Addiction Disorder）就是近年来出现的医学新名词。这种患者深陷于网络世界而不能自拔，无意与正常人沟通，下网后就出现断绝症状（withdrawal symptoms），如精神萎靡、身体不适等，以致造成学业、工作的荒废。尤其要注意的是，西方网络思想文化的侵蚀，扭曲了大学生的世界观、人生观和价值观。少数西方发达国家凭借对网络高技术的垄断，推行网络政治霸权主义和文化帝国主义，通过网络大量宣传西方文化、思想等。大学生由于生理、心理等因素，他们的世界观、人生观和价值观尚处于发展期，可塑性大，容易受到外界社会思想的冲击。如果这些学生在网上长期得不到先进思想文化的正确导引，大量接受的都是西方文化影响和不良思想的侵害，就会因为丧失正确的世界观、人生观和价值观而误入歧途，我国加入WTO后，这种思想文化渗透的渠道和机会还将进一步增加，这不仅对我们的主旋律文化，特别是对大学生的马克思主义世界观、人生观、理想信念、道德伦理、民族认同感等造成潜移默化的扭曲、侵蚀和消磨，而且也使我们的思想教育工作效果受到极大的削弱，对高校传统思想政治工作提出了极大的挑战。在这个背景下，大学生网络信息安全显得日益重要，如何保障网络信息安全已成为人们关注的问题。加强大学生网络信息安全教育提上了高校议事日程。

三、高校学生网络信息安全存在的问题

(一)网络信息安全意识差，抵御能力弱

不断迅速发展应用的互联网，既是大学生提高信息素质的有效途径，也是其信息安全素养形成的挑战。这主要体现在两个方面：一是互联网信息覆盖面广、传播快、更新及时，为学生求知、了解世界带来极大便利；二是互联网已成为思想文化信息的集散地和社会舆论的放大器。近年来，社会现实生活中的重大事件都在网络上成为公众关注的焦点，这些网络信息热点一旦形成，各种舆论交织在一起，并快速"发酵"，逐渐升级成为舆论风暴，对大学生的心理乃至行为造成极大冲击。由于大学生网络安全意识差，抵御不良信息侵蚀的能力相对薄弱，致使校园网络犯罪接连不断。这不仅给社会政治、经济发展带来一定程度的影响，也给青少年的健康成长带来了严重后果。

(二)信息安全知识少，难辨信息优劣真伪

互联网作为经济社会发展的战略制高点，充斥着观念冲突、利益矛盾，甚至战争。目前外资控制

下的中国互联网产业着实令人担忧。在过去的10余年里,从Web1.0的门户网站、搜索引擎、电子商务到Web2.0的博客、论坛、外资纷至沓来。在这样一个网络信息模式面前,处在成长期的大学生网民由于信息安全知识少,难辨信息优劣真伪,易于触犯网络信息安全法律法规。譬如,滥用信息技术制造传播信息垃圾和计算机病毒;编造虚假信息对他人进行诽谤;利用网络进行欺诈;浏览、下载、传播黄赌邪信息;窃取他人商业秘密或公开兜售、抄袭他人论文等智力成果等;非法侵入、攻击或破坏他人信息系统等。更为严重的是,许多学生对上述行为缺乏最基本的是非认知和价值判断。比如在制造计算机病毒,破坏他人计算机系统后还到处渲染,引以为荣耀;有的学生破译他人系统密码,侵入他人网络后还要留下"到此一游"的标记以炫耀自己的"才智";有相当数量的大学生崇拜并渴望能成为"黑客"。正是在这种思想支配下,不少青年学生盲目地走上了网络犯罪道路。

(三)信息伦理道德薄弱,容易受骗上当

互联网中形形色色的思潮、观念,甚至是色情、暴力信息成为影响、误导甚至诱使大学生犯罪的重要因素。据有关统计数字表明,在网络犯罪的人群中,18岁至25岁的占了45%。这表明,以高智商为特征的大学生群体应该称得上是网络犯罪的"易感人群"之一。由于大学生这个特殊群体具有接受新生事物快的心理特点,他们的网络犯罪多以"网络贩黄""网络病毒传播"等为基本形式。特别是大量真假难辨,甚至是低俗淫秽信息也在互联网上传播,不同程度地侵蚀着大学生的思想认识。据调查,超过40%的学生承认经常上网浏览不良信息会弱化道德自律意识和社会责任感。

四、高校学生网络信息安全的解决对策

(一)加强对学生的网络信息安全法律法规教育

当今的大学生,作为使用计算机及网络机会多而且很活跃的群体,更应该熟悉和掌握我国的信息安全方面的法律法规。我国的信息安全立法仍处在起步阶段,还没有形成一个具有完整性、适用性、针对性的法律体系。这个法律体系的形成一方面要依赖我国信息化进程的深化,另一方面要依赖对信息化、信息安全的深刻认识和技术、法学意义上的超前研究。我国已有的法律法规从不同的层次对信息安全问题做出了规范,例如:我国的《宪法》《国家安全法》《国家保密法》等法律从国家和部门的高度对公民、法人及其他组织在有关信息活动中涉及国家安全的权利义务进行了规范;《中华人民共和国计算机信息系统安全保护条例》《中华人民共和国计算机信息网络国际联网管理暂行规定》《中华人民共和国计算机信息网络国际互联网络安全保护管理办法》等法律直接约束计算机安全和国际互联网安全的法规;对信息内容、信息安全技术及信息安全产品的授权审批,我国也有相关的规定,如《电子出版物管理暂行规定》《中国互联网络域名注册暂行管理办法》《计算机信息系统安全专用产品检测和销售许可证管理办法》《商用密码管理条例》等;对计算机违法犯罪的惩罚处理,我国在刑法修订时补充了有关计算机犯罪的相关条款,使我们初步有了处罚计算机犯罪的法律依据。通过引导学生学习有关法律、法规,加强对他们的网络法制教育,可以起到调整、控制、矫正高校学生网上行为的作用;通过对网络法律知识的讲解,使高校学生明确网络犯罪或网络违规所要承担的责任,从而能够自觉地遵守法律。

(二)充分运用高校教育资源,积极开展信息安全教育

青少年学生,应注重信息辨别能力的培养和信息安全常识教育。信息安全教育是一种理论知识与实际技能相结合的学习过程,能够很好地体现学以致用的原则,必然会受到高校学生的欢迎。信息安

全教育可以通过以下三个途径:第一,在大学基础教学中开设专门的网络信息安全教育课程,使广大学生能够系统地、全面地掌握网络安全知识;第二,大学期间通过网络信息安全学术研讨会、安全知识竞赛、安全知识讲座等多样化的教育形式进行网络信息安全教育。这样可以督促大学生自觉、主动地搜集、学习网络信息安全方面的知识;第三,利用学校传播媒介和舆论工具,通过校刊、校报、校园网络、广播、宣传栏等进行网络信息安全教育。

五、结束语

互联网络正在改变着大学生的学习、生活和思维模式,影响着他们的世界观。加强信息安全教育,能够保证高校学生身心健康发展,能够最大限度地保证学生免受网上不良信息的侵害,避免学生本身违法犯罪的发生,为培养高素质人才提供保障。目前国内高校学生网络信息安全还处于探索阶段,文章探讨了高校学生网络信息安全的必要性及存在的一些问题,为高校学生网络信息安全提出了一些有益的建议。

参考文献:

[1]杨建强.大学生信息安全教育探讨.襄樊学院学报,2012(2)

[2]杨畅.网络信息安全的现状与防御.科技天地,2012(1)

[3]任立峰.计算机信息安全技术研究.高新技术产业发展,2011(1)

[4]孙利娟.高校信息安全教育问题研究.电脑知识与技术,2010(8)

[5]刘枫.大学生信息安全素养分析与形成.计算机教育,2010(21)

[6]谢应霞.大学生网络犯罪的成因及预防对策探析.法学论丛,2010(2)

[7]肖红光.论大学生信息安全意识教育.当代教育理论与实践,2009(4)

[8]杨莹.高校信息安全探讨.电脑知识与技术,2008(8)

[9]彭国军.信息安全意识培养应纳入大学生素质教育培养体系.人才培养,2008(22)

[10]廖卉荣.我国高校网络信息系统中涉密数字信息的安全隐患与对策.湖北经济学院学报,2007(3)

[11]付沙.试论加强高校网络信息安全教育.现代技术教育研究,2007(5)

[12]陈世伟.大学生网络信息安全教育探析.武汉科技学院学报,2005(1)

[13]彭文灵.高师院校开展信息安全教育的意义和对策.赣南师范学院学报,2005(3)

作者简介:

武旭斌　太原理工大学保卫处,消防科,手机:15035667017
韩宗甫　太原理工大学保卫处,消防科,手机:15103447111
通讯地址:太原市迎泽西大街79号,邮编:030024

网络舆情与网络突发事件

韩俊伟 太原理工大学

摘　要：高校网络舆情研判是高校网络舆情管理的重要手段，是新时期高校思想政治工作的新领域。深入解读高校网络舆情的概念及其运行特征，是做好高校网络舆情研判工作的前提。高校网络舆情研判不同于大学生思想动态的研判。网络突发事件必须根据研判与处理相结合的原则，建立高校网络舆情的即时研判和深度研判制度及网络突发事件的解决，确保高校网络舆情管理的良好效果。

关键词：大学生　网络舆情　网络突发事件　预防与处置

一　网络舆情与网络突发事件的定义及形成原因

（一）网络舆情与网络突发事件的定义

1　高校网络舆情

高校网络舆情，是指高校内部各类群体在校园网空间中，对其所关心的特定的中介性社会事项产生和所持有的社会政治态度，高校中的各类群体主要有大学生、高校教师和高校管理者，本文对高校网络舆情主体进行了狭义化和特定化的处理，把高校网络舆情主体仅限定在大学生群体上，这是由高校网络舆情的内涵和实际运行的现状决定的。

2　网络突发事件

有的学者认为："校园突发事件是指在校园内由于偶发性因素引起、突然爆发的、可能或严重影响了学校正常教学、生活秩序，威胁到校园安全稳定、学生的生命和财产安全的紧急事件。"笔者认为该观点不能全面概括高校或校园突发事件，将事发地局限于高校或校园内，范围过窄。

（二）网络舆情与网络突发事件的成因

1　网络突发事件

对突发事件的有效预防和正确处置，首先依赖于对其形成原因的准确判断。导致突发事件的因素很多，既有外部因素对学生和教职工的作用，也有个人和群体自我意识的作用，因此，突发事件的发生以及规模和影响力的大小是各种社会因素综合作用的结果，同时也受各种社会因素的制约。如果从因素对主体作用机制分析，可以归纳为激发型、诱发型、自发型三类。激发型事件，是指某种外界因素的刺激使学生或教职工产生爆发性的肯定或否定的心理反应行为。

2 网络舆情的成因

网络舆情的产生有多重因素,除了社会外部环境诱因外,从高校大学生的网络舆情的成因看来,主要有两大直接动因:第一,校园常规渠道不通畅是学生寻求网络的一个重要原因。高校大学生是一个特殊的青年群体,一方面,他们有理想、有激情、有抱负并愿意为之奋斗,但另一方面又表现出心理不成熟,特别是对各种因转型时期或因机制不健全导致的社会问题往往缺乏冷静的思考和理智的分析,有可能给他们带来一些社会心理压力。一些大学生有可能在某一事件的刺激下诱发单个个人压力,而且在通常情况下会主动寻求群体的沟通。但如果得不到正常渠道(如师生有效对话交流、座谈会等)的沟通必然会寻求网络,这时也就有可能汇集成网络舆情。第二,高校在教育管理服务学生等过程中出现行为不当或产生各类利益冲突。

(三)高校网络突发公共事件

高校网络突发公共事件的特点突发公共事件一般具有突发性、不确定性、破坏性、涉及主体的多样性、波及范围的广泛性等特点,加之网络信息所呈现出传播性强、范围广等特征,为此,笔者认为高校网络突发公共事件具有以下主要特点:

1 突发性

高校网络突发公共事件在令人难以预料情况下突然爆发。这源于人们事先无法控制事件发生的时间、地点、方式以及危害结果。

2 区域传播性

从高校网络突发公共事件的概念可以看出,作为主要参与者的大学生利用校园网络对自然的、人为的或者社会政治原因引发事件进行传播。传播范围仅仅局限于校园网络,具有区域性。

3 以大学生为主

高校网络突发公共事件的直接参与者以大学生为主。他人在高校处理事件中所披露信息不及时、缺乏透明、不重视与网络媒体的沟通的情况下,通过校园网络将信息发布。大学生出于好奇心或者其他原因纷纷跟帖、转发或者传播,进一步将信息传播范围扩大。

三 网络舆情与网络突发事件存在的问题

(一)高校网络突发公共事件存在的主要问题

1 高校信息报道不到位,缺乏与新闻媒体的有效沟通

高校面对网络突发公共事件,略显被动,所披露的信息不到位。主要体现:一是信息报道滞后,缺乏时效性;二是信息报道欠缺真实性。为了避免影响校方的声誉,高校将事件予以隐瞒,甚至虚构信息内容。三是信息报道欠缺透明性。与此同时,高校缺乏与新闻媒体的有效沟通,未意识新闻媒体的重要性,过度认为新闻媒体的报道不利于己。于是,高校采取不予理睬、拒绝、威胁等不正当方式逃避新闻媒体。

2 网络舆情管理的缺失

我国高校的网络舆情管理工作处于初级阶段,仍然停留在事后处理模式,不够重视事前信息的收集,所收集信息不够全面、及时或缺乏真实性,以至于分析信息缺乏准确性,无法客观评估信息。常见网络舆情管理者在尚未对网络舆情进行收集、分析和评估的情况下,通过删帖、屏蔽信息等方式来处理,不善于通过疏导舆论将网民引导向正确的方向发展。加之通常网络舆情管理者素质不高,网络技

术水平有限,未能利用网络技术控制突发公共事件的舆论信息。

(二)舆情的问题

1. 应急准备不足,响应速度较慢

对待高校网络舆情的管理与控制,关键是要快速响应,迅速启动各自职责内的工作程序,以最快速度控制事态的发展。目前绝大部分高校现有的网络舆情管理与控制体系采用传统的自上而下垂直管理方式,信息传递渠道单一。这种管理方式处在理非紧急事件时能发挥一定作用,但是在网络舆情爆发时难以实行快速有效的响应,在处理高校网络舆情突发事件时显得反应迟钝,行动缓慢。

2. 处置方式被动,硬性指令过多

过去在对一些高校热点问题的处理中,通常采取回避、封堵或冷处理的办法,试图淡化处理高校网络舆情,避免其扩散后增添工作麻烦,扮演的是控制者角色,而不是引导者角色。但由于高校网络舆情的表现特点,采取保守、被动的处理方式的效果常常会与预期效果背道而驰。

四 网络突发事件与网络舆情的预防及处置

(一)网络突发事件的预防

1. 优化环境,消除"激发"因素

尽管突发事件的发生在一定意义上说是事物内部矛盾运动的一种结果,但如果没有外部条件的作用便有可能延缓或避免发生。近年来,高校突发事件多数是因为治安问题或学生生活问题所激发。高校周围饮食业、旅店业和娱乐性等经营活动,导致大量成分复杂的社会人员主要是社会青年与高校学生频繁接触,他们同属于易冲动型社会群体,相互间容易发生冲突。加上个别学生也偶有不文明行为,所以高校周围及校内的店、摊、点是突发事件的重要"激发源"。随着国民经济的快速发展,高校招生规模扩大,学生类别增多人数增加,伴之而来的是办学条件趋紧,管理难度增大。在这方面也存在激发事件的隐患。要消除各种激发突发事件的因素,必须优化高校环境。高校自身要进一步深化改革增强内部活力强化校园管理,提高以食堂为中心的后勤工作服务质量,坚决杜绝乱收费等损害学生利益的行为。学校要切实关心教职工和学生的实际困难,调适学校和学生之间、各类别学生之间的利益关系,努力改善教学、学习、生活条件。

2. 建设理性,抵御"诱发"影响

由于高校的特殊社会功能,知识分子集中和大学生群体的特殊社会角色,高校历来是重要的意识形态阵地。在前苏联解体,国际共产主义运动处于低潮的情况下,社会主义中国仍然充满生机和活力,沿着有中国特色的社会主义道路前进,势必引起国内外敌对势力的仇恨和恐慌,它们会千方百计进行渗透,企图在高校制造动乱,干扰我国的社会主义现代化建设。我们应该充分肯定高校绝大多数学生和教职工是拥护党的基本路线,满腔热情地支持改革开放的,但同时也不能忽视资产阶级意识形态和社会丑恶现象的消极影响。

3. 掌握信息,做好"个别"工作

突发事件的"突发"是相对的,从"激发"因素的刺激或"诱发"条件的作用到发生群体性突发事件,其中有一个或短或长的信息传导过程,实际上也就是组织发动的过程。在这个过程中必然出现蛛丝马迹,据此作出准确判断,采取强有力的工作措施是预防突发事件的关键。一个或几个人受到"激发"或"诱发"的作用后必须作出反应,这种反映如果是强烈的一般会寻求支持。第一个直接的被作用者不一定就是后来群体事件的组织者,也不一定能左右事件的发生和发展。但第一被作用者的意愿和态度对事件的发生有着十分重要的影响。因此,要消除"激发"或"诱发"作用,防止重大事件发生,首先必须准确地掌握第一被作用者并做好其疏导工作,态度要鲜明,方法要得当。一般情况下对信息传导者也是客观上的发动者和联络者,学校要根据他们的思想倾向有针对性地做好工作,使其主动停止传播影响稳定的信息。

(二)高校网络舆情的预防

对高校网络舆情实施干预的方法按时间段和活动场所划分主要有3种,分别是事前干预、网上干预和网下干预。

1 事前干预,即防止议题、言论或倡议进入网络,这种控制和干预是事前性的预防性干预机制

网络舆情所表达的观点和立场倾向,其根源和指向仍然是现实生活中存在的现象和问题。研究表明,群体性突发事件产生的直接原因80%以上来自基层,是能够在基层解决的。在某些动员行为进入网络之前,其影响或范围还比较有限,因而较容易予以控制和规制。为了使预防性机制发挥效应,现实中需要学工组织、学生社团、班级学生干部、学业导师等机构或人员构造现实网络化的监控和预防体系,让学生的诉求、情感、不满等能够通过以上机构得到释放、共振和放大。

2 网上干预,即在网络中形成干预制。

网络干预的方式包括一是删除敏感信息。网络主管部门可以就一些可能形成突发事件的言论、倡议或信息直接删除,防止其传播或扩散。不过这种方式虽然一时有效,但长期却无效,也无法真正化解诱致突发事件的因素。网络通常只是学生发泄不满、发出诉求或进行动员的渠道或途径,如果封闭这一途径,大学生则可能会寻求其他渠道或途径进行发泄和表达,导致矛盾深化。

(三)突发事件的处置

如果信息不灵或者预防工作力度不够措施失当,突发事件即有可能发生。一旦发生突发事件必须果断正确地处置,最大限度地减弱事件的规模和影响,尽快平息事件。

1 沉着应付,迅速控制事态发展

突发事件发生后学校决策指挥机关既不能惊慌失措,草率处置,也不能优柔寡断坐失良机。首先要组织各方面的力量采取强有力的措施控制事态发展。凡是冲突型事件必须尽快使冲突双方脱离接触,对受伤人员要立即送医院诊治,对明显的违法犯罪行为要严正制止,在合适的条件下可依法对其强制。在较有把握或现场舆论强烈要求时,有关领导应旗帜鲜明地发表讲话,动员参与者和围观者离开现场。

2 实事求是,认真处理善后

处理善后是处置突发事件的重要一环,否则便有可能再次引发事件。对侵害学生或教职工的合法权益,导致突发事件的肇事者和别有用心的事件的主要责任者,必须依法从严处理。要在让师生员工明白事实真相提高思想认识的前提下,对事件的策划者和组织者区别对待。对事件的一般参与者主要通过学习和批评与自我批评提高认识吸取教训。因事件造成的公私财物损失要分清责任,妥善处理。

(四)新机制:高校网络舆情的引导处置机制

中共中央、国务院关于进一步加强和改进大学生思想政治教育工作的意见指出,要全面加强校园网的建设,使网络成为弘扬主旋律、开展思想政治教育的重要手段。当前,尤其要注重加强网络舆情

的引导,努力营造积极向上的主流舆论。同时,我们还要构建起与网络舆情相配套的机制。

五 结论与建议

(一)快速反应,注意时效性

无论是政治性突发事件,还是自然灾难和重大责任事故,都因其严重的破坏性后果,给人们的心理带来极大的冲击和震撼,因而具有很高的新闻价值,很容易激起公众的新闻欲望。

(二)如实报道,注意真实性

突发事件的报道,既要注意时效性,快速反应;更要注意真实性,如实报道。关于这个问题,对灾情采取如实报道的方针,对其他突发事件也应如实报道,因为真实性是新闻报道必须遵循的一个基本原则。重大突发事件是要载入史册的,如实报道,既是对事实负责,也是对历史负责。

(三)正确引导,注意导向性

突发事件报道,敏感性强,难度大,把握不好,容易产生负面影响,甚至给社会政治稳定造成危害。因此,媒体在报道突发事件时一定要从政治上、大局上考虑,把握正确的舆论导向。在这方面,要特别注意下面两点:一是要保证报道客观全面。一般来说,突发事件是一个复杂的多面体,在报道中不能一叶障目,只报道某一方面的情况,而对另一方面的情况避而不谈,或把个人情绪和意见掺杂其中而误导受众。二是要注意正面引导。在报道突发事件时要充分考虑到在社会上可能产生的影响,站在党和政府的立场上,站在维护人民群众共同利益的角度,注意发挥媒体的舆论导向作用。

(四)深度开发,注意连续性

突发事件的报道,一般说来,大多不是一次完成的。受众希望了解突发事件发生、发展的最新情况和全过程,因而就需要连续报道和深度开发。

参考文献:

[1]李昌祖,周杰,郑苏法.高校网络舆情及其研判的若干思考[J].江苏高教,2010(5)

[2]李立景,覃升锋.高校网络突发公共事件应急管理存在的问题及对策[J].创新,20126(6)

[3]苏玲.高校突发事件的成因及处置[J].湖南医科大学学报(社会科学版),20035(4)

[4]曾润喜,王国华,徐晓林.高校网络舆情的控制与引导[J].实践研究,200932(11)

[5]刘泽南.高校突发事件的成因及处置[J].思想教育研究,1994(4)

[6]周建胜,范志轩.高校网络舆情成因及引导处置机制探析[J].教育与教学研究,2010,24(8)

[7]邵强.关于突发事件报道的几点思考[J].湖南大众传媒职业技术学院学报,2002,2(2)

作者简介:

韩俊伟　太原理工大学保卫处,科长,手机:13233689111
通讯地址:太原理工大学保卫处,邮编:030024

试论如何加强对高校网络舆情的管理与引导

尚光辉　天津外国语大学

摘　要：高校网络舆情具有即时性和突发性特点，内容多元且分散，互动性强，影响广泛。它在一定程度上反映了高校学生的思想动向，同时也给高校学生工作带来新挑战。在新时期加强对高校网络舆情的管理与引导，不仅要建立网络舆情信息收集、分析、处理与反馈工作机制，还要积极构建校园网络主流文化；不仅要提高大学生的网络道德素质，以自律的方式引导网络舆论，还要建立网络新闻发言人制度，培养一批活跃的舆论领袖。

关键词：高校　网络舆情　管理　引导

一、高校网络舆情的内涵

1.高校网络舆情的内涵

舆情,舆者,舆论也;情者,情况矣。舆情是社会上一定范围的公众在一定时期对社会现实的主观反映,集中表现出这一特定群体的思想活动及情绪,是群体意见、要求等的综合反映。随着互联网的飞速发展,网络成为反映社会舆情的主要载体之一。网络舆情是指公众通过互联网表达和传播的各种情绪、意愿、态度和意见交错的总和。高校网络舆情则是指高校师生在互联网上对现实社会中的各种现象、问题所表现出的有一定影响力和倾向性的特定价值观、态度、意见和情绪的总和。

2.高校网络舆情的形成过程

高校网络舆情的形成大致遵循如下模式:

首先,网络媒体对某一新闻事件进行报道或者大学生通过各种网络平台呈现某一事件;

其次,通过新闻跟帖、论坛讨论、网络日志、电子邮件或即时通讯工具畅所欲言;

最后,在互动过程中汇集成带有某种价值观念和利益诉求的高校网络舆情。

二、高校网络舆情的特征

1.高校网络舆情具有即时性和突发性特点

国内外的一些重大事件,在传统媒介中传播往往要经过一段时间才能传达到群众中,并且许多信息还可能经过了层层"过滤"才得以和群众见面。而网络传播则打破了时空的界限,对一些重大新闻和突发性事件,网络媒体往往在第一时间滚动播报,即时播报发展动态。当一个事件发生时,网民可以立即在网络中进行意见表达,网民个体意见可以迅速地汇聚起来形成公共意见,从而形成强大的舆情声势,这集中体现了网络舆情形成的即时性和突发性。由于高校网络应用的普遍性,以及大学生思想处于活跃期,使得大学生比外界更容易就网络上的新闻事件,特别是与自身利益相关或感兴趣的话题发表自己不太成熟的见解,迅速形成强大的校园舆情影响和压力。

2.高校网络舆情的内容多元且分散

网络舆情话题的确定是自发、随意的,任何人都拥有选择主题、话题和选择写什么、怎么写的自由,由此带来网络舆情内容丰富多彩、包罗万象,各种文化类型、思想意识、价值观念、生活准则、道德规范的舆情都可以在网络上找到立足之地。同时,由于网络的虚拟性和信息交流的匿名性,受众和传播者在网络上传递信息、发表意见可以在相当程度上不承担责任,这使得网络舆论更加活跃。大学生网民可以随时在网络上对任何舆情随心所欲地发表自己的观点,这就使得高校网络舆情的内容更加丰富多元。

3.高校网络舆情的互动性强,影响广泛

与传统媒体单向传播渠道相比,互联网最大的特点是具有双向的交互式的信息传播通道。在这里,大学生不仅是舆情的被动"接受者",而且还是舆情的"中介",甚至是主动的"传播者"。在对某一问题或事件发表意见、进行评论的过程中,常常会有许多网民积极跟帖、回帖,参与讨论。网民之间经常形成互动,各种观点均会出现,相互探讨、争论,相互交汇、碰撞。高校学生对高校网络信息保持着很高的关注度,并将从网络获取的信息告诉身边的同学和朋友,网上网下形成了互动。这些发生在不同时期、不同领域的舆情事件容易引起了高校大学生的广泛关注,会对大学生的思想、行为产生重要的影响。

三、高校网络舆情的影响

1.反映高校学生的思想动向

舆论是一种普遍的社会意识现象,它以意见体现的方式反映人们的思想状况,构成意见表达的渠道。高校网络舆情则是学生思想的直接体现,学生思想的激进程度,对现实的批判、排斥程度,对社会热点问题的关注程度;学生思想的特点、变化、个人的需求以及价值观都会通过网络舆论淋漓尽致地表达出来。通过高校网络舆情,我们可以掌握高校群体对相关问题的态度、情绪和行为动向,了解他们的思想、心态和追求,并以此为依据,来给予适当的引导,沟通校方和学生间的意见,为他们及时交流信息和表达提供正常的渠道。

2.给高校学生工作带来新挑战

高校网络舆情对大学师生的影响既有积极作用,也不可避免地存在消极作用。

首先,高校网络舆情所涉及的内容往往与实际情况存在一定的偏差。这种偏差表现在:一是网民的意见带有强烈的个人感情色彩;二是网络谣言有增多的倾向。这些与实际情况存在偏差的言论在得到澄清之前,会逐渐引发出具有新的倾向性的网络舆论,越来越偏离于事件的真相。而大多数网民面对这样的消息,却很少质疑其真实性,这就使得网络谣言传播速度更快,造成的影响范围更大。

其次,高校网络舆情所涉及的社会问题和事件包罗万象,体现不同意识形态的网络言论随处可见。除了正面的舆情外,一些低俗的、反动的、煽动性的、色情的信息也充斥其中,以至于高校网络舆情内容五花八门。高校大学生群体本身具有较高的政治敏感度,在思想上波动也较大,且行为非理性化强等特点,使其对网络舆情的免疫力比较低,一件突发的偶发事件很可能就成为舆情形成的激发点,容易诱发不良舆情的产生。不良网络舆情出现后,高校管理部门如若对其引导不善,很可能引发社会危机,破坏校园的稳定与和谐。

四、加强对高校网络舆情的管理与引导

1. 建立网络舆情信息收集、分析、处理与反馈工作机制

第一,收集信息。高校网络舆情信息收集的总体要求是迅速、准确、深刻。"迅速"要求校园网络舆情的管理者在收集信息的时候反应要快,能够迅速地为学校决策者提供必要的信息;"准确"就是要求不能含含糊糊,也不能掺杂个人主观意见,要主次分明地反映信息;"深刻"要求反映的信息要揭示大学生思想上深层次的问题,给校方的决策者提供有益的参考。

第二,分析舆情。分析网络舆情是高校网络舆情工作的关键环节,是指高校网络舆情工作者在对相关舆情信息汇集整理的基础上,运用抽象分析、比较分析、综合分析以及内容分析法和数据挖掘技术来把握高校网络舆情的本质,从而全面了解学校网络舆情,了解学生的思想动态。

第三,网络舆情的处理。网络舆情事件发生后,要在第一时间采取有效措施,主动引导舆情方向,避免事态扩大。在校园网外的贴吧、论坛、QQ群等网络平台上出现与学校相关的负面信息时,要及时进行舆论引导;在校内网页上出现负面信息时,要进行技术干预,必要时屏蔽相关信息,分类别、分对象、分轻重缓急进行有组织、有系统的信息处理工作,特别是要积极疏导负面情绪,防止由个体情绪发展为群体情绪。要充分借助校园宣传阵地的渗透力,进行主流话语的发布,引导舆论,化解矛盾。

第四,网络舆情的跟踪反馈。对网络舆情要持续跟踪关注,随时了解舆情的新情况、新动态,掌握舆情的预警、处理情况和效果,对工作中存在的问题及时发现、纠正。要做好舆情的反馈工作,把对舆情的处理意见、处理理由以及整改措施等反馈给学生,有效化解学生们存在的疑惑与困惑。

2. 积极构建校园网络主流文化

第一,要充分发挥党团组织、教师在网络文化建设中的引导作用。建立融思想性、指示性、趣味性、服务性于一体的主体网站体系,使校园网成为高校师生获取信息、学习知识和交流沟通的主体网络平台,成为宣传思想教育的主阵地。大力建设贴近实际、贴近生活、贴近师生,具有吸引力、亲和力、影响力和感染力,体现大学精神的思想政治教育专题网站(页),使校园网成为教育和引导大学生健康成长的重要载体。

第二,努力扩大校园网络覆盖面,在保持网络建设思想性和知识性的同时,从大学生的心理状况和需求出发,根据学生的兴趣,构建适合大学生阅读需求和信息需求的网络内容,创办一些能提高关注度和参与度(点击率)的大学生喜爱的名牌论坛,使校园网络成为弘扬主旋律的重要阵地,传播先进文化的主要平台,引导大学生健康成长的良好载体,为大学生提供思想交流、展现才华的舞台。

第三,重视校园网络文化建设的研究工作,开展多角度、多层次的跟踪调查和专项课题研究,把握校园网络文化建设规律,为构建健康向上、文明和谐的校园网络文化提供智力支持。

3. 提高大学生的网络道德素质,以自律的方式引导网络舆论

网络舆论的始作俑者是"人",因此,加强网络舆情的控制与引导应从根本做起,提升网民素质,提升大学生网络道德素质。高校要自觉加强网络道德建设,使网络成为弘扬主旋律、开展思想政治工作的重要阵地。要坚持用社会主义核心价值观教育引导青年大学生,对社会转型期的各种社会矛盾和问题,要组织学生开展多种形式的社会调查,让学生走进社会、了解社会,清醒认识社会各种现象,

增强学生的使命感和社会责任感。通过构建主流网站、网页开设人生观、世界观、价值观讨论专栏、加强网上互动、思想交流,引导大学生培养健全的人格,高尚的情操,树立良好的网络道德。大力加强网络道德教育与网络自律教育,让大学生自觉地树立网络道德责任意识,加强网络道德自律;树立正确的网络信息使用意识,提高自身的网络安全和防范意识;增强辨别能力,提高自身的免疫力;正确对待网上人际交往,以确立积极、健康的良好的人际关系等。

4.建立网络新闻发言人制度,培养一批活跃的舆论领袖

第一,建立网络新闻发言人制度。高校网络新闻发言人制度是新闻发言人制度的延伸,其打破了传统的新闻发布模式,是适应互联网发展需要而产生的。按照信息透明公开原则,高校可设新闻发言人,建立公开透明、及时有效的信息发布制度,可以使谣言止于智者,谣言止于公开。通过新闻发言人,实事求是地把真相和事实及时告诉师生,发布辟谣信息,把公众关心的相关动态信息和突发公共事件的应急预案、预警信息及应对情况通过手机和网络等方式及时、快捷地告知公众,不仅有助于提高高校工作的透明度,更有利于突发事件的解决和化解,从而有效地稳定局面,安定人心。当然,网络舆情危机出现的同时,高校也应最大程度地争取传统媒体的支持,利用传统媒体的公信力和权威性,维护和重塑学校形象。这样做,既保障了公众的知情权,又减少了流言和谣言传播及其负面影响,避免出现不利的舆论导向,从而有利于调动各方面的积极性,在危机处理中争取到广泛的理解、合作与支持。

第二,培养一批活跃的舆论领袖。拉扎斯菲尔德"二级传播"理论告诉我们,在传播过程中,常有少数人是消息和影响的重要来源,这部分人频繁接触媒体,比一般人更留心媒体信息,对有关事情有更多的了解,他们在一般网民中发表一些信息和表达看法,能影响普通人,这些人就是"舆论领袖"[①],舆论领袖在影响受众的态度方面作用明显,他往往是网络世界中的舆论主宰和引导者,在网络舆论表达中具有很强的号召力和感染力。就目前我国一些较有影响力的论坛参与情况看,培养论坛的舆论领袖,利用这些舆论领袖来引导网上舆论,已成为一种普遍的做法。他们有见地、有代表性的发言一般被版主用醒目的字号和色彩加以强调,放在网页的突出位置,以强化主流言论,孤立非主流言论。高校可以关注和培养这样的舆论领袖,通过他们影响舆论走向,倡导符合主流价值观念的舆论导向。同时还可以邀请专家学者、权威人士参与大学生的讨论,在线互动交流,解答大学生关注的国内外热点时事新闻、校内外与自身发展相关的问题,发挥高校网络舆情的正向功能,实现对高校网络舆情的正面引导。

参考文献:

[1]刘毅.网络舆情研究概论[M].天津:天津人民出版社,2007年版

[2]杨谷.信息时代的舆情监测[N].光明日报,2007,5(23)

[3]丁建军.浅谈高校网络舆情的特点、成因及其危机应对[J].荆门职业技术学院学报(教育学刊),2008(4)

[4]刘燕、刘颖.高校网络舆情的特点及管理对策[J].思想教育研究,2009(4)

[5]孟威.网络互动意义诠释与规则探讨[M].北京:经济管理出版社,2004年版

---

① 张迈曾.传播学引论[M].西安:西安交通大学出版社,2002年版.第47页

[6]邓燕.论网络舆情对高校群体性事件的影响[J].重庆邮电大学学报(社会科学版),2009,(3).

[7]郭乐天.互联网虚假信息的控制与网络舆情的引导[J].新闻记者,2005,(2).

[8]张迈曾.传播学引论[M].西安:西安交通大学出版社,2002年版.

作者简介:

尚光辉　天津外国语大学保卫处,科员,手机:13920041622

通讯地址:天津市大港区学府路60号,邮编:300270

高校网络舆情应对方案初探

袁 强　张建华　毕忠臣　中国农业大学

摘　要：进入21世纪,网络给人们的生活带来了翻天覆地的变化。对于高校而言,网络为学生提供了更多更便捷的获取信息和知识的途径,然而,同时也给高校的安全稳定带来了很多负面的影响。本文将从分析高校网络舆情的特点入手,提出高校应对网络舆情的方法和手段。

关键字：网络舆情　高校　应对　方法　手段

前言

近年来,随着互联网技术、移动通信技术的高速发展,电脑、智能手机等网络通信设备的迅速普及,微博、微信、人人网等应用的出现,web2.0时代已经强势来临,带来了传媒生态发生了前所未有的转变。Web2.0时代人人都是信息的传播者,信息得以快速地传播和蔓延,新闻自由度也显著提高。然而,由于网络的低门槛易操作、交互强传播快和网民素质良莠不齐等特点,也带来了很多负面的影响,如:肆意宣泄个人私愤、发表过激言论,散布虚假、不良或者非法信息、教唆怂恿违法行为等,给社会的安全稳定带来了很大的影响。

2013年1月15日,中国互联网络信息中心(CNNIC)在京发布的第31次《中国互联网络发展状况统计报告》中显示,截至2012年12月底,我国网民规模达到5.64亿,手机网民数量为4.2亿,微博用户规模为3.09亿,手机微博用户规模2.02亿。中国网民的主体是30岁以下的年轻群体,占到整个网民数量的近60%,接近1/3的网民为学生。大学生位于中国网络发展的前沿阵地,他们无论是在网时长还是在微信、微博、社交网站等应用的普及率上都高居网民前位。在享受网络带来的方便快捷的同时,他们也深受网络的负面信息的影响。高校网络舆情对于高校的安全稳定发生着越来越深刻的影响,分析高校网络舆情的特点,分析提出应对的方法和手段,对于创建平安、和谐的校园环境意义重大。

一、高校网络舆情

(一)高校网络舆情的概念

高校网络舆情是由各类事件引发的通过互联网传播的大学生们对于该事件的所有认知、态度、情感和行为倾向的集合。它对活跃校园文化、促进校园管理完善和进步具有积极的推动意义,但同时,也对高校的安全稳定也有着消极的影响。

（二）网络舆情的特点

网络舆情的特点取决于网络传播方式的特征,主要体现在以下几个方面：

1.自由性

在以往的传统媒体时代,普通人大多是信息的接受者,获取信息的渠道也相对比较狭窄或单一。与传统媒体不同,进入网络媒体时代后,每个人都是新闻的创造者和传播者,人们可以很方便地通过互联网、移动通信网络等多种渠道自由地接受或者传播信息,信息的受众和传播者的界限越来越模糊。网络给我们接受和传播信息带来了前所未有的自由性[3]。

2.多元性

网络的自由性同时造就了信息的多元性。由于公众的社会背景、文化程度的不同,不同的人对于同一事物持有的不同看法和态度,造成了信息的多元性。网络是一个高度自由的虚拟空间,它打破了地域和空间的限制,使各种不同的意识形态、思想观念相互碰撞、渗透和融合[3]。

3.交互性

网络与传统媒体相比,另外一个显著的特点是,信息不再是单向的传播,而是双向或者多向的实时交互传播。网民与网民之间、网民与媒体机构之间呈现越来越多的互动。随着微博、微信、社交网站等各类手机应用的出现,人们可以实时地进行信息的沟通交流,更加体现了网络的交互性[3]。

4.隐匿性

由于网络环境是一个虚拟的环境,人们可以不公布自己的真实姓名和地址信息,而采用虚拟的网名来发布信息。在隐匿真实信息的情况下,人们可以突破道德和法律的约束,无所顾忌地发表自己的观点和看法。网络的隐匿性也给谣言的传播、恶意的攻击提供了滋生的土壤[4]。

5.突发性

网络舆情的形成往往非常的突然,一个事件加上一点情绪化的表达,很可能迅速地传播蔓延,成为社会关注的热点问题。当某一事件发生时,网民可以通过网络发表意见,这些个体意见可以迅速地汇聚起来形成公共意见。同时,各种渠道的意见又可以迅速地进行互动,从而迅速形成强大意见声势[4]。

（三）高校网络舆情的自身特点

由于高校师生群体的特殊性,高校网络舆情处具有网络舆情的一般特点外,还有着其自身的特殊性：

1.主体在时空上相对集中

高校舆情的传播主体是大学生,他们大多居住在学生宿舍,在作息时间上受到学校相关规定的制约,在时间和空间上存在相对集中的特点。高校舆情的发生,在时间上存在着相对的集中的特点,同时,由于主体的活动空间也相对集中,在舆情的可控性方面较社会网络舆情相对较高。

2.关注的问题相对集中

高校学生由于其年龄阶段、心理特点、学历层次和生活环境等的因素的影响,其关注的问题也大致相同。根据北京市教工委等相关部门的调查资料显示,高校学生对于师生对于重大政治事件、公共安全事件、涉及国家荣誉和民族利益问题、官员腐败问题以及与自身利益密切相关的问题等普遍呈现出较大的兴趣,这一特点,也就使得高校网络舆情的内容呈现出相对集中的特点。

3.观点主张易受影响

高校大学生年龄集中在18岁到25岁之间,对待事物基本形成了自己的见解。但是由于价值观尚不成熟,社会阅历浅,对事物的辨识度不深等特点,他们的观点又极易受到他人的影响,他们在心理上也存在寻求他们认同或者趋于同他人一致的特点。

二、高校应对网络舆情的几点建议

(一)提高对网络舆情的重视程度,占领舆论先机

网络舆情对于高校的安全稳定带来了越来越大的影响,它是高校学生思想动态的风向标和晴雨表。各高校领导应高度重视网络舆情工作,随时掌握学生关心的网络热点问题和近阶段的学生的思想状况,及时发现学生的中影响安全稳定的事件的苗头,并采取相应措施避免造成不良的影响。高校舆情在很多情况下,与学校近期发生的事件有关,各高校和下属部门,应该积极筹措,建立官方的微博、公共主页等,在学生关心的重大事件发生时,第一时间在网络上向学生传达官方的声音,说明事实真相或者表明学校的态度,占领舆论的先机,可以有效地防止以讹传讹、造谣生事情况的发生,避免因事态的升级而造成严重的后果。

(二)加强信息员队伍建设,增强网络舆情的搜集研判

目前,微信、微博、QQ空间、人人网等网络社交网站数不胜数,在学生中有大量用户,学生表达意愿,传递信息的途径非常多。高校要想及时掌握网路舆情,必须有一支非常强大的信息员队伍,及时搜集研判网络舆情。首先要选择政治立场坚定,道德高尚,政治敏锐性和洞察力强,了解学生的思想行为,熟悉各类应用和社交网站的学生干部、青年教师或辅导员等,加入信息员的队伍;其次要加强信息员队伍的培训,提高信息的搜集、研判和引导的能力;还要加强对信息员的奖励机制建设,对于善于发现不稳定苗头,及时上报情报信息的信息员要予以一定的奖励,提高信息员队伍的积极性和主动性。

(三)注重意见领袖的培养,加强网络舆情的引导

在网络上,尤其是微博上,意见领袖正可谓是一呼百应。他们的一句话可能会引起数以万计的跟帖、转载,更有甚者可能会对某一事件的发展带来决定性的影响。加强高校的网络舆情的引导,要注重对于意见领袖的培养,可以将群众基础好,有较强号召力的学生或者独具个人魅力、在师生中有较大影响的教师培养成为代表官方意志的意见领袖,这些人平时在学生中就有着非常大的话语权,他们的意见往往能够影响或者左右学生的意见。在网络舆情发生时,由他们适当地进行正面地引导,可以有助于化解舆论危机,平息各类热点纷争。

(四)注重线下渠道的利用,建立网络舆情应对长效机制

网络上的情况是复杂多变的,也是难于控制的,但是由于高校网络舆情其主体主要为大学生,其生活空间相对集中,可以通过线下的途径对于网络舆情进行有效的控制。一般情况下,学生在网络上表达意见的同时,会与周围的同学进行意见的传达和交流,可以通过线下的途径了解和掌握学生对于网络热点问题的关注情况,进而掌握网络舆情的动态;高校网络舆情往往集中于爱国情绪的表达和自身利益的诉求,网络舆情爆发后,可以通过线下的途径积极地进行正面的教育引导,解决学生的利益诉求,有效地控制网络舆情的发展。此外,要经常性地对学生的思想状况、关心的网络热点问题进行调查研究,发现其存在的规律,总结解决的经验和教训,从而在易引起网络舆情的事件发生后,

及时在采取相关措施予以防范,同时经常性地了解学生的利益诉求,关心学生的成长,通过各种手段解决学生的实际困难和心理问题,也是有效防止高校舆情发生的手段。

(五)加强网络道德与法制教育,提高网络文明水平

加强高校网络舆情管控工作,很重要的一方面是要加强学生的网络道德教育和法制教育,教育学生在网络上依法理性表达,不使用攻击性、侮辱性、过激性言语,不发表违法言论,不信谣不传谣,不教唆他人进行违法犯罪。对于利益诉求,采取合理正当的途径寻求解决,不在网络上恶意诋毁、损害国家机关和学校的形象。

结束语

高校网络舆情是一把双刃剑,一方面可以对学校的行政行为进行网络监督,促进学校的教育教学改革,促进良好的校园氛围的形成;另一方面,不当或者错误的舆论可能蒙蔽学生的视线,诱发学生中的不安定因素,引发影响校园安全稳定的事件。高校要高度重视网络舆情工作,不断增进对网络的学习和了解,跟上网络社会发展的步伐,采取一切措施积极营造健康向上的网络舆论氛围,促进学校整体健康有序的发展。

参考文献:

[1] 第30次中国互联网络发展状况统计报告.中文互联网数据资讯中心.http://www.199it.com/archives/57701.html

[2] 时钟平,唐学庆.高校网络舆情突发事件预警指标体系研究.燕山大学学报.2003,14(1):124~126

[3] 王昊.网络舆情视角下的高校思想政治教育研究.安徽工业大学硕士论文.2011.12

[4] 李尚旗.高校网络舆情的作用及其管理.学术论坛.2011,(2):183~186

作者简介:

袁　强　中国农业大学保卫处,维稳信息科副科长,手机:13911997310

张建华　中国农业大学,副校长

毕忠臣　中国农业大学保卫处,保卫处长

通讯地址:北京市海淀区圆明园西路2号中国农业大学西校区,邮编:100193

浅谈高校网络舆情的特点及应对策略

张路科　中国农业大学

摘　要：高校网络舆情对大学生的思想和行为产生着重要影响。高校网络舆情的特殊性、快捷性、交互性、透明性和多元性等特点,都给高校思想政治教育带来了新的挑战。在新的形势下,我们如何在公开透明的基础上,把握其特点,制定和落实科学的管理规范,对其进行有效管理,是目前高校管理部门需要不断研究和探讨的问题。

关键词：高校　网络舆情　特点　对策

继报纸、广播、电视之后,被称为"第四媒体"和"第五媒体"的互联网和"拇指"媒体(手机)得到迅猛发展。特别是近两年来,"微博"、"微信"的悄然崛起,网络传媒独有的互动性和流动性使其影响力和渗透力进一步彰显。使我们在不经意间悄然步入了"微博时代"。然而网络信息鱼龙混杂,一些负面、消极、虚假的信息对校园的网络安全带来了不良影响。高校校园网络的迅猛发展,网络舆情形成迅速,已成为当前影响大学生思想和行为的新兴力量。特别是伴随着网络舆情的频繁爆发,一件件突发事件更是将部分学校卷入到安全和声誉的危机之中。如何对校园舆情进行积极的引导和监控,如何营造健康文明的校园网络环境,已成为摆在学校面前的重要课题。

一、网络舆情对学生思想与行为的影响

网络舆情对大学生的影响既有积极作用,也有消极作用。积极的网络舆情能够客观、真实地反映社会的发展变化,能够反映出人们探求真理的过程,对大学生世界观、人生观、价值观发展变化有着积极导向作用。这种网络舆情反映的是社会的主流价值观与主流文化,大学生在这种网络舆情的影响下,潜移默化,会坚信正确的舆论,并引导、规范自身的行为。大学生普遍认为是网络扩充了自身的信息来源,丰富了自身的信息储备,提高了大学生的认知能力。此外,网络舆论还提供了思想交流的自由平台,有利于发现矛盾,疏通矛盾,化解不良情绪,成为广大学生自我教育的有效手段。

但是，网络舆情中的不良信息对大学生思想和行为的形成会产生不利影响。网络舆情形成的自发性、内容的庞杂性和论点的分散性,不利于统一监督和引导。高校网络舆情得以形成,很大程度上源自现实舆论或意见表达的不畅,尤其是学生对社会弊端问题或事关学生重大利益问题所表现出来的思想偏离现象。这种偏离容易异化主流思想,表现在学生的不满情绪往往通过极端的形式反映出来,将工作上的缺陷和不足放大,将个人因素或个别不妥行为而导致的不当猜忌摆在台面,宣泄个人情绪,转贴一些真实性与客观性存在偏差的热点问题,发表一些不符合实际情况、不负责任的言论,

散布一种片面的、偏激的、个人主义色彩浓厚的论调。毋庸置疑，这些言论一旦形成网络舆情，就会使大学生受到不良信息刺激，容易造成他们价值判断的模糊。

二、高校网络舆情的特点

1. 特殊性

校园网络舆情的制造主体主要是少数大学生群体，一般是由校园BBS上的活跃群体或者与舆论客体有密切关系的大学生组成，所以，校园网络舆情制造主体具有特殊性。目前，以校园BBS为主要场所的交流论坛往往会有一些网络论坛领袖，他们在网络上发表言论并达到一定等级，被推举为论坛某一板块的版主。通过调研我们了解到，通常在BBS上发表言论的同学以大二、大三高年级学生居多，而且以少数活跃分子发帖为主，一般来说，班级里会有四、五名活跃分子喜欢在论坛上交流，大多数同学只是浏览论坛上的一些相关信息，以过客身份出现。他们把高校校园BBS作为网络信息的消息集散地和舆论场所，作为获取校园信息与交往休闲的重要场所。因此当某个热点在校园BBS上出现时，特别是一些发帖题目与众不同、内容图文并茂的帖子很快就会吸引大量关注的目光。虽然很多同学并不留言，但帖子的人气在不断上升，很快就成为最受欢迎的信息。

2. 快捷性

高校网络舆情形成的快捷性，是由网络论坛议题内容的普遍性和发表的时间等因素决定的。现今，依靠网络交流思想、感想、体会已经成为大学生生活中的一个重要组成部分。在网络论坛空间，大学生成长与发展更能够被同龄人所理解和接受，更能找到适宜的谈论话题，同龄人之间更能够相互包容，因此网络舆论行为越来越受到大学生群体的青睐。一些涉及具有大学生普遍性特点的议题在网络论坛上发表，很快就能吸引很多大学生的关注。此外，通过对高校网络舆情形成过程的分析发现，一篇言论的发表时间得当，回帖相对数量能够在短时间集中，即使话题只有少数学生参与也比较容易成为论坛"十大"之一。言论登上论坛"十大"之后，便会吸引更多同学的关注，点击量会不断上升。

3. 交互性

高校危机发生之后通过QQ、MSN、BBS等网络传播平台和工具，在网民中反复、交互进行传播。传播中传者和受者身份经常会重合、反复，因此高校危机事件在网络传播中存在着交互性。高校BBS、人人网等社区是非常典型的例子。当校园中某种有影响的事件发生后，BBS上就会很快自发地形成讨论和抗议活动，许多同学就会被这场暴风席卷进来，从而在较短时间内形成一股舆论流，这股舆论流如洪流般很快就会吞噬同学们的一些异样的情绪和思维，引起大家情绪反应。全部的网络传播模式展现出了多种复杂的网状结构：一对一、一对多、多对一、多对多，随着危机事件的发展而不断拓宽和重新组合。我们认为，当网络危机发生时，就要进行适当的监控和引导，不让其形成较大力量的舆情。

4. 透明性

当今高校的网络环境非常发达和畅通，高校中人口密度高，高校中特定的人群——师生，他们拥有较高的文化水平、较为优越的上网条件，对于新生事物的接受和传播更为便捷。同时，网络的开放性和言论的自由性让高校的危机信息无法躲藏，危机发生后的相关进展在网上可以一览无余，通过各种专题、链接、图片、视频等方式，网民可以轻松简单地了解事态发展的全过程。透明也是一把双刃剑,一方面,谣言止于公开,公信源于透明,公开透明是高校危机事件发生后获得广大师生和社会信任的迫切需要,信息公开受众关心的事实,是满足受众知情权、参与权、表达权、监督权的必然途径,高校只有把现状、问题和对策公之于众,才能获得社会和师生的理解、谅解与支持,从而保证高校的稳定与发展。

5.多元性

多元性表现在多个方面。一是诱发网络危机的原因是多方面的,较为复杂,有经济、政治、文化、感情等多方面的因素。高校危机事件可以大致分成政治类、安全类、声誉类。单独从每一件高校危机事件的发生来看,每一个案例都存在着各种错综复杂的原因,而非单纯的某个因素导致;二是危机事件在网络传播后导致的结果也是不一样的,不同的危机发生后在不同的手段干预下会产生完全不一样的事态后果;三是危机发生之后处理方式的多样性,封锁、引导、隐瞒等各类方式层出不穷;四是危机在网络中的传播手段十分多元,包括互联网、手机、电子屏、电视、广播等都成为造就各类舆论场的重要工具;五是危机在网络中传播后,不同的网民会产生不一样的情绪和反应,有支持有反对,有附和也有沉默,有同情有愤怒,有漠然也有嘲讽。2010年发生的"李刚门"事件,不仅折射出中国家庭和社会教育的缺失,同时也给我们带来关于人性、法律、教育等一系列问题的思考。

二、网络舆情管理存在的不足

在学校领域,由于认识落后等原因,在网络舆情的引导和监控方面,仍存在一些问题和不足。

1.网络舆情的应急管理理念落后

不能精确知道网络舆情发布的时间,容易延误应急处理的程序;"重救轻防"的思想仍占主流。重救轻防、事后设防的观念,往往会导致信息披露"滞后",突发事件发生时,相关人员的第一反应是封杀消息外传。而当网络上谣传四起时,才迫不得已公开发表声明,花费数倍的力气去挽救。但这个时候,民众的质疑和猜测已经满天飞,管理者陷入被动,政府的公信力也大打折扣。

2.信息良性互动机制缺失

政府与民众之间的信息良性互动机制尚未建立。传统媒体与网络媒体的互动性没有得到很好的发挥。在网络高度发达的今天,政府的权威信息传播得越早、越多、越准确,就越有利于突发事件的化解,越有利于网络舆情向着良性方向发展。在杭州地铁塌方事故中,信息良性互动的缺失,引发网民对责任认定的巨大不满,造成了严重不良的社会影响。

3.网络舆情常态化应急机构尚未建立,缺乏有效的危机预警机制

应对网络舆情,我国实行的是临时专门机构管理模式,即针对某一特定危机事件,在一个临时性、非常设机构的领导下,由一个或者几个具体的部门来应对网络舆情。缺乏专门的、常设的机构来从事网络舆情的管理工作。

4.网络舆情管理制度不健全

关于网上舆情紧急状态与行政紧急处置、信息公开等方面的管理制度已不合时宜。网络舆情管理队伍不健全,反应不及时,应对策略捉襟见肘。对待突发事件时,我们的工作人员要么反应缓慢,要么为了推卸责任,草率地发布一些不合常理、经不起推敲的结论,新闻报道中"第一责任人"的缺失,对待重大网上舆情延报、不报而造成延误时机等问题。在目前现行的管理制度中,这些问题都无法追究责任人。

三、针对学校网络舆情存在的问题，笔者建议从以下几个方面采取对策：

第一，坚持正向引导。由于网络论坛的虚拟性、匿名性等特点，很多大学生感觉在网络论坛发表言论比较自由，不受到道德的约束，进而造成一些不健康的言论产生。因此，在对大学生进行教育中，应组织一些生动的有吸引力的感化人心的网络道德教育活动，大力加强网络道德教育与网络自律教育，让大学生自觉地树立网络道德责任意识，加强网络道德自律；树立正确的网络信息使用意识，提高自身的网络安全和防范意识；增强辨别能力，提高自身的免疫力；正确对待网上人际交往，以确立积极、健康的良好的人际关系等。全面加强校园网的建设，使网络成为弘扬主旋律、开展思想政治教育的重要手段。

第二，建立管理队伍。校园网络舆情工作，看似虽小，但如果不给予应有的重视，很有可能会引起"蝴蝶效应"。因此，学校领导要高度重视，明确相关领导具体负责，并将其纳入学校宣传思想工作的总体部署。要组建一支由学校辅导员、班主任、社团干部等为主的专业化管理队伍，制定相应的规章制度规范网络行为。管理人员要对网络舆情进行日常监测，主动撰写贴文，进行正面引导，并定期将网络舆情进行分类总结，形成有建设性的分析报告，向上级职能部门反馈，以便改进。

第三，制定应急预案。通常而言，网络舆情尤其是负面舆情的产生，总有一个逐步发展的过程。学校要防患于未然，实施积极的网络舆情预警制度，并针对各种类型的校园危机事件，制定详尽的预警方案，一旦有危机发生，可以有章可循。将危机消灭在萌芽状态。预案的制定要严密、规范、可操作，其内容必须包括应对媒体的策略、明确的工作流程和责任分工。根据危机所处的不同阶段，做好引导舆论和有效疏导控制，避免新危机出现等各环节工作。此外，学校还要设立新闻发言人制度，以保证对外信息发布的准确、权威和透明。只有实事求是地将真相和事实告诉公众，才有助于化解矛盾，稳定局面，安定人心，维护形象。

第四，明确分工合作。加强网络舆情监控，学校应当充分借助社会的有生力量。为适应网络时代打击新型网络犯罪的需要，地方政府公安部门成立了网络警察或网络犯罪管理专门机构，配以专人并以高科技手段打击网络违法行为。对于学校而言，需要积极与地方政府媒体单位、公安部门、网络管理部门建立实时联动合作机制，明确彼此的分工，密切相互关系，加强信息沟通，关注网络舆情动向，强化舆情引导职能，为营造文明健康的校园网络环境而同心协力。

第五，深化宣传教育。校园网络文化建设是一个长期性、复杂性的系统工程。尽管一些方法和技巧可以临时应对突如其来的负面舆情，但学校更应当把工夫运用到日常的教育和研究工作当中。通过开展多角度、多层次的跟踪和专项课题研究，积极探索校园网络文化的规律，将教学、科研、管理等各个系统连接起来，实现彼此间的信息交换和信息服务。此外，学校应当积极建设网络主流文化，在保持网络建设思想性和知识性的同时，真正了解学生的内心需求，不断丰富他们的精神生活。

作者简介：
张路科 中国农业大学保卫处

高校互联网舆情监控的研究与实现

张 军 太原理工大学

摘 要:网络技术的迅猛发展,给高校安全稳定工作带来了新的机遇和严峻挑战。加强对高校网络舆情的引导,成为当前高校安全工作面临的新课题。针对网络舆情的特点对青年学子世界观、人生观的影响,要切实采取措施加强对高校网络舆情进行监控与引导,以促进高校校园的和谐发展,高校应正视现实,迎接挑战,采取积极有效的措施,借助网络实现安全管理的创新与发展,更好地为青年学子的成长成才服务。

关键词:安全稳定工作 网络舆情 监控 工作实务

一 引言

互联网打破了人们信息传递的时间和空间的限制。迅速发展的互联网已经将我们的社会推入了"网络时代"。互联网的迅速发展和普及,开创了对当代高校青年思想政治教育的新领域和新途径,同时也对当代高校安全管理工作形成了一定的冲击和影响。

近来发布的最新的中国互联网络发展状况统计报告中显示中国的网民的规模已经达到5.13亿,在社会各种结构人群中,学生人群占总人群的30.6%。当前高校在网络舆论中扮演着越来越重要的角色,大学生对互联网信息运用娴熟,其自身也往往成为网络传播的重要环节和链条。但是存在着很多盲从、沟通不力,在处理网络事件中有很多不成熟之处。加强高校校园网络管理,是推动高校校园网络持续健康发展的迫切需要,是培养高素质合格人才的迫切需要,是维护高校和社会稳定的迫切需要。

二 网络时代给高校共青团工作带来了新的机遇和严峻挑战

近年来,在各级教育和行政部门的支持下,校园网已深入到教学、科研、社会服务等各个领域,成为高校师生获取信息、丰富知识、学习交流的重要渠道,在推动教育改革发展、促进思想文化交流、丰富师生精神生活等方面起到了积极作用。校园网络技术的发展和普及,拓展了思想政治教育工作的新途径,为加强大学生思想政治教育带来了新的机遇。但同时互联网上信息十分繁杂。各种敌对势力把互联网作为渗透、煽动和破坏的重要工具,借助网站论坛、聊天室、虚拟社区、新闻跟帖等多种方式,散布资产阶级自由化言论,攻击党的路线方针政策;利用热点和敏感问题,蓄意制造谣言,煽动社会不满情绪,破坏正常社会秩序;传播淫秽色情、凶杀暴力和封建迷信等不良信息,进行网上违法犯罪活动。这些问题对大学生健康成长带来不可估量的负面影响，对高校校园网络管理工作提出了新的挑战和要求。同时由于我国当前正处在社会转型时期，社会经济发展迅速而又尚未达到足够水平，社会的旧体制趋于解体而新体制尚未完全形成，社会深层矛盾逐渐暴露，社会表面张力明显增大，稳定性显著降低，大学生无疑是对这些现象反应最为敏感的重要群体。他们通过互联网对一些社会焦点和热点问题以及国际国内的一些重大问题展开讨论，产生较大的影响，形成汹涌的网络舆情。

三 高校网络舆情的形成

所谓舆情，就是公众对某些社会客观情况所反映出来的情绪、意见和态度。网络舆情就是在互联网上传播的公众对某一"焦点""热点"问题所表现出的有一定影响力、带有倾向性的意见或者言论的情况。但并非所有的言论都能达到网络舆情的"规格"，言论借助网络虚拟空间，引起一定量网民的共同关注，造成较大的社会影响，才能构成网络舆情。除了量度以外，网络舆情的形成还需要强度，表现为一定数量的网民坚持何种意见，其态度指向十分明显。如2007年初，"重庆最牛的钉子户"就引起数以千万计网民的强烈声援和关注，形成了公民维权的强大舆情。

高校网络舆情主要形成于校园新闻网、学生网站、百度贴吧、论坛（BBS）和BLOG（博客）等载体，一般以发生在学生身上和周围的事件或问题为客体，与舆论主体的学生根本利益一致，但因为个体的差异性和具体利益关系的不同，会对同一事件在较为集中的范围内产生带有群体性的意见、情绪和行为，形成"舆论场"。如学生对学校所制定的各种政策、措施，从不同的立场出发对问题进行评说，并就如何解决问题提出各自的观点和主张，于是便会在众说纷纭中形成一些大体相近的看法。它具有一般舆论的规律，同时因其发生在高校这个知识性、开放性较强的文化环境下，显现出自身的特点：一是直接性。通过BBS，新闻点评和博客网站，学生可以立即发表意见，下情直接上达，民意表达更加畅通；二是突发性。校园内学生访问的站点相对较为集中，网络舆论的形成往往非常迅速，一个热点事件的存在加上一种情绪化的意见，就可以成为点燃舆论的导火索；三是偏差性。由于学生人生阅历较浅，网络上发言者身份可以隐蔽，加之缺少规则限制和有效监督，网络成为一些学生发泄情绪的空间，缺乏舆论的理性因素。从内容上分，高校网络舆情大致可以分为以下几种类型：(1)建议型。主要是指对社会问题及学校工作提出具体的改进措施等，具有建设性强，较为客观，情绪化因素少等特点。如某校学生曾在校园论坛上建议校方在教学楼安装饮水设备，结果建议很快被校方采纳。(2)请愿型。表现为实事求是地反映学校工作中存在的问题或对教职员工的不满等，并要求有关部门进行整改或解决，容易引起网络"共鸣"，形成一边倒的舆论态势，如不采取及时妥善的处理办法，会造成对学校工作的被动。曾经有学生利用学校的BBS对某教师表示不满，迅速引起其他同学的共鸣，并要求学校领导对相关教师进行教育。(3)发泄型。这种类型所反映的舆情往往是无特定指向的，情绪化色彩比较浓，言语比较刻薄，甚至是谩骂和攻击，以发泄某种不满的情绪。该类型的舆情一般不太容易引起共鸣，市场空间不大，但也为发现学校工作中存在的问题提供了参考。

四 高校保卫部门加强对网络舆情的监控与引导工作实务

（一）加大校园网络信息技术防范和行政监管力度

高校党委保卫部（保卫处）要配合高校网络管理中心、学工部等相关部门，根据国家互联网管理的有关法规，切实抓好校园网站的登记、备案工作，落实用户实名登记制度，加强校内网站与网络用户的统一归口管理。要按照IP地址管理办法,建立IP地址使用信息数据库和IP地址分配使用逐级责任制。高校校园网BBS是校内网络用户信息交流的平台,要严格实行用户实名注册制度。要加强对校园网BBS的规范和管理,及时发现和删除各类有害信息。对有害信息防范不力的要限期整改,对有害信息蔓延、管理失控的要依法予以关闭。要建立和完善校园网络安全防护、信息过滤、信息适时监测与跟踪、路由路径控制等系统,构建网络技术防控体系。

(二)提高高校校园网络信息和应急处置能力

高校党委保卫部(保卫处)要配合相关部门对有害信息实施有效监控和防范。要加强校园网络突发事件应急预案建设,做好预案的实战演练和队伍的培训工作,提高预案的针对性和实效性。一旦发生网络突发事件,要做到快速反应、有效处置。高校要充分调动各方面的积极性,努力形成领导重视、专兼结合、师生广泛参与、共同抵御网上有害信息的安全管理机制。

(三)建立健全舆情汇集分析机制,增强预见性

要重视舆情汇集和分析。对于高等学校来说,舆情汇集和分析工作的主要对象是广大的在校学生,所以思想政治工作者要认真倾听他们的声音,了解他们的要求,体察他们的情绪,及时准确地向决策主体提供意见和建议。舆情信息汇集和分析工作的重点是广大学生的民意包括学生的生活学习状况、心理健康状况和对思想政治工作开展情况的评价等。学生中单个的信息如果得不到重视并妥善解决,容易使个体信息发展为群体信息;透过若干群体信息可以预见一定时期可能产生的群体思想动态。通过对网上信息进行分析、归纳、判断,可以增强准确把握师生思想动态的能力,预测发展趋势,增强工作的针对性、主动性和前瞻性,避免群体事件的发生。

(四)建立健全反馈机制,增强实效性

加强舆情信息汇集的制度化建设,可以创新性地把"听证会"和"新闻发言人"制度引入学校,对于事关学校发展和学生切身利益的事情以及重大方针政策的制定,可以在事前举行"校园听证会"或定期召开"新闻发布会",邀请具有代表性的学生参与到重大问题的决策中来,就学校的管理和教育等问题听取各方面的意见和接受提问,这样既能很好地加强与学生和公众的沟通,又能及时地对舆情信息进行汇集和分析,增强工作的实效性。如西安交通大学校长就经常浏览兵马俑论坛,了解和及时解决学生关心的热点问题,并能就BBS上的热点问题,邀请学生代表和学校相关部门一起探讨解决,受到了学生的广泛好评。

(五)大力建设主流阵地,重塑网络时代工作新观念

据张志华调查问卷,对于上网的主要目的,选择最多的是上网聊天、宣泄情绪,占45.3%;网上通信的占36.9%;摄取新信息的占33.1%;上网娱乐占30.8%。认为在网上原有的道德规范对网络人行为的约束力不大的占49.1%,没有约束力的占12.6%。在关于上网使学生对学校的道德宣传教育所持态度这一问题中,27.1%的同学感到怀疑,29.2%的同学感到反感,只有17.4%的同学能更好的认同。对于网络价值冲突所产生的一些负面影响,高校应特别重视建立自己的主流网站,融思想性、知识性、趣味性、服务性于一体,构筑大学生获取信息、学习知识和交流思想的校园主流媒体。主题教育网站建设应该贴近实际、贴近生活、贴近学生,适应大学生成长成才的需要。要坚持以学生为本,在网上全面、优质、高效地为大学生提供学习、生活、就业、心理咨询等服务,使校园网真正成为大学生获取健康信息的重要渠道。要有"抢"的意识,抢占网络青年思想政治教育工作的阵地。

(六)培育自我管理模式,自律比他律更为重要

1.版主作用

在每个网络论坛中,有一个重要的角色是我们所不能忽视的,那就是各个版块的版主。版主对论坛的管理是网络舆情引导最直接的方式,具有监督、管理、引导的职责。这些版主往往比同伴更多地接触媒介或消息源,而且意见能左右周围的人。他们掌握论坛发帖的层次,依据开版宗旨确立并保持该版的风格和主题,及时删除涉及政治且明显失据的言论和不雅文字,或与该版内容无关、有人身攻击和其他有关违反该站有关规定的文章。在网络环境下,要想成功地做好思想政治工作,很好地对网络舆情进行引导,解决思想政治教育在网络舆情引导中的有效性问题,就必须培养自己的网络舆论领袖。培养优秀学生干部踊跃参与网络论坛的讨论,树立威信当大家公认的网络论坛版主。

2.自律模式

目前,在网络论坛上,因为交流的模式和传播的特点不同于传统模式,能在网络论坛上实现网友间的批评与自我批评的局面也是网络论坛发展的理想目标之一。大家通过彼此之间的交流和磨合,逐渐形成对自己言行举止约束的衡量标准,这样也就促成了论坛成员自身或者彼此之间的相互把关。大家自然就会对不符合约定俗成的规范外言论进行批评,也会对照俗规对自身的言行进行自我批评。要引导学生人人珍惜这份宽松、自由、向上的网络空间,网络论坛上批评与自我批评的舆情空间必将实现,大家也才能更好地畅游于这个虚拟世界。

(七)要通过多种方法引导大学生注意心理调适,自我释疑解惑,及时发泄心中的一些不良情绪

网络上一些不良言论的发表大都是由于有些学生在现实中产生了不满情绪,而又得不到及时发泄造成的,有些学生还可能是在现实中产生了心理问题而寻求网络去发泄。所以,高校党委保卫部(保卫处)应配合学工部门、团委对广大青年深入开展丰富多彩的校园文化活动,主动传播安全教育知识,运用一些积极有效的方法去帮助他们进行心理调适。

众所周知,思想支配一个人的行动:有正确的思想,才有正确的行动。因此,思想政治教育工作是我们安全稳定工作的重心,我们应该站在历史的高度,以战略的眼光来认识和加强高校安全稳定工作。认清当前网络时代团的工作面临的机遇和挑战,加强对校园网络舆情的监控和引导工作实务,主动占领网络思想政治教育的阵地,为培养出优秀大学生作出自己的贡献。

参考文献:

[1] 引自《教育部、共青团中央关于进一步加强高等学校校园网络管理工作的意见》教社政[2004]17号

[2] 引自CNNIC《第23次中国互联网络发展状况统计报告》,www.cnnic.net

[3] 刘建明.舆论传播[M].北京:清华大学出版社,2001

[4] 许益锋.网络舆情:高校思想政治教育工作的新领域[J].宁波教育学院学报,2008,2

[5] 张志华.网络价值冲突与高校共青团工作的创新[J].南京邮电学院学报(社会科学版),2003,9

作者简介:

张军　太原理工大学保卫处治安科

建立安全管理信息系统,提高师生安全服务水平

田旭峰　首都师范大学

一、建立高校安全管理信息系统的背景

经济社会的快速发展,不仅使高校安全面临更加复杂多样的问题和困难,给安全管理提出了前所未有的挑战和要求,也带来了科学技术的突飞猛进,特别是计算机和网络技术的广泛应用快速普及,为高校安全信息化、智能化管理提供了技术保障。事实上,充分利用计算机和网络技术建设管理信息系统,作为提高管理效率,适应信息社会快速发展,实现现代化管理的重要途径,已成为国内外企事业管理机构的共识。安全管理因其要素的复杂性和多变性,以及预测和防范的重要性,使用安全管理信息系统已是必然趋势。国外早在20世纪70年代就已将计算机技术逐步应用于安全科学的开发研究中。除了利用计算机进行安全系统工程的基本事件分析(如事故分析,故障分析),还将计算机的数据库技术广泛应用于安全信息管理。将安全信息的采集、安全评价、专家决策、危险源辨识、故障诊断等功能系统化集成化。

安全管理信息系统已经在多个专业领域得到开发应用。如航空工业系统、化工工业系统,以及美国国家职业安全卫生管理部门、国际劳工组织等机构,都建立了自己的安全工程技术数据库并开发了符合自己综合管理需要的系统。我国《安全生产"十一五"规划》中,明确提出了安全生产信息专网、水上交通安全监督信息系统、航空安全管理信息系统、特种设备安全动态监管网络信息体系、建筑安全综合管理信息系统、渔业船舶安全综合信息管理系统、农机安全信息管理系统等七项安全信息系统建设工程。

近年来,高校基本上都建立了视频监控系统,消防中控系统,这些系统的建设和完善大大提高了校园技术防范能力,在校园防盗、防火等方面发挥了重要作用。但多数高校没有整合这些系统资源,校园综合防控的信息化水平不高,功能不全面,反应不迅速,难以实现人防、物防和技防的有效联动,无法适应新形势下出现的诸如群体性事件、邪教渗透等新问题新隐患,无法满足广大师生对学校安全的新要求新期待。此外,高校安全管理工作一个比较突出的现象就是除了学校安保职能部门外,其他单位和个人的安全意识和对安全管理工作的重视程度都不够,这在很大程度上是因为师生参与安全管理的途径不畅通,互动性不强,积极性不高。这就需要一个开放、科学、稳定的系统接入平台。近年来很多高校实行多校区的办学模式,这一方面优化了办学条件,但也给学校安全管理提出了新的问题,如何在符合各校区实际情况的基础上统一管理,提高效率,是摆在高校安全管理职能部门面前的一个现实难题。

借鉴国内外信息化系统化安全管理的经验,建立安全管理信息系统,整合学校现有的人防、物防和技防资源,实现对校内人、地、事物、组织等重点防控对象和防控队伍、防控预案、防控措施的信息化管理,是提高学校安全管理水平,转变安全管理职能,满足师生安全服务需求,建设和谐平安校园的必然趋势。

二、高校安全管理信息系统的设计和应用

1.高校建立安全管理信息系统的条件

高校安全管理信息系统从广义上讲由安全管理机构、人员、硬件设施和软件系统构成,是一个以人为主导,利用计算机硬件、软件、网络通信设备以及其他办公设备,进行信息的收集、传输、加工、储存、更新和维护,以服务学校师生、提高管理效率为目的,支持学校的领导决策、职能管理、师生参与的集成化的人机系统。显然,高校安全管理信息系统是传统安全管理的系统化和智能化升级,需要学校严格的安全管理制度、严密的安保组织和完善的基础设施为保障。严格的管理制度包括学校安全综合管理制度及治安、消防、交通、保密、户籍等专项制度,责任制度、值班制度、重点部位、重点人管理制度,安全教育、培训制度以及突发事件应急预案,大型活动、重点敏感时期工作方案等一系列内容;严密的安保组织一般由学校安全稳定工作领导小组、安全保卫职能部门、专兼职安全保卫人员和学生工作队伍、网络工作队伍、后勤管理队伍等构成;完善的基础设施主要有消防监控、视频监控等技防设施和大门、岗亭、交通标识设施等物防设施,最主要的要有健全的校园局域网络,覆盖范围广,接入方便,信息传输安全。

2.高校安全管理信息系统软件的设计

安全管理信息系统软件是高校安全管理信息化和智能化的核心内容。虽然广义的安全管理信息系统不仅仅是一个具体的软件,但一个设计合理,逻辑清晰的软件系统确实可以极大地提升安全管理的效率,提高安全管理的水平。这在国内外有很多实践案例。广东珠海公安局刑侦支队民警徐飞根据工作需要,设计开发了刑警超级情报系统(Super Inteligence System,简称 SIS 系统),该系统集信息采集、信息检索、警情研判等功能于一身,将人口、警情、车辆等分散信息集中在一个平台,实现对嫌疑人信息的"一键式"搜索。目前,SIS 系统已经推广到全国 20 余个省份、137 个城市,储存 120 亿条数据信息,在公安机关一系列战役中发挥了巨大作用。美国国土部安全运行中心作为 9·11 之后设立的国家安全应急枢纽,是一个集综合执法、情报收集、智能分析、紧急应对和私人机构汇报于一体的常设全天候跨部门组织,其主要依靠值班场所内综合集成的国土安全信息网络(HSIN)行使日常综合预测预警、形势通告、紧急处置等职能,保障统一协调、规范管理及信息畅通,实现资源和信息的共享,进行综合分析与决策。可以看出,安全管理信息系统应该具备如下基本功能:(1)基础信息的采集、存储、检索和共享功能(2)安全隐患的分析、研判、预警功能(3)突发事件应急处置的指挥、协调功能(4)安全制度、文本的宣传、培训、下载功能(5)多终端、接入开放、信息互动的功能。

结合高校安全管理的实际需要和工作环境的特殊性,高校安全管理信息系统开发可以 B/S 或 C/S 作为总体架构,采用目前成熟的 ASP 技术和 Web Service 接口中间件技术。系统的后台数据库可以采用 Microsoft SQL Server 关系型数据库对数据进行统一管理,安全可靠,扩展性强,有良好的可维护性,而且应用简单,能很好地和 Microsoft 的 ASP 合作。对于身份认证可以采用客户和服务器端的双重认证,实现数据库操作和业务逻辑和数据显示的分离,便于以后系统的维护和升级。系统模块可以

在学校保卫部门基本职能的基础上扩充，整合现有视频监控系统、消防报警系统，形成多层次用户权限，主要满足学校主管领导、职能部门对校园舆情掌握、矛盾隐患排查、应急指挥的需求，对"人、地、事务、组织"的采集、存储、检索和共享需求；满足师生报警求助、证件办理、户籍服务等需求；满足学校专兼职安保队伍的综合值班、业务培训、信息报送等需求；满足学校多校区安全管理的需求。高校安全管理信息系统的设计应该本着以人为本、规范统一、安全稳定的原则，在简化操作步骤、使用人性化操作界面的同时，采用多层次防火墙保证涉密信息的安全和系统的稳定。理论上讲，系统可以分为领导、专职保卫干部、兼职保卫干部和师生四个用户登陆权限，分别对应相应的需求模块和后台数据库的调用。

3.高校安全管理信息系统软件的应用

任何一个系统都是多要素综合作用的结果。作为高校安全管理信息系统的核心部分，信息系统软件的应用离不开系统其他组成部分的密切配合。

从软件方面讲，主要是学校安保制度、安稳工作体制机制的建立和健全。要坚持和巩固学校党委统一领导、党政齐抓共管、职能部门组织协调、基层单位分工负责、师生员工共同参与的安全稳定工作格局，要健全完善机构人员齐备、责任措施落实、管理服务到位、组织保障有力的安全稳定工作体系。

从硬件方面讲，要加强校园技防设施设备建设、管理、使用和维护，加大消防、交通、治安等基础设施建设的经费保障力度，加强校园网路建设，保障校园局域网畅通、稳定、安全；作为学校安全管理信息系统的日常运行平台，特别要建设校园安全管理服务中心，进一步整合资源、统筹力量，使其成为集综合值班、师生求助、消防报警、视频监控、远程会议、应急指挥"六位一体"的综合管理服务平台；要给各院系安全管理主管领导和专兼职保卫干部的计算机终端上安装配套的安全管理信息系统软件，作为综合管理服务平台的延伸信息点，保障信息采集处理的及时有效。

三、建立高校安全管理信息系统的作用和意义

1.促进学校安全管理制度健全完善、工作机制规范科学

安全管理信息系统的建设客观上促进学校对现有安全管理制度进行梳理、健全和完善，对新形势下安全稳定工作体系、机制、机构、队伍、条件等进行规范和调整，特别是应急预案的制定、突发事件的处置程序、矛盾纠纷的排查化解方式，重点部位、重点人员的管控模式等都会随着安全管理信息系统的建立而发生根本性变化。学校各院（系）、单位安全稳定工作的日常管理也将更加统一和规范。

2.提高学校安全管理效率和安全隐患的研判预警能力

以安全管理信息系统为核心的学校安全管理服务中心是管理、服务、科技和制度的综合集成，具备风险分析、监测监控、预测预警、动态决策、综合协调、应急联动与总结评估等功能，它的运行将大大提高学校安全管理效率和安全隐患的研判预警能力，实现学校安全管理的一体化、实时化、精确化。

3.提高突发事件应急指挥、协调和处置能力

学校安全管理信息系统使主管领导、安全管理职能部门、各院（系）、单位纵向贯通及时、横向联动高效，网络会议、视频指挥、多点终端等保障突发事件预案启动及时、应急处置统一协调、规范科学，资源调动及时高效、形势通告信息畅通。

4.增强安全管理工作的互动性,提高广大师生的满意度和安全感

安全管理信息系统对用户实行分级管理,普通师生(甚至家长)可以通过安装客户端软件登陆学校安全管理信息系统,或通过短信等互动平台积极参与学校的安全管理,学习安全知识,极大地提高师生对安全管理的认识和理解,提高广大师生的校园安全感和满意度,满足了新形势下社会对校园安全的新期待、新要求。

5.强化联席会议制度,促进校内校际及属地政府、公安机关的交流合作,信息共享

学校安全管理信息系统的建设和推广,不仅可以促进校内各单位、院(系)的安全信息共享,提高安全管理效率,也能为兄弟院校以及属地政府、上级主管部门、公安机关等校外部门之间搭建一个联席会议平台,在各部门之间实现共享安全管理信息,共建和谐安全区域的合作制度。

作者简介:

田旭峰　首都师范大学保卫处,助理研究员

浅论高校网络舆情的特点与应对

季 雷 北京第二外国语学院

摘 要：当前，随着计算机技术的迅猛发展，网络新媒体的影响力也越来越大。高校作为社会高精尖人才的聚集地，网络舆论的影响无处不在。因此，正确认识和应对网络舆情，理解把握网络传播规律，发展运用好网络新媒体，是当前信息化时代背景下，摆在各高校面前的重要课题和必须面对的重要挑战。

关键词：高校 网络舆情 特点 应对

随着因特网在全球范围内的飞速发展，网络媒体已被公认为是继报纸、广播、电视之后的"第四媒体"，网络成为反映社会舆情的主要载体之一，网络舆情已经成为社会舆论的重要组成部分。根据工作的实际情况，结合自己对网络知识的学习，我就把握网络传播特点和做好网络舆情导向作如下粗浅思考。

一、网络舆情的特点

所谓网络舆情指的是在一定的社会空间内，通过网络围绕中介性社会事件的发生、发展和变化，民众对公共问题和社会管理者产生和持有的社会政治态度、信念和价值观。它是较多民众关于社会中各种现象、问题所表达的信念、态度、意见和情绪等等表现的总和。

它有以下几个特点：

（一）网络舆情的全时性和突发性

网络媒体是全天候的信息传播与实时信息发布，它把时间的占有权完全交给了受众，即时性增大了公共事件的冲击力。由于借助网络平台传播信息简单直接且身份隐蔽，网民能够快速、大胆地发表意见，呼唤声援，在短时间内形成一种力量，以期引起社会和政府的重视。

因此网络舆情的形成往往非常迅速，事先没有征兆。一个热点事件的存在加上一种情绪化的意见就能形成星火燎原之势。

（二）网络舆情具有强大的聚合力

作为一种信息交流平台，互联网为民众提供了一个个相互交流、自由发表个人观点的虚拟社区，用共同的兴趣爱好、信息关注点等，将各地的民众汇集到一起，通过共同交流观点，能够在短时间内最大范围地凝聚起多数民众，为进一步形成强大的舆论创造基本条件。

(三)及时、便利、充分的交互性

网络打破了话语特权的垄断,把部分话语转交给受众,就是说,受众通过粘贴、编辑、链接、自由地发表自己的评论,来及时、便利、充分地表达自己的观点。他们既是信息的接受者,又是信息的发布者。大学生作为思想活跃而又充分掌握了网络信息交流的人群,各类思想在网络上的碰撞不可避免。

(四)网络舆情的不稳定性和多变性

网络大众具有很大随机性,很多只是看看热闹,并没有鲜明的自主意识,具有从众心理,容易受到别人的意见影响,因此具有很强的不稳定性。网络传播由于其匿名性和自主性,也降低了自身的准确性和客观性。于是同一件事件就会出现多种不同版本的报道,或真或假,使得受众舆论呈现多样性,随着事件报道的进一步深入,受众的舆论方向不可避免地会发生改变,从而导致网络舆论的不稳定性与多变性。

二、当前存在的主要问题

网络媒体的匿名性和开放性,使得一部分高校学生甚至教职员工在网络的虚拟世界中会失去在现实社会中的法制和道德约束,做出一些违法和不道德的行为,形成一些负面的网络舆论,误导普通民众。负面的网络舆论可能成为点燃社会不满情绪的"导火索",对社会稳定有不可忽视的影响。

网络舆论虽然具有强大的社会监督功能,对社会发展的诸多方面都会产生不同程度的促进作用,但目前存在的问题仍旧比较突出,大致有以下几方面:

(一)网络中信息的准确性无法核实

网络的开放性带来了一个负面效果,即虚假信息的泛滥。网络的写作和发言没有传统媒体的监督审查监管体系,而所属网站在现有条件下又很难扮演传统媒体的审查职能,所以很容易出现隐私披露与虚假信息发布等问题。它妨碍人们获得真实信息,导致人们形成与现实不相符的意见,严重的还会使人们产生思想上的混乱和极端的行为。

所以,一方面需要相关的网站完善其内部管理与审核制度,认真分析网民所发消息的优劣与虚假,有原则的对信息进行筛选,对一些可能对社会或网民带来极大影响的不确定消息要谨慎发布,防止因错发信息带来的恐慌与骚乱。另一方面广大的网民需提高自身的道德素养与知识层次,有鉴别性有选择性的发布信息或读取信息。

(二)网络谣言成为引发社会振荡、危害公共安全的因素

由于网络舆论监督中缺乏管理,再加上网络具有虚拟性和隐蔽性,使网民在信息的发布和传播过于随意,并且存在可能被"有心人"利用,导致网络上虚假信息发布非常容易,谣言频频出现。

从"杨佳案"到"胡斌案",很多网络热点事件都伴有谣言。其中除了别有用心者外,大多数网民包括不少学生不是无根据的胡乱猜测就是因从众心理而盲从,不辨真伪也不顾影响。究其心理,一方面是把网络当作自己的不良情绪宣泄口,习惯性地质疑政府和司法部门;另一方面是缺乏法律意识,认为自己在网上的言论"神不知鬼不觉",压根儿没想到要负责任。网络谣言都是没有事实根据的、编造的信息,或是被无限夸大了的信息。但是因为谣言往往具有很高的"传播价值"、耸人听闻和公众感兴趣的人物、事件,因此能轻而易举地快速极广地扩散。可是谣言具有攻击性、报复性,它总要攻击或伤害特定的对象,个人、企业、单位、部门,甚至政府、政党、国家。利用谣言恶意攻击和诽谤某国家领导人或名人,势必会造成对这个人名誉的受损,造成的影响十分广泛,甚至降低人们的是非观念。利用

谣言诽谤企业的质量信誉,可能使企业甚至行业名誉受损,经营受挫,困扰不断,甚至蒙受巨额经济损失,面临破产倒闭。诋毁部门、单位的工作态度,对国家有关机构的谣言攻击,严重影响国家、单位形象,同时也会给社会带来不良风气。一些国家、某些政治势力与利益团体经常利用网络谣言攻击对手,扰乱民心。政治谣言有明显的政治意图,攻击对象明确,目的是要攻击、抹黑某些政治人物,以达到政治目的。

(三)网络舆论中的情绪性言论较为突出

网上存在不少发泄情绪的偏激言论,甚至还有进行谩骂和人身攻击的帖子,这是网络上随处可见的现象。网络的匿名性及隐藏性使网民对于他人的攻击和谩骂成为一种可能。这种攻击都是以骂人和损人为主,而不是以探讨问题、研究问题的心态来写文章,多是极端的人身污蔑与攻击,情绪性发泄特征最为明显。许多的情绪性集中于社会阴暗面、腐败案件、突发事件的一些负面效应,而据此散布的种种偏激言论又将会演变成各种谣言。因此网络情绪性舆论泛滥如不迅速对曲解的事实进行澄清,不对情绪性舆论进行疏导,将会煽动更多不明真相的群众的非理性情绪,最终导致社会不安定因素增加。

(四)"人肉搜索"致使网络暴力日益泛滥,甚至有使网络暴力延伸到现实暴力的倾向

所谓"人肉搜索",其实就是在一个社区里面提出一个问题,由人工参与解答而非搜索引擎通过机器自动算法获得结果的搜索机制。通俗来说就是通过广聚五湖四海的网友力量,每个遇到困难的人提出问题,而有这方面知识或者线索的人就对其解答、分析,可以说是一种问答式搜索。

然而近年来,由于有了大量网友自发参与,信息来源越来越多,信息梳理越来越快,从而大大提高了搜索效率,网友们便有意识地以人肉搜索为工具求解某一热点事件的背后真相。"人肉搜索引擎"能够网络天下之力,穷尽天下之事,充分发动了人际网络的力量,"一个人没办法,一群人还是有办法的",将互联网"互助、分享"的精神发扬光大,可以在最短时间内揭露社会丑闻,还原事实真相,维护社会道德秩序。"人肉搜索"本身没错,但是"史上最毒后妈""铜须门事件"等可以看出,网民在进行道德谴责的同时难免会侵犯事件当事人合法权利。网民的道德审判、恶搞侮辱谩骂给当事者心理造成极大创伤,侵犯了当事者的隐私权与名誉权,给其生活造成相当大的不便。泄露公民姓名、家庭住址、个人电话等基本信息,曝光隐私,肆意辱骂,侮辱人格,妄加诽谤,甚至到现实住所进行滋扰。毋庸置疑,因人肉搜索而侵犯名誉权、隐私权、扰乱他人生活等行为必须得到管理规范。

(五)网络舆论的西方渗透无处不在

每个国家、地区和民族,在其历史发展过程中,由于其自然条件、经济发展水平和政治制度等方面存在着的差异,形成了各具特色的政治制度和意识形态。目前世界上还存在着对立的社会政治制度和意识形态。随着网络传播媒体的发展,数字化的信息网络可以把任何信息转化为二进制的数字语言,从地球任何一个地方无限量地向另一个地方传输。那些危害国家的组织,利用网络上大家不明实事的事件,激起大家的情绪,错误引导舆论。利用大家反对腐败的良好意愿,制造社会矛盾,激化百姓情绪。利用网络诱导、发展其组织会员,谩骂、攻击我们的政府。

他们建立网站和专门机构,雇佣网络写手,制造和利用网络谣言,对社会热点难点和敏感新闻进行炒作,恶毒攻击我国政治制度、歪曲领导人形象、抹杀社会主义建设成就,同时不遗余力地美化、渲染西方文明和制度,在意识形态、思想文化领域制造事端,形成了更大的舆论威胁。很多大学生的人生观、世界观和价值观并不稳固,很容易被似是而非的网络内容引导走上歧路。

三、一些思考和建议

(一)搭建与网民良性互动的网络平台,抢占舆情主动权

目前,各高校大多已建立了门户网站,但由于信息更新滞后和互动机制缺失,使网站对大多数网民而言不具有吸引力。搭建网络平台,一方面要重视高校及各院系官方网站的建立和维护,及时利用网站平台发布信息,开设学生诉求通道,回应学生提出的各种问题,有效化解隔阂和对立情绪,在收集网络舆情上发挥自身平台的作用。另一方面,要积极介入一些重大知名网站和论坛,及时了解网络舆情动态,收集相关舆情资讯,为平时工作提供参考。此外,高校相关领导,还可以采取开放博客、公布电子邮箱等方式,征求网民意见和监督议题,畅通网民访求渠道和网络监督通道,提升公共治理水平。

(二)加强网络评论员队伍建设,引导网络舆情发展

网络时代的公共治理,要求我们把网络舆论作为了解民情、掌握民意的晴雨表,及时掌握网络舆情动态,同各种网上错误言论做斗争,引导网络舆情健康发展。只要我们多发表正面的言论,正确引导,各种错误思想、错误观点、错误倾向就会失去市场,败下阵来。要认真贯彻中办、国办《关于加强网络文化建设和管理的意见》,努力建设和培养一支政治强、业务精、懂网络的高素质网络评论员队伍,在各种论坛里面针对政府治理的热点话题,发出主流声音,有效消除公众非理性民主、情绪式民主带来的消极后果。例如可以通过组建类似"果壳网""谣言粉碎机"的论坛,组织学生主动探寻热点事件的真相,从而打破谣言在校内的市场。同时,注意网络舆情的分析、综合,及时发现关系学校稳定大局的重点问题,通过一定程序,上升到党委的工作议题,以便从制度上、源头上推动这些问题及时有效解决。

(三)利用网络广泛听民意集民智,提高决策水平

网络为我们了解民情民意提供了渠道,是联系基层、联系学生的桥梁和纽带。只有了解不同学生群体的所思所想、所愿所盼,才能加大把不同阶层学生的诉求转化为决策的力度,才能获得最广泛的拥护和支持。我们在制定政策、推进工作时,要主动利用网络听取广大学生和教职员工的建议和呼声,最大限度地寻求民意的认同,将除涉及保密规定以外的学校信息公开,并在对话和协商中增加决策的可接受性,消除群众的误解和隔阂。但与此同时,也应警惕网络民意的局限性,网络不能取代实地调查研究,更不能替代政策研究和战略思考,对网络中所表达的民意,也需要我们具备一双"慧眼"区分良莠,加以慎重的判别和选择。

(四)做好敏感政策领域的舆情预案,缓冲网络舆论压力

针对网络舆情在发生机制上的突发性、传播途径上的扩散性、后果控制上的难控性等特点,对一些敏感度较高的政策领域,如价格政策、公共安全、民生问题等,更易受到网络舆论的关注,因而,应当按照其脆弱性和敏感度,做好敏感度较高的政策领域受网络舆论冲击的相应预案,以免事后的被动反应。与此同时,决策主体在这些政策出台前要有意识地引导公众,以达到预先缓冲网络舆论的压力。公共问题的本质是公共需求与经济社会现状之间的差距,从现状解决问题容易引发不满,而从需求角度阐释问题,则更加容易使人清醒地看待现实。所以在一些公共政策调整上出现热点讨论问题,网络引导者不妨提前预设一些议题,引导学生多从需求角度认识问题,进而缓冲因对现实不满产生的网络舆论压力,保证学校的大局稳定。

参考文献：

[1]周如俊,王天琪.网络舆情:现代思想政治教育的新领域[J],思想理论教育,2005,(6)

[2]张瑜,焦义菊.高校网络舆论的传播特点、影响机制及其引导策略[J].学校党建与思想教育,2006(8)

[3]刘燕,刘颖.高校网络舆情的特点及管理对策[J].思想教育研究,2009(4)

[4]丁建军.浅谈高校舆情的特点、成因及其危机应对[J].荆门职业技术学院学报,2008(4)

作者简介：

季雷　北京第二外国语学院保卫处,科员,手机:13521250138

通讯地址:北京市朝阳区定福庄南里1号保卫处,邮编:100024

搞好技术防范

论高校视频监控系统升级改造方略

冒乃健　徐宁宁　南开大学

文章摘要：自20世纪90年代有高校开始采取校园安全技术防范手段以来，视频监控系统在高等院校内的应用有二十余年。当前国内多数高校处于视频监控系统设备升级改造的必要阶段。笔者认为，梳理总结使用视频监控系统的成败得失，归纳升级改造的方针策略，把握发展格局，可能比提供技术性的建议更具有现实意义。

关键字：高校　视频监控　升级

一、高校管理使用视频监控系统的经验教训

虽然不同的学校，由于自身情况的差别，对视频监控系统的使用感受大相径庭甚至有可能截然相反，但以下几种经验教训却是共通的，是很多高校安全管理部门或多或少都有过的"切肤之痛"。

（一）忽视了人员储备，有"器"无"力"

这里说的人员准备，涵盖两种人员，一是操作人员，二是维护人员。就前者来说，多数高校采取的是科室或专职干部负责，聘用合同制员工或者委托物业服务人员直接操作。总的看来这样管理并无不当之处，然而，技防手段只有与人防力量稳固紧密结合，才能最大限度发挥其本身的效用。以上操作人员由于和校方利益关联度小，自身工作时间轮换等原因，要求他们将价值数十万乃至数百万的视频监控设备在校园安防上物尽其用可能是不太现实的。"再先进的技防设备也需要人来操作、控制和管理。部分高校在技防系统投入使用后，缺乏一支高素质、专业的技防队伍，未对从事技防的人员进行系统化、专业化的教育培训，使得一些技防人员无法熟练地全面掌握技防设施的操作、控制与维护，甚至监管时精力不集中，消极上班，得过且过，疏于职守，发现问题也不及时发现和处理，造成人为的防范漏洞。"同样，高校缺乏专业的监控设备维护人员，在设备维护上对工程商的依赖性也较大。

（二）安防需求粗浅，设备功能发挥有限

在高校视频监控系统的建设初期，由于校园安全管理部门与工程方之间存在明显的信息不对称，校方往往处于盲从状态，加之安防管理部门在系统设计初期所提出的安防需求，理论韵味有余实用不足，多将关注重心放在监控点位选择和监控区域划定，常常不能提出切实可行的安防思路，难免忽略对设备具体参数性能的细节要求，更不必说实地检测视频监控设备效果，提出有步骤有计划的系统建设方案。

举例来说明，很多高校都存在新校区周边环境复杂，外来人员攀爬围墙闯入的防范难题，有学者

就从科学防控角度,比较分析理论需求和现实需求的取舍,总结出切合实际的视频监控系统的防范策略,很有启发,也为详细制定安防需求提供了例证。

"原需求思路(理论需求):及时发现翻墙而入、图谋不轨的人员,如有违法嫌疑,可通过录像画面辨认嫌疑人面部特征,为侦破提供线索和证据。

分析:1.很多校区面积在数千亩的高校都有蔓延数公里的围墙,如要满足和实现以上需求,得设置多少摄像机?2.每年有多少翻墙而入的人?这些人当中图谋不轨的人又有多少?可能造成的后果又有多大?几率和潜在危害很小的隐患却花费大量的资金去防控,效益极差。

推荐思路(现实需求与实现):设置电子围墙—周界主动红外对射报警器取代大批摄像机,以实现攀越报警,闻警出警,即使误报率高也不伤大雅;如一定要监控到人,可放弃第一道防线(围墙),转而退守第二道防线,在嫌疑人向内渗透后可能必经的几个路口设置少量"枪机"即可实现。"

(三)施工不严,硬伤难治

典型的高校视频监控系统主要由生成图像并对其进行初期处理的前端图像采集系统、模拟图像信号的传输系统、集中电视监控系统和网络传输系统等四大部分组成。由于整个视频监控系统由繁多的光电设备组成,这个特性使得在某种程度上来说,视频监控系统本身相互依存而且比较脆弱。很多因素如果在如果施工环节不考虑周全,严格按照技术标准要求实施,对整个系统造成难以抹去的硬伤,所造成的损失将是不可挽回的。

例如,施工中要保障的核心之一是整个系统防雷击和防干扰措施做到严密到位。"因为监控系统是一个弱电系统,其中大多数设备都具有高精密的特点,而且前端图像采集系统尤其是安装于室外的图像采集装置其安装的位置一般都比较高,极易被雷电捕捉到,而监控系统中的某一点如遭受雷击,就有可能造成整个系统的瘫痪,甚至还有可能造成人身伤害。"监控系统图像信号都是以模拟或数字信号传输的,由于监控设备安装环境的关系,在监控系统运行中存在诸多的不可预见的干扰因素,施工过程中如不审慎考虑,给后续管理使用造成的阻碍将难以修复。

(四)被动维护造成昂贵的花费

当前高校在视频监控系统维护上的直观体验是太过昂贵,有的高校几年使用下来的维护花费甚至足以另起炉灶对整个系统换代。造成这一局面的原因有很多,比如技术更新迅速,原有设备原件产量减少但购置成本却在上升,施工或操作不规范触发关键设备损毁不得已替换等等,最切中要害的因素还是高校在后期维护中被动选择,这反映在以下方面:

首先,质保期后工程方履行完毕合同,不再承担保修义务,却能依仗自身对工程及设备的熟悉在后期维护中取得优势地位,高校缺乏后续维护的市场跟进措施只得接受其过分的维修要价。

其次,高校未能主动做好系统设备的日常检查维护,致使设备在特定条件下故障恶化扩大,维修成本剧增。

最后,视频监控系统维护并非高校年度预算中的固定项目。视频监控系统维护有别于消防设施设备的维护,由于缺乏法律的强制性要求,它如果出现在高校每年的工程预算计划中是不合时宜的,但校园安全管理人因视频监控系统其所承担的安全责任和压力,在特定时候并不亚于消防安全责任。由此,视频监控系统的维护问题在高校中常常积少成多,集中爆发。

(五)刻意浮华,得不偿失

如今,有些财力雄厚的高校,十分热衷视频监控系统宽屏电视墙展示,不遗余力显示自身安防的技术亮点，某些高校的技防控制室气派程度甚至超出了当地辖区的公安机关。

诚然，出于管理使用需求的集中控制无可非议，但如果过分追求，视频监控系统难免会有"面子工程"嫌疑，沦为政绩表演的道具。本质上讲，由于保卫部门不具备执法权限，高校的视频监控系统承载的功能是相对简单的，主要包括实时监看，回放取证，报警联动，并不是每一个功能都必须要从通过集中控制室才能实现，而与之相反，集中展示需要付出高昂的代价：价格不菲的显示屏幕，苛刻的使用条件保持，当然还有应付检查或视察前突击的养护。

二、高校视频监控系统升级改造的方略梳理

（一）智力升级——建立专业化的管理维护队伍

随着技术防范手段在高校安防领域应用日趋广泛，作用日益举足轻重，高校视频监控系统的管理使用再也不是简单的轮班值守，接警报修。相比安防技术的突飞猛进，将价值巨大的监控设备全盘交由几名执勤人员掌管的管理方式显得不合时宜。

笔者主张高校在保卫部门内成立专门的技术防范职能科室，或者将治安管理科室改造为专门的技防力量，这主要基于以下两点考虑：一是，可以有力削弱高校采取技术防范措施时的智力壁垒，并且能通过自身能动性的维护摆脱工程方的长期束缚，更加自如地发挥视频监控系统的效能；二是，视频监控系统只是技术安防手段在高校治安管理的初级应用。高校技术防控领域的潜力巨大，前景广阔，未来还将面临各类应用子系统的衔接融合等多种问题，成立专业的管理维护队伍，也是对智能化校园管理未雨绸缪。

（二）需求升级——总结校园防控规律，量体裁衣细化安防需求

如果将视频监控系统建设早期的高校安防需求规划比作吃食堂大灶（别人做什么就吃什么）的话，那么如今的升级改造阶段，也该轮到高校"自主点餐"了。这种底气来自高校对视频监控系统数十年管理使用经验积累，更源自长期实践摸索后洞悉技术手段在何种尺度满足自身安防需求的合理研判。升级改造需求的主动权必须要紧紧握在高校的手中。

总结校园防控规律是制定技术防范需求的先在条件。高校保卫部门往往对此还不能形成自觉认识，多数时候还稍显"头疼医头，脚疼医脚"。其实每一个安全事件背后都有值得总结的正反经验，如果能有针对性总结，并恰好能通过技术手段得以弥补，它所释放出来的良性效应将无法估量。

科学周密的安防需求最终要细化落实到视频监控系统中每一项设备元件的应用目标，组成架构以及相应技术参数匹配。这有赖于保卫部门结合各自学校的实际情况，与工程方反复谈判才可能成型。

（三）方针升级——坚持实用主义路线

"有限的经费，对高校安防需求的深入透彻研究，对监控技术在高校安防中本质功能的准确理解和把握，高校保卫组织的工作基本运行方式和特点，以上要素的有机结合，决定了设备、器材的选型，决定可监控点的位置、数量、决定了传输和操控方式，决定了集中或分散的管理模式，进而决定了方案，决定了投资，最终决定了使用效果和效益。适合自己的，才是最好的。"这是对监控系统升级改造实用主义方针路线的最好诠释。

应对较为复杂的设备系统，实用主义路线告诫我们不能过度超前，盲目追捧技术革新，无视自身的限制条件，我们需要充分利用旧有设备，运用智慧，点石成金让枯木逢春。以视频监控系统的结构

模式选择为例来说,目前多数高校视频监控系统采用的是全模拟结构模式,而数字化的系统结构模式是当前监控系统升级改造的主要方向。"全模拟系统优点:技术成熟、性能稳定、价格经济。缺点:不满足系统技术发展方向。系统扩展能力差,结构不灵活,无法通过厂区局域网实现多点控制。系统录像时间短、画面质量差且不能长期保存,不能随意检索,容量小,易损坏。"数字系统优点在于前端高清画面,变革性的网络传输方式扩大了系统的延展性,缺点同时也显而易见,造价高,系统存储压力大,传输存在延时等问题。

如果在现有模拟结构模式的基础上,拓展与数字化系统的有效兼容,各取所长,避其短,将两者充分结合起来,节约投入的同时,更能挖掘现有系统的潜力,这就是实用主义改造方略的典型方略。

(四)策略升级——从容推进,大胆尝试

升级改造工作应该慢条斯理,无须限定非要在短时间内让整个视频监控系统发生变革性的提升。在策略上我们为什么不可以在全面升级改造之前进行尝试性的试点呢?这样做的好处颇多。首先,在投入较小的前提下,能实地检验安防需求的合理性,设备性能可靠性乃至工程方的诚信度,为后续改造提供选择依据;其次,有助于鉴别各分项工作的难易程度,进而为制订合理的改造计划奠定基础;最后,一些不太适合全局推行的主动防御性技术手段能够在特定条件下有实测的可能,这有利于扭转当前高校视频监控系统事后性、被动性运行局面,拓展整个系统的应用空间。

三、高校视频监控未来发展的格局探讨

(一)高校视频监控发展沿革:螺旋式上升

从全模拟系统、数字化存储的模拟系统、数字化系统到目前呼声很高的全网络化系统,视频监控技术本身的发展一直在经历"创新—成熟—淘汰—创新"的循环,受规划、资金、系统寿命周期等因素影响,高校视频监控往往在上述循环的不同阶段完成建设,其效果也参差不齐。但由于高校保卫工作者的主观能动作用,通过自身学习、经验积累和交流,在使用和维护中不断修正和优化,弱化了技术发展变革带来的不确定风险,最大化了技术进步红利,总体上使得高校视频监控的发展呈现螺旋式上升的形态。

(二)高校视频监控当前困惑:乱花渐欲迷人眼

视频监控技术步入全网络化时代后,为高校视频监控带来巨大提升机遇和技术进步红利的同时,也带来巨大的挑战:技术的发展速度大大加快,多种技术路线百家争鸣,很多技术甚至还未成熟即遭淘汰,使得技术变革发展带来的不确定风险大大增加;同时,视频监控技术的网络化将众多新技术领域引入高校视频监控,高校保卫工作者通过主观能动性进行修正或优化的工作量和工作难度也大大增加,抑制风险的能力也被弱化。另外,很多新技术华而不实甚至表里不一,对高校保卫工作者造成了误导,使建设偏离实际需求,造成浪费,严重扰乱甚至滞后了高校视频监控发展的步伐。

(三)高校视频监控未来发展:构建新格局

应对技术变革带来的机遇与挑战,对于高校保卫工作者而言,关键要素是增强主观能动的作用,具体来说,高校保卫工作者自身学习与积累的步伐要赶上甚至超过技术变革的步伐,更重要的是,要增强自身对技术变革的驾驭能力,主动参与到技术变革中去。

对于学习和积累,一方面通过增强与政府、公安等对口合作部门的交流,增强与本地外地兄弟院校部门的交流,了解有哪些新技术、在实践中的应用情况如何;一方面通过专业的期刊、资料、展览会

等途径,直接了解技术发展的趋势。借此,我们可以更好地根据自身当前和发展的需要,把握自身视频监控等技术防范手段的发展方向,改变高校面对工程方与设备厂商时"技术非对称"的被动局面。

从更长远的角度来看,视频监控等技术防范手段势必会演化为高校安防不可或缺的核心工具,高校保卫工作者也应不仅仅只是简单地了解、选择、使用和维护,应该在技术发展趋势层面同样具有话语权,从被动地了解技术发展、到半主动地甄别技术发展、再到主动地影响甚至引导技术发展,实现技术发展的单向接受到双向互动的升级,形成最有利于高校视频监控以及安全保卫工作水平发展提高的新格局。

参考文献:

[1]周狮强.高校安全技术防范建设的探索[J].科技教育创新,2012(03):129

[2]张震林.高校技防方案设计要素剖析[J].安防科技,2010(7):29

[3]江志晃.高校监控系统设计的技术难题及解决对策[J].佳木斯教育学院学报,2012(2):386

[4]张震林.高校技防方案设计要素剖析[J].安防科技,2010(7):31

[5]邹珉.浅议学校视频监控系统[J].科技创新,2012(8):27

作者简介:

冒乃健　南开大学保卫处

徐宁宁　南开大学泰达学院后勤办公室

校园安全技术防范系统的研究与实践

李耀鹏　蔡庆杰　北京林业大学

摘　要：为完善高校校园安全技术防范系统，促进其作用发挥，通过分析北京林业大学安全技术防范系统的现状及在维护学校安全稳定中存在的问题，提出校园安全技术防范系统的总体构想，从而实现该系统效用发挥的最大化，最终全面提升校园安全防控能力，为师生员工创造一个良好有序的教学、科研、生活环境。

关键词：高校校园　安防系统　总体构想

一、安全技术防范系统概述

（一）安全技术防范系统的定义

安全技术防范系统是以安全防范技术为先导，以人力防范为基础，以技术防范和实体防范为手段，所建立的一种具有探测、延迟、反应有序结合的安全防范服务保障体系。它是以预防损失和预防犯罪为目的的一项公安业务和社会公共事业。

安全技术防范系统是指综合人防、物防、技防为一体，包含视频监控系统、消防报警系统、智能交通管理系统、出入口控制系统、红外报警系统等其他子系统的整体。

（二）我校安全技术防范系统发展历程

我校安全技术防范系统自2001年开始，至今已有12年历程。期间，学校高度重视并认真贯彻落实《北京高校科技创安"十五"规划》和《关于加强北京高校科技创安工作的意见》的精神，努力构建完善的安全技术防范系统，主要经历了三个阶段。

第一阶段，起步阶段（2001年—2005年）。学校开始在主楼、森工楼、林业楼、学生食堂、图书馆、学11、12号楼安装视频监控系统，并在少数楼宇安装消防报警系统，消防报警主机设在各楼宇值班室。

第二阶段，完善阶段（2005年—2010年）。2005年学校相继在学7、10号高层女生公寓楼、公共区域、附小等安装视频监控系统，增加了监控覆盖范围；继续在尚未安装消防报警系统的楼宇增设消防报警系统；2008年，学校建设了安全技术防范局域网，2009年开始对学校各分控室视频监控系统进行联网整合。

第三阶段，全面提升阶段（2010年至今）。从2010年起，学校进一步加大投入，加强安全技术防范子系统的整合，提高安防、消防等系统的使用效率。2010年4月，我校初次建立智能交通系统；2012年7月再次更新智能交通系统，实现车牌识别，进一步完善校园机动车管理；学校还在重点实验室周边、危险物品库周边建立红外报警系统;在办公楼、宿舍楼等建立出入口控制系统。2012年,更新图书馆的视频监控系统;同年,组织实施了全校消防报警系统联网工程,进一步提升校园的综合防控能力。

经过三个阶段的发展,我校的安全技术防范系统已初具规模,为维护良好的校园秩序提供了有力保障。

二、我校安全技术防范系统现状

(一)安全技术防范系统概况

我校安全技术防范系统从2001年启动以来,先后进行了五期工程建设,累计投入资金2200多万元,初步建成了集视频监控、消防报警、出入口控制、红外报警、智能交通等5个子系统组成的校园安全技术防范系统。学校安防控制中心,建有一个具有监控、指挥、调度、取证等功能的综合管理平台,能够同时显示32路视频,总面积近200平方米。学校安防系统共有分控室12个,视频监控探头1315个,公共区域视频监控的覆盖率将近100%;消防报警探头6626个,永久建筑消防报警探头已基本全面覆盖,全校所有楼宇的消防报警系统统一联网。建立了新型智能交通管理系统,重点实验室、学生公寓等重点要害部位安装了红外报警系统或出入口控制系统,校园安全技术防范系统建设取得显著成就。

(二)学校安全技术防范子系统建设和使用情况

1.视频监控子系统

目前,学校共有监控探头1315个,公共区域的监控覆盖率近100%,学生宿舍楼、办公楼、实验楼、图书馆、园区都已安装监控探头。绝大多数监控探头由保卫处负责安装并进行管理,第一教学楼、第二教学楼内的多媒体教学系统和考试系统所使用的177个监控探头分别由教务处和研究生院建设、管理;食堂内监控探头由后勤安装、管理。学校视频监控系统存在多头管理,管理部门主要有:保卫处、教务处和后勤部门。

2.消防报警及联动子系统

我校高度重视消防安全工作,很早就开始投入较大的资金用于消防报警系统建设。自2001年开始,学校先后安装6626个烟感报警器,基本实现消防部位的有效覆盖。经过多年的建设,我校的消防报警系统日趋完善,2012年7月,我校实现了全校消防报警系统联网整合。目前,学校消防报警及联动子系统采取各楼宇具体负责,保卫处统一管理的运行模式,上下联动、有机配合,有效提升了学校预防火灾事故的能力。

3.智能交通子系统

我校于2010年开始建立交通收费系统。2012年,对智能交通管理系统进行升级改造,建立了具有机动车车牌识别系统的新型智能交通管理系统,通过运用现代信息技术实现对进出校园机动车的科学管理,提高了校园机动车通行率、通行速度和工作效率,有效控制校园机动车数量。

4.出入口控制子系统

随着学校信息化建设步伐的加快,一些楼宇同步建设了出入口控制系统。2010年,学校对各楼宇出入口进行全面改造,建设了出入口控制子系统。目前,学校出入口控制子系统,多建在学生公寓、图书馆、办公楼等重点部位。但出入口控制子系统没有整体的实施方案,存在多部门使用和管理,没有明确牵头部门和责任部门,系统总体运行状况不佳。

5.红外报警子系统

2004年,学校在学生公寓2、5、8号楼安装了红外报警系统,使用后有效确保了学生公寓,特别是女生公寓的安全,并成功抓获多名犯罪分子。2010年开始,学校在重点实验室、毒品库和部分学生公寓周边建立红外报警系统。2012年,我校在图书馆周围建立红外报警系统,有效预防了不法分子侵入。

三、安全技术防范系统在维护校园安全稳定工作中发挥的作用

(一)有效威慑,提高了校园综合防控能力

安全技术防范设施建成后,对违法犯罪分子起到了极大的震慑作用,校园内治安刑事案件发案率有了不同程度的下降。随着安全技术防范系统的日趋完善,特别是视频监控系统、红外报警系统以及出入口控制系统的综合运用,全校治安刑事案件发案率显著下降,校园发生重大治安刑事案件的数量也有所减少。近三年来,全校共发生治安刑事案件88起,校园发案率2010年比2009年下降了9%,2011年比2010年下降了17%。

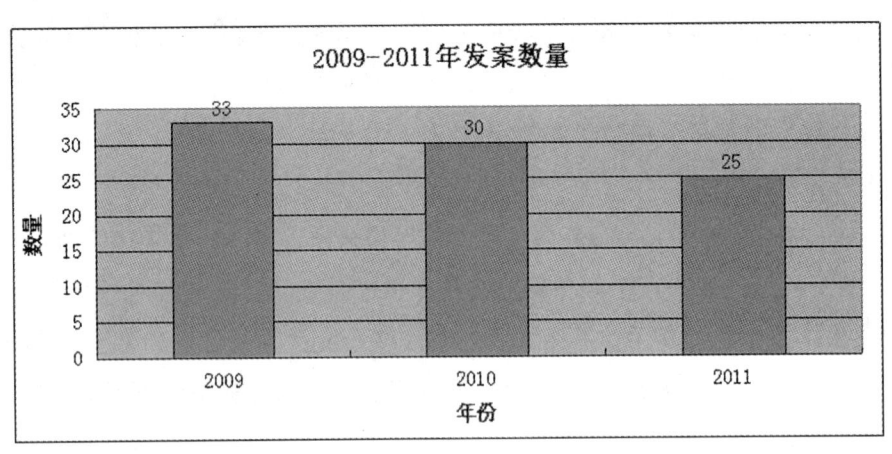

(二)实时监控,提高了治安案件破案率

安全技术防范系统建成后,我校进一步强化技术防范系统的管理和使用,不断提高使用效率,积极为校园安全管理服务。保卫部门和公安机关借助监控系统提供有力线索或证据,成功破获了一批刑事、治安案件。技防系统成为打击校园违法犯罪行为的得力助手,过去依靠传统方法无法发现或发案后无法侦破的一些刑事治安案件得到有效制止或成功告破,极大提高了公安部门的破案率。

2012年10月,学生公寓9号楼一学生报案称宿舍内笔记本电脑被盗,学校保卫处随即查看监控录像,在录像中发现一名可疑男子出入该生寝室,形迹可疑。保卫处立即将有关情况报告派出所,并将录像资料转交公安机关,为公安机关破案提供了有效线索。几天之后,犯罪嫌疑人被公安机关成功抓获。

(三)及时发现,提高校园快速反应能力

以往发现和处置校园突发事件,仅仅依靠人员发现和现场处置,往往由于受现场条件的限制,以及突发事件的不确定性,很难快速了解事实真相。通过使用技防系统,能够及早发现突发事件苗头,了解事实真相,进一步提高对校园突发事件的预警和快速反应、妥善处置的速率,有效维护了校园安全稳定。据统计,从2009年至今,我校通过监控录像及时发现和有效处置的突发事件共14起,有效预防和减少了校园突发事件的发生,极大减轻了突发事件对广大师生员工所造成的危害。

四、当前学校安全技术防范系统存在的主要问题

(一)校内资源缺乏有效整合

安全技术防范系统资源整合力度不够,作用发挥还有待进一步提高。由于高校后勤社会化改革和高校内部体制机制等因素的制约,高校安全技术防范工程建设初期,我校后勤、保卫、教务等部门按照上级要求分别独立建设了满足不同需求的技防系统,由于系统之间缺乏有效兼容和信息共享,形成一定的资源浪费,并给管理带来诸多不便。

(二)经费投入不足,系统更新改造和维护工作有待加强

学校安全技术防范系统总体上资金投入不足,导致升级改造较慢,老化的设备和落后的技术严重制约了其作用的发挥。学校安全技术防范系统"重建设、轻维护"现象严重,安全技术防范工程运行后,维护更新经费一直没有很好的落实。目前,学生公寓11号、12号、7号、10号楼视频监控系统都已运行平均8年以上,设备严重老化、系统运行不稳定等现象普遍存在,故障频频出现,严重制约了其作用的发挥。

(三)中心控制室没有完全发挥应有的作用

一是指挥协调职能发挥不够。中心控制室是学校应急指挥的中枢,具有事前预警、事中控制、事后评估的综合管理职能。然而,受管理理念、总体定位、队伍素质、条件保障等因素的影响,总体职能发挥还有待进一步提高。

二是规章制度和工作流程不健全。中心控制室的规章制度和工作流程是保证学校安全秩序的重要部分,是保护广大师生权益的重要保障,目前还存在制度不完善、落实不到位等问题;工作流程也亟需系统的梳理和验证,从而提升中心控制室综合管理和服务水平。

三是队伍建设和业务培训不完善。中心控制室目前没有设置专门的管理人员,而且缺乏专业的培训和工作经验,加之工作流动性大,影响了控制室的规范化和科学化管理。

五、学校安全技术防范系统总体构想

(一)建立综合管理平台,提高综合管理服务效率

在学校技防中控室和校园"110"系统等基础上,加强5个子系统的整合,统筹力量、优化功能,对所有子系统进行联网,实现信息共享、有效管理。建立学校安全稳定信息综合管理平台,使其具有视频监控、应急指挥、消防报警、师生求助、智能分析、预案管理和综合查询等功能,平台建立和投入运行之后,对学校的各子系统实行分级管理,根据各部门职责、权限,协调联动,提高安全技术防范系统的使用效率。

(二)加大经费投入,确保系统的平稳运行

制定科学的安全技术防范工程建设规划,并制定相应的经费预算,落实建设、更新和维护经费,并保证经费的有序投入和合理使用。一是按照教育部修购专项申报经费预算,实现校园安全技术防范系统的逐步更新改造;二是要把维护保养经费列入学校经费预算,建立维护保养专项经费。根据教育部《高等学校仪器设备管理办法》(教高〔2000〕9号),购置贵重仪器设备应落实"欲购仪器设备附件、零配件、软件配套经费及购后每年所需不低于购置费6%的运行维修费"。建议参照此标准,每年按照工程投入的6%安排维护经费预算,并建立专用账户,逐年累计,专款专用。

(三)建立一支专业的校园安全技术防范工作队伍

建立一支专业的校园安全技术防范工作队伍是为了实现"人防、物防、技防"的有机统一,全面提高校园综合防控水平的重要保障。今后,学校将进一步加强队伍建设,为发展技术防范系统提供人力保障。一是设置专职技术防范管理干部岗位,配备1名具有本科以上学历,具有计算机或管理专业背景的保卫干部管理学校安全技术防范系统,提高安全技术防范系统的使用效率。二是使用和培养优秀技术防范值机员上岗操作。学校与有关值机员培训机构合作,聘请或委托培养技术防范值机员,使其能够熟练掌握操作规程,充分发挥技术防范系统在维护校园安全稳定工作中的作用。

(四)完善工作制度,不断提高安全技术防范管理水平

结合学校安全管理工作的实际情况和今后学校安全技术防范工作的发展需要,进一步完善相应的工作制度和工作流程,其中规章制度主要有:《中控室岗位职责》《安全技术防范系统设备管理和更新办法》《中心控制和分控室值机员操作规程》等规章制度;工作流程主要有:《中控室工作流程》《消防控制室工作流程》《突发事件处置流程》《安全稳定信息报送流程》等。通过强化管理、明确职责、落实责任,不断推进学校安全技术防范系统的科学化和规范化管理,提升学校安全管理和服务整体水平。

参考文献:

[1]高校科技创安资源有机整合与可持续发展研究.何进波.北京:安防科技,2010(1)

[2]科技创安中亟待研究的几大课题.陈志华.北京:科技创安,2005(3)

[3]科技创安——一个永恒的主题.耿广军.北京:中国保安,2005(13)

[4]首都科技创安存在的问题与建议.岳勇.北京:中国保安,2005(19)

[5]"科技创安"从联网监控开始.中国建设银行宁波市分行保卫部.浙江:金融电子化,2010(10)

作者简介:

李耀鹏　北京林业大学保卫处,副处长,手机:13810030381

蔡庆杰　北京林业大学保卫处,治安交通科副科长,手机:13426214370

通讯地址:北京林业大学174信箱,邮编:100083

新形势下高校技防建设浅析

李吉川　中国石油大学

摘　要：本文主要从信息技术高速发展的新形势背景下，对高校技防建设的必要性、技防的组成、技防建设存在的问题作了简要分析，最后就如何加强高校技防建设的合理性提出了自己的建议。

关键词：新形势　技术防范　高校保卫

从20世纪50年代末计算机的出现和逐步普及开始，社会便朝着信息化方向逐步发展。随着信息量的高速增加，信息应用程度的不断提升，人类进入了信息时代。新世纪以来，随着高科技的发展，人们生活需求的增加，网络信息呈现井喷式发展。高校校园也随之进入信息时代、网络时代，并开始由封闭式、传统化逐渐向开放式、科技化转变。各种网络信息的"入侵"，使校园治安环境变得更加复杂、多变。而网络犯罪、信息犯罪也逐步取代了传统的犯罪方式，无疑给高校的安全保卫工作带来了巨大的挑战。

如何加强高校校园的安全保卫工作，保证校园的安全稳定，构建平安、和谐校园成为全社会关注的重点。由此，高校安全技术防范建设就显得尤为重要。

安全技术防范简称"技防"，就是运用有线、无线及声光、电磁感应等现代科学技术成果，防止和及时发现犯罪分子作案或预防某些灾害性事故，为保证重点区域、要害部位安全而采取的防范措施。安全技术防范是高校安全防范的一个重要组成部分，是维护校园安全与稳定的重要举措。

一、高校技防建设的必要性

随着高校规模的不断扩大，人数不断增加，校区开放程度和社会化程度越来越高，校园逐渐成为不法分子实施犯罪的一个理想场所。校园突发性、群众性事件也越来越多，学校的实验室、学生活动中心、运动场、图书馆、学生宿舍、餐厅、教学楼等人员密集场所，都存在着安全隐患。此外，随着经济的发展和科技的进步，高等学校传统的教学设施和实验设备逐渐被科技含量高的先进设备和精密度高、价值高的仪器所替代。诸如重点实验室、网络中心、财务室、多媒体教室等重点要害部位增多，对盗窃犯罪分子有较大的诱惑力，存在一定的安全隐患。

校园技防建设是学校安全保卫工作的重要组成部分，学校的安全保卫工作又是创建平安、和谐校园的重要基石。同时为了适应学校长远发展，结合校园建筑物密集、人员繁杂、外部环境复杂的特点，充分运用信息技术手段，达到对学校所有重点、要害部位进行实时监控，使校园安全管理实现人防、物防、技防相结合的目标,对于我校教育事业的发展意义重大。

二、高校技防体系的构成和功能

高校技防体系一般由视频监控系统、火灾报警系统、无线通讯系统、门禁系统和巡更系统五部分组成。

视频监控系统具备震慑嫌犯、主动搜索、跟踪监控、录像复查等多项功能。视频监控室值班人员可以通过监视屏对校园各个部位进行实时监控,可对将要或可能产生危害的行为做出及时反应,并迅速通知有关部门进行处理,防止事故发生;值班人员还可以追踪既定目标;较先进的快球摄像机在中央监控室即可进行360度转动和远近聚焦的操作,一旦在校园公共区锁定目标,例如发现盗窃案件嫌疑人,宏观上可以掌握其动向,微观上能使其外表特征一览无余,为抓获或逮捕提供了直接的事实根据;通过视频监控的录像回放功能,有助于高校治安、刑事案件的侦破,对犯罪分子产生极大的震慑作用。

火灾报警系统是由前端烟感、温感探测器和终端报警主机构成。安装探测器的区域一旦温度异常或有烟雾产生,探头即快速报警,终端报警主机迅速发出警告,值班人员即可第一时间作出判断,把险情消灭在萌芽状态。此系统一般应用于办公楼、实验楼、教室和学生公寓等人员密集场所。

无线通讯系统与视频监控和消防报警系统有机结合,能够更加便捷、准确地指挥事故处理人员赶到事发现场进行处理。

门禁系统是校园技防建设中重要组成部分,普遍用于身份认证、个人信息查询以及储蓄、取款、消费等功能,系统可与银行系统和校内原有的软件系统及学校管理信息系统良好衔接。

门禁系统能将一部分不法分子拒之门外,减少校园安全事故的发生,维护高校的稳定和发展。

巡更系统是指在校区监控中心建设巡更管理主机、巡更棒,在校区巡逻应达地域安装巡更钮,更能系统、精确地记录和了解巡更人员值班时的情况,保证巡更工作更有效地进行。

三、高校技防建设存在的问题

(一)部分高校重视程度不够,技防资源配置不合理

技防建设在学校安全稳定工作中起着举足轻重的作用,尤其随着科技的发展和校园规模的扩大,技防体系的优势凸显。但高校的传统理念是科研、教学先行,学校的安全稳定固然重要,但终究是为了学校教学、科研服务,况且建设技防体系需要大量的资金,建设后的技防设施又不能立刻发挥非常明显的作用。资金的缺乏在很大程度上制约了技防工作的开展。另外,校园中监控点位覆盖不均匀,有些场所存在重复监控现场,而一些地点还是盲区,造成了技防资源的配置不合理。

(二)缺乏整体规划,监控资源难以整合

技防体系的建设是长期工程,并非短期就能建成,经过多期的建设,技防体系才能逐渐完善。在技防建设中,由于没有进行科学的总体规划并且每期进行技防建设的单位不同,致使有些技防设施之间不能良好匹配、兼容,形成二次投资;另外,一些高校新建楼的技防设施是由楼宇总承包商负责安装,并非由学校安保部门统一管理,造成监控资源独立,与主控室不能形成协作联动的统一整体,造成人、财、物的浪费。

(三)缺乏一支高素质的技防队伍

目前,各高校技防办公室难以达到诸如消防控制室那样:值班人员必须持证上岗。技防设备越来越先进,但操作技防设备的人员培训工作相对滞后。系统化、专业化的教育培训缺失,导致技防人员无法熟练地全面掌握技防设施的操作、控制与维护,显然不利于高校治安工作的开展。另外,监控室的工作比较单调、枯燥,很容易产生精力不集中,再加上没有一套系统的管理制度,消极上班,疏于职守的现象时有发生,最终造成人为的防范漏洞。

四、加强高校技防建设的措施和建议

(一)高度重视,加大投入,确保运行

安全稳定高于一切,高校的各级领导一定要统一思想、高度重视,建立和完善技防建设管理机构,成立技防建设的领导工作小组,加强对技防建设工作的指导、协调和监督工作,并选派有关方面的保卫人员、技术骨干和专家到各大专院校、友邻单位进行调研、考察,集各家之长,切实做好技防工程的建设,确保技防建设能充分发挥作用。

(二)合理规划,统筹建设

高校技防建设是一项系统工程,涉及学校诸多单位和部门,必须全盘考虑、统一规划、统筹建设。比如:应将技防建设纳入学校基础建设之中,在新楼筹建、旧楼改造等基建工程规划时,就充分考虑当前或将来技防建设的需要;在技防设施建设的每个周期都要根据学校安全防范工作的要求,在匹配原有体系的基础之上,对前期管线敷设和后期技防设备的安装进行统一规划。另外,在学校基建工程的建设中,诸如基建、后勤等主管部门必须与保卫处就新楼宇的技防建设做好沟通、协调,避免造成资源浪费。

(三)加强培训,管理到位

技防建设对高校安全稳定的重要性不言而喻,所以它对操作人员的素质、业务水平、管理能力等各要素的要求也相对较高。工作人员必须加强业务学习和技能培训,以适应工作需要。有能力的高校要安排工作人员参加技防培训,学习技防设备的管理、操作及维护等专业知识。另一方面,要加强对技防工作人员的日常管理:制定《中控室值班管理制度》《中控室值班人员行为准则》《中控室值日制度》《技防设备巡检制度》等规章制度,要求值班人员认真履行职责,严格执行操作规程,并对设备定期检查,加强对设备维护和保养,确保设备始终处于良好的状态。

总之,信息技术的高速发展造就了高校技防建设的日趋完善,对新形势下各种违法犯罪活动起到了极大的震慑作用,更大程度地维护校园了的安全稳定。但要实现真正意义上的安全防范,必须坚持以预防为主,坚持人防、物防、技防相结合原则,调动各级部门安保工作积极性,依靠全校师生共同努力,编织出一张结实的校园安全防护网。

参考文献:

[1]任若强,李修荣.加强高校技防建设提高安全防范能力[J].山东公安专科学校学报,2001,(2)

[2]邱青,李修荣.高等学校技术防范设施建设与管理[J].保卫学研究.2005(1)

作者简介:

李吉川　中国石油大学(北京)保卫处治安科职员,手机:13811125628

通讯地址:北京市昌平区府学路18号,邮编:102249

学生宿舍和实验室安全管理

加强学生宿舍安全管理
促进高校"平安校园"创建

李瑞林　董建峰　徐延昶　首都体育学院

摘　要：首都体育学院在创建"平安校园"工作中,把贯彻落实《中共中央和国务院关于进一步加强和改进大学生思想政治教育的意见》文件精神有机结合起来,认真梳理"平安校园"创建工作基本标准分解,并认真研究讨论,结合我校实际,把学生的安全教育与管理作为学校安全稳定的主体,把学生宿舍作为"平安校园"创建的重点难点之一。通过体制建设、制度建设、文化建设、技防建设四位一体,规范宿舍秩序、提升宿舍文化、增进宿舍和谐安全、创建"平安校园"。营造了一个安全文明、卫生健康的生活学习环境,推动了学生参与"平安校园"创建工作的热情,保证了学校持续多年无重大安全事故发生,促进了学校又好又快的发展。

关键词：学生宿舍　安全　管理　平安校园建设

一、前言

学生宿舍是大学生学习、生活的重要场所,是高校安全管理的重点部位,学生宿舍安全管理工作做得好坏直接关系到广大学生的生命、财产安全,最重要的是直接影响着校园的安全稳定,强化学生宿舍教育与管理,必将大大推动"平安校园"创建。因此要不断转变宿舍管理理念、创新管理模式、改善服务内容,采取相应的措施,以适应新形势下高校学生宿舍安全管理的需要。

二、目前学生及宿舍的现状

我校全日制在校生近4000人(含凤凰岭校区),其中本科生2600人,研究生620人,竞技体校600人,留学生120人。学生公寓3栋,建筑面积34187平方米,普通宿舍楼2栋,建筑面积7275平方米,平房宿舍2栋,建筑面积2000平方米。

三、近三年来学校刑事案件发案情况

(一)案情性质

年度	公安立案数	分类				拘留数
		盗窃	涉车	诈骗	两抢	
2010	35	27	5	2	1	5
2011	23	15	7	1		
2112	15	11	3	1	0	1
增减比%	-34%	-27%	-57%	0%	0%	0%

(二)发案部位

年度	公安立案数	分类								拘留数
		宿舍	停车场	场馆	家属区	教室	马路	图书馆	其他	
2010	35	23	5	1	2	1	2	0	1	5
2011	23	12	7	2	1	0	0	1	0	1
2012	15	4	4	2	1	1	2	0	1	1
增减比%	-34%	-67%	-43%	0%	0%	100%	200%	-100%	100%	0%

首都体育学院校园面积不大,在北京市属院校中属于规模较小的学校。在安全稳定工作上从来没有因此而有丝毫松懈,学校党委高度重视安全稳定工作,近些年从没有出现重大政治类事案件;没有出现大规模聚集类事案件;没有出现群体性事案件;没有出现各类矛盾碰撞叠加类事案件。真正做到了大事不出,小事减少的安全稳定工作目的。学校师生无法轮功练习者,校园内无传教行为,无重大交通事故发生,无火灾发生,无非正常死亡发生。学生宿舍发案率近几年呈逐年大幅度下降趋势。

四、学生宿舍安全管理的成功经验与做法

(一)成功经验

党委高度重视,部门协同配合,管理精细有序,执行不留余地。

(二)基本做法

1. 加强体制建设

把贯彻落实《中共中央和国务院关于进一步加强和改进大学生思想政治教育的意见》文件精神与维护宿舍安全稳定紧密结合,2011年成立由分管学生和安全稳定工作校领导为组长、分管后勤工作校领导任副组长,学生工作处、总务处、保卫处、财务处、团委、二级学院等负责同志和学生代表组成的学校学生公寓管理委员会,下设学生公寓管理办公室,隶属学生工作处,办公室设在学生公寓。

成立首都体育学院大学生自律委员会。进一步实现学生"自我教育、自我管理、自我服务"的机制,自律会在学生工作处的指导下开展工作,倡导同学"自我管理、自我约束、自我修养、自我教育、自我学习",通过自查自纠,规范学生行为,树文明新风,建立校园和谐公共秩序,维护广大同学的根本利益。

建立了班级心理与安全委员。每个班经过选拔设定一名心理与安全委员,学生工作处每年定期举办心理与安全委员培训班,对心理与安全委员进行心理咨询和安全教育方面的培训。心理与安全委员协助辅导员或班主任为本班存在心理问题或长期受到负面情绪影响的同学及时提供帮助。

党员在宿舍亮身份。学生共产党员所在的宿舍挂上"共产党员宿舍"标牌,学生党员"亮身份、明职责、作表率",充分发挥他们在宿舍的先锋模范作用。

培养学生"自我教育、自我管理、自我服务"的意识,使学生能够真正参与到学生公寓的管理和服务中来,制定《首都体育学院学生宿舍楼道卫生管理值日制度(试行)》。二级学院具体落实学生公寓楼道卫生值日安排,值日安排以公寓楼层为单位,详细到年级、宿舍、个人。通过此项工作,学生从中学会了相互尊重、相互理解,融洽了与公寓保洁人员的关系。

2. 强化制度建设与执行

(1)建立健全学生宿舍管理的规章制度。根据《关于进一步加强高等学校学生公寓管理的若干意

见》(教发〔2002〕6号)《高等学校消防安全管理规定》(教育部、公安部2010年印发)和《北京高校学生公寓管理办法》(京教工〔2011〕33号)的有关文件精神,进行调研,借鉴其他高校的先进经验,结合我校实际情况,制定了《首都体育学院学生公寓管理办法(试行)》《首都体育学院学生公寓安全管理制度》《首都体育学院学生宿舍内务卫生检查评比办法》《首都体育学院学生宿舍楼道卫生管理值日制度(试行)》《辅导员学生公寓夜间值班制度》等管理制度。这些规章制度的制定执行为工作提供有力的制度保障,为学生提供道德行为的准则与规范。

(2)坚持每周三早晨全校宿舍安全卫生整理和检查制度。二级学院发挥学校的几十年的优良传统,每周三全校统一宿舍安全卫生整理,院主管领导、辅导员和学生会干部组成检查小组,对学院宿舍安全卫生进行统一的检查,及时发现学生宿舍存在的安全隐患,督促学生进行整改。

(3)严格执行学生宿舍安全卫生检查周通报制度。学生公寓管理办公室每周都对学生宿舍安全卫生进行定期的检查和不定期的抽查,及时发现学生宿舍存在安全隐患。将检查结果汇总,形成《学生宿舍安全卫生检查情况通报》,将检查结果通报各学院,各学院根据周通报,能够有的放矢,进一步加强对学生宿舍的安全教育,有效地排除了学生宿舍存在的一些安全隐患。

(4)严格执行《辅导员学生公寓夜间值班制度》,学校为每位辅导员安排宿舍,各学院上报辅导员学生公寓夜间值班表,安排辅导员每天进行值班,辅导员利用值班时间进行深度访谈,加强对学生的思想教育。

3.把宿舍文化建设作为宿舍安全建设的载体

自2011年来,首都体育学院连续两年开展了"文明宿舍建设月"活动。通过规范宿舍秩序、提升宿舍文化、创建宿舍和谐,营造了一个安全文明、健康向上的生活、学习环境。

活动由校领导亲自督导,学生工作处牵头,保卫处、总务处协同,所有学生单位参与,主要有四个特点:

一是领导高度重视。校党委书记李鸿江在实践活动后期对各学院的文明宿舍建设工作进行了巡视,在充分肯定取得成绩的基础上,要求各有关部门要将此项活动长期开展下去,形成一种长效机制。校长钟秉枢多次对"文明宿舍建设月"活动提出具体要求。校党委副书记吴国民、副校长齐力新和相关部门领导出席了启动仪式和总结大会。党委副书记吴国民在启动仪式上作了动员,全程对活动进行督导,活动结束后又专门主持召开总结表彰会议。副校长齐力新为在"文明宿舍建设月"中获"先锋之家"的宿舍代表授旗。

二是突出活动主题。活动中紧紧围绕"建和谐家园、树文明形象、促优良学风、保自身安全、育合格人才"为主题,通过开展一系列的评比、检查等活动,及时对活动进行总结,对获奖集体和个人进行表彰,形成以点带面的争先进、创一流、保安全、促和谐的良好局面,为大学生的自身安全和成长成才提供坚强的思想保证。

三是部门密切协同。保卫处在安全稳定经费上专门拿出一定的经费给予支持外,倾听学生对安保工作的建议,对楼宇消防设施进行维护,增加了部分消防疏散逃生指示图,尤其是针对学生提出出入楼宇安全性的问题,积极与现代教育技术中心、总务处积极协商,启动了门禁系统,为有效减少案件提供了有力保障。总务处积极想办法,努力改善学生硬件设施建设,对学生提出和反映的问题及时予以解决。

四是活动内涵丰富。为防止时间长造成兴趣降低、出现活动枯燥和走形式的问题,首都体育学院在活动上年年创新。如2011年突出"讲卫生、保安全、促和谐"这一主题,分示范建设阶段、整改建设阶段、评优总结阶段开展工作。在整改建设阶段,学生工作处还会同各系(校区)分别召开了以"强化宿舍管理,进一步推进学生安全稳定工作"为主题的"辅导员沙龙"和"文明宿舍建设"专题学生座谈会。2012年采取"一项工程、两项评比、四项大赛"的形式。"一项工程",即"先锋之家"宿舍文化建设示范工程,"两项评比",即"整洁之家"文明宿舍评比活动和"红旗之家"标兵宿舍评比活动;"四项大赛",即"文明之家"雅室设计、"和谐之家"主题征文、"青春之家"宿舍命名及宿舍格言、口号、"活力之家"踢毽接力共四个大赛,分别分解到相关学院组织实施,内容的新颖调动了学生的参与热情。

4.学生公寓门禁系统的使用对学生安全管理及学生财产的保护起到了有效的作用

(1)严格执行学生公寓门禁系统管理周通报。学生公寓管理办公室严格执行24小时门禁制度,并与物业服务中心配合加强对学生日常行为的教育,培养学生良好习惯的养成。学生公寓管理办公室每周五对本周学生公寓晚归学生刷卡记录进行筛选统计,形成《学生公寓门禁系统管理周通报》,及时将通报反馈给各学院,各学院根据学生晚归刷卡信息,逐一地进行筛查,详细掌握每个晚归学生的情况。此项制度的实施,使学生晚归问题得到了有效地控制。

(2)学生宿舍失窃发案率明显降低。

年度	公安立案数	分类								拘留数
		宿舍	停车场	场馆	家属区	教室	马路	图书馆	其他	
2010	35	23	5	1	2	1	2	0	1	5
2011	23	12	7	2	1	0	0	1	0	1
2012	15	4	4	2	1	1	2	0	1	1
增减比%	-34%	-67%	-43%	0%	0%	100%	200%	-100%	100%	0%

2012年,我校总体发案率比2011年明显下降,最主要的原因是学校严格落实门禁系统,加强与公安民警和校园外治安点联系联防,加强校园巡逻防控,最大限度地整合人防、物防、技防手段,确保了学生宿舍发案率处于较低水平。

近几年,我校不管是在奥运会、国庆六十周年群众游行活动组织、世界武博会训练保障等大型活动中还是在平时工作中都为首都及首都高校的安稳作出了突出的贡献。但是我们深深知道,学生生命财产安全、学生宿舍安全管理与建设任重道远。高校平安校园创建无疑为我们提供了机遇与平台,进而在这个平台上创新工作理念,为学校的发展、为学生健康成长成才努力工作,积极进取。

作者简介:

李瑞林 首都体育学院保卫处

董建峰 首都体育学院学生处

徐延昶 首都体育学院保卫处

经济管理综合实验室安全管理初探

陈梅生　姜金璞　北京林业大学

摘　要：实验室是高校进行教学、科学研究及人才培养的重要基地。随着实验室的发展，规模的扩大，实验室承担的实验教学、科研任务也随之增多，对外合作项目不断增加，实验室设备的数量也相应增多。实验人员增多，设备使用频繁。经常要满足实验人员各种不同的需求，实验室安全管理工作难度越来越大。如何进一步搞好实验室安全管理工作，使实验室有条不紊地、顺利地、安全地开展实验教学活动，更好地服务于广大师生，本文作者以北京林业大学经济管理综合实验室为例，对实验室建立良好的安全管理体系进行了认真地思考和探索。

关键词：综合实验室　安全管理　管理体系

一、综合实验室管理使用现状

（一）软硬件设施、设备情况

综合经济管理实验室拥有五个实验室，分别是会计统计实验室、证券模拟实验室、电子商务实验室、贸易模拟实验室和人力资源实验室以及中控室。实验教学使用计算机203套，服务器17台，投影仪4台。电脑桌、椅406件，各个实验室布线成为局域网。

（二）承担实验教学、工作量情况

随着理论教学的需要，社会对人才素质要求的提高，实验教学实验课随之加大，实验工作人员管理工作量繁重。例如2010年—2011年第二学期教学实验工作量，开设26门课，105个班，4853人，608学时，45774人机时。2011年—2012年第二学期教学实验工作量，开设21门课，88个班，3210人，606学时，46290人机时。

（三）安全管理制度建设情况

实验室安全管理制度建立较早，但制度不够完善，对学生实验教学管理不规范，缺少网络方面实验教学管理制度。

（四）管理人员工作存在的问题

管理人员管理能力有限，安全意识不强，安全知识缺乏，缺少检查和日常巡查，责任落实不到位等，存在麻痹思想和侥幸心理。

二、综合实验室目前存在的问题及安全隐患

(一)管理人员工作中存在的问题

计算机机房管理牵涉面广,技术难度大,事务杂,而机房管理人员不足,日常工作量较大,包括机房的日常软、硬件设备维护,网络故障排除,机房的防火、防盗,学生日常上机安排等等。而且各个实验室的计算机硬件和软件配置不统一,安装软件的版本不统一,这就要求机房管理人员必须要有较强的计算机维修能力,能够在短时间内排除故障。因此,计算机实验室管理在不同程度上存在一定的技术难度,必须努力提高计算机实验室管理人员素养,通过自学、进修、培训等方式掌握新技术,用科学的方法进行管理。

(二)软硬件设备损坏问题

计算机设备损坏分两部分:第一是自然损坏。计算机实验室的利用率非常高、使用时间长,加上上机学生较多,造成计算机实验室空气质量较差。空气中的灰尘在计算机内部不断的积累,导致电路板老化和损坏;第二是人为损坏。有些学生上机时暴力操作或使用设备操作不当,或生拉硬拽,极易造成损坏设备;有的学生安装来历不明的软件,导致机房病毒泛滥;有的私自将个人硬盘、U盘、光盘等带入机房,在硬盘或服务器上放置大量的个人文件,导致系统运行速度降低;有的在实验室内吃早餐喝饮料污染机房环境或导致计算机短路;偶尔还存在故意损坏设备的现象。

(三)安全管理存在的问题和隐患

由于动力线、网线布线年代较早,线路老化严重,插拔接触不良,有时突然断电,甚至实验室过冷、过热等,都会造成安全隐患。

总之,教学软件随着实验教学的需要,软件需求多而复杂;再加上实验教学访问频繁,网络安全、服务器安全仍然存在安全漏洞,感染病毒的事件时有发生,影响了实验教学。学生用机教学软件虽有保护卡,但有个别计算机运行仍不能稳定。

三、建立健全实验室安全管理制度,落实安全责任制

建立健全实验室安全管理制度,严格落实实验室管理是实验室工作的重中之重。因此,要根据综合实验室的实际情况制定相应的管理制度,如《计算机实验室安全管理制度》《计算机实验室设备管理制度》《学生实验上机操作守则》等,通过这些规章制度,实现对学生、教师及管理人员的行为规范,使他们有章可循、有法可依。并加强对学生进行安全教育管理,使其充分了解熟悉实验设备操作流程,务必按流程安全使用设备,并掌握科学、严谨、规范的实验手段,减少由于使用不当而造成设备损坏及安全事故的发生。实验室管理人员要严格按照制度执行安全管理,确保实验室设备的良好运行。

在实验室安全管理工作中,首先要顺管理体制,明确管理职能,落实岗位责任制,明确具体负责人,逐级签字安全责任书,落实各级人员的安全责任人,做到"谁主管、谁负责",责任到人。

四、提高实验室计算机软硬件的管理与维护

(一)硬件方面

制定详细的硬件检查与维修计划方案,每天都要专人对实验设备例行检查,定期打开机箱检查接线、插口等有无松动;每天要监督上机人员正常关机,关闭显示器;如发现问题,应及时查清故障原

因,马上解决,并做好相应的维修记录,确保实验设备正常运转,保证正常教学秩序。

(二)软件方面

计算机更新换代日益加速,配置越来越高,硬盘保护卡必须配备。因为硬盘保护卡在学校的计算机实验室管理中占有很重要的地位,基本上达到了"一卡无忧"的目标,会极大地减少机房维护所需要的人力、物力,杜绝了学生在机房使用自带的U盘或者登陆有病毒的网页等情况造成机器中毒,或误操作等出现的问题。

另外,要认真做好计算机病毒的预防工作,对计算机危害最大的是计算机病毒。为了对计算机病毒做有效防范,应建立有效的计算机病毒防护体系,建立多个防护层如:访问控制层、病毒检测层、病毒层等,有效遏制病毒对计算机的侵害。

五、构建综合实验室的安全管理体系

(一)加强实验室设备管理

对实验室设备分布、数量做到心中有数,账、物相符。实验前做好准备工作,实验后检查实验设备的完整性,查看实验记录。实验管理人员要定期检查设备和线路,排除仪器故障,消除安全隐患,严禁故障仪器带病继续工作。对使用的老化设备,及时申请报废,减少安全隐患。

(二)加强检查和日常巡查

坚持经常检查和日常巡查,及时通风,在夏、冬季开启通风扇,保持实验室空气新鲜;定期清洗窗帘,保持门窗清洁;定期清理空调过滤网,保持计算机桌面、机器干净,无尘、无纸屑等;每天打扫实验室卫生,保持实验室卫生整洁。不准在实验室内吸烟,严禁烟火。不准私自驳接用电线路,不准在实验室使用除了实验室需要之外的其他电器设备;实验室不得存放易燃易爆物品,为实验教学提供安全卫生的良好环境。

(三)加强计算机及网络安全管理

计算机本机安全主要利用保护卡,保护主分区的教学安装软件不被破坏;保护好实验教学母机,一旦遇到到计算机瘫痪等意外情况,用母机网络对传即可。随着网络的快速发展,实验室教学对教学网络平台需求不断提高,网络教学使用普遍,网络安全管理十分重要,局域网不仅防范内网病毒侵袭,外网蠕虫等病毒也不可忽视。

网络安全管理主要利用防火墙技术,这是比较传统的方式;防火墙技术主要是利用在内网和外网之间架设一种特殊的设备,防止非法的外部用户进入内部网络,从而实现了对内部网络安全环境的有效的防护。采用防火墙防范机制是保障高校经营实验室的网络安全最简单的方法,尤其是对防范外部网络的攻击,效果非常明显。但是随着网络攻击种类的发展,单纯的防火墙机制已经越来越无法满足高校经管实验室对网络安全依赖程度高、网络使用情况复杂的场所。俱有关统计表明,全球80%的网络攻击与入侵来自于网络内部,而网络入侵检测系统技术能解决采用防火墙、系统补丁等技术后仍然存在的网络安全隐患问题,从而保证正常安全的网络环境。

(四)加强网管人员技术培训,切实作好网络安全

建立健全实验室网络安全管理规章制度,规范学生正确使用网络,不得随意攻击网络教学服务器,爱惜实验室网络设备。

定期对网管人员进行技术培训,提高网管人员技术水平;网管技术员要时时跟踪并检测实验网络运行情况,发现问题及时处理,特殊情况及时上报,努力做好网络安全工作。

(五)制订网络安全预案,确保网络正常运行

实验室随着实验教学的发展,网络教学越来越普及,保证网络教学安全十分重要。因此,有必要做好网络安全紧急预案,例如服务器数据备份,备用服务器、配备UPS不间断电源等,一旦遇到紧急情况立刻启动备份服务器,UPS电源开始持续供电。

(六)加强安全知识培训,做好防火、防盗工作

加强实验室管理人员的安全知识培训,经常宣传防火、防盗知识,安全管理制度上墙,"严禁烟火"等提示醒目,定期更换灭火器,保持实验室安全通道畅通无阻。实验室管理人员要掌握基本的用电常识及消防知识,严格遵守用电及消防法规,提高实验人员安全管理业务素质。发现异味及时查巡,及时上报,消除安全隐患。

实验室人员流动较大,计算机硬件设备丢失情况时有发生,应提高警惕,加强防盗安全管理。首先要给计算机配计算机锁,将键盘、鼠标都锁住,学生不能随意打开计算机,钥匙由技术员保管。最好在实验室安装电子监控设备,走廊安装摄像头,时时监控实验室。学生在上机实验时不允许擅自动用设备,并要求学生对号入座,同时做好上课记录登记,完善工作日志,为将来信息查询提供参考依据。实验完毕后及时检查机房,关门、关窗。非工作或实验需要,拒绝一切无关人员进入实验室。提高警惕、克服麻痹大意思想,发现问题及时上报。

六、实验室建设与规划时要把安全管理放在首位

实验室在建设与规划中安全管理应放在首位。实验室建设中实验室弱电、布线、装修严格遵守国家安全标准,安全防火防盗器材配备齐全,每个实验室建设规划都有自己的特色,根据不同的实验室特点应有不同的安全管理措施,制定相对用的实验室安全管理制度。

总之,综合实验室的管理和维护是一门复杂的科学。作为高等院校的经济类综合实验室,应以现代科学管理的思想为指导,结合自身的特点,借鉴与学习其他高校在综合实验室管理工作的成功经验,取长补短,使综合实验室安全管理更加科学化、规范化、制度化,使实验室的安全管理工作迈上一个新的台阶,更好地为广大师生和实验教学服务。

参考文献:

[1]唐志华.高校实验室安全管理的研究与探索.实验室研究与探索,2012(4)

[2]王虹.高校实验室安全管理工作探讨.警官学院学报,2007(5)

[3]潘蕾.实验室安全管理体系的构建与实践.实验室研究与探索,2012(12)

作者简介:

陈梅生　北京林业大学经济管理学院,高级实验师,手机:13901151329

姜金璞　北京林业大学保卫处,处长,手机:13901151329

通讯地址:北京林业大学174信箱,邮编:100083

高校和谐寝室构建的探索与思考

韩凤江　河北医科大学

摘　要：近来网上盛传"感谢室友不杀之恩"，此网络热语缘于2013年4月16日，上海复旦大学投毒案和同日发生的南京航空航天大学杀人案。两起恶性案件的发生，在全国大学校园引起轩然大波。其实，近年来大学校园恶性案件时有发生，给本该宁静的校园带来不和谐的杂音。人们开始对人际关系中最真挚的感情之一——同学情产生了质疑。人们不禁要问，如今我们的大学同学关系到底怎么了？问题出在哪？我们又该如何构建和谐的同学关系，如何构建和谐的寝室关系。笔者从构建和谐寝室关系的重要性出发，分析了构建和谐寝室的心理健康价值，提出了如何构建和谐寝室关系的具体做法，引导学校管理者和大学生自身构建和谐的寝室关系。

关键词：人际关系　构建　和谐寝室

在中国传统的人际关系当中，除了亲情，同学、室友关系本该是这个社会上最为纯洁、最亲密的关系，没有利益的纠葛，没有世俗的利用与被利用，没有社会上所谓的潜规则；同学之间的友情更似战友情，同一屋檐下听同一个老师讲课，一同并肩作战应对各种考试，遇到困难大家共同伸出援手，可以这样说，同学情尤其是室友情应该是弥足珍贵的。然而最近，"同室操戈"的事件却屡见不鲜，2013年4月16日，轰动一时的复旦大学投毒案。同日，南京航空航天大学金城学院同寝室同学杀人案，实际上这些案件在近年来就屡见不鲜。这些令人发指的案件，让众网友发出"感谢舍友不杀之恩"感慨，如此这般讽刺性的感慨，虽有调侃之意，但却值得社会各方面认真反思，尤其是设身处地的高校管理者更值得反思。如何构建和谐的寝室关系，应被摆上重要的议事日程。

一、高校和谐寝室建设的重要性

随着高校教学改革的不断深入，许多高校相继实行了学分制，学分制的特点打破了以往的班级概念，加之网络等现代科技的发展，使学生寝室成为大学生相对时间内相对集中的重要场所。大学生寝室也成为影响大学生心理健康，思想意识，成长发展的重要因素。对许多大学生而言，寝室生活空间质量如何往往决定了他们对大学生活的满意度，和谐融洽的寝室空间给大学生们带来的更多是温暖，平和，愉悦与亲切。而冷漠低沉的寝室环境带给人们的更多是压抑，焦虑，孤单与冷酷。研究表明：大学生引发心理适应障碍的原因中有35%涉及宿舍生活。不良的寝室生活空间无疑会激发和恶化部分大学生的人格弱点，产生过度的自卑，敏感，抑郁，狂躁乃至强烈的攻击性行为。寝室生活空间的不良因素成为恶性事件发生的动力源和导火索,激发了部分大学生潜在的攻击性行为,导致悲剧的发生。因此,高校和谐寝室的构建,必须被列为高校一项重要工作来抓。高校寝室的和谐关系到,校园的和谐稳定,关系到整个社会的和谐。

二、高校和谐寝室的建构有其重要的心理健康价值

随着时代的进步和教育观念的发展,我国高校越来越重视大学生心理健康问题,在许多方面加强了大学生心理安全教育和保障工作。构建和谐寝室关系,有助于大学生紧张学习后的心理放松,有助于大学生在遇到困难和挫折时获得心理支持,更有助于大学生心理成长与优化。

(一)有利于大学生身心放松

就目前而言,大部分高校都是面向全国招生,大学生从遥远的家乡千里迢迢来到梦寐以求的大学,远离了能给予他们情感满足和身心放松的父母姊妹,寝室成为他们的"第二家庭",在这个大家庭中,大学生们普遍希望能够获得家庭所给予的安宁、温馨、自在,能够得到"家庭成员"的理解,尊重与关爱。在积极的大学生寝室生活空间中,寝室就像一个休息的港湾和前进的加油站,当大学生们结束一天的紧张的学习,拖着疲惫的身躯回到宿舍时,能从这里得以很好的放松身心;当有人心理沉闷,情绪紧张时,明亮整洁的寝室环境,关心友爱的人际空间,丰富多彩的文化活动,积极乐观的精神氛围会使其感到安全宽慰与轻松,郁积的不良情感得以适当释放。

(二)能够给大学生带来有效的心理支持

美国心理学家霍姆斯和莱希研究发现:相同的压力情景对不同的个体所产生的影响和作用是不同的,即在同样的压力情境下,那些受到来自伴侣、朋友或家庭成员等较多支持的人,比很少获得类似支持的人心理的承受力更大,身心更为健康。对于大学生寝室来说,积极融洽的寝室生活空间其实也为寝室成员提供了一套有效的心理支持系统,大家和睦相处,彼此关心,有事一起议,有难一起帮,有欢乐大家一起分享,有问题大家一起解决。这种良好的寝室氛围会产生一种积极的心理连环和促进效应,使每个成员感到亲切,轻松,愉快和心灵的踏实与安全。因此,对大学生和谐寝室积极建构,有利于大学生在特定生活空间感受到更多的心理支持,进而整合成一种能量系统,促进大学生健康成长与发展。

(三)有助于大学生心理成长与优化

对大学生来说,良好的寝室生活空间犹如一个营养丰富的能量场,能够给大学生提供充足的"心理营养"与能量。从一定意义上讲,构件良好寝室关系就是为了大学生营造一个积极向上,充满爱与关怀的生活空间。在这个宽容、忍让、理解、关爱的生活空间中,大学生们可获得更多的安全感,认同感,同情心,自信心,进取心,可获得充分向上的能量;在寝室生活空间的能量互动中大学生们体验着实现着生理需要,安全需要,归属和爱的需要,自尊的需要以及自我实现的需要等多项心理需要的发展与满足。

有学者指出,寝室是大学生的"第一社会,第二家庭,第三课堂",它是大学生求学期间的家,是学校课堂和图书馆等学习场所的延伸,是大学生进行思想文化交流的主阵地。积极良好的寝室生活空间能够调试和优化大学生的心理环境,有助于大学生个性健全与人格的完善。在大学生寝室这个相对宽松的私人空间里,在长期的朝夕相处中,如果大学生们能够从周围同学的人际场中感知到更多的认可理解关爱尊重信任与支持等能量信息,他们就会更充分的表现自己,充实自己,发展自己,并

在相互交流沟通中相得益彰,集思广益,激发灵感,团结共进,逐渐形成健康活泼开朗自信友爱向上的优良心理品质与精神风貌。正如高尔基所言:"赏心悦目的环境可以使人心旷神怡,奋发图强的气氛可以使人奋进。"那么,和谐寝室积极构建可以在潜移默化中使大学生得以陶冶心性,焕发热情,振奋精神,放松心情,无论是对于社会生活和大学生自身来讲,所带来的好处远远超出了它单纯作为居住场所的范围。

三、如何构建和谐的寝室关系

从大学生和谐寝室构建条件来看,主要包括学校管理,学校教育,大学生自我教育与创造三个层面。

(一)学校管理层面

校领导及各级管理部门尤其是后勤宿管中心的重视与支持是构建和谐寝室的前提。首先,转变"管理"观念,树立"以人为本"的寝室管理理念,积极营造温馨和谐的寝室"心灵家园";其次,明确投资比例,完善寝室设备,美化寝室环境,建设优良的寝室物质环境;再次,完善寝室规章制度,健全寝室制度文化环境。学生寝室是大学生多样性展现与个性化张扬的生活空间,青年大学生追求个性、自由与自我实现本无可厚非,但如果缺少集体的约束和制度的规范就容易滋生自私狭隘、自由散漫的不良个性倾向,使寝室纪律涣散、秩序混乱,并由此引发多种不满、纠纷、冲突和矛盾,给寝室生活空间的良性互动造成阻碍,甚至为寝室恶性事件的激发埋下"暗瘤"。合理完善的寝室规章制度是学校管理经验的积累和体现,对大学生具有教育导向、控制约束、平稳心绪、寻求公正等多项功能,健全寝室制度文化环境是构建和谐寝室不可替代的必要条件。

(二)学校教育层面

学校心理健康教育部门及各院系辅导员的主动引导和教育介入是大学生和谐寝室构建的关键。

1.把握教育引导的时机性

根据有关调查研究,大学生宿舍人际交往存在年级差异,表现在大一交往频繁,大二开始减少,大三降入低谷,大四有所回升。同时,对寝室成员及其关系的评价也存在显著的年纪差异,即大一年级对寝室成员及其各方面的评价最高,大二年级评价开始降低,大三年纪评价达到最低点,大四年级有所回升。因此,有关大学生寝室生活空间的教育与引导应着重大一、大二两个年级,大一年级从认知、观念层面,大二年级侧重于从实践技能层面。虽然大三年级交往状况和关系评价都最为不足,但因其经过前两个年级由量变到质变的积累,整体格局大致形成,从本阶段入手往往被动难行、事倍而功半,主要是侧重利益平衡与冲突化解的被动防范。

2.加强教育引导的针对性

从一定意义上讲,大学生寝室生活空间其实就是在一定物质与文化环境基础上所形成的大学生人际交往关系空间。在市场经济环境影响下,社会人际关系经济化倾向逐渐向高校渗透。在大学生人际空间中,经济交往所占比重越来越大,大学生人际交往常常需要借助与经济"挂钩"予以实现,等价交换原则趋于显著。这样,一大批经济来源不足的大学生就在人际交往空间中感受到了难言的压力、困惑、矛盾与被动。一方面他们渴望与同学们友好相处、互娱共乐,另一方面经济的窘迫往往让他们处于两难、羞愧与无奈的境地。调查显示,寝室人际关系质量最高的是自评经济状况处于中等水平的大学生,其次是自评经济状况处于上等水平的大学生,而自评经济状况处于下等的大学生寝室人际关系质量最低。因此,加强教育引导的针对性,除结合不同年级不同专业采用不同的教育方式与内容外,还要重视引导大学生正确认识高校"贫困形象",树立健康的人际交往观念、开展多样的人际交往形式,形成丰富多彩、简约平等的人际交往环境。

(三)大学生自我教育层面

1.从我做起,积极创建良好的物质环境

在我国传统教育制度下,家长几乎包揽了孩子们的一切生活事务以便他们能够"专心"学习。进入大学后,许多学生没有意识和能力来处理相关寝室事务,常常指望其他同学来打扫寝室卫生、整理寝室内务,维护寝室的干净与整洁,自己却难以主动为之。长此以往,往往会造成不良的寝室互动,寝室成员间将会出现比懒的倾向,产生不良影响。因此,每位大学生都应树立从我做起,以"室"为家的观念,把维护寝室环境作为自己的责任和义务,用实际行动打造美好的寝室空间。

河北医科大学一女生宿舍舍服

2.开展形式多样、内容丰富的文化活动

良好的寝室生活空间要在集体活动中形成,如一些学校开展"宿舍文化"建设活动,在宿舍走廊上装上展览橱窗,经常展示有益文化展品,这些活动起到了极好的引导作用,既丰富了大学生们的业余生活,又使寝室成员在活动中增添相互理解与信任,感受到集体的力量。

3.充分发挥寝室长的职权和作用

作为一室之长,"官"小作用却不小。寝室物质环境的维护、规章制度的遵守、文化活动的组织、矛盾冲突的和解、个体知觉环境的渗透,都需要寝室长的积极参与和督促。寝室成员作为一个小群体的存在,群体成员间的良性互动需要有一个能够主持公道、树立正气的相对中心与"领导",对此,许多高校是忽视或形同虚设的。对于寝室长职权与作用的充分发挥,一是要注意寝室长人选的确定,在一定程度上具备以身作则、踏实上进、开朗合群、公正敢言的人格特征;二是要由学校相关部门正式授权,明确其职责与价值,从而增强寝室长在寝室成员间的威信与地位,并作为寝室长寝室管理的上线为其提供必要的支持、转介与反馈。

结语:"感谢室友不杀之恩"这一网络热语,让我们这些高校管理者,必须认真对待和谐寝室的构建这个能够影响学校和谐稳定的问题,必须从物质基础、人员配置等方面向宿舍管理倾斜。以上观点只是笔者的粗浅见解,如有不到望指正。

参考文献:

[1]陈青萍.大学生宿舍生活心理适应障碍及其干预措施.中国学校卫生,2002

[2]许传新.大学生宿舍人际关系质量研究.当代青年研究,2005(4)

[3]卢爱新.新时期大学生心理健康教育发展研究.2008年

作者简介:

韩凤江 河北医科大学保卫处,治安科科长,电话:15931051890

论文集

大学生心理安全

浅析大学生犯罪心理及其预防对策

孙 淼 首都师范大学

摘 要：当今，随着大学生违法犯罪现象的增多，引起了社会各界对大学生违法犯罪的心理原因和对大学生心理教育的探讨。本文试从大学生犯罪的心理特征着手深入分析，提出预防大学生犯罪心理的相应措施。

关键词：大学生 犯罪心理 特征 预防

近年来，随着我国高校招生规模的不断扩大，高校学生人数的不断增加，大学生中出现的违反校规校纪、违法犯罪现象呈明显上升趋势。来自中国犯罪学研究会会长、北京大学法学教授康树华所做的一项调查显示：1965年青少年犯罪在整个社会刑事犯罪中约占33%，其中大学生犯罪约占1%；"文革"期间，青少年犯罪开始增多，占到了整个刑事犯罪的60%，其中大学生犯罪占2.5%；而近几年，青少年犯罪占到了社会刑事犯罪的70%至80%，其中大学生犯罪约为17%。值得重视的是，大学生犯罪有逐年增长趋势，且向多样化、智能化方向发展。大学生犯罪现象的明显增加，已引起教育部、法律专家以及普通市民的广泛关注。

人的行为总是在一定的心理态度支配下实施的，任何人的违法犯罪活动都是在一定的心理因素支配下完成的，大学生违法犯罪也不例外。基于此，笔者试图从分析大学生违法犯罪的心理特征入手，积极寻找预防大学生违法犯罪的对策，从而达到有效减少大学生违法犯罪的目的。

一、大学生犯罪的心理分析

高校学生虽然书本理论知识较高，但心理承受能力差，做事情欠缺考虑。他们未经波折坎坷，一切以自我为中心，缺乏起码的承受挫折能力，稍不遂心，情绪波动较大，易发生性格扭曲，导致心理失衡，若没有正确的引导，他们很容易走上歧途，甚至诱发犯罪。

（一）爱慕虚荣、贪图享乐心理

在市场经济的冲击下，部分大学生的价值观和道德观发生了改变和错位，他们高消费心理突出，把穿名牌服装、买高档商品看成一种时髦，有的甚至把物质利益作为衡量个人成败得失的尺度。这类大学生的家庭条件往往并不困难，但对物质享受和满足虚荣的过分追求诱发和刺激了大学生们一旦经济"吃紧"，向家里伸手难以满足时，便产生盗窃、抢劫、诈骗等动机。

（二）无法应对挫折的脆弱心理

大学生犯罪主要原因是自控力差、心理脆弱、无法应对挫折。目前，因家庭困难造成经济紧张而陷入困境的大学生在大学里占有相当大的比例。一些大学生出身贫寒,或由于某些缺陷,一方面对家庭和社会不满、仇视,另一方面敏感、自卑、自我调控能力差,无法应对社会的一些不公和挫折,对人生悲观,以致不能自拔,一旦遭遇的较大事件,容易产生过激行为,最终走向极端。

(三)自我意识混乱的偏激心理

大学生自我意识的混乱通常表现为两种类型:一种是过高的自我评价,另一种则是过低的自我评价。过高或过低的自我评价往往导致个体自我意识确立过程中的过分自负或过分自卑这两大心理缺陷,它们是妨碍良好自我意识形成的心理障碍。由于自我定位不准,挫折承受力较差,一旦遇到较大的压力,一部分人容易采取极端的暴力方式解决问题。

(四)情绪失控、冲动心理

大多数犯罪大学生情绪不稳定,自控性差;行为冲动性明显,好感情用事。由于心理发展不成熟,情绪不稳定,使得心理矛盾时有发生,这些矛盾若得不到有效疏导、合理解决,就会形成心理障碍,以致做出一些过激的行为。因此大学生犯罪当中,蓄谋犯罪的几乎没有,多是冲动型犯罪,即临时起意。有的仅仅因为一句玩笑话或一点小事,认为被对方侮辱便杀害或打伤对方。

(五)铤而走险、心存侥幸心理

诱使大学生犯罪的直接原因就是心存侥幸心理。在校园盗窃案中,有的学生明明知道那样做是违法的,但心存侥幸,认为自己手段比较高超,不会被查获,所以不惜以身试法,铤而走险,鬼使神差般地将他人物品"顺手牵羊"。另外,在许多学校中存在的学生贫富差距现象,使一些学生在心理上产生不平衡,也会导致一些学生铤而走险。

(六)不健康的性心理

焕发着青春朝气的大学时代,大学生的生理迅速走向成熟,开始对性充满了好奇和渴望,从青春期开始的逐渐性成熟以及性意识的增强,必然使这些刚刚成年的大学生关注异性,这本无可厚非。但是如果不引导他们形成良好、正常的性道德观念、性责任感,再加上受到各种暴力、色情文化的不良影响,他们经不住诱惑、刺激,就可能在神秘感、好奇心的驱使下产生性犯罪行为。

二、大学生犯罪心理的预防

针对以上对大学生犯罪心理的特点分析,可以看出,要预防大学生的犯罪心理,必须从以下两个大方面入手。

(一)改善影响和诱发犯罪心理的外部环境

家庭、学校、社会等外部环境的好坏对学生品德和心灵的形成有着至关重要的作用,因此,有必要排除和减少外在环境方面的消极因素,为大学生创造良好的外部环境。

1.应该先做好家庭教育工作

家庭是培养子女个性品质的基础,家长的道德品行对子女的榜样作用是巨大而深刻的。作为学生的家长,除了给子女做好榜样外,还应积极做好子女的教育工作,注重品德教育,不能认为孩子只要学习成绩好就行了。要多与子女谈心,注意他们的心理情绪变化,发现问题及时化解营造充满温暖的家庭氛围。对于违法的大学生,家长要进行跟踪教育,帮助他们做好思想感化工作,消除他们的尚未稳固的犯罪心理结构。

2.加强对学生的法制教育

当今社会是法制社会,做任何事都要以法律为准绳,大学生要成为对社会有用的人,就必须知法、懂法、守法。法律是道德的底线,同样,法制教育也是道德教育的基础,在当今高校对学生的德育过程中,应始终把法制教育放在首位,对大学生进行知识传授的同时,运用多种形式对学生进行法制教育,切不可只注重专业考查,浮于表面,要切实通过宣传教育等多种手段使学生增强法律意识,树立法制观念,懂得用法律来衡量和思考自己的行为。

3.重视大学生的心理引导,培养良好的心理素质

这主要是针对大学生心理发展不够成熟的特点,学校要有意识地开展心理健康教育、开设心理咨询服务,帮助大学生形成健康向上的心理:

(1)开展应对挫折教育。挫折教育是素质教育的重要内容之一,是培养大学生遭遇挫折的正确心态和预防心理障碍的有效措施。通过开展挫折心理训练和挫折教育,培养学生过硬的心理素质和承受挫折的能力;培养学生的健康心理,防止遇挫折产生过激行为。

(2)引导大学生控制情绪,增强社会应变力。学会处理现实与愿望的矛盾,学会自我调试,增强社会应变力。做事前理智思考,以乐观和坚强的积极态度去面对所遇到的困难,而不应觉得自己无出路产生极端的想法和采取极端的行动。

(3)引导大学生建立和谐的人际关系。要克服心理障碍和自闭倾向,笑面人生,热情生活,学会与人沟通。积极在现实生活中寻找朋友,讲信用,学会谦让,积极关心别人,使自己的心理处于轻松愉快之中。

(4)引导大学生正确处理恋爱与性问题。学校应加强大学生的性教育和性道德教育,指导和帮助大学生以严肃的态度对待爱情,树立正确的恋爱观,摆正恋爱与学业的关系,提倡友情为重,不宜过早确立恋爱关系,以保持稳定的情绪及健康的心理。

4.创造良好的校园文化环境,注重对大学生的文化熏陶

校园文化作为从学校教育环境中生长出来的一种特殊文化现象,是以校园精神为主要内容的特殊群体文化,对学生具有教育、导向、感化、激励等方面的功能。健康向上的校园文化环境有利于大学生舒缓紧张的情绪,培养健康的情趣,培养高尚的情操。

(二)大学生要注重自我素质的提高

外因总是通过内因才能发挥作用,所以,除学校、家庭和社会要进一步加强对大学生心理健康教育及道德思想和法制教育外,大学生学会自我调节、自我疏导和自我控制也是非常重要的。

1.确立新的适合自己的追求目标

事实表明,一些学生入学后,会产生这样那样的心理问题,往往是因为缺乏新的追求目标内心空虚所致。之前,许多学生都是以考上大学为目标而努力学习的,而进入大学后,则缺少了正确的目标规划,没有了前进的动力,生活浑浑噩噩,产生了迷茫和失落感,最终导致心理问题和疾病。所以大学生进入大学适应新的环境后,应尽早确立一个新的奋斗目标,来克服理想的迷失。从心理学的角度讲,有一个明确的目标,会使心理指向集中于一处,无形中转移心理问题影响的注意力。另外,有了明确的目标,就有了内在的驱动力,使人变得积极向上,从而更有利于克服心理问题和疾病,避免因内心空虚而引起的违法念头。

2.正确对待学习、生活和就业所带来的压力

面对学习紧张、生活贫困和就业困难所带来的压力，我们应该勇敢面对，提高抗干扰能力，树立远大目标，培养自己高尚的情操和人格修养。同时注意保持心态的平衡，遇到问题时，善于进行心理调适，保持乐观、坚强、自信的态度。这样有助于克服因心理痛苦而以极端的手段进行宣泄的想法和行为。

3.选择正确的情绪宣泄方式

学会自我宣泄，有助于摆脱心理困境。抑郁、焦虑时，可以进行打球、散步等户外活动或者寻找知心朋友谈心；愤怒痛苦时应选择快跑、拳击等激烈活动进行情感的宣泄；必要时候可以选择找心理咨询师倾诉。

4.面对现实，锻炼自己的交际能力，发展良好的人际关系

对于有交际困难的大学生，应克服心理障碍和自闭倾向，主动与周围的同学老师交流，学会与人沟通，抓住现实生活中每一次与他人交流的锻炼机会。还有部分同学过分依赖网络的虚拟世界，仅限于在网络中交友聊天，将自己与现实生活隔绝，这也是引起心理问题的原因之一。大学生要学会积极在现实生活中寻找朋友，正确处理自己与他人、集体的关系。大学生被人们誉为"天之骄子""栋梁之才"，是祖国的未来和希望，他们需要全社会的关心，预防大学生犯罪也应是我们共同关注的问题。

以上是笔者对当代大学生犯罪的心理特征及其预防措施进行的分析。当然，大学生犯罪心理的产生是复杂的，犯罪心理的预防工作也是一个系统的工程，需要结合各种预防措施同时进行。预防大学生的犯罪问题需要全社会的共同关注和支持，群策群力，才能达到良好的效果。

参考文献：

[1]刘瑛.大学生违法犯罪的现状、原因与防范措施.南昌大学学报,2002.7

[2]康树化.大学生犯罪的智能性与法制教育的改善.高校理论战线,2002.5

[3]孙胜楠.浅析大学生犯罪心理的诱因及其预防措施.法制与社会,2009.4

[4]张超.青少年违法犯罪原因的定量分析.中国青年研究,2005.9

[5]王金龙、张国萍.大学生犯罪的心理探因及防范对策.辽宁师专学报,2006.3

[6]嵇小怡.大学生高智能犯罪分析及对策.中国青年研究,2005.5

[7]柏廷恒.浅析大学生犯罪心理及防范措施.四川工程职业技术学院学报,2007.1

作者简介：

孙淼　首都师范大学保卫处治安科科长,联系方式15910806796

通讯地址：北京市海淀区西三环北路105号,邮编：100048

"平安校园"视阈下90后大学生心理安全教育探究

李晓晓　河北经贸大学

摘　要：受社会、传媒和家庭等因素的影响,90后大学生在行为、情感、认知等心理方面具有鲜明的时代烙印。面对近年来90后大学生中频发的心理问题,高校应该充分认识加强心理安全教育的必要性,并采取有效的措施来提高90后大学生心理健康水平,保障其心理安全。

关键词：90后大学生　心理安全教育　"平安校园"

大学生安全教育工作是维护高校改革发展稳定的基础,也是建设"平安校园"的一项重要工作。在大学校园里,安全主要涉及两个层面。一是生理安全,它可以保障大学生最基本的人身安全和健康。二是心理安全,它是指面对所处内外环境的景况持有的一种追求平稳、不受威胁的应对性心理机制[1]。若其难以保障,将会导致大学生的性格缺陷,危害其心理健康。

90后大学生处于一个社会主义市场经济深入发展、社会"贫富两极"分化程度不断加大、利益格局深入调整、生活节奏明显加快的时代,特殊的时代背景赋予他们区别于其他时代大学生的特征。近年来,因为在智力和人格上尚未成熟完善,90后大学生因为心理问题导致自杀、自虐、凶杀等恶性案件的现象频频发生,严重地影响了校园的和谐和安全。新的形势要求高校加强心理安全教育,帮助大学生树立正确的心理健康和心理防范意识,增强心理调适能力,优化个性心理品质,预防和缓解心理问题,提高心理危机应对水平,避免心理性安全事故,保障其心理安全。

一、90后大学生心理安全问题及产生原因

90后大学生,顾名思义,就是指1990—1999年出生的在读大学生。他们所处的时代经济发展迅速,物质条件富足;网络的普及、良莠不齐的信息对90后的世界观、人生观和价值观具有重大影响;作为独生子女,他们受到来自家庭的娇惯和溺爱。特殊的时代特征和社会背景使90后大学生具有独特的心理安全问题。

(一)学习方面

在学习氛围、学习内容和方法方面,大学与中学有很大差异。中国的教育体制使中小学生适应了课堂讲授和记忆背诵的教学模式,所以一旦步入大学课堂,90后大学生普遍无法适应新的学习环境,心理问题应运而生。首先是学习压力大造成的心理焦虑。因为在中学阶段没有养成自主学习、独立解决问题的习惯,90后大学生面对高校研究性学习内容时无从下手,长期下去,他们很容易产生高度的

心理焦虑。另外,大学是个相对自由民主的环境,学生的自主空间和可选择性大,生活内容丰富多样,这就容易让90后大学生在相对自由的空间里迷失自我,或者迷茫到没有奋斗目标,或者忙碌到无暇顾及学习,这些都会导致学生注意力分散,陷入焦虑的恶性循环。

(二)人际交往方面

90后大学生多为独生子女,从小在父母的溺爱中长大,缺少对人的包容和理解。大学聚集了来自五湖四海的学生,不同的生活习惯和思维方式很容易使他们产生各种矛盾,这些矛盾会给他们带来不同程度的不良心理影响。另外,90后大学生生活在信息爆炸的时代,良莠不齐的海量信息使他们思想早熟,对事物有自己的见解,但是因为接触社会少,价值观念还不稳定,容易受周围环境影响,时常处于波动、迷茫和抉择中,情绪变化起伏较大,在处理人际关系问题时容易出现偏激和冲动。一些不善人际交往的大学生无法在现实中得到交际的快乐,因此沉溺于上网聊天或游戏,长此以往造成精神空虚。

(三)情感方面

90后大学生对于早恋问题显然更加开化。进入大学前,大部分90后学生都已经谈过一次"恋爱"。但由于恋爱的动机不够正确、心智不够成熟、工作前景不够明朗以及恋爱过程中的经济问题、性格问题等的影响,容易造成大学生情绪波动,甚至出现非理性行为,影响生活和学习。大学生的恋爱大多是无果而终的,往往伴随着很多的矛盾和纠结,因失恋、单恋、多角恋爱和感情纠葛而发生的自伤和伤人事件屡见不鲜。

(四)就业前途方面

市场竞争不断强化,社会对大学生的要求越来越高,过去那种天之骄子的从容与优越,被严峻的就业现实带来的焦虑和压力所取代。一方面,高校招生规模的扩大、下岗人数的增加、招聘中的不正之风等因素都增加了90后大学生就业的难度,相对应地给他们带来了一系列的心理安全问题。另外,高校缺乏正确的职业指导和引导,学生本身能力低下等也容易导致就业难,引发严重的心理问题。

二、心理安全教育的内容

(一)生命教育

近年来,大学生因为心理问题导致自杀、他杀的案例逐渐增长,这种蔑视生命价值现象在高校的出现要求必须把生命教育放在大学生心理安全教育的首位。生命教育的内容大致涵盖生存教育、死亡教育、生命美育、人生观教育、责任教育、生死教育等。90后大学生应该通过生命教育学会珍惜生命的价值。

(二)心理卫生知识教育

随着高校恶性事件的频发,高校大学生已经成为精神卫生服务的重点对象。由于90后大学生世界观、人生观和价值观尚未成熟,心理卫生知识比较欠缺,在解决问题时容易出现方式不当和防御机制不正确。这些问题都需要高校给予重视,广泛宣传心理卫生知识,让学生做自己的心理医生。

(三)人格教育

健全的人格是90后大学生学习、生活的基本保障。高校应该采取有效措施培养学生健康的心态、优秀的品质和创造性思维,让学生学会生存,学会关心,学会创造。培养学生树立正确的世界观、人生观和价值观,使他们能够明辨是非,明确正确的价值取向,促进心理状态的平稳发展。另外,健全的人格可以帮助90后大学生更好的处理好人际关系,加强交往和合作能力。

三、心理安全教育措施

心理安全并不是固有的学术名词,而是从安全意义上使用的心理问题一词,并倾向于严重的心理问题。心理安全教育是在心理健康教育基础上注重安全教育防范[2]。从现实需要来看,如果能从安全的角度来理解心理健康工作的重要性,更容易引起高校的重视,将心理健康与安全结合到一起,能够达到教育与防范的双重作用。

(一)合理安排心理健康教育,构筑心理健康防线

1.开设心理健康教育课程,打好心理健康防线的基础

在课程设置上,高校应该积极开设心理健康教育课程,普及心理学基本知识。大学阶段是个人成长的关键时期,同时也是多种心理问题的高发时期,心理健康课程所起的作用是其他课程所无法取代的。大学生心理健康教育的课程内容应当有针对性地开设,除心理学的基本课程外,还应当包括挫折教育、人格教育等等,让学生们树立起正确的人生观、价值观和世界观,培养健全的人格和社会责任意识。

只有认识到心理健康教育的重要性,认真负责地安排相关课程,帮助广大在校学生深入、系统地了解心理健康的概念,更好地认识心理发展规律,掌握心理调节方法,才能在学生们的思想上为构筑心理健康防线奠定下坚实的基础。

2.注意心理健康宣传,课外教育为健康防线添砖加瓦

相对体系化的教学,这些活动辅以人文、科学、信息等内容,具有更强的灵活性和实效性,更容易引起学生的兴趣,特别是开展一些交互式的活动,还有利于发挥学生的主观能动性。

加强开展心理健康相关辅导和讲座,不仅可以让学生拓宽视野,了解更前沿的社会动态和更先进的心理健康理念,更有助于师生携手共同营造良好的心理健康教育氛围,让心理健康意识更加深入人心。

此外,在学生当中开展长期或定期的心理咨询,也是非常有必要的。

(二)师生合作共建预警机制,切实做到防患于未然

1.亦师亦友,学生工作做到身心健康"两手抓"

辅导员等学生工作者在工作中,除了日常的学习生活,还应当更多地去了解学生,时刻关注学生的心理健康。要深入了解学生的心理动向,就必须拉近与学生们之间的距离感,主动去和学生做朋友。特别地,如果某些学生存在特殊情况,必须给予特殊关照。

这就对学生工作者提出了更高的要求,不仅自身要有一定的心理学知识储备,还有时刻保持敏感性,具有及时发现问题、辨别问题的能力。针对一般的适应或发展性问题,能够对其进行疏导解决;一旦发现有严重心理问题的学生,必须及时上报,并交由专业的心理咨询师进行及时的救助与治疗。

2."朋辈辅导员",预警风向标放在最前线

无论学生工作者的工作如何细致入微,要想时刻做到面面俱到也是不太可能的。而学生之间的交流和沟通,往往更容易在第一时间发现问题。所谓"朋辈辅导员",就是在综合考虑性格、品质以及沟通能力等多方面因素的条件下,可以从学生当中推选合适的人来协助高校老师的工作。"朋辈辅导

员"们的工作不同于一般的班委会成员，更不是负责向老师打"小报告"，他们在生活中只要稍加留心，就可以帮助辅导员从另一个视角更细致地了解班级情况，了解同学们的生活和思想。

一个好的"朋辈辅导员"，不仅可以真正实现把预警系统放在最前线，而且可以有更多的收获，如果班级每位成员都能够健康发展，和谐相处，这个集体中就一定会形成团结进步，积极向上的良好风气。

（三）磨刀不误砍柴工，双管齐下破"坚冰"

即便学校帮助同学们自身建立了可靠的心理健康方向，做好了完备的预警机制，也不能自以为高枕无忧，应该把功夫下在平时，一方面培养自身的心理学专业素养，另一方面日常要真正做到用"心"工作。

1.用专业的方法破除心理的"坚冰"

注重学习，提高自身心理健康领域的专业水平；注重理论与实践相结合，在工作点滴中积累经验；善取他山之石，随时关注大学生心理方面的最新咨询。

2.用真挚的诚心驱散心中的"严寒"

认真只能把事情做对，用心才能把事情做好。这句话对学生工作者来说尤其重要，学生工作是一个"良心活儿"，工作中，得过且过也是一天，跑断腿，磨破嘴也是一天。俗话说，路遥知马力，日久见人心。只有愿意在学生们身上花时间，善于在学生们身上花精力，才有可能去和学生们进行积极有效地沟通。如果我们能够做到以诚相待，将心比心，学生和学生工作者之间的关系自然就会越来越亲密。

如果做到了这一点，那么一方面，学生们有问题会主动来反馈和咨询，使工作的开展更加有针对性；另一方面，在工作中一旦发现同学有心理不健康的情况出现，师生之间良好的关系不仅有助于消除心理"困难生"对外界帮助的抵触和排斥，让疏导或治疗工作得以更为顺利地进行。

（四）结语

连续不断的校园性侵案、复旦大学投毒案、南航持刀杀人案等近期一系列的高校恶性事件的发生，将高校90后大学生安全教育一次次推到风口浪尖。科学构建大学生心理安全系统工作机制，高效开展大学生心理安全教育工作，帮助学生们培养健全的人格和健康的心理，必然成为高校推进"平安校园"建设的一项重要内容。

参考文献：

[1]何金科.大学生心理安全教育刍议.闽江学院学报[J],2009.30.

[2]袁永红、王效美.大学生心理健康与心理安全教育防范.科技信息[J],2008(12)

作者简介：

李晓晓　河北经贸大学，专职辅导员，手机:18333109100

通讯地址:河北省石家庄市新华区学府路河北经贸大学工商管理学院133办公室,邮编:050061

高校保卫工作和队伍建设

以人本思想建树高情商的高校保卫队伍

张学文　河北北方学院

摘　要：高校是知识分子聚集的地方，又是培养未来人才的地方，工作的轴心是人。人，势必成为学校管理和服务的中心和重心。无论是专科院校还是本科院校，校内师生员工不仅是都是高智商的群体，也是高情商的群体。根据高校的特点，做好高校安全保卫工作，必然需要建树一支的智商高、情商也高的保卫队伍。

关键词：人本主义　情商　高校　保卫

在天津和高校毕业生、失业人员等座谈时，习近平说，做实际工作情商很重要，更多需要的是做群众工作和解决问题能力，也就是适应社会能力。随着高校改革的不断深入，为适应新形势的需要，紧跟时代发展步伐，充分发挥高校保卫部门职能和保卫人员的作用，是构建和谐校园的一个重要因素。高校是知识分子聚集的地方，又是培养未来人才的地方，工作的轴心是人。人，势必成为学校管理和服务的中心和重心，无论是专科院校还是本科院校，校内师生员工不仅都是高智商的群体，也是高情商的群体。根据高校的特点，做好高校安全保卫工作，必然需要建树一支的智商高、情商也高的保卫队伍。结合具体工作实践，把"人本管理"思想引入高校保卫队伍建设和高校保卫管理，立足于人，一切以人为基本出发点，发挥人的主动性，调动人的积极性，是做好新形势下校园安全保卫工作的客观需求。

一般来说，情商高的人应该具备五种能力。自我察觉能力，如恼怒时能马上意识到自己的失态；驾驭心情能力，在坏心情不期而至时能很快冷静下来；自我激励能力，前进时富有激情和目标，摔倒时能很快爬起来；理解他人能力，能想人所想，忧人所忧；人际交往能力，迅速适应环境并融入团队。如何培育和建树一支高素质、高情商的保卫工作队伍，本文试就此作一些探讨，以期同人商榷。

一、加强保卫队伍的思想教育，用过硬的素质"造"人

高校作为诞生"科技生产力"的摇篮、传播先进文化的主要阵地、满足人民群众日益增长的物质文化生活需要的重要场所，高校保卫干部掌握先进的思想观念，是在构建和谐校园实践中，既具可能性更具现实性。因此，对其高校保卫管理队伍的素质需求标准提出了更高的要求。诸如政治品格、思想作风、敬业精神、优良传统、道德规范、自强意识、创新精神等，都要有一个新的水平。因此，坚持人本管理的思想，加强思想教育，成为我们对保卫管理队伍进行思想教育的一项重要措施。我们应以先进理论武装保卫队伍特别是保卫管理干部，使其具有较高科技文化知识和较强理论素养。实践中，紧

紧围绕构建"和谐校园"这个主题,不断增强学习贯彻的自觉性和坚定性。建立健全学习制度和培训制度,组织多种形式的座谈、研讨、竞赛等学习活动;利用学院各种培训教育活动;组织、进行理论探讨,用先进的思想观念影响和教育保卫干部,解放思想,求实创新,重点解决保卫干部关心的重大理论和理想信念问题,教育广大保卫干部全面、正确、积极地贯彻执行党的路线、方针、政策,把思想统一到高校的具体工作目标上来,把精力和智慧汇集到高校建设发展事业上来。提高广大保卫干部的思想水平和理论水平,适应形势需求。

二、塑造保卫队伍的良好形象,以崭新的风貌"示"人

形象即品牌。学校保卫工作是校园师生及社会各界观察和认识该校的最直接、最重要的窗口和渠道,高等学校作为高层次人才培养基地,社会主义精神文明建设重要场所,因此,加强和改进保卫队伍的作风建设是一项十分急迫和现实的任务。

一是德教为先。高校保卫人员具备较高道德素质和文化素质的群体,应该成为学校思想道德建设的重要之场所。积极探索新形势下高校保卫工作的特点和规律,把道德教育内容融入具体的工作之中,通过接受教育和自身体验、实践,把"爱国守法、明礼诚信、团结友善、勤俭自强、敬业奉献"的公民基本道德规范,内化为自身的道德信念和行为准则。二是率先垂范。提高保卫干部的道德素质,要求普通保卫人员做到的,保卫干部应以身作则,身体力行。三是弃恶扬善。树立正确的荣辱观、美丑观、是非观,从实际出发,不断改进思想作风、工作作风、生活作风等方面存在的突出问题,树立良好的精神风貌。

四是转换角色。每一名保卫干部和普通保卫人员,要转变思想理念,充分认识到学校保卫工作是全心全意为广大师生服务的工作,情为师生所系,权为师生所用,利为师生所谋。

五是奖优罚劣。评选和表彰优秀保卫人员、先进集体,形成了有利于良好队伍建设的氛围。奖勤罚懒,奖优罚劣,激发大家的工作热情,进一步增强责任感、使命感和荣誉感,使他们自觉成为校园保卫工作的中坚力量。据我所知,从事保卫工作20年,没有受过任何奖励的大有人在,但并非此人做得有多么不好。

三、增强保卫人员的法制观念,依规章制度"约"人

加强和改进高校保卫队伍的作风建设,教育先行,制度约束,监督跟进。通过教育,提高保卫人员的政治觉悟和思想情操,激励大家自觉地发扬党的优良传统和作风。通过制度,建立健全一套便利、管用、有约束力的行为规范,并且要求严格遵守,并实行严格的管理和适时监督。

一是坚持和完善保卫人员的工作制度,岗位职责,发挥师生的舆论监督作用,建立师生参与监督的工作机制,进一步规范保卫人员的行为准则。要求每个工作人员廉洁自律,用法律法规及学校的规章制度约束其行为,树立和改进保卫队伍的良好作风。

二是健全规范校园安全保卫工作人员的工作规程。既要严格管理,又要热情服务。

三是建立健全学校的稳定和安全管理制度,建立齐抓共管、群防群治的有效运行机制,建立政治理论学习和安全检查制度,使学校的安全管理工作规范化、制度化、科学化。采取得力措施,狠抓制度落实,使学校的安全保卫工作基础更扎实,保障更有力,成效更显著。

四、提高保卫人员的工作能力,靠科学管理"导"人

高校中普遍存在着"教不了书干后勤,干不了后勤当保卫"现象,客观地讲,保卫队伍中的人员素质项比较差,如学历低、年龄大等(不是自贬、自轻),所以打造一支"革命化、年轻化、知识化、专业化"的"招之即来,来之能战,战之能胜"队伍,任重道远。因此,要创造良好的教育培训条件,促进保卫队伍的能力建设。增进保卫人员的知识和技能,使其建树正确的思想方法和崇高的价值取向,培养其强烈的事业心和创新精神,从而开发每个成员的潜能,充分调动其主动性、积极性和创造性,真正为学校的改革和发展保驾护航,成为校园师生的平安守护神。

在保卫队伍的能力建设方面,一是知人善任,合理使用人才,政治上信任,生活上关心,发展上帮助,以人为本,科学引导,创造良好的发展环境和空间;二是注重对保卫干部的素质教育。在政治学习方面,注意结合工作实际,采取灵活多样的方式,使大家在潜移默化中受教育。制订培训计划,选拔深造;三是强化岗位培训。在业务方面,建立了业务培训有效考核机制,提高了大家在理论水平、业务知识、依法管理等方面的技能素养。四是建立学习小组,及时对疑难问题、热点问题、焦点问题进行集体讨论,共同提高;五是请专家学者作专题讲座;六是激励大家自学,购置必要的书籍、报刊等,形成良好的学习氛围;七是举办研讨活动,针对实践中的突出问题和现实问题进行研讨,加强交流,提高认识。

五、树立保卫人员的竞争意识,用激励机制"促"人

形成广纳群贤、人尽其才、能上能下、竞争择优、充满活力的用人机制,以合理配置人才资源、优化人员结构,是保证保卫队伍质量的有效途径。

一是对基层干部实行公开选拔。在学校人事、组织部门的支持下,对保卫部门的基层干部职位(如校区保卫科长、校卫队长等)公开选拔和竞争上岗。经过宣传发动、报名推荐、民主测评、面试答辩、综合考察、任前公示等环节,使能者上庸者下,推动各项工作的有效开展。

二是对普通人员实行竞争上岗。通过公开公正的民主评议和规范的考评程序,建立起能上能下,能进能退,竞争上岗的人员管理体制,激励基层保卫人员的工作积极性。

三是建立科学的考核评价体制。考核工作,衡量业绩,需有一套科学客观的考评标准,坚持重实绩、重能力和公开、公平与公正的原则,树立了正气,调动了广大保卫人员的工作积极性,促进保卫工作的顺利开展。

六、促进保卫人员的自我实现,用光辉业绩"耀"人

人是人本管理中的第一要素。人们在有意识地改造自然界的同时,进而改造自己本身。人们在实践中需要各种各样的载体,实行人本管理,为保卫干部提供良好的载体,也就是为他们提供了施展才能的舞台。在这个舞台上,他们可以自由地比学习、比成绩、比能力、比水平、比贡献,实现自身价值,使保卫干部的追求得到充分满足,大大激发他们的主动性、积极性和创造性。在实际工作中,应把学校的发展与保卫干部的自身发展结合起来,引导他们在学校事业发展这个大舞台上实现自我发展的需要。具体来说,我们从以下几个方面考虑:

首先,人才观。作为人,每个保卫人员都蕴藏着巨大的潜能,是有主观能动性的个体。"应该使每

个人都能发展、发挥和加强自己的创造潜力,也应有助于挖掘出隐藏在我们每个人身上的财富"(马克思语),所以重视保卫人员的作用,不要一提保卫人员就认为是"看门护院"之角色,要把他们放在主体地位,激励他们紧紧围绕学校工作大局、服务教学中心开展工作。紧紧围绕学校师生员工关心、关注的重点、热点、难点作为工作的切入点,把为师生服务作为工作的着力点,才能提高保卫队伍的地位和作用,增强保卫队伍的凝聚力和战斗力,增添保卫工作的活力。

其次,环境观。保卫部门的学习环境、学习条件、学习氛围等相对于学校的其他部门较差。殊不知"人改造了环境,环境也会造就人"。所以要为高校保卫人员的才华展示和锋芒显现,创设一个理想的环境,使他们感情融洽,心情舒畅,相互产生积极的影响。在具体工作中,始终坚持尊重保卫人员的人格、尊重保卫人员的工作、尊重保卫干部的合理需要,做保卫人员的知心朋友;另一方面,要充分信任保卫干部,让保卫人员创造性地劳动,鼓励他们干事创业。从而使保卫人员之间形成了尊重、理解、沟通、信任的人文精神,形成了团结、合作的群体关系,怀着愉快的心情为学校工作。

第三,价值观。人都在追求自身价值,保卫人员也不例外,保卫人员的价值如何体现和展现呢?如何为每位保卫干部创造施展其才华的舞台?这就要了解每一位保卫人员的需要,把握每一位保卫人员的特长,从保卫干部的合理需要出发,营造机遇,扶一把、带一程,使保卫干部获得成功,实现价值。实践证明,学校一旦真正成为保卫干部人生价值实现的"地盘",那么,学校就一定成为令人最向往的地方。

第四,荣辱观。每一个保卫人员都有一种希望自身工作价值得到人们积极认可的成就心理,我们如果能满足他们的这一心理,就能使之获得更大的工作内驱力。肯定是一种认可,赏识也是一种认可,是对保卫工作人员的一种积极评判,有利于调动保卫干部的积极性。每个保卫干部身上都有其长处,也都有其短处。实际工作中应是扬其长避其短,是多看长处,容纳、理解、扶持,缺点也会产生积极作用。否则,左不是,右不是,往往会产生龃龉、摩擦与内耗,起不到应有的作用。

总之,高校安全保卫工作,要从人的角度来看待我们自身的队伍建设和管理对象出发,坚持以人为本,改进高校安全管理,使我们的校园更趋和谐,使高校不仅成为社会建设和发展中后备人才的培养基地,而且也成为未来社会和谐发展的建树者和维护者。

作者简介:

张学文　河北北方学院,武装保卫处办公室主任,手机:18931316788

通讯地址:河北省张家口市钻石南路 11 号,邮编:075000

落实科学发展观 加强高校保卫工作

白 梅 赵学刚 白海林 内蒙古农业大学

摘 要：高校保卫工作是为全校师生员工提供安全保障的重要职能部门，是多种因素相互联系、相互制约构成的有机整体。只有落实科学发展观，才能创建"安全文明校园"，建立科学有效的工作机制，把安全保卫工作真正落实到实处。

关键词：科学发展观 高等学校 保卫工作

高校保卫部门肩负着学校的安全实施及有效管理的重任。维护校园的正常秩序，创造良好的安全环境以及保障教学科研管理工作的顺利进行，确保师生员工能够正常地工作学习和生活。坚持以人为本，树立和落实科学发展观不仅是做好高校安全保卫工作的根本需要，也是加强综合治理，维护高校治安秩序和创建"安全文明校园"的重要保证。为了使高校的工作能与学校各项改革同步进行，笔者就高校保卫工作的现状及今后的改进提出以下看法：

一、高校保卫工作的现状

学生是高校主体，高校安全保卫工作坚持以人为本的核心内容是要注重以学生为本，要突出学生在高校内安全保卫工作全过程的主体地位。满足广大学生安全需要，保障学生的人身财产安全，维护学生合法权益，为他们提供良好的治安环境，既是安全保卫工作应尽的职责，也是学校保卫部门工作的出发点和落脚点。随着教育改革的不断深入，高校保卫工作面临的新情况和新特点也随之增多。

（1）高校随着招生规模的扩大，校内人数的增多，成分结构复杂（全日制学生，成人学生、自考生、进修生等），这就给学校保卫工作的管理增加了难度，带来很多的困难；

（2）高校人员在社会上辐射面广，对地方经济、文化、社会的发展影响很大，一旦发生突发性事件或群体性事件，其影响力和辐射力都是难以预料的，很可能要影响社会的政治稳定；

（3）随着国家对教育投资力度的加大，办学条件不断改善，教职工的生活待遇逐年提高，再加上部分师生员工防范意识比较差，所以犯罪分子就把黑手伸到了学校，使得各类案件呈逐年上升趋势；

（4）随着招生规模的不断扩大，在校人数的增加，部分学生不能遵守学校的规定，擅自在校外租房住的学生也大有人在，住宿分散的现象给保卫工作的管理带来新的问题。随着现代开放性大学理念的出现，高校与社会各方面接触机会的增多、联系更加紧密，这样敌对分子对高校的渗透的机会也随之增加；

（5）学校基建项目多，常年暂住人口多、部分教职工将房子出租等现象都给学校的管理带来诸多困难。

二、落实科学发展观对保卫工作的指导意义

(一)坚持和落实科学发展观,是做好高校安全保卫工作的出发点和落脚点

从1999年开始,我国的高等教育进入快速发展阶段,由过去的精英式教育进入了大众化教育时期。高校是我国人员密集的场所,也是我国知识分子精英聚集的地方。做好高校的安全保卫工作,事关重大。没有安全的校园治安环境,师生员工的人身和财产安全就会受到威胁,学校的教学、科研等工作就无法正常进行。高校越是发展,就越需要安全。不安全或安全遭到破坏,就会影响学校的事业,影响高校的改革,甚至影响高校的发展。

因此,高校的安全保卫工作事关学校全局,任务繁重,只能加强,不能削弱。高校只要对安全保卫工作的重要性认识到位,重视程度高,提上重要议事日程,当作头等大事抓紧抓好,就能减少或杜绝事故和案件,为学校的教学、科研和生活提供安全保障。

坚持以人为本,是科学发展观的本质和核心,也是做好高校安全保卫工作的根本要求。胡锦涛同志指出:"坚持以人为本,就是要以实现人的全面发展为目标,从人民群众的根本利益出发谋发展,促发展,不断满足人民群众日益增长的物质文化需要","谋发展的成果惠及全体人民"。我国的教育方针就很好地体现了以人为本原则,教育必须为社会主义现代化服务,必须与生产劳动相结合,培养德、智、体全面发展的社会主义建设者和接班人。

高校安全保卫工作坚持以人为本的核心内容是要注重以学生为本,要突出学生在高校内安全保卫工作全过程的主体地位。学生是高校主体,也是学校安全保卫工作的主要服务对象,不断满足广大学生安全需要,保障学生的人身财产安全,维护学生合法权益,为学生提供良好的治安环境,既是安全保卫工作应尽的职责,也是学校保卫部门管理育人、服务育人的体现。

(二)落实科学发展观,是建立好保卫队伍的基本保障

用科学发展观统领高校保卫工作的发展,其中最重要的就是要把保卫队伍建设好,因为高校保卫队伍是一个执行特殊任务的战斗集体,是一支担负着繁重保卫工作任务的队伍。因此,高校保卫队伍的建设,一直受到各级领导的高度重视,受到学校党委、行政和师生员工的密切关注。随着社会的进步和高校的发展,高等教育事业对保卫队伍的要求越来越高。所以,落实科学发展观,是建立好安全保卫工作的基本保障。笔者认为新形势下的高校保卫队伍应当具备以下六点基本要求:

1.政治素质要坚定

高校保卫队伍担负着防范和打击国内外敌对势力的渗透和破坏活动,保障国家财产和师生生命财产安全,维护高校政治稳定和校园治安秩序、保证学校教育科研工作秩序的重任。要完成好这些任务,要求高校保卫队伍在政治上必须合格,必须具有正确的政治方向,坚定的政治立场、鲜明的政治观点、严格的政治纪律,以及很高的政治鉴别力和很强的政治敏锐性。这就要求高校保卫队伍要自觉地学习邓小平理论、"三个代表"重要思想和科学发展观,学习党的十八大精神,以科学发展观为指导,努力提高政治素质,进而保证在复杂的社会环境中不会迷失方向。

2.道德素质要崇高

在新的历史时期,高校保卫队伍应具备如下职业道德素质。坚持以人为本,热爱保卫工作,热爱教育事业;严于律己,宽厚待人;团结协作,相互支持;努力工作,勇于创新;文明执勤,热情服务。

3.心理素质要沉稳

目前高校保卫部门尚无执法权,保卫人员履行工作职责时,会有许多困难和不便。这就要求保卫人员要有良好的心理素质,勇敢地面对困难和挫折。要克服各种畏难情绪,培养乐于吃苦,勇于奉献,敢于拼搏,不怕挫折的精神,在复杂的工作环境中磨炼自己的工作意志,做到处变不惊,镇静自如,以健康的心理状态做好校园安全保卫工作。

4.作风素质要过硬

保卫队伍要养成一切从实际出发,实事求是的思想作风;学以致用,学用结合,理论联系实际的学习作风;求真务实,雷厉风行的办事作风;奉公守法,清正廉洁的自律作风。具有这些优良作风,才能对师生员工热情服务;对待犯罪分子打击有力;对待突发事件果断处置;对待生与死视死如归。真正成为一支让师生满意、领导放心、犯罪分子惧怕的队伍。

5.业务素质要专深

高校保卫工作是一项集执法、教育、管理、服务于一体的综合性很强的工作,要胜任这些工作,必须具备娴熟的查案破案能力和制定实施保卫工作方案的能力;熟知保卫工作的方针、政策和各项规定;熟知违法犯罪和各种灾害事故的预防、预测和综合治理;具备良好的视察思维能力、信息捕捉能力、分析判断能力、快速反应和应变能力、开拓创新能力。具备这些能力素质,就需要保卫队伍有较高的文化基础,要善于在工作实践中学习提高,善于总结经验教训,善于向同行学习,取长补短、注意经验积累,刻苦钻研业务知识,自觉提高专业本领。

6.身体素质要强壮

保卫工作具有突出性、连续性、紧张性、危险性等特点,工作条件比较艰苦。因此,保卫队伍应具有良好的身体素质,这是做好保卫工作的必要条件。这就要求保卫干部平时要正确处理工作与身体锻炼的关系,在繁重的工作中,也不要忽视身体的保健和锻炼。高校领导和有关职能部门,也要关心保卫干部的成长进步,健康状况,落实福利待遇,让他们全身心地投入到学校安全保卫工作中去。

三、如何落实科学发展观,加强高校保卫工作

加强高校保卫工作,这不仅是一个学校的内部问题,而且也是一个社会问题,需要争取社会各方面的支持和参与,需要调动学校各个院系、各个部门的积极性,形成保卫部门牵头,各个单位齐抓共管的局面,把学校的保卫工作真正落到实处。具体做法如下:

(一)全面贯彻中共中央、国务院《关于进一步加强社会治安综合治理的意见》和国家教委印发的《高等学校内部保卫工作规定》,从讲政治的高度认识安全工作的重要性,确保校园稳定,为构建和谐校园做好各项服务

学校各级党政组织都要把保一方平安作为政治责任,把安全工作列为重要工作与教学、科研工作同布置,同安排,同检查,同总结。完善监督考核机制,激励、调动全校师生员工参与综合治理工作,学校各项管理工作要向"发案少、秩序好、政治稳定、大家满意"的"平安校园"目标迈进。

(二)进一步加强思想政治教育和道德法制教育,提高广大师生员工的思想道德素质,增强师生员工的遵纪守法观念

(1)以邓小平理论和"三个代表"的重要思想为教育内容,加强党的基本路线教育和爱国主义、集体主义、社会主义思想教育。按照中宣部、教育部有关"两课"设置的规定组织开设法律课程,使学生

牢固树立法律意识、权利义务意识和依法办事意识。在提高法制课教学质量的同时,注重法制教育内容向其他学科的教学过程渗透,积极开辟第二课堂,组织开展生动活泼、寓教于乐的法制实践活动,提高法制教育实效。增强民主法制观念,依法办事,依法律己,依法维护自身的合法权益,善于运用法律武器同违法犯罪行为做斗争。

(2)加强行为引导,帮助学生养成自觉遵守安全规定的好习惯。引导学生文明上网,自觉抵制不良思想的腐蚀和影响。指导班级开展安全法规学习和自律教育,引导学生从身边小事做起,自觉做到安全用电、安全出行、谨慎处事,依法维护个人的正当权益。

(3)举办安全员和义务消防员培训,多渠道、多方位强化、普及安全知识,提高安全意识,逐步在全校范围内形成一个人人重视安全防范工作的氛围。

(三)加强制度建设,规范师生的安全行为

制度是规范行为的一种约束机制,没有制度就等于没有规矩,没有约束力。高校必须建立一整套制约机制。除了严格遵守国家的法律法规外,同时还应体现自身的工作管理特色,制定出切合实际、操作性强的校纪校规,约束师生员工的行为,从源头上构筑确保安全的防线。学校内部安全防范必须建立在人防、物防、技防三个基本点上。首先,人的防范是决定因素。要配足保卫干部和精明强干的校卫队员。其次,物质防范是基础。要对学校明确的重点部位和重点场所,严格落实铁门、铁窗、铁橱、防盗报警器等设施的配置工作。再次,要充分发挥高科技手段在学校内部治安防范工作中的优势,完善计算机管理网络,充实情报资料数据库,建立与健全电子监控、报警体系,实现科技创安,加强科技防线。

(四)要把法制安全教育作为经常性工作和综合治理工作的基础来抓,要使法制教育的内容更丰富,针对性更强,效果更显著,采取日常教育与集中教育相结合,思想政治教育与安全教育相结合,阶段性教育与规律性教育(如放假前、开学后、组织旅游活动前等)相结合

在对师生进行法制宣传教育的同时侧重于学生,将法制教育与思想道德素质教育有机地结合起来,将法制教育与形势政策教育密切结合。把法制宣传教育作为预防青少年违法犯罪的重要环节。

加强对学生的法律基础教育,通过组织开展丰富多彩的校园文化活动、政治理论课和思想教育教学、党团组织生活把学生的精力引导到学习上来,为预防违法犯罪创造条件。教学部门和学生管理部门要加大对入学新生的法纪校规教育力度。保卫部门要加强对师生自身安全防范的常识性教育。通过法制安全教育,努力提高师生员工遵纪守法的自觉性和安全防范意识。

坚持以人为本,全面、协调、可持续发展,是一种全新的发展观,是推进社会主义现代化建设事业的行动指南,是做好新形势下高校安全保卫工作,加强治安综合治理,维护高校治安秩序和创建"安全文明校园"的重要保证,是保卫工作需要坚持并且长期坚持的指导思想。

参考文献:

[1]卢俊.落实科学发展观切实做好高校安全保卫工作.广东海洋大学

[2]杨英法.高校安全保卫工作落实科学发展观刍议.河北工程大学

[3]林天卫.以科学发展观引领安全保卫工作.保卫处·武装部

[4]吴忠,遇宏卫.坚持科学发展观,构建和谐校园.国家民办教育家优秀论文集

[5]王建华.深圳信息职业技术学院公寓思想政治工作的思考.2009年全国高校学生工作年会论文集

作者简介:

白梅 内蒙古农业大学保卫处政保科,手机:13171027528

图书在版编目（CIP）数据

创新思维　拓展理论：华北协作区高校保卫工作学术年会论文集／陈建斌主编．—太原：山西人民出版社，2013.12
ISBN 978－7－203－08453－2

Ⅰ.①创… Ⅱ.①陈… Ⅲ.①高等学校－保卫工作－华北地区－学术会议－文集　Ⅳ.① G 647.4－53

中国版本图书馆 CIP 数据核字（2013）第 308076 号

创新思维　拓展理论：华北协作区高校保卫工作学术年会论文集

主　　编：	陈建斌
责任编辑：	樊　中
装帧设计：	刘彦杰
出 版 者：	山西出版传媒集团·山西人民出版社
地　　址：	太原市建设南路 21 号
邮　　编：	030012
发行营销：	0351－4922220　4955996　4956039
	0351－4922127（传真）　　4956038（邮购）
E － mail：	sxskcb@163.com　发行部
	sxskcb@126.com　总编室
网　　址：	www.sxskcb.com
经 销 者：	山西出版传媒集团·山西人民出版社
承 印 者：	山西出版传媒集团·山西新华印业有限公司
开　　本：	890mm×1240mm　　1/16
印　　张：	28.25
字　　数：	690 千字
印　　数：	1－1 000 册
版　　次：	2014 年 3 月第 1 版
印　　次：	2014 年 3 月第 1 次印刷
书　　号：	ISBN 978－7－203－08453－2
定　　价：	82.00 元

如有印装质量问题请与本社联系调换